阿富汗

冲突与动荡800年

Afghanistan
1260
A History from to the Present

[英]乔纳森·L.李———著

钱镇 李勤 陶续———译 朱永彪———审校

Jonathan L. Lee

浙江人民出版社

图书在版编目（CIP）数据

阿富汗：冲突与动荡 800 年 /（英）乔纳森·L.李著；
钱镇，李勤，陶续译. — 杭州：浙江人民出版社，
2023.5

ISBN 978-7-213-10368-1

Ⅰ.①阿⋯ Ⅱ.①乔⋯ ②钱⋯ ③李⋯ ④陶⋯ Ⅲ.
①阿富汗－历史 Ⅳ.①K372.0

中国版本图书馆 CIP 数据核字（2021）第 216030 号

浙 江 省 版 权 局
著作权合同登记章
图字:11-2019-129号

阿富汗：冲突与动荡 800 年
AFUHAN：CHONGTU YU DONGDANG 800 NIAN

[英] 乔纳森·L.李 著 钱 镇 李 勤 陶 续 译

出版发行：浙江人民出版社（杭州市体育场路347号 邮编 310006）
　　　　　市场部电话：(0571) 85061682　85176516
责任编辑：潘海林　方　程　魏　力
营销编辑：陈雯怡　赵　娜　陈芊如
责任校对：何培玉
责任印务：幸天骄
封面设计：人马艺术设计·储平
电脑制版：北京弘文励志文化传播有限公司
印　　刷：浙江海虹彩色印务有限公司
开　　本：710毫米×1000毫米　1/16　　印　　张：48.25
字　　数：682千字　　　　　　　　　　插　　页：4
版　　次：2023年5月第1版　　　　　　印　　次：2023年5月第1次印刷
书　　号：ISBN 978-7-213-10368-1
定　　价：238.00元

如发现印装质量问题，影响阅读，请与市场部联系调换。

献给安德鲁、斯蒂芬和格丽丝

好评如潮

这是一部由部落和政治联盟团体结合在一起的一个传奇国家的全面历史。这个国家随时可能解散……任何人想要理解世界上纷繁复杂甚至令人困惑的问题，都将从乔纳森·L.李的严谨叙述中获益。

——美国权威书评杂志《柯克斯书评》

《阿富汗：冲突与动荡800年》是一项史诗般的成就，同时也是其清晰、准确和平衡的写作典范，是乔纳森·L.李博学及对阿富汗问题终生研究和博学的证明。本书具有权威性和全面性，是一部英语世界里经典的阿富汗史。

——威廉·达尔林普尔，苏格兰历史学家和游记作家

英国皇家文学学会成员、皇家地理学学会成员

《王的归程：阿富汗战记（1839—1842）》一书的作者

这是从中世纪到现在关于阿富汗最全面的政治史。《阿富汗：冲突与动荡800年》这个跨越了近千年的历史故事，从加兹尼王朝到阿什拉夫·加尼政府。它有意地将现代阿富汗的根源定位在一系列穆斯林实体中。这些实体在印度北部和兴都库什河的两边创建了军事力量、政府和文明。本书从"古典"权

力到当代阿富汗事务的问题均有详细的阐述，其中包括援助反对苏联出兵的后果，这都是塔利班运动产生的原因；《波恩协定》不足以作为和平、伊斯兰认同和国家的基础。这部作品也是一部关于阿富汗的百科全书，囊括了从过去到现在的思想和可能性。

——迈克尔·森普尔，贝尔法斯特女王大学教授

乔治·米切尔全球和平、安全与正义研究所研究员

《阿富汗：冲突与动荡 800 年》是一部关于阿富汗历史的皇皇巨著，这也许是书写阿富汗历史的终结者，我毫不犹豫地推荐它。

——克里斯·怀亚特，伯明翰大学教授

《保卫帝国中的阿富汗》一书的作者

从如此繁芜杂乱的材料中精心构思出一个连贯的故事，还要让这个故事引起读者真正的兴趣，显然是一项艰巨的任务。而《阿富汗：冲突与动荡 800 年》中许多不为人知的奇迹，就是乔纳森·L.李的成功之处。可以说这本书是 21 世纪阿富汗历史的经典英语版本。在不牺牲细节和故事性的情况下保持快节奏，这是能与阿巴斯·阿马纳特（Abbas Amanat，耶鲁大学伊朗研究项目主任）的伊朗权威历史书媲美的阿富汗历史书。阿富汗一些重要人物：苏丹、殖民机会主义者、有远见的人，以及四面楚歌的现任政府人物，都以鲜活的形象呈现在这里。

——阿联酋《国家报》

乔纳森·L.李将对细节的关注与对阿富汗历史的全面了解融为一体……李并没有片面地认为阿富汗历史是线性的，他所叙述的故事也不能说明理

解 21 世纪的关键仅仅是重温早期的经历。这本书提供了许多令人难忘的小插曲，表明人性的脆弱无处不在，且持续存在……李的《阿富汗：冲突与动荡 800 年》有一个吸引人的特点，那就是阿富汗人是他讲述的故事的核心。

——澳大利亚《悉尼先驱晨报》

中译本序

2021 年 8 月 30 日晚，在阿富汗塔利班重新控制喀布尔半个月后，同时也在"9·11"事件 20 周年前夕，美军从阿富汗狼狈撤军，随后塔利班组建临时政府，美国 20 年的苦心经营以失败告终。突变的阿富汗局势令世人始料未及，纷纷在惊叹局势变化之快的同时，不由自主地更加关注阿富汗问题，并再次思考，为什么动乱频发且贫穷落后的阿富汗能够让正值巅峰的大英帝国、苏联和美国这些超级大国都接连饮恨而归，阿富汗的未来又在哪里？

与高关注度形成鲜明对比的一个现象是，在各大图书馆的书柜上，与阿富汗冲突动荡相关的专著却不多见。现有成果大多以研究近代以来英国、苏联和美国等大国围绕阿富汗博弈为主，而完整地从国家起源，到王朝更替，再到大国博弈，系统梳理阿富汗历史进程的著作可以说是寥寥无几。因而，由乔纳森·L.李撰写，钱镇、李勤和陶续三位老师翻译的《阿富汗：冲突与动荡 800 年》，可以在一定程度上弥补这一空缺。

乔纳森·L.李是一位研究阿富汗历史问题的权威学者，自 1972 年以来一直从事有关阿富汗、巴基斯坦和中亚的研究和实地考察工作。同时，乔纳森·L.李也是一位优秀的社会学和文化史学家，他的研究领域广泛，涉及宗教、种族、社会史、考古、跨文化研究等方面，这也是为什么他能够从多角度研究阿富汗问题。除了《阿富汗：冲突与动荡 800 年》，乔纳森·L. 李还先后出版了《阿富汗奇观》（*Amazing Wonders of Afghanistan*）等多部关于阿富汗历史和文化的相关书籍。

《阿富汗：冲突与动荡 800 年》出版伊始便引起了广泛关注，受到众多知名学者和学术机构的一致好评，如今已多次再版更新。该书起笔于阿富汗苏丹王国，收笔于美国从阿富汗撤军前夕，对 1260 年至今的阿富汗历史进行了全面梳理，记录了一个在政治和文化上具有重要意义但动荡地区的一个小部落联盟，如何努力发展成为一个现代民族国家的痛苦挣扎历程。本书内容非常丰富，除记录了王朝更迭的宏伟叙事，还绘制了将阿富汗 800 年政权更替串联起来的世系图和图表。另外，一幅幅关于地形地貌、丰富物产、历史遗迹和人文环境的配图，有助于读者更好地理解阿富汗这片特殊土地上所孕育的独特文化。

在乔纳森·L. 李的笔下，阿富汗长达 800 年的历史如同一幅画卷向我们徐徐展开。作者以其独特的视角，不落枯燥冗长的窠臼，以冲突动荡为线条贯穿全书，使得这样长时间跨度的叙事方式并未像一般长跨度历史书籍那样读起来使人味同嚼蜡。全书展现了作者本人高超的写作技巧和对历史素材谙熟于心的驾驭能力。在力求严谨、完整叙事不失规范的前提下，作者以其串联事件的写作功底使该书层次鲜明，增加了可读性，骤然拉近了与读者之间的距离。当沉浸于本书时，读者仿佛如同穿越阿富汗历史的游客，在与作者的对话中身临其境般纵览阿富汗的 800 年历史进程，游历阿富汗的大河山川，感受阿富汗的文化气息，在体验历史知识的同时，最真实地与阿富汗进行"面对面"接触。

在很多人的印象中，阿富汗是一个宗教部落冲突不断、经济结构脆弱、人民生活困苦、国家与社会之间关系紧张的矛盾的综合体。这个命运多舛的国度似乎是被下了"魔咒"，它像一辆拼凑而成的残破战车，艰难地行驶在坎坷而又前途未卜的轨道上，被美国称为"失败国家"。

时至今日，关于阿富汗如何实现由乱到治，众多学者都曾在学理意义和政策层面上基于各种理论给出了诸多"良方"，但都无法将阿富汗带入正轨。其实，阿富汗的许多统治者也曾努力进行过世俗化、现代化的改革，但莫不被内部保守力量所遏制，最终均以失败告终，甚至发生了严重倒退。

认识和厘清阿富汗缘何发展到今天这个地步，或许溯源阿富汗的历史构成和历史境遇不失为一个好方法。正如马克思主义唯物史观指出的那样，历史和现实在时间上是连续的整体，历史是以往的现实，现实有历史的影子。从这个层面上来说，《阿富汗：冲突与动荡 800 年》给我们提供了一个观察阿富汗历史与现状的极好窗口。研究阿富汗问题如同救治一位病人，而该书更像是对阿富汗这位病人的既往病史的集成，阅读该书对我们来说能够对患者病症和病因的历史经纬有更加充分全面的认识，从而提高医生的诊断能力，以便更好地对症下药，为阿富汗实现重建和有序发展开具药方。所以对于欲深入了解阿富汗历史和阿富汗问题的人，此书为不二之选。

阿富汗人民的命运如同阿富汗的历史一样曲折，我们支持阿富汗人民自主决定国家前途命运，探索符合阿富汗国情、顺应时代发展要求的治理模式，实现各民族和解和国内团结。而这一过程注定"道阻且长"，在写下这些文字时，阿富汗塔利班刚刚发布了一系列禁止女性接受教育和工作的严苛禁令，使得阿富汗的未来再次蒙上一层厚厚的阴霾。世界不可以抛弃饱经动乱的阿富汗人民，阿富汗人民同样需要国际社会继续提供帮助。我们回望历史，历史也在凝视着我们。

著书立说的一大推手是紧贴时代脉搏、满足读者阅读需求。当前围绕阿富汗冲突动荡这一主题相关的书籍存量稀少，呈现出供需失衡的困境，这更需要研究阿富汗问题的有识之士为之不懈努力。众所周知，由于语言文字符号背后代表的是不同的文化结构，对译者而言，翻译等同于再创，尤其考虑到阿富汗复杂的国情、动荡繁杂的历史，以及形式多变的各种地名人名等，翻译过程肯定是无比艰难的，同时考虑到要尊重作者的意愿和原著的本来面目，因此中文版难免存在个别漏误或偏差之处，这完全是可以理解的。在此感谢钱镇、李勤和陶续三位老师付出的宝贵心血，同时也感谢浙江人民出版社特别关注阿富汗，在出版《无规则游戏：阿富汗屡被中断的历史》一书后，再次推出《阿富汗：冲突与动荡 800 年》这一著作。期待未来会有更多与阿富汗相关的作品出版。

是为序。

朱永彪

2022 年 12 月

于兰州大学阿富汗研究中心

目 录

阿富汗世系图

图1　萨多扎伊的苏丹们和阿富汗米尔的世系（1558—1747）

苏丹阿萨德·阿拉（萨德·汗），马利克萨利赫·哈比卜扎伊的儿子，生于1558年
1598—1627年为阿富汗米尔
萨多扎伊世系的创始人

苏丹毛杜德·汗
1627—1644年为阿富汗米尔

苏丹赫瓦贾·齐泽尔·汗
1627年为阿富汗米尔

卡姆兰·汗
约1586—1641年

巴哈杜尔·汗
生于1590年

扎夫兰·汗生于1601—1602年
由非普什图妻子所生

苏丹沙·侯赛因·汗
1644—1649年为阿富汗米尔
1649年起为木尔坦总督
约1655年死于拉格普尔

两人的后代均在木尔
坦和旁遮普担任高官

艾达尔·汗
女儿嫁给杜拉特·汗

扎贾尔·汗
由马杜德·汗的女儿所生

毛杜德·汗的后代
统治木尔坦一直到
该地于1818年陷于
锡克人之手

苏丹胡达卡·汗
1644—1665年为
阿富汗米尔

苏丹谢尔·
穆罕默德·汗
1663—1665年
为阿富汗米尔

苏丹萨斯特·汗
（或者是谢尔·穆罕默
德·汗的儿子）
与伊纳亚特·汗就继承权发生
冲突，死于1665—1666年

赛义德·汗

沙·卡西姆·汗
1721—1722年赫拉特苏丹
曾暗杀阿卜杜拉·汗
被莫卡布尔·汗处死

苏丹卡兰达尔·汗
1665年为阿富汗米尔
1665年在坎大哈遇害

苏丹伊纳亚特·汗
1665—1667年为
阿富汗米尔

苏丹哈亚特·汗
约生于1648年
1667—1680年为阿富汗米尔
1729年死于木尔坦

苏丹贾法尔·汗
1680—1695年
为阿富汗米尔

苏丹杜拉特·汗
1695—约1704年为阿富汗米尔
女儿嫁给苏丹阿卜杜拉·汗
1704年，被坎大哈的萨法维
总督乔治·汗处死

苏丹阿卜杜拉·汗
1704—1717年为阿富汗米尔
1717—1721年赫拉特苏丹
与杜拉特·汗的女儿结婚
被沙·卡西姆·扎夫兰暗杀

沙赫托达·穆罕默德·巴基尔·汗
1729年木尔坦的萨多扎伊人的首领
1760年死于木尔坦

苏丹穆罕拉布·汗
1722年赫拉特苏丹
死于木尔坦

苏丹穆罕默德·查曼·汗
1721年赫拉特苏丹
与哈卢·汗·阿拉克扎伊的女儿
扎尔古娜·贝古姆结婚
被苏丹阿卜杜拉·汗斩首

纳扎尔·汗
1704年，被坎大哈萨法维
总督乔治·汗处决

阿萨德·阿拉·汗
1694—1720年
被暗杀

苏丹阿拉·亚尔·汗
1725—1730年和1731—1732年
为赫拉特苏丹
被塔马斯普·库利·
阿夫沙尔废黜
1742年死于马赞德兰，
可能是被毒死的

阿卜杜·
拉赫曼·汗

阿卜杜拉·哈里克·汗
1760—1761年叛乱，
被击败后关押于木尔坦
1775年再次叛乱，被帖木
儿·沙阿下令刺瞎

阿里·马尔丹·汗
约1734年在坎大哈
监狱中去世

苏丹沙·穆罕默德·汗
（由苏丹杜拉特·汗的女儿所生）
1722—1724年赫拉特苏丹
退位后到木尔坦
1750年被暗杀

苏丹佐勒菲卡尔·汗
1724—1730年法拉赫统治者
1730—1731年赫拉特苏丹
死于马赞德兰，可能是被毒死的

艾哈迈德·沙阿·杜拉尼
1747—1772年
母亲是扎尔古娜·贝古姆，阿拉克扎伊
1747年生于木尔坦，是坎大哈的阿富汗众
部落的帕夏，将阿布达利部落更名为杜拉尼
（意思是当代阿富汗之父）

卢克曼·汗
1748年被艾哈迈德·沙阿处死

阿卜杜·拉希姆·汗
约死于1750年

穆罕默德·阿克巴·沙
1775年，被帖木儿·沙阿
下令刺瞎

阿斯加尔·汗
1750年在锡
比被害

易卜拉欣·汗
1775年，被帖木
儿·沙阿刺死

帖木儿·沙阿
1772—1793年，
喀布尔王国的帕夏

苏莱曼·米尔扎

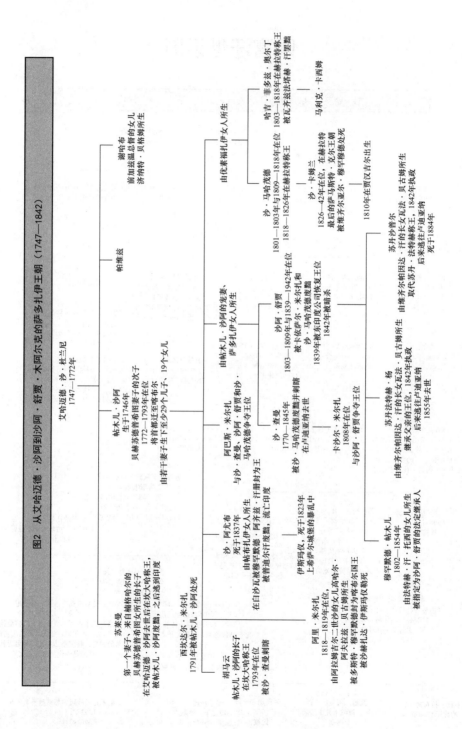

图2 从艾哈迈德·沙阿到沙阿·舒贾·木阿尔克的萨多扎伊王朝（1747—1842）

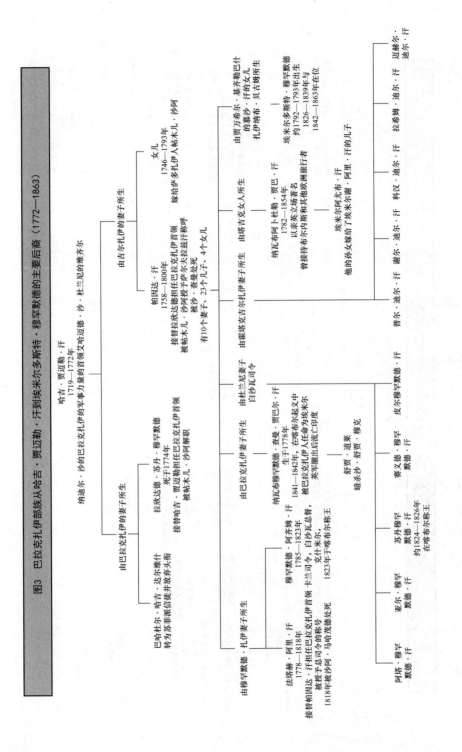

图3 巴拉克扎伊部族从哈吉·贾迈勒·汗到埃米尔·多斯特·穆罕默德的主要后裔（1772—1863）

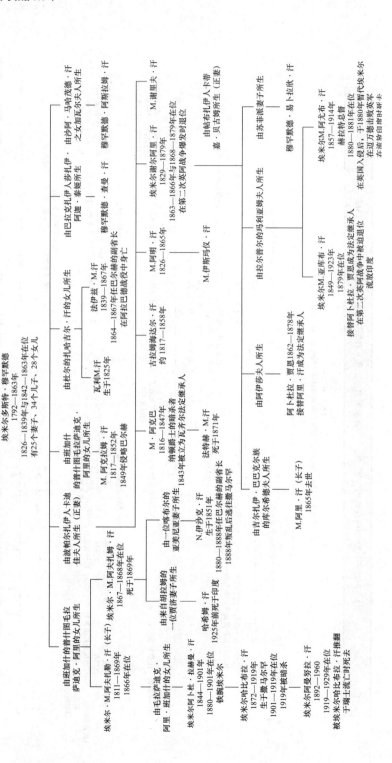

图4 埃米尔多斯特·穆罕默德的主要后代

埃米尔多斯特·穆罕默德
1792—1863年
1826—1839年与1842—1863年在位
有25个妻子、34个儿子、28个女儿

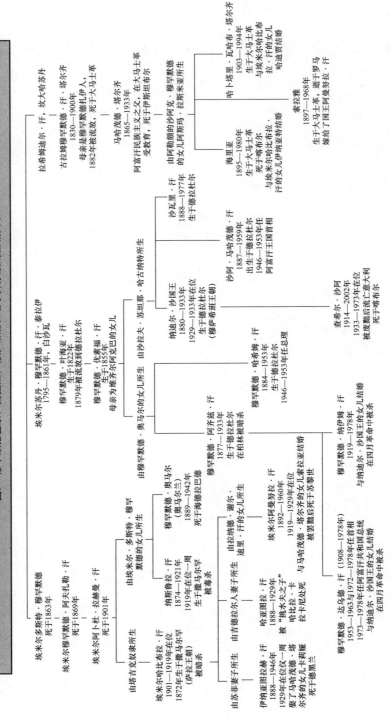

图5 穆罕默德世系：西拉杰、穆萨希班和塔尔齐家族的王朝关系

序 章

光荣地死去胜过耻辱地活着

阿富汗的国土面积在世界排名第 40 位，比法国略大，比美国得克萨斯州略小。从行政区划上看，该国由 34 个省组成（被称为 Wilayats）。这些省被划分为若干次一级行政区域（被称为 Wulswalis）。由于政治原因，阿富汗从未开展过全国范围的人口普查，所以，不同的机构对阿富汗人口的统计数据相差很大。根据阿富汗中央统计局的数字，2015—2016 年度，阿富汗人口约为2860 万，但其他信息来源显示，人口高达 3300 万人。此外，还有大约 100万名阿富汗难民生活在巴基斯坦境内，大约 200 万名阿富汗难民生活在伊朗境内，另有数十万阿富汗人在欧洲各国、北美洲和大洋洲居住或寻求庇护。根据联合国的数据，阿富汗的人口年增长率目前超过 4%。如果这个数字属实，就意味着阿富汗是世界上人口增长速度最快的国家之一。现今，阿富汗全国有40% 以上的人口年龄在 15 岁以下。

民族语言群体规模是内争外控的根源

阿富汗从来就没有凝聚力，这个国家的民族语言群体的规模和比例一直是各种争斗和政治分歧的根源。根据波兰在 20 世纪 70 年代的调查，阿富汗有属于 7 个不同语系的 40—50 种语言。[1] 普什图人也叫阿富汗人或帕坦人，是这个国家人口最多的民族，一直是现代阿富汗的主要政治力量。但即使最乐观地估计，普什图人也只占阿富汗人口的 1/3 左右。[①]事实上，巴基斯坦的普什图人比阿富汗的还多。普什图人由历史上生活在横跨现代阿富汗和巴基斯坦边境的平原和山区的几十个部族组成。在欧洲殖民者干预之前，这一地区是原始的阿富汗，即阿富汗部族的土地。它包括赫尔曼德河以东的地区，向东延伸到贾拉拉巴德、库纳尔河谷、斯瓦特和吉德拉尔。普什图族生活的土地向南延伸到巴基斯坦的开伯尔-普赫图赫瓦省和俾路支省，直到印度河沿岸。普什图族领土的核心地带是沙非德山、苏莱曼山和斯平加尔这些山脉和丘陵。

自从 18 世纪早期杜兰尼王朝建立以来，成千上万的普什图人，出于自愿或者不自愿的移民、游牧安置项目和政府资助的殖民，到了现代属于阿富汗的一些地区定居。今天，实际上的普什图社区位于阿富汗西部的下哈里河和穆尔加布河一带，以及从法里亚布省首府梅马内到昆都士的北部平原大部分主要城市中心及周边地区。此外，喀布尔南部、加兹尼省和乌鲁兹甘省也是以普什图人为主的地区，这是由于哈扎拉人、艾马克人和其他讲波斯语的社区等土著人被迫迁出的结果。

吉尔扎伊和杜兰尼两大普什图部族构成阿富汗最大的游牧族群，被称为牧主（Maldar）或库奇（kuchi，这一词汇衍生自波斯语动词"迁徙"或"搬家"）[②]。20 世纪 70 年代以来，由于持久不息的内战和在阿富汗北部与中部传统夏季牧场的非普什图族社区的敌意，大量普什图游牧民定居下来。如今，许多前游牧民在贫瘠的土地上务农勉强糊口，其中一些人成了小商贩，也有人成为由巴基斯坦普什图族掌控的卡车运输行业的司机。

在阿富汗，说波斯语的人可能和说普什图语的人一样多，人们通常称他们为塔吉克人，但他们远非一个部落或族群，因此将所有这些人归为塔吉克族是一种误导。在历史上，塔吉克人曾被用来指代阿拉伯穆斯林侵略者的，而

① 通常认为，普什图人占阿富汗人口的 40% 左右。——译者注
② 现在库奇人已经被认为是一个独立的民族，而吉尔扎伊和杜兰尼这两大部落仍然是普什图族最大的部落。——译者注

哈扎拉贾特西部的普什图牧主。传统上，这些吉尔扎伊游牧民族在该地区度过夏季，但哈扎拉人和牧主之间的紧张关系以及内战，导致他们中的许多人放弃了每年向该地区迁徙。

不是指伊朗东部、阿富汗或中亚地区说达里语的人。在阿富汗，以波斯语为母语的人通常被称为法尔西万人（Farsiwans）。虽然在北部平原，由于受到沙俄的影响，人们更多地用塔吉克人这个称呼。许多人被称为法尔西万人，只知道他们的起源地是喀布尔、潘杰希尔、科希斯坦（现位于巴基斯坦境内）、巴达赫尚等。与普什图人不同，大多数法尔西万人并不结成部落。他们有着多样化的、混合的人种起源，唯一例外的是查哈尔艾马克人，他们是逊尼派哈扎拉人、菲洛兹科希人、贾姆希德人，他们是主要生活在巴德吉斯省和法里亚布省南部以及萨尔普勒省的部落居民。法尔西万人遍布全国各地，包括普什图人占多数的地区，如洛加尔山谷、楠格哈尔和加兹尼。

历史上，波斯语是官方和商业用语，现在大体上仍是如此。普什图语和阿富汗波斯语的喀布里方言（即达里语），是阿富汗的两种官方语言。但多数阿富汗人既不会说也听不懂普什图语，而达里语——特别是它的口语形式，在词汇和发音上与书面的波斯语和德黑兰的波斯语有很大不同，不同地区的阿富汗人讲的波斯语也有很大不同。

在法里亚布省南部边界到昆都士省东部边界之间的北部草原上，乌兹别克人占大多数，但也有相当数量的土库曼人、塔吉克人和普什图人。乌兹别克语和土库曼语属于阿尔泰语系，它源自突厥—蒙古，波斯语和普什图语都属东伊朗语。一些规模较小的突厥—蒙古部落生活在阿富汗北部的巴达赫尚省和瓦罕，包括钦察人、哈萨克人、吉尔吉斯人和维吾尔人。在法里亚布省的道拉塔巴德地区还有少量定居的阿拉伯人，他们声称自己是阿拉伯穆斯林入侵者的后裔。[2]

任何关于阿富汗民族语言群体的讨论都是复杂的，所有关于这个国家部族分布的地图都只能被当作粗略的指南，必须谨慎对待。除了被传统的部落边界所分割的南部普什图地区，众多社区、阿富汗所有的城市中心在不同程度上都是多民族的。在农村社区，不同的族群各自居住在自己管理的区域，这被称作马哈拉（mahalas），但是，所有人都参与更广泛的社区事务管理。

普什图人虽然生来就属于某一特定的部落，但没有共同的祖先或同一遗传来源，部落的族谱宣称有不同的来历，其中大多数是神话，来源包括波斯、土耳其、库尔德、阿拉伯、亚美尼亚和犹太人。虽然普什图语是阿富汗和巴基斯坦边境的普什图核心地带的主要语言，但许多普什图人，特别是生活在都市里的人，几乎不讲这种语言。赫拉特省的库什克地区和哈里河沿岸定居的普什图人讲波斯语，甚至把土库曼语作为他们的母语。

乌兹别克人、土库曼人和哈扎拉人也有类似的情况。乌兹别克人是突厥—蒙古部族聚合成的，他们多数是 13 世纪成吉思汗征服这个地区后才来到此地的；在阿富汗有若干土库曼部落。受西方民族学影响，现在很多哈扎拉人称自己是成吉思汗蒙古驻军甚至成吉思汗的后代。[3] 哈扎拉人当然具有蒙古血统，他们的波斯方言，也就是哈扎拉方言，其中就有蒙古语的词汇。然而，他们的种族是混合的，与阿拉伯穆斯林入侵前后生活在这个地区的波斯人和突厥人有基因联系。

多山地形激起了强烈的部落 / 自治意识

阿富汗的领土规模和多山的地形一直对交通和治理构成挑战，并激起了强烈的地区自治意识。尽管自 2001 年以来，公路交通有了重大改善，但连接喀布尔与北部首府马扎里沙里夫，以及喀布尔与坎大哈和赫拉特的公路仍然只有一条，还是封闭的。在阿富汗农村，许多道路不适合汽车通行，许多人依然依赖驴或马，穷人需要步行数小时才能到达当地市场或获得医疗救助。

在阿富汗建成现代国家之前，雄踞该国中部的山脉实际上把该国一分为二，这些山脉被认为是印度与巴尔赫平原和中亚之间的边界。在那个时代，穆尔加布、巴米扬以北的赛甘、恰里卡尔和喀布尔都是边境前哨。中部高地由一系列由西向东升高的山脉组成。在西北，班迪突厥斯坦的石灰岩高原从穆尔加布延伸到萨尔普勒的东部，在那里与阿尔布兹山脉相合。这个山脉链被一系列又深又窄的峡谷切断，是这个国家开发最少的地区之一。从石灰岩高原北侧常年流出的泉水，是灌溉较低山谷和巴尔赫平原的河流的主要来源。

哈里河的北部和南部是沙非德山脉和锡雅柯山脉，它们在东部与科赫伊巴巴山脉会合，山顶白雪覆盖，主宰着哈扎拉贾特山的天际线。然后，科赫伊巴巴山脉并入阿富汗东南部的兴都库什山脉和东北部的巴达赫尚的帕米尔高原，这些山脉构成了喜马拉雅山脉的西端。沿阿富汗和巴基斯坦边境还有一系列山脉。阿富汗西南部是不适宜居住的达什基伊马尔哥沙漠，即死亡沙漠，以及雷吉斯坦和锡斯坦沙漠。在北部平原，位于道拉塔巴德和希比尔甘之间的地区，是另一个较小的半沙漠地带。

阿富汗的中部高地和阿富汗—巴基斯坦边境的山区被连接印度与亚洲内

穿越亚考朗和巴米扬之间的卡姆山口。这片高原上的雪一直持续到 5 月初。

陆、伊朗和中国的千年古道一分为二，这条线路曾被亚历山大大帝、波斯人、阿拉伯人和来自亚洲内陆和北印度王朝的突厥—蒙古人用于贸易和侵略。穿越中央山脉很困难，即使在天气最好的时候也是如此，从 10 月下旬到第二年的 4 月，山口和上面的山谷都被雪封住了。20 世纪 50 年代，苏联工程师修建了一条穿过萨朗山口的新公路和隧道。这样，从喀布尔开车到马扎里沙里夫只需不到一天的时间。但是，萨朗山口经常在冬天被大雪覆盖或因雪崩堵塞。在南部和东南部，还有两条历史悠久的公路穿过阿富汗—巴基斯坦边境的山区。南部的一条公路通过科加山口将坎大哈与巴基斯坦的奎达和俾路支省连接起来。东北部的开伯尔山口仍然是喀布尔和巴基斯坦的白沙瓦之间唯一的公路。历史上，还有其他几条小路连接着阿富汗南部和巴基斯坦的印度河平原。

阿富汗的中部高地的西部、北部、南部和东南部是肥沃的平原，这里是阿富汗的主要农业区。这些地区有融雪形成的河流灌溉农田。"喀布尔不怕无黄金，惟恐无白雪"，这句谚语可以用来描述整个阿富汗的水源情况。因为如果没有雪和春雨，干旱不可避免地就会随之而来。除了楠格哈尔和阿富汗东南部，每年从5月到9月，阿富汗的降雨量很少，大多数河流都有明显的季节性变化。春季洪峰时期，积雪融化，雨季来临，河流形成汹涌的洪流，造成局部的洪水和山崩，冲毁道路，毁坏灌溉渠和导流大坝。因为过度放牧和国内大部分森林遭到破坏，这种情况无法得到改善。然而，在夏末和秋季的枯水期，许多河流的下游河道干涸，只剩下涓涓细流。

阿富汗所有的河流都在一定程度上被用于灌溉，只有少数河流有钢闸门或混凝土衬砌的堤坝和运河。大多数灌溉系统是无衬砌的，导流装置由夯实的泥土或石头筑成。维护这些用于灌溉的运河，是一项劳动密集型的工作，当地利益相关方会在春季和秋季召集人员清理运河淤泥，并修复引水建筑物。灌溉系统内的水源管理和分配由社区指定的米拉布斯（mirabs，简称水监）负责。另一种传统的灌溉水源是地下泉水，它通过被称为"坎儿井"的地下通道流动。

国家所有的主要储水设施都位于阿富汗南部，不过在次要河流上也有较小的地方水坝。这些水坝既提供灌溉用水，也时断时续地给附近城市中心提供有限的电力。阿富汗所有水坝和设备都老化了，急需维修。2016年，印度资助的哈里河上的萨尔玛水坝建成。该项目从20世纪70年代开始，由于苏联的入侵和随后的内战，一直被推迟。

阿富汗有五大流域系统：喀布尔河、阿姆河、巴尔赫河、穆尔加布—哈里河和赫尔曼德河。[4]阿富汗首都喀布尔位于海拔约2000米高原上的喀布尔河畔。该城处于印度平原、巴米扬和巴尔赫通往中亚的历史路线上，战略位置非常重要。古老的商道向南延伸，穿过巴克哈克、胡尔德—喀布尔峡谷、太津和甘达马克。20世纪中叶，建成了目前的喀布尔—贾拉拉巴德公路。

农牧业是阿富汗仅有的经济来源

现今的喀布尔是一个扩张中的城市。根据联合国的数据，阿富汗首都目前居住着460多万人，是世界上城市人口增长最快的城市之一。然而，喀布尔人口迅速增长是最近才出现的现象。在 20 世纪 70 年代中期，这里的人口可能只有大约 100 万人，多数阿富汗人住在农村定居点，而不是城市中心。喀布尔不受控制的人口增长标志着全国范围的人口正在向城市转移，这一趋势给本已不足的城市基础设施带来了严重的压力。如今的喀布尔是世界上污染最严重的城市之一，街道交通拥堵严重。喀布尔周围有许多肥沃的山谷——洛加尔山谷、达曼山谷和塔加布山谷。这些山谷传统上为首都居民提供粮食。然而，由于首都人口的增长，以及外国人和阿富汗中产阶级对奢侈品的需求，喀布尔的大部分粮食现在都是从巴基斯坦、伊朗和迪拜进口。位于喀布尔北部的达曼山谷特别肥沃，这里曾经是葡萄和浆果的主要产地，而达曼山东北的潘杰希尔山谷则以桑葚闻名。喀布尔以西是以前的帕格曼山谷，它和位于帕格曼山脉东侧的沙卡尔达拉、潘杰希尔山谷入口的古尔巴哈尔是最受喀布尔人欢迎的避暑郊游胜地。在苏联占领的 10 年里和后苏联时代，达曼和潘杰希尔是阿富汗战争最激烈的地方之一，成为布满地雷和未爆炸弹药的废弃荒地。今天达曼的农业活动仍在恢复中。达曼以说波斯语的少数民族为主，尽管沿阿富汗恰里卡尔—巴米扬公路去古尔班德山谷方向，哈

喀布尔河和喀布尔—贾拉拉巴德公路向下游延伸至萨罗比。这条路在苏联入侵时期被严重切断，现在已经修好。

扎拉人的定居点增加了。山谷的东侧是许多普什图人繁荣的定居点，而卡比萨省塔加布市的萨菲控制着喀布尔附近从恰里卡尔到萨罗比之间的战略要道。数千名说达尔德语的帕萨伊人住在兴都库什山脉的山麓，从卡比萨到达拉伊努再到库纳尔。

在喀布尔南部和东南部，以吉尔扎伊人为主的普什图部落是占主导地位的民族，虽然在喀布尔河上游、贾尔勒兹地区和洛加尔河沿岸有讲波斯语的人居住。加兹尼周围有大量铁矿床，在洛加尔的艾纳克发现了世界上最丰富的铜矿层之一，而这些资源尚未开发。瓦尔达克省的迈丹城以苹果著名。阿富汗最著名的历史名城之一加兹尼是加兹尼王朝的都城（977—1186）（见表2），加兹尼威风凛凛的城堡仍矗立在这个城市。城墙外是加兹尼苏丹的坟墓、宫殿的遗迹和两个尖塔。

受益于印度季风，位于喀布尔河下游的楠格哈尔是该国唯一的亚热无霜冻地带。楠格哈尔省的首府贾拉拉巴德是繁华的商业中心，位于从喀布尔到巴基斯坦的交通要道上，大量阿富汗进出口货物经过这座城市。贾拉拉巴德的电力来自萨罗比大坝，从大坝流出的水形成广泛的灌溉网络。楠格哈尔平原是集约化耕种的，种植水稻、橄榄和柑橘，最近，菜花成为主要出口产品，而索尔赫阿卜河沿岸的霍吉亚尼生长着杏子、核桃和葡萄。然而，今天楠格哈尔最赚钱、种植最广泛的作物是鸦片。阿富汗东南部的山区曾经被杜松和冬青、橡树所覆盖，但由于非法砍伐，现仅存一小部分，导致阿富汗陆地表面只有1.3%被森林覆盖，是世界上森林覆盖率最低的国家之一。

楠格哈尔地区和腹地几乎都是普什图部落的活动范围，有影响力的部落包括阿夫里迪人、霍吉亚尼人、卢丁、莫赫曼德、萨菲人、谢尔扎德人和辛瓦里斯人。西南部是霍斯特的扎利和曼加尔部落，积雪覆盖的兴都库什山脉的高山以东是努里斯坦人的家园。这里以前被称为卡菲里斯坦，这里的部落是多神论者，他们的宗教与吠陀和古老的印度—雅利安传统有相似之处。19世纪90年代，阿富汗的埃米尔入侵该地区，强迫当地居民皈依伊斯兰教，并将该地区改名为"开化之地"努里斯坦。另一个说少数民族语言的民族帕夏人住在库纳尔河的河口和达拉伊努。

阿姆河在经典资料中被称为奥克索斯河，它发源于阿富汗东北部与中国和塔吉克斯坦交界的帕米尔山脉。这是中亚最重要的河流，构成了阿富汗北部的国际边界。由于过去来自苏联以及最近来自乌兹别克斯坦和土库曼斯坦的压力，阿富汗从未利用阿姆河进行灌溉，尽管在边界的另一边，它的水被改道，引入巨大的运河，供应着乌兹别克斯坦和土库曼斯坦缺水的棉花田。在阿富汗最东北部像手指状伸出的瓦罕地区是阿姆河发源地，只有少数吉尔吉斯人居住，主要依赖放牧生活。在巴达赫尚，由于漫长而寒冷的冬季，农业生产受到了限制，但该省有相当丰富的矿产资源。这里的青金石、祖母绿、红宝石和其他珍贵宝石和一般的宝石已经开采了数千年，最近的地质调查显示，该省的铜、铁和大理石储量丰富。在科克恰河口，人们用羊毛筛选砾石的办法淘金。

在玛姆 – 萨利伯地区，阿姆河流速减缓，变得宽广，流入由昆都士河及其支流滋养的肥沃平原。这里曾经是有名的沼泽地，疟疾流行，20 世纪 40—50 年代，这里被抽干了，直到近年的战乱时期，昆都士一直是阿富汗最重要的棉花产区。昆都士的前身是卡塔干，是以该地区占统治地位的乌兹别克语命名的，但是，19 世纪末以来，喀布尔政府鼓励上千名普什图人从南部来该地区定居，并在开垦的沼泽地上为他们分配了小块土地。20 世纪 20—30 年代，乌兹别克、土库曼和塔吉克难民从布哈拉、费尔干纳、杜尚别和其他苏联控制的地区出走，在这里安家。昆都士以其独特的簇绒地毯闻名，这些地毯是由乌兹别克妇女编织的。

巴尔赫平原从胡勒姆向西延伸到梅马内，它由起源于班迪突厥斯坦山和哈扎拉贾特山的河水灌溉，虽然这些河流在到达阿姆河流域之前都干涸了。这一地区最重要的河流巴尔赫河的源头是巴米扬北部的班达米尔湖，一个引人注目的蓝色湖泊。在它的下游，巴尔赫河滋养着一个广泛而古老的灌溉系统哈日达河（即十八运河）。它形成一个内陆三角洲，其顶端从阿克恰北部延伸至马扎里沙里夫西部。如今只有10条运河在运行，尽管不受重视、管理不善以及不断增加的非法取水，但双季种植在十八运河网络中仍然很常见，种植着大量的水稻和棉花。这个地区的甜瓜以其甜度和巨大的体形而闻名。沿着班迪突厥斯坦山北麓，坐落着被称作丘尔（Chul）的黄土沙丘带，这是阿富汗最重要的依赖雨水的小麦种植区（拉尔米，Lalmi）。在这条山脉较低的山谷中，种植着大量的核桃和桑葚，同时也大量生产生丝。在北方平原上，广泛种植着大麻和鸦片。

班迪突厥斯坦山脉中，煤炭储量丰富，在达拉苏夫和普勒霍姆里附近有煤矿，但开采规模很小，采用的是前工业时代的原始方法，多数用手捡和用铲子采煤。矿工的生存状况令人震惊，健康和安全保障几乎不存在，经常有矿工因塌方死亡。萨尔普勒和希比尔甘地区有油气田，天然气通过管道输送到希比尔甘和马扎里沙里夫，供国内使用。过去，油气田还为马扎里沙里夫以南的一家化肥厂提供原料。石油是粗加工的，主要为家庭提供燃料，少量出口。以前在普勒霍姆里有一家水泥厂和一家大型的国营棉花加工厂，但现在这些都被毁弃了。

马扎里沙里夫是北部省份最大、最重要的城镇，但从历史上看，西部的巴尔赫才是该地区的首府。在前伊斯兰（即伊斯兰教前的阿拉伯社会）时代，这个城镇被称为巴克特拉，在公元前5世纪（见表1），它是阿契美尼德王朝巴克特拉省的首府。巴克特拉在琐罗亚斯德的《阿维斯塔》中被提到，当地的传统声称，正是在这里，琐罗亚斯德从迫害中逃出，创立了他的二元宗教。巴克特拉也因琐罗亚斯德宗教中心而闻名，该中心供奉的是阿姆河女神阿德维·苏拉·阿纳希塔（Ardvi sura anahita）。最近法国人在恰什马伊沙法这个巴尔赫河穿过厄尔布尔士山的地方进行发掘，发现了一个重要的伊斯兰教遗址，包括拜火教神庙。

从公元前2世纪甚至更早开始，巴克特拉就是一个主要的佛教中心，在现代道路的两旁可以看到圣髑盒或佛塔和一座寺庙的遗迹。主干道的南面坐落着阿富汗最古老的清真寺——诺贡巴德（Noh Gunbad）清真寺。阿拉伯穆斯林军队在 8 世纪初占领巴克特拉时，把它重新命名为巴尔赫，称它为城市之母。从伊斯兰教早期开始，巴尔赫就以苏菲派的中心和许多著名苏菲派人士的诞生地闻名，其中包括贾·拉勒丁·鲁米（1207—1273），他的门徒创立了梅夫拉维教团，也就是西方世界所称的土耳其的"旋转的苦行僧"。今天，在巴尔赫仍然可以看到城墙、城堡和神殿，大多是中世纪的，其历史可以追溯到帖木儿和托哈伊—帖木儿时代（见表 3）。

马扎里沙里夫的辉煌崛起要归功于帖木儿统治者苏丹侯赛因·拜哈拉（1470—1506）建立的一座大型神庙（见表 3）。19 世纪下半叶，北部平原被杜兰尼国王征服，马扎里沙里夫成为阿富汗突厥斯坦的首都。1992 年，穆罕默德·纳吉布拉领导的亲苏派政府被推翻后，他的许多支持者逃到了马扎里沙里夫。在圣战者（mujahidin）之间的暗斗平息之后，成千上万的人，尤其是喀布尔人，逃往北方，使这个城市的人口快速膨胀起来。马扎里沙里夫现在是一个多民族的城市，但它的民族精神仍然以突厥人为主，它以阿富汗最世俗的城市中心著称。它是该地区著名的簇绒地毯、皮革和卡拉库尔羊羔皮出口的主要中转站。马扎里沙里夫也是阿富汗最重要的圣地之一，吸引了成千上万的朝圣者，尤其是在诺鲁孜节期间。在过去，沙俄帝国和后来的苏联是重要的贸易伙伴，大量的货物，包括该国的大部分燃料，通过阿姆河上的边境口岸和海拉坦铁路口岸运出境外。从那时至今，乌兹别克斯坦就是一个重要的贸易地区。最近，苏联时期修建的铁路系统得到扩建，将其延伸到了马扎里沙里夫，开辟了与中国甚至欧洲陆路贸易的可能性。

安德胡伊位于土库曼斯坦边境，是土库曼人居住的地方。它与阿克恰和昆都士同是阿富汗最重要的地毯编织中心。安德胡伊周围的土库曼人和阿拉伯人也养殖大量卡拉库尔羊，即肥尾羊。他们也养骆驼和马。该地区有许多制革厂，皮革是重要的出口产品。芝麻生长在希林塔加布河的下游沿岸，以及位于法里亚布省的古兹曼区。安德胡伊的石榴以其甜味闻名。梅马内和萨尔普勒的乌兹别克人也制作精美的簇绒地毯和基利姆地毯。乌兹别克和土库曼的刺绣品和传统珠宝深受国际市场欢迎。长袖丝绸披风，即袷袢，是阿富汗前总统哈米德·卡尔扎伊的首选正装。

尽管富有的普什图人、塔吉克人和艾马克人也养马、蓄马，但不如阿富汗北部的土库曼人和乌兹别克人养马更为知名，他们养的一种结实的矮种马，可以长途负重旅行。还有一种马以速度和敏捷著称，是土库曼人和乌兹别克人一项传统运动的骑手养的。在这项被称作"布兹卡谢"（Buzkashi）的马背叨羊比赛中，骑手们在一个圆圈里竞相争抢斩了头的山羊尸体或者一个装满沙子的皮袋。这项运动不适合胆小者，骑手们手持皮鞭，不仅用来抽打自己的马，也用来抽打对手和他的马，连马都被训练得能撕咬对手。所有的骑手进入赛场时都穿着厚厚的衣服，即使如此，他们还是经常被抽打得骨折和流血。然而，回报是巨大的。通常，获胜者不仅赢得巨大的声誉，还获得巨额赞助和奖金。一匹用于叨羊比赛的好马，可以卖到数千美元。在土库曼人的传统中，摔跤也是一项重要的运动。

穆尔加布河流入土库曼斯坦的潘贾德和梅尔夫绿洲，大部分河道在阿富汗境内，它流经深深的石灰岩峡谷，狭窄的山谷地中，有少量的农业生产。巴德吉斯省位于穆尔加布和哈里河流域之间的高原地区，是阿富汗最重要的开心果种植区，也种植小麦，并培育强壮的马和矮种马。它也是阿富汗最偏远和人迹罕至的地区之一。巴德吉斯传统上是查哈依玛部落的家园，但至19世纪末，成千上万的普什图人和哈扎拉人定居在这里。在班迪突厥斯坦山脉和阿富汗北部山麓地带，许多农村社区过着季节性游牧的生活方式。每年5月到9月，他们搭起毡房或者蜂窝状毡帐，住在可以提供动物饮用水源的山谷牧场。老人、小孩和孕妇留在定居点照看房屋和庄稼。

赫拉特是阿富汗西部的主要城市，它位于由哈里河灌溉的广阔平原上。这里是重要的小麦生产区。当地居民自豪地宣称赫拉特有70种葡萄品种。普什图族的牧民们，冬天生活在哈里河下游，春天他们带着羊群、山羊和骆驼向上游迁徙到恰格恰兰附近的牧场。赫拉特的一项主要收入来源是在伊朗和阿富

"布兹卡谢"这种马背叼羊比赛是阿富汗北部突厥民族的传统游戏，曾经在国王查希尔·沙阿的统治下成为一项国家运动。图中是两支分别来自帕尔万省和潘杰希尔省的队伍正在争抢山羊的尸体。

汗的边境地区设卡征收关税（比如赫拉特省的边境小镇伊斯卡拉）。赫拉特地区传统的手工艺包括丝绸编织等，有家瓷器制造工厂复活了古老的玻璃工艺，生产半透明的蓝色玻璃器皿。赫拉特省内，在上哈里河的切什特沙里夫区附近，邻近奇什第谢里夫区的地方，还生产精美的白色大理石用于出口。赫拉特地区在历史文化和政治方面深受波斯的影响，这里的人们主要讲波斯语的伊朗方言，当地有大量的什叶派穆斯林。赫拉特也以苏菲派中心闻名。赫拉特的音乐家包括妇女乐团，在婚礼和其他庆祝场合大受欢迎。

赫拉特位于古代跨亚洲贸易路线的十字路口，它将波斯、印度、巴尔赫和中亚连接起来。像巴克特拉一样，赫拉特在《阿维斯塔》中也被提到过，是阿契美尼德王朝的埃里亚总督辖地的首府。公元 6 世纪，它是一个东方基督教徒聂斯托利派主教所在地，后来成为一个大都会教区。几个世纪以来，赫拉特遭受了频繁的入侵，每每遭到掠夺和屠杀。赫拉特曾被亚历山大大帝征服，尽管在该地区还没有发现希腊化城镇的遗迹。公元 484 年，萨珊军队在赫拉特城外的平原上几乎被来自亚洲内陆的一支属于突厥—蒙古部落的嚈哒人消灭

（见表 1）。1221 年，蒙古人屠杀了这里几乎所有的男女和孩子。1389 年，它被另一位突厥—蒙古人武士帖木儿（即帖木儿大帝）洗劫一空。在 1405 年，帖木儿的一个后裔沙鲁克把赫拉特定为帖木儿帝国的首都（见表 3）。他和他的妻子加瓦尔·沙德用清真寺、宗教学校、皇家陵墓、神殿和世俗建筑美化了这个城市。沙鲁克也是苏菲派信徒和艺术家、书法家、诗人，以及历史学家的庇护人。在赫拉特城内，前伊斯兰时期的遗迹很少，虽然以卡尔提德王朝（1245—1381）统治者命名的雄伟城堡，很可能建在古老的地基上。许多赫拉特的帖木儿建筑包括宣礼塔、礼拜五清真寺和加瓦尔·沙德墓，仍然屹立不倒，尽管部分遭到了战争的破坏。[5]

阿富汗南部和西南部的赫尔曼德—阿尔甘达卜河是阿富汗最大的河流。坎大哈是该地区的主要城市，也是杜兰尼王朝的前首都，在阿尔甘达卜河及其支流洛拉河之间，位于连接印度河平原上的巴基斯坦信德省与赫拉特、波斯直至中亚的古代贸易路线上。坎大哈还得益于它是阿富汗距离巴基斯坦的卡拉奇最近的城市，卡拉奇是阿富汗大部分进出口货物运输的港口，也是巴基斯坦的铁路枢纽。从卡拉奇出发的火车，可以通往毗邻阿富汗的边境城市杰曼。

1737 年，老坎大哈被来自波斯的征服者纳迪尔·沙阿夷为平地。1750 年，艾哈迈德·沙阿·杜兰尼建立了现在的坎大哈市。古城的废墟位于凯塔尔山脊（Qaital Ridge）阴影下一个现代城镇的西南方 4 公里处。英国在 20 世纪 70 年代的发掘工作中，发现了许多埃兰语楔形文字板和一段希腊语墓志铭，这段墓志铭讲述了陷入困顿的希腊人索菲托斯是如何通过长途航海与许多城市进行贸易，并重获家族财富的。在其不远处，有通向佛龛的奇勒兹纳（Chehel zina，意为"四十级台阶"），拾级而上，可看到有一处石碑，上有双语铭文，是孔雀王朝的国王和佛教的守护者阿育王写的，波斯铭文则是受莫卧儿帝国创立者扎希尔·巴布尔之托刻上的。

在莫卧儿王朝和萨法维王朝（即萨菲王朝）时期，坎大哈是一个富裕的边境城镇，与这两个王国的贸易主要是当地生产的羊毛、印度棉和丝绸。小镇还

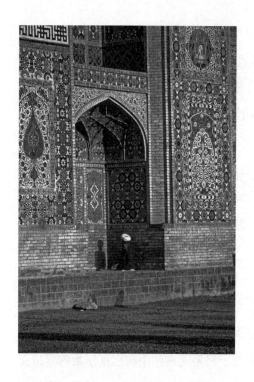

当太阳开始落山时，一名男子在赫拉特的
帖木儿礼拜五清真寺壁龛中祷告。

通过重铸银币获得财富。晚近以来，坎大哈陷入了困境，这种情况主要是由于
内战造成的。羊毛和丝绸在当地经济中仍然发挥着重要作用，还有坎大哈风格
刺绣装饰的男女束腰外衣。货币兑换仍然是一项重要的商贸活动，集市上有金
匠和银匠。小型工业包括水果罐头工厂和香料加工厂。然而，赫尔曼德—坎大
哈地区最重要的经济作物是鸦片。

被称为阿富汗之父的艾哈迈德·沙阿·杜兰尼埋葬在坎大哈，他的坟墓
毗邻阿富汗最重要的神殿，据说那里供奉着先知穆罕默德本人穿过的神圣斗
篷。坎大哈东部有一个主要的空军基地，最初是美国承包商建造的一个国际民
用机场。在 2021 年美国撤军前，有超过 1300 人居住在这个基地，其中大部
分是美国人，这里是阿富汗南部最重要的军事行动中心。

阿富汗西南部的法拉省、尼姆鲁兹省和南部的赫尔曼德省大部分都是荒
凉的沙漠。这些地区人口稀少，农业活动主要集中在法拉河、哈什河和赫尔曼

德河沿岸以及格里什克和拉什卡尔加周围的灌溉区。锡斯坦沙漠是伊朗、阿富汗和巴基斯坦之间的三角地带，这里的公路纵横交错，是伊朗和巴基斯坦之间鸦片和其他高价值产品的主要走私路线。边境线两侧的阿富汗城市扎兰季和伊朗城市扎博勒，位于赫尔曼德河和法拉河的尾部，在那里形成了浅湖，为伊朗、阿富汗边境两侧的农民提供灌溉。两个多世纪以来，对这些水域和锡斯坦的沿岸权利的争夺，一直是伊朗和阿富汗之间争端和紧张局势的一个根源，而围绕英国划定的锡斯坦边界的争议至今仍未解决。

　　大约 20 万俾路支游牧民居住在扎兰季及其周边地区。历史上，他们一直会迁徙到伊朗和巴基斯坦控制的锡斯坦地区，但边界的划分阻碍了这一传统活动。有一小块布拉灰人的飞地，在雷吉斯坦沙漠西南端的索拉巴克，他们使用的达罗毗茶语与印度东南部的语言有密切的联系。在蒙古军队摧毁赫尔曼德省下游的古老灌溉系统之前，扎兰季是通往伊朗南部的商队路线上的一个重要中转站。8 世纪早期，阿拉伯穆斯林军队将这个城镇作为征服信德的基地，后来它成为萨法维王朝的首都。扎兰季市区的外围，是壮观的铁器时代的纳德阿里堡垒，美国考古学家在锡斯坦调查发现了几十个青铜时代和铁器时代的定居点。然而，拉什卡尔加和布斯特周围的废墟是很久以后的事了，它是古尔王朝苏丹的冬宫遗址。2009 年，一条连接扎兰季和赫拉特—坎大哈公路的新的全封闭公路开通了。有计划要将这条公路延伸到伊朗的恰巴哈尔港。这条公路的建成将为阿富汗的进出口提供一个可替代性港口，以减少阿富汗对巴基斯坦卡拉奇港的依赖。

　　普什图部落是阿富汗南部和西南部的主要民族。坎大哈和格里什克是杜兰尼人的家园，位于坎大哈市和穆库尔县之间的塔尔纳克河上的沙赫萨法地区，曾经是皇室萨多扎伊氏族的据点。阿富汗南部另一个强大的普什图部落联盟是吉尔扎伊。坎大哈—加兹尼路上的吉尔扎伊堡，以前是吉尔扎伊部族的霍塔克族据点，尽管这个部落现在分散在阿富汗各地。1709 年，霍塔克部落的酋长米尔·瓦依斯·霍塔克在坎大哈建立了独立的阿富汗王国。1722 年，他的儿子马哈茂德·霍塔克占领了萨法维王朝首都伊斯法罕，统治了波斯南部 7 年。米尔·瓦依斯·霍塔克的坟墓位于坎大哈市的科卡兰。

哈扎拉贾特的中央高地是哈扎拉人的领地，这里的冬天漫长而酷寒，生长季节短暂而不稳定。传统上，哈扎拉人的主要出口产品是绵羊脂肪，即罗汉—伊扎德（roghan-izard，意思是"黄色脂肪"），是用于烹饪的；还有一种游牧民族在冬天仍在用的哔叽大衣。由妇女编织的哈扎拉基利姆毛毯是铺在地板上的，它很受贫困家庭的欢迎。若干年前，马铃薯被引进到这个地区，很快就成为当地的主要作物和主食。生活在山区使哈扎拉的人性格彪悍、体格强壮，过去他们主要从事挑水夫、门房、清理粪便、拉车、卖木头等工作。如今，许多都市化的年轻哈扎拉人，无论男女，都受过良好的教育，从事翻译、记者和社交媒体等工作。年长的哈扎拉妇女在服务行业工作，大多数从事女佣工作。最近穿越古尔班德山谷的喀布尔—巴米扬公路的铺设和拓宽，据称将对阿富汗这个最贫穷和最被忽视的地区产生重大影响。有计划将这条公路延伸到赫拉特，并拓宽和封闭从巴米扬到杜希的旧商队公路。如果这项计划得以实现，巴米扬—赫拉特公路将大大缩短喀布尔和赫拉特之间的通行时间。巴米扬谷地以前是一个主要的佛教中心，整个地区散布着佛教遗址，以及贵霜王朝和古尔王朝的防御工事（见表 2）。巴米扬最著名的佛教纪念碑是雕刻在悬崖表面的巨大佛像，2001 年被炸毁，但一个更高的佛像正在恢复建设中。最近，巴米扬山谷被联合国教科文组织列入世界遗产名录。

阿富汗的宗教生活

阿富汗曾被称为征服者之路。来自印度、波斯、阿拉伯、亚洲大草原、蒙古等地的多个入侵者曾在不同历史时期统治过这一地区，为这个国家的文化和民族多样性做出了贡献。然而，阿富汗同样可以被称为商业高速公路。因为这一位置既是战争与征服的要地，也处于古代亚洲地区贸易往来的要道。[6]阿富汗大部分主要城镇的重要性，是由它们在丝绸之路上所处的位置决定的。对"丝绸之路"这个词语来说，从来没有一条直接连接东西或南北的道路。跨越数千公里的货物转移是几十个地方性交易的结果，它很像至今阿富汗多数地方仍存在的每周集市上做买卖的样子。

这种横跨大陆的洲际贸易至少可以追溯到 3000 年前的青铜时代，当时在阿姆河流域、锡斯坦地区、印度河流域、中国、欧亚大草原和美索不达米亚平原等正在兴起的城邦之间，已经有了商业和文化上的联系。早期跨亚洲贸易的物品包括金、银、铜、青金石、印度象牙，可能还有奴隶、马匹和雇佣兵，因为大夏人①作为战士有着令人敬畏的名声。丝绸作为跨大陆贸易的重要物品，出现的时间要晚得多。同样重要的是，这时也出现了作为商业活动副产品的技术、意识形态和文化的交流。一个美索不达米亚风格的牛浮雕，出现在来自阿富汗巴格兰省法罗尔丘地遗址发掘出的青铜时代的金碗上，而在美索不达米亚乌尔城的著名的皇家旗帜上描绘的实心战车是亚洲内陆的风格。阿契美尼德人（见表1）引进了来自底格里斯河与幼发拉底河的灌溉技术，而两河流域阿卡德时代的女神娜娜，融入了希腊大夏王朝和贵霜王朝的神殿。亚历山大大帝在公元前 330 年征服这个地区时，他的追随者引入了希腊的神灵和希腊文字。在亚历山大短暂统治之后的塞琉西王朝和希腊大夏王朝的统治下，希腊、伊朗和北印度艺术风格的综合产生了犍陀罗文化，这种风格对早期佛教的肖像学产生了深远的影响。最近最壮观的考古发现之一是位于喷赤河和阿姆河交汇处的希腊—大夏王国城市阿伊哈努姆遗址的发掘。

公元前 1 世纪后期，来自今中国甘肃地区的月氏人，建立了他们自己的北印度帝国，也就是贵霜王朝（见表1），取代了希腊—大夏王朝。在贵霜王朝的庇护下，佛教传遍了整个阿富汗东部、中部和北部。同时，基督教也在这个

---

① 指公元前 256 年至公元前 145 年的巴克特里亚王国，位于今天帕米尔高原西部地区的阿富汗一带，中国古代典籍《史记》《汉书》称该地区为大夏。——译者注

地区获得了自己的地位，传统上认为，该地区的基督教是由"怀疑的信徒"圣托马斯带来的。

表 1　阿富汗主要前伊斯兰王朝（前 555—1001）

王朝	统治阿富汗的时间	首都	统治的阿富汗地区	族群 / 解释
阿契美尼德	前 555—前 330 年	波斯波利斯（伊朗）	赫拉特、巴尔赫（巴克特里亚）、坎大哈（阿拉霍西亚）	波斯人（埃兰人）/ 索罗亚斯德教
亚历山大	前 330—前 323 年	巴比伦	除了帕米尔和兴都库什以外的所有阿富汗地区	推翻阿契美尼德王朝，引入希腊诸神和希腊文字
塞琉古	前 313—前 250 年	塞琉西亚（伊拉克）	阿里亚（Aria）、巴克特里亚与印度在兴都库什的边疆地区	希腊化时期
希腊巴克特里亚	前 250—前 125 年	巴克特拉、阿伊哈努姆	除了帕米尔和努里斯坦以外的所有阿富汗地区	希腊文化 / 受到波斯和印度的宗教崇拜和文化的影响
孔雀	前 321—前 185 年	帕塔利普塔（印度北部）	阿富汗南部、赫尔曼德，坎大哈、喀布尔、贾拉拉巴德	北印度人 / 在阿育王（前 268—公元前 232 年）佛教徒治下的印度、犍陀罗文化兴起
贵霜	30—240 年	普鲁沙帕拉，（白沙瓦）、塔克西拉（冬季首都）、马图拉	所有阿富汗地区、贵霜在苏尔赫考塔尔和罗巴塔克的王朝中心	中国甘肃来的突厥游牧民 / 佛教的守护者，宗教崇拜包括伊朗、印度和美索不达米亚诸神、犍陀罗文化的鼎盛期
贵霜—波斯萨珊	230—459 年	巴格拉姆	所有阿富汗地区	波斯人 / 信奉琐罗亚斯德教
嚈哒国（亦称"白匈奴"）	459—670 年	巴贝多（今昆都士）巴尔赫	阿富汗北部，巴德吉斯、赫拉特、坎大哈、喀布尔	东伊朗人、突厥—蒙古人、白匈奴人
萨珊	496—650 年	伊什塔克尔，泰西封	阿富汗西部和西北部	波斯人 / 最后一位君主被阿拉伯穆斯林入侵者击败
突厥—沙希	5 世纪至 1001 年	卡比萨（今喀布尔）	喀布尔，阿富汗东南部	佛教徒、印度教徒 / 被伽色尼王朝推翻

然而，贵霜王朝自己则崇拜诸多神灵。在他们的统治下，以大夏语取代了希腊语，尽管大夏语使用的是修改后的希腊字母，但其仍属阿拉姆语的一种。公元3世纪末期，贵霜王朝被波斯的萨珊王朝征服，在普勒霍姆里市郊外的岩石上刻着关于王朝更迭的纪念文字，上面描绘了萨珊国王狩猎到一头犀牛的情景。萨珊人最初是阿娜希塔女神的祭司，他们将琐罗亚斯德教立为王国的国教，尽管基督徒偶尔会受到迫害，但是佛教、印度教和当地的宗教崇拜也得到了包容。公元650年，萨珊王朝被入侵的阿拉伯穆斯林军队推翻，宣告了萨珊王朝统治的终结。公元651年，萨珊王朝的最后一个国王伊埃嗣三世在巴拉穆尔加布附近被杀。

随后，阿拉伯穆斯林在赫拉特、梅马内和巴尔赫附近建立营地，摧毁了许多佛教和琐罗亚斯德教遗址。尽管如此，阿富汗的伊斯兰化经历了许多世纪。最初的伊斯兰化仅限于平原地带的城市中心，在古尔、巴德吉斯和兴都库什山区依然存在佛教徒、犹太人、基督徒、琐罗亚斯德教和当地的宗教信仰。公元642年，喀布尔被阿拉伯穆斯林军队短暂占领，结果被突厥—沙希人的军队彻底击败。突厥—沙希人是佛教的支持者。直到11世

普勒胡姆里附近萨珊岩石浮雕。这个非凡的浮雕是为了纪念萨珊王朝征服贵霜王朝，占领北印度而建的。

纪初，伽色尼王朝的苏丹马哈茂德才最终使喀布尔和阿富汗东南部伊斯兰化（见表2）。他也入侵了古尔，迫使当地人信奉伊斯兰教。然而，卡菲尔斯坦的卡菲尔人一直维持着他们古老的多神论宗教，直到19世纪90年代。

表 2　阿富汗的主要王朝（664—1256）

王朝	统治阿富汗的时间	首都	统治的阿富汗地区	族群 / 解释
倭马亚哈里发国	664—750 年	大马士革	阿富汗西部、北部和西南部	穆斯林、阿拉伯人 /747 年，阿布穆斯林的反抗导致了倭马亚王朝的覆灭
阿拔斯哈里发国	750—870 年	库法，后迁至巴格达	从 819 年开始，阿拔斯将自治权割让给当地的穆斯林统治	逊尼派穆斯林、阿拉伯人 / 受到东伊朗人的强大影响
萨曼	819—992 年	撒马尔罕，后迁至布哈拉	最初是赫拉特、巴尔赫，后来是所有阿富汗地区	萨满教，然后是逊尼派穆斯林 / 来自巴尔赫的波斯人
萨法尔	857—901 年	扎兰季	锡斯坦、赫拉特、巴尔赫、古尔、巴米扬	逊尼派穆斯林、来自锡斯坦的波斯人，901 后归顺萨曼王朝
伽色尼	977—1186 年	加兹尼	所有阿富汗，东伊朗和北印度	逊尼派穆斯林、突厥人 / 苏丹马哈茂德在北印度和古尔的战争
塞尔柱	1036—1157 年	雷伊，后迁至伊斯法罕	巴尔赫、赫拉特、加兹尼（短暂）	萨满教徒，然后是逊尼派穆斯林 / 乌古斯突厥
古尔	1187—1215 年	菲罗兹山，后迁至赫拉特	古尔、巴米扬、赫拉特、加兹尼和北印度，远至德里	逊尼派穆斯林、来自古尔的波斯人，建立了贾姆尖塔、德里的古达明那塔
花剌子模	1194—1223 年	玉龙杰赤，后迁都至萨马尔罕、加兹尼、大不里士	多数阿富汗地区	逊尼派穆斯林、突厥人 / 前塞尔柱的古拉姆重骑兵，最后的国王被蒙古人击败
蒙古帝国	1220—1959 年	哈拉和林	所有的阿富汗地区	萨满教徒和一些东方基督教徒 / 蒙古人的入侵导致了大规模的破坏和屠杀

现在，阿富汗除了极少数人外，大部分人都是穆斯林。根据 2004 年的宪法，阿富汗被正式认定为一个伊斯兰共和国。自 20 世纪 20 年代以来，阿富汗的法律深受哈乃斐教法的影响。哈乃斐学派是伊斯兰教逊尼派四大教法学派之一。大多数阿富汗人笃信宗教，坚持伊斯兰教的信仰和实践，但许多城市中的阿富汗人并不遵守每天 5 次祈祷的传统。虽然伊斯兰教属于严格的一神教，但教派与教法并非单一的，不同的教派对宗教信仰有不同的解释，包括从自然神论的理性主义到类似塔利班的清教徒式的排外主义。

表 3　阿富汗的主要王朝（1256—1858）

王朝	统治阿富汗的时间	首都	统治的阿富汗地区	族群 / 解释
察合台汗国	1259—1346 年	阿力麻里	阿富汗东部，包括喀布尔、加兹尼、昆都士、巴达尚赫	萨满教、佛教、基督教、蒙古 / 成吉思汗死后，帝国被其四个儿子瓜分
可汗尼德	1256—1333 年	马拉加，后迁至大不里士	赫拉特、巴尔赫、扎兰季、坎大哈	萨满，然后是逊尼派穆斯林、蒙古
帖木儿	1370—1507 年	巴尔赫，后迁至撒马尔罕和赫拉特	赫拉特、巴尔赫、坎大哈、喀布尔	逊尼派穆斯林、苏菲和萨满、帖木儿·朗的突厥—蒙古人后代
昔班尼（ShaibaniD）	1428—1599 年	布哈拉	巴尔赫和阿富汗北部（短暂地赫拉特和喀布尔）	逊尼派穆斯林、乌兹别克、成吉思汗的后代
托哈伊—帖木儿	1599—1785 年	布哈拉	从巴拉穆尔加布到卡塔干的阿富汗北部，在一个独立的米尔治理下的巴达赫尚	逊尼派穆斯林 / 成吉思汗和帖木儿的突厥—蒙古人后代
萨法维	1501—1722 年	伊斯法罕	赫拉特、坎大哈	什叶派穆斯林、突厥 - 波斯人
莫卧儿	1526—1858 年	喀布尔，后迁至德里	喀布尔、加兹尼、楠格哈尔、坎大哈（与萨法维有冲突）	逊尼派穆斯林、成吉思汗和帖木儿的突厥—蒙古人后代

大多数阿富汗人是逊尼派，但也有相当数量的什叶派和伊斯玛仪教徒。哈扎拉人主要是什叶派，其中一小部分人遵奉尼扎里伊斯玛仪传统，其精神领袖是阿迦汗。赫拉特也有大量的什叶派少数民族，而喀布尔的什叶派基齐勒巴什人是萨法维王朝驻军的后裔，他们被并入萨多扎伊国王的皇家卫队。喀布尔也是大量哈扎拉什叶派和伊斯玛仪派的家园。班加什、奥拉克兹和图里的普什图部落，住在帕克蒂亚省和帕克蒂卡省，以及边境另一边的巴基斯坦胡拉姆地区，他们也是什叶派。在巴达赫尚省住着一个很大的塔吉克族，属于尼扎里伊斯玛仪群体，伊斯玛仪的传播者、诗人纳西尔·胡斯劳在亚马甘圣地受人尊敬。巴格兰西南部的普勒霍姆里、卡扬、杜希和塔拉瓦巴塔克，也是伊斯玛仪派的主要中心。

逊尼派和什叶派在神学和某些宗教仪式上都有所不同。然而，造成他们产生分歧的根本原因是关于穆罕默德继承权的争论。逊尼派声称，这一权力被授予 4 位哈里发；而什叶派和伊斯玛仪派则认为，继承权被授予了穆罕默德的堂兄和女婿阿里，及其被称作伊玛目的后代。穆罕默德死后不久，围绕继承权的内战爆发，阿里和他的儿子哈桑被暗杀，阿里的另一个儿子侯赛因在战斗中被杀。随后，什叶派也在伊玛目的继承权上出现分裂：伊斯玛仪派承认 7 位伊玛目，什叶派承认 12 位。什叶派保持着早期的怨恨，在祈祷时诅咒前 3 位哈里发，逊尼派认为这是对他们的极大侮辱。在穆哈兰姆月，即伊斯兰教历元月，什叶派和伊斯玛仪派教徒在为期 10 天的阿舒拉节中公开悼念侯赛因。

逊尼派和什叶派的宗教生活都围绕着五日祈祷、每年的斋戒和庆祝两个主要的宗教节日（开斋节和宰牲节）展开。开斋节标志着斋月的结束。宰牲节也叫古尔邦节，是在麦加朝圣期间举行。在宰牲节里，人们会按照仪式宰杀一只羊或小牛，以纪念易卜拉欣（亚伯拉罕）牺牲自己的儿子以及神用羔羊替代来拯救他。

伊斯兰教严格区分宗教上的法令和禁令。每天的祈祷、斋戒和朝觐被认为是所有穆斯林必须履行的义务。饮酒或食用某些食物，则被认为在宗教上是非法的、不洁净的。所有的宗教义务都是有目的的、真诚的，可以积累宗教功德（sawab），宗教功德可以抵销人的邪恶行为、思想和行动。信徒们认为，如果自己积累了功德，在审判日来临时就会得到青睐。为此目的，虔诚的穆斯林可以进行额外的祈祷、斋戒和向宗教机构或穷人行善捐款。

　　苏菲主义是伊斯兰教的沉思形式，它对阿富汗的宗教生活有重大影响。在阿富汗，苏菲派基本上坚持伊斯兰教外在的修行义务，同时追求深奥的精神修炼。他们通过一系列的实践，如重复地吟诵圣歌、音乐和赞美诗。苏菲的奉献者称作穆里德，将自己置于一位称作皮尔（Pir，意为"导师""领导者"）的精神导师的权威之下，这位导师会带领他们逐级修行。苏菲派信徒的终极目标是无我和寂灭，也就是说，当认识到神是独自存在的一个整体时，自我就消

布哈拉的苏菲教派纳格什班迪耶教团。在 1868 年被沙俄占领之前，赞念（zikr）常在公共场所进行。在阿富汗，自伊斯兰革命以来，苏菲派的这种公开表演遭到积极的劝阻。然而，苏菲派仍然是许多阿富汗人精神生活的重要组成部分。插图源自 F.H.skrine 和爱德华·罗斯（E.D.ROSS）的《亚洲的心脏》（1899）。

亡了。这类似诺斯替信徒，既继续生活在物质世界中，同时又与这个物质世界分离时，自我就会消亡。修炼到无我与寂灭的程度时，修炼者会体验到神圣的爱。苏菲派的文献经常把苏菲派的修行和寻找比作爱人寻找被爱的人。苏菲派修行体验的另一个常见隐喻是"陶醉"。无我与寂灭的概念，导致一些苏菲教徒做法极端，以至被指责为异端，有些人甚至被处死。

在阿富汗有 3 个主要的苏菲教派（tariqas）[7]。纳格什班迪耶教派，是由白哈丁·纳格什班迪创立的，他是布哈拉人，于 15 世纪在今阿富汗地区建立了这一教派。当时赫拉特的帖木儿统治者资助纳格什班迪耶的哈瓦加干分支，最终在赫拉特和巴尔赫建起了数十处苏菲派中心。如今中亚的纳格什班迪耶教派仍然是苏菲派的主要分支，教徒多是乌兹别克人、土库曼人、艾马克人和赫拉特人。纳格什班迪耶的赞念是与众不同的，它提倡发自内心的低声诵念，虽然在巴尔赫和马扎里沙里夫周围有一些信徒在练习一种口语化的通用式赞念。

18 世纪晚期，纳格什班迪耶教派的一个被称为穆贾迪迪耶的印度分支教派在阿富汗东南部建立起来。这个教派的名字来源于谢赫·艾哈迈德·锡尔

阿富汗具有历史意义的朔尔巴扎。由于阿富汗在古代横跨亚洲交通要道上的位置，它一直是商人和小卖主的国度。插图源自《伦敦新闻画报》，大约 1879 年。

欣德的教导，它也被称为穆贾迪德·阿尔夫—伊·萨尼或伊斯兰教第二个千年的复兴者。谢赫·艾哈迈德是喀布尔人，但他的基地设在印度北部的锡尔欣德。穆贾迪迪耶教团非常严格地要求所有的信徒遵守伊斯兰教关于身体修行的教义，坚持伊斯兰教法，同时追求苏菲派的方式。穆贾迪迪耶在印度北部与印度教的遭遇，使得该运动特别反对一些民间伊斯兰教和神祇崇拜的做法，他们谴责这些做法不纯，是非伊斯兰教的。1763 年，锡尔欣德陷落于锡克教徒手中，导致穆贾迪迪耶教派的没落。随后，该教派的一些皮尔逃往北方，在喀布尔的老城、塔加布、达曼、坎大哈、加兹尼，以及北至布哈拉、巴达赫尚和赫拉特建立了修行聚会的场所卡加纳。在杜兰尼国王艾哈迈德的赞助下，来自塔加布和达曼的苏菲派教团首领们，来到设在喀布尔的大巴扎中的穆贾迪迪耶派集会中心，并在当时的政治舞台上风光一时。尽管那时他们与国王的关系实际上已经破裂，并以一场将改变阿富汗政治历史进程的对抗而告终。

卡迪里教团是 11 世纪末波斯人苏菲·阿卜杜勒·卡迪尔·吉拉尼建立的，主要在阿拉伯穆斯林中流行。17 世纪晚期，卡迪里教团的首领来到了阿富汗，许多普什图部落开始追随这一教团。后来，吉拉尼家族与杜兰尼王室通婚，在使王朝合法化方面发挥了重要作用。不像纳格什班迪耶教团的成员资格是由个人选择的，在卡迪里教团的传统中，部落的首领代表他们的氏族宣誓效忠某一位苏菲派教团首领。

契斯提教团得名于上哈里河定居地的名字，那里仍然可以看到早期的谢赫的陵墓。该教团成立于 10 世纪，由赫瓦贾·穆因丁·奇什蒂（也就是众所周知的加里布·纳瓦兹，被称为穷人的救星）引入印度北部。莫卧儿王朝是契斯提教派的信徒，皇室对加里布·纳瓦兹的陵墓和阿杰梅尔的乌塔卡西济贫院给予慷慨的资助。与阿富汗其他的教派不同，契斯提教派在一种称为萨玛（sama）的仪式中使用音乐、舞蹈、赞美诗和诗歌，也欢迎非穆斯林参加他们的仪式。契斯提教派强调对穷人的侍奉，他们的救济中心为穷人和弱者提供免费食物。契斯提教派在阿富汗的主要中心是马扎里沙里夫、巴德吉斯、赫拉特、喀布尔和阿富汗东南部。

许多阿富汗人并没有正式加入任何教派，但苏菲主义借助波斯语、普什图语和突厥语的诗歌、音乐和民间传说，在这些人中，具有强大的影响力。有许多自由职业的神秘主义者，被称为苦行僧或流浪者，他们游离于正统宗教的边缘。有些人四处游荡，有些人住在当地的圣殿里，在那里靠当地人的施舍为生，或者出售被称作塔维兹（tawiz）的一种抵御不幸和疾病的护身符，用来在战斗中提供保护或者确保在爱情和婚姻中获得好运。还有些不太有名的男人和女人，从事被禁止的贾杜加里术（Jadugari）——一种与魂魄交流的巫术。

齐亚拉特的圣殿是阿富汗人宗教生活的另一个重要元素，它既有宏伟的建筑，也有圣树、洞穴、水泉或不寻常的地质构造。一些圣殿是奉献给阿拉伯国王阿里·本·阿比·塔利布的，他是早期伊斯兰教的主要人物，被阿富汗人称作沙依·马尔丹，意思是男人的国王。尽管他从未涉足阿富汗，但这些献给他的圣殿，仍然遍布阿富汗全国，广受欢迎。还有许多关于沙依·马尔丹的传说，比如他的马和他的裂刃剑被称为佐勒菲卡尔的传奇宝剑。赫拉特著名的古扎尔加神殿建在赫瓦拉·阿卜杜拉·阿萨里的墓地上，他是著名的法理学倡导者，也是一部受欢迎的虔诚作品《祈祷之书》（*Munajat Nama*）的作者。

其他圣殿建在为伊斯兰事业而牺牲的人的坟墓上，这些人被称作殉道者。而以"生命的足迹"为名的神龛，是纪念圣者的遗像、奇迹。据说有些圣殿可以治疗特定的疾病，比如失明、被狗咬伤或阳痿。信徒们认为，所有的圣殿都被注入了一种受到祝福的神秘力量，可以确保好运甚至治愈疾病。女性特别信仰圣殿，礼拜三被视为妇女的圣殿日。还有一些供奉女性的圣殿，在巴尔赫的拉比娅·巴尔基圣殿供奉着一名年轻女子，她的叔叔发现她与一名奴隶有染后割断了她的喉咙；在希比尔甘，有一个被称作比比努欣的现代圣地，位于一位少女的坟墓的中心，这名少女因为家人拒绝了求婚而被求婚者杀害。

尽管历史上的阿富汗有琐罗亚斯德教徒、佛教徒、犹太教徒、基督教徒和印度教徒，但今天的阿富汗只有极少部分非穆斯林公民。第一次提到基督徒在这个国家的存在，可以追溯到公元 2 世纪的最后 10 年；到 5 世纪，在阿富汗西部至少有 4 位聂斯托利派主教，当时那里是萨珊帝国的一部分。在萨法维和莫卧儿王朝时期，几百名亚美尼亚人在喀布尔、坎大哈、赫拉特和巴尔赫建立了传统教区。后来，杜兰尼从拉合尔带来了一些擅长铸造大炮的亚美尼亚人。直到 1879 年，在喀布尔的巴拉希萨尔城堡中，仍有一座亚美尼亚教堂。根据记载，一些格鲁吉亚商人也生活在喀布尔、坎大哈和赫拉特。早期的欧洲探险者在喀布尔的阿斯马伊的山坡上发现了一位格鲁吉亚主教的坟墓。在过去 30 年左右的时间里，一小部分人数不详的阿富汗人成了基督徒，大多生活在西方国家。生活在阿富汗的基督徒很少公开宣布他们的信仰，因为他们怕被监禁。出于同样的原因，阿富汗的小阿玛迪亚运动和巴哈教的信徒也很少公开出现，他们分别诞生于巴基斯坦拉合尔和伊朗设拉子的伊斯兰复兴运动中，这些信仰的追随者被视为叛教者。

根据早期阿拉伯相关资料记录，梅马内有一个名为亚胡迪扬的庞大犹太社区。大约从 10 世纪开始，在古尔省的贾姆地区也有一个相当大的犹太社区，一直延续到 13 世纪。最近收藏的早期犹太文献是用波斯语写成的，但使用的是希伯来文字，似乎是中世纪犹太社区档案的一部分。直到 20 世纪 30 年代，数百名犹太人居住在巴尔赫、赫拉特和喀布尔，在喀布尔和赫拉特也有犹太教堂。然而，由于种族和宗教偏见，以及政治因素的影响，阿富汗所有的犹太人都逃亡了。只有一个拉比（即犹太教会的精神领袖）留在喀布尔，作为犹太教堂和妥拉卷轴的看守人。以前有数百名来自巴基斯坦希卡布尔地区的印度教徒生活在阿富汗的许多城镇中，但他们的人数现在大大减少了。今天，主要的印度教和锡克教社区在喀布尔、贾拉拉巴德、坎大哈和赫拉特，他们在那里从事纺织品贸易和货币兑换生意。在喀布尔，至少有一个印度寺庙和一个锡

在阿富汗的喀布尔存有最后一个功能齐全的犹太教堂。图中这位拉比是阿富汗曾经庞大的本土犹太社区的最后一位。在这里可以看到他拿着《圣经》卷轴和祈祷书。

克教寺庙。

　　阿富汗的前伊斯兰文化遗产仍然对流行文化产生着影响。朝圣者像佛教徒一样绕着神殿转，而神殿中常见的旗帜和横幅则源自佛教和印度教传统。事实上，有些神殿建在佛教或其他前伊斯兰教的圣地之上或与之毗邻。苏菲教派有一种叫作切希拉卡纳的严酷考验，在此期间教徒被限制在封闭的房间或洞穴里 40 天，只有一根蜡烛照明，几乎没有任何食物或水，这可能也源自佛教传统。

　　琐罗亚斯德教和古代波斯的二元论宗教传统也依然存在。点灯是神殿崇拜的一个共同特征，特别是在阿富汗北部，而古代波斯春分时的新年——诺鲁孜节，被作为一个全国性的节日庆祝。许多阿富汗人也会在诺鲁孜节之前或之后的礼拜三举行跳火仪式，人们跳越火堆来祈求好运。在马扎里沙里夫，诺鲁孜节的庆祝活动与另外两个前伊斯兰教的古老节日是平行的。在诺鲁孜节的早晨，一根装饰着旗帜的柱子在先知穆罕默德的女婿哈兹拉特·阿里的神殿中升起，这个仪式被称作简达巴拉。人们声称，在旗帜升高时，信徒们的不治之症会不药而愈。在升旗后的 40 天里，它会一直屹立在阳光下。这个传统的起源是模糊的，但它似乎与古代吠陀和印度的雅利安宗教有关。每年 12 月，许多家庭庆祝与诺鲁孜节对应的北半球的冬至。传统上，人们会整晚不睡以避免厄运，诵读哈菲兹的诗作，吃石榴、西瓜等红色水果。

诺鲁孜，或称沙依·马尔丹神庙的新年庆典，献给先知穆罕默德的表亲和女婿哈兹拉特·阿里。图中是该庆典的简达巴拉仪式，即竖起仪式旗杆。

阿富汗的家族身份与女性观念

阿富汗的社会围绕着大家庭或家族展开，这是主要的社会和政治网络。阿富汗人视自己为整体的一部分——一个按照血缘关系区分亲疏远近的复杂网络的成员。这个网络遍布全国，并越来越具有跨国性。他们并不拥抱欧洲个人主义和个人选择的理念。从小时候起，家庭成员就被灌输了大家族的多重身份认同，包括它的历史、谱系，它在社会等级中的位置和地位，以及与被称作瓦坦（watan）的与部落领土或特定地区的民族文化联系在一起。

在阿富汗，重要问题的决策不是个人的事情，而是由年长的男性，通常是父亲、哥哥和叔叔来做出决定，在某些情况下，还有年长的女性共同商议决策。一般来说，人越年轻，在社会中的地位越低，在决策中的发言权就越小。近年来，有大量可支配收入、在政府中担任要职和在外国组织工作的年轻男女可以影响决策。家庭成员追求自己的个人议程，如果不征求意见，或是不顾大家族年长成员的意愿，就会受到指责和制裁。更严重的情况下，这些家庭成员会被排斥、剥夺继承权或遭到放逐。在做出任何重大决定时，首要考虑的是所提议的行动方案是否会提高大家族的财富、社会、地位和运气。一旦决定采取行动，这个大家庭就会把他们的财富资源集中起来，向政府官员换取恩惠和荣誉债务，并要求远亲为家庭成员前往他们所在的地区提供食宿和便利。

在一个政治动荡和暴力事件频发的社会，另一个需要重点考虑的问题就是大家族如何确保其成员的安全。这可以通过联姻，或者在政府、军队及在有影响力的外国组织的任职来实现。对于大家庭来说，让成员为冲突各方服务以抵御风险的做法并不少见。例如，在苏联占领阿富汗期间，许多阿富汗家庭都有亲戚在苏联支持的共产主义政府服役，也与反政府的穆斯林游击队共同作战或在经济上支持他们。

自塔利班时代以来，西方话语就把重点放在阿富汗的妇女权利上。事实上，在 2001 年 9 月 11 日的袭击之后，美国总统乔治·W.布什以塔利班极端的性别政策作为推翻塔利班政权的一个理由。对于一些西方评论家和政治家来说，是否戴面纱已经成为检验阿富汗是否现代化，以及伊斯兰化程度的评价标准。阿富汗妇女身着传统的蓬状披风——布卡（burka）罩袍的形象，频频出现于阿富汗的媒体甚至学术刊物上，以致布卡罩袍成为阿富汗妇女遭受制度压迫的最典型象征。[8]

把这个问题放到文化背景中来看，在阿富汗，罩袍主要是一种城市现象，也是社会地位上升的家庭的一种象征，因为穷人买不起精心打褶和刺绣的服装。事实上，当塔利班在公共场所严格执行面纱令时，穷人会让几个妇女共用一件布卡罩袍。在阿富汗的许多农村地区，比如哈扎拉贾特，人们不穿罩袍；库奇妇女和一些土库曼人也不穿罩袍；而在赫拉特，伊朗风格的长围巾是女性在公共场所最常见的服饰，这种围巾遮住头发，但露出脸。

塔利班并不是第一个要求所有成年女性都穿罩袍或严格实行性别隔离的政府，因为自伊斯兰时代以来，遮蔽原则在阿富汗已经司空见惯。20 世纪 20 年代中期，试图取缔面纱的尝试以失败告终，伊斯兰主义者的强烈反对导致国王纳迪尔·沙阿严格要求女性遮蔽，并通过了严格限制妇女权利的法律。即使在 20 世纪 60—70 年代放宽了限制之后，在喀布尔和其他大多数城镇，仍会常见到穿着罩袍的妇女。在这个时代，国家控制的媒体上出现的年轻的、揭开面纱的超短裙妇女的照片，只代表了极少数受过教育的政府雇员和学生，更多的是政府的宣传，而不是一般现实的真实反映。1994 年，拉巴尼总统的圣战者政府也在世俗化的共产主义政府被推翻后，实行了严格的遮蔽原则，并颁布了关于女性礼仪的限制性规定。然而，圣战者政府没有禁止妇女从事工作、教育或医疗服务。

人们常常指责伊斯兰教法形成了这种限制性的文化，但在决定阿富汗的性别角色时，习惯法（adat 或 rasm wa rawaj）也同样重要，[9] 它往往剥夺伊斯兰教法赋予妇女的权利。例如，根据伊斯兰法律，已婚妇女有权拥有财产，并保留对她带给丈夫家庭的任何财富的控制权，而她的丈夫必须给她一份彩礼，即所谓的马尔（mahr），通常是一小块土地。然而，在许多农村社区，这一规定常常被视而不见。

与西方世俗社会相比，阿富汗的男女角色受到了更为严格的限制。在农村地区，普遍的观点是，女性应该待在家里；在城市地区，如果阿富汗家庭中的男性成员相信女性不会受到骚扰，他们一般不会反对女性离开家去社交、购物或工作。一般来说，家庭倾向于妇女在国营单位或外国机构工作，因为这些地方环境的威胁往往较小。许多阿富汗人热衷于送女童上学，因为教育被视为一项高度优先事项。在传统的家庭中，妇女必须征得丈夫或父亲的同意才能离开家。为了安全起见，当她们离开家时通常会结伴而行，或者由被称为马赫拉姆（mahram）的近亲男性亲属，如父亲、兄弟和丈夫陪同。

大多数婚姻是由有关家庭共同商定的。在城市化程度更高、受过良好教育的家庭中，只要双方家庭能确保未来的姻亲地位平等、收入可观，而且未来的丈夫会好好对待妻子，那么他们就会同意这门婚事。在农村和部落地区，女孩早在 10 岁或十几岁时就已订婚或结婚。一旦婚事商定，城市中的家庭通常会允许夫妻双方在家人的监督下进行探访，这样他们可以互相增进了解，但不允许他们私自相见。在幕后，双方家庭中丈夫一方的家庭会支付彩礼给未来的姻亲家庭，这通常会涉及现金和商品。在富裕的家庭中，这些礼物包括土地、精美的地毯、汽车甚至房子。准妻子的家庭为她提供嫁妆和其他家庭用品，如衣服、床上用品、缝纫机和家庭用具。为了庆祝订婚，会有个叫食蜜（shirini khori，字面意思是吃甜食）的订婚仪式，还有婚礼宴会，通常会有数百名宾客参加。在婚礼上，新娘不能大笑或微笑，这样做会被认为是对父母的不尊重，因为这意味着她很高兴离开父母。按照传统，婚礼会持续 3 天。对很多家庭而言，这可能是件奢侈的事情，因为许多家庭会因此负债。一旦婚礼结束，新婚妻子通常会搬进夫家，在那里他们将被分配属于自己的房间。

按照风俗规定，妻子通常在早上第一个起床，晚上最后一个睡觉。殴打妻子的现象仍然是常见的。理论上，一个男人可以通过公开形式重复 3 次宣布"我要和你离婚"而与妻子离婚。然而，任何试图与丈夫离婚的女性，都面临着痛苦而艰难的挣扎。即使最终成功了，通常也会失去她的孩子，因为孩子被视为属于她丈夫的家族成员。阿富汗人的另一种常见习俗是叔娶嫂制，即寡妇必须嫁给丈夫的兄弟，这种习俗在部分阿富汗家族中仍旧实行。但是，如今一夫多妻的现象少了。

尽管面临许多困难，但阿富汗妇女远非西方学者与媒体讨论中所描述的那种软弱无力的受害者，历史学家在讨论统治者、男性伊斯兰学者和穆斯林长老时往往忘记他们都有妻子。在穆斯林世界，妇女一直在私下和公开场合发挥着巨大的影响力。在 9 世纪的巴尔赫，艾哈迈德·B.希兹拉瓦的两个妻子成为伊斯兰教法著名的倡导者，[10] 一名在伊拉克出生的独身主义神秘主义者被收入著名波斯苏菲派穆斯林诗人法利德·阿塔尔写的苏菲派早期人物传记。[11] 帖木儿皇后打破常规，在赫拉特兴建了许多重要的伊斯兰机构；在杜兰尼王朝统治下，皇家后宫的重要女性影响了国家政策，决定了王位的继承。

近一个世纪以来，许多受过教育的阿富汗妇女投身争取妇女权利的斗争，而且勇于发声，尽管这些声音常常无法为公众所知。赫拉特有几位著名的女性音乐家和几个乐团的女性，还有一些其他女性甚至像男性一样生活。[12] 一些阿富汗妇女也曾和她们的丈夫并肩作战，战败的统治者经常会让他年长的妻子光着头去找胜利者求饶。一名遭到性侵犯的有一定社会地位的妇女，很可能把她的面纱或沾有血迹的衣服送给一名亲密的男性亲属，要求他为家族荣誉报仇。在不那么显赫的圈子里，不能得到高级官员欣赏的家庭会派出自己的女人替他们求情，甚至公开奚落官员。通常情况下，这位官员因不得不面对女性说话而感到羞愧，以至于他会采取行动，哪怕只是为了摆脱这个讨厌的求情。阿富汗社会一直有一个传统，那就是只有作为敌人被击败的男性成员才会受到惩罚，直到最近，女性很少被监禁，从未被处决。

在家庭中，年长的女性通过生育子女，特别是男性后代的养育而获得地位、权力和影响力。她们管理家庭事务，掌管食品储藏室的钥匙，控制家庭开支，监督仆人，为家人和客人准备食物。女人作为养育孩子的家长，也是为她们的儿子和女儿操心婚姻大事的人。因此，阿富汗男人对母亲的感情比对父亲的感情要深得多。阿富汗妇女经常以拒绝与丈夫发生性关系的方式，来表示她的不满或迫使他改变主意。在这个仍然由男性主导的世界里，也存在着非正式的制衡。如果一个男人要和他的妻子离婚或者发生家暴，就有可能惹怒他的姻亲家庭，女方的家人会来到男方家，要求他尊重自己的妻子，女方也不会为此感到内疚。如果女方家族的势力足够大，而且女方被冒犯得太过分，他们甚至可以把女方从夫家带走，直到事情解决为止。在发生严重纠纷的情况下，一方可以指定仲裁员调解双方的关系。作为最后的手段，姻亲可以公开羞辱特别残忍的丈夫。由于会有来自同辈和家庭的压力，以及顾忌丢面子，因此离婚并不普遍。而有钱人出于某些原因对妻子不满意，就会娶第二个妻子。

西方对阿富汗性别问题的讨论，往往忽视了过去 100 多年来阿富汗妇女解放方面取得的实质性进展。他们还忘记了，不到一个世纪以前，在许多西方国家，"女主内"的观念是司空见惯的，妇女也没有以自己的名字拥有财产或具有投票选举权。在阿富汗，争取妇女权利也是一个缓慢而痛苦的过程，其中还经历了许多倒退。然而，值得注意的是，在 20 世纪初，所有妇女在公共场合还都必须戴面纱，很少有妇女敢于走出自家的院子；国家在公共部门不雇用妇女，也没有为女孩开设的小学。直到 1978 年穆罕默德·达乌德总统下台时，国家在医疗、教育、政府机构和警察部门雇用了数千名妇女；全国有几十所女子学校，许多妇女拥有高等学历，拥有投票权，议会中也有分配给妇女的席位。在 1978 年到 1992 年的共产主义政府统治下，性别政策更加自由，甚至拉巴尼总统的伊斯兰化政府也允许妇女工作和学习。至于 2001 年美国和北约的干预，也并没有引发一场针对女性的重大文化革命，而是大体上恢复了与塔利班在性别问题上持有非常相似观点的伊斯兰主义女性观。这使得妇女权利的重大改革更加困难，尽管外国机构和北约的存在抑制了当时政府中一些极端的意识形态。即便如此，对担任公共角色的妇女的制度偏见在日常生活和国家机构中仍继续存在。

普什图瓦里：阿富汗人的荣辱观

英国殖民者在印度西北边境与普什图人的交往和冲突，导致人们对"普什图瓦里"（pushtunwali）的部落习俗和传统的高度重视。这些部落视冲突状态为永久性的。因此，有句经常被引用的谚语总结道："普什图人只有在发动战争时才会处于相互和平状态。"总的来说，英国官员继承了莫卧儿人的偏见，因为莫卧儿人和英国人一样，经常与普什图部落交战。的确，更有可能的是，莫卧儿王朝将普什图瓦里轻蔑地总结为黄金、女人和土地。普什图人自己对普什图瓦里的定义更为正面，所有内容都基于维护个人和部落荣誉的原则，尤其是关于在战斗中表现出的勇气和捍卫个人在保护弱者或易受伤害者方面的荣誉。

"好客"是普什图社会的另一项重要价值观，因为这是获得荣誉的另一种方式。"庇护"（Nanawatai）的习俗要求个人为任何寻求保护和庇护的人提供帮助，即使他们是政治逃犯、罪犯或私敌。此外，还有一个关键但特别难以定义的价值观，甚至普什图人也很难解释清楚。这个价值观的定义涉及对大家族荣誉的积极保护，尤其是成年男性作为女性的"守门人"的角色。甚至从这一价值观延展出对维护女性的美德和端庄的要求。[13] 普什图瓦里的其他价值观包括施受对等，特别是与报复有关的义务。然而，对普什图人来说，"普什图瓦里"的核心不是一串做或不做的术语或事情，而是一种生活方式，因为普什图瓦里意味着"是或想要成为普什图人"。

英国殖民统治者主要与山地部落打交道，他们是居住在阿富汗边境的普什图人，普什图瓦里在那里的势力根深蒂固。有一种倾向认为，这种文化实践是普什图社会普遍存在的、独特的。许多城市化的普什图人并不支持"普什图瓦里"，也不喜欢欧洲人聚焦于"施受对等"准则的消极方面，因为它给人的印象是普什图人的社会天生就无法无天的、野蛮的。[14] 一些普什图族学者甚至摒弃"普什图瓦里"的许多内容，认为它一方面是 20 世纪早期民族学的浪漫构造，另一面是国家支持的民族中心主义的产物。

普什图瓦里的许多特征远不是独一无二的，在阿富汗的其他语言族群中也有不同程度的存在。哈扎拉人、努里斯坦人、土库曼人和哈萨克人也有自己的习惯法。至于相互报复的文化，这主要是在游牧民族、农村和山区居住的普什图人中实施的行为，施受对等的观念对乌兹别克人、哈扎拉人、努里斯坦人和俾路支人同样重要。当西方作者关注"施受对等"准则的负面影响时，需要注意的是，许多普什图人和其他阿富汗公民一直在不知疲倦地通过传统的冲突解决机制来解决争端和仇杀。

"好客"对所有阿富汗人同样重要。请客人吃饭并邀请他们留宿，或者为旅行者提供住宿，这种做法既值得称许，也提高了主人和客人的地位。在阿富汗农村，旅行者有权免费住上 3 个晚上，村长和部落首领会为客人保留一个特殊的专用客房。"荣誉"也是所有阿富汗人民的一个关键组成部分。

在阿富汗，荣誉的获取，来自发扬男子汉气概、战士的美德和对公共荣誉的追求。荣誉可以被授予，也可以去争取。授予的荣誉源于个人的出生、血统和国家或宗教机构授予的历史性荣誉。争取荣誉是通过战斗、特别是圣战中的英勇，以及慷慨、好客、捐赠公共机构、文学成就、公共服务和成为一名虔诚的穆斯林中获得的。在乌兹别克和土库曼文化中，成年男子也通过他们的运动技能来获得荣誉，如摔跤手。这种以荣誉为中心的世界观的另一面是需要避免被羞辱，也就是避免被抹黑。羞耻涵盖了各种各样的负面行为，从不尊敬长辈，到懦弱，到当众被羞辱或从高位被罢免。

遭到羞辱，尤其是在公开场合，是任何一个阿富汗人可能遇到的最糟糕的事情之一。普什图的谚语说："光荣地死去胜过耻辱地活着。"普什图诗人

好客是所有阿富汗社会的基本价值观。图中是阿富汗北部的一个家庭在一个有围墙的花园里品茶。

胡什哈尔·汗·哈塔克曾写道：世界就是耻辱、姓名与荣誉。没有荣誉，世界什么都不是。

从本质上讲，荣辱文化既具有竞争性又具有好斗性，因为在追求荣誉的过程中，人们常常试图羞辱对手或使他们丢脸。在任何比赛中，无论是体育比赛、战争或王朝权力斗争，总会有赢家和输家。例如，谁获得了公众的荣誉，就有可能受到别人的嫉妒，因为一个人的收获与荣誉总是伴随着另一个人的损失与耻辱。既然失败是可耻的，而耻辱总是要被抹去的，那么失败者就会尽其所能挽回面子和名誉。在某些情况下，例如，一名家庭成员被杀害，耻辱如此之大，只能通过流血来弥补荣誉，因为死亡意味着家族是软弱的，它无法保护其成员。外国人一般对阿富汗文化的了解是表面的，他们常常发现自己无意中成为这种荣辱二元性文化的受害者，因为这种文化基本上是外来者无法理解的，特别是对北欧国家的人来说。在公开场合狠狠训斥（"训斥"本身就是强烈的羞耻）阿富汗员工无能或不专心，可能会引起该员工的愤怒。外国人考虑的是对与错，而阿富汗人在意的是她或他被羞辱，在其他人面前丢了面子。许多所谓的"绿袭蓝"袭击，即阿富汗政府安全部队将枪口对准外国同行，往往是因为阿富汗人曾被外国官员公开羞辱。

妇女被错综复杂地捆绑在这个交织着荣誉和耻辱的世界里。因为家族荣誉不仅源于伊斯兰教要求成年妇女在公共场合必须遮住头部，这种习俗也是基于这种信念，即隐藏是最好的，在某些情况下也是保护女性贞洁并因此守住荣誉的唯一方式。如果一个女人打破了性禁忌，她不仅给自己、也给家族带来了耻辱。在一些极端的情况下，荣誉只能通过她最亲近的男性亲属将她处死来挽回，这就是所谓的"荣誉谋杀"。然而，尽管有各种办法试图控制和限制女性，但阿富汗的流行音乐、诗歌、浪漫故事和民间传说都有涉及在传统之外恋爱故事的内容，而且常与一个女人的"黑眼睛"的一瞥就让年轻男人因为欲望而疯狂的故事有关。毫不奇怪，这样的恋情往往以悲剧告终。

第一章

阿富汗苏丹国（1260—1732）

> 巴赫洛和谢尔·沙阿的威名在耳畔回响，
> 印度的阿富汗皇帝，治国有方，
> 六七代君王的开明睿智，
> 黎民百姓充满敬仰。
> 或许当年的阿富汗人踪迹全无，或许如今的阿富汗人已经换了一副心肠。
>
> ——胡什哈尔·汗·哈塔克
>
> 在阿富汗众多部族中，毫无疑问的是，如果一个部族的人口比另一个部族多，它就会去摧毁后者。
>
> ——谢尔·沙阿·苏里 [1]

在阿富汗现代史中，通常将 1747 年看作现代阿富汗国建国的日子。[2] 因为在这一年，阿卜达利部族年轻的阿富汗人艾哈迈德·沙阿在坎大哈建立了一个独立王国，创立了君主制的杜兰尼王朝。杜兰尼王朝的统治在阿富汗一直持续至 1978 年。事实上，阿富汗人在伊朗—印度边界的统治史可以追溯到艾哈迈德·沙阿出生前的许多世纪。而他并不是第一位统治独立王国的阿富汗人，在他的家族或部族成员中也没有过。

1707 年，吉尔扎伊部族的霍塔克人米尔·瓦依斯于坎大哈起兵反叛波斯萨法维帝国，建立了自己的王国，延续了 30 多年。1722 年，米尔·瓦依斯之子沙阿·马哈茂德甚至入侵波斯帝国，废黜了萨法维国王，统治自坎大哈至伊斯法罕的波斯帝国达 7 年之久。米尔·瓦依斯的后代被赶出波斯帝国之后，依然统治着坎大哈和阿富汗东南部，直到 1738 年。

1717 年，米尔·瓦依斯反叛 10 年后，艾哈迈德·沙阿的远房堂兄阿卜杜勒·汗·萨多扎伊脱离萨法维帝国，在赫拉特建立了第一个独立的阿卜达利苏丹国。艾哈迈德·沙阿的父亲和同父异母的哥哥都曾短暂地统治过这个王国。艾哈迈德·沙阿的王朝始建于 1747 年，终结于 1824 年，其后代被艾哈迈德·沙阿的巴拉克扎伊族维齐尔（Wazir）的后裔、敌对的阿卜达利部族的穆罕默德扎伊人废黜。1929 年，穆罕默德扎伊族的国王也被废黜。短暂的间隔后，另一个穆罕默德扎伊王朝——穆萨希班王朝执政。该王朝在 3 个阿富汗阿卜达利王朝中的执政时间最短，其最后一位执政者——总统达乌德死于 1978 年 4 月的一次政变。这些王朝均归属于阿卜达利（或称"杜兰尼"）部族，然而其世系间毫无亲情可言。事实上，统治北印度的历代阿富汗王朝书写的是一部动荡史，其内部政治也充满世仇和频繁内战。

尽管许多部族自称"阿富汗"（今天该词被认为与"普什图"同义），但阿富汗的王朝史主要由阿卜达利和吉尔扎伊两个部族集团主宰。作为一个有着鲜明特色的部族，吉尔扎伊的部族史至少可以追溯到公元 10 世纪。吉尔扎伊人在史料中被称为卡拉伊或卡勒赫。这一时期，他们的主要活动中心是吐哈里斯坦（今巴尔赫平原）、古兹干南（今法里亚布省南部的丘陵区）及萨尔普勒省和巴德吉斯省、赫尔曼德省和加兹尼省。今天，吉尔扎伊人被视为普什图部族不可或缺的一部分，横跨现代阿富汗—巴基斯坦交界，但是在 10 世纪的文献中把卡拉伊人称为突厥人，"具有突厥人的相貌、衣着和语言特征"；位于扎门达瓦尔（Zamindarwar）的卡拉伊部族甚至说突厥语。[3] 卡拉伊人很可能源自嚈哒（Hephthalite）突厥人，是来自亚洲内陆一个游牧部族联盟的成员。这个联盟曾经在公元 5 世纪至 7 世纪初统治着印度河以北的全部区域和伊朗东部的部分地区。[4] 卡拉伊人是半游牧民，拥有大量的羊群和其他动物，很多吉尔扎伊部族至今仍保留这一传统。

卡尔吉苏丹统治时的阿富汗

加兹尼王朝（961—1186）因首都位于加兹尼而得名。这一时期，卡拉伊人是被招募加入加兹尼军队的古拉姆（即契约士兵）。[5] 古拉姆常被称作"奴隶军"，在伊斯兰军队中司空见惯，一直沿袭到 20 世纪。最负盛名的古拉姆当属奥斯曼帝国的苏丹亲兵。但是，古拉姆一词在欧洲语境下并没有奴隶之意。与效忠部族首领而不是君主的部族契约兵不同，古拉姆大都来自被征服的部族，这些部族往往是被强迫皈依伊斯兰教的非穆斯林部族。古拉姆因此为统治者提供了忠诚的军队，通过誓约和庇护制效忠君主，削弱了苏丹部族和其他权势派系在朝廷的力量。

古拉姆通常训练有素，武器配备优于王国内其他军事力量，是一支最近似于职业军的军事力量。他们的指挥官享有特权，常常身居要职，拥有大片土地。在一些穆斯林国家，势力强大的古拉姆的指挥官可以像国王一样行事，甚至偶尔废黜主人建立自己的王朝。加兹尼人就是极好的例子。建立了加兹尼王朝的突厥人萨布克特勤（942—997）来自巴尔思罕，也就是今天的吉尔吉斯斯坦，他曾是古拉姆的将领。他被布哈拉的波斯萨曼王朝统治者派去统治加兹尼，结果，他后来脱离波斯帝国，建立了自己的王国。[6]

既然加兹尼军队中的卡拉伊人被称作古拉姆，那么他们极有可能是众多居住在哈里河、穆尔加布河和巴尔赫河流域丘陵地区的卡菲勒（即异教部族中的一员）。公元 1005—1006 年，最著名的加兹尼王朝统治者苏丹马哈茂德入侵并征服了这一地区，将该地区伊斯兰化。作为投降条款的一部分，当地统治

加兹尼苏丹巴赫拉姆·沙阿（1084—1157）的宣礼塔，是加兹尼城外现存的两座中世纪宣礼塔之一。

者必须为加兹尼军队提供大量古拉姆。卡拉伊人很快就证明了自身的价值。他们先击退了另一支突厥部落——卡拉哈尼德人的入侵，然后讨伐北印度的印度教统治者。

1150 年，加兹尼被来自巴德吉斯、古尔丘陵区和穆尔加布河上游讲波斯语的古尔人消灭。至 1186 年，加兹尼政权在北印度的残余被全部肃清，古尔部族将卡拉伊古拉姆并入他们的军队。也正是这一时期，他们和开伯尔山口地区的部族开始被称作阿富汗人。尽管这一称谓的来源和意思并不确定。或许阿富汗是一个口语词汇，用于描述半游牧的牧人部族，类似于今天人们将长年迁徙的阿富汗部族总称为牧主或库奇。直至 19 世纪，由于英国殖民统治影响，阿富汗人一般被用来指普什图人（在盎格鲁—印度语中也称其为帕坦人）。

加兹尼王朝和古尔王朝时期，许多卡拉伊人和其他阿富汗部族被安置在加兹尼附近，其他部族居住在苏莱曼或坎大哈、喀布尔和木尔坦（Multan，今属巴基斯坦）这些偏远地区，他们被赐予放牧的权利。这种迁移或许是对他们所服兵役的回报，但这更可能是一种战略决定，因为迁移意味着一旦发生战争，这些部族能够迅速集结。14 世纪初，阿富汗人是阿富汗南部和东南部地区民族谱系中最常见的人种。阿拉伯旅行家伊本·巴图塔曾于 1333 年游历喀布尔，他记录下旅行时的商队在卡尔马什（Karmash）要塞附近的一条狭窄通道与阿富汗人发生激烈冲突的全过程。[7] 该通道很可能位于古老的喀布尔—贾拉拉巴德公路之上。伊本·巴图塔称呼这些阿富汗人为"拦路强盗"，但是基于现有的少许资料，或许当时这些部族只是索要安全通关的费用，而商队的领队没有支付这笔例定规费。值得注意的是，伊本·巴图塔记录了喀布尔—贾拉拉巴德地区的阿富汗人说波斯语，但没提到他们是否也说普什图语。

这一时期的其他文献将阿富汗人刻画为令人敬畏的战斗民族。一位作家形象地将他们比作"一头巨象……（一座）要塞里的高塔……大胆、骁勇、顽强的战士；每个人，或者在山上，或者在林间，可以对付一百个印度教徒。在暗黑的夜里，能够令魔鬼却步"。[8] 在印度的诸多战役中，这些阿富汗古拉姆不负盛名。古尔王朝给他们的指挥官许以位于北印度平原的世袭封地（jagirs）。这使大量的阿富汗部族从今天的阿富汗南部和西南部丘陵地区迁徙到土地肥沃、水源丰沛、无霜冻灾害的印度平原。此时的卡拉伊人被称作卡尔吉人（Khaljis）或吉尔吉人（Khiljis），他们日渐强大，最终拥立自己人登上德里王座。1290 年，他们夺取政权，并在接下来的 30 年间统治着北印度。

卡尔吉人和其他阿富汗部族始终远离印度教徒的臣民，以宗族归属的方式生活在各自被称作马哈拉（Mahalas）的宿营地。第一位卡尔吉苏丹（1290—1296 年在位）甚至拒绝前往德里上朝理政，并在几公里外的阿富汗飞地基洛赫里修建了一个新首府。[9]这种文化隔离又因卡尔吉人同族通婚的习俗而得到进一步强化。卡尔吉部族首领对苏丹的权威鲜有尊重，同时，由于反抗苏丹对其自治传统的限制，部族首领与王室间的冲突频繁发生。[10]卡尔吉人还因氏族间的仇杀而臭名昭著，然而他们毫不顾及自相残杀给政权带来的后果，在朝堂之上与竞争对手针锋相对，有一次他们竟然在国王面前大打出手。然而，卡尔吉人也是一支无坚不摧的军事力量。苏丹和他的继任苏丹（1296—1316 年在位）甚至几次击退入侵的蒙古军队，使北印度免受蒙古人铁蹄的践踏，阿富汗、波斯和中东则未能幸免。

最后一位卡尔吉苏丹于 1320 年遇刺身亡，一个由突厥人建立的杜格拉（Tughlaq）王朝夺取了政权。但是阿富汗人依然是北印度政治和军事生活中的一股重要力量。1436—1531 年，卡尔吉王朝的一个支脉统治着位于现代印度中央邦（Madhya Pradesh）的马尔瓦（Malwa），而数以千计的哈里斯人在西印度拥有大片土地，他们的几十个营地散落分布在从旁遮普到孟加拉的北印度地区。阿富汗人也继续为杜格拉王朝统治下的德里苏丹（Tughlaq）军队提供精兵强将，其中一些人在军中握有重权。

1451 年，洛迪宗族的卡尔吉人巴赫鲁勒·汗废黜苏丹，建立了第二个阿富汗苏丹国，史称洛迪王朝，统治北印度 75 年（1451—1526）。洛迪王朝时期，另一批阿富汗人迁徙至北印度。他们延续了营地居住的传统和同族通婚的习俗。靠近今天印巴边界的洛迪亚纳，就是因为此处曾经是一个洛迪营地而得名。尽管身为穆斯林教徒，但洛迪人只是半伊斯兰化。苏丹巴赫鲁勒·汗征服德里后，带领他的追随者们参加清真寺的礼拜五主麻日祈祷，以确保苏丹的名字能够在呼图白（Khutba）祈祷仪式上被吟诵。这是礼拜五会众祈祷义务的必要行为。伊玛目看到阿富汗人遵照仪轨做祈祷如此困难，不禁感叹道："这是多么奇怪的部族。他们不知自己究竟是达贾尔（Dajal，反对基督者）的追随者呢？还是自己就是达贾尔附体？"[11]

莫卧儿征服印度和阿富汗

1526 年的帕尼帕特之战，洛迪王朝最后一位苏丹被查希尔·巴布尔指挥的莫卧儿军队打败，洛迪王朝猝然终结。作为帖木儿·朗（Timur Lang）和成吉思汗的后裔，巴布尔成为统治印度的一众突厥统治者中的最后一位，他的莫卧儿帝国疆域包括喀布尔和阿富汗东南地区。巴布尔的父亲出生于费尔干纳绿洲（今乌兹别克斯坦）的安集延，他的王国疆域包括撒马尔罕和布哈拉。他父亲死后，巴布尔被沙伊巴尼（Shaibanid）乌兹别克人驱逐，穿过阿姆河，最终从帖木儿统治者手中夺取了喀布尔。入侵印度之前，巴布尔发动了一系列针对拉格曼部族和楠格哈尔部族，以及开伯尔山口地区的莫赫曼德族、加兹尼的吉尔扎伊族等阿富汗各部族的远征。[12]

帕尼帕特大捷之后，巴布尔竭力修复与位于喀布尔和旁遮普之间的军事要道的阿富汗部族的关系。为此，他迎娶了开伯尔山口地区数量最多、势力最强的优素福扎伊汗王之女。前朝臣子迪拉瓦尔·汗·洛迪也被其收入麾下，成为其最信任的谋士，并被授予汗·哈南，也就是"汗之汗"（Khan Khanan）的世袭头衔。洛迪王朝的其他朝臣或为总督或为军中高官。1540年，巴布尔死后，他的儿子们为了权力发动内战，最终卡卡尔部落苏里宗族的法里德·阿尔-丁将巴布尔的儿子、继承人胡马雍逐出德里，自称谢尔·沙阿·苏里。谢尔·沙阿·苏里在位 15 年，统治着德里以及北印度大部分地区。这期间，胡马雍的兄弟们继续控制着坎大哈、加兹尼、喀布尔和白沙瓦。胡马雍本人逃亡到波斯，流亡 15 年后，最终重获德里王位，恢复了莫卧儿王朝的霸主地位。

谢尔·沙阿·苏里的反叛使莫卧儿王朝对阿富汗人的态度变得强硬起来。胡马雍的儿子、王位继承人阿克巴大帝（1556—1605 年在位）没收了阿富汗人的世袭封地，并撤销了他们的总督身份和军中要职。莫卧儿王朝的史学家常称阿富汗人为"黑脸""无脑""流氓""邪恶"，这也加剧了种族歧视。[13]军事镇压、财产充公以及普遍歧视引起阿富汗人的强烈不满，因为许多阿富汗人依然在忠心效力莫卧儿帝国。

作为权利被剥夺的回应，阿富汗人发动了被称作罗沙尼亚（Roshaniyya，意为启示）的千年武装运动，对莫卧儿帝国在印度西北部的统治造成了近半个世纪的威胁。[14]千年武装运动创始人巴亚齐德·安萨里（生于1525年），又称罗沙皮尔，他来自奥尔穆尔或巴拉基小部族，母语不是普什图语，而是奥尔穆尔语。安萨里的父亲是一位宗教教师，但他因自己的非正统观点与父亲和部族

16世纪初，帖木儿人战斗
场面微型图。

闹翻了，被迫逃往莫赫曼德部族位于开伯尔山口地区的领地，之后在蒂拉山区建立了自己的基地。

16世纪70年代中叶起，罗沙皮尔开始宣称自己是末世救赎者马赫迪。根据伊斯兰教义，在世界末日现身的马赫迪将带领人类进入黄金时代，届时全世界都将皈依伊斯兰教。拜访了坎大哈地区一位无名的苏菲派神秘主义者后，罗沙皮尔宣布对莫卧儿王朝发起圣战，并得到优素福扎伊部族、阿夫里迪部族、奥拉克扎伊部族和莫赫曼德部族的有力支持。罗沙尼亚运动在教义上是非正统的，因此被正统的逊尼派当权者谴责为异端。许多批评家称这场运动为"黑暗"。罗沙尼亚运动带有强烈的民族主义色彩，罗沙皮尔的一个主要诉求是彻底摆脱莫卧儿王朝的统治。

罗沙尼亚运动正值阿克巴大帝忙于其他麻烦事的时候，此时阿克巴正在焦头烂额地忙着与兄弟、拉合尔总督哈基姆的内战，以及对克什米尔的征服战。1581年，阿克巴重新掌控拉合尔和白沙瓦地区，并乘胜北上开伯尔山口，于楠格哈尔的巴罗战役中一举击溃罗沙皮尔。不久，罗沙皮尔去世，其子贾拉勒尔丁继续扛起反叛大旗，被其追随者称作贾拉拉。为加强印度河边界的防御，阿克巴下令修缮拉合尔—白沙瓦两地间道路，拓宽开伯尔山口山间小路以保证轮式车辆和火炮畅行，并于印度河左岸阿塔克修建大型堡垒，作为抵御阿富汗部族的前线军事基地。

1585年，哈基姆的军事指挥官终于得以集中兵力镇压罗沙尼亚运动。阿克巴采取分而治之的策略，确保得到印度河平原阿富汗部族的支持，因为这些部族正饱受优素福扎伊部族袭村抢粮之苦。为了更好地管理这些部族，莫卧儿王朝通过被称作马利克的代理人进行间接管理。马利克或由国王钦定或经被称作支尔格的部族大会提名。作为对金钱和其他皇室恩典的回报，马利克必须保证其部族效忠皇室、维护内部法律和秩序、缴纳应缴的部族税赋。马利克还受托收集部族每年的贡品，保障穿越这些地区的皇家公路的安全。比如，哈塔克部族的马利克阿克雷负责印度河右岸至白沙瓦间军事要道的安全。

　　阿克巴还派兵进入开伯尔和优素福扎伊丘陵区镇压叛乱者，但是莫卧儿军的武器未配备山地战装备，人员也未受相关训练。叛军部族先引诱莫卧儿军进入开伯尔山口最狭长地区，然后阻断出口，对被困军队实施大屠杀。一支试图突破重围、实施救援的纵队被击退，人员伤亡惨重。另一支攻打优素福扎伊部族的纵队遭遇同样命运，损失上千名士兵的性命才杀出包围圈。受这次胜利鼓舞，1593 年，贾拉拉围困白沙瓦，千钧一发之际，援军赶到，破解了城市之围。同年晚些时候，罗沙尼亚武装洗劫了莫卧儿王朝控制的加兹尼，并派代表前往坎大哈寻求该地区阿富汗部族的支持。

　　屡遭惨败之后，阿克巴意识到自己掌控的人力、火炮和现金资源远胜罗沙尼亚武装，决定采取持久消耗战方针。于是，阿富汗抵抗力量被慢慢瓦解，随着据点接连沦陷，来自阿克巴的严厉报复接踵而至。优素福扎伊的抵抗最终被粉碎，从此再未敢冒险挑战莫卧儿帝国的权威。然而，罗沙尼亚运动的传说引发了随后印度边境阿富汗部族的千年民族主义运动，塔利班则是这场运动的最新力量。罗沙尼亚运动也为后人留下了不朽瑰宝，即诗人米尔扎·汗·安萨里（约卒于 1630—1631 年，是罗沙皮尔的后代）的早期普什图

在开伯尔山口回望白沙
瓦和印度河平原。

诗歌。

阿克巴的继任者贾汗吉尔（1605—1627 年在位）对阿富汗部族采取了更加怀柔的政策。洛迪王朝的后代汗·贾汉（Khan Jahan）则被授予法尔赞德（farzand）儿子的尊贵头衔。贾汗吉尔这样描述汗·贾汉：

> 在我的政府中，没人比他更有影响力。正是他的存在，我避开了不知多少次不可原谅的过错，这是任何其他臣子都做不到的。他性情温和，英勇果敢，值得喜爱。[15]

然而，阿富汗民族的好运气再次随风而逝。在贾汗吉尔的继任者沙·贾汗（1628—1658）统治时期，由于汗·贾汉支持的是与沙·贾汗敌对的继位候选人，于是汗·贾汉逃亡旁遮普，并试图在阿富汗部族中组建一支军队，但他的呼吁如石沉大海，无人理睬。最终于 1631 年 2 月 17 日的萨欣德拉一役，汗·贾汉叛乱被镇压。汗·贾汉与其儿子们以及许多阿富汗追随者一同被处决。

沙·贾汗的继任奥朗则布（1658—1707 年在位）继续对阿富汗人施行高压政策，并试图对他们进行直接控制。尽管哈塔克家族三代效忠莫卧儿王朝，奥朗则布皇帝依然囚禁了马利克·阿克雷·哈塔克之孙胡沙尔·汗·哈塔克。历经 10 年监禁终于获释的胡沙尔·汗·哈塔克逃至开伯尔山口的阿夫里迪部族，举起反叛大旗。奥朗则布派发大量黄金、官职和礼物给马利克们，使之瓦解了胡沙尔起义。奥朗则布甚至收买胡沙尔之子巴赫拉姆谋杀其父。但几次刺杀未遂，最后胡沙尔·汗·哈塔克因年事已高，得以善终。

胡沙尔·汗·哈塔克留给后人最重要的遗产是其杰出的文学成就，如今，他被视为最著名的普什图诗人之一。他在作品中严厉抨击莫卧儿帝国的统治，抨击他的人民置部族荣誉和独立于不顾，一味贪恋莫卧儿黄金的行为。与胡沙尔·汗哈塔克同时代的莫赫曼德人拉赫曼·巴巴（约 1632—1706），是另一位伟大的普什图诗人，因神秘主义诗歌和训诫而闻名。人们对他的诗篇充满敬意："每当在族长会议上听到（拉赫曼·巴巴）的妙语，人们就会低下头，停止争吵。"[16]

萨多扎伊王朝的兴起及坎大哈之争

莫卧儿人通过武力控制了印度西北疆域，但再往西，另一个阿富汗部族——阿卜达利在波斯萨法维王朝的庇佑下渐露锋芒，并逐渐成为一股重要的政治势力。不同于吉尔扎伊部族，史料关于阿卜达利部族的记载直至 16 世纪中期才出现，其部族的发展过程鲜为人知。尽管阿卜达利部族早在莫卧儿王朝建立之前就已经在哈里河上游的奥拜峡谷建有一个重要营地，贾汗吉尔统治时期写成的《汗·贾汉·洛迪尼》（*The Makhzan-i Afghani*）一书记述道，阿卜达利部族在加兹尼苏丹马哈茂德军队服役，而第一位尝试系统描述阿富汗部族的欧洲人芝斯图尔特·埃尔芬斯通（Mountstuart Elphinstone）则在书中写道，阿卜达利部族声称他们的发祥地是古尔山区。[17] 另一个传统说法认为，加兹尼苏丹马哈茂德给予阿卜达利部族在坎大哈及周边地区放牧的权利，以奖励他们不便言明的服务。

这些描述与卡拉伊部落早期历史出奇的相似，也许他们试图借鉴敌对部族的历史来描述自己的历史。然而，如果这一说法有历史依据，那么它意味着阿卜达利部族极有可能曾经也是加兹尼王朝军队的古拉姆，而且与卡拉伊部族一样，也从非穆斯林的古尔部族中招募而来。然而，就其内部管理而言，阿卜达利部族和吉尔扎伊部族存在巨大差异，这表明两个部族的文化背景有所不同。早期伊斯兰资料称吉尔扎伊人为突厥人，他们中至少有一些人的母语为突厥语。1809 年，埃尔芬斯通写道，杜兰尼朝堂上所有阿卜达利高官都说波斯语，身着波斯式服装。当然，这主要是因为他们先后被帖木儿帝国和波斯萨法维帝国统治。这或许也暗示阿卜达利部族是起源于兴都库什中部山地的波斯语部族，而非突厥语部族。

　　关于阿卜达利名称的由来有很多传说。一说该名称来源于阿卜达尔（abdal）一词，是苏菲的头衔，给予达到很高灵性的人。阿卜达利人宣称，他们获得这一头衔的原因在于他们是契斯提苏菲教团（Chishtiyya Sufi Order）创始人的奉献者（Mukhlis）。[18] 宣称与一位苏菲派教团首领或早期伊斯兰教重要人物有某种联系的做法，在该地区的部族和王朝中很常见，因为这可以提升精神和政治上的合法性。然而，古拉姆通常隶属于某一特定的苏菲教团，比如奥斯曼帝国亲兵起初都是贝卡西雅教团（Bektashiyya Order，苦修者）的成员。即使如此，阿卜达利部族历史上也不太可能隶属于契斯提苏菲教团，尽管该教团发源的中心地奇什蒂谢里夫（Chisht-I Sharif）恰好位于奥拜上游地区。如果真有联系，也必定历经了数个世纪之后才建立起来。而萨德杜·汗（Saddu Khan，以其名字命名的萨多扎伊王朝的创始人）却与源于叙利亚的另一苏菲教团卡迪里教团（the Qadiriyya）有关联。从 19 世纪晚期开始，阿卜达利部族中的几个宗族皈依了北印度纳格什班迪耶教团（Naqshbandism）的分支穆贾迪迪教团。

　　对于阿卜达利部族的早期描述主要与皇家萨多扎伊宗族的兴起有关。根

12 世纪古尔王朝苏菲派皮尔的陵墓，位于哈里河上游奇什蒂谢里夫。莫卧儿王朝时期，契斯提教团是印度北部最著名的苏菲派组织。

据家族谱系，众多的阿卜达利部族源于西拉克的儿子们派生出的 4 个原初支系。波帕尔扎伊家族凭借长子继承制在这些部族中地位最高，萨多扎伊王族就源自这一分支。其他 3 个家族分别是巴拉克扎伊、阿拉克扎伊和穆萨扎伊（Musazai）。4 个主要部族都向下细分成几十个宗族，这与苏格兰高地人和毛利部落类似。[19]

根据部族传说，大约在 1558 年，一个名叫阿克科的苏菲派修行者突然造访一位萨利赫（Salih，意为"真主的使者"）。后者是波帕尔扎伊家族哈比布扎伊分支的一个穷人。这位萨利赫想方设法凑来一些食物招待客人。阿克科准备离开时，告诉男主人，自己做了一个梦，梦见一头狮子进了他的房子，预言萨利赫会有一个儿子，这个儿子将如狮子般勇猛无比，并为自己和家人赢得盛名。[20]不仅如此，这个孩子的出生将给这个家庭带来财运。一个男婴如期而至，萨利赫给他取名阿萨拉（Asad Allah），是"上帝之狮"的意思。但是他的家人称他萨德杜，萨多扎伊家族也因而得名。萨德杜出生后的某一天，坎大哈总督任命萨利赫为阿卜达利部族联盟的马利克。萨利赫的职责之一是征收部族税贡，他很快变得非常富有。

萨利赫的崛起是印度—波斯疆域地缘政治大变局的结果。自 16 世纪起，边疆重镇和商贸中心坎大哈成为 3 个主要地方势力的争夺焦点：波斯萨法维王朝、印度莫卧儿王朝和兴都库什以北乌兹别克人建立的昔班尼王朝。1501年，位于阿塞拜疆阿尔达比勒的什叶派萨法维耶苏菲教团首领宣布自己为波斯王，取名号为沙阿·伊斯玛仪一世。10 年之内，沙阿·伊斯玛仪一世便一统波斯全境，并强行将伊斯兰什叶派仪轨定为国家法定崇拜仪轨。萨法维王朝军队主要由萨法维耶教团成员构成，其中许多人是突厥—蒙古人：土库曼人、库尔德人和查哈泰人。教团成员因佩戴独特的红帽子而被称为基齐勒巴什，意为"红头"。

在兴都库什山以北和阿姆河以外地区，由蒙古征服者成吉思汗余部组成的乌兹别克昔班尼部族联盟攻占了撒马尔罕，洗劫了巴尔赫、赫拉特和马什哈德，并横扫了另一个突厥—蒙古王朝——帖木儿王朝。帖木儿帝国坎大哈前总督的两个儿子穆基姆·汗和沙阿·贝格·汗分别在坎大哈和喀布尔建立了自己的独立王国。1504 年，查希尔·巴布尔征服喀布尔后，沙阿·贝格·汗逃至坎大哈。3 年后，巴布尔进军坎大哈，沙阿·贝格·汗又寻求乌兹别克的军事援助。此时巴布尔正与兴都库什山以北的昔班尼人交战，面对开辟第二战场的风险，巴布尔决定从坎大哈收兵。

6 年后的 1510 年 12 月，沙阿·伊斯玛仪一世命令乌兹别克人离开梅尔夫城，并杀死他们的首领乌兹别克·汗。之后，沙阿·伊斯玛仪一世占领了赫拉特。而巴布尔则在之后的 10 年间试图夺回他父亲曾经拥有的阿姆河以外的地区，但巴布尔最终放弃这一目标，并决定在北印度开拓一个王国。作为这一军事行动的第一阶段，1520 年，巴布尔围困坎大哈。坚守近两年后，沙阿·贝格得到确保他安全前往信德省的承诺后交出城池。坎大哈于是落入莫卧儿帝国之手。巴布尔马不停蹄，一路杀入印度，最终大败洛迪苏丹，在德里建立了自己的王权。

巴布尔死后，德里落入谢尔·沙阿·苏里之手，其子胡马雍取道坎大哈前往波斯。当时的萨法维统治者沙阿·塔赫玛斯普一世容留了胡马雍。在波斯，胡马雍改宗什叶派，并得到军事援助。作为回报，胡马雍同意将坎大哈永久割让给波斯。1545 年，胡马雍结束长达 15 年的流亡生涯，在波斯军队的帮助下重新控制了坎大哈。但是，收回了坎大哈大本营的胡马雍旋即违背承诺，驱逐了萨法维的卫戍部队。13 年后的 1558 年，胡马雍身故。塔赫玛斯普出兵攻打坎大哈，逼迫莫卧儿新晋皇帝阿克巴大帝履行其父诺言，割让坎大哈。此时，阿克巴政权正遭受来自帝国东部的一系列威胁，于是勉强同意将坎大哈合并为波斯呼罗珊省的一部分。

正值坎大哈统治权由莫卧儿王朝移交给萨法维王朝之时，萨德杜出生了。其父萨利赫被任命为阿卜达利的马利克，这无疑是缘于地区权力平衡的改变。尽管萨法维人任命了一位波斯总督管理坎大哈，但是他们沿袭了莫卧儿王朝建立的马利克制度，并视之为控制当地阿富汗部族和确保皇家公路安全的最有效方法。萨利赫极有可能是由阿卜达利部族大会提名，并得到了坎大哈萨法维军事长官的批准。[21] 部族大会挑选几乎毫无影响力和名望的穷苦人做马利克的做法并非不同寻常：无论萨法维总督还是阿卜达利部族的长老们都可从中获益，因为这样的人更易于被他们控制和操纵。值得注意的是，逊尼派的阿卜达利人并没有被强行要求皈依什叶派，尽管萨法维王朝总是要求帝国内的穆斯林臣民这样做。

萨利赫的任命得到了萨法维王朝皇家诏书的确认，诏书确认了他的马利克和阿富汗米尔[22] 的头衔。他的官职和头衔是世袭的。萨利赫的儿子萨德杜子承父业时，他的家庭开始采用萨多扎伊宗族的名字。阿卜达利人还获准保留自治权，后来萨德杜又当上了卡兰塔（kalantar），这是个类似于地方法官的职位，给予他裁定内部争端和惩处罪犯的权力。

阿卜达利人的这些权力和特权是通过他们为萨法维王朝提供大量服务换取的。参照萨法维王朝历史，这很可能是萨法维王朝对阿卜达利军事援助其抗击莫卧儿帝国的回报。正如我们所看到的，阿富汗部族不满莫卧儿王朝的统治。莫卧儿王朝对印度边疆地区的阿富汗部族实施了愈发严厉的政策，罗沙尼亚运动招致更严厉的镇压。萨法维王朝认为"他们更喜欢由什叶派统领来代替令他们蒙羞的逊尼派哈乃斐教派的兄弟"。[23] 在萨法维人眼中，赫拉特和坎大哈的阿卜达利人是他们与生俱来的盟友，因为他们的首领已经波斯化，并且都讲"粗俗的波斯语"。[24] 许多阿卜达利人也已城市化，从事与印度的陆上贸易，这对萨法维王国的经济至关重要。

阿卜达利部族在一个波斯什叶派君主国的庇护下，政治地位日渐崛起，这一事实，在现代阿富汗历史中被淡化，也被西方历史学家忽视。对许多阿富汗人，尤其是对君主主义者来说，这段历史令人难堪。因为自 20 世纪早期起，阿富汗历届政府都刻意树立一个建构在三大基础之上的民族身份：杜兰尼王朝对逊尼派哈乃斐教义的尊奉，偶有反什叶派和反波斯情绪；普什图身份和普什图语；以及阿富汗人通过抵抗地区帝国霸权（包括波斯帝国）获得独立。从某种程度上说，所有这些论点都存在谬误，无论是中学教科书还是相关历史著作都需要对阿富汗早期历史进行大篇幅重写。阿富汗历史学家们倾向于将1747年定为现代阿富汗国建国年份，原因是，这样可以规避在此之前两个半世纪里，萨多扎伊与萨法维王朝之间的联盟，同时也可以回避在1747年以前的几十年里，坎大哈曾是波斯呼罗珊省的重要组成部分，以及阿卜达利人曾是波斯部族的尴尬事实，因为阿富汗君主主义者力推坎大哈为阿富汗的王朝和精神之都。正如一位现代阿富汗史学家所云："事实上，阿富汗王室几乎与部族或普什图无关。"[25]

表4　北印度穆斯林王朝（975—1558）

王朝	族群	统治阿富汗的时间	附注
加兹尼维德	突厥人	977—1186年	逊尼派穆斯林，波斯萨曼王朝一位古拉姆将军的后裔
古尔	伊朗人	1186—1206年	来自阿富汗中部高地的古尔人，在加兹尼王朝统治时期皈依伊斯兰逊尼派
玛姆勒克（"奴隶"）	突厥人	1206—1290年	古尔王朝和莫卧儿王朝之间的接续王朝，通常被称作德里苏丹国
卡尔吉	阿富汗人（源自突厥人）	1290—1320年	旧时加兹尼和古尔王朝军队的古拉姆，也被称为德里苏丹的第二个王朝
图格拉克	突厥—蒙古人	1320—1414年	1398年，帖木儿·朗（中亚突厥—蒙古人血统）洗劫德里
赛义德	阿拉伯人（号称）	1414—1451年	由帖木儿·朗的旁遮普总督建立。该王朝声称拥有穆罕默德血统
洛迪	阿富汗人（卡尔吉人）	1451—1526年	该王朝的创建者最初是拉合尔总督
莫卧儿	突厥—蒙古人	1526—1540年	王朝的建立者巴布尔大帝，来自费尔干纳，成吉思汗和帖木儿·朗的后代 遭遇兄弟叛乱的巴布尔之子胡马雍被迫逃亡波斯，后被谢尔·沙阿·苏里打败
苏里	阿富汗人（卡卡尔）	1540—1555年	法里德·阿尔—丁·汗，王号为谢尔·沙阿·苏里；打败胡马雍后统治北印度
莫卧儿	突厥—蒙古人	1555—1858年	胡马雍打败谢尔·沙阿之子伊斯兰·沙阿·苏里，重新恢复莫卧儿在德里的统治

萨多扎伊—萨法维联盟

萨法维人夺取坎大哈时，他们接手的是一个繁荣兴旺的地区，是通往印度北部贸易和军事要道的重要中心城市。坎大哈不仅是出售印度布匹、香料和宝石的商业中心，也是波斯"丝绸换银器"贸易的重要纽带，它从外币兑换和银币铸造中获得丰厚利润。[26]当查希尔·巴布尔大帝攻克这座城市时，他惊叹于仓库和国库中发现的大量钱币和"白色黄金"——布匹和其他便携式商品。法国旅行家伯尔尼·弗朗索瓦在他写于17世纪50—60年代的作品中将坎大哈描述为"一个富足精致王国的要塞"。[27]与之同时代的另一位欧洲旅行家写道，坎大哈居住着大批为陆路贸易提供贷款和转账的印度教银行家。[28]埃尔芬斯通于19世纪初写道，"几乎所有杜兰尼部族的大人物"都在坎大哈有住房，"据说一些房子宽敞典雅"。[29]在坎大哈市中心以外的地方遍布大片肥沃的农业用地，阿尔甘达卜河、塔尔纳克河和赫尔曼德河为其提供丰沛的水源，数以千计的半游牧阿富汗人、卡拉尔人（Karkar）和俾路支人为该地区提供肉食、兽皮、羊毛和驮畜。军事和商业通道保护者以及自身的商人身份使阿卜达利人，尤其是萨多扎伊人变得极为富有。

据说，萨德杜·汗很小的时候就显现出尚武精神。一次，他击败萨法维射手中的精英，赢得了射箭比赛。后来，萨德杜宣誓成为门徒，立誓效忠苏菲派卡迪里教团皮尔。据说，皮尔曾赠予萨德杜一件荣誉长袍（Kha'lat），以及一把苏菲派卡迪里教团创始人、被尊为"圣徒中的圣人"的阿卜杜勒·卡迪尔·吉拉尼的宝剑。这些珍贵的遗物被萨多扎伊家族视为精神和世俗世界领导权的象征而世代相传。但是，宝剑在1818年锡克教信徒对萨多扎伊要塞木尔坦的洗劫中遗失，即便如此，阿卜达利人与卡迪里教团的精神联系持续至今。20世纪80年代苏联占领时期，阿卜达利部族和其他保王党部族高举伊斯兰民族阵线旗帜战斗，其领袖赛义德·盖拉尼就是当时的苏菲派教团首领皮尔。

萨法维人对坎大哈的统治持续至1595年。阿克巴大帝利用沙阿·塔赫玛斯普一世驾崩后的继承权争夺战，重新获得该地区的控制权。对坎大哈地区的征服相对和平，因为作为该地区总督的萨法维王子同意将该省交给莫卧儿人以换取波斯王位。掌管坎大哈之后，莫卧儿人立刻剥夺了先前萨法维·萨德杜·汗的特权，任命敌对的巴拉克扎伊部族的哈吉·贾拉和马利克·卡鲁为阿富汗联合酋长。后来，萨法维王位之争尘埃落定，新晋国王沙阿·阿巴斯一世（1587—1629年在位）着手索要被乌兹别克人占领的呼罗珊东北地区的控制权。1598 年，沙阿·阿巴斯夺回马什哈德。数月后，他打败乌兹别克昔班尼王朝统治者，攻占赫拉特。第二年，巴尔赫也落入萨法维人之手。

关于赫拉特城的阿卜达利人在乌兹别克统治时期的境遇，我们知之甚少，但是萨法维人很快便重新控制了该城镇。马利克·萨利赫在赫拉特召开部族大会，会上他宣布，由于自己已 80 岁高龄，将传位给长子萨德杜。阿富汗部族大会对其所扮演的"橡皮印章"角色不悦，因为野心勃勃的首领和参会者们也有自己的继承人人选。关键问题是，谁有权接替马利克·萨利赫？因为在阿卜达利部族里，长子继承权并非惯例。相反，该部族遵循突厥—蒙古王朝的父系继承的传统，即王位传给宗族中下一位最年长的男性成员，通常是叔父或最年长的弟弟。

辩论持续数日，部族大会还是未能达成一致，因此马利克·萨利赫决定终结这场争吵。他让儿子腰束卡马邦（Kamarband）——一条可能放置"圣徒中的圣人"之宝剑的腰带，宣布萨德杜为新的阿富汗米尔，部族大会的大部分成员不情愿地接受了这一既成事实。萨德杜于是发布一道前所未有的命令，要求每一位族长以《古兰经》发誓，效忠他本人。这一举动昭示了萨德杜以王子身份而非马利克身份统领部族的野心。坎大哈的哈吉·贾拉和马利克·卡鲁·巴拉克扎伊拒绝接受他们对手的任命，巴拉克扎伊和萨多扎伊间的武装冲突随即爆发。

1605 年，阿克巴大帝驾崩后，沙阿·阿巴斯一世出兵试图重新控制坎大哈，但是莫卧儿禁卫军坚持抵抗，直到 1622 年，该地区始终处于莫卧儿王朝统治之下。这一年，莫卧儿人对坎大哈的控制突然终结。当时的莫卧儿皇帝贾汗吉尔收到来自沙阿·阿巴斯一世的一封充满恭维之词的信件，请求归还坎大哈"那个微不足道的乡村"。[30] 贾汗吉尔不为所动，因为在信件的结尾，萨法维国王告知这位皇帝他已经占领坎大哈，并且已经驱逐莫卧儿禁卫军。贾汗吉尔命令他的军队进军坎大哈，但欲起兵之时，其子沙·贾汗发动了叛乱，"如一把利斧动摇了帝国的根基"。坎大哈之役被取消，贾汗吉尔大军转而平定王子叛乱，使其就范。愤怒的贾汗吉尔颁布法令，王号意为"世界之王"的沙·贾汗只配被称作空头国王或流浪国王。[31]

萨德杜·汗和阿卜达利人再次为萨法维重新征服坎大哈提供军事援助，作为回报，沙阿·阿巴斯一世对萨德杜及其部族大施恩惠，恢复其以往特权，免予其纳贡，巩固其自治地位，授予米尔·萨德杜王子称号，这是苏丹的尊贵头衔。沙阿·阿巴斯一世还将塔尔纳克河萨法地区的大量封地赐予萨德杜。这些封地可能是从吉尔扎伊族的托克希分支人手中夺取的，距离吉尔扎伊的卡拉特要塞几公里。萨德杜·汗在沙赫尔—萨法丘陵区建造了一个庞大的坚固王宫，称为萨法城堡，此后成为萨多扎伊政权的据点。

在莫卧儿和萨法维王朝时期，坎大哈是一个繁荣的商业中心。正如20世纪70年代坎大哈集市的图片所示，这种贸易传统仍然持续着。

　　萨德杜于 1627 年驾崩前不久，任命次子基尔（Khizr）为王位继承人。基尔是一位虔诚的苏菲派教徒，大部分时间沉浸于精神冥思之中。萨德杜试图说服部族大会赞同他的任命，声称自己接收到图谶和预言。但是，部族大会拒绝了基尔，任命萨德杜的长子、久经沙场、恃强欺弱的莫德·汗（Maudud Khan）为继承人。这一决定不仅分裂了阿卜达利部族，而且将萨德杜家族分为两个敌对的派系，导致了持续数辈的家族世仇。

　　苏丹莫德·汗成为阿富汗米尔几个月后，基尔便死于"神秘疾病"。[32] 他的家人指控莫德·汗毒杀兄弟，基尔的妻子拒绝交出宝剑和荣誉长袍，以此否认莫德·汗继位的合法性。结果，基尔的妻子和家人遭到迫害，直至其最终被"说服"交出所有遗物。此后，基尔则被波帕尔扎伊部族尊奉为"殉道者"，尊称和卓·基尔。一些重要时刻，波帕尔扎伊人甚至以他的名义进行祭祀和祈祷。

　　莫德·汗作为阿富汗米尔的统治既武断又专制。阿富汗流传着这样一个故事：一位阿卜达利贵族女子被许配给莫德·汗的某个侄子，即将举行婚礼仪式时，女子的父亲告知莫德·汗的仆人，他改变了主意，不愿女儿嫁入社会地位如此低下的家庭。愤怒的莫德·汗派家臣攻击了这位贵族的营地，把女子绑至沙赫尔—萨法，在无女子家人到场的情形下举行了婚礼。

　　萨德杜去世的同一年，莫卧儿皇帝贾汗吉尔也驾崩了。两年后，沙阿·阿巴斯一世也驾鹤西去。沙阿·阿巴斯生前因对谋杀的极度恐惧，遂命人刺瞎儿子们的双眼，令他们丧失继位资格。但他死后，旋即而至的是一系列血腥的清除行动，最终沙阿·阿巴斯之孙沙·萨菲一世（Shah Safi I）夺取了王位。沙阿·萨菲召回坎大哈省库尔德总督阿里·马尔丹·汗（Ali Mardan Khan），但阿里·马尔丹意识到这是一道死刑令而拒绝服从，并开始与喀布尔的莫卧儿总督谈判。1638 年，阿里·马尔丹将城池拱手交给莫卧儿人。他的禁卫军抵抗住了赫拉特波斯总督索回萨法维对该地区控制权的数次尝试。5 年后，喀布尔的莫卧儿总督发动叛乱，莫德·汗率领驻扎坎大哈的莫卧儿禁卫军前往平息叛乱，结果死于强攻巴拉希萨尔城堡的战斗中。

阿里·马尔丹先后任喀布尔的莫卧儿总督和旁遮普的总督，后娶葡萄牙天主教女子玛丽亚·德·阿泰德为妻。玛丽亚将喀布尔巴拉希萨尔城堡的一处建筑做教堂。该教堂先是由依附于莫卧儿宫廷的耶稣会传教士使用，后由喀布尔的亚美尼亚社团继承。在阿里·马尔丹作为旁遮普总督统治时期，他在喀布尔和楠格哈尔兴建了很多重要的市政工程，包括位于古老的喀布尔—贾拉拉巴德公路上的尼姆拉花园和喀布尔著名的查哈尔·查塔市集。

莫德·汗意外身亡后，仓促召开的部族大会推举基尔的长子胡达卡·汗（也叫胡达达·汗）为阿富汗米尔。可能因为胡达卡的亲萨法维身份，坎大哈莫卧儿总督拒绝其候选资格，并任命莫德·汗长子沙阿·侯赛因·汗为阿富汗酋长。阿卜达利人对这种干涉部族内部事务的做法不满，告知总督："如果我们中任何人因彼此争端而寻求统治者帮助，那么他不再是一名真正的阿富汗人，我们将视他为……外人。"[33] 尽管遭到含蓄的反叛威胁，总督还是拒绝听取他们的诉求，命令胡达卡·汗放弃沙赫尔—萨法。遭到拒绝后，总督在沙阿·侯赛因·汗的支持下，猛攻萨多扎伊据点，致使胡达卡·汗逃亡波斯。

尽管这次行动取得成功，莫卧儿王朝对坎大哈的控制仍旧很弱，沙·贾汗与巴尔赫的汗王交战的决定更削弱了其统治。侵略行动开始进展顺利，巴尔赫的汗王节节败退，但莫卧儿军的供给线拉得过长，人们拒绝为部队提供粮食或纳税。1647年10月，面对即将到来的艰难的冬天，莫卧儿人将巴尔赫交还给汗王，永久放弃了这个地区。

此前，巴尔赫的汗王逃到了波斯，在那里，沙阿·阿巴斯二世同意为他重新控制巴尔赫提供军事支持。他出发收回他的王国时，梅马内有大批波斯军队保驾。巴尔赫的汗王和大部队向梅马内进发时，胡达卡·汗·萨多扎伊支持的另一支纵队向南开进，围困坎大哈。该城最终于1649年2月沦陷。尽管莫卧儿人3次尝试重新夺取该城池，但坎大哈和赫拉特始终牢牢掌握在萨法维政权手中。沙阿·侯赛因·萨多扎伊则驻扎在坎大哈王国的门户木尔坦，被任命为该省的纳瓦布。[34] 他建立起一个王朝，统治该地区直至 1818 年。于是，木尔坦成为萨多扎伊人躲避赫拉特和坎大哈的敌对宗族成员间日益血腥权力斗争的避难所。生于木尔坦杰出的萨多扎伊人中，就有后来杜兰尼王朝的创始人艾哈迈德·沙阿·杜兰尼。

胡达卡·汗被萨法维人重新任命为阿富汗米尔，并在之后的一系列征战中将自己的权力范围扩展到兹霍布和阿尔哈桑（Arghasan）峡谷，后者是非穆斯林卡菲尔人的地盘。他还解决了阿卜达利人与卡拉特吉尔扎伊（Qalat-i Ghilzai）的托克希人之间长期存在的边界争端问题。坐落在阿尔哈桑山谷的胡达卡清真寺（Masjid-i Khudakka）据说是他下令修建的。苏丹·胡达卡·汗也有阴险的一面。据称，在兹霍布战役期间，他曾"肆意地、残酷地"处死了 3 个男孩和一个成年人，只因他发现他们为逃命而蜷缩在山洞里。[35] 这件事的阴霾在他的余生中不断困扰着他，挥之不去。直到有一天，他梦到一个发光的人影告诉他，获得心安的唯一希望是退位给其弟谢尔·穆罕默德·汗。几个月后，胡达卡·汗离世，时间大约在 1665 年，很可能死于中毒。

从喀布尔的前皇家城堡——巴拉希萨尔城堡向西眺望哈希马特·汗湖。

但是，谢尔·穆罕默德·汗的继承权受到胡达卡·汗长子苏丹·卡兰达尔的质疑。后者试图摆脱波斯人的羁绊，几个月后死于对坎大哈要塞发动的突袭中。而为波斯而战的谢尔·穆罕默德·汗很可能也在同一场战斗中丧生，因为此后再无有关他的消息。苏丹·卡兰达尔的同父异母弟弟伊纳亚特·汗成为新晋阿富汗米尔，却发现自己的继承权受到胡达卡最小的弟弟萨尔马斯特·汗的挑战。萨尔马斯特·汗声称自己是目前萨德杜·汗家族最年长的男性后裔，因此自己才是合法的继承人。[36]争执迅速升级为公开的战事，并以萨尔马斯特·汗的阵亡和家人逃亡木尔坦而告终。但是，胡达卡家族和萨尔马斯特家族之间的世仇仍在继续，并在后代中延续。

伊纳亚特·汗的另一个对手是他野心勃勃的弟弟哈亚特·汗，后者一直在寻找一个合适的时机除掉手足。伊纳亚特·汗的坐骑在一次狩猎之行中被绊，他从马背上摔下，伤势很重。哈亚特·汗趁此机会，命令一名乌兹别克古拉姆杀死伊纳亚特·汗。伊纳亚特·汗被一剑刺死，他的尸体被埋葬在他坠马的地方。哈亚特·汗试图将他兄弟的死亡归咎于狩猎意外的企图不幸被识破。狩猎一行人尚未回到萨法，谋杀的消息便传到他们母亲穆拉德·比比的耳朵里。穆拉德·比比是一位坚强的女子，她经常与丈夫并肩战斗。听到这件事后，她悲痛欲绝，发誓要喝光谋杀儿子的凶手的鲜血，并发誓要"像他对待他哥哥一样对待这个儿子"。[37]氏族的头领们恳求她不要寻求复仇，因为哈亚特·汗是苏丹胡达卡·汗族系中最后一位幸存的男性成员。如果他死了，那么阿卜达利人的领导地位，连同其影响力、特权和财富都将落入竞争对手萨尔马斯特家族手中。然而，穆拉德·比比不为所动，她甚至威胁要任命胡达卡的一个女儿为阿富汗米尔。

女人做部族首领是令人难以想象的。最后，宗族的首领们被迫采取极端手段。他们来到穆拉德·比比面前，将头巾像套索般系在自己的脖子上，表明他们宁愿牺牲自己的生命也要保全哈亚特·汗的决心。面对这种屈尊行为，穆拉德·比比只好同意不取哈亚特·汗的首级，但条件是哈亚特·汗永远不得在她面前露出自己的脸，否则处死。同时，她要求把杀害伊纳亚特·汗的真凶交由她处置，以履行自己的誓言。哈亚特·汗同意了她的条件，那位不幸的乌兹别克古拉姆被拖到穆拉德·比比面前，兑现了她的诺言。之后，古拉姆的尸体被抛到城墙外任由野狗啃噬。死里逃生的哈亚特·汗因此成为阿富汗米尔，享受着无尽的"荣耀"。

苏丹哈亚特·汗继续与坎大哈的萨法维总督作对，突袭和掠夺往来的贸易大篷车。两人最后翻脸是在总督举办的一次宴会上。当时，客人们喝得酩酊大醉。苏丹哈亚特·汗与总督开始就阿富汗女子和波斯女子各自的优点发生争吵，最后他们约定将 7 名萨多扎伊女子嫁给 7 名波斯男子。第二天早晨哈亚特·汗酒醒后，召集了一个紧急会议，试图找到一条既能保住颜面又可不履行约定的妙计，因为萨多扎伊部族不允许本族女子与异族通婚，更不要说嫁给什叶派异教徒。他们捎话给萨法维总督解释说，根据阿富汗传统，丈夫婚后必须与岳父生活在一起，而很显然波斯男子不可能生活在阿卜达利人当中。哈亚特·汗打算以此为借口解除约定，总督却将计就计揭穿他的谎言。几天后，7 名波斯男青年来到萨法迎娶他们的新娘，并表示他们愿意与萨多扎伊人生活在一起。

尽管又召开会议商量如何应对危机，但是没人能够想出摆脱困境的办法。后来，一筹莫展的哈亚特·汗宣布将 4 位男子献祭给 4 位朋友（Chahar Yar，即四大哈里发，是逊尼派传统中穆罕默德去世后穆斯林部族的合法首领。但这种说法不被什叶派接受，他们坚称只有穆罕默德的侄子兼女婿和他的子孙才是合适的继承人）。这古怪的解决方案是谁提出的并不清楚，但是鉴于穆拉德·比比的嗜血癖好，这很可能是她的主意。那 4 个波斯人的喉咙被割开，而另外 3 个幸存者被释放。回到坎大哈后，他们讲述了看见的恐怖事件，[38]这激起了波斯总督做出攻打萨法城堡的回应。但是，萨多扎伊人在穆拉德·比比的指挥下，以重大伤亡为代价打败了波斯军队。据说，穆拉德·比比在战斗中亲手杀死了波斯军队的将领。

坎大哈和赫尔曼德地区目无法纪的乱象增加，促使波斯人再次尝试在呼罗珊东部恢复社会秩序，哪怕是表面上的秩序。1680 年，一支人数众多的萨法维大军进驻赫拉特。一支纵队被派遣攻打阿卜达利部族位于奥拜的据点，另一支被派去增援坎大哈，并随后猛攻萨法城堡。苏丹哈亚特·汗逃至位于哈里河上游的奥拜，在那里试图阻止萨法维人控制该地，结果武器装备薄弱的阿卜达利人遭遇波斯火炮袭击，伤亡惨重。此役胜利之后，波斯将领命令搜索并杀光所有残余士兵。而在战斗中身负重伤的苏丹哈亚特·汗最终逃往木尔坦，并在那里娶了一位印度教舞女，靠莫卧儿总督给予他的封地生活。苏丹哈亚特·汗死于 1729 年，终年 82 岁。其母穆拉德·比比的境遇没有记载，但是哈亚特·汗浸满鲜血的任期中发生的事件，以及竞争对手萨尔马斯特家族成员口中哈亚特·汗的下流故事逐渐进入萨多扎伊部族神话，其中一个故事说的是哈亚特·汗允许赫拉特的波斯总督强奸自己的儿子或孙子。[39]

遭遇奥拜惨败和萨法失守，阿卜达利人决意不再忍受苏丹哈亚特·汗及其家族的统治。他们推举萨尔马斯特·汗幸存的儿子中最年长的贾法尔·汗为阿富汗米尔。苏丹贾法尔·汗向波斯求和，并签署了协议，但萨法依然由波斯人控制，而苏丹贾法尔可能也在波斯严密监视下生活在赫拉特。虽然如此，这个和约为阿卜达利部族带来 10 年的相对和平，使他们能从苏丹哈亚特·汗统治时期的种种灾难中恢复元气。

1695 年，苏丹贾法尔·汗去世，其弟道拉特·汗继位。他背弃和约，重新开始袭扰吉里什克和法拉地区往来的大篷车。两次击退针对他的波斯武装后，苏丹道拉特·汗终于收复萨法。在木尔坦，哈亚特·汗的长子阿卜杜拉·汗为终结两个家族间的世仇而娶道拉特·汗之女为妻。为此，他与其父发生激烈争吵，之后，他前往萨法与苏丹道拉特·汗合兵一处；同时，还带上了哈亚特·汗之子穆罕默德·扎曼·汗一路同行。

坎大哈的霍塔克吉尔扎伊王朝

与此同时，萨法维王朝新君主苏丹侯赛因再次尝试镇压赫尔曼德和坎大哈地区目无法纪的部族。1704 年，他任命格鲁吉亚王子古尔金·汗为坎大哈总督。古尔金王号乔治，是格鲁吉亚卡特利的名义统治者，他的封邑已被萨法维人征服，古尔金和他的格鲁吉亚古拉姆被强制皈依什叶派伊斯兰教，尽管暗地里他们依然按自己的基督教仪轨行事。乔治甚至秘密与教皇诺森十二世通信。乔治去世后，人们在他的尸体上发现了一个十字架和一本《圣咏经》。

乔治使用残暴手段恢复动荡的科曼省的秩序，并不择手段地镇压来自阿富汗人和俾路支人的袭扰。俾路支暴乱被迅速消除，但乔治政权的主要威胁来自阿卜达利人和吉尔扎伊族的霍塔克人。为使这些部族服膺，乔治采用了分而治之的策略。为奉承苏丹道拉特·汗，乔治馈赠以贵重礼物，并许以波斯人永不背叛的友谊；但同时，他将阿卜达利领导权送给与道拉特·汗家族有血海深仇的两个竞争对手伊扎特和阿塔尔。而后，乔治将同样的头衔送给哈吉·埃米尔·汗（即众所周知的米尔·瓦依斯，吉尔扎伊部族霍塔克分支的年轻但颇具影响的首领），以回报后者在对抗阿卜达利战斗中的鼎力支持。

后来，伊扎特和阿塔尔将苏丹道拉特·汗及其小儿子纳扎尔引诱出沙赫尔—萨法，并将他们用锁链捆绑起来交给乔治发落。乔治宣判了他们死刑，并送还给伊扎特和阿塔尔处置。后者使苏丹道拉特·汗及其小儿子在折磨中缓慢死去。之后，乔治任命道拉特·汗长子鲁斯塔姆·汗为阿富汗米尔，并扣押其弟穆罕默德·扎曼·汗为人质，以牵制他的活动。而马利克伊扎特和马利克阿塔尔不欢迎这一任命，因为乔治早已任命他们为部族统领。因此，他们与米尔·依瓦斯·霍塔克密谋，最终说服乔治相信鲁斯塔姆·汗·萨多扎伊正计划发动叛乱。鲁斯塔姆被捕，被交由马利克阿塔尔惩处，并在漫长的痛苦中死去。接下来，乔治表示要任命马利克阿塔尔为阿富汗米尔，条件是他能够劝说阿卜达利人放弃萨法，在喀布尔周边的开阔平原扎寨。阿塔尔落入圈套。阿卜达利人刚一离开要塞，乔治·汗就立刻在霍塔克部落酋长米尔·瓦依斯·霍塔克的支持下对他们大开杀戒。阿卜杜拉·汗和穆罕默德·扎曼·汗在这场血腥屠戮中逃过一劫，返回木尔坦。

消灭掉阿卜达利抵抗力量最强大的部分后，乔治·汗打算以同样方式对霍塔克吉尔扎伊人下手，却发现米尔·瓦依斯在狡诈和阴险方面与自己不相上下。乔治借口米尔·瓦依斯计划反叛而将他逮捕，并用锁链捆绑起来押送至萨法维王朝的首都伊斯法罕。乔治满心期待沙阿·侯赛因会批准死刑判决，将米尔·瓦依斯斩首。但是，米尔·依瓦斯利用沙阿·侯赛因对乔治·汗忠诚度的怀疑，成功说服沙阿·侯赛因相信阴谋反叛的是坎大哈总督。然后，米尔·瓦依斯祈求去麦加朝圣，得到皇室许可。据说米尔·瓦依斯抵达麦加后，在天房前祈祷，祈求脱离波斯人的压迫。那晚，他醒来发现他的宝剑已出鞘，认为是神批准他起事的征兆。于是他寻求并获得一道法特瓦（即裁决），将对萨法维政权的反抗合法化了。

1707 年，米尔·瓦依斯返回坎大哈，沙阿·侯赛因相信他的忠诚，任命他为阿富汗部族的军事长官卡兰塔，这一职位传统上始终掌握在萨多扎伊人手中。乔治·汗对此任命无能为力，因为拒绝接受这道法令就会坐实沙阿·侯赛因对自己反叛的怀疑。米尔·瓦依斯虚与委蛇，他表达了对波斯的忠诚，以消除乔治的疑虑。同时，他重新武装吉尔扎伊人，并劝说当地俾路支人的首领加入反抗阵营。他甚至写信给苏丹哈亚特·汗，提出与之分享权力，以换取阿卜达利人的支持。苏丹阿卜阿拉·汗做出响应。他前往萨法，尝试召集萨多扎伊人以及地区的其他部族。

乔治·汗让事情变得更糟，因为他要求娶米尔·瓦依斯长女为妻。这对米尔·瓦依斯来说是莫大的侮辱，因为乔治不仅是外国人，而且他的内心深处依然是个基督徒。米尔·瓦依斯送给乔治一名女奴，既是羞辱又是暗示，提醒他不要忘记自己作为萨法维古拉姆的卑微身份。压垮骆驼的最后一根稻草是在 1709年，这年春天，卡拉尔人和阿卜达利人拒缴年贡，并且在俾路支人的支持下开始抢劫往来商队。

表 5 坎大哈霍塔克王朝和波斯（1709—1738）

统治者	关系	统治时间	所控制的地区 / 城邦
米尔·瓦依斯		1709—1715 年	坎大哈
阿卜杜尔·阿齐兹	米尔·瓦依斯兄弟	1715 年	坎大哈
沙阿·马哈茂德	米尔·瓦依斯之子	1715—1725 年	坎大哈 1722，夺取伊斯法罕，任波斯国王
阿什拉夫	阿卜杜尔·阿齐兹之子	1725—1729 年	伊斯法罕
沙阿·侯赛因	苏莱曼一世之子	1725—1738 年	坎大哈

乔治·汗率领他的 1000 名古拉姆沿加兹尼公路北上，试图逼阿卜达利人就范，但是当他到达阿富汗人阵地时，迎战他的是几千名严阵以待的阿卜达利人和卡拉尔人。乔治试图猛攻对方阵地，并请求米尔·瓦依斯提供 3000 名吉尔扎伊人助攻，但是米尔·瓦依斯的援兵迟迟未到。经过一整天的鏖战，精疲力竭的格鲁吉亚人没能攻下阿富汗人的阵地，便退回营地休整。米尔·瓦依斯于是传信给阿卜达利人，催促他们趁格鲁吉亚人吃晚餐、放松戒备之时攻击他们的营地。尽管格鲁吉亚士兵奋勇战斗，还是被屠杀殆尽，乔治·汗也阵亡了。

乔治·汗在阿富汗民族意识中留下了挥之不去的痕迹，他被描述为一个残暴而野蛮的雇佣兵，普什图族奥马尔人的汗王形容他是一个"披着人皮的畜生……好色、贪婪、恶毒、残忍"，这一描述在针对乔治的抨击声中很有代表性。[40] 阿富汗人也喜欢取笑其波斯名字古尔金（Gurjin）的谐音双关，称呼他古尔根·汗（Gurgin Khan），意为"豺狼般的"或"渺小、肮脏、下贱"。他们还取笑他的出生地卡塔利（Katli）的谐音双关。卡塔利的波斯语意为"谋杀者"或"屠戮者"（发音 qatli）。事实上，乔治·汗并不比那个时代的其他总督或统治者更暴戾。萨多扎伊部族的苏丹们也同样手段残暴，米尔·瓦依斯人和阿卜达利人屠杀格鲁吉亚人时，同样冷血无情。

铲除乔治·汗之后，合并起来的叛军包围留下来负责守卫坎大哈的基齐勒巴什军团。根本没打算与阿卜达利人分享权力的米尔·瓦依斯斯，劝苏丹前往法拉迎战从赫拉特出发的波斯援军。苏丹阿卜杜拉·汗离开后，米尔·瓦依斯劝降了基齐勒巴什兵团，占领坎大哈，并将阿卜达利人驱逐出城。米尔·瓦依斯通过出示在麦加获得的任命诏书，将其发起的叛乱合法化，并宣告脱离波斯独立。之后的 30 年，坎大哈由霍塔克王朝控制。打败波斯人的苏丹阿卜杜拉·汗返回坎大哈，发现城门紧闭，缺少攻城军事能力的他只得返回萨法。

失去坎大哈对萨法维人是一个沉重的打击。几个月后，一支庞大的波斯军队在乔治·汗的侄子凯·库斯劳（Kai Khusrau）率领下前往坎大哈，要夺回对该城的控制。部队抵达赫拉特时，苏丹阿卜杜拉·汗保证阿卜达利人支持波斯人夺取坎大哈。同时，波斯军在赫尔曼德地区也是旗开得胜。但是，米尔·瓦依斯采用焦土战术，波斯人找不到足够食物和饲料，又受到俾路支族人的骚扰，只好被迫撤退。士气低落的波斯军队行至返回赫拉特的公路时，遭到来自吉尔扎伊和俾路支部族骑兵的攻击。波斯人溃不成军，四处奔逃。在接下来的大屠杀中，凯·库斯劳和他的兄弟耶斯·汗（Yese Khan）以及乔治·汗的侄子们，连同 3 个随军天主教牧师之一、加尔默罗修会的男修士巴塞尔（Basil）一同被杀。

波斯人的溃败稳固了米尔·瓦依斯对该地区的控制。米尔·瓦依斯死于1715 年，王位由其弟米尔·阿卜杜尔·阿齐兹继承，他也被称作阿卜杜拉。然而，在米尔·瓦依斯儿子沙阿·马哈茂德的鼓动下，阿齐兹被暗杀。沙阿·马哈茂德在其父死后一年占领了波斯东南部。1722 年 3 月 8 日，沙阿·马哈茂德在古尔纳巴德战役中打败了兵力强大的波斯军队，并包围伊斯法罕城。围城 6 个月之后，伊斯法罕城内的百姓只能靠吃老鼠肉和狗肉维持生命。波斯皇帝沙阿·侯赛因被迫亲自前往沙阿·马哈茂德的营帐递交投降书，并献出了城池。他摘掉皇室标志性头饰（jigha，一个相当于萨法维王朝王冠的、镶嵌有珠宝的羽毛头饰），把它放在沙阿·马哈茂德的穆斯林头巾上面，宣称上帝剥夺了自己的帝国，以惩戒所犯罪孽。[41] 沙阿·马哈茂德允许沙阿·侯赛因继续做波斯帝国的名义首领，但不得离开皇宫。几年后，沙阿·马哈茂德将沙阿·侯赛因和他的家人全部处死，但是侯赛因的一个儿子沙阿·塔赫玛斯普幸存并最终逃至马什哈德。

沙阿·马哈茂德·霍塔克在伊斯法罕的统治持续了 3 年。其间，他的手下有组织地劫掠了波斯首都和他治下的其他地区，横征暴敛。被他的贪婪目光特别锁定的是新朱利法区（New Julfa，富有的亚美尼亚社区）。新朱利法区是伊斯法罕的基督教聚居区，由沙阿·阿巴斯一世于 1606 年建立，旨在促进与印度和欧洲的丝绸和银器贸易。近两个世纪以来，这个商业社区一直是萨法维帝国金融流动性的支柱，这里的商人也十分富有。

伊斯法罕被困期间，沙阿·马哈茂德曾勒索 12 万托曼（toman，古波斯金币）赎金才终止对亚美尼亚人的屠杀，不将亚美尼亚妇女儿童卖为奴隶。这是一大笔钱，新朱利法区的亚美尼亚人每年向萨法维国库上缴的税款只有 800 托曼。负责收税的亚美尼亚地方官员表示，不可能筹集到如此大数额的赎金。作为替代，他们给沙阿·马哈茂德开出一张 7 万托曼的期票。伊斯法罕城投降后，现金仍未到，马哈茂德就派人进入新朱利法区抢夺等值货品和奴隶。亚美尼亚目击者记录了执行官们如何逐门逐户搬走所有值钱的东西。[42] 新朱利法区的财富被抢夺殆尽，亚美尼亚人大批离开，纷纷逃往欧洲、印度和沙俄。波斯与印度的陆上贸易崩塌，连坎大哈繁荣的商业也受到了削弱。

马哈茂德提出的要求中，还包括交出 60 位亚美尼亚处女和几位青年作为赎金，以换回社区其他居民的性命，他们被强行从父母身边带走交给马哈茂德。一些阿富汗米尔厌恶沙阿·马哈茂德的行径，将孩子们原封不动地还给他们的父母。即使这样，至少有 12 名亚美尼亚女孩沦为霍塔克酋长的妻妾。沙阿·马哈茂德在自己的手下终于结束了对基督教聚居区的掠夺后，又下令绕着新朱利法区修建了一道墙，将其变成隔离区。

沙阿·马哈茂德在伊斯法罕 3 年的统治中充满了掠夺和杀戮。随着这位霍塔克王精神状况和身体健康的每况愈下，发生了更多的类似恶行。他在苏菲派修道院的小房间里自闭了 40 天，使他的身体变得更糟。苏菲派这种宗教仪式的目的是遏制附体精灵（jinn）的威力，但在马哈茂德这里，仿佛是精灵最后完全控制了他。这种磨难还让马哈茂德患上类似疥疮的致命寄生虫病。他用尖利的指甲挠破皮肤，试图缓解难以忍受的奇痒。1725 年，夺得霍塔克帝国西部控制权的马哈茂德堂兄弟阿什拉夫（Ashraf）雇人行刺，终于让他摆脱了一切痛苦。在坎大哈，米尔·瓦依斯的嗣子任命沙阿·马哈茂德的兄弟侯赛因·汗为统治者，至此，短命的吉尔扎伊帝国被分裂为两个敌对部分。

同时，在阿什拉夫部族土库曼将军纳迪尔·库利·贝格的领导下，波斯势力开始重振雄风。1726 年，在沙阿·塔赫玛斯普和卡扎尔部族支持下，纳迪尔·库利占领马什哈德，并于 3 年后打败了赫拉特附近的阿卜达利人。他旋即攻打伊斯法罕城的阿什拉夫·汗·霍塔克，逼迫他逃往坎大哈。之后，阿什拉夫被念念不忘杀父之仇的马哈茂德之子米尔·侯赛因·沙阿杀死。1729 年 12 月，纳迪尔·库利进入伊斯法罕，拥沙阿·塔赫玛斯普为王，并被正式任命为呼罗珊总督。沙阿·塔赫玛斯普甚至将自己的一个妹妹赐给纳迪尔·库利为妻。

赫拉特的萨多扎伊苏丹国

被米尔·瓦依斯欺骗没能分得坎大哈的一杯羹后，阿卜杜拉·萨多扎伊立志在赫拉特建立一个王国，但是他企图在哈里河的阿卜达利人中间挑起争端的阴谋被识破。赫拉特的波斯总督将他连同他的儿子阿萨德拉·汗一并投入监狱。然而不久之后，基齐勒巴什驻军发生兵变，二人趁机逃走，流亡奥拜。阿萨德拉·汗迅速占领哈里河峡谷，并占据了穆尔加布河上的马鲁恰克城（Maruchak）。1717 年夏，阿卜杜拉·萨多扎伊终于得到赫拉特城，并在硬币上刻下苏丹哈亚特·汗的名字，因为他是胡达卡宗族活着的成员中最年长的一位。但是此时哈亚特·汗已近暮年，于是他提名阿卜杜拉·汗为赫拉特萨多扎伊苏丹国头领。[43]

表 6　赫拉特萨多扎伊王朝（1717—1732）

苏丹	萨多扎伊世系	任期
阿卜杜拉·汗	胡达卡·凯尔	1717—1721 年
穆罕默德·扎曼·汗	萨尔马斯特·凯尔	1721 年
沙阿·卡西姆·汗	扎弗兰·凯尔	1721—1722 年
穆卡拉布·汗	胡达卡·凯尔	1722 年
沙阿·穆卡拉布·汗	胡达卡·凯尔	1722—1724 年
佐勒菲卡尔·汗（法拉） 阿拉·亚尔·汗（马鲁恰克） 部族长老（赫拉特）	萨尔马斯特·凯尔 胡达卡·凯尔 多个家族	1725—1730 年 1725—1726 年 1725—1726 年
阿拉·亚尔·汗（第一次在位）	胡达卡·凯尔	1726—1730 年
阿拉·亚尔·汗（马鲁恰克） 佐勒菲卡尔·汗（赫拉特＆法拉）	胡达卡·凯尔 萨尔马斯特·凯尔	1730—1731 年 1730—1731 年
阿拉·亚尔·汗（第二次在位）	胡达卡·凯尔	1731—1732 年

两年后，一支约 3.5 万人的波斯军队携带由欧洲军官指挥的炮兵辎重，向赫拉特进发，以图收复失地。交战双方在卡菲勒城堡（今为伊斯兰卡拉边防站）相遇。波斯军队试图以密集炮火威慑阿富汗人，但阿萨德拉·汗早已预料到这一招，将士兵安排在附近果树林或灌溉渠里躲藏。当波斯步兵进攻时，遭遇到毁灭性侧射火力。鏖战几小时后，一个波斯炮手意外击中了火药库，炮团被浓烟阻挡视线，开始盲目向自己的步兵射击。看到波斯战线一片混乱，阿萨德拉·汗命令他的骑兵冲锋，波斯人溃不成军，四散奔逃。波斯将军看到败局已定，便爬上火药桶，自我引爆。

此役胜利之后，阿萨德拉·汗催促其父向马什哈德推进，但苏丹阿卜杜拉·汗却命他进攻坎大哈，惩罚霍塔克人的变节并收复萨法和阿尔哈桑

（Arghasan）。阿萨德拉反对这一命令，父子间争论非常激烈，阿萨德拉·汗不得不请当地修行者进行斡旋，但修行者声明支持坎大哈之战。在木尔坦，阿卜杜拉·汗的父亲哈亚特·汗也支持萨法之战，并赋诗一首送给他的儿子："软弱在散发嫌隙和耻辱气味的地方残喘。"[44]

为避开阿萨德拉·汗的进攻，同时受到波斯军队威胁的沙阿·马哈茂德·霍塔克派使节前往赫拉特，提议结成阿富汗联盟共同抵御波斯军队，并提出献出萨法和阿尔哈桑。苏丹阿卜杜拉·汗却要求沙阿·马哈茂德亲赴赫拉特谢罪。霍塔克统治者并未预料到会受此羞辱，旋即召回他的使节。阿萨德拉·汗于是出兵前往赫尔曼德。1720 年 8 月，阿卜达利和吉尔扎伊军队于迪拉腊姆（Dilaram）交锋。战事的胶着状态持续了数小时后，阿萨德拉被一个要与苏丹阿卜杜拉·汗家族清算旧账的人刺中背部身亡，阿卜杜拉·汗的姐夫穆罕默德·扎曼·汗（道拉特·汗唯一幸存的儿子）率领队伍撤退到法拉。第二天，阿萨德拉的尸体被送回赫拉特，埋葬在巴格—伊墓地（Bagh-i Rauza）。

苏丹阿卜杜拉·汗因儿子之死深受打击，近一年时间，他都郁郁寡欢、不理朝政。直到 1721 年初，另一支波斯部队欲夺取赫拉特，他才从悲痛中振作起来，集结部队，打退入侵者。这次他的确实现了对马什哈德的包围，结果只证明了萨多扎伊人是波斯军队最难缠的敌人。阿卜杜拉·汗在外征战时，留下萨尔马斯特·凯尔·萨多扎伊人穆罕默德·扎曼·汗，以及他们两人共同的岳父卡鲁·汗·阿拉克扎伊留在赫拉特城掌管各项事务。这两个人借机于 1721 年 5 月控制了赫拉特城，迫使苏丹阿卜杜拉·汗火速返回。他一到达，守卫就打开城门，扎曼·汗和卡鲁·汗遂逃往伊赫蒂亚尔—丁城堡的要塞里。阿卜杜拉·汗令人点燃要塞大门，并派遣一支强攻队伍入城，扎曼·汗、卡鲁·汗以及其他叛乱首领随即投降并祈求饶恕。苏丹阿卜杜拉·汗拒绝了。卡鲁·汗被就地斩首，头被悬挂在城墙上示众，其他几个带头的阿卜达利酋长被判用磨石碾杀。两天后，扎曼·汗也被处死。

当时，穆罕默德·扎曼·汗之妻、卡鲁·汗之女扎古纳已经怀有身孕。

由于担心自己和未出世孩子的性命，扎古纳把自己的面纱送给一位吉尔扎伊族马利克哈吉·伊斯梅尔·汗以寻求庇护。按照阿富汗荣誉准则，哈吉·伊斯梅尔·汗有义务保护她，最终将她偷运出赫拉特城。她辗转到了木尔坦，几个月后产下一子，名为艾哈迈德·沙阿。

与此同时，赫拉特城内的混乱在蔓延。刚从木兰来的一位萨多扎伊族扎弗兰分支的卡西姆·汗因受苏丹阿卜杜拉·汗的喜爱，被任命为首席机要顾问。然而，卡西姆·汗在背地里阴谋夺取赫拉特的控制权。1721 年 10 月，卡西姆·汗趁阿卜杜拉·汗每周都要到他儿子墓地祭奠之机，策划了一次与他在花园的"巧遇"，假借传递机密情报之由将他诱至一隐蔽角落，用宝剑猛击他的后脖，将他杀害。

随后，卡西姆·汗宣布自己为赫拉特苏丹，头衔是沙阿·卡西姆，但大部分阿卜达利宗族的酋长们拒绝宣誓效忠。卡西姆·汗回以短暂但血腥的恐怖统治，任何拒绝效忠的人都会在被称作"命运之马"的简易断头台上被处死。"命运之马"有一个斜槽，窄框里由数米长、有坡度的钢刀片构成。死刑犯被放在斜槽的顶部，脚上绑着重石，重石迫使他沿着"这匹马"向下滑动。滑到底部时，受害人的腹股沟以上部分被完全撕开。

苏丹阿卜杜拉·汗遇害的消息传到木尔坦，儿子和孙子均死于谋杀的苏丹哈亚特·汗宣布要进军赫拉特为儿孙报仇。他的一个儿子穆卡拉布·汗发誓替父出征，并在父亲的赐福下出发了。不幸的是，穆卡拉布·汗犯了一个错误，他选择了取道坎大哈。他被沙阿·马哈茂德·霍塔克扣在坎大哈。穆卡拉布·汗诉诸马哈茂德的荣誉感，声明此行的目的是复仇。马哈茂德意识到只有萨多扎伊人自相残杀自己才能从中渔利，于是允许穆卡拉布·汗借道坎大哈。穆卡拉布·汗到达赫拉特后，卡西姆·汗的大多数亲信倒戈。卡西姆·汗被处决，但这并没有终结萨多扎伊宗族敌对成员间的世仇。

穆卡拉布·汗到达赫拉特后不久，苏丹阿卜杜拉·汗的一个儿子沙阿·穆罕默德·汗也从木尔坦抵达赫拉特，并要求他的叔叔让贤。两人的争执愈演愈烈。1722 年夏，阿卜达利人召开族长大会，会议确定沙阿·穆罕默德·汗为苏丹，穆卡拉布·汗则返回木尔坦。随后，沙阿·穆罕默德·汗坚持萨法维王朝奢华盛大的传统，渐渐疏远了把他推上王位的首领们。他头戴皇家头巾，并要求阿卜达利部族的资深贵族觐见他时要谦卑有礼。沙阿·穆罕默德还要求钱币上印自己的名字而不是祖父哈亚特·汗的名字，呼图白祈祷仪式上也要吟唱自己的名字。[45]

在赫拉特新统治者的身份得到确认之后，苏丹沙阿·穆罕默德·汗立刻起兵征战马什哈德，但卡西姆·汗的父亲赛义德·汗想趁机推翻他。得到消息的沙阿·穆罕默德遂暂停对马什哈德的围困，并返回了赫拉特，并杀死约 100 名疑与谋反有染的阿卜达利头目。两年后，法拉总督、穆罕默德·扎曼·汗幸存的最年长的儿子佐勒菲卡尔·汗出兵攻打赫拉特，阿卜达利部族长老们再度干预，劝说双方退让，支持拥立阿卜杜拉·汗的小儿子阿拉·亚尔·汗。苏丹沙阿·穆罕默德·汗被迫退位，前往木尔坦，佐勒菲卡尔·汗则返回法拉。

从木尔坦抵达赫拉特后，阿拉·亚尔·汗立刻落入一张阴谋的大网中。他

从卡拉－伊·伊赫蒂亚尔·阿尔－丁要塞眺望赫拉特古城。

是萨多扎伊族胡达卡分支人，因此来自敌对的萨尔马斯特分支的萨法总督佐勒菲卡尔·汗拒绝承认这一任命。佐勒菲卡尔得到卡鲁·汗·阿拉克扎伊的儿子阿卜杜勒·加尼·汗的支持。接下来的 6 个月，两大敌对派系展开街头巷战，洗劫乡村和商队，赫拉特变成了战场。最后，阿卜达利部族长老再次插手干预，将苏丹国分成两部分：佐勒菲卡尔·汗保有萨法，阿拉·亚尔·汗被派往马鲁恰克。证据显示，赫拉特由部族长老组成的委员会管理。

这种安排持续了不到一年。1726 年底，纳迪尔·库利·贝格将军将波斯军队彻底转型为一支职业武装，占领了马什哈德，威胁进军赫拉特。阿卜达利部族首领召回阿拉·亚尔·汗负责城池防御。1727 年 10 月，纳迪尔占领桑干（Sangan）前哨，屠杀防守人员，击退救援纵队，然后他不得不返回马什哈德处理法思·阿里·汗和沙阿·塔赫玛斯普对其权力的挑战。纳迪尔迅速平定了叛乱，沙阿·塔赫玛斯普沦为傀儡。1729 年 5 月，纳迪尔再次进兵赫拉特。

在卡菲勒城堡的另一场交战中，纳迪尔亲自指挥攻击阿卜达利骑兵，打败了阿富汗人。在遭遇了两场失利后，阿拉·亚尔·汗想要求和，但听说佐勒菲卡尔·汗正率阿卜达利—吉尔扎伊联军向北挺进时，他又改变了主意。但是这两人没能协同作战，而是被纳迪尔各个击破。佐勒菲卡尔·汗逃回法拉，赫拉特的阿卜达利马利克们则到波斯营地递交了投降书。纳迪尔赐予他们荣誉之袍，双方签署了协议。协议规定，阿拉·亚尔·汗继续担任波斯主权下赫拉特城的统治者，承诺不向坎大哈的霍塔克统治者提供军事援助。[46]令阿卜达利人不悦的是，其部族还必须向波斯军队提供兵源。而纳迪尔竟然没有在城中部署一支波斯的禁卫军，这一决定不久后就令他后悔不迭。

沙阿·侯赛因·霍塔克对赫拉特城的沦陷与萨多扎伊—波斯的重新结盟十分担心，于是派使者前往赫拉特，劝苏丹阿拉·亚尔·汗废止协议，并组建一支阿卜达利 - 吉尔扎伊联盟共同对付纳迪尔·库利·汗。阿拉·亚尔·汗拒绝了这一建议，因为这个协议是他以《古兰经》的名义发誓签署的，不可以违背。但是，他的权力有限。阿卜达利部族首领们赞同建立反波斯联盟，他们决意罢黜阿拉·亚尔·汗，任命佐勒菲卡尔·汗接替该职位，但阿拉·亚尔·汗拒绝让位。接下来的几周，赫拉特再次沦为战场，直至阿拉·亚尔·汗战败逃往马鲁恰克。1730年4月，佐勒菲卡尔·汗进驻赫拉特，陪同他入城的是从木尔坦赶来参加胜利庆典的9岁异母兄弟艾哈迈德·沙阿和母亲扎古纳。

佐勒菲卡尔·汗立刻撕毁了波斯协议，并利用纳迪尔·库利外出讨伐奥斯曼人之机围困马什哈德，城中的阿拉·亚尔·汗加入波斯守军共同对外。纳迪尔·库利听到围城的消息，命令马什哈德总督不要主动出击，闭门坚守，等待援军。阿卜达利人损毁了马什哈德周围所有的乡村，试图通过坚壁清野的办法迫使这座城市屈服。但最终弹尽粮绝的是围攻者自己，对城市的围困随之解除。

纳迪尔于1730年11月抵达马什哈德，用整个冬季准备与赫拉特最后一战。纳迪尔因阿拉·亚尔·汗的支持赐予他很多恩惠，并签署协议恢复他赫拉特总督一职，但要求在赫拉特要塞驻扎一支波斯禁卫军。次年4月，波斯军队向赫拉特进发，所到之处村庄尽毁，他们赶走了数以千计的绵羊和山羊，这些牲畜是阿卜达利部族的主要财富支柱。波斯人在围困赫拉特的同时，派遣一个纵队前往赫尔曼德占领法拉，同时还有一支武装越过穆尔加布河进入乌兹别克人占领的梅马内。

随着炎热夏季的到来，佐勒菲卡尔·汗越来越绝望。1731年7月22日，他最后一次尝试突破包围，却又是人员伤亡惨重。更多的人则在撤退途中，淹死于洪水泛滥的哈里河，佐勒菲卡尔·汗自己也几乎丧命。意识到突围无望，与佐勒菲卡尔·汗一起来到赫拉特的赛达尔·汗率领的吉尔扎伊人趁着夜色，沿一条干涸的灌溉河渠悄悄溜出了波斯防线。几天后，佐勒菲卡尔·汗交出城池换取波斯人允许他安全前往法拉的承诺。苏丹阿拉·亚尔·汗官复原职，但纳迪尔并没坚持在城中部署波斯禁卫军。

阿拉·亚尔·汗的职位恢复并没有受到很多部族首领的欢迎，而纳迪尔和阿拉·亚尔·汗之间的关系也因一次误会而恶化。由于听说一支大规模援军正由法拉向赫拉特进发，纳迪尔旋即派出数量相当的队伍前往赫尔曼德，却发现被欺骗。愤怒的纳迪尔迁怒于阿拉·亚尔·汗，认为阿拉·亚尔·汗伪造情报是为了调虎离山，伺机谋反。阿拉·亚尔·汗否认指控，但尽管如此，纳迪尔还是命令他送 500 名阿卜达利首领至波斯大营作为人质。首领们拒绝服从，阿拉·亚尔·汗便提出支付大笔赎金。纳迪尔不接受此提议，抓捕了营中所有阿卜达利人，并再次围困赫拉特。他还派兵攻打马鲁恰克，意欲捉拿阿拉·亚尔·汗的家人，同时派另一支纵队前往攻占奥拜。

对赫拉特的围困持续了整整一个寒冬。至 1732 年 2 月，城里闹起饥荒，阿卜达利首领们只好前往纳迪尔营地求降。尽管阿卜达利人背信弃义在先，纳迪尔还是饶恕了阿拉·亚尔·汗的性命，但不允许他继续掌权。1732 年 2 月 27 日，阿拉·亚尔·汗，这位赫拉特萨多扎伊苏丹王朝的最后一位代表人物，在安全庇护下离开赫拉特。阿拉·亚尔·汗与赫拉特城的瓜葛终于结束了，但这并不是他与纳迪尔的最后一次分别。一无所有的阿拉·亚尔·汗行至德里，莫卧儿皇帝穆罕默德·沙阿给了他一小笔钱。7 年后，当年的纳迪尔·库利、如今的波斯王纳迪尔·沙阿攻占德里，听说阿拉·亚尔·汗生活在莫卧儿首都，于是在信德省赐给他一块封邑。但是纳迪尔·沙阿离开德里时，他将阿拉·亚尔·汗带走，后将其流放至波斯马赞德兰省。不久，他在那里与其对手佐勒菲卡尔·汗会合了。几年后，阿拉·亚尔·汗死去，遗体被送回赫拉特，葬于巴格—伊墓地，长眠在父亲和兄弟身边。

赫拉特沦陷后不久，法拉也沦陷了。佐勒菲卡尔·汗和他的两个兄弟阿里·马尔丹·汗和艾哈迈德·沙阿逃亡坎大哈，在那里，他们被沙阿·侯赛因·霍塔克投入监狱。阿里·马尔丹不久后死于酷刑和恶劣的居住条件。但佐勒菲卡尔·汗和艾哈迈德·沙阿坚持了将近 7 年。纳迪尔·沙阿占领坎大哈后将二人释放。

赫拉特的萨多扎伊苏丹国仅仅维系了 15 年，其间充满了胡达卡家族和萨尔马斯特家族的血腥权力争斗。一共有 7 位苏丹继位和退位，其中 3 人死于族亲之手，其中一个是法定继承人，其余几个是宗族成员。数以百计，甚至可能数以千计的人，死于不时发生在自己城市的自相残杀。尽管所有这些统治者都是阿富汗人，但他们更认同木尔坦文化，因为他们和他们的随从大多生长于这个多元文化的、由莫卧儿帝国统治的城市。一些人甚至娶了印度教妇女为妻。他们熟谙莫卧儿宫廷文化，认为自己拥有神赐统治权，视赫拉特、奥拜和坎大哈的阿卜达利人为草芥。因此，除了萨多扎伊家族内的手足相残之外，苏丹与当地思想更为传统、宗教更为保守的阿卜达利汗王之间还存在着权力争斗就不足为奇了。

　　尽管有着致命弱点，赫拉特的萨多扎伊苏丹们在与人数更多、装备更精良的波斯军队的对抗中取得了很多卓越的军事胜利。但是赫拉特的萨多扎伊人和坎大哈的霍塔克王朝都发现，进行战争比缔造和平更容易。两个王朝都没有通过实行现代人所推崇的"良治"来巩固自己的军事成功。相反，他们急功近利，经常表现为缺乏最起码的政治敏锐。正如普什图族的皇家学者奥拉夫·卡罗爵士所评论的，"卡尔吉人能够赢得战斗，但他们决不胜任治国"，因为他们"毫无治国才能"。[47]这一令人绝望的评论同样适用于赫拉特的萨多扎伊人。最后，霍塔克人和萨多扎伊人只能为自己的权力旁落和寄人篱下埋单。

第二章

纳迪尔·沙阿和阿富汗人（1732—1747）

（阿富汗国）整体建立在波斯帝国的基础上。米尔·瓦依斯的故事成就了纳迪尔·沙阿，而纳迪尔……是真正意义上阿富汗杜兰尼帝国的奠基者。

——奥拉夫·卡罗爵士[1]

攻陷赫拉特后，纳迪尔任命他的一名忠实拥趸皮尔·穆罕默德·汗为总督，并配备一支人数众多的禁卫军。约6万阿卜达利人被流放至波斯各地，该部族的1.2万名士兵和吉尔扎伊部族的托克希人虔诚军（lashkar）被征入纳迪尔·汗的军队。接下来的10年，这些阿富汗士兵因大胆勇猛而闻名，而这种军事经验在艾哈迈德·沙阿·杜兰尼后来开创自己的帝国时被证明是至关重要的。纳迪尔沿用萨法维的政策，任命一名阿富汗酋长来监督部族内部事务。但是他没将这一职务交给萨多扎伊人，而是选择了阿卜杜勒-加尼·汗·阿拉克扎伊，其后者的妹妹扎古纳是艾哈迈德·沙阿的母亲。

纳迪尔并未穿过赫尔曼德攻打坎大哈，而是选择西进，击退奥斯曼帝国新一轮入侵。战役中，阿卜达利雇佣兵证明了自身价值，在基尔库克附近的战役中，他们追击四散奔逃的阿拉伯骑兵并将他们斩于剑下。[2] 在 1735—1736 年的达吉斯坦冬季战役中，纳迪尔无法攻克一个异常坚固的据点，他就告诉阿富汗虔诚军指挥官努尔·穆罕默德·汗·阿里扎伊，要么阿卜达利人攻下这个要塞，要么他们都将被处死。于是，这些阿富汗人前赴后继冲向城墙，尽管伤亡惨重，最后还是击破防御，控制了城堡。战斗结束后，纳迪尔问，应如何奖励阿卜达利人的英勇，努尔·穆罕默德·汗·阿里扎伊请求说，假如纳迪尔夺取了坎大哈，希望能允许自己的部族结束流放，返回家园，并恢复萨多扎伊人对萨法的统治。纳迪尔同意了，这不经意间奠定了杜兰尼王朝的基石。[3]

接连的胜利以及与奥斯曼土耳其帝国的和平协议令纳迪尔备受鼓舞。1734 年 3 月 8 日，他终结了沙阿·塔赫玛斯普的名义上的统治，正式加冕波斯王，取名号纳迪尔·沙阿。其采取的首批行动之一旨在彻底改变萨法维王朝的宗教政策，规定从此波斯帝国的官方伊斯兰教义由什叶派改为逊尼派。这一决定使他赢得军中阿富汗人的爱戴，但疏远了军中其他派系，尤其是基

从凯塔尔山脊眺望坎大哈旧城遗址和阿尔甘达卜平原。

齐勒巴什派，也疏远了昔日萨法维王朝的朝臣以及有影响力的什叶派宗教当
权者。

征服坎大哈和喀布尔

　　与奥斯曼土耳其人的媾和，使纳迪尔·沙阿得以腾出手来惩罚霍塔克王
朝，报复其在统治波斯时对波斯的蹂躏。1736 年 12 月，纳迪尔·沙阿从克
尔曼出发，取道路程较短的锡斯坦。次年 2 月，霍塔克吉里什克前哨阵地投
降。纳迪尔·沙阿推进至阿尔甘达卜，阿卜达利人再次证明了他们的价值。
听说吉尔扎伊人计划突袭波斯军队，阿卜杜勒 - 加尼·汗·阿里科扎伊在暮
色下出兵阻拦。接近吉尔扎伊大营时，阿卜达利人用普什图语大声喊叫，诱
使敌人误信援军已到。锁定大营位置后，阿卜达利人发动攻击，将吉尔扎伊
人击退。

　　1737 年 3 月，纳迪尔·沙阿抵达坎大哈，将其围困。坎大哈古城的城防
借助狭长的凯塔尔山脊，非常坚固，又易守难攻，任何军队都难以征服，即
使炮击也无法撼动。意识到围城行动可能会持续很久，纳迪尔·沙阿在东面
平原建起一座位于阿富汗人射程之外的新城镇——纳迪拉巴德，这是个为人所
熟知的名字。该城功能完善，有市集、住宅、清真寺和洗浴中心。因此，纳迪
尔·沙阿的军队能相对舒适地度过可能持续一年的对坎大哈的围困，他们的敌
人则蜗居在坎大哈，忍饥挨饿。封锁坎大哈后，纳迪尔·沙阿派遣数支纵队征
服重要据点。沙赫尔萨法据点第一个沦陷，纳迪尔·沙阿兑现承诺，将萨法归
还给阿卜达利人。围城两个月后，赛达尔·汗指挥的吉尔扎伊卡拉特要塞投
降。为惩罚赛达尔·汗对赫拉特萨多扎伊苏丹们的支持，纳迪尔·沙阿将其双
眼挖出。之后，纳迪尔·沙阿派一支纵队进入坎大哈北部丘陵地区，降服经常
骚扰贸易商队的逊尼派哈扎拉人。他们的酋长达尔维什·阿里·汗最终屈服，
酋长和众多部族成员被征入纳迪尔·沙阿的军队。

1738 年 3 月，纳迪尔·沙阿下令对坎大哈城墙发起全面猛攻。库尔德人和阿卜达利人发起的第一次进攻被打退，第二次进攻他们穿过城墙的几个缺口，占领了坎大哈。沙阿·侯赛因·霍塔克退入城堡。但当纳迪尔·沙阿炮轰城堡城墙时，侯赛因派姐姐扎伊纳卜携高级官员向纳迪尔·沙阿求饶并商议投降条款。翌日，侯赛因苏丹亲自出面，拜倒在纳迪尔·沙阿脚下。纳迪尔·沙阿出人意外地饶恕了他的性命，将他和他的家人流放马赞德兰，不得返回。霍塔克部族也被全体流放至萨卜泽瓦尔和波斯的其他地区。他们的家园、土地和牧场全部送给了流亡归来的阿卜达利人。霍塔克人再也没能从这次失利和流放中恢复元气。他们当中很多人最终返回坎大哈地区，但其财富已落入阿卜达利人之手。之后，艾哈迈德·沙阿和他的继任们始终将霍塔克部族排除在权力集团之外。

在这场对霍塔克人的集体惩罚中，吉尔扎伊托克希人得到豁免，他们曾参与征服波斯的战争，但后来与沙阿·侯赛因·霍塔克失和，加入了纳迪尔·沙阿的军队。作为回报，纳迪尔·沙阿任命巴巴克尔扎伊的托克希人阿什拉夫·汗先后为吉尔扎伊卡拉特和加兹尼的行政长官。这一决定遭到阿卜达利人的反对，因为他们觊觎托克希肥沃、湿润的土地，怨恨巴巴克尔扎伊人限制了他们权力和野心的扩张。接下来的几年中，阿卜达利人利用纳迪尔·沙阿对谋杀和叛乱与日俱增的恐惧，说服纳迪尔·沙阿相信托克希人的首领意欲谋反。德里沦陷后，纳迪尔·沙阿返回坎大哈，监禁了 3 位德高望重的托克希首领。后来人们传说，他们被关在监狱围墙内，最后被活活闷死。

近两个半世纪之后，一位吉尔扎伊人再次成为阿富汗王国的首脑。1978 年 4 月的政变后，来自加兹尼地区的一位吉尔扎伊人努尔·穆罕默德·塔拉基当选阿富汗民主共和国最高领导人。从那时起，另有三位吉尔扎伊人统治这个国家，尽管为期短暂：阿明（1979 年在位）是卡罗蒂吉尔扎伊人；1987—1992 年间担任共和国最高领导人的纳吉布拉来自阿赫迈德扎伊吉尔扎伊部族；塔利班头领埃米尔·毛拉·奥马尔（1996—2001 年在位）属于米尔·瓦依斯霍塔克部族。另外一位吉尔扎伊人是伊斯兰党军事首领古勒卜丁·希克马蒂亚尔，他在阿富汗总统拉巴尼政府任总理。

1738 年，坎大哈被攻陷后，穆罕默德·扎曼·汗·萨多扎伊的两个儿子佐勒菲卡尔·汗和艾哈迈德·沙阿在被监禁 7 年后释放。这是 15 岁的艾哈迈德·沙阿自父亲被苏丹阿拉·亚尔·汗斩首，即将临盆的母亲逃往木尔坦后的第二次死里逃生。纳迪尔·沙阿将佐勒菲卡尔·汗流放至马赞德兰，后者几年后死去。艾哈迈德·沙阿被委以纳迪尔·沙阿政府中一个无足轻重的小职位，显然被当作控制其兄的人质。纳迪尔·沙阿还给予坎大哈和周边地区的一些阿卜达利首领以实权职位。阿富汗米尔阿卜杜勒 - 加尼·汗·阿拉科扎伊成为坎大哈省长；纳迪尔的阿富汗古拉姆军统领努尔·穆罕默德·汗·阿里扎伊被赐予札吉尔（封地）以及阿尔甘达卜河沿岸和达瓦尔地区的放牧权；巴拉克扎伊头领哈吉·贾马尔·汗成为吉里什克和法拉总督。

纳迪尔·沙阿命令手下摧毁坎大哈，城中居民被迁至纳迪拉巴德。然而将坎大哈城夷为平地十分困难，大部分古城墙和城堡的一部分保留了下来，至今依然矗立。纳迪尔·沙阿还将坎大哈地区政府进行重大改组，委任有农业知识和灌溉经验的波斯监察者负责提高栽培技术、改革税收制度，其他专家负责监督坎儿井的清理和新井挖掘工作。

攻陷坎大哈后的一个月左右，纳迪尔·沙阿越过莫卧儿王朝的穆库尔边界进军加兹尼，入侵理由是莫卧儿的喀布尔总督曾为逃亡的吉尔扎伊人提供保护。加兹尼迅速妥协。纳迪尔·沙阿却无退兵之意，推进势头不减，喀布尔总督绝望地恳求德里提供兵力和现金增援，他的军队已经 5 年多未得到军饷了，但是德里未予理睬。波斯军队到达城外，喀布尔的长老们出城递交了请降书，守城军队却拒绝投降。纳迪尔·沙阿命令部队猛攻要塞，却发现大炮无法摧毁巴拉希萨尔堡的城墙。最后，防御者的炮弹意外爆炸，炸毁了部分门楼和城墙，纳迪尔·沙阿旋即派出一支强攻队入城。意识到守城无望，守军投降，喀布尔失守。这个被莫卧儿王朝占领两个多世纪、查希尔·巴布尔在北印度的第一个首府沦陷了。人们不禁想知道在谢尔达尔瓦扎山另一侧坟墓中的巴布尔不知会辗转反侧多少次。

征服德里

喀布尔失守了，莫卧儿皇帝穆罕默德·沙阿的自以为是在战场上得到了惩罚：纳迪尔·沙阿挺进楠格哈尔平原时遭遇的唯一一次正式抵抗来自拉格曼的吉尔扎伊人。贾拉拉巴德沦陷后，白沙瓦的莫卧儿总督集结开伯尔各部族共同封锁穿越山口要道的主要公路。然而纳迪尔·沙阿找到一位当地阿富汗人，带领纵队选择了一条人迹罕至的路线，出其不意地袭击了莫卧儿军队，将他们击溃。白沙瓦失守终于促使穆罕默德·沙阿采取行动。他仓促集结一支队伍阻止纳迪尔·沙阿进入旁遮普。莫卧儿的反应太迟了。纳迪尔·沙阿疲惫的军队在白沙瓦休整一个月后，于1739年1月渡过了印度河；月底，拉合尔也投降了。

此时，笨拙的莫卧儿军队仅仅离开德里120公里，救援行动缓慢。最后他们反被纳迪尔·沙阿锁定。1739年2月24日，纳迪尔·沙阿在卡尔纳尔击败莫卧儿骑兵并包围其余部。穆罕默德·沙阿被迫亲自前往纳迪尔·沙阿大营谈判，实质上是商讨投降条款。纳迪尔·沙阿的条件很苛刻，包括缴纳大量贡品。穆罕默德·沙阿难以接受如此羞辱，请求达成比较体面的结果。谈判持续了数日，徒劳无果。纳迪尔·沙阿忍无可忍，不再允许莫卧儿皇帝离开军营，除非他同意所有条款。与此同时，纳迪尔·沙阿派先遣部队进入德里，为胜利入城做好准备。正式入城的前一天，最终认输的穆罕默德·沙阿被遣送回他的首都，负责为征服者筹备盛大入城受降仪式。1739年3月20日，纳迪尔·沙阿率兵进入德里，宣教祈祷仪式上吟唱他的名字，硬币上铸刻"天下万方之王子中的王子"和"王中王"头衔的名字。

纳迪尔·沙阿精心挑选入城时间，使自己入主莫卧儿首都的第一天与波斯新年即诺鲁孜节重合。这个节日有重要的象征意义，波斯人和莫卧儿人都熟知这一古老传统和关于它的神话传说。伟大的波斯史诗《列王纪》记载，诺鲁孜节是古代波斯英雄贾姆希德荣登伊朗王位、开启黄金时代的日子。据说在贾姆希德的加冕礼上，全世界的统治者都向他行鞠躬礼，并承认他是世界之王。[4]纳迪尔·沙阿显然将征服德里与波斯王加冕相媲美，将自己的统治与贾姆希德相提并论的做法暗示了他的狂妄自大。征服德里的确为纳迪尔·沙阿赢得了盛名，不仅穆斯林世界，欧洲人也对他敬佩有加。惠灵顿公爵和拿破仑·波拿巴等伟人都读过描写其征战的书籍。但是，物极必反，如日中天之时，也是他的帝国开始土崩瓦解之始。纳迪尔·沙阿或许将自己视为新贾姆希德，但他没能

莫卧儿帝国创始人巴布尔大帝之墓，位于喀布尔谢尔达尔瓦扎山西坡。大理石屏风是现代修建，属于阿迦汗文化信托基金会推进的修缮工作的一部分。

从这位昔日英雄死于邪恶扎哈克之手的悲剧中吸取教训。取得最伟大胜利的7年后，纳迪尔·沙阿遇刺身亡，他的帝国随之终结。

早在纳迪尔·沙阿进入德里前，就有传言称，波斯君主向穆罕默德·沙阿索要巨额贡品以换取德里免遭洗劫。德里当时正处于经济危机中，受到赋税冲击的商人和中产阶层对此要求极为反感。诺鲁孜节后第二天，纳迪尔·沙阿为解决粮食短缺问题，命令店主降低谷物价格，派基齐勒巴什卫队控制存放谷粮的仓库。谷物降价的命令遭到德里店主们的抗议，他们聚集在谷物仓外，认为限制最高价格意味着他们无利可图。局势很快失控，几个基齐勒巴什兵丁被杀，甚至有人传言纳迪尔·沙阿也被射杀或被捕入狱。混乱持续整夜，纳迪尔·沙阿的军队无法控制局面。翌日早晨，纳迪尔·沙阿骑马前去评估局势，愤怒的人群向他和他的护卫投掷石块，附近建筑物中射出的一颗子弹与他擦肩而过，射死了他的一个贴身警卫。

暗杀袭击是解决问题的最后一根稻草。纳迪尔·沙阿爬上罗沙达拉清真寺屋顶俯瞰月光集市，在他的命令下，3000名士兵宝剑出鞘，不留一条性命。整整6个小时，刽子手们在市集里横冲直撞，屠杀、强奸、抢夺，烧毁店铺和房屋。纳迪尔·沙阿下令结束血腥屠杀时，大约2万至3万名男女老幼失去了生命。更糟糕的是，纳迪尔·沙阿命令将这些人暴尸街头数日。大屠杀结束了骚乱，但它是纳迪尔·沙阿统治的分水岭。此前，他在征服城镇的过程中表现出非凡的克制力，赦免了很多叛乱者的性命。德里屠戮标志着更血腥时代的到来，这一变化与纳迪尔·沙阿身体和精神状态的恶化密切相关。统治末年，纳迪尔·沙阿越发妄想偏执，不相信包括儿子们在内的任何人。他执政的最后几年浸满鲜血。

纳迪尔·沙阿并不打算统治德里。征服莫卧儿首都后，他允许软弱无能的穆罕默德·沙阿继续做这个国家的名义首脑。然而，穆罕默德·沙阿为此付出的代价非常高：印度河以外莫卧儿的所有领土都割让给了波斯帝国，包括白沙瓦、贾拉拉巴德、喀布尔和加兹尼；同时，从莫卧儿皇宫掠夺的贡品和货物价值约 7 千万卢比。[5] 德里遭到劫掠和屠杀后，穆罕默德·沙阿无法筹集足够税收支付士兵和军官粮饷。莫卧儿统治者羸弱无能，无力平定孟加拉城内叛乱，只好求助东印度公司，这为英国势力在北印度的崛起打开了方便之门。最终，获益于纳迪尔·沙阿入侵的不是波斯，也不是阿富汗人，而是英国。

纳迪尔·沙阿回师喀布尔时，他的阿富汗雇佣兵击退了阻止大军过境开伯尔山口的优素福扎伊部族和开伯尔部族，再次证明了他们的力量。回到喀布尔的纳迪尔·沙阿立刻召集该地区所有部族，正式听命于他：大约 4 万名族人宣誓效忠，他们被要求提供兵源以补充印度战役中损失的兵力。德哈赞吉逊尼派哈扎拉部族的酋长达尔维什·阿里·汗是喀布尔皇家廷臣会议的参会人员之一。他被命令将部族迁至巴拉穆尔加布地区，保卫边疆免受乌兹别克人和突厥奴隶的袭扰。巴德吉斯成为逊尼派哈扎拉人的新家园，自此，这个部族被视为该地区的查哈尔艾玛克之一。[6] 然而，他们的搬入导致另一个艾玛克部族的迁出，两个部族变成不共戴天的敌人。18 世纪晚些时候，达尔维什·阿里·汗的侄子建立了瑙堡，后来成为逊尼派哈扎拉人非常重要的据点。

征服巴尔赫和梅尔夫

纳迪尔·沙阿征战印度时，兴都库什北部战事正酣，它带来该地区地缘政治的又一场大变局。1737 年夏，纳迪尔·沙阿派儿子兼继承人雷扎·库里·米尔扎前去降服巴尔赫省的突厥 - 帖木儿人总督阿卜杜勒·哈桑。波斯军队获胜，阿卜杜勒 - 哈桑被废黜。[7] 然而，波斯对巴尔赫长达 10 年的占领给当地经济带来一场大灾难。巴尔赫盛产谷物、瓜果、葡萄、果干，也是驮畜和战马的重要来源地，因此波斯总督着手盘剥该地资源以供给纳迪尔·沙阿的庞大军队。仅 1742 年，就有 4000 卡瓦（kharwar）[8]（即 1200 至 2240 吨）谷物被征用；数以千计的男人被强制征入纳迪尔·沙阿军中；更多的人被派往呼罗珊和梅尔夫做苦力。因此，巴尔赫农耕生产所必需的人力被征用殆尽。纳迪尔·沙阿的雇佣军中有一支来自梅马内的乌兹别克分遣队，由哈吉·毕·明指挥，后来成为纳迪尔·沙阿皇家卫队的一部分，其间，哈吉·毕·明与艾哈迈德·沙阿结下了友谊。

　　波斯帝国对巴尔赫的无情剥削所造成的经济困境和愤懑情绪，最终与云游修行者拉苏尔领导的千年运动叠加。拉苏尔很可能是一个假托的名字，因为在伊斯兰教中，拉苏尔（意为"使徒、使者"）这个头衔指的是穆罕默德和其他几位先知。人们并不知道拉苏尔的种族，他有可能是阿卜达利人，因为他来自奥拜地区，拥有大量土耳其和阿富汗游牧部落的追随者。[9]

一位修行者在马扎里沙里夫的新年庆祝活动中，向一群倾听的信众讲述哈兹拉特·阿里殉教的故事。

拉苏尔早年生活动荡，他后来追随一位修行者学习命理学、风水学和变戏法等知识和技艺。一些资料显示，他还与印度教苦行僧和瑜伽师有联系。1739 年左右，拉苏尔来到加兹尼，或许在被波斯占领后不久，因行医和预知未来的本领赢得名望。纳迪尔任命的加兹尼总督却视他为威胁。1741 年秋，拉苏尔和他的众信徒离开加兹尼，取道穆尔加布，穿过赫拉特和梅马内，前往巴尔赫。

抵达安德胡伊城外时，拉苏尔命令他的追随者在进入定居点之前将新鲜的树叶系在衣服上，并披上绿色的伊斯兰头巾。但是，波斯总督拒绝他们入城，担心这样一大群宗教狂热分子的出现会带来麻烦。

拉苏尔在安奎城外——很可能是沙依·马尔丹圣地——搭建起帐篷。有关他妙手回春的故事不断传播，人们蜂拥而至。总督命令拉苏尔在当地宗教和世俗权威面前证明其医术，于是他展示出一系列奇迹，质疑者们相信了其真实性。总督本人也被折服，送给他大量礼物。不久，他的追随者尊称他为哈兹拉特·依禅（hazrat ishan），这是安奎城最受尊敬的圣人巴巴·桑谷（Baba Sangu）——又称巴巴·瓦利（Baba Wali）——才配拥有的头衔。巴巴·桑谷是达尔维什人，因成功预测了埃米尔·帖木儿的一次军事远征的胜利而得此称号。[10]

随着拉苏尔的声名远扬，沙依·马尔丹圣地的主管穆塔瓦利邀请他入住圣庙。圣庙坐落在巴尔赫以西 10 公里的沙依·马尔丹圣地，从过去至今一直是阿富汗北部最重要的祭拜中心，人们相信这里是穆罕默德的女婿兼堂弟阿里·伊本·艾比·塔利卜最后的安息处。大批帖木儿人和突厥 - 帖木儿人前来祭拜，圣地尤因诺鲁孜节期间具有治愈疾病的神力而著名。拉苏尔到达维拉亚特首府巴尔赫，上千人走出家门，大声欢呼他为时代的使徒、真的伊玛目。这些头衔显示，纳迪尔·沙阿的阿夫沙尔什叶派教徒和基齐勒巴什守军都相信拉苏尔是最后一位伊玛目，以马赫迪身份现身。拉苏尔到达沙依·马尔丹圣地时，住在一个紧邻哈兹拉特·阿里墓室的单人小屋里，大量人群前去拜见他。不久后，一些人声称哈兹拉特·依禅治愈了他们的疾病。据传，波斯总督要求他证明自己的超能力时，拉苏尔当着总督的面使两个被斩首的人起死回生。

然而，一些人将拉苏尔的名气视为煽动叛乱、反对波斯占领的工具。主要的阴谋策划者是伊斯马特·阿拉·贝格，他是钦察部族酋长兼部族代表，负责与波斯当局联络。这时期，钦察部族约有12万户人家，是反对波斯入侵的先锋。伊斯马特·阿拉·贝格亲自面见哈兹拉特·依禅，声称希望自己和自己的部族得到拉苏尔的精神引领和保护。然后，他开始暗地里武装他的部族。1741年末，钦察发动叛乱，打败巴尔赫城的波斯守军，将他们困于要塞中。但是，在接下来的一次小型军事冲突中，伊斯马特·阿拉·贝格身受重伤，命悬一线。手下人把他送到哈兹拉特·依禅那里，期待奇迹能够发生。这一次，拉苏尔的神力没见效，伊斯马特·阿拉·贝格伤重不治。众人都弃哈兹拉特·依禅而去，只留下少数最忠实的追随者。因为担心自身性命不保，沙侬·马尔丹圣地的穆塔瓦利允许政府人员进入辖区。拉苏尔被捕后，人们将他带出避难所处死。

安奎的巴巴·瓦利墓入口。

听到叛乱的消息，纳迪尔·沙阿挥师北进，逐一攻占钦察据点。叛乱被彻底平息后，叛乱者所遭受的报复是可怕的。通过抽签方式从钦察部族中选出大约 6500 名男性成员，将他们的头砍掉，堆砌成一个头盖骨金字塔。那个曾将拉苏尔尊奉为"时代和时间主人"的拉苏尔最忠实的支持者被活埋在这个令人毛骨悚然的金字塔里。其间的很多个白天黑夜，人们都能听到他的尖叫声，直到死亡终结了他的折磨。大量巴尔赫的钦察人被消灭，至 19 世纪末期，这个曾经强大的部族在巴尔赫省只剩寥寥数人了。

平定巴尔赫之后，纳迪尔·沙阿沿阿姆河行进，占领了布哈拉占据的一个要塞。由于担心波斯军队向布哈拉进军，布哈拉的突厥 - 帖木儿汗阿布勒 - 法伊兹亲自前往纳迪尔·沙阿大营，卑微谦恭地表示臣服。因此，纳迪尔·沙阿得到更多的乌兹别克雇佣兵，来补充由后来建立曼格特王朝的阿塔利克·拉

居住在巴尔赫省扎迪安宣礼塔和神庙旁的信徒。

希姆·毕指挥的军队。希瓦也沦陷了，土库曼族约穆特人统治者伊尔巴斯被处死，数千波斯奴隶获得自由，因为希瓦是中亚奴隶贸易的主要市场之一。

纳迪尔·沙阿对德里的征服也标志着艾哈迈德·沙阿的崛起。艾哈迈德·沙阿被任命为负责草拟战利品清单的官员之一。1744年，艾哈迈德被任命为库奇巴什——一个类似于纳迪尔·沙阿侍从武官的职务。第二年，艾哈迈德·沙阿在另一场抗击突厥人的战役中表现出巨大胆识，受纳迪尔·沙阿之命，组建了一个阿卜达利团，作为皇家警卫的一部分。艾哈迈德·沙阿组织了一支3000人的阿卜达利武装，命名为加齐，这一称谓用来指那些以《古兰经》的名义发誓战斗到死的圣战勇士。艾哈迈德·沙阿精选与自己年龄相仿的年轻人，通过宣誓效忠的方式确保他们始终站在自己这一边。纳迪尔·沙阿统治末年，艾哈迈德·沙阿的加齐兵成为他最信任的兵团之一，被派去牵制有谋反和暗杀之嫌的基齐勒巴什、阿夫沙尔和恺加指挥官们的势力。

纳迪尔·沙阿的末年和暗杀

巴尔赫和布哈拉战役之后，纳迪尔·沙阿返回马什哈德，血腥屠杀随着他身体和精神状况的逐渐恶化而持续。根据纳迪尔·沙阿的私人医生、基督教牧师皮埃尔·路易·巴赞的回忆，1746年，即纳迪尔·沙阿离世的前一年，这位皇帝已经不能吞咽，而且饱受便秘、肝梗阻和口干的折磨。尽管只有40多岁，纳迪尔·沙阿的头发已经变白，看起来像个暮年老人。[11] 连年不断的征战、统治帝国的压力、酗酒无度以及妄想偏执对他的健康造成了极大伤害。

返回马什哈德后，纳迪尔·沙阿立刻派官员在波斯全境索要越来越多的现金，用于支撑庞大军队的开支。同时，他对周围人的怀疑导致血腥镇压。据记载，他的儿子、继位者雷扎·库里·米尔扎称其为压迫者，指责他榨干波斯财富。后来，纳迪尔·沙阿新建的墓地上出现了一首讽刺诗，诗中这样评价：

尽管国王的足迹踏遍波斯大地，但他最恰当的归宿——也就是他的墓穴——却空无一物。在前往马赞达兰的路上，刺客的子弹击中了纳迪尔·沙阿的拇指，他利用一切手段追踪罪魁祸首。刺客最终被捕获时，纳迪尔·沙阿承诺只要刺客说出策划这场阴谋的主使，就免他一死。刺客指控雷扎·库里·米尔扎和纳迪尔·沙阿的一些高级军官为幕后主使。雷扎·库里·米尔扎强烈否认自己与这个阴谋有染，尽管如此，纳迪尔·沙阿还是将儿子双眼刺瞎，将那些被指控的同谋者处死。当外科医生把纳迪尔·沙阿儿子的眼睛递给他看时，他失声痛哭，老泪横流。尽管表现得很伤心，纳迪尔·沙阿的镇压行动依然血腥、残暴，没有丝毫减弱。

1744 年，皇帝的密友兼法尔斯（Fars）指挥官塔齐·贝格·汗发动叛乱。纳迪尔·沙阿举兵前往围困设拉子，所到之处生灵涂炭。攻克设拉子后，纳迪尔·沙阿的军队洗劫了城市，数千平民被杀，尸体被斩首，头颅被堆砌成头盖骨金字塔。塔齐·贝格被捕，但是由于纳迪尔·沙阿曾经发誓永不处死他，他遭到阉割，一只眼睛被挖出。塔齐·贝格不得不用剩下的那只好眼看着家人被杀害，看着最宠爱的妻子被纳迪尔·沙阿的士兵轮奸。之后，他被发配到纳迪尔·沙阿帝国最偏远的信德前哨任总督。纳迪尔·沙阿的官员们还侵吞了设拉子人大量的现金，砍掉他们的双手、双脚和鼻子，勒死或打死任何被怀疑隐瞒财产的人。一系列卑劣行径导致设拉子的商业群体逃至奥斯曼土耳其、加尔各答、孟买和马德拉斯。

极其残暴地镇压叛乱后，纳迪尔·沙阿返回马什哈德。沿路审讯政府官员，折磨、致残或杀死任何被怀疑贪污挪用国家资金的人。在马什哈德，更多的官员被处死，居民则被强加 50 万托曼的重税。1746 年底，纳迪尔·沙阿前往伊斯法罕，他的官员再次洗劫了这个城市。8 名印度、犹太和亚美尼亚商人因被被指控购买一张被窃地毯而被活活烧死。纳迪尔·沙阿随后颁布了一个又一个处决名单，并要求高级官员和各省总督支付大笔资金。当纳迪尔·沙阿命令克尔曼和锡斯坦总督们支付 50 万托曼赋税时，他们拒绝缴税并举起了反抗大旗。叛乱迅速蔓延。1747 年初，纳迪尔·沙阿的侄子阿里·库里·汗逃至锡斯坦，担任了叛军头领。4 月，阿里·库里·汗前往赫拉特，赢得阿卜达利人的支持。背地里，很多厌倦流血杀戮并为自身性命担忧的纳迪尔·沙阿手下高官开始秘密与阿里·库里·汗接触。

1747 年夏，矛盾终于尖锐化。纳迪尔·沙阿认为，嫡系的阿夫沙尔部族成员穆罕默德·库里·汗指挥的一部分皇家警卫计划暗杀他。6 月 19 日入夜，他召集艾哈迈德·沙阿和几个可靠的指挥官在私人会客帐篷召开秘密会议。述说了他的恐惧后，纳迪尔·沙阿命令艾哈迈德·沙阿破晓时分集结加齐士兵，解除穆罕默德·库里的武装，实施抓捕。纳迪尔·沙阿命令，如果遭遇抵抗，就将这些人全部杀掉。[12] 纳迪尔·沙阿没在自己的帐篷里就寝，而是选择与爱妻丘奇（Chuki）住在较远的女眷驻地。皇家围墙外面，被纳迪尔·沙阿怀疑意欲谋反的士兵在站岗，将国王与驻扎在防御外围的艾哈迈德·沙阿的加齐兵分割开。尽管如此，纳迪尔·沙阿仍决定黎明时分再动手。正是这一决定让他付出了生命的代价。

纳迪尔·沙阿和衣打盹，宝剑放在身旁。皇家围墙外，秘密下达给艾哈迈德·沙阿的命令传到穆罕默德·库里·汗的营帐。谁走漏信息一事没有记载，一份资料显示，消息是由一个参加深夜秘密会议的格鲁吉亚指挥官透露的。[13] 泄密的人也可能是丘奇本人，因为她的父亲穆罕默德·侯赛因·汗·卡扎尔是皇家卫队的一个头领，他也被卷入导致雷扎·库里王子被刺瞎眼睛的刺杀纳迪尔·沙阿的行动。纳迪尔·沙阿不想冒与强大的卡扎尔部族交战的风险，没将他处死。甚至艾哈迈德·沙阿也不能摆脱嫌疑，因为至少可以说，他在纳迪尔·沙阿遇刺身亡后的所作所为很反常。

听说国王要解除自己部队的武装，穆罕默德·库里·汗将值得信任的指挥官和同盟召集起来，开了一个紧急会议。这些人一致认为"要在纳迪尔·沙阿将他们当作晚餐吞掉之前先发制人，将他当作早餐吞噬"。[14] 月落时分，穆罕默德·库里和另外 3 名同谋者溜进皇家围墙，手持尖刀抵住阉人警卫的喉咙，命令他说出国王的寝宫。受到惊吓的警卫悄悄地指向丘奇的帐篷，之后被割断喉咙。声音惊醒了纳迪尔·沙阿，他试图抓起宝剑，却在黑暗中绊了一下。未及站稳，一把宝剑砍断了他的手。尽管祈求饶恕性命，穆罕默德·库里还是砍下了他的头颅。

接下来究竟发生了什么，至今仍是未知的，这无疑是因为刺杀所引发的局面混乱不堪。阴谋者似乎开始抢夺皇室内院财产，同时试图掩盖刺杀真相，但纳迪尔·沙阿的死讯很快便传遍整个大营。所有的法律失效，秩序立刻陷入一片混乱失效，目睹了这场混乱的私人医生巴赞侥幸逃过一劫。艾哈迈德·沙阿似乎对所发生的事情一无所知，因为他和他的盟友哈吉·毕·明以及他的乌兹别克士兵直到破晓才采取行动，而那时整个大营已经满是"混乱、争吵和骚动"。[15]事实上，当卡扎尔和阿夫沙尔指挥的那部分皇家卫队进攻艾哈迈德·沙阿和哈吉·毕·明，以阻止他们执行皇帝的命令时，后者显得很吃惊。血腥的战斗随即发生，尽管敌众我寡，艾哈迈德·沙阿还是突进到王室内院，并发现纳迪尔·沙阿被砍掉首级的尸体蜷缩着，像一个老妇人。

史学家大都将艾哈迈德·沙阿的举动描述为保卫纳迪尔·沙阿，但是这样的叙述疑点重重。像其他人一样，艾哈迈德·沙阿一定已经意识到纳迪尔·沙阿政权不稳，情绪摇摆，很可能会用镇压其他皇家卫队的血腥方式对付阿富汗人。我们知道叛乱王子阿里·库里身在赫拉特，很多阿卜达利人和其他酋长都已臣服于他。纳迪尔·沙阿被刺杀的那段时间，这位王子私下里也与高级军事指挥官有来往。阿里·库里有充分理由拉拢艾哈迈德·沙阿和阿卜达利人，而艾哈迈德·沙阿很可能已经意识到阿里·库里王子在赫拉特所受的拥戴。

因此，皇帝遇刺后，艾哈迈德·沙阿的迟钝反应值得怀疑，同样值得怀疑的是他进入纳迪尔·沙阿帐篷后的一举一动。艾哈迈德对国王的尸体并没有表现出应有的尊重，相反，他从国王被砍断的手上撸走皇家印章戒指，并偷走系在国王手臂上的"光之山"（Koh-i Nur）钻石。很难想象一位忠实的指挥官会有如此举动。盗取这两个象征帝王的重要物件很明显是有意而为，艾哈迈德·沙阿充分了解这些物件的意义所在。印章戒指是皇家印章，而"光之山"钻石在莫卧儿皇冠珠宝中最为珍贵，与北印度穆斯林王朝有很深的渊源。这枚钻石最初是德里的卡尔吉王朝的苏丹们从一个战败的印度王手中得到的，成为帝国皇冠的中心饰品。后来，它成为洛迪王朝皇冠珠宝的一部分。洛迪王朝在帕尼帕特之战失败后，这颗钻石被拱手送给了莫卧儿王朝创始人巴布尔大帝。后来，沙·贾汗将它镶嵌在自己著名的孔雀宝座之上，作为王冠的一只眼睛。对于德里的穆斯林统治者来说，"光之山"钻石象征着他们对北印度的控制权。事实上，据传拥有这颗钻石的帝王将会统治世界。"光之山"钻石后来传到杜兰尼王室一脉，直至艾哈迈德·沙阿的孙子沙阿·舒贾被逼将它交给锡克教摩诃罗阇（伟大的统治者）兰吉特·辛格。1849 年，锡克人战败，王国解体，这颗钻石作为战利品落入东印度公司之手。最终被再切割镶嵌入一个女式环形冕状头饰上，后镶嵌入维多利亚女王的环饰上。现在这颗钻石嵌在伊丽莎白王太后曾经佩戴的王冠上。

　　一些阿富汗史学家曾经试图将艾哈迈德·沙阿得到"光之山"钻石一事合法化。他们声称这颗钻石是纳迪尔·沙阿的"女王"——很可能是丘奇——赠予艾哈迈德·沙阿的礼物，以报答他曾经保护自己不被波斯士兵强暴。但是，没有当代的证据来证明这一说法。事实上，艾哈迈德·沙阿拿走钻石和印章戒指时，完全知道它们的重要性。"光之山"代表的是穆斯林对北印度的绝对控

被切割前的"光之山"钻石原貌，丝质饰带用于将珠宝束于君主的手臂上。

制，纳迪尔·沙阿的印章戒指则象征着对波斯的统治，这两个帝国奴役坎大哈和赫拉特的阿卜达利部族达两个半世纪之久。因此，艾哈迈德·沙阿取得这些王权象征物的行为可以被视为其欲重建萨多扎伊王朝主权的抱负，也是向证明王朝合法性迈出的第一步。

艾哈迈德·沙阿：神话与现实

在哈吉·毕·明率领的乌兹别克人的帮助下，艾哈迈德·沙阿和其他阿卜达利人杀出波斯营地。远离混乱之后，哈吉·毕·明立刻出发前往梅马内，意图将波斯人赶出巴尔赫；艾哈迈德·沙阿则向法拉和坎大哈进发。分手前，两人似乎缔结了一项永不相互开战的条约，并允许各自建立王国。艾哈迈德·沙阿临终前重申了这一承诺，他告诫他的儿子兼继承人帖木儿·沙阿不要攻击乌兹别克人，因为他们是"没有蜂蜜的蜂巢"。[16]

艾哈迈德·沙阿的下一步行动是树立权威，迫使随其出征的其他阿卜达利指挥官服膺。艾哈迈德·沙阿手下约有 3000 名加齐兵，人数远远低于其他 7 个由各自部落首领指挥的宗族团。阿富汗古拉姆军总司令是年逾八旬的努尔·穆罕默德·汗·阿里扎伊，曾被纳迪尔·沙阿任命为坎大哈的军事指挥官。另一个强有力的竞争对手是艾哈迈德·沙阿的舅舅阿卜杜勒 - 加尼·汗·阿拉克扎伊，纳迪尔·沙阿的阿富汗米尔和坎大哈的省长。对艾哈迈德·沙阿而言，此二人是他实现抱负最大的威胁，要么使他们屈服于自己，要么被他们杀掉。

艾哈迈德·沙阿首先谋划了一场跟努尔·穆罕默德·汗·阿里扎伊的对峙。他自命为阿卜达利兵团的首领，即使努尔·穆罕默德·汗提出抗议也不让位。努尔·穆罕默德·汗求助其他指挥官，却发现几乎无人支持他，因此不得不放弃指挥权。努尔·穆罕默德·汗的性命得以保全，但是在处理阿卜杜勒 - 加尼·汗的问题上，艾哈迈德·沙阿丝毫没有心慈手软。尽管对方是自己的舅舅，他还是命令加齐兵将舅舅带到沙漠中处死。两次事件之后，艾哈迈德·沙阿指挥着一支由6000多名训练有素的阿富汗人组成的军队。解除努尔·穆罕默德·汗的职务、处死阿卜杜勒-加尼·汗后，他已经不仅仅是坎大哈的民事和军事总督，事实上，他还是阿富汗米尔。在抵达坎大哈之前，艾哈迈德·沙阿虽然还没有国王之名，但早已拥有国王之实了。[17]

艾哈迈德·沙阿向坎大哈进军时，法拉和吉里什克两地先后投降，赫拉特的波斯守军企图夺回两座城池，这一尝试不堪一击。到达坎大哈时，艾哈迈德·沙阿在查曼桑加尔（Chaman-i Sanjar）安营扎寨，这里很可能是纳迪拉巴德的阅兵场，他准备在该地登基称王。然而，艾哈迈德·沙阿抵达坎大哈后究竟发生了什么，却因一部亚瑟王风格的传奇故事而变得模糊不清，事实难辨。事实上，在阿富汗现代史中几乎没有哪个事件比艾哈迈德·沙阿建国更具传奇色彩了。因此，那些围绕艾哈迈德·沙阿在坎大哈建立独立的萨多扎伊王国而展开的历史事件消弭在重重浪漫主义迷雾中，为阿富汗及西方史学家们不加甄别地津津乐道。

根据这一神话叙事，艾哈迈德·沙阿到达坎大哈后，召集所有部族酋长召开大国民议会，又称支尔格会议，目的是选出一位国王。据称参加会议的包括所有的阿富汗普什图部族，以及俾路支、乌兹别克和什叶派哈扎拉首领。谢里苏尔克神殿守护者萨比尔·汗宣称，既然艾哈迈德·沙阿是萨多扎伊人，那么他比其他任何阿卜达利候选人更有优势获得王位。他的干预导致哈吉·贾马尔·汗·巴拉克扎伊退选，大国民议会一致"选举"艾哈迈德·沙阿为国王。接下来的情节是这样的，萨比尔·汗将一束小麦或大麦放到艾哈迈德·沙阿的穆斯林头巾上，并在所有参会人员面前宣布艾哈迈德·沙阿为王。

尽管甘达·辛格博士和奥马尔·卡迈勒·汗承认当代文本材料中没有任何证据可以支持这一叙事，但这个版本如此深入人心，即使他们本人也一字不差地重复着这个故事。奥马尔·卡迈勒·汗甚至写道："早期编年史……

对阿富汗国家领导权是征战途中由军队少壮派决定这一史实记载是一致的⋯⋯余下的就是形式问题。"[18] 这些早期"编年史"包括艾哈迈德·沙阿的御用史学家马哈茂德·胡塞尼笔下的历史。[19] 他为整个事件提供了非常不同的描述，他的版本与 19 世纪末 20 世纪初欧洲旅行家的描述前后一致。[20] 唯一与后来的加冕神话有些相似的波斯近现代资料来自阿布哈桑·伊本·阿明·古丽斯坦娜，她笔下的历史写于艾哈迈德·沙阿死后大约 30 年。但是，即使古丽斯塔娜也将坎大哈召开的会议以及艾哈迈德·沙阿随后的"当选"描述成"走个形式"。[21]

依据这些波斯史料，艾哈迈德·沙阿抵达坎大哈后不久，护送信德省年度税收的车队也抵达了，他因此得到一笔 2000 万卢比的意外之财。[22] 纳迪尔·沙阿的信德省总督塔奇·贝格·汗率领几百名基齐勒巴什古拉姆负责车队警戒，车队还包括一马厩战象。塔奇·贝格并不喜欢纳迪尔·沙阿，因为几年前他因在设拉子发动叛乱而遭到阉割，被刺瞎一只眼睛，并不得不目睹家人被处死、妻子被轮奸。塔奇·贝格听说纳迪尔·沙阿遇刺，也或许是看到"光之山"钻石和印章戒指这两个信物之后，同意与艾哈迈德·沙阿合兵一处。作为回报，艾哈迈德·沙阿赐予他一部分信德省的财富。塔奇·贝格还说服坎大哈的基齐勒巴什守军不要反对阿富汗人对该城的接管。于是守军也发表声明支持艾哈迈德·沙阿，他们无疑也得到了一部分信德省的财富作为激励。基齐勒巴什共有大约 1.2 万名士兵，艾哈迈德·沙阿将他们编入自己的国王卫队。喀布尔的莫卧儿总督纳瓦卜·纳西尔·汗，虽然当初并不热衷加入阿卜达利人的行动，并被关进监狱，但也被收编。几天后他被释放，并同意向艾哈迈德·沙阿每年支付 50 万卢比的税款，以重获阿卜达利人控制下的喀布尔总督一职。

信德省的这笔意外财富为艾哈迈德·沙阿提供了大笔可以用于收买人心和奖赏加齐士兵的战争基金。塔奇·贝格的拥护也意味着他现在拥有至少 1.8 万人的庞大军队，以及相当于 18 世纪一个坦克军团的战象。他的地位不可撼动，因为这支队伍能够震慑来自当地阿富汗部族和俾路支部族的任何对抗。紧接着，艾哈迈德·沙阿召集9人军事委员会，其中7人曾任纳迪尔·沙阿的阿卜达利人的指挥官。第8位成员代表吉尔扎伊托克希人，这些士兵也曾经在纳迪尔·沙阿军中作战。唯一的非阿富汗代表是卡拉特的纳西尔·汗。他是布拉灰人，也曾经在纳迪尔·沙阿麾下任职。军事委员会会议的目的是在对外宣布萨多扎伊王国独立前，谈判敲定政府内各个职位的分配。

民族主义史学家，以及大多数欧洲史学家，声称这个会议是在谢里苏尔克神殿召开的。然而，当代资料中根本没有提及这个地方。可见，这一定是19世纪末20世纪初人们编造的神话，目的是夯实穆罕默德扎伊们的合法地位，因为王朝的缔造者哈吉·贾马尔·汗·巴拉克扎伊就葬于此地。谢里苏尔克毕竟只是一个小型单穹顶神殿，不适合召开如此重要的会议。[23]更可能的是，军事委员会成员在艾哈迈德·沙阿本人的帐篷内会面，确保秘密不被泄露；如遇麻烦，加齐兵可以随时应战。几天时间里，9位军事指挥官针对自己在新王国中的得失利弊争论不休。为获得他们的支持，艾哈迈德·沙阿做出了很多让步，包括承诺永久豁免参加会议的所有宗族的土地赋税和强制征兵，他们和他们的继承人也将有权进入王室部落委员会。作为回

1915年邮票上的"神殿和麦穗"图案。自埃米尔哈比布拉统治以来，此图案成为杜兰尼君主制最具情感象征的符号之一。右侧是穆萨希班王朝（1929—1973）时期精心制作的神殿和麦穗图案。

报，指挥官们同意战时提供兵源。为了安抚失去头衔和脸面，但依然握有重权的努尔·穆罕默德·汗·阿里扎伊，艾哈迈德·沙阿任命他为新的阿富汗米尔。

然而，哈吉·贾马尔·汗·巴拉克扎伊挑战艾哈迈德·沙阿的登基资格，要求封自己为王，因为巴拉克扎伊是赫尔曼德和坎大哈地区为数众多、权力最大的阿卜达利宗族。哈吉·贾马尔的地位也因其辈分和身份而得到巩固。他是一个拥有大片土地的地主，纳迪拉巴德就建在他的家族土地上，麦加朝圣之旅也提升了他的地位。而艾哈迈德·沙阿仅仅 20 岁出头，生于木尔坦，长于木尔坦，在坎大哈毫无根基。此外，尽管艾哈迈德·沙阿是萨多扎伊族的萨尔马斯特人，他的祖辈却只做过赫拉特而非坎大哈的苏丹。到目前为止，艾哈迈德·沙阿与坎大哈的唯一渊源就是他在这座城市的 7 年铁窗生涯。

哈吉·贾马尔与艾哈迈德·沙阿之间的较量实际上源于两个宗族间的历史性竞争，因为在一次企图破坏萨多扎伊 - 萨法维联盟的行动中，莫卧儿人资助了巴拉克扎伊人。莫卧儿统治坎大哈时期，总督们曾经任命一个巴拉克扎伊人作阿富汗米尔。当赫拉特的萨多扎伊人赢得权力时，巴拉克扎伊部族酋长拒绝承认萨多扎伊人的阿富汗米尔头衔，认为赫拉特的阿卜达利人操纵了选举结果。哈吉·贾马尔极可能是这些由莫卧儿王朝任命的马利克们的后代。

两个人的争端在激烈辩论后得以解决。艾哈迈德·沙阿以《古兰经》的名义发誓，如果哈吉·贾马尔宣誓效忠，那么他和他的子嗣将永远拥有首席大臣——即首要大臣一职。这意味着他的官职仅次于国王，并与国王拥有同等权力，因为负责管理王国日常事务的是首席大臣而不是国王。即使如此，两个家族的权力争斗一直在暗地里发酵，并以喋血和内战告终。哈吉·贾马尔的后代最终罢黜艾哈迈德·沙阿家族，并建立了自己的穆罕默德扎伊王朝。

艾哈迈德·沙阿称王一事尘埃落定，他的私人精神导师萨比尔·汗为他做了祷告，引用胡塞尼的原话："取一根绿色植物的茎（或叶）固定在艾哈迈德·沙阿的帽子上，宣布这是国王加冕的象征。"20世纪穆罕默德扎伊史学家们将这句简洁的描述改写成一部烦琐的加冕神话。埃米尔哈比布拉（1901—1919年在位）统治时期，绿色植物被改为大麦穗或小麦穗，成为王朝徽章中的重要标志物，出现在国旗、邮票、硬币以及国家的官方信笺抬头上。高度形式化的麦穗与古代奥林匹克冠军获得的月桂花环，以及罗马帝国皇帝头戴的金色胜利冠冕惊人相似。20世纪40年代，米尔古拉姆·穆罕默德·戈巴尔在记录艾哈迈德·沙阿的历史时，甚至加入一幅20世纪著名阿富汗艺术家阿卜杜勒·加富尔·布雷什纳的浪漫水彩画，画中的萨比尔·汗正在为艾哈迈德·沙阿佩戴纯金麦穗王冠。[24]美国史学家路易斯·杜普利推测，用绿色植物加冕的做法可以追溯到古代的某种丰收仪式。[25]环绕在神殿图案四周的小麦穗甚至被赋予更大的权力和力量。该神殿又称"神圣斗篷"，是坎大哈最神圣的遗迹。[26]小麦穗这一象征符号被深深地植入阿富汗民族意识中。20世纪70年代末，努尔·穆罕默德·塔拉基政府将它保留在国旗上，尽管麦穗的图案看起来更像代表农业繁荣的苏维埃麦穗。塔利班与这个"非伊斯兰"标志没有任何瓜葛，但是他们下台后，卡尔扎伊总统恢复了神殿和麦穗图案。毕竟，他是波帕尔扎伊人，是杜兰尼皇室后裔。

至少一些加冕神话是由于欧洲人对当代资料的误解或缺乏深入研究造成的，尤其是19世纪40年代中期穿越阿富汗的法国军事探险家约瑟夫·皮埃尔·费里尔的描述。在他的《阿富汗史》一书中，费里尔将9人军事委员会更改为在谢里苏尔克神殿召开的部族大会。做出如下描述和记载的也是费里尔：哈吉·贾马尔主动为艾哈迈德·沙阿让位，萨比尔·汗为艾哈迈德·沙阿加冕大麦花环。之后，埃米尔阿卜杜·拉赫曼·汗（Amir Abd al-Rahman Khan，1880—1901年在位）在自传中对费里尔的描述进行了更别有用心地重写。根据他的故事版本，艾哈迈德·沙阿加冕之后，聚集在一起的长老们都"将植物的叶子放到口中，象征着他们都是（艾哈迈德·沙阿）的牲口和驮畜，并将布条拧成绳套在脖子上，表示他们乐意由他牵引，服膺他的规则，并给予他决断生死的大权。"[27]

对历史叙事的歪曲以及普什图族的庇护理念旨在为阿卜杜·拉赫曼·汗的君主专制正名。由此，埃米尔将所有阿富汗部族的酋长贬为与奴隶和俘虏无异，居无定所，唯有听命王恩。埃米尔慷慨饶恕那些放弃一切权利、甘心如驮畜般任由君王驱赶和屠杀的酋长们的性命。也是在这里，阿卜杜·拉赫曼·汗声称艾哈迈德·沙阿是由"我们这个国家经过认证的代表"推选的，还宣称1747 年"开创了阿富汗历史上民选国王和立宪政府治理国家的先河"。[28] 这些声明与他将艾哈迈德·沙阿的臣民贬为奴隶和动物的做法完全相左，也很可笑，因为阿富汗直至 1923 年才拥有自己的宪法，更别提任何类似立宪会议或议会的东西了。

如果意识到萨比尔·汗把绿色植物放在艾哈迈德·沙阿帽子里只不过是嘲讽萨法维加冕仪式的滑稽之举，这一切的神话杜撰和感情用事就更显讽刺。将植物的茎秆放入国王帽子里时，他戏谑地说这是艾哈迈德·沙阿的头巾，是萨法维和莫卧儿王朝君主佩戴的象征王权的羽毛。所有召集来的军事指挥官都听得懂这个笑话，因为他们太熟悉萨法维王朝和莫卧儿王朝的王权标志了。同时，萨比尔·汗这一带有萨法维人和萨多扎伊阿富汗米尔特征的装腔作势之举也意在提醒新晋国王要小心行事，防范危险。或许艾哈迈德·沙阿赢得了王位争夺战，但萨比尔·汗在提醒他要想保住权力，一定的卑恭和谦逊还是需要的。从此，萨多扎伊王朝所有杜兰尼高官的穆斯林头巾里都配有带羽毛的头饰。

将萨比尔·汗视作阿富汗的"坎特伯雷大主教"更具讽刺意味，因为就阿卜达利部族或坎大哈地区的精神等级体系而言，萨比尔·汗不仅无足轻重，而且地位尴尬。例如，埃米尔哈比布拉委派法伊兹·穆罕默德·卡蒂布编写的著名的杜兰尼君主制历史，简洁描述了艾哈迈德·沙阿加冕，但丝毫没有提到萨比尔·汗。[29] 胡塞尼则将萨比尔·汗称为达尔维什人——一位苦行僧。事实上，萨比尔·汗是一个四处游荡的神秘主义者，懂些解梦知识，并声称梦可以让他预测未来。从这一点看，萨比尔·汗可以与纳迪尔·沙阿占领巴尔赫时期引起轰动的拉苏尔相比。尽管戈巴尔和他的追随者们基于对一段波斯文本的曲解，宣称萨比尔·汗来自喀布尔，萨比尔·汗甚至不是普什图人，他只是一个来自拉合尔的旁遮普人。[30]

萨比尔出生于拉合尔，原名雷扎·沙阿，这暗示他是一名什叶派穆斯林。他早年做过兽医。[31]纳迪尔·沙阿征服拉合尔之前，雷扎将名字改成更为中性的萨比尔，并开始算命。和这个世纪许多其他的苦行僧一样，他投奔了波斯军队。在军中，他的装马蹄铁技术和所谓的神秘力量很受欢迎。[32]萨比尔与艾哈迈德·沙阿的结识很可能发生在纳迪尔·沙阿统治拉合尔期间。或许这位萨多扎伊人打动了艾哈迈德·沙阿，成为他的私人算命师，预言了艾哈迈德·沙阿会成为国王。到1747年，二人关系已极其亲密，在一些人眼里似乎有些过从甚密。艾哈迈德·沙阿登基后不久，一位被艾哈迈德·沙阿召见的朝臣吃惊地看到萨比尔·汗"不着寸缕，满身尘土"地躺在国王大腿上，艾哈迈德·沙阿则端着王宫的盘子，亲手给他喂饭。[33]

艾哈迈德·沙阿"当选"为王是由9位军事指挥官组成的小圈子商议决定的。而后来的民族主义叙事将其改写为"大国民议会"或支尔格大会，声

阿卜杜勒·加富尔·布塞什纳的浪漫水彩画《艾哈迈德·沙阿加冕礼》，1942年。

称议会是普什图人选举国家首脑的一种古老而传统的方式。即使作为文化小说，此叙事也无法在当代文献中得到印证。普什图部族并不选举国王，原因很简单，他们并没有实行君主制。甚至马利克制度和阿富汗米尔制度也是帝国列强外部施压的结果。尽管阿卜达利人可能会推选阿富汗米尔，但他们的提名人必须得到萨法维王朝或莫卧儿王朝坎大哈总督的认可。其他阿富汗部族在职务任命上也毫无发言权。很多时候，阿富汗米尔完全由萨法维总督指定，他要么无视、要么否决阿卜达利酋长们的诉求。

阿富汗部族在提名宗族和部落首领时有各种不同的传统，一些部族只在为实现某一特定目标时才会提名候选人，比如指挥作战或解决内部争端。正如历任阿富汗米尔付出代价才发现，大多数阿富汗部族生来敌视任何形式的集权政府，誓死维护自治权。部族支尔格的公告总是提前发布，而且大会通常在开阔地举行，杜绝私下交易。每位 18 岁以上男性都有权参会并发表意见，局外人除非被邀请，否则无权参与。

然而，上述原引的波斯文献并没有将议会协商称为支尔格。比如，胡塞尼使用的是波斯通用术语马吉利斯（Majlis，即"会议"或"议会"）。正如埃尔芬斯通于 60 年后所写，这种用法一直沿用到 19 世纪。现代支尔格议会理念是通过 20 世纪 20 年代以来一部部连续宪法建立起来的，与土著普什图传统几乎没有共同之处，它是由阿富汗君主主义者—民族主义者创造的。支尔格议会理念实质上是源于土耳其议会模式，而不是古老的普什图平等主义传统。它与普什图身份的唯一联系是称呼中的"loya"一词，因为即使"支尔格"一词也是波斯术语而不是普什图术语。[34]

"选举"艾哈迈德·沙阿为国王的 9 人军事委员会与传统普什图"支尔格"一词相悖。艾哈迈德·沙阿抵达坎大哈之前已或多或少解决了这一问题，军事委员会在没有阿卜达利贵族在场的情况下召开秘密会议。除了一位吉尔扎伊人，没有其他阿富汗部族被邀请——或者准确地说——受欢迎。虽然根据伊斯兰教法，艾哈迈德·沙阿称王的合法性需由宗教机构乌里玛批准认可，但乌里玛也没参加会议。萨尔比·沙阿无资格担当这个角色，因为他没有正式的伊斯兰教资质。套用一句现代用语，1747 年艾哈迈德·沙阿执掌王权不过是一小撮人发起的又一场军事政变，古拉姆趁中央政府虚弱之机摆脱其控制并建立独立王国的先例早已存在，并不罕见。

最后，艾哈迈德·沙阿登基后自封为"杜尔 - 依兰 - 杜兰"（Dur-I Durran，即"珍珠中的珍珠"），以及命名阿卜达利部族为杜兰尼的说法都没有事实根据，部族因萨比尔·汗的梦改名的说法也同样不可信。自封为"杜尔 - 依兰 - 杜兰"头衔以及部族更名发生在数月之后，由苏菲派教团首领授予艾哈迈德·沙阿。[35]

艾哈迈德·沙阿获得军事委员会背书允许其称王后，立即着手取得该地区部族和宗教精英的效忠承诺。传令官被派往各地将这些显赫人物召集至一个公共廷臣会议。大家聚齐之后，艾哈迈德·沙阿现身，头戴从德里或纳迪尔·沙阿营帐中劫掠的皇室头巾。然后众人被告知艾哈迈德·沙阿就任独立的坎大哈国王。部署在与会者四周的加齐兵用宝剑敲击盾甲，宣称只有艾哈迈德·沙阿才能胜任国王一职。这些首领走上前来，宣誓效忠萨多扎伊统治者。整个过程计划周密，无人提出异议。在场的数千士兵、火炮和战象无疑使每个人都意识到，妥协要比反对安全得多。

即使如此，还是有很多地区和部族的关键人物缺席廷臣会议，这可能是有意为之。吉尔扎伊族的霍塔克人的缺席尤其值得注意，主要原因是他们的首领早已被纳迪尔·沙阿流放。其他吉尔扎伊部族，包括强大的加兹尼、喀布尔和洛加尔省的苏莱曼人联盟，也没有派代表出席。喀布尔、拉格曼和楠格哈尔省的吉尔扎伊人没有出席，因为当时他们效忠莫卧儿皇帝。法拉和吉里什克的卡拉尔人以及俾路支人的缺席也值得关注，因为他们代表着阿夫里迪人、贾吉人、莫赫曼德人、曼加尔人、萨菲人、新瓦济里人、瓦齐尔人，以及阿富汗南部和东南部地区、开伯尔山口地区的其他部族。

据说一位哈扎拉出席了会议，但正如一些现代史学家所猜测的，他并不是来自哈扎拉贾特的什叶派哈扎拉，而是达尔维什·阿里·汗，即逊尼派哈扎拉艾玛克的省长。正如我们所见，他也曾在纳迪尔·沙阿麾下，并短暂担任过赫拉特总督。卡拉特的省长纳西尔·汗也参加了"宣誓效忠"，因为卡拉特被认为臣属于坎大哈总督。纳西尔·汗是唯一一位在国王的 9 人议会中有议席的非阿富汗人。因此，后来的艾哈迈德·沙阿由所有阿富汗普什图部族推选的说法在当代文献中毫无事实依据，不过是多年来围绕其"加冕"所产生的又一个神话而已。

人们常常认为艾哈迈德·沙阿称王标志着现代阿富汗的成立，这也是一个时代错误。就艾哈迈德·沙阿和他的同时代人而言，阿富汗是指由自治的阿富汗部族控制的领地，即今天位于阿富汗—巴基斯坦边境两侧的普什图部落地带，以及一个在 1747 年处于艾哈迈德·沙阿管辖范围以外的地方。事实上，艾哈迈德·沙阿和他的继任们并没有给他们的王国一个特定的名称，这种缺失被 1808—1809 年的埃尔芬斯通使团注意到了。为解决这一问题，埃尔芬斯通随意称呼这个国家为喀布尔王国，因为当时王国的首都位于喀布尔而不是坎大哈。但是，他也使用"阿富汗"这一术语来指称整个普什图部族地带和杜兰尼王国。后来，印度的大英帝国政府沿用了埃尔芬斯通的说法，用阿富汗一词来指代杜兰尼政府统治的整个王国，尽管锡克和英国征服旁遮普后，阿富汗原有领土的一多半已成为印度地盘。

登基伊始，艾哈迈德·沙阿的王国大约包括今天阿富汗的 3 个省：坎大哈、法拉和赫尔曼德省。从卡拉特到坎大哈通道的巴拉穆尔加布逊尼派哈扎拉、卡拉特的纳西尔汗俾路支和卡拉尔部族也承认萨多扎伊的领主地位。但是在其统治末期，杜兰尼帝国从马什哈德扩张至德里。因此，艾哈迈德·沙阿王国的疆域，无论建国初期还是统治末年，都与现代阿富汗边界无关。阿富汗现代国际边界的正式划分发生在艾哈迈德·沙阿去世一个多世纪之后。

这样说不是贬低艾哈迈德·沙阿的成就，而是将这些成就置于恰当的历史环境中。艾哈迈德·沙阿利用乌兹别克和莫卧儿帝国的衰弱及波斯帝国的纳迪尔·沙阿遇刺之后的混乱，恢复了萨多扎伊的独立。艾哈迈德·沙阿统治时期，他将一个小城邦发展为一个重要帝国，并为后来持续将近两个半世纪的君主制打下了基础。这些对于一位不到 25 岁便登上王位的人来说已经是了不起的成就了，并不需要浪漫主义或神话的光环来烘托。

第三章

艾哈迈德·沙阿和杜兰尼王朝
（1747—1772）

> 普通君主可能会倾尽全力用武力降服所有部族，但一位阿富汗王却发现征服自己的国民要比征服邻国费力得多。
>
> ——芒斯图亚特·埃尔芬斯通[1]

艾哈迈德·沙阿·萨多扎伊在 20 多岁的时候成为国王，但他和部落委员会的成员都没有管理国家的经验。艾哈迈德·沙阿的办法是，采纳并适应萨法维王朝的行政模式和木尔坦莫卧儿政府的机构设置。[2]艾哈迈德·沙阿对王权的憧憬也源于专制的萨法维模式。然而，杜兰尼王室是伊斯兰教逊尼派而不是曾经成为阿富汗的国教的什叶派。

王权与特权的冲突和竞争

艾哈迈德·沙阿登基伊始，政府里就存在着王权和特权的冲突，这种紧张局面始终未能得到圆满的解决，最终导致王国的瓦解。艾哈迈德·沙阿登基 60 年后，埃尔芬斯通使团是这样记载的：

国王和国家之间存在某种利益分歧，关于国王法定权力范围的分歧更大。国王、侍臣以及毛拉坚持认为国王享有亚洲专制君主所拥有的一切权威；部落族人则认为，他只是特权非常有限的君主。这造成了王权在实际行使中存在很多差异。[3]

国王的军事委员会以莫卧儿和萨法维王朝的马利克模式为基础，区别在于艾哈迈德·沙阿政府的马利克处于政事的中心而不是边缘，阿卜达利部落委员会某种程度上相当于国王的内阁。艾哈迈德·沙阿曾受益于这些人并已许诺他们世袭职位，因此他很难开除支尔格的任何成员，除非有人发动叛乱。尽管如此，他们的职务大多有名无实，履职的责任往往委派给他们的下属来执行，这些人通常来自他们的本家。大多数杜兰尼部首领目不识丁，行政事务几乎完全由基齐勒巴什人掌控。基齐勒巴什人还是国王的皇家卫队的主力，用来制衡阿卜达利马利克和部族酋长。政府内部层级间复杂、矛盾的关系削弱了管理效率，助长了贪污腐败，极大地引发了部族和派系冲突，尤其使什叶派基齐勒巴什人和国王军事委员会成员关系紧张。

仓促成立的杜兰尼政府面临的另一个严重问题是关于艾哈迈德·沙阿免除阿卜达利马利克及其部族的民事和宗教税费的决定。这种豁免，是引起其他部族成员与国王关系紧张的另一原因，尤其是在当时国库空虚的情况下。其他阿富汗部族和族群对这种特权式的安排极为不满，因为他们不得不缴纳赋税，却没有高官厚禄和国家资助。艾哈迈德·沙阿采用与印度莫卧儿的土地管辖制或《新约》中犹地亚的罗马"收税员"制相类似的传统做法，即将收税权拍卖给出价最高的竞拍者，但情况并无改善。在按合同约定完成向国库缴纳税款的前提下，拍卖得主可任意抽取税收。赢得竞拍的通常是阿卜达利部族成员，这进一步引起了其他部族对阿卜达利部族的不满和怨恨。这种情绪因收税官贪赃枉法，动辄使用暴力而加剧。贪婪无度令收税官迅速暴富，他们的巧取豪夺迫使数千名规模较小的土地拥有者长期负债，很多人被迫抵押或出售土地，也有人结伴逃离王国，他们遗弃的土地被那些当初使他们陷入贫困、背井离乡的人抢夺一空。

艾哈迈德·沙阿并不特别在意这种事态的发展，他更关注追随他的导师纳迪尔·沙阿的步伐和军事征服行动，而不是在王国内建立良好的政府治理制度或可行的财税基础。对他来说，国库充盈、钱财源源不断地流入就足够了，任何资金短缺都可以通过征战掠夺来的财物和纳贡填补。事实上，作为国王的艾哈迈德·沙阿在执政的 25 年间很少待在首都坎大哈。他的大部分时间都在几千公里以外的地方征战，间或返回坎大哈镇压叛乱。艾哈迈德·沙阿在位期间，一共发起了 15 次重大军事战役，9 次在北印度，3 次在波斯呼罗珊，还有 3 次在乌兹别克人的封地巴尔赫，阿富汗人称之为突厥斯坦。

首次入侵旁遮普

被拥立为王数周后，艾哈迈德·沙阿迎来政权内部对其权威发起的首次挑战。前莫卧儿喀布尔总督纳瓦布·纳斯尔·汗服膺艾哈迈德·沙阿后被准许返回喀布尔任总督，并承诺支付 5 万卢比贡奉作为回报。但是，当他试图从周围的吉尔扎伊部筹集资金时，后者拒绝接受阿卜达利部族的统治，明确表示只向德里的合法君主穆罕默德·沙阿缴税。面对吉尔扎伊部的强烈反抗，纳瓦布·纳斯尔·汗摆脱了阿卜达利人的约束，打发艾哈迈德·沙阿的保镖空手返回坎大哈。他本人前往白沙瓦招募更多的乌兹别克雇佣兵，请求穆罕默德·沙阿提供金钱和增援，保卫莫卧儿王朝前哨免受阿卜达利人侵略。

1747 年晚秋，艾哈迈德·沙阿选定侄子鲁格曼·汗在自己外出时代行在坎大哈的职权，然后他沿加兹尼公路进发，意在逼纳瓦布·纳斯尔·汗就范，但他的行进遭到位于吉尔扎伊加拉提据点的昔日同盟吉尔扎伊族的托克希部落的抵抗。艾哈迈德·沙阿的军队猛攻要塞，处死了 5 位德高望重的托克希部族的马利克，就此结束了与这个部族的短暂结盟。[4] 艾哈迈德·沙阿钦定了一位阿卜达利人任总督，在接下来的 10 年间，阿卜达利人攫取了托克希人在塔尔纳克峡谷的大片肥沃土地。

加兹尼只做了象征性的抵抗，艾哈迈德·沙阿派使节面见该地区的吉尔扎伊族的苏莱曼人，确保他们支持讨伐纳瓦布·纳斯尔·汗。塔奇·汗去函给驻扎在喀布尔的巴拉希萨尔城堡的基齐勒巴什守军，提出只要承认阿卜达利君主，他们就会得到战利品、政府官职和自治权，他们的什叶派信仰也会受到保护。后者同意了这些条款，逼迫纳瓦布·纳斯尔·汗逃亡白沙瓦。所以，艾哈迈德·沙阿抵达喀布尔时，基齐勒巴什人为他打开巴拉希萨尔城堡大门。艾哈迈德·沙阿遵守承诺，将钦达瓦尔和穆拉德凯恩带有防御工事的居住区分配给基齐勒巴什人。喀布尔守军的倒戈，还意味着艾哈迈德·沙阿在北印度的首战就获得数千名额外兵力。

攻克喀布尔后，艾哈迈德·沙阿派他的指挥官贾汉·汗·波帕尔扎伊·巴克西紧追纳瓦布·纳斯尔·汗。贾汉·汗迅速占领贾拉拉巴德，挺进速度很快，令纳瓦布·纳斯尔·汗来不及组织力量封锁开伯尔山口通道，贾汉·汗的军队一路畅通无阻地通过山口。到达白沙瓦平原时，优素福扎伊人、阿非里迪人和哈塔克人宣布拥护艾哈迈德·沙阿，迫使纳瓦布·纳斯尔·汗放弃白沙瓦。最终纳瓦布·纳斯尔·汗辗转到达德里，并告知穆罕默德·沙阿，有人会对旁遮普发起另一次入侵。

控制白沙瓦后，贾汉·汗与拉合尔的纳瓦布·沙阿·纳瓦兹·汗密信联络。沙阿·纳瓦兹前不久废黜了兄长叶海亚·汗，但穆罕默德·沙阿拒绝认可政变的合法性。贾汉·汗向沙阿·纳瓦兹承诺，如果他们接受阿卜达利人统治，则授予他拉合尔总督一职。沙阿·纳瓦兹和贾汉·汗就此签署了秘密协议。穆罕默德·沙阿的维齐尔听说该协议后，也开出条件：如果沙阿·纳瓦兹抗击外军入侵阿富汗，他将被任命为总督。结果，沙阿·纳瓦兹撕毁了与艾哈迈德·沙阿的协议，出兵对抗贾汉·汗。

沙阿·纳瓦兹的突然背叛让贾汉·汗身陷险境。当时，他已经渡过印度河，但麾下只有约 8000 名士兵，几乎没有火炮支援。因此，他迅速撤退至白沙瓦，等待艾哈迈德·沙阿增援。贾汉·汗到达白沙瓦后，艾哈迈德·沙阿派使团面见沙阿·纳瓦兹。不知何故，萨比尔·汗也参与了这次微妙的出访任务。萨比尔·汗没按正常的外交礼仪觐见总督，而是与当地的一位宗教领袖住在一起。沙阿·纳瓦兹怀疑这位拉合尔修行者是密探，便派一位可信的代理人前去讯问，结果遭到萨比尔·汗粗野辱骂。萨比尔·汗和他的房东被投入监狱。沙阿·纳瓦兹亲自前去监狱审问，这位修行者继续辱骂他，并称艾哈迈德·沙阿是"呼罗珊王"，自己是他卑微的奴仆，还指责纳瓦兹背信弃义。几日恶语谩骂后，沙阿·纳瓦兹忍无可忍，命令他的刽子手将融化的铅水倒入修行者的喉咙里，萨比尔·汗永远地闭上了嘴巴。[5]

处置了讨厌的修行者后，沙阿·纳瓦兹中断了与艾哈迈德·沙阿的谈判，出兵讨伐。尽管他统领的军队人数远超阿卜达利国王的军队，但莫卧儿军队内部分裂严重。在 1748 年 1 月两军对峙之前，纳瓦布（总督）的一个阿富汗兵团就发生了哗变。艾哈迈德·沙阿派配备马匹的火枪部队攻击莫卧儿步兵团的大部队，给莫卧儿军队带来了重大伤亡，莫卧儿士兵丢盔弃甲，四散奔逃。阿富汗人涌入拉合尔，沿途抢劫杀戮，直到沙阿·纳瓦兹释放对方人员、递交投降书并同意支付价值 300 万卢比的贡品，流血事件才得以终止。洗劫拉合尔之后，艾哈迈德·沙阿斩获了大量战利品和军用物资。同时，数千名妇女和儿童沦为奴隶，数千名男子被征召入伍。

入伍的士兵中有很多精通铸炮技术的亚美尼亚人[6]。其中一个名为沙阿·纳扎尔·汗的士兵为艾哈迈德·沙阿铸造了两门大型攻城炮，最著名的一门叫作"雷神"（Zamzama）。[7] 这门火炮长 4 米多，炮膛超过 21 厘米，能发射重达 18 千克的炮弹。该门大炮被用于各种围城攻坚战中，直至被锡克人缴获。落入英国人之手后，它被放置在拉合尔博物馆的入口处，直至今天。出生于孟买的英国作家鲁德亚德·吉卜林在小说《基姆》的开篇中描绘了这门雷神火炮，而吉卜林的父亲曾担任这家博物馆的馆长。沙阿·纳扎尔·汗在阿格拉（Agra）逝世，几个可能与他有血缘关系的亚美尼亚家族后来迁至喀布尔和坎大哈，在那里建起了铸炮作坊。

拉合尔失陷后，穆罕默德·沙阿终于派遣一支部队阻挡阿富汗人向德里进军的步伐，艾哈迈德·沙阿绕开这支军队，拿下重镇锡尔欣德，处死了城中大部分男子，并将城中妇孺贬为奴隶。莫卧儿军的金库及辎重也落入艾哈迈德·沙阿手中。锡尔欣德城中有大量穆斯林人口，它还是谢赫·艾哈迈德·锡尔欣德的家乡。尽管如此，洗劫还是不幸发生了。谢赫·艾哈迈德·锡尔欣德又被称为"穆贾迪迪教团第二时代的更新者"，是哈乃斐法学家、神学家和苏菲派纳克什班迪教派的皮尔，他曾直言不讳地反对穆斯林大融合的做法，以及阿克巴大帝统一宗教的"神圣宗教运动"。

18 世纪末，穆贾迪迪教团在喀布尔北部塔加布和科希斯坦地区建立苏菲派修道院（khanagahs），这一教团的另一成员在喀布尔定居，他和他的后人们被称为朔尔巴扎的哈兹拉特人。接下来的几个世纪，这些穆贾迪迪皮尔在阿富汗政治生活中，尤其在对抗欧洲化和殖民主义的斗争中，发挥了卓越的作用。

攻克锡尔欣德为艾哈迈德·沙阿打开了前往德里的完全无设防通道，因为此时莫卧儿军队已经被甩在了身后。在德里，关于城市沦陷和大屠杀的消息引起了恐慌和大规模外逃。然而，艾哈迈德·沙阿的进军意外停止了。1748 年3 月，莫卧儿军队最终在曼尼普尔追上阿富汗人，打败艾哈迈德·沙阿，迫使他退兵拉合尔。到达拉合尔的艾哈迈德·沙阿收到一条坏消息：侄子鲁格曼·汗发动了叛乱。于是艾哈迈德·沙阿下令向坎大哈进发。艾哈迈德·沙阿的部队越过印度河后，拉合尔总督立刻宣誓效忠德里。几周后，莫卧儿皇帝穆罕默德·沙阿辞世，其子艾哈迈德·沙阿·巴哈杜尔（1748—1754 年在位）继承皇位。皇帝的死讯迅速引发德里的权力争斗，进一步瓦解了莫卧儿王朝抵抗阿富汗入侵或阻挡马拉塔人和锡克人崛起的能力。

讨伐北印度地区

鲁格曼·汗叛乱被迅速平息。1748 年秋，艾哈迈德·沙阿出兵重新夺回对旁遮普的控制权。渡过印度河后，艾哈迈德·沙阿去往尚卡尼，拜访了那里的一位皮尔——哈兹拉特·米恩·奥马尔·巴巴，后者祈佑军事行动胜利，并授予他杜尔·杜兰的称号，意为"珍珠中的珍珠"。从此，阿卜达利部族开始被称作杜兰尼。随着艾哈迈德·沙阿继续前进，旁遮普军事总督米尔·曼努·汗和曾于曼尼普尔之战打败艾哈迈德·沙阿的将军无望地恳求德里增援。在拉合尔，米尔·曼努汗和曾经被艾哈迈德·沙阿·巴哈杜尔任命为总督的纳斯尔·汗之间的权力斗争十分激烈。米尔·曼努·汗不敢冒险在开阔的平原地带与阿富汗人交锋，担心如离开拉合尔，纳瓦布·纳斯尔会把他关在城外。于是，他着手加固拉合尔要塞和防御工事，任由周围的乡村被贾汉·汗蹂躏掠夺。锡克人趁乱派一个突击小队进入拉合尔，肆意抢夺战利品，然后消失在周围的密林中。

处于阿富汗人和锡克人夹击之中的米尔·曼努·汗，派两位资深宗教人士前往艾哈迈德·沙阿处协商投降事宜。协议达成后，艾哈迈德·沙阿获得印度河以北领土的控制权，并拥有查哈尔·马哈拉（Chahar Mahala，意为"四区"，指 Sialkot、Aurangabad、Gukraj 和 Pasrur）每年价值 140 万卢比的税收，但查哈尔·马哈拉主权依然归莫卧儿所有。这份有利的协议到手后，艾哈迈德·沙阿举兵返回白沙瓦，途中经过德拉伊斯梅尔汗和德拉加济汗。在德拉加济汗，苏丹·马杜德·汗的曾孙扎西德·沙阿·萨多扎伊恳求国王恢复其木尔坦总督一职，当初米尔·曼努·汗将他免职，任命了敌对的萨多扎伊人阿卜杜尔·阿齐兹做总督。艾哈迈德·沙阿将这件事提交部族支尔格商议。毫无疑问，在艾哈迈德·沙阿的压力下，支尔格拒绝了扎西德·沙阿的请求，因为艾哈迈德·沙阿并不希望来自本族的潜在对手统治这一战略重地。

又过了 3 年，艾哈迈德·沙阿重启印度之战，在这 3 年间，他夺取了赫拉特，发动了一次对呼罗珊不成功的入侵。他的第三次旁遮普战争是因米尔·曼努·汗没按照协议规定上缴查哈尔·马哈拉的税收而突然发动的。在拉合尔的沙利马尔花园附近的一场战斗中，米尔·曼努·汗战败。艾哈迈德·沙阿的军队再次掠夺拉合尔，屠杀城中百姓。米尔·曼努·汗投降，再次签署协议，同意割让拉合尔和木尔坦的部分主权，并上缴这些地区的所有剩余收入。然而，铸币权和呼图白吟唱权依然由莫卧儿皇帝持有。莫卧儿皇帝艾哈迈德·沙阿·巴哈杜尔竭力阻止这一协议，但力不从心。1752年4月，他签署了这一协议。

艾哈迈德·沙阿的下一个目标是富饶却因内战而分裂的克什米尔省。与此同时，艾哈迈德·沙阿前往木尔坦，给自己的宗族成员分发礼物。

接下来的两年，艾哈迈德·沙阿致力于呼罗珊和突厥斯坦的军事行动。1756年，他再次返回旁遮普，这时，艾哈迈德·沙阿·巴哈杜尔已被废黜，取而代之的是成年后一直遭囚禁的年迈的阿拉姆吉尔二世。米尔·曼努·汗也死于一场疑点重重的狩猎事故，阿拉姆吉尔二世任命自己3岁的儿子为拉合尔的纳瓦布（总督），这一决定引发了在旁遮普首都另一场血腥权力斗争。1756年11月，艾哈迈德·沙阿的军队抵达拉合尔时，拉合尔政府内部严重分裂，因此不费吹灰之力就拿下了这座城市。

艾哈迈德·沙阿占领锡尔欣德、卡尔纳尔和帕尼帕特后，挺进德里，他递交给阿拉姆吉尔二世一份清单，索取包括支付两千万卢比、与国王女儿成婚及割让克什米尔和锡尔欣德以北所有莫卧儿领土。阿拉姆吉尔二世和顾问们犹豫不决，1757年1月艾哈迈德·沙阿到达德里城门外，威胁如果条件得不到满足，就洗劫全城。最后，由德高望重的莫卧儿朝臣负责处理这些事宜。他们奔走于清真寺之间，命令所有伊玛目将艾哈迈德·沙阿·杜兰尼的名字写入呼图白。几天后，阿拉姆吉尔二世前往艾哈迈德·沙阿营帐，承认杜兰尼王的权威。阿拉姆吉尔二世保住了皇位，但实权掌握在艾哈迈德·沙阿手中。

阿拉姆吉尔二世屈服后，艾哈迈德·沙阿举行了盛大的入城仪式，迎接他的却是沉寂空荡的街道和集市，那些没来得及逃离的人将自己关在房子里或躲在地窖中。艾哈迈德·沙阿下令禁止军队洗劫城市，几天后，集市重新开放。艾哈迈德·沙阿废止了莫卧儿长久以来的宗教宽容政策，禁止非穆斯林人戴头巾和其他"伊斯兰"服饰，命令所有印度教徒在前额戴上明显的记号（可能是传统的头饰）。艾哈迈德·沙阿还要求阿拉姆吉尔二世支付百万卢比，他急需现金支付拖欠士兵的军饷。然而，莫卧儿国库亏空。国王的朝臣拒绝上缴他们的任何财产，艾哈迈德·沙阿派收税官进入宫殿和朝臣、商人的超级豪宅，强制德里的每户人家缴税。[8] 拒绝支付或被怀疑隐藏财产的人将受到法拉卡酷刑（falaqa）或鞭打脚（bastinado）的惩罚。数千人死于刑罚或终生跛足，甚至有人服毒自尽，以免受折磨。

控制德里后，艾哈迈德·沙阿将注意力转向位于德里南部和东部贾特人的印度教王国。法里达巴德要塞沦陷，遭到烧杀抢掠，但随后阿富汗人也遭遇偷袭和大屠杀。贾汉·汗实施了报复，洗劫巴拉布加，抢夺周围地区。1757 年 2 月底，贾汉·汗袭击了印度教克里希纳神的出生地马图拉。尽管城市的居民多为非战斗人员——修行者、婆罗门、祭司和朝圣者，但贾汉·汗的军队还是将他们屠杀殆尽，并将宰杀的牛肉块塞入桑亚西（sanyasis，出家人）、牧师和萨杜斯（sadhus，苦修者）的口中，侮辱他们的尸体。他们还烧毁了城市的庙宇，砸烂了雕像。贾汉·汗提出马图拉的每个人头奖赏 5 卢比，于是城中数千名男人、女人和孩童被杀害并斩首。即使是穆斯林居民也没能幸免，一位绝望中求生的穆斯林珠宝商在手持宝剑和盾牌的刽子手面前裸露下体，试图证实自己是阉人，但还是被暴徒砍死。仅有的几个幸存者后来回忆，大屠杀后的 7 天里，印度教徒的圣河亚穆纳河犹如血染。

马图拉大屠杀只是贾汉·汗浸满鲜血的军事行动的开始。马图拉附近的城镇布林达班失陷后，遭遇了同样的命运。贾汉·汗拒绝了阿克巴大帝曾经的都城阿格拉当局的赎金，认为太少。尽管阿格拉是伊斯兰教的法律思想中心，阿格拉守军指挥官也是一位穆斯林，但贾汉·汗的军队仍然实施了又一次屠杀和掠夺"狂欢"。与此同时，艾哈迈德·沙阿向另一个印度教祭礼中心戈库尔进发，却遭遇了另一派印度教信徒的抵抗。戈库尔是龙之圣徒教团的中心，这些信徒属于巴赫提教派，以武功著名。当艾哈迈德·沙阿的军队靠近城镇时，数千名一丝不挂、涂满尘土的信徒从城里涌出，奋不顾身的攻击侵略者。艾哈迈德·沙阿最终承认失败，戈库尔得以免遭与马图拉同样的厄运。

此时，印度的酷暑已至，艾哈迈德·沙阿部队开始出现减员。因大部分仓库被毁，庄稼被焚，粮食供给出现短缺，部队的唯一水源亚穆纳河又被鲜血、尸体和战争垃圾严重污染，导致霍乱和伤寒大爆发，上千士兵失去了生命或战斗力。于是，艾哈迈德·沙阿决定返回气候凉爽的阿富汗山区。离开德里前，艾哈迈德·沙阿要求娶莫卧儿前皇帝穆罕默德·沙阿之女祖赫拉·贝甘为妻，阿拉姆吉尔二世之女则被许配给艾哈迈德·沙阿 11 岁的儿子帖木儿·沙阿。穆罕默德·沙阿的遗孀表示宁愿处死女儿也不愿她嫁给阿富汗人，但她无法阻止，婚礼照样举行了。在这之后，她没抛弃女儿，而是勇敢地决定陪伴女儿流亡。

艾哈迈德·沙阿的军队开拔返回白沙瓦，他们征用了 2.8 万头驮兽，其中包括几百头大象。战马也被用来运送战利品。返程经过旁遮普时，锡克人的骑兵突袭了大军的侧翼。艾哈迈德·沙阿到达贾朗达尔的多阿巴时，派贾汉·汗攻打并洗劫了锡克圣城卡尔塔普尔（Kartarpur），亵渎其庙宇和礼拜场所并屠杀了城内居民。抵达拉合尔后，艾哈迈德·沙阿派另外一支武力前去攻打锡克人的另一圣城阿姆利则，该城遭到同样的蹂躏。

后来，艾哈迈德·沙阿任命帖木儿·沙阿为拉合尔总督，贾汉·汗为瓦齐尔和卫戍部队总司令。由于帖木儿·沙阿的任命不甚妥当，很快不满情绪开始扩散，此时锡克人与日益强大的马拉塔人结成了反阿富汗同盟。1757 年 12 月，锡克人在马希尔普尔打败贾汉·汗，洗劫了贾朗达尔的多阿巴。次年 1 月的再次失利后，锡克人突袭了拉合尔郊区，3 月锡克—马拉塔联军拿下锡尔欣德。拉合尔即将陷落，贾汉·汗和帖木儿·沙阿仓促撤离，在匆忙涉水穿越奇纳布河和拉维河时，大部分辎重被丢弃，数千人溺水而死。被锡克人俘获的阿富汗人被强制清洗阿密萨（即阿姆利则）的圣池。

旁遮普沦陷后，卡拉特总督纳斯尔·汗确信这一系列的失败标志着杜兰尼势力开始走向终结，于是宣布独立。艾哈迈德·沙阿派萨尔达·沙阿·瓦利·汗平定叛乱。讨伐失利后，艾哈迈德·沙阿亲自出马对付这个讨厌的总督。他最终打败俾路支军队，但卡拉特却猛攻不下。他转而同意纳斯尔·汗依然担任卡拉特总督，以换取其对杜兰尼政权的重新归顺。[9]

卡拉特暴动意味着艾哈迈德·沙阿没能重新控制旁遮普，直到 1759 年 10 月，艾哈迈德·伊本·阿卜杜尔-拉希姆（即众所周知的沙阿·瓦利·阿拉，他是影响巴列维运动和德奥班德运动的印度主要伊斯兰学者之一）给予艾哈迈德·沙阿的军事行动以宗教合法性。[10] 他去信鼓励艾哈迈德·沙阿将北印度的穆斯林从印度教徒和锡克教徒统治下解救出来。艾哈迈德·沙阿将沙阿·瓦利·阿拉的信递交给坎大哈的乌里玛，后者正式宣布向异教徒马拉塔人和锡克人发起圣战。艾哈迈德·沙阿意图返回北印度的消息传到德里莫卧儿朝廷，阿拉姆吉尔二世的首席大臣将皇帝处死，并杀死了支持艾哈迈德·沙阿的一些官员，将沙·贾汗三世推上皇位，然而他在次年就被马拉塔人废黜。

艾哈迈德·沙阿很快就从锡克人手中夺回拉合尔的控制权，恢复帖木儿·沙阿的总督一职。拥有普什图穆斯林血统的杜阿巴的罗西拉人加入大军之后，艾哈迈德·沙阿继续向德里进发，途中打败马拉塔人，并在奇兹拉巴德建立大营。艾哈迈德·沙阿分别在巴拉里盖特和西坎德拉巴德再次打败马拉塔人，于 1760 年 3 月夺取阿里格尔。但由于战线过长，在德干得到大批增援的马拉塔人袭击了阿格拉和德里。8 月初，两座城池双双落入马拉塔人之手。几周后，马拉塔人洗劫昆普拉，缴获了艾哈迈德·沙阿的大部分给养。

艾哈迈德·沙阿无力阻止阿格拉、德里和昆普拉的沦陷，因为他远在贾木纳河另一侧，深陷于洪灾之中。10 月末，他最终决定无论如何也要冒险过河。幸运的是，大部分士兵安全上岸。这次涉险渡河使马拉塔人大吃一惊，艾哈迈德·沙阿切断了他们的先头部队与德里主力部队的联系，将他们包围在帕尼帕特要塞。1761 年初，给养耗尽，马拉塔守军统帅萨达希夫劳·巴乌认为英勇赴死比饥饿而死更光荣，遂于 1 月 14 日，组织了一次大反攻。反攻开始时，马拉塔人占有优势，并将优势保持了几日，他们的法国大炮消灭了大量的罗西拉士兵，骑兵的冲锋也几乎突破了杜兰尼士兵的防线。面对失败，艾哈迈德·沙阿派出了基齐勒巴什士兵和他的重装骑兵预备队，以及配备有回旋炮的骆驼兵团。在艾哈迈德·沙阿的猛攻下，马拉塔士兵节节败退，艾哈迈德·沙阿派骑兵穷追不舍。

帕尼帕特战役极为惨烈，多达 7 万人阵亡，更有数千人在随后的追击中命丧黄泉。阿富汗人还杀了数千战俘，包括已经投降的士兵。主战场的战斗结束后，艾哈迈德·沙阿的军队洗劫了帕尼帕特要塞，将年龄在 14 岁以上的男性全部斩首，并将城中妇孺掠为奴隶。最后，艾哈迈德·沙阿以胜利者的姿态进入帕尼帕特，骑马穿过浸满鲜血的街道，饰以珠宝的战袍因"光之山"钻石而格外华丽耀眼。

帕尼帕特之役标志着马拉塔势力在北印度统治的终结，同时也是艾哈迈德·沙阿非常著名的军事胜利，但是他不能继续扩大战果并攻打马拉塔人的同盟杰特人了。指挥官们已经厌倦了征战，还有几千士兵或战死或负伤。在听到哈吉·贾马尔·汗·扎加兰尼在坎大哈发动叛乱的消息后，艾哈迈德·沙阿命令军队回师白沙瓦，并派沙阿·帕桑德·汗率领一队人马平定杜兰尼首都的叛乱。部队穿过旁遮普时，侧翼再次遭到锡克骑兵骚扰。艾哈迈德·沙阿率军渡过印度河后，锡克人占领了阿富汗的几个前哨站。1761 年 5 月，一支锡克军队歼灭了由艾哈迈德·沙阿的查哈尔·马哈拉总督率领的武装，而从坎大哈出发的救援部队也被打败，被迫投降。之后，锡克人占领了拉合尔，拉合尔总督退守要塞。至此，大胜马拉塔后仅几个月时间，艾哈迈德·沙阿在旁遮普打下的大半江山便被更加强大的新秀锡克人占领了。

平定坎大哈叛乱后，艾哈迈德·沙阿返回旁遮普，于是锡克人放弃了拉合尔。1762 年 2 月，马莱尔科特拉总督命人报信给艾哈迈德·沙阿，说锡克军队的家眷和随军流动人员驻扎在附近的瓦达·加卢格哈拉。在锡尔欣德的扎因·汗帮助下，艾哈迈德·沙阿将这些锡克人包围，命令士兵杀死所有身着印度服装的人。一小队锡克警卫在毫无抵御能力的随军流动人员外围担负警戒任务，他们奋勇抵抗，直至最后一人。10 小时后，艾哈迈德·沙阿终于叫停了这场杀戮。锡克史学家认为大约有 1 万—3 万名锡克人被屠戮，其中大多是妇女、儿童、老人和随军流动人员，但被屠杀的锡克人数目仍然存在争议。锡克人至今还在纪念这场大屠杀。

此役"大捷"后，艾哈迈德·沙阿又于锡克新年前夕攻打阿密萨，另一场屠戮随后发生。他们亵渎了锡克教黄金寺，将死尸和牛骨架扔进寺庙的圣湖，然后用拆毁寺庙和谒师所时留下的碎石堆满了圣湖。艾哈迈德·沙阿监督这场破坏时，鼻子被一个爆炸碎片划伤，留下开裂的伤口。这个伤口再也没能愈合，艾哈迈德·沙阿余生都戴着一个钻石假鼻子。尽管遭到屠戮，锡克军队还是恢复了元气，并在艾哈迈德·沙阿撤回坎大哈休整的几个月内，攻打了锡尔欣德和贾朗达尔的多阿巴，突袭了拉合尔腹地。

几个月的恢复期后，在 1762 年 10 月，排灯节（Diwali）①的前一天，艾哈迈德·沙阿再次攻打阿密萨，但是这次胜利属于锡克人。艾哈迈德·沙阿被告知，坎大哈再次发生暴动，他命令军队向杜兰尼王朝的首都进发，旁遮普再次被锡克人占领。第二年春天，贾汉·汗试图夺回失地，但这次大势已去。1763 年 11 月，贾汉·汗在古吉兰瓦拉遭遇惨败，锡克人乘胜洗劫了马莱尔科特拉和森田。次年 1 月，被锡克人认定为应对瓦达·加卢格哈拉大屠杀负责的刽子手、锡尔欣德总督扎因·汗战败被杀。锡克人猛攻锡尔欣德，屠杀城里居民，烧毁公共建筑。为防止拉合尔遭到同样厄运，总督同意向锡克人纳贡，并接受锡克人的宗主地位。锡克人接下来包围了据称坚固无比的罗塔斯城堡，4 个月后城堡沦陷。堡垒的指挥官萨尔巴兰·汗·萨多扎伊被关进监狱，但在同意接受锡克人宗主地位后恢复原职。[11] 军事失利后，萨多扎伊王朝另一个更

---

① 排灯节，又称万灯节、印度灯节或者屠妖节。是印度教、锡克教和耆那教"以光明驱走黑暗，以善良战胜邪恶"的节日。过节这天，印度的家家户户都会点亮蜡烛或油灯，因为它们象征着光明、繁荣和幸福。——编者注

加灾难性的打击随后到来。锡克掠夺者的足迹深入到德拉伊斯梅尔汗和德拉加济汗腹地。听到这些灾难性消息，艾哈迈德·沙阿勃然大怒，写信给卡拉特总督纳斯尔·汗，要求他加入圣战，打击"这些被诅咒的野狗和充满贪欲的异教徒"，并"摧毁这个毫无信仰的宗派，奴役他们的妇孺"。此时，纳斯尔·汗正欲前往麦加朝圣，但艾哈迈德·沙阿宣称参加"圣战……比麦加朝圣更值得称赞"。[12] 于是，纳斯尔·汗放弃原计划，加入了圣战。1764 年 10 月，艾哈迈德·沙阿返回旁遮普后，圣战以失败告终。纳斯尔·汗的先头部队遭锡克人伏击，被赶出拉合尔，纳斯尔·汗的坐骑中弹，但他侥幸逃过一劫。锡克人之后退回丛林，艾哈迈德·沙阿对圣城阿密萨进行了第三次洗劫和亵渎。锡克人避开了与阿富汗军队的阵地战，而是偷袭它的侧翼，攻打负责征集粮草的人马。

　　艾哈迈德·沙阿向锡尔欣德推进，所到之处烧杀抢掠，但是到 1765 年 2 月，他的部队拒绝继续前进。由于拖欠士兵军饷以及毫无减弱之意的征战，军官们和普通士兵逐渐对艾哈迈德·沙阿产生不满。因担心士兵哗变，艾哈迈德·沙阿起兵返回拉合尔。但在涉水渡过萨特累季河后的第二天，遭遇到倾巢出动的锡克人的阻击。接下来的一周，他与锡克骑兵进行了一系列运动战。军队到达拉合尔城时已是人困马乏，精疲力竭。但未待他们恢复元气，艾哈迈德·沙阿又命令军队继续出征印度河，最终带来了更多灾难。大军穿越杰纳布河时，错过了正确的过河地点，导致数千人淹死或被水冲走。一位目击者说，渡河溺死的士兵人数超过了与锡克人交战中阵亡士兵人数的总和。待到杜兰尼军队余部渡过印度河，锡克人再次迅速占领了旁遮普。1765 年 4 月，锡克人占领拉合尔。

　　18 个月后的 1766 年 11 月，艾哈迈德·沙阿开始了他在北印度的最后一次战役。战役伊始，艾哈迈德·沙阿所向披靡，杜兰尼军队于 12 月初迅速夺回拉合尔，包围了阿密萨。将阿富汗人引入旁遮普纵深后，锡克人切断了艾哈迈德·沙阿的供给线，迫使他与切断他退路的锡克纵队对峙。成功地将阿富汗部队一分为二后，锡克主力攻打并消灭了前去围困阿密萨的贾汉·汗的军队。尽管遭遇到这些挫败，艾哈迈德·沙阿仍然坚持进军德里，但随着失败消息不断传播，各省相继拒绝缴纳财税、贡品或提供部队给养。面对高层指挥官的又一次潜在反叛，艾哈迈德·沙阿不得不放弃计划，返回木尔坦。

尽管艾哈迈德·沙阿在北印度先后发动了 9 场战役，但在印度河以外区域，他并无斩获值得炫耀的领土。与木尔坦、白沙瓦和德拉斯一样，克什米尔也成了杜兰尼王朝的封邑，但至 1767 年，旁遮普始终由锡克人统治。尽管打败了马拉塔和杰特人，艾哈迈德·沙阿的军事行动几乎根本无助于加强穆斯林在北印度的统治或维持后莫卧儿王朝的影响力。相反，他的侵略导致了穆斯林势力在北印度的终结。1757 年春，孟加拉穆斯林纳瓦布不得不派出大批人马抵御艾哈迈德·沙阿，保卫德里。两个月后，1757 年 6 月 23 日，在帕拉西战斗中，兵力不足的纳瓦布军被罗伯特·克莱夫率领的东印度公司军队消灭。这场胜利标志着大英帝国在北印度势力的兴起。8 年后的 1765 年 8 月，沙阿·阿拉姆二世将孟加拉、比哈尔和奥里萨的实际主权割让给东印度公司。同时，在西北印度，锡克王国终结了穆斯林在旁遮普长达 5 个世纪的统治。

艾哈迈德·沙阿对平民的屠杀和奴役，以及对印度教和锡克教圣地的亵渎和破坏，在北印度留下了宗教仇恨的恶果，削弱了莫卧儿王朝奉行的宗教宽容政策，进而动摇了穆斯林对印度 3 个多世纪统治的基石。艾哈迈德·沙阿的入侵还造成了印度人及后来的英国人对帕坦人（印度语中的"普什图人"）的刻板印象：残暴、嗜血、宗教狂热。艾哈迈德·沙阿对战利品和钱财的觊觎，似乎远远胜过他对穆斯林在北印度建立霸权的渴望，而拒绝将首都迁至拉合尔或德里的做法，使他几乎不可能对他的印度帝国进行监管。

出兵赫拉特和呼罗珊

在印度的 9 场激战似乎并不十分令人满意，于是艾哈迈德·沙阿出兵加强杜兰尼政权对赫拉特和波斯呼罗珊的控制权。第一次征战发生于 1749 年，介于第二次和第三次入侵印度之间，主要目的是夺回对赫拉特的控制权。当时赫拉特由一个阿拉伯人以纳迪尔·沙阿之孙沙阿·鲁克·米尔扎的名义进行管理。沙阿·鲁克曾在纳迪尔·沙阿死后继承了波斯王位。与其祖父一样，沙阿·鲁克定都马什哈德，但其权力并不稳固，因为他的继承权受到家族成员以及恺加部族的质疑。

1749年春，艾哈迈德·沙阿趁波斯发生政治动乱之机，围困赫拉特。几个月后，他命令杜兰尼指挥官不惜一切代价夺取城池。一批又一批阿富汗人猛攻城墙缺口，爬过死人和濒死之人的躯体，最终突进到城里。波斯守军余部退入赫拉特城堡请求和谈。为了使波斯指挥官产生错误的安全感，艾哈迈德·沙阿向他们保证，饶恕投降者的性命。但他暗地里派出一支强攻队，趁着夜幕爬上城墙。正在打盹的哨兵在不知不觉中被擒获，正在沉睡的守卫部队悉数丧命于剑下。赫拉特再次落入萨多扎伊人之手，艾哈迈德·沙阿并没有任命他的家族成员为总督，而是委任了逊尼派哈扎拉部族艾玛克米尔的达尔维什·阿里·汗为赫拉特总督。

之后，艾哈迈德·沙阿向马什哈德挺进，贾汉·汗和卡拉特的纳斯尔·汗则向托尔巴特贾姆进军。尽管夺取了具有战略意义的努恩前哨，阿富汗人的猛攻并没有摧毁马什哈德的城墙。最后，沙阿·鲁克王子亲自来到艾哈迈德·沙阿的大营，承认了杜兰尼最高权威，并上交可观贡品。作为回报，得到艾哈迈德·沙阿的允许而继续做该城的统治者。艾哈迈德·沙阿的下一个目标是马赞德兰和吉兰——穆罕默德·胡赛因·汗·恺加和米尔·瓦依斯后裔吉尔扎伊米尔阿扎德·汗·霍塔克在那里创建了独立的封地，并威胁攻打马什哈德。[13]沙阿·帕桑德·汗进入马赞德兰后，艾哈迈德·沙阿开拔前往内沙普尔（Nishapur）。尽管手下只有几千士兵，内沙普尔总督贾法尔·汗仍然拒绝投降。于是，艾哈迈德·沙阿率兵将内沙普尔团团包围。几天后，信使送来消息，沙阿·帕桑德·汗战败。意识到穆罕默德·胡赛因·汗·霍塔克一定会前来解内沙普尔之围，艾哈迈德·沙阿于是命令他的杜兰尼指挥官对城墙发起猛攻。持续的炮轰最终打开了城市的缺口，但是，防御者趁着夜色在缺口后面挖出非常隐蔽的深沟。第二天黎明，突击队发起攻击时纷纷落入陷阱。在接下来的残酷肉搏中，贾法尔·汗被杀，他 18 岁的侄子阿巴斯·库里接过帅印，集合队伍，击退了阿富汗人。这次失败的袭击令艾哈迈德·沙阿损失惨重，约 1.2 万名士兵丧命，数千名士兵负伤。

由于军队减员严重，艾哈迈德·沙阿决定返回赫拉特。冰冻的天气给缺少冬衣的阿富汗军队带来严重的人员伤亡，上千士兵因衣衫单薄而冻死。由于穆罕默德·胡赛因·汗·霍塔克紧追不放，艾哈迈德·沙阿放弃了他的大炮、辎重和大部分的食品和饲料。幸存者试图越过冰封的哈里河，但冰面碎裂，许多人和驮畜落入河中淹死。最终安全返回赫拉特的人骨瘦如柴，已毫无士兵模样。艾哈迈德·沙阿的麻烦还在继续。听到沙阿·帕桑德·汗和艾哈迈德·沙阿的失利后，赫拉特总督达尔维什·阿里·汗密谋在国王返回赫拉特时实施刺杀。幸运的是，阴谋在实施前被识破。艾哈迈德·沙阿将达尔维什·阿里·汗关进监狱，然后任命自己的小儿子、继承人帖木儿·米尔扎为赫拉特总督。

一年后，艾哈迈德·沙阿再次试图降服内沙普尔。由于缺少重型攻城炮，他命令每一个骑兵携带几公斤重的炮筒。围城期间，亚美尼亚铸炮工匠将铜融化，打造了一门巨炮。[14] 第一发炮弹不仅炸开城墙，而且摧毁了房屋和集市，造成巨大破坏。这门"大规模杀伤性武器"引起了极大恐慌，城内的长老们不顾内沙普尔总督阿巴斯·库里的反对，打开城门并出面递交了投降书。但内沙普尔防守者不知道的是，那门炮的第一发炮弹也是它的最后一发，因为爆炸的威力已将炮管炸开。

尽管内沙普尔和平投降，艾哈迈德·沙阿还是让他的部队劫掠城市，城中居民如果空手前往城市的主清真寺避难，便可保住性命。阿富汗人逐门逐户地随意拿取任何有价值的东西。在这之后，艾哈迈德·沙阿命令将防御工事和部分城池夷为平地。此役大捷后，艾哈迈德·沙阿夺取萨布扎瓦尔，抢劫并屠杀了城中居民。这时，沙阿·帕桑德·汗和卡拉特的纳斯尔·汗蹂躏了呼罗珊西南肥沃的农田。最后，艾哈迈德·沙阿打败恺加军队，洗劫了图恩和塔巴斯，并屠杀其居民以庆祝自己的胜利。

西北疆域的战略纵深得到巩固，沙阿·鲁克王子也已臣服，艾哈迈德·沙阿得以集中精力重新开启他的印度战役。帖木儿·米尔扎随后成为拉合尔的总督，旁遮普陷落后，他被派回赫拉特。这一决定毫无疑问令这位法定继承人很高兴，因为他缺少其父的尚武精神。相反，帖木儿更享受这个职位带给他的娱乐和奢侈。他沉湎房事，与诸多妻子生下几十个孩子。接下来的 20 年，与波斯接壤的边界地区保持了相对的和平和稳定。但是，1769 年夏天，沙阿·鲁克王子被关系疏远的儿子纳斯尔·阿拉·汗罢免，艾哈迈德·沙阿再次被迫出兵干预，并恢复了沙阿·鲁克的王位。帖木儿·米尔扎又得到一位妻子，这次是沙阿·鲁克的女儿。

征战巴尔赫、布哈拉和梅尔夫

为防止来自布哈拉的潜在攻击，艾哈迈德·沙阿着手稳固自己在兴都库什以外地区的地位。[15] 然而，他在巴尔赫的干预实际上只是支持了梅马内的昔日战友哈吉·毕·明，而非完全吞并该地。在纳迪尔的王朝征服该地之前，哈吉·毕曾经是梅马内和查哈尔的阿塔利克，查哈尔是"四省联盟"的意思，即梅马内、安德胡伊、希比尔甘和萨尔普勒，它们曾是布哈拉突厥帖木儿汗国的一部分。波斯征服该地后，哈吉·毕曾在纳迪尔·沙阿军中统领一个乌兹别克军团，后编入国王私人卫队。其间，哈吉·毕与艾哈迈德·沙阿结成某种同盟。纳迪尔·沙阿遇刺身亡后，哈吉·毕与艾哈迈德·沙阿的加齐军并肩作战，有迹象表明，二人达成某种"绅士协议"，承诺永不攻击对方。

哈吉·毕迅速夺回查哈尔控制权，最终驱逐纳迪尔·沙阿总督，降服基齐勒巴什守军，占领了巴尔赫。从穆尔加布到卡塔干的全部乌兹别克埃米尔们，再次重申他们对布哈拉汗始终如一的忠诚。在布哈拉，阿卜勒·法伊兹被曾在纳迪尔·沙阿军中服役的阿塔利克拉希姆·毕·曼吉特废黜。掌控巴尔赫城约一年后，哈吉·毕的竞争对手卡塔干的哈扎拉·毕可能得到了拉希姆·毕的支持，将其打败。1751 年，艾哈迈德·沙阿在波斯呼罗珊发动第一场战役后，哈吉·毕和查哈尔的埃米尔们来到赫拉特，请求杜兰尼政权帮助对抗卡塔干，抱怨拉希姆·毕的官员对他们实施压迫，并暗示穆尔加布以外地区的布哈拉官员对杜兰尼马鲁恰克和赫拉特边防站构成威胁。艾哈迈德·沙阿派阿塔·阿拉·汗·土库曼和一支由几千名基齐勒巴什人组成的武装力量渡过穆尔加布河。作为回报，哈吉·毕同意将巴尔赫的部分税收上缴给艾哈迈德·沙阿。艾哈迈德·沙阿则承认哈吉·毕为萨希卜伊赫蒂亚尔，即该地的首席税官和巴尔赫瓦利。史料中几乎没有关于接下来军事行动的记载，但至 1752 年夏，哈吉·毕·明再次控制了巴尔赫。

在这次行动中，一支基齐勒巴什兵团的指挥官穆克里斯·汗与阿塔·阿拉·汗·土库曼发生争吵并被召回，于是哈扎拉·毕卡塔干之子米兹拉布·毕发动反叛。哈吉·毕再次请求艾哈迈德·沙阿相助，后者派出了 5000 名士兵北上。夺回巴尔赫后，哈吉·毕举兵进入卡塔干，占领了巴达赫尚米尔控制的几处定居地。1752 年冬，哈吉·毕前往坎大哈旅行时，艾哈迈德·沙阿正对印度的几场军事胜利志得意满，对他的乌兹别克盟友大加赞赏。

3 年后，哈吉·毕第三次拜访艾哈迈德·沙阿，后者剥夺了阿塔·阿拉·汗·土库曼在巴尔赫杜兰尼军队中的统领权，任命哈吉·毕·明接替该职位。二人的同盟关系再次得到加强。然而，当哈吉·毕返回巴尔赫后，他在杜兰尼朝廷的对手开始指控他暴戾贪婪，艾哈迈德·沙阿派阿塔·阿拉·汗·土库曼负责讯问哈吉·毕事件——这很难说是一次公正的调查，因为讯问者本人曾经受到哈吉·毕的排挤。不出所料，阿塔·阿拉·汗"坐实"了哈吉·毕残酷统治的报告。于是，阿塔·阿拉·汗被重新任命为总司令。

艾哈迈德·沙阿又任命杜兰尼的一位名为纳瓦布·汗·阿拉克扎伊的将军为巴尔赫的哈基姆。尽管这一头衔有时被误译为"总督"，但哈基姆的基本职责是代表杜兰尼政权在巴尔赫的利益，尤其是负责征税和确保往来于布哈拉与赫拉特、布哈拉与喀布尔之间贸易大篷车的安全，这一贸易往来主要由居住在布哈拉的普什图人控制。哈吉·毕·明以及其他省的乌兹别克埃米尔将这视为杜兰尼君主对该地宣示主权的第一步。纳瓦布·汗·阿拉克扎伊的地位因其与阿塔·阿拉·汗·土库曼的竞争关系遭到进一步削弱，这种敌意某种程度源于后者的土库曼人及什叶派身份。

1761年，拉希姆·毕·曼吉特越过阿姆河，意图重新确立在布哈拉的霸主地位，并赶走纳瓦布·汗·阿拉克扎伊和阿塔·阿拉·汗·土库曼，双方的对峙白热化。在希比尔甘的指挥官伊兹巴萨的帮助下，布哈拉人占领了阿克恰。但是，在巴尔赫以西约40公里远的迪尔巴金要塞附近的一次交锋中，拉希姆·毕战败，退守阿克恰坚固的边疆要塞。[16]阿塔·阿拉·汗·土库曼围困要塞，但没能攻破厚重的城墙，于是命令哈吉·毕·明前去协调布哈拉人撤退事宜。[17]哈吉·毕派出一个由资深宗教领袖组成的代表团与拉希姆·毕谈判，提出如果他的军队和平撤出阿克恰，可以保证他们安全渡过阿姆河。拉希姆·毕同意了这些条款，返回布哈拉。或许是为了确保伊兹巴萨臣服，阿塔·阿拉·汗·土库曼随后前往希比尔甘。可是伊兹巴萨却背地里与哈基姆纳瓦布·汗·阿拉克扎伊开启了谈判。哈基姆同意原谅伊兹巴萨，条件是他必须处死阿塔·阿拉·汗，这正是伊兹巴萨求之不得的。总司令被如期处死，和平得以恢复。

几年后，卡塔干和巴达赫尚发生叛乱，艾哈迈德·沙阿派沙阿·瓦利·汗统领6000人马平定叛乱。布哈拉新晋汗王沙阿·穆拉德·曼吉特以出兵阿姆河和卡尔希回应，并威胁攻打阿克恰。艾哈迈德·沙阿则再次派出一个师前往梅马内，迫使沙阿·穆拉德谈判。最后，沙阿·穆拉德同意巴尔赫省属于杜兰尼的势力范围，该地区埃米尔同意每年向杜兰尼君主缴纳贡品。[18]

为达成协议，沙阿·穆拉德赠予艾哈迈德·沙阿一件"神圣斗篷"，这是布哈拉非常神圣的遗物之一，因被穆罕默德本人披过而闻名。这件圣物不仅具有极大的宗教意义，而且该物的拥有权还具一定的政治含义，艾哈迈德·沙阿曾经利用它来佐证自己王朝的宗教合法性。这件斗篷从巴尔赫运往坎大哈的过程中，艾哈迈德·沙阿将很多免税土地捐献给神殿，并建造纪念塔以纪念运送途中"神圣斗篷"的暂存地。前来喀布尔朝拜的人群络绎不绝，运送行动不得不耽搁数日。当它终于运抵坎大哈时，艾哈迈德·沙阿命令将"神圣斗篷"放在自己正在修建的陵寝中，但这令坎大哈的乌里玛不悦。他们发表法特瓦，声明这个斗篷不应被用作政治或王朝工具。最终，艾哈迈德·沙阿在他的陵寝旁边修建了一个存放"神圣斗篷"的神殿。任何在艾哈迈德·沙阿陵寝区域寻求庇护的人可以免于被抓捕的传统也因此而形成。

历史的真实与神话

在政权内部，艾哈迈德·沙阿的权力面临着来自萨多扎伊本族成员、杜兰尼部族议会，以及资深军事指挥官们的一系列挑战。身为萨多扎伊宗族一个小家族成员，艾哈迈德·沙阿清楚地意识到家族中的几个成员更有权力荣登国王宝座。逃出纳迪尔·沙阿大营后，他采取的行动之一就是处死娘家舅舅阿卜杜勒-加尼·汗。其他潜在的篡权者包括艾哈迈德·沙阿年幼的侄子鲁格曼·汗，他是佐勒菲卡尔·汗之子，父亲死后由艾哈迈德·沙阿抚养长大，如同亲生。但是，资历最深的篡权者当属萨多扎伊族的胡达卡人苏丹·沙阿·穆罕默德·汗，他曾于 1722—1724 年间统治赫拉特。被强制退位后，沙阿·穆罕默德·汗返回木尔坦，那里的莫卧儿皇帝授予他埃米尔卡比尔和曼沙达尔（Mansabdar）头衔，并拥有统领 5000 名士兵的权力。莫卧儿王朝木尔坦代理总督、马杜德·汗的后裔、萨多·汗长子扎希德·汗是另一个潜在的王位挑战者。居住在木尔坦规模较小的卡姆兰和巴哈杜尔家族中的几位成员也是艾哈迈德·沙阿的威胁。

艾哈迈德·沙阿称王后仅仅几个月时间就遭到来自本部族的第一个挑战。1748 年夏，国王战死旁遮普的谣言传到坎大哈，卡拉特总督、纳斯尔·汗的兄弟兼对手穆哈巴特·汗·俾路支（Muhabbat Khan Baluch）伙同几个杜兰尼人及吉尔扎伊米尔宣布拥立鲁格曼·汗为王。艾哈迈德·沙阿中断印度战役，挥师返回坎大哈。叛乱领导人逃跑了，被一些野心家当作棋子的鲁格曼·汗留了下来，并派出斡旋人员请求得到宽恕。艾哈迈德·沙阿向信使保证，如果侄子亲自来祈求原谅，他的性命会得到饶恕。但相信了叔叔的鲁格曼·汗却被投入监狱。几天后，艾哈迈德·沙阿的基齐勒巴什卫兵悄悄将他处死。[19] 两年后，艾哈迈德·沙阿谋杀了沙阿·穆罕默德·汗·萨多扎伊和他的两个儿子。这3人曾经前往卡拉特，很显然是为了招募一支军队，艾哈迈德·沙阿命令纳斯尔·汗处死不安分的这个堂兄弟一家人。1752年春，艾哈迈德·沙阿废黜木尔坦萨多扎伊总督，任命一位普什图人担任该职。

1761年初，艾哈迈德·沙阿不得不应对来自本家族最严重的一次挑战。征战旁遮普期间，赫拉特前苏丹阿卜杜拉·汗之孙阿卜杜尔·哈里克·汗伙同艾哈迈德·沙阿的两名军事委员会成员迪阿瓦·汗·伊沙克扎伊和扎尔·贝·波帕尔扎伊擅自离开部队。他们前去巴拉克扎伊据点吉里什克，宣称艾哈迈德·沙阿已经战败，并宣布阿卜杜尔·哈里克为王。然后，他们挺进坎大哈，迫使掌管杜兰尼首府的艾哈迈德·沙阿长子苏莱曼·米尔扎弃城逃跑。沙阿·帕桑德·汗被火速派去平定叛乱。他到达坎大哈外围，告知部族头领艾哈迈德·沙阿依然健在，支持叛军的力量立即没了影踪。叛乱元凶来到沙阿·帕桑德大营祈求原谅，声称受到阿卜杜尔·哈里克·汗的蒙骗，因此一些次要参与者被饶恕。尽管沙阿·帕桑德保证他们不会被处死，但扎尔·贝·波帕尔扎伊和其他谋反者还是被诱入大营杀害。迪阿瓦·汗·伊沙克扎伊逃至赫拉特，帖木儿·米尔扎违反父亲的命令，没有处死他，而是任命他为自己私人卫队的指挥官。阿卜杜尔·哈里克被捕入狱，但最终成功脱逃，辗转木尔坦，却被再次投入监狱。[20]

阿卜杜尔·哈里克叛乱之后，艾哈迈德·沙阿认为纳迪拉巴德不再适合做他的王国首府。纳迪尔·沙阿于3个世纪前修建的这个临时攻城大营的泥墙正在剥落，甚至不能够抵挡轻装备军队的进攻。艾哈迈德·沙阿下令在东北部，从扎尔·贝·波帕尔扎伊人手中没收的土地上修建一座全新的首都。[21]首都沿传统的中亚道路修建，采用传统中亚集市风格，呈十字形分布，四面城墙各设有一个城门，四条街道交汇于市中心的大巴扎。艾哈迈德·沙阿找来印度泥瓦匠负责打造地基，整个城镇被一堵夯实的泥墙所包围，城墙上设有堡垒、壁垒和塔楼，城墙外环绕着一条护城河。然而，艾哈迈德·沙阿很少留在首都，这无疑加剧了该地区部族的内部领导权之争。

艾哈迈德·沙阿由 9 人军事委员会"选定"为王，实质上是他与其他阿卜达利军队指挥官签署的权力共享协议。随着艾哈迈德·沙阿帝国的扩张，日益专横的统治风格和对征服的无度追求引起委员会成员的不满。登基后仅仅几周时间，艾哈迈德·沙阿便出兵镇压坎大哈叛军纳瓦布·纳斯尔·汗。出发前不久，他将几个阿卜达利人用大象踩死——这是一种针对叛乱分子和叛国者的传统惩罚方式[22]。1748 年秋，被艾哈迈德·沙阿于一年前耻辱地排挤掉的纳迪尔·沙阿军队的前指挥官努尔·穆罕默德·汗·阿里扎伊在穆哈巴特·汗·波帕尔扎伊、国王军事委员会的另一成员卡杜·汗，以及艾哈迈德·沙阿的炮兵统领奥斯曼·汗的帮助下，密谋行刺国王。他们计划将艾哈迈德·沙阿诱骗至坎大哈城外的偏僻之地，将他处死，但一个密谋者出卖了他们。努尔·穆罕默德·汗和另外一个元凶被逮捕，带至他们计划暗杀国王的地点被处决。根据费里尔的记载，艾哈迈德·沙阿从二人的部族中任意挑选出 10 名男子，将他们杀死。[23] 处决行动在部族贵族中引起了更多的不满，其中一些人公开质疑国王是否有权处决努尔·穆罕默德·汗和其他资深杜兰尼人。

不到一年时间，逊尼派哈扎拉米尔、赫拉特总督达尔维什·阿里·汗仓促发动叛乱，原因很可能是艾哈迈德·沙阿兵败波斯呼罗珊。这次反叛也被迅速镇压，达尔维什·阿里被关进监狱。艾哈迈德·沙阿前去征讨印度时，将达尔维什·阿里带在身边，后者体面地为自己开罪，获得了原谅。1764 年，达尔维什·阿里·汗再次反叛，他再次被镇压并收监入狱。[24]1759 年，艾哈迈德·沙阿的另一个盟友，卡拉特总督纳斯尔·汗也宣布独立，沙阿·瓦利·汗被派去平叛。由于无法打败俾路支人，久攻卡拉特未果，艾哈迈德·沙阿只好同意纳斯尔·汗继续担任卡拉特总督。几个月后，一位名叫库什·汗·杜兰尼的米尔

"受一个修行者唆使"，宣称自己是"阿富汗王"。暴动再次被镇压，修行者被处死，库什·汗·杜兰尼被刺瞎。[25] 不到一年时间，另一个觊觎者哈吉·贾马尔·汗·扎加兰尼在坎大哈以国王自居，甚至将其名字铸在硬币上。同其他政变一样，这次叛乱起于艾哈迈德·沙阿阵亡的消息，事实澄清后，哈吉·贾马尔·汗·扎加兰尼放弃王位，并很可能逃至偏远之地，"归隐"求生。[26]

艾哈迈德·沙阿的连年征战以及来自本族和部落的内部挑战最终给他的健康带来严重后果，屡治不愈的鼻腔溃疡化脓进一步摧毁了他的健康。溃疡最终侵蚀了他的大脑，腐肉滋生出的大量蛆虫在他进食时会掉进嘴里。到 1772 年夏天，艾哈迈德·沙阿已经需要用勺喂饭了，他已开始吐字不清，不得不使用手势和字条。1772 年 10 月 23 日夜，他在睡梦中逝去。

艾哈迈德·沙阿的统治与其加冕事件一样，被阿富汗和欧洲史学家重塑后，几乎与史实毫无相似之处。比如，20 世纪的普什图君主主义者倾向于将他的统治描绘为一个"黄金时代"，将他的一生描绘为国王中的典范。他被称为阿富汗之父，被称颂为"国家的偶像"[27]，一个"拥有忘我高尚品质"的国王[28]。甚至连艾哈迈德·沙阿的锡克族传记作家甘达·辛格也对他赞誉有加，尽管艾哈迈德·沙阿曾杀戮他的同胞并亵渎锡克圣城。殖民时期的史学家同样对他赞不绝口。奥拉夫·卡罗认为，艾哈迈德·沙阿拥有"大胆的、扭转战局的天赋"[29]。弗雷泽·泰特勒也称他是一位"天才"，"为难以驾驭的阿富汗民族打造出了国家雏形"。[30]

上述言论，客观描述了艾哈迈德·沙阿的艰难，以及如何不受欢迎。艾哈迈德·沙阿是一位伟大的军事领袖和战术家，但是像弗雷泽·泰特勒那样，将他与加兹尼的苏丹·穆罕默德和巴布尔大帝相比却实在过分。毕竟，这两位伟人不仅赢得历次战斗，而且建立了持久的帝国。与此相比，艾哈迈德·沙阿的帝国不仅短暂而且在他离世之前就已经开始分崩离析了。

艾哈迈德·沙阿的军事成就可以与他的导师纳迪尔·沙阿相比，因为二人都更善于领兵打仗，而不善于统治国家。另外，今天人们更多地关注加兹尼和莫卧儿人在艺术和建筑方面为后世创造的文明而不是他们取得的军事胜利。艾哈迈德·沙阿在这方面的贡献有限。艾哈迈德·沙阿新都的建筑风格几乎没有值得称道之处，而他自己及其继任者的坟墓，都是仿照旁遮普随处可见的莫卧儿陵墓修建的。艾哈迈德·沙阿留有一部诗集，里面有一些普什图诗篇。同时还有几部关于艾哈迈德·沙阿统治和征战的君主历史记录。总的来说，在艾哈迈德·沙阿的一生征战中，大部分时间都是在破坏人类文明而不是建立自己的文明。

艾哈迈德·沙阿最著名的军事成就是打败马拉塔人的帕尼帕特战役，但是尽管此役将对手赶出了北印度，艾哈迈德·沙阿并未如沙阿·瓦利·阿拉所期望的那样加强穆斯林在印度的势力。确切地说，他助力了一个更加强大和持久的非穆斯林势力——英国东印度公司的崛起。艾哈迈德·沙阿与另一个"异教徒"势力锡克人的战争，在其军事成就排名中位居第二。始于艾哈迈德·沙阿统治时期的阿富汗—锡克战争持续了将近一个世纪，并最终导致木尔坦、德拉斯、白沙瓦和开伯尔山口的沦陷。

艾哈迈德·沙阿临时性的内部事务管理手段，造成部族、军队和宗教派别为各自利益而结成不稳固的联盟。这就决定了因派系之争而撕裂的政府具有内生的不稳定性，而艾哈迈德·沙阿的统治也饱受内部叛乱的困扰。艾哈迈德·沙阿辞世不到 30 年，他的王国便因自相残杀和宗族冲突而分崩离析。因此，所谓艾哈迈德·沙阿将各阿富汗部族"焊接"成一个"有凝聚力的强大国家"的说法，只不过是有关他的统治的另一个神话而已。

同时，无论人们用欧洲人的骑士精神还是用波斯人的荣誉准则衡量，艾哈迈德·沙阿都不是一些史学家所声称的骑士精神的典范。远征印度时，艾哈迈德·沙阿和他的将军们主导了对包括妇孺在内的数千平民的屠杀、对投降战俘的冷血斩首，以及对印度教和锡克教圣地的亵渎和破坏。他的军队砍杀手无寸铁的牧师和朝圣者、实施大规模强奸、掠夺一座座城镇、奴役数千妇孺，即使穆斯林也未幸免。艾哈迈德·沙阿还违背提供赦免和安全通行权的誓言，甚至将视如亲生般抚养长大的侄子处死。正如路易斯·杜普利所言，艾哈迈德·沙阿（有生之年）或许"融合了（阿富汗各派），但身后留下的却是分裂"。[31]

第四章

帖木儿·沙阿和杜兰尼王朝的
分裂（1772—1824）

> 事物分崩离析，中心无法维系，
>
> 世界陷入混乱，
>
> 晦暗的血潮席卷天下，纯真的仪典也被淹没。
>
> ——威廉·巴特勒·叶芝，《二次降临》，1919 年

艾哈迈德·沙阿的死是意料之中的，但是权力的过渡却远非平稳或和平。他在去世前的几个月，从赫拉特召回了次子帖木儿·米尔扎，公开宣布他为王位继承人。而这个决定，他没征求部落委员会或其他政府官员的意见，遂使国王与一些最有权势的军队和部落首领间产生了嫌隙。而后者支持艾哈迈德·沙阿的长子、帖木儿的同胞兄弟、坎大哈省总督苏莱曼·米尔扎继位，支持苏莱曼的官员有贝基·汗·巴米扎伊，也被称作沙阿·瓦利·汗，他是艾哈迈德·沙阿的首席大臣，还有苏莱曼王子的岳父、杜兰尼的总司令萨达·贾·汗。他们争辩称，苏莱曼·米尔扎作为长子拥有优先的继承权，要求艾哈迈德·沙阿改变决定，并对没被征求意见就做出如此重大的决策表示不满。艾哈迈德·沙阿

无视他们的请求，声称帖木儿"绝对比他的兄长更有能力统领你们"，还指责苏莱曼残忍无情，不受坎大哈的杜兰尼人欢迎。[1]

艾哈迈德·沙阿病亡与王位之争

然而，国王选择继承人的理由经不起推敲。帖木儿·米尔扎作为总督的履历很糟糕，从军经历乏善可陈。他曾被锡克人打败过，被迫放弃过拉合尔，后来被派回赫拉特，在那里度过了一段"了不起的懒散"时光。[2]帖木儿还曾经公然违抗父命，不但拒绝处死逃亡的叛匪迪阿瓦·汗·伊沙克扎伊，还任命他为自己私人卫队的指挥官。但是濒临死亡的老国王却夸赞帖木儿·米尔扎没有置迪阿瓦·汗于死地，反而谴责了处死其他叛乱者的苏莱曼·米尔扎，尽管后者是遵从父王的命令才这样做的。国王关于苏莱曼·米尔扎疏远了坎大哈各部落的说法也站不住脚，因为当地两位地位最高的杜兰尼领袖支持他继承王位。

艾哈迈德·沙阿做出这样的决定可能是因为疾病影响了大脑和精神状态，但是他选帖木儿·米尔扎继位更像是刻意为之，目的是压制一些高级将领和杜兰尼部落委员会的权力。他认为，这些人威胁到自己王朝的存在。在这样的考量下，选择帖木儿·米尔扎是很自然的，因为他在赫拉特和拉合尔长大，没时间结交杜兰尼的指挥官们。除了伊沙克扎伊部落，帖木儿的军事力量还来自一些非阿富汗部落——基齐勒巴什部落以及赫拉特和巴德吉斯部落中说波斯语的部落，比如瑙堡的逊尼派哈扎拉部落。

对帖木儿不利的是，因为他远在赫拉特，所以贝基·汗·巴米扎伊和萨达·贾·汗能够利用与行动日渐无力的国王更亲近的便利力推苏莱曼。他们限制人们接近国王，并在国王面前说继承人的坏话。这个策略似乎奏效了。当帖木儿·米尔扎收到国王快要去世的消息赶到父亲的病榻前时，艾哈迈德·沙阿拒绝让他在场并命令他回到赫拉特。受冷落的帖木儿既生气又觉得羞耻，回到赫拉特就立刻召集军队，以便与兄长进行不可避免的对抗。

帖木儿的计划因为逊尼派哈扎拉部落的达尔维什总督阿里·汗出乎意料的叛乱而搁置了，这场反叛可能是苏莱曼一派煽动的。阿里·汗曾经是赫拉特省总督，曾发动过叛乱，但被赦免了，之后参加了艾哈迈德·沙阿的印度战役，随后再度反叛。这次他被关进了监狱，但在艾哈迈德·沙阿死前不久逃了出来，前往瑙堡，在那里发动了更大规模的叛乱。帖木儿·米尔扎引诱他来赫拉特，提出只要他亲自来投降就赦免他，并再次确认他的哈扎拉部落逊尼派领袖的身份。然而，阿里·汗一到赫拉特就被处死了，他的侄子穆罕默德·汗被任命为新的总督。

沙阿·瓦利·汗和萨达·贾·汗封锁了国王的死讯，他们将国王的遗体放在盖着厚帘布的轿子里，从国王的山间度假别墅出发前往坎大哈，带上了尽可能多的财宝。队伍朝杜兰尼首都前行的同时，沙阿·瓦利·汗向所有人宣布国王生病了，除了一两个国王最信任的官员外，严禁任何人打扰。为了使假象更可信，艾哈迈德·沙阿的首席宦官雅库特·汗假装与国王有交谈，甚至还为这位"病了"的统治者送食物。[3]

1880 年，位于坎大哈的艾哈迈德·沙阿墓。

苏莱曼·米尔扎从坎大哈出发，进行了一天的游行，按照惯例觐见国王，结果却被沙阿·瓦利·汗告知父亲已经死了。尽管遭到艾哈迈德·沙阿的首席财政部长阿卜杜拉·波帕尔扎伊和其他杜兰尼米尔的反对，沙阿·瓦利·汗仍宣布苏莱曼·米尔扎为新国王。但是帖木儿王子的秘密支持者雅库特·汗派了一名秘密信使去赫拉特，告诉帖木儿他父亲的死讯和哥哥即位的消息，敦促他赶快前去坎大哈。帖木儿·米尔扎立刻带领一支庞大的军队出发，当他抵达法拉时，苏莱曼的支持者们分崩离析了。为了保命，沙阿·瓦利·汗和萨达·贾·汗去帖木儿的大营求饶，但未被理睬。帖木儿对于他们拒绝自己守在垂危的父亲床前非常愤怒，拒绝了宽大处理的求情。他派出刽子手，处死了这两个人以及他们的儿子和一些随从。苏莱曼则逃到了印度。帖木儿几乎没有遇到反抗就进入了坎大哈，坐上了王位。

帖木儿·沙阿称王迁都喀布尔

对帖木儿·沙阿来说，沙阿·瓦利·汗和萨达·贾·汗的叛乱是压倒他的最后一根稻草。艾哈迈德·沙阿的统治被萨多扎伊家族的觊觎者和杜兰尼权贵的一系列叛乱严重削弱。帖木儿·沙阿不再相信这些马利克，为了削弱他们的势力，他决定把首都迁到从前莫卧儿王朝的边境口岸喀布尔。这个选择是合乎逻辑的，尽管当时的杜兰尼人与喀布尔没有土地和历史上的联系。在喀布尔、楠格哈尔和洛加尔生活的主要是吉尔扎伊人，喀布尔北边的达曼山和科伊斯坦则大多是说波斯语、以务农为生的什叶派哈扎拉人和萨菲人。帖木儿·沙阿的母亲是楠格哈尔的吉尔扎伊部落米尔的女儿，所以帖木儿·沙阿能够获得母亲部落的军事支持，也能倚靠母亲对当地政治的熟悉。新都安置下来后，帖木儿·沙阿立刻招募了塔吉克人、哈扎拉人、萨菲人和吉尔扎伊人加入他的军队，进一步削弱杜兰尼人的力量。

迁都也有战略意义。纳迪尔·沙阿摧毁了老坎大哈的堡垒，艾哈迈德·沙阿建设的新坎大哈坐落在平原上，它的城墙无法抵御现代火炮。但喀布尔有所不同，它四周都是高山和可防御的山口，城里已经有一座位于狮门山脉东坡坚固的莫卧儿式堡垒——巴拉希萨尔城堡。这座要塞有两排厚厚的石头墙，有众多大到足以容纳大炮的棱堡和碉堡，还有火枪手用的带顶射击点。[4]要塞本身占地数公顷，里面还有莫卧儿统治者的宫殿，宫殿后来成了国王的新住所。此外，城内还有足够容纳庞大驻军的军营和其他各色民用建筑，包括一座清真寺和一个大巴扎，甚至还有自己的供水系统。在不远处的狮门山，向北的斜坡上有一处带围墙的区域叫钦达瓦尔（Chindawal），是基齐勒巴什区的贾万希尔部的古拉姆骑兵军营。

当时，喀布尔是布哈拉与印度河之间重要的商业中心，该市的财政收入比坎大哈高，收入主要来自关税。[5]喀布尔还住着相当数量的犹太人、亚美尼亚人和印度商人，他们充当着掮客、银行家和放债人。伊斯兰法律禁止穆斯林向同胞借钱赚取利息，所以，这些非穆斯林提供了重要的信贷服务，不只是对商界，对国王也是如此。

喀布尔位于海拔 2000 米的大山谷中。与坎大哈不同，喀布尔不受疟疾或

从喀布尔山谷向西眺望帕格曼山脉。当帖木儿·沙阿迁都喀布尔时，这座城市以其温和的气候、水果和莫卧儿式花园而闻名。

白蛉热的困扰，非常宜居。城市的无序扩张、肮脏和污染是现代喀布尔的标志，因此人们难以理解，在 18 世纪后期，这座城市竟曾因温和的气候和秀丽的自然风景闻名于世。在帖木儿和莫卧儿时期，喀布尔河沿岸开辟了至少 9 个观赏花园，让当地风景更加靓丽。

迁都意味着杜兰尼高官们不得不做出选择，是搬去喀布尔还是留在坎大哈？不论哪种选择，杜兰尼米尔们挑战帖木儿·沙阿的权力都会被削弱。迁至喀布尔意味着切断自己的部落根基，但是继续留在坎大哈就会被隔绝在政治权力中心外。为了进一步降低杜兰尼人的威胁，帖木儿·沙阿又招募了数千名突厥—蒙古古拉姆骑兵，购买了 600 个努比亚奴隶来壮大自己的古拉姆骑兵。与此同时，帖木儿·沙阿非常明智，没有剥夺杜兰尼人的世袭特权或头衔，甚至还提高了他们的政府津贴。

曾经反抗过艾哈迈德·沙阿的迪拉瓦·汗·伊沙克扎伊当上了军队总司令，并被授予马达德·汗的头衔。为了避免与巴拉克扎伊对抗，帖木儿·沙阿继续履行父亲与哈吉·贾马尔·汗达成的协议，后者仍旧做他的维齐尔。但是帖木儿·沙阿娶了他的一个女儿，从而将他的家族利益与王室利益绑在了一起。哈吉·贾马尔在帖木儿·沙阿登上王位不久后就死了。由于他的大儿子哈吉·达尔维什成了苏菲派信徒，放弃了世俗追求，所以二儿子拉希姆达德·汗成了继承人。帖木儿·沙阿后来发现拉希姆达德不受自己部落拥戴，就撤了他的职，并在 1774 年任命帕因达·汗接替，帕因达是帖木儿来自巴拉克扎伊部落的妻子的同胞兄弟。他被授予萨发拉兹（Sarfaraz）·汗的头衔。

然而，帖木儿·沙阿治下的其他国家要职，大多给了外人。帖木儿的首席财务大臣古尔·穆罕默德·汗是俾路支斯坦的巴布里斯人的首领。这个部落与印度有密切的贸易往来，因而十分富裕。帖木儿的首席税务大臣鲁特菲·阿里·汗是来自波斯的托尔巴特谢赫贾姆的什叶派教徒，而他的宗教机构主要由生活在达曼山、科希斯坦和塔哈布说波斯语的人负责，这些人多数归属于印度北部穆贾迪迪的塔里卡部。他最资深的宗教和司法事务官员卡齐·法伊兹·阿拉是王国政府最神秘氏族的毛拉，很可能是来自塔哈布的萨菲人。[6] 政府事务的日常运行则掌握在基齐勒巴什誊写员和秘书的手里。

平定家族内部的反叛

虽然换了首都，帖木儿·沙阿仍然面临来自萨多扎伊家族内部的挑战。艾哈迈德·沙阿去世的前一年，木尔坦的总督舒贾·汗被一个印度教徒罢黜了。接着，锡克教徒在 1772 年 2 月占据了这座城市。舒贾·汗请求帖木儿·沙阿派兵支援他夺回木尔坦。1774 年末，帖木儿·沙阿派马达德·汗·伊沙克扎伊协助舒贾·汗。国王自己从容不迫地随后抵达，但他很快就厌倦了围城军营里的生活，回到了舒适的白沙瓦。在他停留前线期间，有人密谋要刺杀他并扶持他的兄弟斯坎达·米尔扎登上王位。根据东印度公司驻杜兰尼王国的外交使团的埃尔芬斯通的说法，阴谋的始作俑者是尚卡尼的哈兹拉特·米恩·奥马尔·巴巴。他是一位皮尔，曾授予艾哈迈德·沙阿"杜尔－侬兰－杜兰"的头衔，并且祝福他在抗击马拉塔人和锡克人的圣战中大获成功。

这位哈兹拉特为什么反对艾哈迈德·沙阿亲选的继承人，人们不得而知。很有可能是因为他对帖木儿·沙阿在白沙瓦时没给予自己礼遇而心生怨恨，或者因为帖木儿并不讨这位逊尼派伊斯兰极端保守派代表的喜欢。毕竟帖木儿放荡不羁，经常无视伊斯兰法律，尤其是违反"禁止饮酒"这一条。国王对基齐勒巴什人的优待和对杜兰尼人的疏远，都让这位哈兹拉特不满意。不论原因究竟是什么，这位尚卡尼的皮尔说服了哈利勒部落首领法伊兹·阿拉·汗推翻帖木儿·沙阿，后者因为不明的"私人恩怨"一直在寻求机会报复帖木儿·沙阿。[7] 支持他的有曾在艾哈迈德·沙阿时期担任信德总督的阿萨德拉·汗，人称阿尔萨拉·汗，以及木兹·阿拉·汗，他们都是莫赫曼德部落的米尔。[8] 甚至连艾哈迈德·沙阿的首席宦官雅库特·汗也参与了阴谋。

1775 年 1 月，阿尔萨拉·汗说服国王允许自己的火枪手在奔赴木尔坦围攻战前能在白沙瓦城内集结。莫赫曼德人一进城，阿尔萨拉·汗就和 2500 名全副武装的部落士兵长驱直入堡垒要塞，而此时帖木儿·沙阿还在睡午觉。他们告诉卫兵，国王命令他们在堡垒内巡逻。趁着卫兵注意力分散，法伊兹·阿拉·汗和雅库特·汗砸烂了另一面墙的后门，杀死了卫兵，冲入阅兵场，试图打破帖木儿·沙阿正在休息的内堡大门。

帖木儿·沙阿被喧闹声吵醒，迅速逃往塔顶，急迫地挥舞自己的头巾，警示下面的基齐勒巴什古拉姆骑兵。基齐勒巴什人对莫赫曼德人发起了进攻，后者一心只顾袭击内堡，无暇顾及安排部队殿后。在阅兵场没有掩护的莫赫曼德人要么被杀，要么被逮捕。法伊兹·阿拉·汗和他的儿子被活捉，虽然受了酷刑但仍拒绝供出其他的密谋者，最后两人都被处决。虽然没有明确的记载，但很可能雅库特·汗也遭受同样的下场。帖木儿·沙阿也想处死那位尚卡尼的哈兹拉特，但是"朝堂上所有的阿富汗米尔"都恳求他不要这样做。于是，那位叛乱阴谋的始作俑者得以逃出生天。9

阿尔萨拉·汗设法逃过了这场屠杀，逃回了在哈斯特纳加尔的山间据点，然后他封锁了途经开伯尔山口的军事战略要道，给杜兰尼王朝制造了很多麻烦。帖木儿·沙阿不准备让这样危险的敌人继续逍遥法外，在公开和私下场合他都宣扬自己想赦免叛军并补偿莫赫曼德人所受的委屈，最终成功诱使阿尔萨拉·汗产生虚假的安全感。然后，国王派了一名特使带着一本《古兰经》向阿尔萨拉·汗传达了自己的承诺：只要他亲自来表示臣服就保他不死。阿尔萨拉·汗信了帖木儿·沙阿的话，但他一到白沙瓦就立刻被逮捕并割断了喉咙。莫赫曼德人和开伯尔地区其他部落的人憎恶国王违背神圣誓言，他们日后从未遗忘或原谅这种背叛。10

大概在白沙瓦叛乱的两个月后，苏丹·阿巴德·阿拉·汗·萨多扎伊的孙子阿巴德·卡里奇·汗起兵造反，迫使帖木儿·沙阿将马达德·汗·伊沙克扎伊从木尔坦召回喀布尔。此前，阿巴德·卡里奇曾经发起反对艾哈迈德·沙阿的政变，政变失败后逃到了木尔坦，在那里被舒贾·汗囚禁。后来，锡克人占领了木尔坦，他们释放了阿巴德·卡里奇，条件是要他招募一支军队推翻帖木儿·沙阿。阿巴德·卡里奇和穆罕默德·阿克巴·沙阿、易卜拉欣·汗联起手来，他们都是苏丹·阿巴德·阿拉·汗·萨多扎伊的孙子，他们的父亲沙阿·穆罕默德·汗以及他们的两个兄弟都是艾哈迈德·沙阿下令暗杀的。卡拉特总督纳斯尔·汗和一些杜兰尼部和吉尔扎伊部米尔也支持叛乱活动。1775 年 3 月上旬，阿巴德·卡里奇从卡拉特出发，企图攻占坎大哈，结果在几个杜兰尼部米尔倒戈后计划失败。萨多扎伊三兄弟被俘后被押往喀布尔，易卜拉欣·汗被处死，阿巴德·卡里奇和阿克巴·沙阿被弄瞎后囚禁在上希萨尔城堡。随后，帖木儿·沙阿下令搜捕并杀死所有苏丹·阿巴德·阿拉·汗家族幸存的男性成员。

成功击退对王权的挑衅后，帖木儿·沙阿将精力集中在赶走木尔坦的锡克教徒上。但是，直到 1780 年木尔坦才重新回到杜兰尼人的手中。这时，帖木儿·沙阿的忠实盟友舒贾·汗·萨多扎伊去世了，他的儿子穆扎法尔·汗接替他为木尔坦总督。克什米尔和信德也爆发了叛乱，克什米尔起义被镇压，信德的情况则更棘手。1779 年，信德爆发内战，帖木儿·沙阿发起了一系列攻势，重新夺回控制权，但在这过程中信德大片地区沦为废墟。尽管以极大代价获得了几场胜利，但到了 1791 年信德省的埃米尔们除了名义上的顺从，其余各方面都独立了，虽然他们还继续向喀布尔进贡。

与波斯和巴尔赫的关系

在西部边境，帖木儿·沙阿不得不面对的是复兴中的波斯，波斯对杜兰尼人在马什哈德的盟友沙阿·鲁克·米尔扎的权力日益形成挑战。帖木儿·沙阿曾 3 次被迫派兵支援，以免沙阿·鲁克被罢免。兴都库什山北面的情况更加严峻。南北两条路线也是外敌入侵的主要路线。萨朗山口是今天北上的主要路线，但是在那一时期还不存在。直到 20 世纪中叶，苏联人在山间开凿了隧道，这条通往阿姆河的古老贸易线才进一步向东延伸。

为了保护与布哈拉的贸易往来，阻挡可能来自北面的入侵，帖木儿·沙阿与控制喀布尔的巴米扬—巴尔赫线路的埃米尔们结成联盟，这些传承至今的部落曾经是各自独立的，他们在杜兰尼王朝的战略利益中处于边缘地位。帖木儿·沙阿还寻求确保科希斯坦和塔哈布人对自己的忠诚，因为他们控制着楠格哈尔到达曼山的后方路线。为了将这些团体与王国的利益绑在一起，帖木儿·沙阿与他们的许多埃米尔结成婚姻联盟，并且任命当地有影响力的宗教人物出任高级职务。

哈扎拉部族谢赫阿里人的领地跨越巴米扬和古尔班德之间的希巴尔山口以及苏尔哈布河的上游地区，他们是阿富汗最大的伊斯玛仪社区之一，这带来了些许不同的问题。谢赫阿里人像开伯尔山口上的部落一样，通过向商队和军队收通行费赚了很多钱，他们还毫无顾忌地袭击那些拒绝付钱的商队。另一条越过巴米扬通往北部平原的重要商队路线跨越了阿伽（Ajar）、赛甘和卡赫马尔德（Kahmard）山谷，这一路线被自治的塔吉克和乌兹别克埃米尔们控制，他们与胡勒姆的乌兹别克米尔基利杰·阿里·贝格结成同盟。再往北是另一位强大的乌兹别克米尔阿塔利克·穆拉德·贝格的封地卡塔干及其都城昆都士。他和基利杰·阿里·贝格是姻亲，是米尔·瓦利最大的敌人。阿塔利克统帅下的卡塔干骑兵是一支有名的强大力量。

为了保证这些战略公路上的通行安全，帖木儿·沙阿放弃了他父亲与梅马内·瓦利的盟约，转而与胡勒姆的基利杰·阿里·贝格签立了一个新的盟约，并授予他巴尔赫瓦利的头衔。由于艾哈迈德·沙阿之前将这一头衔授予给了梅马内的哈吉·毕，贾恩·穆罕默德作为哈吉·毕的继承人，在父亲死后接着统治梅马内，他很不满意被剥夺了职位和相应的特权。贾恩·穆罕默德和查哈尔维拉亚特的其他埃米尔们作出了回应，他们在呼图白中加入了布哈拉的名字（即阿卜杜勒·加尼的名字），并为他提供军事协助去推翻巴尔赫的杜兰尼指挥官。帖木儿·沙阿和胡勒姆人的联手，对于卡塔干的穆拉德·贝格来说也是不能接受的，他也很有可能把自己置于布哈拉的庇护下。帖木儿·沙阿后来派了一位新的总督担任巴尔赫统帅，这进一步激化了局势。

当时的布哈拉政治动荡、国库枯竭，阿卜杜勒·加尼·汗无力与帖木儿·沙阿对抗，所以他与帖木儿的儿子、赫拉特的联合领袖马哈茂德·米尔扎和菲罗兹·丁·米尔扎勾结在了一起。[11]1784年，阿卜杜勒·加尼·汗被阿塔利克·穆拉德赶下了台，后者曾在纳迪尔·沙阿的军队里服役。卡塔干就此建立了布哈拉汗国曼吉特王朝，采用王号沙阿·穆拉德·汗以及埃米尔的头衔。

沙阿·穆拉德雄心勃勃，想要征服巴尔赫、赫拉特、坎大哈、喀布尔甚至是印度北部，以期恢复前萨曼王朝的疆界。作为实现这一帝国梦的第一步，沙

在贵霜王朝留下的沙哈尔佐哈克城堡顶部向南可以看到巴米扬经哈吉加克山口至喀布尔的古老南线道路。

阿·穆拉德攻击并征服了沙赫利苏伯兹，罢免了当地什叶派总督。然后他围攻了梅尔夫，在城市陷落后驱逐了所有的什叶派居民，多达数千个家庭；他还写信给帖木儿·沙阿，要求他撤回巴尔赫的杜兰尼统帅，否则就要发动攻击。帖木儿·沙阿拒绝了这一要求，并在答复中训斥了沙阿·穆拉德对梅尔夫和沙赫利苏伯兹的什叶派居民的暴行。

1788 年夏天，帖木儿·沙阿正忙于木尔坦的另一场战斗无法脱身，沙阿·穆拉德则在查哈尔的埃米尔们支持下跨过了阿姆河，占领了阿克恰并驱逐了那里的一小支杜兰尼驻军。后来他又袭击了巴尔赫，包围了城里的指挥官和部队残兵。帖木儿·沙阿再一次从木尔坦召回了马达德·汗·伊沙克扎伊，让他率 4 万名士兵去巴尔赫解围，国王自己则返回喀布尔集结了第二支军队。但是帖木儿·沙阿朝巴尔赫出发没多久就听到了布哈拉军队在内斗中瓦解的消息。此外内斗还导致了沙阿·穆拉德的一个儿子死亡。[12]

第二年春天，布哈拉军队再次穿过阿姆河，但是帖木儿·沙阿仍然拒绝撤回自己的指挥官。这一次他挥师北上，据说带了 15 万名精兵，但是这么一支庞大的军队为这次出征带来了严重的不便。例如，山区物资不足，无法保证这么多士兵的供给；大炮运输不便，在通过被大雪覆盖的关口时，只能靠人工推动。帖木儿还拒绝按惯例向谢赫阿里人支付安全通行费，因此，不得不自己杀出一条穿过希巴尔山口和苏尔哈布河的路。当大军终于抵达巴格兰平原时，胡勒姆的米尔·瓦利也加入了队伍。正是他说服了国王先攻打卡塔干，而不是去巴尔赫解救被围困的部队。尽管帖木儿·沙阿部队规模更大，但最后证明不是卡塔干骑兵的对手。帖木儿只得同意密兹莱伯·毕继续当阿塔利克，以换取他承认杜兰尼的主权以及支付每年的岁贡。

解决了卡塔干的事务后，帖木儿·沙阿终于向巴尔赫进发。但在他即将到达时，布哈拉人从巴尔赫突围，放弃了阿克恰，龟缩到查哈尔，希望拉长帖木儿·沙阿本就捉襟见肘的补给线。沙阿·穆拉德·汗派出了两队骑兵，大概有 3 万人，在深夜穿过阿姆河，意在从两面包抄夹击帖木儿·沙阿的部队。

但是米尔·瓦利的间谍得到了风声，于是帖木儿·沙阿将整支大军布置在了进攻线外。在接下来的战斗中，大概 6000 名布哈拉人被杀。沙阿·穆拉德·汗派出高级宗教人士商谈和平协定，再次确认了与艾哈迈德·沙阿在 1768 年签订的协议。作为回报，帖木儿·沙阿承认布哈拉人对沙赫利苏伯兹和梅尔夫的主权。

帖木儿·沙阿启程返回喀布尔，给穆罕默德·汗·基齐勒巴什担任指挥的阿克恰和巴尔赫驻军留下大约 4000 名骑兵。行军跨越兴都库什山是场灾难，因为山区较早入冬，大雪已经封住了高处的山谷和山口。帖木儿一行没有配备过冬衣物，数千人被冻死。灾难消息传到查哈尔的埃米尔们那里，他们立刻甩开了杜兰尼人的枷锁，在呼图白中加入布哈拉的沙阿·穆拉德·汗的名字。所以，除了重获巴尔赫和阿克恰一定程度上的控制权，帖木儿·沙阿的这次军事行动没有什么战果。尽管如此，或者说恰恰因为这种情况，帖木儿·沙阿决心在兴都库什山北面维持象征性的存在，哪怕这会耗费国库每年超过 50 万卢比。

这场布哈拉—杜兰尼战争的真正赢家是胡勒姆的米尔基利杰·阿里·贝格。在帖木儿·沙阿的战后，他占领了卡塔干南部，而帖木儿·沙阿想要巩固自己的权力却只能通过他来与巴尔赫省的埃米尔们打交道。帖木儿·沙阿死后，米尔·瓦利与巴尔赫的杜兰尼总督交战，将从南部的卡赫马尔德和赛甘到北部的巴尔赫和阿姆河这一片区域尽收囊中。帖木儿·沙阿的继承者查曼·沙阿对此无能为力，不过因为米尔·瓦利表示继续效忠杜兰尼王朝，还以国王的名义做呼图白，查曼·沙阿允许他承担起总督的责任。作为回报，米尔·瓦利接受总督继续留在巴尔赫城作为杜兰尼王朝的代表，只不过他的存在并不受欢迎。当地居民拒绝向总督和他的卫兵提供食物、饲料或燃料，还会谩骂、羞辱他们。到帖木儿·沙阿统治末期，任何一个有自尊心的杜兰尼人都不想被派驻巴尔赫。胡勒姆的米尔·瓦里不驱逐总督的唯一原因就是有了他能保证不受布哈拉、梅马内或卡塔干的攻击，而帖木儿·沙阿则确保了"不让乌兹别克人骚扰自己的边境"。[13]

查曼·沙阿继位与东印度公司的较量

到 18 世纪 90 年代初，杜兰尼王朝衰弱的迹象显露无疑。克什米尔起了叛乱，信德摆脱了控制，锡克人虽然最终被赶出木尔坦，但几十年来的围攻已经耗尽了王朝的财力。帖木儿·沙阿在位末期越来越害怕被暗杀，这已成了他的疑心病，酗酒恶习无疑恶化了这份偏执。1793 年 4 月，国王离开了在白沙瓦的冬季行宫回到喀布尔，但就在穿过开伯尔山口时他的马绊倒了，这位象征着帝国荣耀的统治者摔倒在地。他自己和身边所有人都将这视为他即将垮台的预兆。抵达贾拉拉巴德时，国王病痛难忍，同时受到高烧、头疼和重度抑郁的折磨。尽管卧床不起，饱受病痛折磨，帖木儿·沙阿还是下令继续向喀布尔前进。但是当他的儿子查曼·沙阿出城在查哈尔巴格迎接他时，国王自己和朝臣们都明白，时日无多了。

帖木儿去世时只有 46 岁，尽管有几十个儿子，但并未明确指定继承人。咽下最后一口气前，帖木儿·沙阿把儿子们和重臣们召集到了床前，宣布最宠爱的妻子所生的长子查曼·沙阿将继承自己的王位。查曼·沙阿随即发誓说，他的两个同父异母兄弟胡马云和马哈茂德会继续分别担任坎大哈和赫拉特的总督。帖木儿·沙阿被安葬在一个宏伟的八角形陵墓中，当时这座陵墓还未完工。该墓位于喀布尔河右岸，是原莫卧儿花园的中心。

表 7　阿富汗萨多扎伊裔国王和巴拉克扎伊 首席大臣（司令官）（1793—1841）

统治者姓名 / 家族	统治时期	统治地区 / 事件
查曼·沙阿 （帖木儿·沙阿之子）	1793—1801 年	继承权受到马哈茂德和阿巴斯王子质疑 1800 年：处决首席大臣 帕因达·汗（哈吉·贾马尔·汗·巴拉克扎伊之子） 1801 年：被帕因达·汗之子首席大臣 法塔赫·汗弄瞎
马哈茂德 （帖木儿·沙阿之子）	1801—1803 年	与舒贾·沙阿竞争王位 法塔赫·汗·巴拉克扎伊成为首席大臣

续表

统治者姓名/家族	统治时期	统治地区/事件
舒贾·沙阿 （查曼·沙阿同胞弟弟）	1803—1809 年	攻下喀布尔，囚禁马哈茂德 1809 年：白沙瓦埃尔芬斯通行动；被马哈茂德击败 1809—1810 年：被兰吉特·辛格囚禁 1810 年：逃到卢迪亚纳
马哈茂德 （第二次统治）	1809—1818 年	1817—1818 年：赫拉特的叛军菲罗兹·丁被法塔赫·汗免职 1818 年：法塔赫·汗被弄瞎，随后被处决，他的兄弟们起兵反抗马哈茂德
舒贾·沙阿 （第二次统治）	1818 年	法塔赫·汗的兄弟司令官穆罕默德·阿齐姆·汗授予舒贾·沙阿王位，但又随即撤回
阿尤布·沙阿 （帖木儿·沙阿之子）	1818—1823 年	被司令官 穆罕默德·阿齐姆·汗 扶上王位 1817—1819 年：锡克教徒征服克什米尔、木尔坦和白沙瓦 1823 年：阿齐姆·汗在瑙谢拉战役中被锡克教徒击败 1823 年：沙阿·阿尤布被司令官布尔迪尔·汗免职后驱逐
马哈茂德 （另一帖木儿·沙阿之子）	1818 年	被多斯特·穆罕默德·汗短暂地宣布为喀布尔国王 被同父异母兄弟多斯特·穆罕默德·汗勒死
马哈茂德 （第三次统治）	1818—1826 年	只控制了赫拉特；他的儿子卡姆兰王子是实际上的统治者
萨达尔·哈比布拉·汗	1823 年	穆罕默德·阿齐姆·汗之子，短暂统治喀布尔；坎大哈的司令官 迪尔兄弟控制坎大哈；多斯特·穆罕默德·汗控制加兹尼 白沙瓦司令官 亚尔·穆罕默德·汗和他的兄弟控制白沙瓦
苏丹·穆罕默德·汗	1823—1826 年	统治喀布尔，继承权被多斯特·穆罕默德·汗质疑
埃米尔·多斯特·穆罕默德·汗	1826—1839 年	罢免苏丹·穆罕默德·汗 统治喀布尔、加兹尼、楠格哈尔和巴米扬 1839 年：英国占领加兹尼后出逃
沙阿·卡姆兰 （马哈茂德之子）	1826—1841 年	统治范围仅限赫拉特

　　帖木儿·沙阿去世之后，立刻流言四起，有人说帖木儿·沙阿是被他的一位妻子毒死的。伴随着上希萨尔城堡内外敌对势力的互相斗争，法律和社会秩序迅速崩塌。查曼·沙阿的主要对手是同父异母兄弟阿巴斯·米尔扎，后者得

到了一些高级官员和部分王室成员的支持。在后宫深处，深居简出的查曼·沙阿的母亲花了巨款保证儿子得到支持，并成功笼络了哈吉·贾马尔·汗·巴拉克扎伊的第四个儿子帕因达·汗。帕因达·汗转而拉拢了基齐勒巴什人和吴拉姆·汗，同时通过佯装成敌对势力的忠实捐客，让查曼·沙阿的对手们陷入了错觉。获得他们的信任后，帕因达·汗立即召集竞争对手举行会议，这些人全部到场后，基齐勒巴什人立刻封锁了会场的出口，告诉他们在宣誓效忠查曼·沙阿前谁都别想离开。在 5 天没有食物和水的情况下，米尔扎和贵族们屈服了，保证向查曼·沙阿效忠后才被允许离开。阿巴斯·米尔扎同查曼·沙阿其他几个同父异母兄弟却被拘留关押在上希萨尔城堡，这里已被帖木儿·沙阿改造成关押本族成员的监狱。[14]

虽然查曼·沙阿控制着喀布尔，但是坎大哈的杜兰尼领袖们已经反叛并且拥立帖木儿·沙阿的长子胡马云为国王，赫拉特的马哈茂德和菲罗兹·丁也向这个王位觊觎者臣服了。查曼·沙阿派同胞兄弟舒贾·沙阿和首席大臣帕因达·汗一起镇压这次叛乱，打败了胡马云和杜兰尼人。马哈茂德和菲罗兹·丁听到坎大哈陷落的消息后也发誓效忠查曼·沙阿，查曼·沙阿兑现了对父亲的

帖木儿·沙阿的八角形陵墓，始终未竣工，到 20 世纪 90 年代中叶几乎不再引人注意，拱顶成了海洛因瘾君子的出没地。2002 年后，陵墓与其所在的原莫卧儿花园一部分被重新修缮。

承诺，继续让他们担任赫拉特总督。胡马云·米尔扎则设法去了卡拉特，被纳西尔·汗软禁在了家中，不过大概一年后他逃了出来，组建了一支散兵游勇前往坎大哈。正在旁遮普打仗的查曼·沙阿不得不返回处理叛乱，胡马云的乌合之众全部作鸟兽散。几个月后胡马云第三次企图夺权，又一次惨遭失败。这一次查曼·沙阿派出了一支骑兵分队穷追猛打，最终，胡马云被出卖，眼睛被弄瞎，成了越来越多被关押在上希萨尔城堡的王子们的一员。

帖木儿·沙阿死后，印度北部的一些杜兰尼长官宣布独立，查曼·沙阿在短暂的在位时间里，大多数时候要么是在和自己的大家庭成员斗争，要么是在越发徒劳地试图击败控制着拉合尔和旁遮普的锡克人。兴都库什山北面的布哈拉汗沙阿·穆拉德·曼格特趁着内战重新占领了阿克恰，打败了穆罕默德·汗·基齐勒巴什，俘虏了他和大多数部下。幸存下来的基齐勒巴什人撤回了巴尔赫要塞，沙阿·穆拉德围攻了 4 个月也没能拿下这座要塞。他甚至在守军面前将穆罕默德·汗游行示众，威胁他们如果不投降就处死穆罕默德·汗。但是守军仍然拒绝投降，沙阿·穆拉德当着他们的面"残忍地处死"了这个基齐勒巴什指挥官。[15] 沙阿·穆拉德最终承认失败，派使者去喀布尔谈和休战。之前订立的协议再次得到确认后，布哈拉人撤回到阿姆河对岸。

1796 年，阿伽·穆罕默德·恺加拿下马什哈德，处死了杜兰尼人的盟友沙阿·鲁克。然后他着手铲除纳迪尔王朝所有的残余势力，他将纳迪尔·沙阿的陵墓夷为平地，挖出他的尸骨装进盒子里做成卡扎尔·沙阿的脚凳。接着阿伽·穆罕默德要求查曼·沙阿交出赫拉特、法拉、格里什克和坎大哈的控制权，甚至连巴尔克也想要。面对这一威胁，查曼·沙阿组建了一支军队阻止波斯人对赫拉特可能的进攻，因为他害怕马哈茂德王子和菲罗兹·丁与波斯联手进军坎大哈，甚至是喀布尔。[16] 但四面楚歌的查曼·沙阿是幸运的，这个威胁没有成真。穆罕默德·卡扎尔从马什哈德撤退，纳迪尔·沙阿的另一个孙子纳迪王子夺回了对城市的控制权，并重申了对杜兰尼国王的忠诚。

第二年，穆罕默德·卡扎尔遇刺身亡，他的侄子法特赫—阿里·沙阿成了继承人。穆罕默德·卡扎尔死后不久，菲罗兹·丁害怕自己的兄弟谋杀自己，佯装离开赫拉特要去哈吉，实则去了德黑兰，在那里受到了法特赫—阿里·沙阿的热情接待。与此同时查曼·沙阿决定夺回赫拉特的控制权并任命了一名忠于自己的总督，以确保他的西部边境能抵挡波斯人的进攻。查曼·沙阿在格里什克附近打败了马哈茂德，赫拉特虽然被包围但还是守住了。最后马哈茂德的母亲在两个兄弟间斡旋达成了一项协议：马哈茂德承认查曼·沙阿为国王，作为回报，他继续担任赫拉特总督。但是似乎没有人告知马哈茂德的儿子卡姆兰·米尔扎和平协议已经订立，尽管他正在指挥防守城市。当看到查曼·沙阿的军队沿着通往赫尔曼德的路进发时，卡姆兰穷追不舍。他出城很远后，守军指挥官齐里吉·汗·帖木儿就立刻叛变，为查曼·沙阿打开了城门。听到赫拉特失守的消息后，卡姆兰和马哈茂德逃到了德黑兰。

1796 年 11 月，查曼·沙阿确认家族的自相残杀已经结束，就出发去攻打拉合尔，并在第二年 1 月设法夺回了控制权，但此时他已从北印度权力平衡的行列中被逐出了。18 世纪 90 年代中叶，东印度公司逐渐成为当地的主导力量，英国人不希望看到纳迪尔·沙阿和艾哈迈德·沙阿那样的入侵再次出现。查曼·沙阿写信给总督建议东印度公司和自己一起攻打锡克人，这一拉拢英国人的做法无济于事。在英国人看来，正是查曼·沙阿威胁到了自己的利益。杜兰尼人在印度北部的每次战役里或多或少都带有圣战色彩，这让他们担忧杜兰尼人会与这一地区其他的穆斯林力量结成穆斯林反英同盟。正如埃尔芬斯通后来说的那样："喀布尔国王向来是印度心怀不满之人的靠山。和我们或者马拉地人有过节的蒂普苏丹、维齐尔阿里和其他穆斯林人早已习惯向查曼·沙曼抱怨"，并且"每个穆斯林，即使是德干最偏远地区的那些人，也在焦急期盼着这位伊斯兰捍卫者的进攻"。[17]

查曼·沙阿肯定会很高兴英国人认为自己是这个虚构的伊斯兰联盟的首领，但是他占领拉合尔的行动无意间加重了英国人的疑虑。他还庇护了异见者莫卧儿王子阿赫鲁姆·巴赫特，后者敦促他进攻德里。查曼·沙阿与迈索尔总督蒂普苏丹意气相投，后者被英国人称为"迈索尔猛虎"，东印度公司曾与之进行过两次交战（1766—1769、1780—1784）。确实，即便查曼·沙阿已经越过了印度河，总督蒂普苏丹还在忙着准备在迈索尔与英国的最后决战。法国炮兵和骑兵军官正在训练蒂普的军队，查曼·沙阿的军队中也至少有一名法国炮兵军官。这些军官的存在是英国的另一个焦虑所在，因为当时英国正在和法国交战。有种担忧是法国会鼓动查曼·沙阿入侵，同时煽动印度北部的穆斯林领袖发动圣战赶走英国人。

　　这些焦虑解释了为什么英国人对拉合尔的陷落会有那么大的反应。孟加拉军队被英国人动员起来，印度盟友也被要求协防德里。英国派了一名特使前往德黑兰会见法特赫—阿里·沙阿，出价 1 万卢比请他攻打赫拉特，希望以此逼迫查曼·沙阿放弃在旁遮普的战役。这个提议的时间节点非常及时，因为马哈茂德·米尔扎和菲罗兹·丁·米尔扎正在为了同一目的组建军队。有了法特赫—阿里·沙阿的支持，两位王子占领了法拉，击败查曼·沙阿之子凯萨尔王子，开始围攻赫拉特，于是查曼·沙阿放弃攻打旁遮普返回了喀布尔。阿富汗军队一撤离，锡克人就重新占领了拉合尔。

　　虽然赫拉特居民倾向支持马哈茂德·米尔扎，但凯萨尔坚持了下来。为了削弱马哈茂德与波斯的联盟，凯萨尔的维齐尔伪造了一封信件，意图装成是凯萨尔写给马哈茂德的重要盟友米尔·阿里·汗的，密信里面提到他要刺杀马哈茂德。接着又故意让马哈茂德的间谍拦截下了信息，完全被蒙在鼓里的马哈茂德和卡姆兰在深夜仓皇出逃保命。第二天早上人们发现他们已经逃走时，军营里一片混乱，凯萨尔·米尔扎乘乱击溃了波斯人。

　　这场胜利后，查曼·沙阿继续在旁遮普战斗，最终夺回了拉合尔。为了分裂锡克人，他任命了 19 岁的锡克教徒兰吉特·辛格担任拉合尔地方长官，然后他回到了白沙瓦。锡克军队沿着去杰赫勒姆河的路不断骚扰阿富汗人，在他们尝试渡河时，暴雨形成洪流，卷走了数千名士兵和大量补给物资，重型火炮也陷在了淤泥里。查曼·沙阿和他的残余部队在 1799 年末抵达坎大哈时已经精疲力竭，国王想在冬天安稳休养的希望很快就破灭了。

马哈茂德称王及波斯人包围赫特拉

帖木儿·沙阿在统治后期越来越担忧维齐尔帕因达·汗的实权。为了削弱他的影响力，帖木儿·沙阿任命卡姆兰·克尔·萨多扎伊家族成员、舒贾·汗·萨多扎伊的姐（妹）夫法特赫·阿拉·汗为自己的维齐尔。[18] 法特赫·阿拉·汗及其家族的"瓦法达尔·汗"头衔更广为人知，他们感激帖木儿·沙阿夺回了木尔坦，恢复了自己总督的地位。法特赫·阿拉·汗在 1782 年去世，他的儿子拉赫马特·阿拉·汗继承了"瓦法达尔·汗"的头衔。查曼·沙阿登基后任命拉赫马特·阿拉·汗为自己的维齐尔，这引起了帕因达·汗的嫉妒，后者声称根据艾哈迈德·沙阿·杜兰尼和哈吉·贾马尔·汗·巴拉克扎伊间的协议，自己才是木尔坦省最高职位的继承人。更让他气愤的是，如果不是自己争取到了基齐勒巴什人的支持，查曼·沙阿根本当不上国王。

查曼·沙阿让瓦法达尔·汗自由行事，毫无保留地信任他，却忽略了他明目张胆的腐败和对帕因达·汗的敌意。瓦法达尔·汗甚至连艾哈迈德·沙阿赠给哈吉·贾马尔·汗家族的世袭土地都查抄了。1799 年至 1800 年冬天，查曼·沙阿在坎大哈休养期间，事态恶化到了极点。根据"官方"记载，帕因达·汗和穆罕默德·阿齐姆·汗·阿拉克扎伊在"忠诚的统帅"努尔·穆罕默德·汗·巴尔布、贾万希尔基齐勒巴什领袖阿尔萨拉·汗及其他几个杜兰尼和吉尔扎伊酋长的支持下，密谋刺杀国王和瓦法达尔·汗法达，然后扶持查曼·沙阿的同胞弟弟舒贾登上王位。[19] 据说这些密谋者借口吟诵圣歌聚集在了当地一个谢赫家中，但是瓦法达尔·汗的间谍潜伏到了会议中，揭露了他们的计划。于是瓦法达尔·汗告诉了国王正在酝酿中的事，并请出了几个证人，他们发誓所谓的阴谋都是真的。另一方面，帕因达·汗的继承人们声称帕因达·汗和伙伴们是瓦法达尔·汗策划的卧底行动的受害者，瓦法达尔·汗的目的就是要让巴拉克扎伊首领垮台。不管这些说法是真是假，帕因达·汗和其他主要密谋者都被逮捕斩首，尸体在坎大哈集市中心示众。

帕因达·汗被处决，意味着萨多扎伊—巴拉克扎伊同盟的终结，帕因达·汗的长子法塔赫·汗和兄弟们发誓要为父亲复仇。他们逃到了波斯王国，在那里向马哈茂德·米尔扎宣誓效忠。1800年春天，查曼·沙阿发兵拉合尔去讨伐起兵造反的兰吉特·辛格时，马哈茂德·米尔扎和法塔赫·汗去了格里什克，在那里招募了一支由几千名巴拉克扎伊人组成的队伍后进军喀布尔。查曼·沙阿接下来树立了更多强敌。克什米尔总督阿卜杜拉·汗·阿拉克扎伊曾经起兵造反，在收到安全通行的保证后被诱骗到了白沙瓦投降，等待他的却是逮捕、折磨和死刑。他的兄弟赛达尔曾指挥过坎大哈保卫战，在知道了查曼·沙阿的所作所为后，向马哈茂德·米尔扎敞开了城市大门。马哈茂德随后进军加兹尼，查曼·沙阿这才回到喀布尔。查曼·沙阿本来已是姗姗来迟，还把大部分士兵和火炮留在了白沙瓦，直到回到阿富汗首都他才意识到叛乱多么严重，瓦法达尔·汗有多不受欢迎。甚至连贾万希尔基齐勒巴什人都表示支持马哈茂德为帕因达·汗复仇。

查曼·沙阿和法塔赫·汗的军队最终在坎大哈和加兹尼之间的老莫卧儿边境口岸相遇。就在战斗打响前，艾哈迈德·汗·努尔扎伊叛逃到了马哈茂德阵营这边，他的兄弟之前已被瓦法达尔·汗囚禁。加兹尼附近的吉尔扎伊人也切断了查曼·沙阿的撤退路线。恐慌在队伍中蔓延开来，查曼·沙阿的军队开始瓦解。

查曼·沙阿、瓦法达尔·汗和几个忠诚的仆人一起逃到了辛瓦利县，寻求当地苏菲派长老阿希克的庇护。阿希克欢迎这些避难者的到来，但私下派出了密使，将国王的行踪告知马哈茂德王子，还努力保证逃亡者无法离开。发现自己被出卖后，查曼·沙阿抗议阿希克背叛了庇护的传统，又提出给他财宝和其他回报来交换自由，他的祈求没有被理睬，查曼·沙阿意识到了等待自己的将是怎么样的命运。为了否决马哈茂德政权的合法性，他把"光之山"钻石藏在了堡垒的城墙里，直到多年后才被舒贾·沙阿发现。几天后，帕因达·汗的几个儿子赶到，同行的还有一个外科医生，他刺瞎了查曼·沙阿的双眼。查曼·沙阿和瓦法达尔·汗被带回喀布尔，而马哈茂德早已在那里被宣布为新国王。随后法塔赫·汗亲手杀了瓦法达尔·汗和他的兄弟，查曼·沙阿被关押在了上希萨尔城堡。被废黜的查曼·沙阿设法逃到了布哈拉，但他发现自己在那里也并不受欢迎，于是又去了洛迪亚纳投奔兄弟舒贾·沙阿。

政权的更迭没能结束内战。马哈茂德·沙阿上台时，中央政府掌权的表象已经崩溃，整个王国分裂成太多的半独立领地，由部落的汗和埃米尔们统治。查曼·沙阿的大业由兄弟白沙瓦总督舒贾继承，但他没能成功地把马哈茂德·沙阿赶出喀布尔。在兴都库什山的另一边，布哈拉汗又一次试图占领巴尔赫，这次入侵虽然被击退，但过程却异常艰难。

1801 年冬天，一个叫阿卜杜拉·拉希姆的人自称是霍塔克米尔后裔，他自封为王并占领了坎大哈，围困了加兹尼。与此同时，第二支吉尔扎伊托克希部落的军队途经洛加尔向喀布尔进军。1802 年 3 月，两场战斗在同一天打响。在下洛加尔地区希瓦基的第一场战斗中狭路相逢，基齐勒巴什人屠杀了托克希人，马哈茂德·沙阿将对手的头骨堆成了金字塔来庆祝胜利。第二场战斗发生在从加兹尼到喀布尔途经的普利桑吉，以阿卜杜勒·拉希姆·霍塔克战死沙场告终。镇压叛乱后，法塔赫·汗下令摧毁坎大哈与加兹尼之间的所有要塞。

查曼·沙阿垮台后，凯萨尔·米尔扎在赫拉特苦撑了几个月，从间谍那里得知他的维齐尔——阿夫扎勒·汗（Afzal Khan）计划行刺自己，于是他立刻逃到了波斯。阿夫扎勒·汗派了特使去见凯萨尔的兄弟菲罗兹·丁·米尔扎，请他统治赫拉特。后者拒绝了，并声称自己已经成了苏菲派教徒。阿夫扎勒·汗不满意这个借口，下令特使将米尔扎绑到赫拉特，任命他为新的统治者。

与此同时，约翰·马尔科姆上尉（后来受封爵士）率领的英国使团来到了波斯国王法特赫—阿里·沙阿的王宫，这间接影响到赫拉特的局势。马尔科姆此行的目的是鼓动波斯人再次攻打赫拉特，以此消除查曼·沙阿对旁遮普的威胁，同时也阻止法国人可能发动的入侵。但是当马尔科姆抵达德黑兰时，法国人的威胁已经解除了，因为拿破仑离开了埃及。至于查曼·沙阿，他一心扑在打赢内战和保住自己脆弱的王位上，而法特赫—阿里·沙阿则更关心如何从英国人那里得到资金和武器，以对抗沙俄在高加索地区的蚕食。最终在1801年1月英国人和波斯人签订了一条协议，英国承诺，如果查曼·沙阿入侵旁遮普，英方将为波斯提供资金和武器"让阿富汗国土荒无人烟"，"摧毁击败阿富汗这个国家"。

这让波斯军队士气大振，1803年夏天他们占领了马什哈德，结束了杜兰尼王朝在当地的象征性统治。马什哈德沦陷的消息引起了喀布尔逊尼派领导人的强烈反应，他们煽动了对基齐勒巴什和什叶派社区的攻击，虽然马什哈德的失利只不过是个借口。暴动更多是为了钳制基齐勒巴什人，因为当时他们已是王国的主要力量。基齐勒巴什部落的贾万希尔人因为在马哈茂德·沙阿登上王座的过程中出了力，就把自己视作国王的拥立者，他们通过与哈吉·贾马尔·汗·巴拉克扎伊的后裔联姻强化了力量。维齐尔帕因达·汗自己娶了穆萨·汗·贾万希尔的一个女儿为妻，这个女人的众多儿子之一是多斯特·穆罕默德·汗，即阿富汗未来的埃米尔；帕因达·汗的儿子阿卜杜拉·贾巴尔·汗和穆罕默德·阿齐姆·汗也娶了贾万希尔部族的女儿，帕因达·汗的几个孙子也是如此。

直到19世纪头10年，贾万希尔人都是自行其是，但是他们参与的王位继承权斗争加剧了教派和种族的冲突。国王的军事委员会成员从未接受基齐勒巴什人是阿富汗人，并将他们视为波斯人，虽然从种族上看他们是突厥人。在这个王国里，除了一小部分基齐勒巴什人是什叶派外，统治者和宗教精英越来越强调自己逊尼派的身份。他们的敌人，也就是法塔赫·汗的对手宣称，如果波斯人攻打赫拉特和坎大哈，基齐勒巴什人就不值得信任，有可能会反过来支持侵略。

种族偏见和宗教偏见交织在一起，在这种情况下，帖木儿·沙阿和查曼·沙阿提拔逊尼派激进派宗教高官。反对什叶派和基齐勒巴什人的阵营的关键人物是谢尔·穆罕默德·汗·巴米扎伊，他被查曼·沙阿委任为国家的最高宗教要职穆赫塔尔·道拉。[20]谢尔·穆罕默德·汗是贝基·汗·巴米扎伊的儿子，贝基·汗更为人熟知的名字是沙瓦利·汗，他是艾哈迈德·沙阿最重要的将领之一，因支持苏莱曼·米尔扎称王被帖木儿·沙阿处死。谢尔·穆罕默德在父亲被处决后逃到了卡拉特，在那里致力于研究《古兰经》，但"在对世俗荣誉保持克制甚至鄙视世俗的面具下"，谢尔·穆罕默德"掩藏起自己最大的野心"。[21]1794 年，查曼·沙阿任命谢尔·穆罕默德·汗担任指挥官，在俾路支斯坦、克什米尔和旁遮普地区展开军事行动，查曼·沙阿被赶下台后他就开始了抵抗马哈茂德·沙阿和首席大臣法塔赫·汗的行动。

谢尔·穆罕默德·汗发现来自达曼山卡雷兹的穆贾迪迪族皮尔赛义德·米尔·艾哈迈德·阿伽有意与自己结盟，查曼·沙阿曾任命他为普里赫诗梯皇家清真寺的负责人，以及喀布尔著名的阿什坎·瓦·阿里凡圣祠的守护官，[22]米尔·艾哈迈德的门徒们简称他为和卓·汗吉。[23]1803 年 6 月的第一周，法塔赫·汗和基齐勒巴什人正在坎大哈镇压另一场叛乱，谢尔·穆罕默德公开谴责什叶派，特意指责基齐勒巴什人是"亵渎者和异教徒"，还声讨了帕因达·汗家族与这些"异教徒"的联姻。然后他呼吁将所有的什叶派教徒和基齐勒巴什人赶出首都，引发了与喀布尔什叶派群体的暴力冲突。骚乱在一个年轻人的葬礼上进一步升级，据说是因为他杀了一个基齐勒巴什人而被处决，现场的哀悼者声称是基齐勒巴什人向他们开了火。根据费里尔的说法，促使事态恶化的导火索是基齐勒巴什指挥官们绑架并杀害了一个阿富汗男孩。

无论真正的原因是什么，谢尔·穆罕默德向所有什叶派教徒发出了圣战的法特瓦。接下来的礼拜五，和卓·汗吉在教徒们的祷告声中宣读了法特瓦，将气氛煽动成狂热的教派仇恨。祈祷一结束，暴徒们就攻击了什叶派教徒，洗劫了他们的家，惊慌失措的马哈茂德·沙阿把自己关在了上希萨尔城堡，发出了紧急讯息召集维齐尔法塔赫·汗和他的基齐勒巴什队伍回来。和卓·汗吉和谢尔·穆罕默德意识到国王并不打算镇压暴徒，于是他们从达曼山、科希斯坦和塔哈布召集了自己的支持者。数千名吉尔扎伊人、萨菲人和科希斯坦人涌入城市，在和卓·汗吉的指挥下试图猛攻贾万希尔家族的钦达瓦尔要塞，但是基齐勒巴什人早有准备，最后数百名攻击者死在了城墙上精心安排的大火中。然后更多的攻击者包围了钦达瓦尔，从狮门山高地向城内的房屋开火，这里是贾万希尔区的制高点。费里尔认为有超过400人在骚乱和钦达瓦尔围城中丧生。僵局持续了大约一个月后，马哈茂德下令逮捕谢尔·穆罕默德和其他的头目，但是谢尔·穆罕默德·汗知道国王的想法后，劝说和卓·汗吉声东击西去攻打钦达瓦尔和上希萨尔城堡，他自己则逃出了城。

舒贾·沙阿继位和印度保卫战

谢尔·穆罕默德设法逃到了白沙瓦，在那里他主动提出要帮助舒贾将马哈茂德赶下台，作为回报希望自己能当上总督。舒贾同意了并开始进军喀布尔。得益于一些杜兰尼指挥官和和卓·汗吉支持者的叛变，他在1803年7月12日击败了马哈茂德·沙阿。大捷第二天，舒贾·沙阿进入了希萨尔城堡，谢尔·穆罕默德拿着国王的马镫陪在身边。逊尼派的影响力立刻显现了出来。在新国王进入城堡大门时，传令官将平时的突厥语公告换成了杜兰尼的战斗口号"啊，四位朋友"（Ai Chahar Yar），"四位朋友"指的是不被什叶派承认为穆罕默德合法继承人的四位哈里发。[24] 查曼·沙阿被释放，马哈茂德被投进了监狱。舒贾·沙阿对被废黜的国王马哈茂德还是相当仁慈的，既没有被处决，也没有弄瞎他的双眼。背叛了查曼·沙阿的皮尔毛拉·阿希克被抓捕，而后将其处决，而"光之山"钻石也在埋藏地被重新找到。

等首都安定、法律和秩序恢复后，舒贾·沙阿派自己的侄子凯萨尔·米尔扎去了坎大哈，维齐尔法塔赫·汗和马哈茂德·沙阿的儿子卡姆兰·米尔扎依然在那里坚持抵抗。法塔赫·汗愿意向舒贾·沙阿臣服，条件是国王退还他被充公的财产，并且免除他的家族纳税。舒贾·沙阿答应了这些条件，于是法塔赫·汗向凯萨尔·米尔扎交出了坎大哈的控制权，但是卡姆兰逃到了赫拉特。当法塔赫·汗到达喀布尔亲自向国王宣誓效忠时，舒贾·沙阿食言了。当初答应法塔赫·汗的条件只是为了不费一兵一卒拿下坎大哈，现在他任命谢尔·穆罕默德为坎大哈总督。

法塔赫·汗在等待时机。1803 年秋天，他趁舒贾·沙阿离城前往白沙瓦过冬之际，释放了关押在希萨尔城堡的王子们，然后逃到坎大哈，在那里说服了凯萨尔·米尔扎和自己一起造反。但是凯萨尔·米尔扎在舒贾·沙阿派兵后，请求舒贾·沙阿的宽容，他被赦免并继续担任坎大哈总督。法塔赫·汗逃往赫拉特，但在菲罗兹·丁也宣誓效忠舒贾·沙阿后，法塔赫·汗只好又回到了坎大哈。凯萨尔·米尔扎把法塔赫·汗投进了监狱，但不知何故后来又在被人游说之后释放了他。法塔赫·汗紧接着去了巴拉克扎伊人的格里什克要塞，加入了卡姆兰·米尔扎的大军，向坎大哈进发。战争一触即发之际，凯萨尔·米尔扎说服法塔赫·汗再次改变了立场，于是卡姆兰·米尔扎被击败了。这个同盟几周后就瓦解了，法塔赫·汗回到了格里什克再次与菲

GATE OF THE BAZAAR IN KABUL

The Illustrated London News, Nov. 9, 1878

喀布尔的巴扎大门，极有可能是城门（Naqqara Khana），从朔尔巴扎（Shor Bazaar）通往希萨尔城堡的东部。图片来自《伦敦新闻画报》1878年11月9日刊。1803年舒贾·沙阿在马哈茂德垮台后本要通过这道大门的。

罗兹·丁和卡姆兰联手。就在此时却传来消息，一支波斯军队在朝赫拉特推进，于是菲罗兹·丁抛弃了攻打坎大哈的计划返程。同时舒贾·沙阿也厌倦了自己侄子的阴谋诡计，把凯萨尔·米尔扎召回了喀布尔。

到了 1805 年，波斯国王法特赫—阿里·沙阿·卡扎尔已经对英波同盟不再抱有幻想。英国现在正在和沙皇亚历山大一世一起对抗拿破仑领导的法国，不再打算给波斯在格鲁吉亚与沙俄的战争中提供军事援助。1805 年 10 月，法国使者抵达德黑兰，提出给予军事和经济援助，法特赫—阿里·沙阿决定与之结盟。法国的行动是拿破仑计划的一部分，该计划旨在开拓一条侵略印度的陆上线路，以此实现他效仿心中的英雄亚历山大大帝的征服梦想。为响应法国的德黑兰行动，法特赫—阿里·沙阿派使者带着给拿破仑的信去了提尔西特，提出要参与攻打沙俄并协助法国入侵印度的战斗。一系列外交沟通最终促成了 1807 年 5 月签订的《芬肯施泰因协定》（*the Treaty of Finckenstein*），其中约定，法国承认波斯对格鲁吉亚的主权，并保证向其提供军事支持以换取法赫特-阿里·沙阿打开通向印度的道路并同时向英国宣战。12 月初，加尔达纳将军率领的法国大军抵达德黑兰，开始训练波斯军队。

加尔达纳的处境在 1807 年 7 月《提尔西特和约》（*the Treaty of Tilsit*）签订后变得艰难，该协议"在一小时内将法国皇帝和沙俄独裁者变成了莫逆之交和亲密盟友"，而加尔达纳当时还浑然不知。[25] 协议带来的一个结果是，拿破仑秘密同意协助沙俄攻打奥斯曼帝国，并通过高明的手段给了沙皇在高加索地区任意行事的权力，这样的战略转变让法国军事支持波斯对抗沙俄的承诺作废。尽管如此，加尔达纳还是设法让法特赫—阿里·沙阿相信只有法国能说服沙俄撤离格鲁吉亚，并且充分利用了法特赫—阿里·沙阿对英国人没能履行军事援助承诺的失望之情。当法国使团的附属军官开始调研进攻印度的可能路线时，英国面临的危险逐渐升级。尽管加尔达纳对战役打响的可能性有一些幼稚的判断。按照加尔达纳的判断，说服波斯人和阿富汗人联合起来为法国军队提供安全的通行和后勤保障是可能的。[26]

作为对法国—波斯同盟的回应，伦敦的英国政府任命哈福德·琼斯爵士为全权特命大使前往波斯。印度总督明多勋爵坚信，法国对印度的威胁迫在眉睫，因此决定不等琼斯抵达印度就派约翰·马尔科姆去布什尔，在一支海军中队的支持下向法特赫—阿里·沙阿施压。马尔科姆到了布什尔就递了信件给德黑兰的法特赫—阿里·沙阿，但是信使在设拉子被拦了回来，于是马尔科姆放弃了这一努力，转而威胁要发动战争。哈福德·琼斯爵士随后对德黑兰的访问要顺利得多。他不但见到了法特赫—阿里·沙阿，在英国人同意提供军事援助对抗沙俄并给予大量补助后，在 1809 年法特赫·阿里·沙阿同意重新认可《英波协议》（*the Anglo-Persian Treaty*）。

明多勋爵也派了查尔斯·梅特卡夫爵士到拉合尔，那里已经是由兰吉特·辛格统治的独立锡克王国了。梅特卡夫受到了比马尔科姆在波斯时更热烈的欢迎。1809 年 4 月，双方签订了《阿姆利则协定》（*the Treaty of Armitsar*），其中规定英国正式承认锡克人对旁遮普的主权，而杜兰尼人却声称这是自己的领土。英国还高明地放任锡克统治者兰吉特·辛格进攻除了萨特累季河以外的任何地区，包括白沙瓦。在接下来的 30 年里，这个英国—锡克同盟是英国政策的基石，确保了战略纵深，并在印度西北边境建立了一个强大的军事缓冲区。《法波协议》签署后，1807 年春天，阿里·沙阿继续与赫拉特交战并且占领了古尔边境口岸。波斯军队进军赫拉特时，哈吉·菲罗兹·丁得到了法特瓦，宣称与什叶派波斯之战是圣战，数千名艾马克人、乌兹别克人和土库曼人蜂拥而至投入他的麾下。尽管寡不敌众，菲罗兹·丁还是决定在野外正面迎战波斯军队。他的队伍里大多是未经训练的加齐勇士，他们追随哈兹拉·阿拉·拜尔迪，亦称苏菲·伊斯兰，是在梅马内出生的乌兹别克人，早年曾在布哈拉的军队里服役，后来有远见地成为苏菲派教徒。1807 年 6 月，两军在沙德赫相遇，苏菲·伊斯兰骑在一头战象上冲锋陷阵。然而，他和队伍被包围了，最后无一生还。苏菲·伊斯兰的皮被从尸体上剥下来晒黑后送到了法特赫—阿里·沙阿面前，一起送去的还有曾发出圣战诏书的赫拉特宗教领袖们的人皮。[27] 菲罗兹·丁设法躲过了大屠杀并逃回赫拉特，但是当波斯将军听到对手的援兵正在路上，立刻派了特使去找菲罗兹·丁，后者答应过服从波斯的宗主权。菲罗兹·丁答应付 5 万卢比的赔偿金，并把一个儿子送往德黑兰当人质作为他顺从的保证。

舒贾·沙阿在赫拉特保卫战中无能为力，因为在 1807 年夏天，谢尔·穆罕默德与和卓·汗吉利用国王不在信德省的机会起兵造反，扶持凯萨尔·米尔扎登上了王位。谢尔·穆罕默德之子、克什米尔总督阿塔·穆罕默德·汗也参加了叛乱，甚至连维齐尔法塔赫·汗也叛逃去了坎大哈向凯萨尔·沙阿宣誓效忠。舒贾·沙阿决定对抗谢尔·穆罕默德。1808 年 3 月 3 日，叛军在白沙瓦城外被击败，谢尔·穆罕默德和其他几个头目被杀死。舒贾·沙阿用长矛挑着谢尔·穆罕默德的头颅进入白沙瓦。然后他向喀布尔进军，但在他快要抵达前，和卓·汗吉和凯萨尔·米尔扎逃到了科希斯坦，而马哈茂德也设法去了坎大哈，与法塔赫·汗联合起来。喀布尔没有经过多少抵抗就陷落了。舒贾·沙阿随后在吉尔扎伊加拉提附近打败了马哈茂德和法塔赫·汗，但他并没有进攻坎大哈追捕法塔赫·汗，而是回到了白沙瓦，因为他得到消息，东印度公司派出的一支大军正在朝杜兰尼王国的冬都进发。

埃尔芬斯通使团和《喀布尔王国纪事》

出访白沙瓦的埃尔芬斯通使团是东印度公司驻杜兰尼王国的第一个正式外交使团，尽管白沙瓦总督与马哈茂德和查曼·沙阿只是偶尔来往。东印度公司甚至曾将一名本地代理人吴拉姆·萨瓦尔渗透进了帖木儿·沙阿政府的核心。派遣使团是英国为了抵抗法国对印度可能发动的入侵而做的第三项努力，埃尔芬斯通指示要确保舒贾·沙阿答应不允许法国或者沙俄测量员进入他的王国。在朝白沙瓦缓慢行进的路上，埃尔芬斯通听到了阿瑟·维尔斯利在葡萄牙击败法国军队的消息，他在日记中写道，这次大捷一定程度上减轻了他对法国入侵的担忧。

埃尔芬斯通在 1809 年 2 月末抵达白沙瓦，但是大使拒绝接受在觐见国王时安排的侮辱性礼节，于是推迟了差不多一个月，他和其他官员才得以被舒贾·沙阿接见。最后双方达成了折中协议，国王为来自欧洲的客人举行了盛大的接见仪式，因为他希望英国人能协助他对抗马哈茂德，甚至锡克人，而他的朝臣们则尽全力掩饰舒贾·沙阿已经岌岌可危的统治和杜兰尼王国的体制弊病。这个策略看似奏效了，因为埃尔芬斯通在汇报中描述，"舒贾·沙阿的王位坐得非常牢固"，并认为马哈茂德、法塔赫·汗和谢尔·穆罕默德的反叛是"软弱无力"的。[28] 舒贾·沙阿最终见到埃尔芬斯通时，宣称两国是"注定的盟友"[29]，很显然他后来后悔发表了这一言论。双方最后达成了协议，但是并没有达到舒贾·沙阿的期望。国王答应不允许任何法国人和俄罗斯人通过自己的国境，作为回报，英国做了个含糊的承诺：如果法国和波斯联手进攻赫拉特，英国要提供军事和资金支援。然而到了总督批准协议时，这个承诺就一文不值了，因为在使团离开的几周后，舒贾·沙阿被击败，马哈茂德再一次登上王位。

埃尔芬斯通使团真正的成就是对印度河和阿姆河之间区域的民族、政治、地理和贸易做了详尽的调查。在此之前，这是块未知领域，因为自马可·波罗时期以来鲜有欧洲人有机会穿越这片土地或者发表自己的游记。为了填补这一情报空白，使团的庞大随行人员里有一位军事测量员兼制图师、一位商贸专家，甚至还带了大量历史、地理书籍，以及波斯作品和旅游期刊的欧洲译本。

使团成员在等待国王接见的同时，会见并取悦了很多官员，采访了不少旅客和商人，还详细调查了贸易和入侵路线、杜兰尼王国历史以及普什图部落的组织和习俗。1815 年，埃尔芬斯通将使团的工作成果汇编成一本翔实的书籍《喀布尔王国纪事》（*An Account of Kingdom of Caubul*），但是仍有大量的文字没有出版，其中包括埃尔芬斯通的个人游记、笔记和官方信件往来，以及未经审查的其他使团成员报告。这些资料是关于杜兰尼王国最早的研究，直到阿富汗边界委员会在 1884—1886 年开展调研前，它们都是最系统的研究。

埃尔芬斯通收集的信息有些来自波斯和阿拉伯的素材，大多数都是蹩脚的英语或法语译本，其中也有用标准希腊语和拉丁语记录的区域历史和地理情况。这些经典作品成书于大约 2000 年前，与当代阿富汗及中亚的民族状况、历史和政治息息相关，就像罗马人征服高卢和不列颠尼亚与 19 世纪早期法国和英国历史息息相关一样。这些经典的希腊式文化遗产深深影响了欧洲人对阿富汗和中亚的看法，包括他们对地区地缘政治和对印度和中亚边境的推测。埃尔芬斯通的《喀布尔王国纪事》成了殖民政府官员和旅游者的标准参考工具，并于 1839 年和 1842 年分别推出了修订版。它是英国殖民主义和东方主义对阿富汗和阿富汗部落认知的基石。埃尔芬斯通使团的报告，无论已发表的部分还是未发表的部分，都是研究阿富汗早期政治、历史和民族的重要资料，但是当今很多学者对"埃尔芬斯通观点"持更加批判的态度。[30]

埃尔芬斯通是第一个使用阿富汗（Afghanistan）一词描述整个杜兰尼王国的英国政府官员，这个命名有实用考虑，因为使团发现整个王国没有官方名称。使团报告主要集中介绍了杜兰尼国王们、普什图民族情况和对他们部落领土的分析，这是因为在中央政府圈内，有大量的线人可以提供关于阿富汗人部落的信息，但是来自其他地区的官员非常少，对哈扎拉贾特、赫拉特、巴尔赫、巴达赫尚以及中亚汗国有深入了解的人也不多。通常这些更加偏远地区的相关数据信息都是从某一个或几个来源（通常是商人）那里搜集的轶事，结果就是阿富汗人和普什图人在杜兰尼王国的影响力被歪曲得比实际情况更大。

埃尔芬斯通发现，要明确杜兰尼王国的边境和主权范围是件既混乱又复杂的事。舒贾·沙阿的王国，是由众多的自治领地和独立的部落组成的，虽然国王宣称自己领导它们，但实际上他只是有象征性的统治权，一些地区只是给了他呼图白的权力。其中存在的一个比较大的问题是，埃尔芬斯通试图确认这个大阿富汗王国的北部边境。仔细阅读使团已发表和未发表的报告就会发现，对这个问题有很多混乱的、前后矛盾的表述，埃尔芬斯通在他的《喀布尔王国纪事》中发表的地图与他本人和其他使团成员的发现并不一致，与使团官方制图师约翰·麦卡特尼中尉最先绘制的未发表的地图也有明显出入。[31]

马戛尔尼将阿查和希巴尔甘西部的所有乌兹别克城邦国家都收入布拉汗国，包括萨尔普勒、安德胡伊、梅马内、巴拉穆尔加布和潘杰德，而塔拉坎以东的所有领土都归属独立的巴达赫尚米尔。但在埃尔芬斯通的地图上，杜兰尼王国的领土包括了塔拉赛、查哈尔大区和潘杰德绿洲。虽然埃尔芬斯通在书中也指出，1809 年"阿富汗人在突厥斯坦唯一真正拥有的就是巴尔赫周边地区"。[32]埃尔芬斯通还承认兴都库什山北侧，舒贾·沙阿曾获了象征性的主权的乌兹别克埃米尔只有基利杰·阿里·贝格，即使在这里，也只是以国王的名义进行呼图白，其他"什么也不做"。埃尔芬斯通没有解释自己为什么对麦卡特尼绘制的地图做了如此大幅度的改动，但显然他的做法让杜兰尼王国在穆尔加布河和阿姆河之间的领土翻了一番。或许影响埃尔芬斯通的是他的传统背景，以及阿姆河是阿富汗"天然"边境的观念。的确，当巴克特里亚还是阿契美尼德帝国的总督管辖区时，阿姆河就是阿富汗边境。无论是出于什么原因，埃尔芬斯通公布的地图和上面标注的北部边境都是他的认识中的一个要素，而他的这种观点深深植入阿富汗人之中。

使团的研究和记录为人们了解杜兰尼王朝的运作方式提供了重要的参考，发挥同样作用的还有一些大人物的自传。埃尔芬斯通还发现，使团的好奇心得到了回报，使团成员被问及很多具体详细的问题，主题包括基督教、欧洲教育以及天文学。人们的总体印象是，阿富汗人过着活跃的生活，官员们特别渴望了解更多的外国风俗习惯，这些外国人是印度北部的新兴力量。埃尔芬斯通傲慢地指出，阿富汗人对英国、英国地理和印度地理"一无所知"，无疑阿富汗人也有同样的感觉，他们也十分惊讶这些外国人对阿富汗的国家、习俗和宗教缺乏了解。埃尔芬斯通关于阿富汗人"无知"的论断很快就得到了报应。在讨论分裂杜兰尼王国的内战时，埃尔芬斯通大言不惭称"我们国家（指英国）自1745年以来从来没有过叛乱"。[33] 后来国王的首席秘书将埃尔芬斯通拉到一边，礼貌地指出他没有算上北美殖民地的反抗。[34]

使团还拜访了很多有影响力的宗教人士，其中包括谢赫·伊瓦兹，一个国王经常咨询的皮尔。他们到访时，这位谢赫一副农民装扮，正在种花和果树，于是埃尔芬斯通和随行人员误以为他是园丁。在经历了尴尬的开始后，皮尔招呼大使和他衣冠楚楚的随行人员坐在刚翻过的潮湿土块上，就相当宽泛的话题向他们发问，宗教除外。使团还会见了几位保守的逊尼派毛拉，这表明了谢尔·穆罕默德、和卓·汗吉等的影响力，但是当时国王身边也存在进步主义和理性主义流派。埃尔芬斯通对毛拉布拉木德的印象尤为深刻，他经常来到使团的驿站，埃尔芬斯通评价他是个"对知识的渴求永不满足"的"天才"，"精通形而上学和道德科学"。毛拉对数学也充满热情，还在学习梵语"以期能发现印度教知识的宝藏"。[35]

埃尔芬斯通还注意到了王宫内的教派和族裔间的紧张关系，有一点他也许没意识到，使团的存在其实加剧了反什叶派集团和基齐勒巴什人之间的敌对。舒贾·沙阿的维齐尔、杜兰尼王朝的部落委员会负责人阿克拉姆·汗·阿里扎伊和马达德·汗·伊沙克扎伊是反什叶派集团的主要成员，而米尔·阿布·哈桑·汗·贾万希尔是亲什叶派的基齐勒巴什人集团的领袖。谢尔·穆罕默德刚刚被打败并被杀死，和卓·汗吉也起兵造反，这说明，当使团到达白沙瓦时基齐勒巴什人正处于上风。国王甚至任命阿布·哈桑·汗·贾万希尔为使团的接待人，即王室联络官，于是维齐尔阿克拉姆·汗·阿里扎伊写信给埃尔芬斯通，告知他因为国王没有选自己担此要职，所以埃尔芬斯通必须做好心理准备，阿布·哈桑·汗·贾万希尔会竭力挫败使团的任务。

马哈茂德第二次统治和萨多扎伊王朝的倾覆

　　国王舒贾·沙阿并不信任阿克拉姆·汗，因为他曾是马哈茂德·沙阿手下的游击队员。舒贾·沙阿怀疑他暗中与自己的对手有来往，这个怀疑后来证明是对的。最后舒贾·沙阿派阿克拉姆·汗和马达德·汗·伊沙克扎伊去对抗谢尔·穆罕默德的叛逆的儿子、克什米尔总督阿塔·穆罕默德·汗，而不是安排他们去抵抗马哈茂德·沙阿对喀布尔的进攻，因为他害怕两人会叛变。克什米尔战役是场灾难，穆扎法拉巴德的穆泰瓦利（mutawalli，即精神导师）[36]——国王的昔日盟友——带领军队走了一条迂回艰难的山路，国王的军队被困在大雪覆盖的高高的山口和山谷中时，穆泰瓦利切断了撤退路线，灭掉了国王派出的整支部队。阿克拉姆·汗和马达德·汗设法逃回了白沙瓦，国王怀疑他们背叛了自己。幸运的是，他们没被处决。舒贾·沙阿的处境更为糟糕，因为当他的大军在克什米尔山区惨遭屠杀时，马哈茂德·沙阿几乎没有遭遇抵抗就占领了喀布尔。

　　舒贾·沙阿从惨遭重创的军队中挑选出有战斗力的残余士兵，并于 1809 年 6 月朝贾拉拉巴德进发对抗正在进军白沙瓦的马哈茂德·沙阿，而埃尔芬斯通和他的使团此时已被安然无恙地送到了印度河对岸。几周后，在喀布尔至贾拉拉巴德间的尼姆拉（Nimla），舒贾·沙阿全面溃败，只得逃之夭夭。维齐尔阿克拉姆·汗则在对敌军发动孤注一掷的冲锋后被杀死。接下来的一年里，舒贾·沙阿多次尝试夺回王位，但最终还是承认了自己的失败，并前往英国控制下的印度，结果却被兰吉特·辛格囚禁，被迫交出了"光之山"钻石。舒贾·沙阿最后设法摆脱了锡克人的控制，到达了卢迪亚纳，那里的总督给他提供了一栋房子和一笔养老金。

　　舒贾·沙阿在英国人的帮助下于 1839 年复辟，随后又陷入水深火热之中。这一切都极大损害了他的声誉，尤其是欧洲的作家一直在不加鉴别地宣扬，说阿富汗人已坚信他是命途多舛之人。不过舒贾·沙阿没有懦弱徒劳地背叛阿富汗帝国事业或接下来的民族主义事业。埃尔芬斯通"发觉舒贾·沙阿身上拥有所有别人夸赞他的良好品质，而那些负面的则一个没有"，并把他在权力斗争中的失败归咎于他的政府的软弱、维齐尔阿克拉姆·汗的贪婪，以及朝臣们的派系和教派之争。[37] 费里尔是这么记载舒贾·沙阿的：

> 称赞他为帖木儿·沙阿最有才华的儿子是有道理的。
>
> 从很多事情中都可以清楚地看出，品格坚毅、英勇无畏的他不是那种会参与阴谋或给某个党派当爪牙的人。[38]

此外，舒贾·沙阿显然已经认识到，重新夺回旁遮普的计划是注定要失败的，于是他不再与锡克人进行徒劳的、代价高昂的战争，而是尝试团结艾哈迈德·沙阿王国的残余力量，在这个被王朝、宗族和教派四分五裂的王国建立起形式上的统一。

为了实现这一目标，舒贾·沙阿在处理叛乱和私人恩怨时展现出极度的克制，这一策略不应被视为懦弱的表现，反而应该是为和解做出的努力。他原谅了一次又一次背叛自己的凯萨尔·米尔扎，最后迫不得已免了他的坎大哈总督职位时，也只是囚禁了他，并没有处死或弄瞎他。舒贾·沙阿也没有挖了马哈茂德·沙阿的双眼为自己被弄瞎的兄弟查曼·沙阿复仇。他甚至原谅了诡计多端的法塔赫·汗，还娶了他的一个姐妹。但是在 19 世纪头 10 年里，困扰杜兰尼王国的系统性问题过于复杂，不是仅靠仁慈就能解决的，而且很多朝臣和舒贾·沙阿的敌人无疑都将国王达成和解的努力视为懦弱的表现。

舒贾·沙阿在军事上展现的统帅才能远远超出欧洲历史学者对他的赞誉。他打败了马哈茂德·沙阿和谢尔·穆罕默德，尽管最后还是因为犯了两个战术错误而葬送了自己的大业。击败马哈茂德·沙阿后，他没能充分发挥自己的优势夺下坎大哈并俘虏法塔赫·汗。第二年他把自己的军队派去了克什米尔，而更好的安排应该是去对抗马哈茂德·沙阿和法塔赫·汗。

马哈茂德·沙阿的胜利意味着法塔赫·汗再次获得了维齐尔的优越地位，他利用权力铲除异己，还罢免了不少重要的总督，安排自己的同父异母兄弟布尔·迪尔·汗取而代之担任坎大哈总督，而布尔·迪尔的三个同胞兄弟谢尔·迪尔、可汗·迪尔和拉希姆·迪尔分别担任了加兹尼、巴米扬和卡拉特的总督。布尔·迪尔·汗最小的弟弟麦赫·迪尔则当上了埃米尔的外交大臣。后来英国官员把迪尔家族五兄弟称为坎大哈司令官。1811 年，克什米尔总督阿塔·穆罕默德·汗被锡克人打败，法塔赫·汗任命了自己的同胞弟弟穆罕默德·阿齐姆·汗为白沙瓦总督；他和他的四个儿子被称为白沙瓦司令官，统治白沙瓦省，直到它也被锡克人攻下。

为了夺回对克什米尔的控制权，马哈茂德·沙阿与拉合尔的兰吉特·辛格结盟，后者要求用克什米尔一半的财政收入来换取自己的军事援助。然后兰吉特·辛格欺骗了马哈茂德·沙阿，他说服了国王派驻阿托克（Attock）的长官听从自己的命令。法塔赫·汗试图夺回这座城堡但是失败了，锡克人穿过印度河控制了这个战略浅滩，它是通往白沙瓦的门户。马哈茂德·沙阿和锡克人联手在朝堂与逊尼派对抗，国王和维齐尔法塔赫·汗正在克什米尔与阿托克鏖战，和卓·汗吉圈子内的赛义德·阿塔和赛义德·阿什拉夫发动叛乱扶持帖木儿·沙阿的儿子阿巴斯·米尔扎当了国王。马哈茂德·沙阿军队里的基齐勒巴什人听到政变的消息后担心自己家人的安危，于是发动兵变回到了喀布尔。马哈茂德·沙阿和法塔赫·汗别无选择，只能停止对抗锡克人返回白沙瓦，随后他们召集了所有可能动员的士兵火速赶往喀布尔。在首都郊外进行了几场战斗后，马哈茂德·沙阿获胜了，叛乱的头目被俘获，被判决用大象踩死。

和卓·汗吉逃过了死刑，并回到自己在科希斯坦的据点。几个月后法塔赫·汗的同父异母兄弟多斯特·穆罕默德·汗和基齐勒巴什人部队进军达曼山镇压暴徒。多斯特·穆罕默德从自己在恰里卡尔的基地出发，一路焚烧庄稼、摧毁果园，将达曼山、科希斯坦和塔哈布夷为平地。当和卓·汗吉仍然拒绝服从国王权威时，多斯特·穆罕默德谎称王室会赦免他，还有可能与他联姻。多斯特·穆罕默德·汗将皮尔和其他科希斯坦领导人诱入自己的魔爪，并将他们全部斩首。但是和卓·汗吉的两个儿子逃了出来，依然是多斯特·穆罕默德·汗和后来英国人的眼中钉、肉中刺。

　　杜兰尼王国西部边境上，波斯和赫拉特之间又燃起了战火。1814年，波斯国王法特赫—阿里·沙阿被沙俄军队多次打败后投降。根据《古利斯坦和约》，波斯放弃对达吉斯坦、格鲁吉亚、卡拉巴赫、阿塞拜疆大部分领土和北亚美尼亚大部分领土宣示主权。两年后，哈吉·菲罗兹趁波斯军事力量薄弱宣布赫拉特独立并再次占领了古尔，结果法特赫—阿里·沙阿再次出兵讨伐，夺回了对古尔的控制，迫使他承认了波斯的宗主权。然而在1818年因为法特赫—阿里·沙阿要征收额外的进贡，哈吉·菲罗兹再次造反，并派了自己儿子沙阿·侯赛因去喀布尔向马哈茂德·沙阿请求支援。维齐尔法塔赫·汗认为哈吉·菲罗兹的请求是一个绝佳的机会，利用好可以来个一石二鸟：他可以派军去赫拉特恢复马哈茂德·沙阿在那里的统治，同时还能罢免哈吉·菲罗兹，然后任命自己的兄弟去治理这个战略要省，以此扩张自己权力。法塔赫·汗集结了一支1.5万人的队伍，在多斯特·穆罕默德·汗和迪尔兄弟的陪同下在1818年4月末抵达赫拉特。然后他诱骗哈吉·菲罗兹让自己和一队士兵进了城。一到城内，法塔赫·汗就逮捕了哈吉·菲罗兹，处死了很多官员，打开了城门。他的士兵涌入城内，四处劫掠、强奸、屠杀平民，而法塔赫·汗和多斯特·穆罕默德·汗闯进了哈吉·菲罗兹的后宫，从他的妻子和女仆身上拽下珠宝和衣物，还强奸了所有看中的女人。马哈茂德·沙阿的一个女儿就是多斯特·穆罕默德暴行的受害者之一。城内秩序稍一恢复，她就派出信使把自己带有血渍的裤子交给父亲，要求他为家族荣誉复仇。她的兄弟卡姆兰·米尔扎得知了发生的事，发誓要洗清耻辱。多斯特·穆罕默德听到卡姆兰的威胁后，为了保命逃到了克什米尔。

　　接管了赫拉特后，维齐尔法塔赫·汗立即驱逐了波斯大使，粗暴地告诉他回去通知法特赫—阿里·沙阿，现在的国王是马哈茂德·沙阿了。马哈茂德·沙阿听到自己维齐尔的所作所为后，非常害怕波斯人会以此为借口吞并赫拉特省，所以派卡姆兰·米尔扎火速赶到法特赫—阿里·沙阿的大营，递上一封声讨法塔赫·汗的侮辱行径的信，还为驱逐波斯大使道歉。与此同时，马什哈德长官也出兵要夺回赫拉特。在一场胜负难决的战斗中，法塔赫·汗被人用一杆废步枪撞下马，他的士兵都以为他死了，便放弃了战斗返回赫拉特，而波斯大军则回到马什哈德等待法特赫—阿里·沙阿和他的援兵。

幸运的是，马哈茂德·沙阿的信在法特赫—阿里·沙阿抵达赫拉特前送到了他的大营。法特赫－阿里同意只要波斯大使恢复身份且马哈茂德·沙阿惩罚法塔赫·汗，就不会反攻。卡姆兰王子被派往赫拉特宣布解除法塔赫·汗的维齐尔身份，命令他交出城市。但是法塔赫·汗拒绝执行王室命令。他吹嘘道：“是我让马哈茂德·沙阿两次登上王位，他的王国现在是在我的族人手里，所以他觉得卡姆兰能伤到我简直就是做梦。”[39]

卡姆兰回到喀布尔，向国王报告了法塔赫·汗的叛变、他的傲慢无礼、对赫拉特的劫掠和马哈茂德·沙阿女儿被强奸的遭遇。马哈茂德·沙阿盛怒之下命令卡姆兰立刻出兵赫拉特，用尽一切手段也要拿下这座城市，然后惩罚那些巴拉克扎伊叛军。卡姆兰集结了一支大军，他向法塔赫·汗隐瞒了自己的真实意图，传消息给他说自己要带去国王本人对他战胜波斯的祝贺。卡姆兰到了赫拉特继续伪装，对法塔赫·汗尊敬又友善，甚至还说服他每天与自己共进早餐。

虽然法塔赫·汗的谏官都警告他不能相信卡姆兰，但他一直充耳不闻。于是，一天早上当法塔赫·汗按惯例去和卡姆兰吃早餐时，他发现在座的所有客人都是自己的死敌。尽管如此，法塔赫·汗还是坐下吃了起来，但是随着用餐的进行，不断有客人轮流辱骂他，历数他和他的家族对自己犯下的罪行。当法塔赫·汗怒火中烧起身要离开时，他被压在了桌布上，谢尔·穆罕默德的儿子阿塔·穆罕默德·汗将自己的匕首刺入了维齐尔的眼睛里。然后他被扔进要塞里的监狱，几天后他的眼睛被挖出来，眼窝被炙热的烙铁烧灼。

　　被监禁数月后，法塔赫·汗被戴上镣铐押往加兹尼接受马哈茂德·沙阿的审判。当法塔赫·汗站在国王和一众主要敌人面前时，马哈茂德·沙阿提出可以饶他不死，只要他命令他的兄弟亲自来宣誓效忠自己。法塔赫·汗害怕自己的兄弟会和自己落得同样的下场就拒绝了，并且反驳说自己从未寻求篡夺王位。国王报复性地用剑击打他，随后其他人也轮流上前砍断了他的四肢。据说法塔赫·汗尽管被慢慢肢解，却始终没有发出一声痛苦的叫喊。最后马哈茂德·沙阿结束了他的痛苦，砍下了他的头。血肉模糊的尸体裹在了一条被血浸透的毯子里抬了出去，随后被掩埋。

　　法塔赫·汗的死也许满足了国王和他的敌人们对复仇的渴望，但是从政治角度来说，处死这位维齐尔是短视的愚蠢行为。马哈茂德·沙阿对权力的掌控很脆弱，法塔赫·汗和他的兄弟们控制着王国里所有重要的省份。听到法塔赫·汗的死讯后，他的兄弟们立刻造反，决心不仅要罢黜马哈茂德·沙阿，还要推翻整个萨多扎伊王朝。法塔赫·汗被处死后，巴拉克扎伊家族（更广为人知的名称是其王号穆罕默德扎伊）由法塔赫·汗的同母异父兄弟穆罕默德·阿齐姆·汗领导。

　　为了给自己的大业争取支持，穆罕默德·阿齐姆·汗寻求与舒贾·沙阿结盟，但这位前国王要求他以觐见国王之礼向自己致敬，所以阿齐姆·汗又转向了帖木儿·沙阿的另一个儿子阿尤布·米尔扎，后者要温和得多。"让我当国王"——据说他是这么说的——"让硬币上铸上我的名字，而王国的所有权力和资源都归你；我只要有馕饼果腹和'国王'的头衔就心满意足了"。[40] 于是，穆罕默德·阿齐姆·汗重新打响了和锡克人在克什米尔的战争，这一决定让他和自己同父异母的兄弟多斯特·穆罕默德·汗产生了小争执，后者认为当务之急应该是拿下喀布尔，将马哈茂德赶下台。多斯特·穆罕默德·汗最终得到许可，带着一小队基齐勒巴什士兵进军杜兰尼王朝首都，而穆罕默德·阿齐姆·汗在白沙瓦留下大部分兵力与兰吉特·辛格作战。

赫拉特，位于古扎尔加的阿布·伊斯梅尔·安萨里（1006—1088）的帖木儿神殿。安萨里在当地被称为赫拉特的皮尔。

马哈茂德·沙阿听说多斯特·穆罕默德·汗在朝喀布尔进发，便放弃了坎大哈，出发去守卫自己的都城，但在抵达加兹尼时就得知坎大哈落入了谢尔·迪尔·汗手里。马哈茂德·沙阿无法判断最好的做法是什么，于是留在了加兹尼并派卡姆兰的儿子贾汗季·米尔扎和阿塔·穆罕默德·汗·巴米扎伊前往坎大哈，但他并不知道阿塔·穆罕默德·汗·巴米扎伊已经和多斯特·穆罕默德·汗秘密往来了。阿塔·穆罕默德·汗·巴米扎伊提出愿意改旗易帜，只要帕因达·汗的所有儿子都对《古兰经》发誓不要因为自己挖了维齐尔法塔赫·汗的眼睛而处死自己。多斯特·穆罕默德·汗按要求给了他承诺，于是阿塔·穆罕默德杀入敌阵率军出了希萨尔城堡，实则他已经叛变投靠多斯特·穆罕默德。等阿塔·穆罕默德发现自己被欺骗时已经迟了，一到多斯特·穆罕默德·汗的大营，他就被绑了起来，眼睛也被白沙瓦司令官中最年轻的苏菲派长老穆罕默德·汗用匕首挖了出来，苏菲派长老穆罕默德·汗故意没在《古兰经》上签下誓言。[41]

然后，多斯特·穆罕默德·汗占领了下希萨尔城堡。当一枚定向炮弹摧毁了上希萨尔城堡的部分碉楼后，贾汗季只好设法逃到了加兹尼。意识到一切皆枉然了，马哈茂德·沙阿和他的家人、几个王室仆人经由哈扎拉贾特逃到了赫拉特。第二年，即 1819 年，卡姆兰·米尔扎把他的父亲赶出了要塞，马哈茂德·沙阿担心自己的生命安全，向古扎尔加的霍加安萨里神庙寻求庇护。马哈茂德·沙阿后来又逃到了梅马内，募集了一支军队包围了赫拉特，但是始终无法攻破城墙。僵局持续了几个月，最后卡姆兰同意让马哈茂德·沙阿回到城里，条件是他必须放弃所有的政府职权。

在喀布尔，多斯特·穆罕默德·汗没有按照穆罕默德·阿齐姆·汗的命令承认沙阿·阿尤布为国王，而是扶持阿里·米尔扎登上了王位，他是阿格拉姆二世的女儿高哈尔·阿夫拉兹·贝古姆（Gauhar Afraz Begum）之子。[42]多斯特·穆罕默德·汗拒绝交出喀布尔，穆罕默德·阿齐姆·汗便开始向喀布尔进军，而多斯特·穆罕默德·汗退回了加兹尼。阿齐姆·汗决定留守喀布尔，把同父异母兄弟亚尔·穆罕默德·汗留下来掌管白沙瓦。几个月后，沙阿·阿尤布之子伊斯梅尔·米尔扎在阿齐姆·汗的鼓动下绞死了阿里·米尔扎，当上了国王。

与此同时，兴都库什山以南的混乱局势让布哈拉新的汗王海达尔·汗重燃希望，想要再次尝试在巴尔赫重树权威。大约在 1817 年末或是 1818 年初，海达尔·汗·曼吉特占领了阿克恰和巴尔赫，驱逐了杜兰尼总督。[43]伊珊·赛义德·帕尔萨，或称和卓·纳基卜被任命为巴尔赫长官，他的兄弟伊珊·赛义德·乌拉克负责掌管战略边境要塞阿克恰等。[44]

　　兰吉特·辛格还趁着内战在 1817 年强迫木尔坦的穆扎法尔·汗·萨多扎伊接受了锡克人的宗主国地位并朝贡。第二年初，兰吉特·辛格进军木尔坦，打算消灭印度河区域所有的萨多扎伊残余力量。尽管穆扎法尔·汗绝望地哀求援助，白沙瓦总督和其他的阿富汗地区长官都拒绝了，只出了点象征性的援助，穆扎法尔·汗只能独自面对锡克人的全力攻击。对兰吉特·辛格而言，征服木尔坦不仅仅是一场军事战役，也是向艾哈迈德·沙阿劫掠玷污锡克教圣地复仇的机会。命运出现了奇妙的反转，锡克人带来木尔坦攻城的大炮中有一尊也叫"雷神"，这个巨大重型火炮是美国大炮制造商为艾哈迈德·沙阿制造的，帖木儿·沙阿逃离拉合尔时没有带走。

　　木尔坦人带着孤注一掷的决心战斗，他们清楚，如果锡克人战胜了，自己和家人们要面对的是怎样血腥的下场，但是兰吉特·辛格的军队在人数和装备上都有巨大优势，还是由法国和意大利军官训练指挥的。穆扎法拉巴德陷落后，木尔坦遭到劫掠，居民惨遭屠杀。以穆扎法尔·汗的父亲名字命名的舒贾也被围困了。兰吉特·辛格亲自前往木尔坦，1818 年 6 月 2 日，在城市被围困了 82 天后，"雷神"大炮对着大门轰炸，阿卡里斯人（akalis，相当于锡克人中的加齐勇士）发起猛攻并取得了突破。[45] 穆扎法尔·汗和自己的 5 个儿子和一个女儿加入了防守，最后全部战死。木尔坦的守军最后全部被歼灭，锡克人实施了屠城，把能看到的所有东西都洗劫一空。大多数有皇室血统的萨多扎伊人都在大屠杀中丧命，幸存下来的被转移到了拉合尔。次年，锡克人拿下了克什米尔首府斯利那加，捉住了德拉·加兹汗，上千名难民涌入了喀布尔。克什米尔总督亚尔·穆罕默德·汗在白沙瓦接受了锡克人的宗主国地位，作为回报他得以继续做总督。将王国的边境向北推至开伯尔山口出入口后，兰吉特·辛格把大部分人马撤回了印度河对岸，只留下一个小队驻守海拉巴德，即现在的瑙谢拉。

　　穆罕默德·阿齐姆·汗无法接受弟弟亚尔·穆罕默德向锡克人投降，但是他在此后的 4 年里对此都无计可施。1822 年冬天，他终于挺进了白沙瓦，在

木尔坦，萨多扎伊政权的主要中心，也是艾哈迈德·沙阿·杜兰尼的出生地。锡克人洗劫这座城市时摧毁了其城堡，残留下来的城墙现在围绕着中世纪的神庙（建于公元1324年）。

那里数千名哈塔克人、优素福扎伊人和阿夫里迪人的加齐勇士响应自己的苏菲派长老和毛拉的圣战号召投入了他的麾下。总督亚尔·穆罕默德·汗似乎别无选择，只能按照自己同父异母兄弟的计划行事，但是他私下和兰吉特·辛格往来，最终说服了阿齐姆·汗派自己去和王公谈判。可是，一到锡克大营确保了自己的安全后，亚尔·穆罕默德·汗就叛变了，再次向兰吉特·辛格投降。舒贾·沙阿也为锡克大军招募了一些士兵，期盼穆罕默德·阿齐姆·汗战败，自己能夺回王位。1823年3月，阿富汗人和锡克人在瑙谢拉城外相遇。比起作战策略，穆罕默德·阿齐姆·汗似乎更关心自己的财宝和女眷是否安全。他也因为亚尔·穆罕默德·汗的背叛和舒贾·沙阿对锡克人的支持而愈发害怕会被刺杀。阿齐姆·汗也不信任来自开伯尔山口的加齐勇士，因为他们只听从自己苏菲派长老的命令。他的军队也缺乏训练，装备的都是过时的步枪和火炮，从各部落招募的士兵从未接受过正规军事训练，其中很多都是孩子，甚至有的只有12岁，匕首是他们唯一的武器。另一边的兰吉特·辛格不但在人数上占优，还有很多欧洲雇佣兵帮自己训练士兵和火炮手。

一开始优势是在阿富汗人这边。阿齐姆·汗的另一个兄弟穆罕默德·扎曼·汗，在锡克人渡河前摧毁了印度河上的阿托克大桥，迫使他们只能从更高处的浅滩趟过，还要遭受对岸火炮手的炮火攻击。尽管如此，锡克人设法在印度河右岸保住了一个桥头堡。之后阿齐姆·汗犯了一个致命错误：将自己的军队一分为二。开伯尔加齐勇士被部署在了喀布尔河左岸，在名为皮尔萨巴克的荒山上摆好了战线，他们首当其冲面对锡克人的进攻。穆罕默德·阿齐姆·汗则留在右岸，大致是哈基姆阿巴德区域，一起的还有杜兰尼人、吉尔扎伊和科希斯坦招募兵以及吴拉姆·汗。这种战略似乎是为了保护他的后方不受海拉巴德的锡克军团攻击，后者已经在他处打败了一支阿富汗队伍。但是他之前拆分队伍的决定意味着两军被一条宽阔的、水流湍急的河流切断了联系。当阿齐姆·汗在交战中派援兵营救开伯尔人时，他们的船翻了，大部分士兵要么被淹死，要么被冲走。

兰吉特·辛格充分利用了对手的战略失误，他派阿卡里斯人在普拉·辛格①将军的带领下出击并遏制了加齐勇士，[46] 而让一巴蒂斯特·文图拉上校率领一支小分队渡河去迎战阿齐姆·汗。文图拉上校是犹太裔意大利雇佣兵出身，曾在拿破仑的帝国军队里服役。一场小规模战斗后，文图拉开始过河撤退，穆罕默德·阿齐姆·汗以为锡克人败退了，就命令骑兵进攻，结果，迎接他们的是来自左岸锡克人毁灭性的炮火。阿齐姆·汗的队伍被撕开，他和士兵掉头逃离了战场。

与此同时，轻装上阵的加齐勇士设法击退了阿卡里斯人，还在猛烈的炮火下对锡克战线发起了多次自杀式袭击。几个小时的肉搏战后，锡克步兵开始动摇了。兰吉特·辛格亲自站到骑兵预备队的前列指挥进攻。幸存的加齐勇士转身逃跑，却死在了追击而来的锡克人的长矛和军刀下。至日落之际，2 万名部落雇佣兵只剩下大约 200 人。他们在苏菲派长老穆罕默德·阿克巴的带领下高呼"真主伟大"向锡克军阵冲去，奋战至最后一人。锡克人一鼓作气，又

---

① 19 世纪早期锡克帝国兰吉特·辛格的皇家顾问。——译者注

攻下了白沙瓦并洗劫了乡村。亚尔·穆罕默德·汗恢复了总督职位，但是锡克人占领了要塞。

瑙谢拉战役是印度近代史上最伟大的却被遗忘的战役之一，因为它标志着杜兰尼王朝在印度河和开伯尔之间统治的结束（不过杜兰尼王朝依然存在），确立了锡克人在当地最强军事力量的地位。兰吉特·辛格的胜利对印度未来的西北边境和阿富汗的东南边境都产生了重大影响，而数千名哈塔克人、优素福扎伊人和阿夫里迪人的死削弱了阿富汗的军事力量，让他们不能也不愿意再反抗锡克人占领白沙瓦。

穆罕默德·阿齐姆·汗逃往贾拉拉巴德，在那里死于更加致命的敌人——霍乱。意识到自己命不久矣，他宣布儿子哈比布拉·汗为新任首席大臣，同父异母兄弟纳瓦布·贾巴尔·汗为监护人。但是这个继承决定颇有争议，在喀布尔内有竞争关系的兄弟们间挑起了争斗。多斯特·穆罕默德·汗和贾万希尔·基齐勒巴什拒不接受哈比布拉·汗的任命，所以新维齐尔只能寻求坎大哈总督的帮助。至于沙阿·阿尤布，他的儿子伊斯梅尔·米尔扎催促他没收已逝的老维齐尔的财富用来重立萨多扎伊人的权威。布尔·迪尔·汗不但没有帮助自己同父异母的兄弟，还在科希斯坦雇佣兵的支持下占领了希萨尔城堡，在接下来的战役中，伊斯梅尔·米尔扎被枪杀，王室宫殿也被洗劫一空。后来沙阿·阿尤布骑在驴背上被游街，遭受了侮辱。布尔·迪尔·汗甚至威胁要处死沙阿·阿尤布，但在提供10万卢比赎金后，沙阿·阿尤布被允许前往印度。接下来的几个月里，因为无法忍受穆罕默德扎伊人，数百名萨多扎伊人跟随他流亡。

沙阿·阿尤布的流亡标志着萨多扎伊王朝的结束，尽管马哈茂德·沙阿和儿子卡姆兰继续统治着赫拉特，首都和其他省自此由帕因达·汗·巴拉克扎伊的儿子们掌控。1839年，英国人试图通过复辟舒贾·沙阿重振萨多扎伊王朝，但是这一政权更迭的尝试是个错误，从一开始就注定了失败的命运，最后以舒贾·沙阿遇刺身亡告终。

到1824年，帖木儿·沙阿死时开始的内战已经持续了30多年。中央集权的表象已破碎，杜兰尼王国的大部分领土都落入了锡克人、波斯人或乌兹别克人手里。国家和政府如今掌握在维齐尔哈吉·汗·巴拉克扎伊的继承者穆罕默德扎伊手里，现在轮到他们努力阻止周边的国家蚕食王国仅存的土地，在一片混乱中他们建立起了虚假的政治同盟，尽管这个混乱局面也有他们自己的部分责任。但是前景不容乐观，因为哈吉·贾马尔·汗的后代们和他们取代的王朝一样四分五裂、关系失调。

第五章

英国谋划占领阿富汗并付诸行动
（1824—1839）

> 令人欣慰的是，在我们出于自身利益巩固与阿富汗帝国关系的同时，我们也会赢得阿富汗人民对我们持久的感激之情，恢复安全和秩序带来的福祉将会和我们的名字联系在一起。
>
> ——查尔斯·特里维廉，1831 年[1]

沙阿·阿尤布被驱逐后，穆罕默德·阿齐姆·汗之子哈比布拉·汗成了阿富汗名义上的领袖，但几个月后他就被谢尔·迪尔·汗罢黜了。内战再次爆发，这次是在帕因达·汗的后裔间展开的斗争，为此白沙瓦和坎大哈的指挥官们在喀布尔会面，在多轮争辩和流血冲突后他们达成一致，任命白沙瓦最年长的苏丹·穆罕默德·汗为喀布尔的统治者。哈比布拉·汗则得到了洛加尔和古尔班德的领导权作为补偿。这两兄弟故意将多斯特·穆罕默德排除在他们的权力之外，并密谋暗杀他或者弄瞎他，但是卡卡尔部落首领哈吉·塔杰·穆罕默德·汗提前通知了多斯特·穆罕默德，挫败了他们的计划。多斯特·穆罕默德逃到了科希斯坦，而哈吉·塔杰·卡卡尔（哈吉·塔杰·穆罕默德·汗）

则在神庙寻求庇护，他穿上了苦行僧的服饰，宣布自己已经放弃了所有的世俗追求。

多斯特·穆罕默德的政变和内部冲突

苏丹·穆罕默德·汗在短暂的统治期间鲜少冒险走出希萨尔城堡，大多数时候他都无所事事、挥霍放纵，还给众多追随者安排了清闲的肥差，让国库不堪重负。他喜欢穿华丽的长袍，因而得到了"黄金苏丹"的称号。此外他支持逊尼派科希斯坦人，疏远了基齐勒巴什人，这一政策导致什叶派不断遭到袭击。多斯特·穆罕默德抓住苏丹·穆罕默德·汗失去民心之机，秘密会见了哈吉·汗·卡卡尔，说服他帮助自己夺权，并允诺他当巴米扬的总督作为回报。[2] 在得到这位强大的部落首领的支持后，多斯特·穆罕默德向苏丹·穆罕默德·汗发出了最后通牒，要求他主动放弃喀布尔，否则就要被武力驱逐。苏丹·穆罕默德·汗置之不理，于是多斯特·穆罕默德的大军包围了希萨尔城堡。炮弹精准地射向了城堡，苏丹·穆罕默德·汗不得已投降了。在得到安全通行的保证后，他逃往白沙瓦。路上经过集市时，街边的店主们纷纷大声嘲讽他："欢迎'黄金苏丹'穆罕默德·汗。"[3]

苏丹·穆罕默德·汗和白沙瓦的指挥官们无力反抗多斯特·穆罕默德的政变，兰吉特·辛格也没准备支持他们攻击多斯特·穆罕默德，因为他乐于依靠苏丹·穆罕默德·汗及其兄弟们统治白沙瓦。锡克人在家门口还有麻烦，因为优素福扎伊人在苏菲派长老赛义德·艾哈迈德的带领下正和自己以及白沙瓦的指挥官们交战，锡克人谴责这些优素福扎伊人与"异教徒"结盟。1829 年，优素福扎伊人甚至短暂地占领了白沙瓦，迫使苏丹·穆罕默德·汗逃往拉合尔。最终，在承诺会以赛义德·艾哈迈德的名义进行统治后，苏丹·穆罕默德同意回到白沙瓦。刚得到白沙瓦的控制权，苏丹·穆罕默德就处死了优素福扎伊的苏菲派长老及其党羽。

多斯特·穆罕默德同时还要应对来自坎大哈的其他兄弟们的挑战。在多斯特·穆罕默德拿下喀布尔没多久，迪尔·汗就向喀布尔进军了，但是被基齐勒巴什人击败，退回了坎大哈。不久后，迪尔·汗去世，他的大弟弟谢尔·迪尔·汗继位，后者的统治被兄弟间继承王位的权力争夺战削弱了。打败了两个主要对手后，多斯特·穆罕默德把注意力转向恢复阿富汗首都的法律和社会秩序，以及向周边国家施加权威上。教派之间的紧张关系依然是一个问题，1828 年爆发了一场恶性宗教暴力冲突，起因是一群阿查克扎伊（Achaqzais）人在纪念伊玛目侯赛因殉道的阿舒拉节期间袭击了什叶派居民。为了调和两个教派的关系，多斯特·穆罕默德任命哈吉·汗·卡卡尔为什叶派的代表，任命纳瓦布·贾巴尔·汗为逊尼派的代表。为了安抚逊尼派，多斯特·穆罕默德还禁止了赌博、玩骰子、舞娘表演、酿酒和饮酒。他同时取消了萨多扎伊人上不了台面的司法流程，恢复了公众聆听的传统，甚至还会亲自仲裁一些鸡毛蒜皮的小纠纷。司法审判的速度太快，难免有点武断，但至少看起来正义得到了一定程度的伸张，哪怕不是真正意义上的实现，喀布尔人对此很满意。几十年来他们饱受无政府状态和"军阀主义"之苦，一时间，"难道多斯特·穆罕默德死了吗，怎么没有正义了？"迅速成了老城里商店店主间的流行语。

国家税收状况长期不佳是另一个紧迫的问题。多斯特·穆罕默德不敢冒着疏远杜兰尼人的风险取消他们的免税特权，所以他转而采取了一系列军事行动，扩大自己在喀布尔附近和楠格哈尔的高产农业区的权威，并控制了利润丰厚的喀布尔至巴尔赫的贸易线路。当每个地区被攻陷后，当地的埃米尔和汗们都被罢黜，而他们的其中一个儿子通常会被任命为长官，他们被要求提高该地向国库缴纳的税费。

多斯特·穆罕默德的第一场主要战斗是为了在高产农业区扩大自己的权威，包括达曼山、古尔班德、科希斯坦和塔格布，这些地方的埃米尔们会经常攻击巴米扬的商队，洗劫喀布尔郊区的居民。多斯特·穆罕默德采用了一种屡试不爽的政策，即叛军只要亲自来喀布尔投降就放过他们，而且还会给予金钱奖励，不过一旦侵犯到自己的势力范围就会立刻处死他们。塔格布的萨菲人首领阿拉·汗却依然在逃。1829 年，多斯特·穆罕默德派纳瓦布·贾巴尔·汗带领一支军队逼他就范，萨菲人在深夜袭击了贾巴尔·汗的大营，他的队伍仓皇逃走，留下的火炮和装备被萨菲人收入囊中。两年后，多斯特·穆罕默德亲自出征复仇。途经达曼山时，他处决或囚禁了当地首领，放火将城堡夷为平地，同时摧毁了田地、果园和葡萄园。马祖最后只得投降，在哈吉·汗·卡卡尔求情后保住了性命。不久，马祖被一不明身份的杀手开枪击中，身负重伤，有传言称这个杀手受多斯特·穆罕默德指使。

埃伦伯勒勋爵印度河的"浪漫"愿景

多斯特·穆罕默德忙着巩固自己对喀布尔腹地的控制时，印度和英国正在

喀布尔北边的达曼山山谷。这片宽阔的、水源充足的肥沃山谷是阿富汗首都传统的主要粮仓之一。

实施一项新政策，它将削弱多斯特·穆罕默德统一阿富汗的努力，这一政策最终导致多斯特·穆罕默德政权的垮台和阿富汗被占领。继埃尔芬斯通使团出访和法国经陆路入侵印度的威胁解除后，英国在印度河周边地区推行"不干涉、不关心"的外交政策。因为英国人认为，1809 年的"英国—锡克协议"足够保证印度西北边境的防卫安全了。萨多扎伊人和巴拉克扎伊人卷入了继承权争夺战，阿富汗人也不再是威胁，因为锡克王国现在充当了缓冲区。波斯结束了和法国的暧昧关系，1814 年，波斯王朝重新确认了 1809 年签署的"英国—波斯协议"。尽管国王法特赫仍怀有夺回赫拉特的野心，也只能暂时搁置自己的计划，因为沙俄对波斯在高加索地区尚存的领土仍构成威胁。1826 年，波斯甚至与沙俄因此开战，不过被沙俄彻底击败，1828 年，签署了《土库曼恰伊条约》（*Treaty of Turkmanchi*），割让了更多的土地。

　　然而在 1830 年，第一代威灵顿公爵阿瑟·韦尔斯利（Arthur Wellesley）的政府推翻了英国这种"不干涉、不关心"政策，他任命埃伦伯勒（Ellenborough）勋爵为位于伦敦的管理委员会主席，监督东印度公司的事务。埃伦伯勒受到了宣扬沙俄威胁论的辩论家乔治·德拉希·埃文斯（George de Lacy Evans）中校的影响，后者辩称，沙俄从与奥斯曼土耳其和波斯的战争中夺得了领土，又征服了中亚穆斯林地区，这些都对英属印度构成直接威胁。[4] 在埃文斯看来，沙俄只需要不到 3 万人的军队就能入侵印度，因为他认为波斯和阿富汗的统治者几乎不会阻止，甚至可能协助俄罗斯人穿越自己的国家。

　　埃文斯是一个纸上谈兵的战略家，他没去过印度、波斯和阿富汗。在这一点上，他和埃伦伯勒一样，但埃伦伯勒随后就被任命为印度总督。埃伦伯勒对埃文斯的上述看法深信不疑，在他的私人日记里，他认为沙俄入侵印度"不仅可行，而且易如反掌"。他是这么描述的："我有信心。我们会在印度河与俄罗斯人决战，一直以来我都有预感我会在那里遇到他们，并取得伟大的胜利。这些都是梦，但是我已经梦想了很长时间。"[5]

　　身为管理委员会主席的埃伦伯勒此时有能力将梦想变为现实了。他的第一个举措就是写信给总督本廷克勋爵，阐述应对沙俄威胁的方案。他主张，英国必须先发制人，阻止沙俄在印度河区域施加影响力，尤其是喀布尔、坎大哈、赫拉特和希瓦，这些中心城市把控着两条主要的入侵线路。为了实现目标，埃伦伯勒主张，英国要更加积极地扩大自己在该地区的利益，主要通过增加与印度河区域及中亚城邦的贸易。

埃伦伯勒笃信贸易的力量，将它视为确保政治影响力的手段。这一点在如今看来有些奇怪，但在 19 世纪的英国，很多政客都认为贸易是一种神秘的、福音般的力量，借此，大英帝国的宏伟目标能得以实现。在埃伦伯勒发表1830 年备忘录后不久，被称为"自由贸易之使徒"的英国政治家理查德·科布登（Richard Cobden）这样描述贸易：

> （贸易如同）一剂伟大的灵丹妙药，就像一项有益的医学发现，能给世上所有的国家带去健康的、可取的文明观。即使没有一件商品离开我们的口岸，但是它们将蕴藏的智慧的种子和丰硕的思想带给了那些开化不深的人们。即使没有一个商人来我们的制造业现场参观，但是他们回国时已然是文明、自由、和平和良政的传教士。[6]

埃伦伯勒认同这一主张，相信贸易会将"文明、自由、和平和良政"的价值观传达给中亚那些"开化不深"的国家。大概在 170 年后，美国总统乔治·W. 布什重拾这一主张。他认为，实行市场经济后带来的改朝换代会导致民主、自由和良政的实现，而不会带来极权和混乱。

埃伦伯勒的愿景更为宏大，他希望直接参与印度河地区的政治事务，通过政府补贴和其他激励措施维护当地统治者的忠诚。他还认为，英国应该积极主动地获取这块未知区域在军事、政治和地理上的准确情报。如果觉得沙俄对希瓦或者赫拉特形成了军事威胁，作为最后的手段，英国应该单方面占领拉合尔、喀布尔、坎大哈和赫拉特。任何不服从英国要求的地方统治者都要面临被吞并或被更加顺从的人替代的威胁。

埃伦伯勒政策的问题在于，它与当地局势的实际情况不符，并且暗示，如果英国利益受到了不守规则的地方统治者的威胁，英国将不得不进行军事干预，哪怕对方是英国的条约盟友。例如，占领拉合尔不仅会导致英国—锡克同盟这一1809年以来印度西北边境政策的基石的终结，还会冒着锡克转向沙俄寻求军事援助的风险，这恰恰是埃伦伯勒一直努力避免发生的情况，这其实同样适用于印度河区域的其他地方。因此埃伦伯勒的"要么和我们在一起，要么和沙皇在一起"的政策是为不稳定和冲突开出的处方，而不是为了和平与安全。

至于对中亚商业渗透的想法，埃伦伯勒没考虑到与亚洲国家交易中复杂的后勤和政治问题。早在1809年，埃尔芬斯通就指出，沙俄生产的商品占领了中亚汗国的集市，它们既便宜又便于运输。圣彼得堡和布哈拉一直保持着长期的友好关系，经常有大使级接触。1831年，英国探险家、东印度公司官员亚历山大·布尔内斯出使布哈拉时提到，尽管兴都库什山外的乌兹别克汗国可能对英国的羊毛制品有需求，但他们能拿来交易的商品微乎其微。他们的主要收入来源之一是贩卖奴隶，英国官员认为这种贸易"很野蛮"。

1830年，英国在印度河上没有港口，因为当时卡拉奇还不在他们控制下，而且卡拉奇那时也仅仅是个小渔村。因此，所有运往中亚的英国商品只能先运到加尔各答，卸货然后装上驳船沿恒河逆流而上，在到达河口时不得不再次被卸下，最终装上马车经陆路运输到拉合尔，并运抵希卡布尔，再从那启程运往阿富汗和布哈拉。这条路线不但要折返多次，对后勤保障来说也是大费周章，还会产生大量费用。事实上，由于交通运输和关税费用过多，当商品运抵印度河地区后，已经贵到无法与便宜的沙俄货物竞争。埃伦伯勒解决这个问题的想法是，将印度河改造为亚洲的泰晤士河。他设想让载重超过200吨的远洋船航行在印度河上，使其最远可以抵达阿塔克，这样可以大大降低运输成本、缩短运输时间。出于这个想法，他督促总督派调查组调研印度河的通航可能性，并绘制相关的水文图。

埃伦伯勒这份 1830 年的备忘录一放到总督的书桌上，顿时像一颗"带生化弹头的导弹"一样炸开了花。[7] 除了少数几个非常有经验的军事政治顾问，本廷克总督和其他人都明确表示对这个"浪漫"的愿景不感兴趣，他们也不相信埃伦伯勒对沙俄会入侵印度的担忧。埃伦伯勒没理会这些比自己更了解情况的人的看法，还轻蔑地称他们为"印度人"。[8] 圣彼得堡的英国官员也不喜欢这项新政策，因为它将带来不利的外交甚至军事后果的风险，但他们的这些想法也被无视了。埃伦伯勒当时并不知道，自己的 1830 年备忘录成了日后吉卜林提出的"大博弈"的基础性文件，它影响了后来英国对印度西北边境的所有帝国战略，即使在今天，还是英国、美国和北约在该地区执行政策的基石。

英国人中亚探险：沙俄对印度构成军事威胁

虽然本廷克和他的委员会对埃伦伯勒的愿景持保留态度，但他们仍然不得不依法实行他的政策，因为伦敦的内阁已经批准了。不过，本廷克并不知道，在他收到执行命令时，威灵顿已经下台，取而代之的是墨尔本勋爵领导的辉格党新政府。但是墨尔本首相和他的外交大臣帕默斯顿（Palmerston）勋爵同样都是仇俄者，他们延续了埃伦伯勒的印度河政策。

本廷克对调查印度河缺乏热情，不愿意派遣高级官员考察，只派了年轻的初级官员亚历山大·布尔内斯中尉参加，当时布尔内斯正处于印度的第一个任期。[9] 选择布尔内斯主要是因为 3 年前他的兄弟詹姆斯·布尔内斯医生在没有接受海军、航海和水文相关训练的情况下去信德省执行了一项医疗任务，詹姆斯在报告里对印度河的通航条件进行了非常乐观的描述。正是布尔内斯医生的报告满足了埃伦伯勒对英国货船在印度河上自由穿梭的期待。如果让别人知道了英国官员在印度进行的实际是情报收集任务，在政治上很不适宜，于是，调查行动伪装成去王庭拜访兰吉特·辛格，向王公献上马车和驮马。曾参与过 1809年"英国—锡克协议"谈判的查尔斯·梅特卡夫（Charles Metcalfe）听说此事后，写信给埃伦伯勒，谴责这一计划"极其令人反感……这个伎俩……对我们政府没有价值"。[10]

1830—1831 年，在布尔内斯的印度河调查团队里配有一位海军测量师。这位测量师证实，早期被埃伦伯勒忽视的由英国官员谨慎汇编的水文报告是正确的，印度河是一条浅浅的辫状河，河道在不停地变动，布满危险的沙洲。它的深度、水流和航向也在不断地剧烈波动，无法绘制出精准的航行图。最后，测量师总结说，尽管印度河可以通航，但是只适合本地吃水浅的平底驳船，载重量也不能超过 75 吨。因此，埃伦伯勒这个将印度河变成亚洲泰晤士河的想法彻底落空了。

困难还不止于此，布尔内斯的调查引发了当地统治者对英国真实意图的广泛担忧，这些统治者都在印度河贸易中获取了经济利益。他们都没被英国人的官方解释所愚弄，合理地怀疑这场调查其实就是在搜集情报。信德省的埃米尔们竭尽全力阻止布尔内斯获得任何与王国相关的信息，对增进贸易往来的前景也不感兴趣，尤其是英国还要求他们降低关税。直到兰吉特·辛格威胁要攻打他们，埃米尔们才同意让布尔内斯去拉合尔。当布尔内斯抵达锡克首都后才发现，兰吉特·辛格对沉重缓慢的拉犁马毫无兴趣。兰吉特·辛格想要的是能给骑兵装备的血统纯正的种马，所以这些倒霉的牲畜被锁了起来，最后因中暑或缺乏照料全部死掉了。

印度河考察只是埃伦伯勒备忘录提出的政治和情报收集大战略的一个方面。还有两名初级官员被委派起草针对阿富汗、赫拉特和中亚汗国的政策报告和建议。最后阿瑟·康诺利（Arthur Conolly）被选中了，这是因为他最近才从陆路经由波斯、赫拉特和坎大哈到达印度，他的同事、德里助理行政官查尔斯·特里维廉（Charles Trevelyan）则没有在中亚工作的经验，只是在印度待过几年，也被选中。[11]实施埃伦伯勒计划的具体任务就这样落到了 3 名刚刚开始在印度工作的人身上，而他们其实对阿富汗和中亚充其量只有些许肤浅的认识。

在起草报告和建议时，康诺利和特里维廉似乎忽视了在此之前许多探险家曾游历过该地相当广泛区域的工作，比如威廉·穆克拉夫和乔治·特莱贝克。[12]
1825 年，穆克拉夫和他的团队成为第一批到达布哈拉的现代英国探险家，但在
返回印度前，他们都因为患病发高烧死在了巴尔赫平原。3 年后，来自阿格拉
的公务员爱德华·斯特林（Edward Stirling）沿着从赫拉特到巴尔赫的商队线
路，途经梅马内和萨尔普勒。从巴尔赫，他们向南去往巴米扬和喀布尔。英国
驻德黑兰大使约翰·麦克尼尔爵士甚至要求斯特林记录下沙俄的可能入侵线路，
结果，斯特林在回印度的旅途中遭遇到"最大的冷遇"。[13]直到 1830 年，斯特
林都住在阿格拉，他本可以为康诺利和特里维廉提供数量可观的情报，但没有
人咨询过他。穆克拉夫和印度政府的联络往来在加尔各答档案馆曾有记录。

　　1831 年 3 月，康诺利和特里维廉完成了调查报告，他们得出结论：沙俄
的确对印度构成了军事威胁，它意图占领战略要塞希瓦。赫拉特被认定是另
一个重要的城市，因为它同时处于始于希瓦的北方入侵路线和经过马什哈德的
西方入侵路线上。调查结果与埃文斯的推断不谋而合，即认为波斯无力抵御沙
俄，也无法成为印度的缓冲国。为此，他们提议"再次统一"阿富汗，这将降
低关税，提高商队的通行安全，有利于英国在此地的商业活动开展。康诺利因
为从没去过喀布尔，所以他认为赫拉特的沙阿·卡姆兰就是完成阿富汗统一大
业的人，觉得他很快就能夺回坎大哈和喀布尔，并能与锡克人实现和平。

　　这份报告总结称："出于我们自身利益，巩固与阿富汗帝国的关系同时，
我们也将令阿富汗人民对我们长期感恩"，这个"高傲到难以置信、沉闷幼
稚、毫无预见性的结论"，反映了英国人在印度河外的地区怀有不切实际的
"天定命运论"幻想。[14]和埃伦伯勒一样，康诺利和特里维廉没能正确评估英
国对波斯的影响力降低的后果，这会提高波斯领土被沙俄吞并的风险，迫使沙
阿·卡姆兰为了防止阿富汗彻底崩溃而进一步转向沙俄阵营。因此康诺利和特
里维廉的波斯政策反而提高了沙俄入侵印度的风险。至于他们统一阿富汗的提
议，在卢迪亚纳负责与锡克人维系关系的政务官克劳德·韦德并没有表现出赞
同的态度，兰吉特·辛格王公的看法也与这项政策不一致。他们两人都认为一

个统一的阿富汗，无论是被巴拉克扎伊人领导还是萨多扎伊人领导，都会产生与锡克人再燃战火的可能性，对旁遮普形成威胁。毕竟是沙阿·卡姆兰的祖先艾哈迈德·沙阿首先与锡克人开战，而穆罕默德扎伊人也想有朝一日重新夺回白沙瓦、克什米尔和拉合尔。

"布哈拉的布尔内斯"和英国的阿富汗政策

布尔内斯结束印度河考察后建议再由自己执行第二次任务，考察通过阿富汗的入侵路线，并与多斯特·穆罕默德和布哈拉汗取得联络。他的提议被英国内阁采纳了，随即组建了第二支考察队，任务被伪装成是布尔内斯出于对探险的爱好而组织的单纯的私人探险。但是，大多数所经之地的统治者都怀疑他的行程背后大有文章。如果说对布尔内斯旅程的政治性有所怀疑，主要是因为出发前他在卢迪亚纳会见了韦德和沙阿·舒贾·汗，又去拉合尔见了兰吉特·辛格。在白沙瓦逗留期间，布尔内斯也见了锡克总督和苏丹·穆罕默德·汗，他们竭力劝说布尔内斯不要去喀布尔。不过布尔内斯没理会他们，继续朝开伯尔行进，最后于1832年4月到达阿富汗首都，在那里受到了纳瓦布·贾巴尔·汗的接待。

几日后，布尔内斯惊讶地得知一个佛郎机人①（farangi）刚从布哈拉抵达阿富汗首都。牧师约瑟夫·沃尔夫（Joseph Wolff）是一名德国犹太人，刚被授予英国国籍，是个优秀但古怪的东方主义者、传教士和辩论家。[15]他是发起了一场解读圣经预言和千禧年学说运动的阿尔伯尼派（Albury Circle）的中流砥柱，这一运动对英国的福音主义产生了深远影响。沃尔夫曾受伦敦基督教促进会委托向犹太人传播基督教，在中东地区有广泛的游历经验。他一边向犹太人和基督徒传道，一边尝试找到以色列遗失的十部落。他的最新任务让他

---

① 中东人对欧洲人的称谓。——译者注

来到了布哈拉，这里有又大又古老的犹太人社区。到喀布尔时，他已经身无分文、衣衫褴褛。在他南下的路上，杜阿布部落的埃米尔判决烧死沃尔夫，因为他自称是穆斯林却拒绝背诵清真言。沃尔夫让埃米尔拿走自己所有的钱和行李后才逃过了处决。布尔内斯说服沃尔夫在贾巴尔·汗的家里与自己见面，借钱给他并把他送去印度，但这发生在审问他北上的路线和兴都库什山外的政治局势后。

作为纳瓦布·贾巴尔·汗的客人，布尔内斯能自由出入王宫，多斯特·穆罕默德和他见了两次面，想从他口中探出此行的真正目的。他还诱导布尔内斯讨论和锡克人的战争，提议英国与自己联手打败兰吉特·辛格，并提出要任命

身着中亚服饰的亚历山大·布尔内斯。

布尔内斯为军队统帅。后来布尔内斯又私下会见了哈吉·汗·卡卡尔，从他那里得到了后续行程的推荐信。在喀布尔待了3周后，布尔内斯得出了一个有预见性的结论：

> 无论是舒贾还是卡姆兰，想要复辟是不可能的。萨多扎伊王朝已经成为历史了，除非有外国的帮助才能东山再起。同样，如果没有外国力量的持续帮助，想要夺回王朝失去的领土也是不可能的。[16]

他对多斯特·穆罕默德及其政府表达了赞赏，建议英国与他交好，而不是尝试复辟萨多扎伊王朝。不过印度政府并不想听到这样的结论，因为英国的盟友锡克人正与穆罕默德扎伊的统治者交战。

但是布尔内斯对兴都库什山北面的乌兹别克统治者远没有那么多的同情心。他知道穆克拉夫及其团队已死，有传言是阿克恰的布哈拉族长老伊珊·乌拉克毒死了他们（实际上他们是自然死亡）。布尔内斯也听到沃尔夫讲述的他的可怕遭遇，所以他毫不掩饰对这些小统治者的蔑视。布尔内斯会见了贩卖奴隶的米尔·穆罕默德·阿里，这位奴隶贩子正受到失眠的困扰，布尔内斯说自己曾想给他"开些安眠药"，并宣称他"毫无公正可言"。布尔内斯对卡塔干的穆拉德·贝格的描述像是一幅东方暴君的讽刺画："他的眼睛小到畸形，额头宽大，皱着眉头，整个表情都令人作呕。"[17] 但是布尔内斯对见过的女子却另眼相看，他甚至夸赞了"图尔克（Torkee）女孩儿"的美丽。[18]

布尔内斯一行穿过布哈拉地区时，他记载道，据称，阿姆河在与科克恰河的交汇处是可以通航的。这份报告引发了英国政府的推想，考虑能不能用这条河代替印度河来运送英国货物。抵达布哈拉后，布尔内斯只能住在城堡里，但是纳斯鲁拉·汗·曼吉特拒绝同他会面，所有沟通交流都通过他的首席国务大臣进行。布尔内斯对这个只靠伊斯兰教法治理的城市给予了较高的评价，指出城市治安良好，商店店主晚上不把货物收回去也不用担心被偷，路上也没有劫匪。布尔内斯还注意到俄国沙皇和曼吉特汗已经互派了外交使团。布哈拉和沙俄关系良好，这一点埃尔芬斯通使团也注意到了，但是布尔内斯在没有任何支持性证据的情况下补充道："圣彼得堡的沙俄王室对这块亚洲地区已经觊觎很久了。"[19]

可以说布尔内斯的旅途最危险的一段是他的团队离开布哈拉，准备穿过土库曼沙漠朝马什哈德进发时，因为商队经常在土库曼沙漠遭到突厥人或者非逊尼派穆斯林奴隶的袭击。幸运的是，离开布哈拉前，首席国务大臣给他们提供了曼吉特·汗本人签署的通行证，上面要求任何人不得骚扰佛郎机人。即便如此，布尔内斯一行也有几次死里逃生的经历，不过使团终于到达了德黑兰。布尔内斯在这里见到了法特赫，然后又去了布什尔，并在那里乘船去了印度。总的算来，他和旅伴们在路上仅用了一年出头的时间。

布尔内斯到加尔各答时发现自己已经成了名人，社会各界纷纷向他敬酒，但这些都比不上他回到伦敦后受到的热情招待。布尔内斯被伦敦的社会精英们奉为名人，内阁大臣、管理委员会、高级军官纷纷征求他的看法，英国国

曼吉特·汗的住所布哈拉城堡。亚历山大·布尔内斯曾在此居住。1892 年 6 月康诺利和斯托达德在城堡的庭院中被斩首后埋葬在无名的坟墓里。

王威廉四世甚至亲自接见了他。当他回到家乡蒙特罗斯镇时，镇长为他举行了
一场公开的宴会。布尔内斯之后被晋升为上尉，英国皇家地理学会授予他金质
奖章（布尔内斯的阿富汗贵族装扮的画像至今仍挂在皇家地理学会总部鲁泽小
屋的楼梯显眼位置），英国最尊贵的绅士俱乐部——伦敦精英俱乐部也没有走
传统的投票流程就接纳他为会员。很多名门世家向布尔内斯抛去了结亲的橄榄
枝，但布尔内斯知道在职业生涯这么早的阶段就娶妻，会葬送自己攀登职业高
峰的希望，而一个没有野心的布尔内斯则什么都不是。

　　在一轮又一轮的社会应酬的间隙，布尔内斯整理出了他的旅行记录，发
行当天就销售一空，后来再版多次。这本《布哈拉之旅》不仅为他挣了一笔小
钱，还提高了他的社会地位，营造了"布哈拉的布尔内斯"的神秘感。他对

穆罕默德扎伊王朝建立者埃米尔
多斯特·穆罕默德。他与锡克人和
波斯人的战争在不知不觉中将他拖
入了英国帝国政策的范围内。他寻
求与英国和解的尝试失败了，主要
是因为英国拒绝考虑这位埃米尔面
对的内部政治困难。但是最终英国
还是与埃米尔达成了协议。自此一
直到他统治结束，阿富汗成为在英
国保护印度的政策里越来越关键的
要素。

埃伦伯勒政策的某些方面不感兴趣。布尔内斯同意，和中亚各国进行贸易是可行的，也是可取的，但是他主张在当地进行更多的政治介入。布尔内斯还认为，在守卫印度中，波斯仍然起着作用，虽然作用不是太大，希瓦和赫拉特虽然也有着重要的战略意义，但是最首要的中心城市是喀布尔。"喀布尔的自然优势，"他写道，"是抵御亚洲强国成功入侵的最好屏障，作为一个王国，喀布尔的政治状态任何时候都是印度的重要关注目标"。[20] 因此，布尔内斯认为，英国应当给予多斯特·穆罕默德实际上的外交认可，并和他达成一条商业协议。

为了强化这一观点，布尔内斯为多斯特·穆罕默德及其政府涂上一层玫瑰色。强调了多斯特·穆罕默德的声望、当地的法治重建以及他对同英国建立良好关系的渴望。另一方面，布尔内斯对多斯特·穆罕默德面临的来自白沙瓦和坎大哈的兄弟们的威胁则一笔带过，对沙阿·穆罕默德和沙阿·舒贾的威胁也是轻描淡写。布尔内斯甚至声称多斯特·穆罕默德对旁遮普的锡克政权没有威胁，宣扬他"不可能在国外征战"，[21] 并提议英国居中调解，以结束锡克人和阿富汗人之间的战争。布尔内斯甚至非常有远见地预料到衰老多病的兰吉特·辛格死后，他的王国会陷入内战之中，这个锡克人的缓冲区会最终彻底瓦解。

布尔内斯提供了对该地更为详细的描述，更新了杜兰尼王朝的政治史，但是他的一些地理和战略假定是有问题的，比如他在描述部落情况和阿富汗文化时严重依赖之前的旅行者的记录，而其中的一些记录材料并没有出版。早在沃尔夫出版自己在布哈拉的游记之前，布尔内斯就借用了他的智慧。在巴尔赫，他发现并很可能阅读了穆克拉夫的日记，而这些日记在几年后才公之于众。布尔内斯在旅途中还随身携带了一本埃尔芬斯通的《喀布尔王国纪事》，离开喀布尔前，布尔内斯剪下了书中的插画呈给了纳瓦布·贾巴尔·汗。驻德黑兰外交使团成员、皇家工程师达西·托德少校对布尔内斯在潜在入侵路线和军事能力上的数据尤其持批评态度，特别不赞同布尔内斯的沙俄军队在阿富汗行军几乎没有后勤支援问题的说法。[22]

1832 年 6 月，在布尔内斯离开喀布尔大约一个月以后，另一个英国人也到了这里。他当时用的名字是查尔斯·曼森（Charles Masson），自称是美国公民，之后韦德对他的调查表明，其实他是英国在孟加拉驻军的一个逃兵，真名是詹姆斯·路易斯。[23] 曼森在 1828 年曾短暂经过阿富汗，在周边地区已有广泛的游历经验，但这次他决定留在喀布尔，和一位亚美尼亚社区领袖住在一起。曼森是一个热心的考古学家，1832 年 9 月，他协同哈吉·汗·卡卡尔展开对贝苏德的亚兹丹·巴赫什和赛甘、卡赫马尔德和杜阿布的乌兹别克埃米尔的一场战役。在此期间，他手绘了著名的巴米扬大佛的草图并进行了详细描述。英国在喀布尔的"本土"新闻写手赛义德·卡拉马特·阿里向韦德报告了曼森的行踪。当曼森返回喀布尔后，他写信给住在信德省的亨利·璞鼎查，信中主要讲述了他的考古发现，亨利·璞鼎查鼓励他定期记录喀布尔的相关事态。

　　韦德后来解雇了卡拉马特·阿里，因为据说他伪造了送给沙阿·舒贾的信件，还策划了其他阴谋。曼森接替了他的职位。曼森是个高产的作者和敏锐的观察家，他提供的情报价值很高，所以韦德为他争取到了皇家赦免，免于因逃

从中世纪堡垒哈尼法城堡眺望赛甘山谷。赛甘山谷在巴米扬到胡勒姆的军事及贸易通道上，同时也是布哈拉汗国传统的南部边境。查尔斯·曼森是第一个在巴米扬地区绘制这座堡垒和其他古迹的欧洲人。

避兵役被处以死刑。然而，任命曼森为驻喀布尔的新闻记者是没有事先征得曼森同意的。在当时的情况下，曼森觉得也没有选择，只能接受这个职位，他非常感激韦德为他争取到的逃兵罪赦免令。即便如此，曼森还是担心自己在喀布尔的新身份会带来麻烦，因为从此他很可能被当成间谍。事实上的确如此，他的很多密友都因此疏远了他。最后曼森对这个职位和英国的中亚政策都失望了，以至把这段记者生涯称为"奴役"。[24] 曼森和韦德在政策上产生了分歧，曼森建议英国承认多斯特·穆罕默德，而韦德支持沙阿·舒贾复辟，因为沙阿·舒贾已经和锡克人订立了盟约。韦德还巧妙处理了曼森的报告，在给总督的快信里有选择性地引用了曼森的话，造成曼森赞成自己观点的假象。

英国人、锡克人和沙阿·舒贾夺回王位的努力

在布尔内斯来访后，多斯特·穆罕默德派当时的巴米扬总督哈吉·汗·卡卡尔去哈扎拉贾特征服贝苏德的亚兹丹·巴赫什，后者当时领导着一个日渐强大的哈扎拉联盟，还控制着哈吉加克山口上的道路，这是喀布尔到巴米扬的南线道路上的重要纽带。征服亚兹丹·巴赫什是多斯特·穆罕默德控制不菲的关税和通往阿姆河的所有商贸线路计划的一部分。哈吉·汗·卡卡尔罢黜亚兹丹·巴赫什也有其自身利益的考虑，因为后者威胁到了他的权力和收入来源，而基齐勒巴什部族的贾万希尔人支持这场战役，是因为哈扎拉的埃米尔威胁要没收他们在贝苏德的财产。

亚兹丹·巴赫什早前被多斯特·穆罕默德以保证通行安全的名义引诱到了喀布尔，虽然他的妻子警告过，多斯特·穆罕默德不值得信任。亚兹丹·巴赫什一到喀布尔就被囚禁并判处死刑，他提出要交 5 万卢比的赎金来推迟行刑，在筹集资金的过程中，喀布尔的什叶派游击队员策划了他的逃生行动。多斯特·穆罕默德将怒火发泄到了亚兹丹的妻子身上，却发现她比自己强多了。她是德赫赞吉埃米尔的女儿，一个"有男子汉气概和习惯"的女儿，习惯"全副

武装，骑上战马，装扮得像个男人一样"陪伴丈夫一起战斗。她甚至还参加部落议会，毫不羞愧地向与会的长者给出建议。[25]当多斯特·穆罕默德因她丈夫的逃跑与她对质时，她大胆地反驳道："哦，帕因达·汗之子，你对一个女人大动干戈就不感到羞耻吗？"[26]多斯特·穆罕默德将她软禁在钦达瓦尔，结果她乔装打扮成男人逃走了。面对来抓自己的一队人马，她用一把火枪让他们吃尽了苦头，最后在贝苏德和她的丈夫重聚。

哈吉·汗·卡卡尔尝试说服逃亡的亚兹丹·巴赫什，多斯特·穆罕默德已经准备原谅他了，但是亚兹丹·巴赫什仍拒绝回喀布尔，于是哈吉·汗秘密和穆罕默德·阿里·贝格结成同盟，后者是赛甘的埃米尔，也是一个臭名昭著的奴隶贩子，经常袭击什叶派哈扎拉人的定居地。亚兹丹·巴赫什听到协定达成的风声后，驱逐了哈吉·汗的海关官员，没收了基齐勒巴什人的财产，切断了喀布尔到巴尔赫的贸易线路。由于巴米扬被围困，哈吉·汗·卡卡尔的私人收入堪忧，哈吉·汗提出要把希巴尔（Shibar）地区海关哨所的一部分收入分给亚兹丹·巴赫什，以换取后者同意自己的官员回到这些定居点。亚兹丹·巴赫什同意了，但是哈吉·汗·卡卡尔仍继续私下与穆罕默德·阿里·贝格密谋，并以赠予土地作为激励，鼓动哈吉·汗·卡卡尔和俾路支人在山谷定居，以扩大他在巴米扬的权力基础。

1832年秋天，哈吉·汗·卡卡尔和亚兹丹·巴赫什联手攻击穆罕默德·阿里·贝格，表面上是为了阻止他的奴隶贸易，但是哈吉·汗·卡卡尔却暗中引诱亚兹丹·巴赫什离开了他的势力范围，因为这样就可以一劳永逸地解决他。在征服了赛甘后，哈吉·汗·卡卡尔沿着卡赫马尔德山谷继续前进。在抵达偏远的定居点后，哈吉·汗指责亚兹丹·巴赫什密谋煽动当地的埃米尔反叛，并给他戴上了铁铐。在遭受了各种侮辱后，亚兹丹·巴赫什被用一根弓弦勒死了。

在解决掉这个麻烦的哈扎拉人后，哈吉·汗·卡卡尔朝胡勒姆继续进发。之后，昆都士的穆拉德·贝格向他屈服了，把赛甘、卡赫马尔德和阿贾尔山谷的控制权移交给了多斯特·穆罕默德。但是哈吉·汗·卡卡尔进军巴尔赫平原违背了埃米尔的命令。多斯特·穆罕默德担心自己的入侵会引起布哈拉人的强烈反应，所以召回了哈吉·汗·卡卡尔，并恢复了穆拉德·贝格的领土。哈吉·汗·卡卡尔在返回喀布尔后遭到唾弃并被流放到白沙瓦，在那里他只得迎合讨好多斯特·穆罕默德同父异母的兄弟们。

召回哈吉·汗·卡卡尔的另一个原因是，有报告称沙阿·舒贾正再次策划夺回王位。1832 年秋天，沙阿·舒贾写信给本廷克勋爵，要求预支一笔钱资助自己的战斗，然而他被告知，英国在萨多扎伊人和马拉克扎伊人的王朝冲突中保持中立。与此同时，本廷克没明确反对沙阿·舒贾的计划，只是说前国王"自己的事自己做主"。韦德最后说服加尔各答提前支付沙阿·舒贾 1.6 万卢比，同时也给予了沙阿·舒贾前所未有的特权，能在德里免税购买武器以及招募印度雇佣军。沙阿·舒贾的宣言表明了他重夺王位的意图，宣言里包括一份声明，大意是英国支持他的战役。兰吉特·辛格也给沙阿·舒贾预支了一大笔钱。作为回报，一项协议在 1834 年达成，并得到了韦德的秘密支持。根据协议，前国王沙阿·舒贾同意，如果夺回王位，愿意放弃对印度河与开伯尔山口间所有前杜兰尼领土的主权，包括白沙瓦。焦虑的多斯特·穆罕默德写信给韦德，询问英国是否支持沙阿·舒贾的战役，韦德撒了谎，称英国"没有参与"前国王的这次远征。[27]

面对沙阿·舒贾对坎大哈的威胁，迪尔·汗前往喀布尔请求军事援助，多斯特·穆罕默德利用这一局势，要求坎大哈的军事指挥官做出让步，增加了自己的权势和影响力。为了能在沙阿·舒贾或他的锡克盟友沿开伯尔山口进攻时守住防线，1834 年初，多斯特·穆罕默德进军楠格哈尔，并征服了巴拉巴尔、拉格曼和库纳尔部落，与莫赫曼德部落最重要的可汗之一正式结盟。

沙阿·舒贾终于在 1834 年夏天向坎大哈进发了，结果在战役中完败。同年 7 月初，他在坎大哈城外被击溃，丢下装备仓皇逃跑。多斯特·穆罕默德的官员在搜查前国王的物品时发现了韦德写给沙阿·舒贾的几封信，表达了对他的战役的暗中支持。韦德声称这些信是伪造的，指责喀布尔新闻记者卡拉马特·阿里的"欺骗行为""卑鄙的伎俩"和"恶意的设计"，并解雇了他。[28] 但是韦德很有可能的确是以半私人的身份写了这些信，因为他并不掩饰对沙阿·舒贾"重登王座"的渴望。他的信件让多斯特·穆罕默德和他的很多朝臣对英国官员起了疑心，因为虽然英国人公开宣称保持中立，但暗中却支持沙阿·舒贾复辟。这种棘手的事态将对日后的英国—阿富汗关系产生重大影响。

多斯特·穆罕默德在坎大哈为迎击沙阿·舒贾做准备时，锡克人抓住他不在的机会，占领了白沙瓦，罢免了苏丹·穆罕默德·汗，安排锡克总督哈里·辛格接替了他的位子。1834 年秋天，多斯特·穆罕默德回到首都喀布尔，发现那里都是难民，苏丹·穆罕默德·汗——他的同父异母兄弟，以及阴险的哈吉·汗·卡卡尔也在其中。他们之前趁着多斯特·穆罕默德不在，煽动了逊尼派反基齐勒巴什一派，后者现在要求埃米尔恢复对锡克人的圣战，夺回白沙瓦。面对这样的开战呼声，多斯特·穆罕默德明知不可取，却还是别无他法，派了哈吉·汗·卡卡尔和白沙瓦的军事指挥官去贾拉拉巴德，联络楠格哈尔和开伯尔的部落。

刚一解决挡道的对手，多斯特·穆罕默德就正式宣布自己成为国王，抢了他们的风头。一场私人的"加冕典礼"匆忙组织起来，只有精心挑选的少数官员和家族成员参加，并没有大张旗鼓。傍晚，多斯特·穆罕默德去了普勒凯什提尔清真寺（Puli Kheshti），从父亲那里继承了领拜人职位的米尔马苏姆，或称米尔·哈吉，放了"两三片草叶"在埃米尔头巾上，似乎是在有意回顾艾哈迈德·沙阿·杜兰尼的加冕仪式。[29] 多斯特·穆罕默德被宣布为国王和忠诚者的领袖。在这场仪式的结尾，米尔·哈吉宣读了对锡克人进行圣战的正式决定，敦促每一个穆斯林捐钱协助"促进如此正义的事业"。

但是，大家对募集资金的呼吁充耳不闻，正如曼森揶揄的记录那样，"喀布尔的穆斯林有多爱他们的宗教信仰，就有多爱他们的金子"。[30] 于是，多斯特·穆罕默德命令印度放债人提前支付两年的人头税（jizya），强加的赋税导致很多人带着黄金逃回了希卡布尔。其他人则把现金和财物都埋了起来，有一些人甚至逃进了山里。埃米尔还对所有的商店店主征收 5—10 卢比的税；他的妻子们甚至把珠宝都卖掉或典当了。虽然有监禁和酷刑的威胁，征收上来的战争税也只有少得可怜的 30 万卢比。征税造成了严重的经济损失，因为陆路贸易被中断，不再有信用证签发或兑现，所以对商队的投资也出现了惊人的下降。

与锡克人重燃战火并没有让多斯特·穆罕默德赢得加尔各答官员的欢迎，反而让韦德更加主张复辟萨多扎伊王朝。埃米尔按照曼森的建议给总督写信，要求他从中斡旋，劝说兰吉特·辛格恢复一些前杜兰尼领土，但局势并没有因此好转。韦德将信及时送到了加尔各答，但是加了封附件，重申了英国政府的政策，确保埃米尔的请求会遭到冷遇。本廷克的回复则非常直白：虽然英国寻求和埃米尔兄弟们交好，但是英国—阿富汗关系完全是商业性质的，英国不打算调解他们与锡克人的争端，更不用说尝试说服兰吉特·辛格在领土上让步了。给埃米尔的回复里还有一份韦德给曼森的信，概述了与总督的交流，还因为曼森一开始鼓动多斯特·穆罕默德写了这样一封信，将他狠狠训斥了一顿。曼森被提醒，英国政府的立场是埃米尔要为战火再燃负起全责，锡克人决定给予怎样的惩罚都是他应得的。韦德继续说道，如果多斯特·穆罕默德想结束和锡克人的战争，最好的做法就是寻求和兰吉特·辛格达成无条件的和解：

> （埃米尔）公然蔑视王公是非常鲁莽的……就算决心要采取敌对行动，他也应该事先确认有没有可以依靠的人支援或协助自己，而不是直接宣战后发现自己只能孤立无援地进行下去，现在再想体面地撤回为时已晚。[31]

多斯特·穆罕默德暗示，如果英国不提供帮助，他就会向"敌对势力"寻求支持，这进一步损害了自己的大业，实际上他的确也给波斯和圣彼得堡写了信。韦德要曼森向多斯特·穆罕默德明确表示，"用寻求敌对势力的支持做威胁……对（巴拉克扎伊）独立可能带来的毁灭性后果，是任何其他可能采取的行动都比不上的"（曼森的强调）。[32]

英国总督的回复在埃米尔的官员间引起了极大愤慨，他们不适应被外国异教徒的势力说教。埃米尔写的信是出自真心实意，而且是英国记者给的建议，于是曼森被疏远了很多天。此外，虽然总督的信反映了英国的现行政策，但是信件寄到的时间不合时宜，当时埃米尔和数千名圣战者正整装待发要进军白沙瓦。幸运的是，对英国而言，圣战失败了，如果多斯特·穆罕默德打败锡克人，再进军旁遮普，可能第一次英阿战争就要在1834年的印度河或萨特累季河岸边打响。

但是，连多斯特·穆罕默德都对这场战争的胜利没抱多大希望。"这就是一只无力的苍蝇要对抗一头巨象"，他断言，"只能祈祷在这么苦难的处境下上天能赐予胜利"。[33]埃米尔甚至找哈扎拉的占卜者算卦，但是，他的这种预感后来应验了。锡克人安全地待在白沙瓦堡垒后，多斯特·穆罕默德面对强大的防守束手无策，只得开始和谈。兰吉特·辛格派往多斯特·穆罕默德大营的使者中，有一个是美国探险家约西亚·哈伦（Josiah Harlan），尽管他的全部从军经历只不过是在缅甸战役中担任临时卫生员，但他自称是哈伦将军。[34]哈伦曾是曼森的朋友，但两人在闹翻后分道扬镳。随后，哈伦领导了一场不成功的尝试，试图帮沙阿·舒贾重登王座，后来他又去喀布尔待了一段时间，被卷入一场刺杀多斯特·穆罕默德的阴谋后，又逃到白沙瓦，最后加入了兰吉特·辛格的军队。

多斯特·穆罕默德被迫接受了现状，攻打白沙瓦计划的失败也让他的敌人有机可乘。他在外征战时，喀布尔的法律和秩序崩塌了，埃米尔回到喀布尔时，他的高级顾问都没到场迎接。随后，吉尔扎伊人因为征收战争税起义，贾万希尔人则与沙阿·舒贾勾结到一起。这使得喀布尔的安全局势逐渐恶化，最后曼森雇佣了武装警卫，并把自己锁在了家里。多斯特·穆罕默德请坎大哈将领们调解时才及时发现，坎大哈使者正在和白沙瓦的将领们密谋暗杀自己。更糟糕的是，曼森听说沙俄官员伊凡·维克托罗维奇·维特克维奇中尉已经抵达布哈拉，并向圣彼得堡传回最新的军事情报。[35]

布尔内斯使团前往喀布尔与波斯人围攻赫拉特

曼森力劝埃米尔修复和英国人的关系时，恰好新总督奥克兰勋爵乔治·艾登（George Eden）刚刚抵达加尔各答。曼森建议埃米尔给他写封贺信，以求奥克兰会更有意愿调停阿富汗—锡克战争。1836 年 5 月，埃米尔在信里向奥克兰保证："我认为我和我的国家与英国政府用最牢固的纽带联系在了一起。"接着他又继续解释，和兰吉特·辛格的战争不是他的错，要怪锡克人"鲁莽、被诱导的"行为，并再次请求英国出面调解，他最后写道："我希望阁下能把我和我的国家当成是您自己的。"不到 3 年的时间，奥克兰就按字面意思理解并接受了他的提议。[36]

奥克兰回复的口气和本廷克迥然不同，曼森报告说，高级官员对此都"激动万分"。此外总督称呼多斯特·穆罕默德时用了正式的王室头衔"埃米尔"，而不是"指挥官"，阿富汗朝臣们认为，这表明他默认了多斯特·穆罕默德的王位合法性，尽管不能确定奥克兰称呼这个头衔是刻意之举还是单纯因为他的政务秘书威廉·海·麦克纳顿的监督。乔治·艾登重申，英国的确想改善贸易关系，但也坚持不插手锡克—阿富汗争端的政策，他留了余地，让埃米尔告诉他自己要如何协助此事，因为这事关该地区所有国家的利益。回信中写道，两国"保持友好和睦的关系不受损害"符合该地区所有国家的利益。的确，不久他就计划向喀布尔派出英国使团讨论"商业话题"。[37]实际上，总督的信还没到喀布尔，亚历山大·布尔内斯就已经被指派为该使团的领导。

英国使者可能要来喀布尔了，这一消息被视作喀布尔与英国达成政治和解的一大证据。当然还有其他理由可以证明他们的想法。1836 年初，兰吉特·辛格占领信德省的哨所，威胁到印度河战略港口希卡布尔后，英国—锡克关系出现严重危机。韦德警告兰吉特·辛格，如果他试图把权力扩大到信德省，那么就有和英国开战的风险，英国认为信德省在自己的利益范围内，以至总督甚至开始动员军队。面对锡克人的威胁，1837年3月，海得拉巴的埃米尔们同意让国家成为英国的保护国，兰吉特·辛格也意识到，自己过于得寸进尺，于是也让步了。随着战争威胁的解除，韦德着手进一步修复英国—锡克关系，但是正如奥克兰指出的，英国现在"不可避免地陷入了印度河周边国家的政治决策里"。[38]

　　1836年12月末，信德省的危机还没有解决，布尔内斯就出发前往喀布尔，多斯特·穆罕默德则试图利用英国和兰吉特·辛格对抗的机会再次发动对锡克人的战争。穆罕默德·阿克巴被派去攻击贾姆鲁德堡垒，锡克人把它建在开伯尔山口的阿富汗一侧。阿克巴在1837年4月末抵达贾姆鲁德，在没有看到锡克人的踪影后，开始拆除防御工事。当阿克巴的手下忙着拆防时，锡克驻军的指挥官哈里·辛格展开了突然袭击并打散了阿富汗人，致使其死伤惨重。

　　阿克巴的军队没被全部歼灭，这全靠他的兄弟沙姆斯·阿迪·汗带了一支骑兵及时赶到，并向锡克人的战线发起进攻。阿克巴随后集结了剩余兵力将

贾姆鲁德堡垒，建于1900年。这座堡垒坐落在开伯尔山口的阿富汗一侧，最初是由锡克人修造的，后来被英国人接管并改建。

锡克人击退回贾姆鲁德，在那里，他们兄弟俩靠着大量的增援才获救。阿克巴中断了交战，返回贾拉拉巴德，让锡克人控制了贾姆鲁德。但他回到喀布尔后，宣布了胜利的消息，受到了英雄般的欢迎。随后的几十年里，阿富汗首都每年都会庆祝这场代价惨重的胜利。[39]

更为重要的是，这场"胜利"让埃米尔有机会对付强大的对手。他的首席部长阿布德·阿萨马德·汗没有参加与锡克人的这场战役，埃米尔怀疑他密谋造反，于是把他流放到布哈拉。接受过锡克人的巨额贿赂，在战役中也是袖手旁观的哈吉·汗·卡卡尔也再次被驱逐，后来他逃到了坎大哈，在那里受到了迪尔众兄弟的欢迎。多斯特·穆罕默德后来承认，自己犯过的最大错误之一就是没有杀掉哈吉·汗·卡卡尔。

在这场战斗中，锡克人打败了阿富汗人，但是兰吉特的终身挚友哈里·辛格在战斗中受了致命重伤。渴望复仇的王公拒绝和谈并威胁要进攻喀布尔，多斯特·穆罕默德十分重视这个威胁，他希望即将与自己会面的布尔内斯能同意由英国组织与锡克人的调解，以保全自己的面子。毕竟英国官员曾经介入锡克人入侵信德，所以，这次英国也很可能愿意扮演同样的角色，说服锡克人从贾姆鲁德撤退，甚至还可能在白沙瓦的权力分配问题上达成一致。韦德说服兰吉特·辛格放弃攻打贾拉拉巴德和喀布尔的计划，至少在布尔内斯返回印度前不要行动，这也进一步给了埃米尔一种希望。考虑到当时的政治形势，多斯特·穆罕默德有充足的理由认为，英国使团来喀布尔不仅仅是为了讨论商业事务，特别是布尔内斯的前两次探险都隐含着政治和军事目的。在布尔内斯抵达喀布尔前很久，曼森就向他传达了多斯特·穆罕默德的期望，埃米尔本人也在布尔内斯来阿富汗的路上定期给他写信。在给多斯特·穆罕默德的回复中，布尔内斯几乎没纠正他的误解，尽管布尔内斯得到指示谈论"严格限于商业"事务，但对布尔内斯来说，此次行程一定是有政治性的，因为他决心抓住这次机会重振自己的事业。

在伦敦大放异彩后，布尔内斯拒绝了在波斯的工作职位，因为他觉得这个职位配不上自己，所以他后来被派往信德当亨利·璞鼎查的助手。布尔内斯对此很是不满，因为布尔内斯和璞鼎查是截然不同的两个人，所以二人关系很快就恶化了。璞鼎查是个印度通，不过他攀登职业阶梯的道路却十分艰难。作为印军的海军少尉，他曾参加了第二次英国—马拉特战争（1803—1805），1810—1811年，当拿破仑的威胁达到顶峰之际，他完成了从俾路支斯坦到伊斯法罕的危险的情报收集之旅。多年来，璞鼎查一直为赢得信德埃米尔们的信任孜孜不倦地工作着，并成功确保了英国在印度河下游地区的利益。尽管他在印度辛劳了30多年，但是一直以来，璞鼎查几乎没有得到官方的认可。直到1839年，他才被授予男爵称号，1843年终于被任命为香港第一任总督。在璞鼎查看来，布尔内斯雄心勃勃、自命不凡，爱追求聚光灯，自信到近乎傲慢。这个声名鹊起的年轻人很难得到一个终身为国王和国家服务的人的喜爱。他们对彼此的厌恶已经到了不再往来的地步，以至奥克兰不得不写信提醒他们，私人的敌对情绪绝不能影响到他们履行公职。[40]

　　璞鼎查和海得拉巴的埃米尔们谈判，成功达成协议，使英国的影响力越过了印度河，抢去了布尔内斯的风头，而布尔内斯则下决心要超过自己的上司，方法是结束阿富汗—锡克战争，并在此过程中确保英国在开伯尔山口之外的商业和政治优势。一旦成功，布尔内斯肯定自己不但会被提拔，还能得到驻多斯特·穆罕默德王室公使的美差。在私人信件中，布尔内斯透露他觉得自己是"平息一个国家民愤的卑微工具"。[41]甚至在抵达喀布尔前，布尔内斯就制订了一个离奇的计划来结束阿富汗—锡克战争：劝说兰吉特·辛格同意停战，在他死后将锡克人在印度河外的所有领土归还给多斯特·穆罕默德。在白沙瓦期间，布尔内斯和辛格的王储讨论白沙瓦事务后，进一步提高了期望。因为后者告诉他，自己的父亲可能愿意考虑让苏丹·穆罕默德·汗回来，在锡克人的宗主权下统治白沙瓦。

　　然而，布尔内斯无权对阿富汗—锡克战争"作出回应"，更不用提尝试达成和解了。各方向他提出的任何政治建议都必须转到加尔各答，在收到总督的正式回复前他只能等待，然后再和埃米尔与其他有关各方进行沟通。这是一个曲折的过程，信件从喀布尔到加尔各答需要 6 周时间，大概 3 个月后，布尔内斯才能收到回复，这个延迟是导致和谈是否成功的关键因素。这个流程中，韦德处于能影响总督的重要位置，确保了他能维持亲锡克政策。这对韦德而言尤为重要，因为他正在竭尽全力修复自信德冲突后与兰吉特·辛格的关系。出于同样的原因，韦德不想让英国看起来对多斯特·穆罕默德太友善，尤其严格说来，埃米尔正在和锡克人交战。的确，如果锡克人能占领喀布尔和坎大哈，那么韦德会非常高兴。因此，布尔内斯和韦德在政策上的分歧也有个人对抗的因素。布尔内斯毫不掩饰能成为喀布尔政治代理人的野心，如果他得到这个职位，韦德对阿富汗事务的垄断就会被打破。布尔内斯在 1837 年 11 月 20 日抵达喀布尔时，整个英国使团享受了充分的外交荣誉，他和他的同胞们坐在大象上，被领入希萨尔城堡，街边挤满了欢呼的群众。埃米尔确信布尔内斯是在执行秘密的政治任务，于是，在他最隐蔽的地方——他的后宫举行了第一次会面，在场的只有他和自己的儿子阿克巴。哪怕布尔内斯声称他的使团是绝对的商业性质，埃米尔都认为他只是在摆姿态，开始和他讨论如何解决和锡克人的战事，并指出，在战争结束前，跨印度河贸易不会有任何改善。不光是阿富汗财政濒临破产，商队线路上的安全形势也恶化到了印度商人停止签发信用证件的地步。由于总督曾经宣称自己是阿富汗人和锡克人的朋友，所以英国自然成了争端的调解方。但是埃米尔明确表示，不准备接受任何可能被视为投降的和平协议。然后，多斯特·穆罕默德又提议，允许他在白沙瓦行使一定的权威是一个能保留足够颜面的解决办法。

从一开始，布尔内斯就发现，自己在计谋上不是埃米尔的对手，后者巧妙地将商贸条约的谈判和解决与锡克人的战事绑定在一起。然而在政治事务上，布尔内斯并没有决策权。奥克兰在前往喀布尔的路上听说埃米尔计划与兰吉特·辛格继续交战，就给布尔内斯发送了修改后的指示，让他告知多斯特·穆罕默德放弃"他无法维持的主张"，尤其是在白沙瓦问题上。布尔内斯还建议，埃米尔如果真心希望结束这场战争，就应该向兰吉特·辛格正式道歉，最好是把儿子阿克巴也送到拉合尔。如果他这么做了，英国可能会在两者之间美言几句，帮苏丹·穆罕默德·汗恢复锡克宗主权领导下的白沙瓦总督职位。但这完全取决于兰吉特·辛格自己的意愿。

多斯特·穆罕默德很清楚，把儿子送到拉合尔祈求原谅不仅是一场羞辱，还等于是政治自杀。奥克兰的立场不仅反映了英国政府的政策，还表明了总督对该地区传统的和谈协议缔造和政治动态严重缺乏了解。让埃米尔把儿子送到拉合尔寻求和平与原谅，等于承认自己的失败和默认锡克人的主权，这会让多斯特·穆罕默德变成兰吉特·辛格事实上的附庸。这对埃米尔、阿富汗的政治精英，以及阿富汗南部的部落首领们而言是不可接受的。允许苏丹·穆罕默德·汗统治白沙瓦也同样不能接受。"虽然我们是同一个家族、同一条血脉，"他告诉布尔内斯，对他来说，"苏丹·穆罕默德·汗是比锡克人更致命的敌人"。[42]布尔内斯告诉总督，埃米尔拒绝了他的提议，但他没有坐等加尔各答的回复，而是尝试协商出问题的解决方案，因为他确信自己可以说服奥克兰改变主意。在此过程中，布尔内斯产生了一种不切实际、无法实现的期望。

布尔内斯在第一次和多斯特·穆罕默德会面时还不知道，大约在他抵达喀布尔前两周，奥克兰勋爵写信给正在为布尔内斯使团的真实目的担心的兰吉特·辛格，让他放心，英国并不打算和多斯特·穆罕默德达成任何政治协议，而且"没有（兰吉特）的同意不会在喀布尔采取任何行动"。[43]奥克兰还告知王公，他认为，进攻贾姆鲁德是埃米尔对可靠的协议伙伴的公然侵略，如果兰吉特·辛格决定进军喀布尔惩罚多斯特·穆罕默德，他不会表示反对。至少英国在开伯尔山口外能多一个值得信赖的盟友。对于多斯特·穆罕默德，奥克兰认为，他不值得信任，因为他曾经给波斯和沙俄都写过信寻求支持去攻击锡克人，这一举动对英国的利益不利。奥克兰然后要布尔内斯通知多斯特·穆罕默德，如果他真诚地希望与英国建立良好的关系，就应该立即停止与这两个国家的一切来往。

多斯特·穆罕默德一定很困惑，既然布尔内斯没有全权代表的能力就眼前的主要政治问题协商出解决方案，那为什么英国要费心派他来喀布尔？布尔内斯难道只是一个传递英国所有目的和意图的信使吗？从埃米尔的角度看：

> 英国的斡旋不是他期望的样子；他的希望是截然不同的；现在他头上戴着穆斯林头巾，在和英国人建立友好关系上，他乐观地希望能用一条披巾来代替穆斯林头巾。相反，他发现英国人希望他的头上保留旧东西，还热心地保证不会允许别的力量把它们夺走。他并不怎么重视这样的友善行为，因为他本来就不担心别人会将其夺走。[44]

但是为了释放善意，多斯特·穆罕默德停止了与波斯和沙俄的所有来往。毕竟他对于和波斯结盟也不是很上心，因为对强大的逊尼派伊斯兰游说团来说，这在政治上也是不可接受的。他渴望的是和地区的主导力量——英国结盟。

1837 年 11 月，局势发生了意想不到的变化。喀布尔得到消息，一支波斯军队在朝赫拉特进发，尽管遭到英国驻德黑兰特使约翰·麦克尼尔爵士的强烈反对，穆罕默德·米尔扎·恺加还是发动了这场战争。英国认为，沙俄在背后鼓动这场战争，以便把沙俄的影响力扩大到阿富汗。麦克尼尔向穆罕默德·沙阿指出，沙阿·卡姆兰已经接受了一定程度上的波斯宗主权。但是，沙阿·穆罕默德·卡扎尔要求卡姆兰放弃"沙阿"的头衔，授予自己呼图白和铸币的权力，还要将赫拉特年收入的一部分上缴给波斯国库。沙阿·卡姆兰拒绝了，直截了当地提醒沙阿·穆罕默德，是一位波斯君主任命萨杜·汗为阿富汗的统治者，并赐予他苏丹的头衔。作为萨杜·汗的直系后裔，卡姆兰完全有权力称自己为"沙阿"，他宣传"只要赫拉特还有一个阿富汗人活着，阿富汗人就永远不会允许别人统治自己"。[45]

1837 年 10 月，沙阿·穆罕默德率领一支 3.6 万人的大军从萨卜泽瓦尔出发，不仅打算征服赫拉特，还要横扫希瓦、坎大哈和喀布尔。波斯对赫拉特的进攻，将英国置于尴尬的境地，因为根据 1814 年协议的约定，英国答应不介入波斯人和阿富汗人之间的任何战争。所以，麦克尼尔派出自己的军事大臣斯托达德（Stoddard）上校和波斯军队一起出征，希望他能说服沙阿·穆罕默德放弃计划。斯托达德在内沙普尔时，刚到布哈拉的沙俄特使维特克维奇来到波斯大营，宣布他正带着沙俄政府的信件前往坎大哈和喀布尔。于是沙阿·穆罕默德过度夸大了沙俄的支持程度，加重了对沙俄真实意图的偏执。波斯军队里有沙俄人，这被视为莫斯科介入的另一个信号，但事实上，这些人只是沙俄要求波斯遣返的波兰逃兵。赫拉特一遭到围困，波斯就派了一名特使去坎大哈和将军们商讨结盟。

对英国和赫拉特来说，幸运的是沙阿·穆罕默德·米扎尔·恺加是个糟

突厥斯坦山脉被深邃狭窄的山谷割裂开。正是法里亚布省东南部吉尔比扬附近的这样一个地形，在波斯人对埃马克和乌兹别克同盟的战役中困住了阿萨夫·道拉的军队。

糟的将领，把围城组织得很混乱。他没有集中全部资源攻克赫拉特，反而是分散了兵力。沙阿·穆罕默德将呼罗珊总督阿萨夫·道拉和几千名精锐部队的士兵，连同大批火炮一起被送到巴德吉斯，以阻止逊尼派哈扎拉人首领谢尔·穆罕默德·汗以及梅马内的瓦利·密兹莱伯·比领导的逊尼派同盟可能发起的进攻。在阿萨夫·道拉的进攻中遭到激烈反抗，尽管他最终攻克并洗劫了瑙堡。埃马克人也撤进深山。阿萨夫·道拉在追击他们时，被困在了深邃狭窄的山谷，遭到了伏击。随着伤亡人数的增加，阿萨夫·道拉请求支援。3000 人的援军和 32 门火炮被派去前线，最后，阿萨夫·道拉设法占领了古里安。在他接着朝阿尔玛进发时，梅马内的密兹莱伯·比向波斯屈服了，但是土库曼人和埃马克人则坚持战斗，切断了大军拉得太长的补给线，迫使阿萨夫·道拉躲进古里安的冬季营地。大概 3 个月的时间，波斯军队都没参与围攻赫拉特，巴德吉斯严酷的冬天到来时，数百名波斯士兵和大量牲畜死于严寒和饥饿。1838 年 4 月，阿萨夫·道拉回到赫拉特，这时，他的军队已经不适合再战斗。[46]

直到 1838 年的春天，赫拉特包围战都没有什么进展。尽管不断遭到炮轰，城墙依然屹立，守军还设法击退了波斯人的进攻。当亨利·璞鼎查的侄子——正乔装打扮游历阿富汗的埃尔德雷德·璞鼎查中尉和卡姆兰的维齐尔亚尔·穆罕默德·汗会面时，这场包围战发生了意想不到的转折。埃尔德雷德·璞鼎查宣称自己是英国官员，于是立即被任命负责防守城市。[47] 璞鼎查在赫拉特包围战中的表现让他成了国家英雄。他被称为赫拉特的英雄，英国帝国神话宣称，是璞鼎查以一己之力确保了赫拉特没有陷落。璞鼎查的确召集赫拉特城中士气低落的守军组织了防守，但是他真正的贡献是哄着沙阿·卡姆兰和维齐尔亚尔·穆罕默德·汗不要投降。璞鼎查在赫拉特的存在，意味着英国在双方阵营都有了代表，所以当璞鼎查竭尽全力拖延包围战时，斯托达德和麦克尼尔转而向沙阿·穆罕默德施加了更多外交压力。

起初，英国官员认为赫拉特在几周内就会陷落。同时阿萨夫·道拉在穆尔加布和梅马内的战事引发了更大的担忧。1837 年末，布尔内斯使团中，去昆都士为穆拉德·贝格治疗过眼部不适的洛德医生写信通知布尔内斯，梅马内的密兹莱伯·汗和查哈尔大区的埃米尔已经投降，并宣布现在没有什么能阻挡波斯军队占领巴尔赫和昆都士。在这一消息传来之前，有报告称，一个波斯特使已经抵达坎大哈，正在和谢尔·迪尔·汗协商联盟。暂时看来，赫拉特、巴尔赫和坎大哈有可能会沦陷。总督认为这种可能性会给沙俄扩大影响带来机会，甚至可能导致入侵印度。

1837 年 10 月，布尔内斯写信警告谢尔·迪尔·汗，英国认为波斯大使的存在是个敌对行为，但在一个月后，谢尔·迪尔·汗还是签署了协议。根据条约，波斯同意，赫拉特一旦陷落，就将其交到坎大哈将军们的手中，他们会以沙阿·穆罕默德的名义统治该地。波斯还承诺，如果坎大哈受到英国、沙阿·舒贾或多斯特·穆罕默德的攻击，波斯会提供军事援助。签署完协议，谢尔·迪尔·汗立刻派出一支庞大的部落雇佣兵协助波斯围攻赫拉特。对英国人来说，这个情况变得更加危急，因为沙俄驻波斯特使伊凡·西蒙尼奇（Ivan Simonich）伯爵确认了这个协议，并指派一个沙俄炮兵军官指导沙阿·穆罕默德围城，甚至还自己出钱给士兵补偿。

沙俄外交大臣内斯尔罗德（Nesselrode）伯爵听说了西蒙尼奇的做法后，否决了他这次的特使行动并将他召回。内斯尔罗德给英国政府写了一封正式的道歉信，但是，在布尔内斯和麦克尼尔收到信息时，损害已经形成了。英国官员认为，西蒙尼奇的行为是沙俄暗地支持波斯侵略的确凿证据，沙俄利用这次入侵试图将其影响力扩大到印度的国门前。[48] 维特克维奇中尉在 12 月初抵达喀布尔，带来了沙阿·穆罕默德和西蒙尼奇伯爵写给多斯特·穆罕默德的信件，支持了这一设想。为了表达善意，埃米尔向布尔内斯展示了西蒙尼奇的信件，但这让西蒙尼奇更为警觉。因为沙阿·穆罕默德敦促埃米尔接受波斯的宗主权，而西蒙尼奇则提出，如果锡克进攻喀布尔，沙俄人会支援多斯特·穆罕默德。

布尔内斯现在发现，自己深陷一场重大的地缘政治危机，在自己收到官方命令时，并未预料到这场危机。在德黑兰的麦克尼尔在此事上有更大的权限，但是布尔内斯并没有这样的权力。他想，当他收到新指示时，赫拉特、巴尔赫和坎大哈可能已经陷落，沙阿·穆罕默德在绝望中极有可能接受沙俄的帮助以对抗锡克人。此时的布尔内斯并不知道，阿萨夫·道拉的推进已经停滞不前，直到 2 月他才收到返回赫拉特的消息，因为昆都士和喀布尔间的山口被冬雪封锁，洛德医生的信被耽误了。经过和布尔内斯的商谈后，多斯特·穆罕默德同意再等 3 个月，以便让布尔内斯收到加尔各答对波斯和沙俄信件的官方回复。与此同时，维特克维奇留在喀布尔，但是多斯特·穆罕默德拒绝见他。

根据布尔内斯在 1837 年 12 月初提供的信息，他认为已经"别无选择"，只能立即行动。他的助手利奇（Leech）中尉带着一封信被派去坎大哈督促迪尔兄弟废除和波斯的协议。作为回报，布尔内斯答应英国会出资金和军队，帮助他们抵抗波斯可能发动的侵略。然后，布尔内斯违反了正式规定，绕过韦德和麦克纳顿，直接向总督写信，发出热切的呼吁，信里他为自己的行动正名，并要求奥克兰支持自己向坎大哈提供财力和军事支持的提议。布尔内斯还汇报说，多斯特·穆罕默德已经在锡克问题上进一步退让。虽然他不准备把阿克巴送去拉合尔，但是他愿意写信为进攻贾姆鲁德道歉，并向兰吉特·辛格表示对哈里·辛格之死的慰问。但是为了挽回丢掉的颜面，多斯特·穆罕默德要求英国居中斡旋，说服兰吉特·辛格同意让他的一个儿子统治锡克主权下的白沙瓦。他甚至还提出，把一部分白沙瓦的财政收入交给拉合尔。布尔内斯关于这段"白沙瓦事件的解决"是这么记录的：

> 在我看来，我们有一个可以立刻采取的补救措施防止进一步发生的阴谋诡计，这可以向阿富汗人表明英国政府的确同情他们，以求一边让埃米尔们满意，一边达到我们的政治和商业目的。[49]

布尔内斯坚信兰吉特·辛格会接受这样的条款，甚至还提出要亲自去拉合尔领导谈判。

直到 1838 年 2 月，奥克兰的回复才被送到喀布尔，其内容也让布尔内斯行动获批的希望彻底破灭了。向坎大哈将领提供援助的提议被否决了，波斯协议因涉嫌伪造也不予理睬。奥克兰认为这是迪尔兄弟为了获得英国让步才使出的伎俩，而维特克维奇的任务完全是小题大做。总督接着重申，多斯特·穆罕默德必须放弃所有英国会出面协调的幻想，不要再惦记白沙瓦，因为英国已经承认了它是锡克的领地。韦德甚至都不愿费心将多斯特·穆罕默德的最新提议转给兰吉特·辛格。总而言之，布尔内斯因为越权行事和抬高了多斯特·穆罕默德对英国的期望而受到了斥责。2 月 22 日，布尔内斯和多斯特·穆罕默德进行了最后一次羞耻的会面，他通报了奥克兰的信件内容，承认自己严重违反了命令，歪曲了英国政府政策，让埃米尔期望过高。多斯特·穆罕默德感到内心苦涩，因为他为了赢得英国人的支持而付出了太多的精力和资金。他宣称，自己在布尔内斯使团执行任务的整个过程中，"不是被蒙在鼓里就是被误导……谁的支持我都不求，只求英国的，但是你们拒绝了我所有的请求和承诺"。[50] 他从英国那既没得到"赞誉"（izzat）也没得到"尊重"（ikram）。布尔内斯试图将责任归咎到埃米尔身上，指责他冥顽不化、不切实际，这进一步加重了对埃米尔的侮辱和伤害。埃米尔的部落委员会听说此事后被激怒了，而奥克兰信件中的威胁口吻助长了他们的怒火。在惹怒埃米尔后，服务于埃米尔的哈伦将军称，多斯特·穆罕默德的一些顾问甚至想处死英国使团成员。

但是，多斯特·穆罕默德在纳瓦布·贾巴尔·汗的支持下尝试对残局做些补救。在给奥克兰的回复中，埃米尔说，哪怕英国模糊地承诺保护埃米尔免遭波斯侵略，或是在白沙瓦问题上摆出象征性的姿态就足够了。他甚至准备接受苏丹·穆罕默德·汗在锡克治下担任白沙瓦长官，同意总督结束战争的所有条件。但是他和儿子们都不打算在兰吉特·辛格面前卑躬屈膝，也不愿低声下气地祈求他的原谅。不过，布尔内斯不敢把这最后的请求转交给加尔各答，因为用埃米尔的话来说，他"无权……满足这个国家"。[51] 私下里，埃米尔告诉哈伦，他让自己卷入英国—沙俄的阴谋里是一个巨大的错误。

布尔内斯的任务失败了。1838 年 4 月 21 日，埃米尔正式接待了维特克维奇。尽管阿富汗官员向布尔内斯保证，他仍然是个朋友，留下来也不会受到任何指责，5 天后，他还是离开了喀布尔，并命令曼森和自己一起走。尽管布尔内斯当时并不知道，他和同伴们能保住性命逃走是很幸运的。贾巴勒·克尔本来计划在他们去贾拉拉巴德的山口伏击并杀死他们，但是多斯特·穆罕默德出面干预，拒绝批准暗杀行动，所以使团安全抵达贾姆鲁德。

几个月后，维特克维奇被召回，西蒙尼奇曾经答应的条件也被全部撤销，这再次打击了埃米尔对欧洲外交的真诚信念。维特克维奇在回到圣彼得堡时，内斯尔罗德非常冷淡，派了一个下属送去简短的信息：伯爵"不知道什么维特克维奇上尉，只知道一个叫这个名字的探险家，他近期未经授权就在喀布尔和坎大哈参与了一些阴谋"。[52] 维特克维奇怒气冲冲地回到了住所，烧掉了所有的文件，然后朝脑袋开了一枪结束了自己的生命。

布尔内斯必须为任务失败承担大部分责任，因为从一开始，他就没遵守自己的职权范围，或者至少说他对自己的职责做了非常"有创意"的发挥。在布尔内斯看来，去喀布尔执行任务是一次机会，他能在那发动一场外交政变，既能得到美名又能得到提拔，但他居然幼稚或者说是自大到相信加尔各答的官僚会支持自己的行动和建议。而奥克兰不管对错，都一直坚持英国政府的官方立场。

布尔内斯不应该是这场灾难的唯一负责人。他的使命是埃伦伯勒激进的印度河政策、对沙俄的野心及圣彼得堡宣称对波斯的影响力的无端恐惧共同导致的结果。因为奥克兰相信，布尔内斯的任务不会被当成政治性质的，这也非常幼稚。喀布尔和加尔各答间的通信滞后，以及布尔内斯受限的权责范围，都意味着在面对军事和政治局势的意外巨变时，他都无能为力。奥克兰选择布尔内斯这样一个没有外交经验的低级官员去做需要巧妙手段的使团领导是另一个误判。用曼森的话说就是，总督信任了一个完全不谨慎的人。[53]亨利·璞鼎查、约翰·麦克尼尔爵士或是约翰·马尔科姆（John Malcolm），这些和波斯、阿富汗打交道并具有丰富经验的外交官本是更好的人选。

韦德对兰吉特·辛格不加批判的支持，对英国调停阿富汗—锡克战争的反对，以及对沙阿·舒贾复辟的偏向，进一步动摇了布尔内斯的立场。最后，韦德的观点占了上风。但是，有证据表明，英国如果能居中斡旋，解决长期以来的争端，而不是实际上要求多斯特·穆罕默德无条件投降，那么双方应该能十分乐意接受一个折中的方案。如果这一点能实现，那么英国在喀布尔和拉合尔的声望都能大大提高，同时，还能拯救数千名英国人、印度人和阿富汗人的生命，因为布尔内斯使团的完全失败导致了锡克人和阿富汗人的战争。任务失败的后果持续了相当长的时间。它破坏了埃尔芬斯通使团营造的善意，严重损害了英国在阿富汗继任统治者心中的形象，他们不再相信英国的外交，认为英国的外交方略是阴险的、狡诈的、带有欺骗性的，这一看法一直持续到了20世纪。

布尔内斯抵达白沙瓦后告诉韦德，他确信"除非英国政府采取迅速、积极、果断的措施"反制沙俄，否则"性质极其严重的后果"将会发生。奥克兰也坚信，英国"不应该默默忍受波斯和沙俄不断扩张的影响力，而应该在我们整个西部边境修理它们"。[54]1838年5月，奥克兰在印度北部城市西姆拉成立了一个战争委员会，决定对波斯和阿富汗的战局进行军事介入。而对于维特克维奇的任务，总督以前认为无足轻重，现在被视为是对英国利益的直接威胁。韦德帮助沙阿·舒贾复辟的计划尽管在几个月前被奥克兰拒绝过，但现在被采纳为正式策略。奥克兰的首席政务秘书麦克纳顿，被派去会见兰吉特·辛格，讨论结成军事同盟对抗阿富汗并签署新的协议。麦克纳顿还受命筹备作战，几个月后又被任命为特命全权大使并被派到沙阿·舒贾身边。

这个决定很特别，因为麦克纳顿没有军事或外交经验，他只是曾任高等法院法官，精通伊斯兰法和印度法。他还是个典型的官僚：谨小慎微、指手画脚、拘泥于制度，还喜欢参与些小的阴谋诡计。他的同僚们并不喜欢他，很多人都认为他不应该成为总督真正的得力助手。麦克纳顿的妻子弗朗西斯则更难相处。她出身于一个英国爱尔兰裔的小贵族家庭，凭自己的本事攀爬社会阶梯去了印度。实现这一野心，她只用了简单的权宜之计——不断高"嫁"。[55] 她的第一任丈夫是孟买步兵的一个军官，结婚几年后就去世了。没多久，弗朗西斯就接受了麦克纳顿的求婚。在麦克纳顿死后，她回到英国，1853 年，嫁给了黑德福特（Headfort）第二侯爵托马斯·泰勒（Thomas Taylour）。她野心勃勃、傲慢自大，自恃高人一等，有时无理透顶，她简直就是英国作家安东尼·特罗洛普在小说《巴塞特郡纪事》中塑造的普劳迪夫人的加尔各答版本。

韦德和布尔内斯奉命参与麦克纳顿会见兰吉特·辛格的任务，但是曼森没有受邀加入这次会见，而是被留在了白沙瓦。在布尔内斯抵达喀布尔不久，曼森就提出辞职，但是奥克兰拒绝了他的请求，告诉曼森继续坚持，协助布尔内斯。在接下来的 6 个月里，曼森对布尔内斯和他的行为产生了明显的厌恶，对英国政府的政策也越来越挑剔。当布尔内斯的任务结束时，曼森再次提交了辞职申请，这一次得到了批准。虽然奥克兰保证他的服务受到了赞赏，但是曼森没有受到任何新的任命。从"奴役"中解脱后，曼森去了优素福扎伊，在那里他记录了后来被发现是孔雀王朝国王阿育王（前 272—前 235 年）的 14 项法令的文字，它们被雕刻在迈丹城附近的沙巴兹格里（shahbazgarhi）的岩石上。

无论如何，曼森正在从重病中恢复过来，多年来的辛劳旅程和阿富汗的生活让他疲惫又沮丧。而且他还负债累累，只能靠微薄的收入生活，因为他申请在喀布尔时期的驻外补贴被否决了。他对英国对外政策的失望加深到了愤世嫉俗的程度，6 个月来他旁观了布尔内斯、韦德、麦克纳顿和奥克兰合力摧毁他过去 5 年来一手建立起的与杜兰尼王国的信任。他被勒令离开自己心爱的国家，这件事更加深了他的不满，很多阿富汗朋友害怕遭到报复，也断绝了与他的来往。

曼森也对布尔内斯和其他英国官员在喀布尔时的个人行为不齿，他宣称埃米尔为了讨好使团，按他们的要求提供了尽可能多的漂亮女人和舞女。许多布尔内斯的圣徒传作者驳斥了曼森的指控，认为这是一个心有怨恨的人的污蔑。但是布尔内斯和他圈子内的风流韵事，无论是对阿富汗王庭还是自己的同僚，都是公开的秘密。[56] 的确，布尔内斯在访问喀布尔期间与许多阿富汗的高层妇女有染，这也是导致他最后惨死的一个重要原因。

结束考古探险回来后，由于没有新的职位消息，曼森去了费罗兹普尔，在那里，一支侵略大军正在集结，这支大军给自己起了一个宏伟的名字"印度大军"，但是，曼森刻意避免与"政客"接触。在曼森看来，与多斯特·穆罕默德开战"毫无用处"，他还调侃称奥克兰做出这个决定是迫于"副官、秘书和某些女人攻击"的压力。[57] 在接下来的 18 个月里，曼森专心致志撰写他的回忆录。1840 年夏天，他被派往刚刚在一年前受到"印度大军"洗劫的卡拉特，在那里，当地的"政客"进一步羞辱了曼森。当他向波伦山口的代理负责人、施虐成性的拉夫德（Loveday）中尉致敬时，拉夫德坐在屋内唯一的椅子上，曼森被迫像当地人一样蹲坐在地上。然后在他试图指出"印度大军"犯的许多错误时，拉夫德故意忽略了他。更让曼森反感的是，他在参观卡拉特时，发现这个曾经繁荣的商业中心现在成了废墟，他的朋友也都被监禁了。麦克纳顿的土地和税收改革的设计本意是提高沙阿·舒贾的财政收入，但是引发了强烈的不满，最终导致了人民的起义。当叛乱分子攻入卡拉特后，拉夫德、曼森和其他英国官员都成了阶下囚。曼森在叛乱中丢失了很多笔记和手稿，最终获释并被送去商谈交换囚犯。但是，奎达的英国官员指控他擅自进出军事区域，是个沙俄间谍。因此，曼森被软禁在家中，几个月后才被无罪释放。

曼森无法获得官方对自己无端被囚的补偿，只得在印度报纸上发表了自己经历的苦涩记录，声称麦克纳顿是迫害自己的幕后黑手。于是更大的失望接踵而来。他听说英国没有一家"体面的"出版社愿意出版他的日记，因为其中批判了英国官员和政府政策。因遭受错误监禁和在卡拉特暴乱中损失财物而提出的赔偿请求，也被驳回了。1842 年，曼森回到英国，继续向管理委员会申诉自己的案件，但是从未得到任何赔偿，所以他只能靠微薄的退休金生活。最后他还是出版了修改后的回忆录，但是，他对个人和政府政策的批判惹恼了很多高官。毕竟他只是一介平民和一个逃兵，在势力集团眼中，他没有资格批判比他"更好"的人。鉴于曼森受到的对待，他在出版的作品中偶尔的苦涩爆发是合情合理的。但是曼森笑到了最后，因为他的《在俾路支省、阿富汗、旁遮普和卡拉特的旅行记事集》成了"政客"们研究印度西北边境的标准参考作品。

　　查尔斯·曼森在世时，他的成就被严重低估，他的贡献远远超过了布尔内斯、韦德、埃尔芬斯通或是奥克兰。曼森的出版作品和留存下来的日记、文章至今仍是研究阿富汗这一重要政治时期的主要资料来源。他对多斯特·穆罕默德王庭内部运作方式的记录与埃尔芬斯通的记录同样重要，因为它提供了对部落和政治间复杂的相互关系的深刻见解。他发表的日记和文章也包含了关于阿富汗地理和人民的广泛信息。曼森对阿富汗的了解不逊于其同时代的任何

洛加尔山谷古尔达拉的佛教圣古匣和寺院，这是查尔斯·曼森记录的众多佛教古迹之一。

人，他的考古发现也是具有开创性的。曼森几乎是以一己之力发现并记录了近乎未知的犍陀罗佛教文明，抄录了数十个古代铭文，给包括巴米扬大佛在内的很多重要古迹绘制了详细的草图，并且收集了大量的古代货币，大英博物馆在不久前才完成这些货币的全面分类。曼森开拓性的成果在今天为他赢得了"阿富汗考古之父"的头衔。

奥克兰谋划攻打阿富汗恢复沙阿·舒贾王位

尽管没有参与针对多斯特·穆罕默德的军事行动计划，但是布尔内斯认为邀请自己加入麦克纳顿的使团会见兰吉特·辛格，标志着他不会因为在喀布尔的不当行为受到惩罚。尽管私下承认在阿富汗事务的看法上，他"和总督截然不同"，甚至暗地里指责奥克兰对任务"管理不善"，[58] 但支持多斯特·穆罕默德在政治上明显不被接受后，布尔内斯转而支持扶持沙阿·舒贾登上王位的这个决定。这次政治觉醒让布尔内斯对即将打响的军事行动能帮自己当上喀布尔特使重燃希望。在给兄弟的私信里，他吹嘘自己即将"当上酋长，要么成为恺撒那样的人，要么什么都不是，如果得不到我该得的，你很快就会看到我回到英国"。[59]

然而，布尔内斯高估了自己的重要性。1838 年 7 月，奥克兰通知他，麦克纳顿要成为特使，但是布尔内斯没有离开印度，还在得到自己将接班麦克纳顿的含糊承诺后，接受了低等政务官的职位。让布尔内斯感到欣慰的是，奥克兰告知他，伦敦已经支持他将协助坎大哈将领们的决定："内政部已经宣布我是对的，而勋爵阁下是错的"，他欣喜若狂，"这是我生平最大的一次成功"。不过这还不是全部：奥克兰的信是写给"骑士中校亚历山大·布尔内斯爵士的"——布尔内斯不但得到了提拔，还被授予了骑士称号。韦德也成了克劳德·韦德爵士，第二年，麦克纳顿也获得了爵位，这就是对失败的回报。毋庸置疑，曼森没有获得这样的荣誉。

　　麦克纳顿去见兰吉特·辛格的本意是商讨攻打阿富汗的计划，奥克兰希望这次战争能以锡克人为主导。但是情况很快就明朗起来，兰吉特·辛格不打算让自己的军队在开伯尔山口外卷入可能发生的血腥、持久的冲突。最后，首当其冲的是英国和印度的部队，他们成为这场战斗的主力。按照计划，进军阿富汗是兵分两路：主力军队进攻坎大哈，锡克人和一支主要由印度士兵组成的小规模力量在楠格哈尔开辟第二条战线。1838 年 6 月 26 日，双方签订了《三方协议》，旨在将阿富汗变成一个软弱、分裂、政治上需要依靠英国和锡克的国家。作为对自己恢复王位的回报，沙阿·舒贾必须永久放弃主张"王公在印度河两岸……远至开伯尔山口可能拥有的所有土地"，而沙阿·舒贾的表兄弟兼对手沙阿·卡姆兰则会独立统治赫拉特。沙阿·舒贾还被要求每年进贡 20 万卢比，这笔钱被简单地伪装成是付给锡克人军事援助的补偿，并承诺：没有锡克政府和英国政府的"知情和同意"，不得与外国势力来往。[60] 这样国王虽然保留了"沙阿"头衔，但是实际上已经成为兰吉特·辛格的附庸。这正是多斯特·穆罕默德一直以来因为过于耻辱而拒绝接受的情况。

　　协议可能是按三方签署的，但是沙阿·舒贾并没有被征求意见，也没有被通知派使者参与协商。因此，麦克纳顿的一项艰巨任务就是说服前国王签署这份没有他参与的协议。沙阿·舒贾强烈反对强加给他的条款自然也不足为奇了。他尤其不希望向兰吉特·辛格付钱，因为这会被认为是进贡。他也不愿意割让商业中心希卡布尔的主权。但是，麦克纳顿明确表示在这件事上"要么接受，要么放弃，不容讨价还价"。麦克纳顿准备做的只有以个人名义向王国保证，没有国王的同意，英国官员不会对"阿富汗人民"行使任何权力，并同意，如果沙阿·舒贾决定兼并巴尔赫、锡斯坦、俾路支斯坦和坎大哈，锡克人和英国人都不会阻拦他。最后，沙阿·舒贾还是屈服了："半块馕饼加上美名，"他自嘲道，"好过没有名声的富裕"。1838 年 7 月 16 日，他在协议上盖了印章，也等于签下了自己的死刑令。

　　计划攻打阿富汗的过程中，1838 年 6 月初，麦克尼尔告知沙阿·穆罕默德，他在围攻赫拉特时接受了沙俄的支持，这违反了英国—波斯协议，因此让他做好与英国开战的准备。然后麦克尼尔退出了波斯阵营，回到了德黑兰。实际上战争已经非正式地宣布开始了，因为一个月前奥克兰已经命令一支海军作战队占领了波斯湾的哈格岛。在麦克尼尔离开后，沙阿·穆罕默德绝望之下最后一次尝试攻下赫拉特，但是他的军队被打出缺口后陷入溃败。1838 年 9 月，沙阿·穆罕默德听说哈格岛落到了英国人手中，便"同意了英国政府的所有要求"，放弃了这次包围行动。[61]

　　英国的行动阻止了赫拉特落入波斯人之手，而沙俄外交部已经正式与西蒙尼奇和维特克维奇的行动撇清关系。所以，虽然布尔内斯使团的任务失败了，但到了 1838 年晚秋，英国实际上赢得了这场外交战。剩下的唯一对印度的威胁就是，沙俄可能会占领希瓦。尽管有这个威胁，攻打阿富汗的计划仍未被取消，因为自从《三方协议》签署后，大家认为英国有义务履行其中的条款。在喀布尔进行"政权更迭"的计划现在也假定可以自行其是。

　　在印度河边的军队集结之际，奥克兰着手公开为英国的干涉辩护。1838 年 10 月 1 日，他发表了《西姆拉宣言》。[62]这份宣言不仅为入侵找理由，还等于在宣战，尽管多斯特·穆罕默德从未收到宣言的副本或任何正式通知，宣告英国正在和阿富汗处于战争状态。麦克纳顿起草的这份文件将战争的全部责任归咎于"巴拉克扎伊人"。多斯特·穆罕默德进攻贾姆鲁德被宣称是无端挑起的侵略，将整个地区置于战争的边缘。不用多说，锡克人在阿富汗主权地区修建这座要塞的事没人提起。相反，兰吉特·辛格被描述为展现了最大程度的克制，他同意暂停敌对行动，给布尔内斯一个机会恢复"两国间的友好谅解"。

　　布尔内斯使团的失败也被归咎到多斯特·穆罕默德一人头上，是他的"不切实际、自命不凡"和"公然的扩张计划和野心"，"损害了印度边境地区的安全与和平"。"不加掩饰地支持波斯在阿富汗的计划"，"对外国势力极尽谄媚"，并拒绝总督在锡克问题上提出的"公正合理"的解决方案，埃米尔的这些行为都表明了他对英国利益的"完全漠视"。此外，巴拉克扎伊人的"敌对政策"意味着他们"在任何情况下都不适合做英国政府的盟友，也不会在其正义的、必要的国防上给予协助"，由此可以得出结论，"只要喀布尔在多斯特·穆罕默德的统治下，英国就永远不要期望我们周围能有安宁，或者是我们在印度帝国的利益能不受侵犯"。

至于沙阿·舒贾，"当局各方一致的有力证言……说明了"他的受欢迎程度，他会"被自己的队伍簇拥着"回到阿富汗。宣言不带丝毫讽刺的意味继续宣布，他会得到"英国军队的支持去对抗外国干涉……"，一旦确保了阿富汗的"独立和完整"，英国军队就会撤出。总而言之，总督"很高兴……他能够帮助阿富汗人民恢复团结与繁荣"。宣言甚至可以说是两面三刀，因为一开始几乎没有，后来也只是拐弯抹角地提到沙俄在中亚可能有的野心，而这正是这场战争的真正起因。英国外交大臣帕默斯顿勋爵对此很高兴，因为，鉴于沙俄近期在巴尔干地区的军事行动，奥斯曼帝国苏丹之死以及埃及的帕沙·穆罕默德·阿里对奥斯曼帝国残余领土的威胁，他渴望不要进一步加剧与圣彼得堡的紧张关系。

《西姆拉宣言》中包含的为战争正名的理由与苏联在 1979 年以及英美在 2001 年为发动"政权更迭"进行辩解的说辞有着惊人的相似。阿富汗政府又一次因为其敌对政策被认为不值得信赖，这一政策据称对侵略发起国的"国家安全"造成了威胁。苏联和美国都错误地认为，他们的国家元首提名人要比现任更受欢迎（也就是更加顺从），并称他们的军事干涉是无私的，会带来和平、繁荣和良政。他们还保证，一旦新政府建立了法律和秩序就立即撤兵。就像第一次英阿战争一样，所有的假设和保证最后都被证明是靠不住的。

英国首相墨尔本勋爵和帕默斯顿还面临着向议会为军事行动正名的难题，作为反对党的托利党在议会对他们一顿狂轰乱炸。像奥克兰和麦克纳顿一样，伦敦也深受与加尔各答之间严重的通信延时之苦，通常在中亚的事情发生几个月后，电讯才能抵达伦敦，那时英国政府的政策已经远远落后于事态的发展。举个例子，议会议员们直到1839年3月才拿到《三方协议》的副本，而布尔内斯和麦克尼尔执行任务的相关文件直到1839年4月初才开始分发。正如埃伦伯勒所说，这让托利党人难以确定总督的行动究竟只是愚蠢还是在犯罪。其他担心阿富汗可能爆发战争的声音也包括威灵顿公爵，他有着奥克兰缺少的远见，认为"我们军事胜利终结的地方就是我们困难开始的地方"。[63] 芒斯图尔特·埃尔芬斯通还指出，占领坎大哈和喀布尔虽然很容易，但是想确保沙阿·舒贾坐稳王位是"没有希望的"。[64]

当议会文件被政府最后公布时已经遭到了严重修改，很多关键材料都被完全省略，布尔内斯和麦克尼尔的电讯也遭到大量的篡改。但是公开的文件并没有指出信息空缺的位置，所以读起来像是没有进行过删减。这让人们对《西姆拉宣言》的起因事件产生了严重误解，也让英国非内阁核心成员的议员无法客观判断形势。未经修改的布尔内斯信件被泄露给《孟买时报》后，引起了轩然大波，托利党要求政府完整地公开文件。但是，帕默斯顿继续搬出常用的借口，称这"不符合公众的利益"，并向尊敬的议员们呼吁，不要质疑女王陛下政府的诚信，要相信政府在这种敏感问题上的判断。帕默斯顿的故意拖延取得了成功，托利党的谴责动议从未被讨论过，议会也根本没有举行过投票以决定是否要发动战争。

此时在喀布尔，多斯特·穆罕默德似乎没有充分理解布尔内斯使团撤退的影响。他不确定英国是否会发动战争，即使英国这么做了，他认为，最快也要到1839年的春天才会进入战争状态。因此，多斯特·穆罕默德决定在兴都库什山北面扩大自己的势力范围，并派自己的指定继承人阿克拉姆·汗率领一支大军逼迫胡勒姆和卡塔干承认自己的统治。他希望此举成功能提高国家收入，届时他会控制阿姆河和喀布尔之间所有的海关，还能从进贡中获得一大笔可观的额外收入。征服这些乌兹别克汗国让埃米尔有了一个潜在的避风港，以防阿富汗南部遭到侵略，这样还有机会将卡塔干的强大骑兵纳入麾下。

　　赛甘和卡赫马尔德很快就屈服了，继承了父亲阿里·贝格的胡勒姆总督之位的穆罕默德·埃米尔·贝格也来到了阿克拉姆·汗的大营再次宣誓效忠。在米尔·瓦利的父亲死后，卡塔干的穆拉德·贝格迫使米尔·瓦利向自己屈服，所以埃米尔·贝格希望在穆罕默德扎伊人的帮助下恢复胡勒姆的显赫。但是阿克拉姆·汗并未进攻卡塔干，而是选择进军布哈拉至巴尔赫，逼伊珊·苏杜尔和伊珊·乌拉克承认杜兰尼人的主权。继获得这些胜利后，卡塔干的穆拉德·贝格也提出了投降。几个月后，多斯特·穆罕默德王国的北部边境已经向西延伸到阿克恰，向东延伸到巴达赫尚的边界了。

　　1839 年 3 月初，多斯特·穆罕默德听闻英军的行动后，召回了阿克拉姆·汗，结果让返回喀布尔的行军计划以灾难告终。饲料、燃料和食物短缺，使得队伍顶着暴风雪穿越被大雪覆盖的希巴尔山口。当幸存者抵达达尔班德河上游时，才发现这里是汹涌的洪流。在穿过湍急寒冷的水域时，更多的人被淹死或者冻死。当阿克拉姆·汗的残余部队在 4 月初三三两两地抵达喀布尔时，已经失去了战斗力。成千上万的士兵和牲畜死亡，大多数幸存者也饱受雪盲症、冻疮和饥饿的折磨。更糟糕的是，阿克拉姆·汗抛弃了他所有的火炮。这些损失严重影响了多斯特·穆罕默德抵御英国侵略的能力，进一步削弱了他在军队领导、部落领袖和基齐勒巴什人面前的地位。布尔内斯使团任务失败后，对埃米尔政策的批评声音也越来越多，尤其是因为他曾经提出要接受锡克人在白沙瓦的主权地位，放弃了圣战，这也没能让他从英国的行动中取得任何军事、经济和政治利益。随后很多高级官员和军队指挥官公开批评埃米尔在兴都库什山北面发动冬季战争的错误决定，并质疑他作为军队司令的判断能力。

英 / 印军队进军坎大哈并占领阿富汗南部

　　阿克拉姆·汗在回到喀布尔时，南方野战军已经抵达俾路支斯坦，并准备进军坎大哈。将军威洛比·科顿爵士担任指挥，这支特遣部队里有9500名孟加拉和孟买部队的士兵，7000名沙阿·舒贾招募的民兵，主要由印度人组成。与此同时，在白沙瓦，已经被提拔为当地中校的韦德率领了大约800名英军士兵，以及一支混杂着锡克人、阿富汗人和雇佣兵的队伍。表面上看，入侵力量非常强大，但是在指挥层面有分歧，他们也缺乏在阿富汗作战相应的军事经验和训练。韦德对自己担任次要角色相当不满，甚至递交了辞呈，但是被奥克兰拒绝了。3位最高指挥官费恩（Fane）、基恩（Keane）和埃尔芬斯通都是五六十岁的人，早已过了从军生涯的巅峰期，而且健康状况都不好。印度军总司令费恩病得很严重，以至打算返回英国。但是因为继任者还没到，所以只能按照命令打消了这个念头。很多级别较高的军官都少有甚至没有在印度作战的经验，有一些人最后一次参加战斗要追溯到20多年前的拿破仑战争时期了（见表8）。

有关职责范围和个人恩怨的争执甚嚣尘上。军事指挥官抱怨政务官员干涉了他们的决策，政务官员反过来指责他们越权行事，违反了英国政府的政策，甚至说他们无能且懦弱。级别较低的印度官员曾有过在印度和缅甸作战的经验，但是当他们向高级指挥官进言献策时，往往会被忽视。

英国僵化的阶级制度让失灵的指挥机制进一步恶化。主要由英国士兵组成的女王军团的军官都是贵族出身，而印度军团的军官大多来自中产阶级或是工人阶级，在家接受教育，或者念的是文法学校而不是优质的英国公立学校。印度军的军官是靠刻苦学习进了军校，通过自己的努力晋升，而不是靠家庭出身得到的任命。女王军团的军官认为印度军的同僚低人一等，有些人甚至拒绝服从他们的命令，即便自己的军衔更低也是如此。沙阿·舒贾不甘示弱，像对待"一群狗一样"对待他的下属，并坚持那些冒犯了英国官员的神秘的宫廷礼节。[65] 就是这些人被赋予了征服阿富汗的重任，而这个等待他们去攻打的王国的部落在这片次大陆上有着最令人闻风丧胆的军事声誉，是山地战争的一把好手。

表 8　第一次英阿战争中英国指挥官的军事背景

姓名 / 军衔	年龄	1838 年的职位 / 部队番号	军事背景 / 战役
亨利·费恩爵士 / 将军	60	总司令 / 印度	1805 年：半岛战争和拿破仑战争 1835—1839 年：总司令，印度军 1838：生病，等待替换
约翰·基恩爵士 / 少将	57	总司令 / 印度军孟买支队指挥官	1809—1814 年：半岛战争 1814—1815 年：指挥官，新奥良战争第 3 旅（英国战败） 1831—1832 年：总司令，西印度群岛；牙买加总督 1834 年：总司令，孟买军 1838 年：身体欠佳
威洛比·科顿爵士 / 少将	55	司令 / 苏格兰卫队作战司令，印度军指挥官，孟加拉支队	1797 年（14 岁）：作为大闹事的头目被驱逐出橄榄球队 1798 年：作为第三苏格兰卫队少尉入伍 1805—1815 年：半岛战争和拿破仑战争；指挥官，第 3 警卫团，滑铁卢 1824—1826 年：指挥官，第一次英国 - 缅甸战争 1831—1832 年：总司令，牙买加浸信会战争（奴隶起义） 1835 年：普利茅斯副州长
威廉·埃尔芬斯通爵士 / 少将	59	接替科顿担任印度军总司令	1805—1815 年：半岛战争和拿破仑战争 1815 年：指挥官，滑铁卢步兵 33 师
威廉·诺特 / 准将	56	指挥官 / 孟加拉旅及孟加拉本土步兵 42 师	农民之子，在文法学校接受教育 1800 年：作为孟加拉兵团的军校学员入伍 1825 年：指挥官，孟买本土步兵 20 师
约翰·谢尔顿 / 准将	49	指挥官，女王步兵 44 师。 1841 年：被任命为埃尔芬斯通少将的副官	1805 年：作为第九（东诺福克）步兵团的少尉入伍 1808—1809 年：葡萄牙战役 1809 年：瓦尔赫伦岛远征，荷兰 1812—1813 年：半岛战争；在圣塞巴斯蒂安围城战中失去右臂 1814 年：蒙特利尔 1817 年：指挥官，（东埃塞科特）步兵 44 师 1824—1826 年：第一次英国—缅甸战争，包围阿瓦
罗伯特·塞尔爵士 / 上校	56	指挥官，女王的轻步兵 13 师 1839—1844 年：指挥官，孟加拉步兵师，科顿少将的副官	1798—1799 年：迈索尔（Mysore）战争 1808—1809 年：特拉凡科 1810 年：毛里求斯 1824—1826 年：第一次英国—缅甸战争

　　南方野战军受累于大约 3 万名随行人员和一列巨大的行李火车，行动缓慢。尽管费恩将军呼吁不要让"庞大的冗余机构"拖累大军，但是官员们都只顾相信"军队靠胃行军"的格言，他们确信如果要打仗就要按这样的风格行

事。他们带的"必需品"里有葡萄酒、雪茄、罐装肉、银质餐具、古龙香水、浴缸和整套家具。第16骑兵队带着一群猎狐，而科顿将军则带了一匹马和一辆马车，并征用了260头骆驼运送自己和仆人的行李。与其说他们是去打仗，不如说是去享用一顿豪华的帝国野餐。

南方野战军出征前，布尔内斯和亨利·璞鼎查被派去与信德埃米尔们协商获得印度河的通行权。出发前，麦克纳顿提醒他们不要让彼此的个人恩怨干扰履行公职。不到一年前，璞鼎查签署了一项协议将英国变成信德的保护国，向埃米尔们保证印度河周边将一直是非军事区，英国也不会干涉信德的内政。当印度河成为一条军事捷径时，条约实质上已被撕毁，而埃米尔们对最早由布尔内斯的调查而产生的英国帝国主义目标的最大担忧也被证实了。后来，英国与信德埃米尔们不道德的交易扩大到了行军沿线的其他昔日盟友那里。正如研究第一次英阿战争的历史学家凯耶（Kaye）所说：

> 现在要采取的制度就是普遍使用的恐吓与胁迫。在军队即将穿行的沿线国家中，英国政府的意愿和乐趣是我们和弱国交往中唯一认可的行事准则。这些国家现在别无选择，只能立刻服从我们。我们不是寻求他们的配合，而是要求他们必须配合。任何缺乏真心顺从的举动都会被视为对这个国家的冒犯。[66]

布尔内斯"说服了"海尔普尔的埃米尔让英国成为他的领土的保护国，并且割让出布库尔（Bukkur，今苏库尔）的战略性岛屿要塞。布库尔控制着印度河上的浅滩，也是通往希卡布尔的门户。与此同时，璞鼎查告知海得拉巴的努尔·穆罕默德·汗，如果他不按照英国的要求提供安全通行和军队补给，他就会被"歼灭"。璞鼎查还得到了承诺，日后不再对通过印度河的运船和商贸马队征税。努尔·穆罕默德·汗还因为与波斯所谓的"背叛性来往"被罚款20万卢比。努尔·穆罕默德·汗指出，这些要求违反了最新的协议，并评论说："自从信德和英国人来往后总是遇上新要求，您的政府从不知足。"[67] 他的抱怨合情合理。英国人曾经是打算保护他的，信德埃米尔几十年来一直是英国忠实的盟友，但是现在却被当作敌人一样对待，英国还用大军逼迫自己在领土和贸易上让步。更有甚者，基恩将军听信了努尔·穆罕默德·汗将集结军队阻止英军前进的谣言后，他的军队包围了海得拉巴，命令埃米尔和其兄弟亲自来英军大营投降，这对埃米尔来说是一种羞辱。同时，英国海军占领了卡拉奇这个小要塞，在此过程中，拿下了印度河的入海口和通向印度洋的港口。

基恩进攻海得拉巴未经授权，愤怒的麦克纳顿谴责科顿和费恩放任将军"瞎胡闹"，并要求将其召回。几位将军做出反击，指责麦克纳顿干涉军事战略。最终，麦克纳顿不准备等基恩重新回到主力军，在和科顿又一次剑拔弩张的会面后，孟买旅被命令进军卡拉特，而基恩和沙阿·舒贾随后赶到。这又引发了另一番口角，这次的双方是被留在希卡布尔的丹尼上校和科顿将军，上校指责他的指挥官分裂了整支军队。

科顿到卡拉特选择的路线本该是条捷径，但是要穿过一个广袤的未知沙漠。虽然当时只是 2 月末，白天的气温却高达 40 摄氏度，晚上则骤降到接近冰点。军队已经劫掠了当地人的食物和饲料，而沙漠能提供的牲畜饲料非常少，水则更是少之又少。在穿行沙漠的过程中，数千头牲畜丧命，至少有两个军官死于口渴或中暑。当地部落还抢走了他们的信件，劫掠了他们的补给。当队伍终于在 1839 年 3 月抵达波伦山口的门户达达尔时，饥饿的牲畜像闹蝗灾一样扑向当地的农田，大吃地里的庄稼。

穿越波伦山口则是一个更为严峻的挑战。骆驼行进在陡峭的岩石路上惊恐万分，这支零散的队伍在穿过狭窄的峡谷时遭到了山上部落的劫掠。当孟加拉旅抵达奎达时，已经走了超过 1660 公里的路，彻底丧失了战斗力。当时只剩下 10 天的补给，当地的首领没有能力，或者也是不情愿提供粮食和饲料，因为上一年的收成很糟糕，于是队伍只能带上一半配给量的军粮，那些需要自己填饱肚子的随军人员沦落到吃起了炸羊皮、动物血块和草根的地步。随着士气低落，大家的脾气急躁起来，科顿、基恩和他们的下属为了战术安排和后期问题争吵不休。麦克纳顿私下承认，这支军队处在叛乱的边缘，但是他并不同情他们的窘境。当科顿告诉他军事情报部汇报说沙阿·舒贾在阿富汗极不受欢迎时，他对军事指挥官的憎恶又多了几分。麦克纳顿指出，科顿是个"可悲的抱怨者"，这是他最爱用的侮辱性字眼，用来称呼那些不和他一样对侵略行为尤其是对沙阿·舒贾盲目乐观的人。[68]

最后基恩终于在奎达得到了更好的保护，但是跋涉的进程却更加悲惨，因为沙漠里到处都是驮畜的尸骨，在穿过波伦山口时，他的队伍不得不跨过印度兵和随军人员已经腐烂且被吃了一半的尸体。但至少有一个好消息：布尔内斯设法说服了卡拉特的省长麦赫拉布保证军队的通行安全以及补给，尽管他为此支付了一大笔费用。与此同时，麦赫拉布明确告诉布尔内斯，他认为这场远征注定要以失败告终。

但是麦克纳顿不能下决心认定麦赫拉布是值得信赖的。即使当布尔内斯在商谈协议时，麦克纳顿还写信给奥克兰指责麦赫拉布是个"不共戴天的敌人"，并督促奥克兰批准兼并大军补给线上的所有城镇。奥克兰拒绝了这个请求，但是麦克纳顿最后还是如愿了。1839 年 11 月初，麦克纳顿再一次指责麦赫拉布表里不一并切断了军队的补给，所以正在回印度的孟买分队再次被派去进攻卡拉特。当卡拉特沦陷后遭到了洗劫，麦赫拉布和卡拉特的很多主要官员都惨遭屠杀，这里被并入了沙阿·舒贾的王国。几个月后，曼森记录了这场惨案以及大军穿过信德后留下的战争疮痍。

大军面对的下一个挑战是科加山口，这是一个比波伦山口更加可怕的障碍。队伍要再一次沿着狭窄的峡谷，在当地吉尔扎伊和俾路支部落居民的石头封锁中杀出一条血路。在山口靠坎大哈的一侧，可汗·迪尔·汗率领一支 1500 人的部落军队准备在科顿的大军进入平原时发起进攻。对科顿来说，幸运的是，他的军队进入坎大哈无需战斗。哈吉·汗·卡卡尔曾被多斯特·穆罕默德赶出喀布尔，后来和坎大哈将军们结盟，他和沙阿·舒贾秘密联络，提出要改变站队，条件是要坐上王国里最有权力的职位之一。沙阿·舒贾同意了，于是哈吉·汗·卡卡尔立刻背叛了他的卡卡尔人，随后可汗·迪尔和其兄弟则逃往了吉里什克。

1839 年 4 月 25 日，沙阿·舒贾没有遭到抵抗就进入了坎大哈，麦克纳顿欣喜若狂地写信给奥克兰，称国王"受到了近乎崇拜的欢迎"，但是在其他官员的汇报中，坎大哈的民众显然缺乏热情。[69] 5 月 8 日，英国和印度军队进行了一场全面的阅兵，萨多扎伊国王在 21 响礼炮后正式加冕。一支军队被派去抓捕迪尔兄弟，但是他们逃走了，并且拒绝了所有和谈的尝试，还告诉麦克纳顿，他们"已经开始了解（英国的）政治承诺的价值，有充分的理由认为我们永远不该坚持这些承诺"。[70] 迪尔兄弟们此时开始集结军队进行抵抗。

此时在坎大哈，饥饿的士兵和随军人员用当地的水果蔬菜果腹，喝了被污染的井水和溪水。很快就有数百人死于霍乱或伤寒，侥幸活下来的至少也伤残了。坎大哈腹地也变得极其危险，冒险远离营地的士兵或者随军人员有被杀的危险。直到 1839 年 6 月末，基恩命令他的军队进行两个月的休整后进军喀布尔，尽管出于某些原因，他把重型攻城枪械留了下来。在他出发的那一天，王公兰吉特·辛格咽下了最后一口气，正如布尔内斯之前的预料，他的去世标志着一场腥风血雨的王朝斗争开始了，并最终导致了锡克王国的分裂。基恩沿路遭到了古尔·穆罕默德、霍塔克和苏丹·穆罕默德·汗的骑兵的骚扰，他们拒绝按惯例向拦路的各方势力支付安全通行费。即使他们想照做，麦克纳顿也很难找到钱，因为他过于慷慨地给了杜兰尼人和卡卡尔人大量的现金，以至它的国库几近空虚。而当坎大哈的印度银行家们拒绝签发或接受信用证时，财政危机便进一步恶化了。

多斯特·穆罕默德惊讶于基恩的推进，因为他曾经预想，对喀布尔的进攻主要是来自白沙瓦，而南方野战军的任务会是降服赫拉特。埃米尔还判断，基恩会绕过加兹尼，因为阿富汗人认为这座堡垒是坚不可摧的，所以他没有向那里增派援兵，当时的加兹尼总督、多斯特·穆罕默德之子海达尔也没有加强堡垒的防御。相反，埃米尔派了另一个儿子穆罕默德·阿夫扎勒加入吉尔扎伊人的袭击队，希望能把英国人从他们在坎大哈的基地引走，然后在加兹尼和迈丹城之间的赛义达巴德全力攻击他们，切断他们的撤退线路，进而一举歼灭入侵者。

　　然而基恩并不打算在军队后方留有未征服的堡垒。继暴风般夺取了吉尔扎伊的托克要塞并在那里设置了一队守军后，他在 1839 年 7 月 21 日赶在加兹尼人之前抵达了目的地。阿夫扎勒和吉尔扎伊人发动的进攻被击退，对手的霰弹给这支轻装的部落军队造成了惨重伤亡。大约 64 人被活捉囚禁，然后移交给沙阿·舒贾，后者按叛乱分子被审判。吉尔扎伊人反驳说，因为国王是个"卡菲尔"和"异教徒的朋友与奴仆"，所以他们有权反抗他。一个囚犯甚至拔出了刀，多亏了一个护卫挺身而出替国王挡下了这一击，沙阿·舒贾才没有受到重伤。沙阿·舒贾的回应是将他们全部判处死刑，行刑的刽子手用一把钝刀割下了他们的头。

　　沙阿·舒贾很不走运。一名英国官员偶然发现了这起处决事件，几周后，孟加拉的报纸上就出现了有关这次处决血腥细节的报道。基恩、麦克纳顿和其他官员非常惊骇，但人们怀疑，他们惊讶的是行刑被曝光了，而不是死刑本身。沙阿·舒贾明确指出，根据《三方协议》的条款和基于麦克纳顿自己的保证，英国官员已经同意不会干涉他的内政。既然他是国王，那么他就有权处死叛乱分子。

　　媒体和英国官员的义愤填膺多少有些虚伪。因为在几天后，基恩未按照正当程序就枪决了几个阿富汗囚犯，并且，未经过战地军事审判就让行刑队处决了一名印度士兵时也没有这样的愤怒。1839 年，英国军法几乎与阿富汗的一样严厉。变节和当逃兵都是死刑，嫌犯无权请法律顾问，一旦被认定有罪就会被交给行刑队绞死或者枪决。鞭刑是对轻微行为不端的常见惩罚，而根据英国民法，谋杀、抢劫、造假、纵火和一些其他重罪的罪犯都有可能被处死刑。因叛国被斩首依然写在法典上，理论上叛徒仍有可能被绞死、淹死或剁死。至于公开行刑在维多利亚时期的英国是一种非常普遍的做法。

基恩将军似乎还没意识到加兹尼堡垒有多么坚固，所以当他亲眼见到它坚实的城墙时，无疑非常后悔丢下了自己的攻城炮。但是基恩得到了叛变的阿布德·拉希德司令的帮助，后者是普尔·迪尔·汗的孙子，向基恩提供了关于城市布防的"详细且正确的信息"。[71] 当基恩确认加兹尼大门是最薄弱、也是防守最少的位置后，立刻下令发动进攻。在夜色的掩护下，伴随着误导性的轰炸和步兵对另一段城墙的佯攻，他们发起攻势，炸毁了大门和部分堡垒。势不可挡的军队让守军无力招架，黎明时，英国国旗飘扬在了堡垒上。加兹尼不到两天就陷落了，英方只损失 17 人，而 500 多名阿富汗人在袭击中身亡，另有包括平民在内的 100 多人在逃离屠杀时被骑兵砍死。阿夫扎勒听说加兹尼已经陷落后，逃回了喀布尔，甚至抛下了自己的行李和驮畜。

加兹尼战役是阿富汗战争的高潮，被誉为伟大的胜利，但是大英帝国的历史学者将加兹尼的陷落全部归功于进攻队伍的英勇和两位指挥官罗伯特·塞尔（Robert Sale）准将及丹尼（Dennie）中校。要不是有阿布德·拉希德提供的关键信息，基恩可能要被迫长期围城。塞尔和丹尼为了军功的争执也玷污

加兹尼的中世纪城墙在如今看来依然令人印象深刻，但在 1839 年它证明了自己并非英国枪炮的对手。

了这场胜利。基恩在电讯里单独选塞尔为英雄，这激怒了丹尼，致使有一段时间，丹尼、基恩和塞尔之间几乎没有交流。

当南方野战军从白沙瓦抵达坎大哈时，韦德采取了不同的策略削弱多斯特·穆罕默德的力量。1839 年 4 月，抵达白沙瓦的指挥官苏丹·穆罕默德·汗宣布支持沙阿·舒贾，韦德得到了他的相助，建立了一个高效的情报网络，渗透进了多斯特·穆罕默德政府和家庭的内部。贾万希尔·基齐勒巴什人首领兼宫廷卫队指挥希林·汗以及古拉姆·汗·波帕尔扎伊都接受了韦德的资助，后者的父亲曾是沙阿·舒贾统治早期的官员。在第一次到访喀布尔时，古拉姆·汗·波帕尔扎伊被布尔内斯招募为机要新闻作家。当布尔内斯 1838 年再次见到他时，波帕尔扎伊对多斯特·穆罕默德更加不满，正在"叹息，祈祷，为了恢复君主制而竭尽全力"。[72]

韦德给了古拉姆·汗·波帕尔扎伊 4 万卢比，指示他在科希斯坦和洛加尔发动叛乱，埃米尔的间谍网络收到了这场计划的风声。古拉姆·汗被捕，但是他戴上面罩伪装成女人逃脱了。之后他去了塔格布，在那里受到了马祖汗之子沙阿·达迪·萨菲的欢迎，不久之后，帖木儿·沙阿之子扎达·叶海亚也和他会合了。他也是从上希萨尔城堡的监狱中逃出来并设法来到白沙瓦的，韦德给了他更多的现金并送他去塔格布参与叛乱。

但是塔格布、科希斯坦和达曼的居民并不愿意起义，因为他们对多斯特·穆罕默德在早前的战役中处死他们同胞和对当地的大肆破坏，仍然记忆犹新。但是随着哈菲兹吉的米尔·马苏姆（他更为人熟知的名字是米尔·哈吉）以及他的兄弟米尔·达尔维什的到来，形势发生了巨大的变化。他们是当地最有影响力的精神领袖，拥有从古尔班德到塔格布的数千名信徒的忠心拥护。哥哥米尔·哈吉继承了父亲的位子，当上了苏菲派分支纳合什班底教团的首领以及普勒凯什提尔清真寺的领拜人。此外他还主持了多斯特·穆罕默德的加冕仪式。他的弟弟哈菲兹齐是阿西赞·瓦里凡神庙的管理者，娶了多斯特·穆罕默德的一个女儿。他们之所以叛变，一部分原因是对多斯特·穆罕默德终止了对锡克人的圣战不满，但是决定变节的绝对不是这种理想主义，而是因为古拉姆·汗·波帕尔扎伊提出要给他们兄弟 8000 卢比的奖励。他们在抵达后的几周内，只有少数科希斯坦、塔格布和达曼的头领宣布支持沙阿·舒贾。1839年 7 月中旬，古拉姆·汗·波帕尔扎伊率领一支大军向喀布尔出发。

从巴尔赫慌乱地撤退后，多斯特·穆罕默德的地位变得岌岌可危。坎大哈和加兹尼都在几天内陷落了，基恩现在又朝着首都进发。韦德在东南边安全通过开伯尔山口，而科希斯坦人正在接近喀布尔北郊区。士兵和军官都成群结队地逃跑，埃米尔的残余部队此刻也在闹兵变。甚至连贾万希尔·基齐勒巴什也拒绝离开喀布尔，因为他担心米尔·哈吉和哈菲兹齐会在他们离开时占领喀布尔，屠杀他们的妻儿，洗劫他们的房屋。同时，贾万希尔·基齐勒巴什秘密联络了韦德，并承诺暗中支持起兵恢复沙阿·舒贾的王位。

面对失败，多斯特·穆罕默德做出了最后的努力，要和英国人达成和解。加兹尼陷落后不久，纳瓦布·贾巴尔·汗前往英军大营通知麦克纳顿，埃米尔准备让位给沙阿·舒贾，条件是要任命他为维齐尔。但是，麦克纳顿对谈判没有兴趣，直接回绝了他的提议。他能做出的承诺只有多斯特·穆罕默德向他亲自投降，就饶他不死，只是把他流放到印度。贾巴尔·汗回复说，他的兄弟永远不会屈服这样的命运，并对麦克纳顿发起了挑战：

> 如果沙阿·舒贾真的是个国王，来到的是他祖先的国土，那么您的军队和名声是用来做什么的？您用金钱和武力把他带到了阿富汗，现在让他独自面对我们阿富汗人吧，看看他是否真的有统治能力。[73]

贾巴尔·汗在谈判失败后，准备返回喀布尔。为了挽回点颜面，他恳求释放自己被囚禁在加兹尼的侄女、司令官海达尔·汗的妻子。他告诉麦克纳顿，阿富汗荣誉法则禁止对妇女和孩子发动战争，囚禁或劫持女人是为人所不齿的。麦克纳顿拒绝了这个请求，但他坦率地向贾巴尔·汗保证，英国没有虐待俘虏，尤其是女性俘虏的传统。相反，贾巴尔·汗被允许同沙阿·舒贾会面，后者被明白无误地告知要善待指挥官。沙阿·舒贾虚与委蛇，试图贿赂讨好贾巴尔·汗让他变节，但是后者拒绝了沙阿·舒贾提供的金钱和要职。

　　如果不是因为贾巴尔·汗离开英军大营时发生的意外，事情恐怕早已解决了。在默罕·拉尔的陪同下，纳瓦布·贾巴尔·汗听到了来自附近营地一个绝望的妇人的哭诉，并坚持要调查此事，最后发现一个来自加兹尼的女俘虏——显然身份不低，被一名英国水兵强奸了。贾巴尔·汗非常恼怒，他和同样震惊的默罕·拉尔设法释放了妇人，让她得到了贾巴尔·汗的保护。那个水兵后来被赶出军队，但是也没受到其他惩罚。贾巴尔·汗告别默罕·拉尔时，愤怒地告诉他，那些指责英国政策奸诈虚伪的人一直是对的。英国利用他当棋子击败了帕因达·汗的后人，他还把与英国人的友谊比作是当地的一种野生苦瓜，虽然叶子很美，但是果实却苦涩有毒的。[74]贾巴尔·汗宣称，自己一直是与英国交好的最坚定的支持者，他自费接待了布尔内斯和其他英国探险者，但是现在他已经失去了"所有的信心和希望"。返回喀布尔后，他会试图挽回自己的荣誉，方式是扶持当地部落，提醒他们英国计划驱逐他们的领袖、骚扰他们的妇女。所以英国在穆罕默德扎伊阵营的最大盟友变成了势不两立的敌人，这也为布尔内斯和麦克纳顿的棺木又钉上了一颗钉子。

　　纳瓦布·贾巴尔·汗回到了喀布尔，多斯特·穆罕默德恳求基齐勒巴什兵团和自己一起去赛义达巴德做最后的坚守，好让自己光荣地死去，但是他们仍然拒绝离开喀布尔。1839 年 8 月 2 日，埃米尔背弃了效忠的誓言，骑上最好的马通过哈吉加克山口向巴米扬出发，同行的还有阿克拉姆·汗、纳瓦布·贾巴尔·汗和其他的家庭成员以及他们的妻儿。基恩听说埃米尔逃跑后，立刻派乌特勒姆上尉穷追不舍。但他犯了个错误，把哈吉·汗·卡卡尔也派去了。根据英国的说法，哈吉·汗·卡卡尔竭尽全力拖延追击，当乌特勒姆抵达巴米扬时，多斯特·穆罕默德早已安全到达赛甘，于是只能放弃了追击。

　　埃米尔逃走后的第四天，基恩抵达喀布尔郊区，他惊讶地发现，古拉姆·汗·波帕尔扎伊、米尔·哈吉和哈菲兹齐已经在一天前占领了首都——在这种情况下，古拉姆·汗·波帕尔扎伊和米尔·哈吉处于强势地位，可以对国王发号施令。第二天，沙阿·舒贾身着缀满珍珠和珠宝的华服坐在礼象上进入喀布尔。麦克纳顿、布尔内斯和高级军官穿正装骑马走在他身边。进城队伍穿过喀布尔的集市进入希萨尔城堡时，店主们闷不做声地凝视他们，时不时发出轻蔑的嘲讽。更大的失望接踵而来，沙阿·舒贾记忆中30年前精美的莫卧儿式建筑现在已是一片废墟，他对人间天堂喀布尔的怀旧幻想在30年的流放生涯中被放大，现在则被完全击碎了。尽管英国人已经实现占领印度河诸国的政治和军事目标，但是赢得阿富汗人民思想和感情的战争才刚开始。这是一场他们已经输掉的战斗。

第六章

"伟大试验"的失败（1839—1843）

> 由远而近，由低渐高，　　　　东西战场上久无人顾，
>
> 土路上走着出发的人子，　　　捐躯者暴露累累白骨，
>
> 友朋之宝，火药的饲料，　　　美好的少年既死且腐，
>
> 一批批兵，全都去送死。　　　只有出发者而无人回。
>
> 　　　　　　　　——A.E. 豪斯曼《西罗普郡少年》

　　由于轻而易举征服了阿富汗南部，英国军政两界一片欢腾。兴高采烈的麦克纳顿向奥克兰报喜，盛赞了军队的大捷和相对较轻的伤亡。军队指挥官们自信满满，认为阿富汗已经实现了和平，所以基恩的孟买分队被派回了印度，孟加拉军也得到承诺，除了留下一个旅外，其他部队在 1839 年 9 月末前全部撤回。坎大哈、加兹尼和喀布尔陷落的消息让伦敦非常欣喜，首相墨尔本勋爵利用军事大捷，让托利党的反战声音暂时消失了，这让他脆弱的政府能够继续执政几个月。

　　胜利以及随之而来的奖赏和荣誉让军队兴奋不已，他们在喀布尔安顿下来，这个国家似乎是一片平静的海洋了。秋天收获了大量新鲜水果，军官们享受着打猎、赛马、板球、业余戏剧表演的乐趣。冬天到了，他们去哈什玛特汗湖（Hashmat Khan）滑冰，一个能干的人甚至建了条游船。布尔内斯装满美酒的酒窖以及奢华的娱乐活动很快就成了军营里的谈资，尤其是一群舞女也参与其中。一些军官走得更远，和当地女人有了风流韵事，其中一些是阿富汗高级官员的妻子，而士兵们找乐子就只能是和那些在印度时就随军的妓女以及当地的"夜色女郎"。似乎无人知晓这样的私通会给军队形象带来什么样的影响，即使有也是少数，更不用说和当地女人有染可能带来生命危险的意识了。后来，包括麦克纳顿夫人在内的军官太太被允许来战场和丈夫团聚，私通一事才转入地下，但还在继续。

英军占领喀布尔与阿富汗政府的对立

乐观的集体心态，助长了麦克纳顿逃避现实的乐观主义，也导致了战事中最具灾难性的决定之一——在喀布尔河北面的绿地上修建军营和麦克纳顿的住所。军营位于希萨尔城堡以北大约 2 公里，今天的美国驻阿富汗大使馆也在这块地上。这个决定和皇家工程兵的建议相左，后者希望把大部分的兵力布置在希萨尔城堡的城墙后面，但是，沙阿·舒贾反对这个计划。他宣称，外国势力在皇家城堡里的存在，会让自己看起来像是英国的傀儡。为讨好国王，麦克纳顿同意了这个建议。于是，修复希萨尔城堡防御能力的工程停止了。皇家工程兵被派去修建一个新的军营，只有少数几个英国军官和士兵被留在了城堡内。

选址不当，军营的设计也不适合英军。标准的印度式地面规划在已经实现和平的国家也许可以，但是根本不适合战区。东西两侧围墙的长度超过 1.5 公里，需要配备大量的防守人员，这些兵力如果布置在作战行动中会收到更好的效果。军营的围墙很低，骑马从上面越过没有什么困难。后来又增加了一条干渠，不过这只是事后的补救办法。营地周围都是田地和果园，里面的灌溉沟渠纵横交错，阻碍了火炮的运输，却为狙击手提供了绝佳的掩护，也让盗贼更轻易地潜入营地。

军营的西北部被英国人称作贝马鲁高地（Behmaru）的两座山峰所掩盖，东边军营北部处于吉赛尔步枪射程内，而麦克纳顿就住在那里。东面和南面有不少高墙院落（被称作城堡群），以及带围墙的花园，这些也都在阿富汗人的长筒燧发步枪的射程内。这些加固的院落大多数甚至都无人防守。更不寻常的是，军粮和弹药仓库竟然设在军营围墙外的两座城堡群里。用历史学家凯耶的话来说，军营"光秃秃的、毫无防御能力，就像羊圈一样，而狼群就在周围嚎叫"。[1]这个选址唯一值得称赞的地方是，有丰富的浅水井资源。

很多军官获准住在老城，其中就有亚历山大·布尔内斯和他的弟弟，他们在钦达瓦尔的基齐勒巴什区附近租了一栋房子，沙阿·舒贾的军饷出纳员约翰逊上尉也在布尔内斯家旁边租了房。约翰逊认为把军团的资金放在希萨尔城堡内对他个人来说不方便，所以总是在家里存放数千卢比。安排去守卫这两座房子的印度兵也不到30人。

沙阿·舒贾重登王位后，立刻着手削弱英国的地位。他疏远了实力强大的部落，囚禁了他们的首领，其中就包括阿明纳拉·汗·洛加尔。阿明纳拉虽然出身低微，却指挥着数千名全副武装的部落成员。阿卜杜尔·阿齐兹·汗也是被囚禁的部落首领之一，他是多斯特·穆罕默德的表兄弟；帕因达·汗幸存的儿子里最年长的纳瓦布·查曼·汗也被囚禁，他也是马拉克扎伊人的名义领袖。纳瓦布·查曼·汗之前是查曼·沙阿手下的克什米尔和贾拉拉巴德总督，对吉尔扎伊人和贾巴尔·凯尔人有很大的影响力。在麦克纳顿的安全通行承诺的引诱下来到了喀布尔，到达后他被告知，如果他宣誓效忠沙阿·舒贾，就能受到应有的尊重，并在新政府里得到一个合适的职位。实际情况与之相反，纳瓦布·查曼·汗到了喀布尔后，沙阿·舒贾拒绝同他见面，还将他软禁起来。充当谈判中间人的美国人约西亚·哈伦非常愤怒，指责英国人背信弃义。作为报复，布尔内斯公开谴责哈伦是英国的敌人，并劝说麦克纳顿把他驱逐出阿富汗。当哈伦抵达印度时，发现总督下了驱逐令，所以只能悻悻然返回了美国。

哈吉·汗·卡卡尔是另一个关押在希萨尔城堡内的重要首领。尽管他是个狡猾的阴谋家，但正是因为他的叛变，印度军才能未遭抵抗就拿下坎大哈，而且他的卡卡尔部落控制着军队经由科加山口的重要补给线。沙阿·舒贾曾经恢复了他的要职，但在喀布尔陷落后没几天，英国人就指控他放走了多斯特·穆罕默德，并因此囚禁了他。他和多斯特·穆罕默德的儿子后来又遭到最严重的羞辱——流放到印度。沙阿·舒贾没奖励其他对自己登上王位起过重要作用的人，相反，把自己的洛迪亚纳圈子里的人安排在国家最高职位上，这是错上加错。感觉被轻视的人包括古拉姆·汗·波帕尔扎伊、米尔·哈吉和哈菲兹齐，他们负责科希斯坦和塔格布部落的安全，确保对喀布尔的控制。正如默罕·拉尔指出的："我们越是觉得民众安静，就采取越多的措施动摇他们的信心。"[2]

没过多久，国王与英国官员爆发了冲突。沙阿·舒贾坚持认为，任何英国官员都无权干涉自己的内政，包括司法、军队和文职官员的任命及收税。可是，麦克纳顿和布尔内斯仍竭尽全力在幕后管理国事：在国王制定政策时提建议，确保亲英官员能够得到任命，同时还会强迫国王撤销司法决定。后来，布尔内斯制定了增加税收、军事和官僚制度改革的重大修订计划。渐渐地，印度军的政治和军事领导层不再与国王商议，不向国王告知他们的行动，他们开始撇开自己亲手建立的阿富汗政权独立行事。没过多久，阿富汗人意识到，国王和他的英国支持者之间存在分歧，自己只能巧妙地在双方之间周旋。那些被国王或者政府部长们拒绝过的人转而向布尔内斯、麦克纳顿或一些高级军官求助，后者则向沙阿·舒贾施压让他撤销做出的决定。王室已经被剥夺了一切，只有象征性的权力，实际统治者现在是外国人，而且还是非穆斯林，即使是那些不希望看到萨多扎伊人重夺王位的阿富汗人，也对此感到非常愤怒。

大约 3 万名男女和儿童的到来，让阿富汗首都的人口翻了一番，再加上军营的修建，经济危机随之而来。英国人付给工人的薪酬远高于市场水平，导致长期用工短缺。连国王都向麦克纳顿抱怨，说现在雇用不到工人修复希萨尔城堡的防御设施以及宫殿和花园。以现金而非传统形式支付的高薪，导致大量工人从周边村庄涌入，留下田地无人耕种，树木和藤蔓无人修剪，冬小麦也无人种植。随着喀布尔寒冬的临近，军需部以高昂的价格购入大量粮食、饲料和燃料。地主和店主们停止了供应，希望价格能涨得更高，这加剧了物资短缺的问题。潜在的利润如此之大，以至于大多数店主拒绝将产品卖给本地人，除非他们和英国人一样支付高价。很快，阿富汗人的主食馕饼价格飞涨，超过了普

喀布尔的一家馕店。在阿富汗，主食是馕或馕饼而不是大米。

通喀布尔人的承受能力，街市上挤满了乞讨馕饼的人。布尔内斯的对策是，免费分发大量的馕，但他没有意识到这样做，不但没有解决问题，反而间接加剧了危机。

国王身边年迈的维齐尔毛拉·萨卡尔为此颁布了一条命令，将小麦和馕饼的价格锁定在当地人能负担的水平。馕饼店关闭店铺、拒绝烘焙以示报复，毛拉·萨卡尔派官员去集市上强迫师傅制作馕饼，威胁要对所有停业的店主处以罚款或囚禁。馕饼店的店主们向布尔内斯和麦克纳顿抱怨，国王压迫他们。布尔内斯没能支持沙阿·舒贾，反而强迫国王撤销萨卡尔的政令，释放被监禁的馕饼店主。结果，做馕饼师傅们可以随意要价，沙阿·舒贾则颜面尽失。然而，民众纷纷指责占领者。"整个王国上下一片哀嚎"，拉尔指出，"抱怨（英国人）在用饥饿杀死阿富汗人……英国人让粮食和草料商富了起来，让米尔们日益贫穷，使穷人饥饿而死。" [3]

民众反抗英军占领阿富汗

在麦克纳顿、布尔内斯和沙阿·舒贾败坏了自己在普通阿富汗人中的信誉之时，坎大哈、加兹尼和喀布尔的民众发起了对占领者的抵抗。1839 年秋天，吉尔扎伊人在加兹尼到喀布尔的公路上发动袭击，赫林中尉在这次袭击中死亡，这是接下来发生一系列麻烦事的先兆。[4] 随后，一支远征军被派出，以惩罚霍塔克族的古尔·穆罕默德·汗和托希尔族的阿卜杜勒·拉赫曼。在兴都库什山外，多斯特·穆罕默德得到了胡勒姆总督的庇护，并派遣使者争取巴尔赫省的统治者和布哈拉的纳斯鲁拉·汗加入自己的圣战。喀布尔当地的反抗，加上多斯特·穆罕默德率领的乌兹别克军可能从北面发起进攻，导致孟加拉军的撤回行动一直推迟到 1840 年的夏天，这让部队上下感到厌烦。

多斯特·穆罕默德寻求乌兹别克人的支持，但是，无论巴尔赫的统治者还是布哈拉的汗王都对此充耳不闻，他们没兴趣帮助他。这位埃米尔一年前刚刚侵略过他们的家园，强迫巴尔赫的统治者向阿富汗政权屈服，还吞并了赛甘、卡赫马尔德和杜阿布。1839 年冬天，多斯特·穆罕默德没接受纳瓦布·贾巴尔·汗的劝告，决定去布哈拉恳求纳斯鲁拉·汗的帮助，因为巴尔赫省的乌兹别克族埃米尔仍然视曼吉特汗为最高掌权者。多斯特·穆罕默德和他幸存下来的两个儿子阿夫扎勒·汗和阿克巴·汗一开始受到了纳斯鲁拉·汗的款待，但很快，布哈拉的汗王就明确指出，自己没有支持巴拉克扎伊大业的打算。相反，多斯特·穆罕默德实际上算是被软禁了。多斯特·穆罕默德的指定继承人阿克拉姆·汗和阿夫扎勒·汗仓皇出逃，结果被抓获。父子们受到犯人般的对待。多斯特·穆罕默德甚至怀疑纳斯鲁拉·汗计划毒死他们父子。

1840 年夏天，多斯特·穆罕默德设法逃脱，历经艰险回到了胡勒姆。这时他才发现，纳瓦布·贾巴尔·汗已在几周前接受了麦克纳顿的大赦，带着所有的妇女和儿童去了喀布尔。尽管他的家人还在英国人手上，但是多斯特·穆罕默德仍然拒绝放弃。

1840 年 11 月，米尔·瓦利招募了一支有 6000 名乌兹别克人的军队，沿苏尔哈布河行军，一路上迫使英国人放弃了阿贾尔、卡赫马尔德和巴伊加的哨所，撤回到巴米扬。在巴伊加战役中，沙阿·舒贾的一半骑兵和所有的军官都落荒而逃，剩下的阿富汗士兵被抓后解除了武装，这预示着这次事件的最终发展方向。

多斯特·穆罕默德趁乱进军巴米扬，抵达通往巴米扬的北面门户赛甘时，他和丹尼上校不期而遇，后者率领着一小支由廓尔喀人和本地骑兵组成的队伍。尽管兵力远不及对手，丹尼还是命令廓尔喀人向敌人阵线发起猛攻。一场恶战后，乌兹别克人转头逃跑了。丹尼派出骑兵追击，米尔·瓦利的大部分人马以及沙阿·舒贾军团的逃兵遭到屠杀。这场胜利后，巴米扬政务官洛德提出，只要多斯特·穆罕默德投降，就让他体面地流亡，但洛德得到的回复毫不客气："要么征服，要么失败。"[5] 米尔·瓦利和胡勒姆的穆拉德·贝格更倾向于达成和解，因为米尔·瓦利的士兵大部分已经战死，他担心丹尼可能会继续推进并占领胡勒姆。但是丹尼没有理由这么做，因为巴米扬部队已经不堪重负了，丹尼决定不再继续重新守卫赛甘、卡赫马尔德或阿贾尔。

不过这并没有阻止洛德和璞鼎查在赫拉特的替代者托德少校制定独立的、矛盾的兼并巴尔赫的计划，但是伦敦政府认为该方案的代价太大，因此并没有同意。然而沙阿·卡姆兰在英国人支持下发起攻击的威胁，的确迫使梅马内的瓦利米兹拉布·汗向沙阿·舒贾屈服。米尔·瓦利也和国王展开谈判。在战败的几周后，他和穆拉德·贝格抵达喀布尔向国王正式宣誓效忠，还保证不再庇护多斯特·穆罕默德或其他的穆罕默德扎伊人。

英国人本来期望国王能很快建立一支"阿富汗国家军队"，这样，所有外国军队在占领后一年内就能撤离，但是，沙阿·舒贾在赛甘征召的军队的逃跑打击了这一期许。到 1840 年秋天，英国人关于建立阿富汗国家军队的期望彻底成了泡影。科顿将军告诉麦克纳顿，最近的倒戈事件"毋庸置疑证明了不存在阿富汗国家军队"，他还督促麦克纳顿建议，应由总督奥克兰派出增援力量，否则"我们无法控制这个国家"。[6] 因此大约有 2000 名士兵得到准备进军喀布尔的命令，另有两个印度兵团被派往坎大哈。尽管如此，奥克兰仍然决定，到 1841 年的春天，除了留下一到两个兵团外，其他军队全员撤退。

英国现在面对一个难受的现实：由沙阿·舒贾短期内招募并训练出一支足够规模与实力的军队去维系自己的权力，显然是渺茫的。即使他做到了，国家税收也无力供养这样一支大军。结果就是，英国被迫资助国王的兵团，一旦他们无意或无力挫败叛乱的浪潮，英国和印度军队还得帮沙阿·舒贾作战。早在 1840 年 5 月，管理委员会主席约翰·霍布豪斯爵士就曾在私下得出悲观的结论：英国面对着"占领永久延期"的局面。[7] 即使是麦克纳顿也不得不承认，沙阿·舒贾宣称自己广受爱戴的说法几乎没有现实依据。国王的权力局限在杜兰尼朝臣的小集团内，其中大多数是波帕尔扎伊人。甚至连萨多扎伊人曾经的军事中坚力量基齐勒巴什人都不能信任，因为他们的很多高级指挥官都和帕因达·汗家族有着姻亲关系。就连贾万希尔基齐勒巴什人的首领、曾经全心全意支持英国介入的施林·汗在支持沙阿·舒贾上也摇摆不定。他希望英国能吞并阿富汗南部的所有地方，因为他觉得只有英国人才有能力有效地治理这个国家。

在赛甘的失利，以及随后米尔·瓦利和沙阿·舒贾达成的协议，迫使多斯特·穆罕默德放弃了在巴尔赫招募军队的尝试。他决心继续战斗，接受了米尔·哈吉和来自尼吉拉布的苏丹·穆罕默德·汗的邀请，加入了他们的军队，领导了在科希斯坦和达曼的起义。1839年，这些人曾接受韦德提供的一大笔资金以推翻多斯特·穆罕默德，但在他们占领城市一年后，英国人和沙阿·舒

到1839年，沙阿·舒贾这位前萨多扎伊国王年事已高，曾经在印度流亡了30年。他代表的王朝在大多数阿富汗人眼中是声名狼藉的，但是英国官员认为他广受支持，帮助他恢复权力会很简单，真是大错特错。

贾给出的回报让他们大失所望。沙阿·舒贾甚至削减了他们的津贴，还要求他们支付多年拖欠的税款。沙阿·舒贾还试图对他们的世袭土地征税，并将米尔·哈吉和哈菲兹齐控制的私有财产国有化。国王还强征数百名萨菲人和科希斯坦人入伍，这加剧了人们的不满。正如默罕·拉尔所说："科希斯坦人民曾是沙阿·舒贾和英国人最热心、最坚定的朋友……现在他们却被视为我们的敌人。"[8]

米尔·哈吉、哈菲兹齐和其他当地宗教领袖拒绝为受馈赠的永久财产纳税，声称根据伊斯兰教法，"世俗统治者对用来支持宗教机构的土地或财产征税是违法的"。他们去喀布尔和沙阿·舒贾讨论此事，结果，沙阿·舒贾把他们软禁了。随后，当丹尼在赛甘取胜后不久，国王囚禁了哈菲兹齐和其他宗教领袖，指责他们密谋刺杀自己。然后他"建议"哈菲兹齐，如果去麦加朝圣，对他的健康是有益的，哈菲兹齐欣然接受了这个暗示。

仍是普里赫诗梯清真寺负责人的米尔·哈吉在自己的兄弟哈菲兹齐被逮捕并实际上流放后，下达了一道法特瓦，谴责沙阿·舒贾是"卡菲尔"，并宣布对国王和英国人发动圣战是合法的。到 1840 年 9 月底，科希斯坦、塔格布和尼吉拉布的所有地区都处于叛乱中，给喀布尔带来严重的安全挑战，因为这片人口稠密的区域只能供养大约 5 万人。由于只有两个印度兵团留下来守卫阿富汗首都，而国王自己的士兵被认为起不了多大作用，所以只好将丹尼从巴米扬召回。从这时起，沙阿·舒贾王国最北部的哨所变成了位于达曼的老恰里卡尔。

科希斯坦和达曼发生暴动的消息在首都引发了恐慌，店主们纷纷在店前设置路障，埋藏自己的财物，把女眷和孩子送到周边安全的乡村。科顿将军意识到必须果断采取行动，他命令参加过第一次缅甸战争的老兵罗伯特·赛尔上校攻进暴动地区镇压叛乱。沙阿·舒贾的儿子帖木儿·米尔扎、亚历山大·布尔内斯、默罕·拉尔和古拉姆·汗·波帕尔扎伊与赛尔同行，此行的目的是要和叛军领袖谈判，这次行动需要从王室的财产中支付一笔巨量的现金。

镇压一开始，赛尔上校就遇到了激烈的反抗，人员伤亡比非常高。在土坦达拉的第一场战役中，虽然他的军队最终拿下了对方要塞并放火将其夷为平地，但阿瑟·康诺利的弟弟爱德华·康诺利中尉却被射穿心脏而死。赛尔的下一个目标贾尔加是著名伊斯兰法学学者米尔·马斯吉迪的大本营，攻克难度更高。从喀布尔带来的云梯长度不够，无法攀上城堡的高墙，士兵们冲向城墙，结果被击退了，死伤惨重。更奇怪的是，赛尔居然一门围攻炮也没带。不过赛尔还是幸运的，因为米尔·马斯吉迪在之前的战斗中受了重伤，连夜放弃了城堡。第二天清晨，赛尔挺进了一座空的城堡，同时宣布把这座城堡、贾尔加居民区，连同城内的庄稼、果园和葡萄园，一并烧毁。

赛尔可能并没必要攻占贾尔加，因为在袭击前，古拉姆军队几乎已经确定米尔·马斯吉迪、米尔·哈吉和科希斯坦强大的赛义德家族首领霍加·阿卜杜勒·卡里奇会归顺波帕尔扎伊。这些人起义的主要原因是失去了国家的补贴以及国王试图对其馈赠的永久财产征税，这是他们一笔可观的收入来源。在政治上，他们对萨多扎伊王朝是忠诚的，他们感激沙阿·舒贾的哥哥查曼·沙阿让他们担任世袭职位和高级宗教职位。他们本来就没有一个人有兴趣支持多斯特·穆罕默德重夺王位，因为正是后者严酷镇压并处决了他们的先人。古拉姆·汗·波帕尔扎伊甚至已答应恢复他们的一些头衔，但是，由于国王在布尔内斯的支持下，命令赛尔对米尔·马斯吉迪采取"果断"行动，使得这一争取他们的努力失败了。所以，米尔·马斯吉迪将赛尔攻击并摧毁贾尔加视为英国人和古拉姆·汗·波帕尔扎伊的背信弃义。因此，米尔·马斯吉迪和其他的苏菲派大师一起，与尼吉拉布的苏丹·穆罕默德·汗·萨菲和多斯特·穆罕默德结盟了。

1840年10月初，多斯特·穆罕默德抵达尼吉拉布，获得了圣战的指挥权。赛尔为了迫使多斯特·穆罕默德军队在空旷地带和自己交战，穿过潘杰希尔河，并开始夷平村庄，焚烧庄稼、葡萄园和果树。他的战线推进速度让交通线和补给线都不堪重负。当赛尔抵达卡赫山谷时，在短暂的抵抗后放弃了城堡，于是当地的村长赛义夫·丁及其老人们前来投降。但赛尔还是下令烧毁卡赫山谷所有的 800 户房屋，摧毁所有的庄稼、果园和葡萄园。当地的葡萄很有名，已经成熟待摘，所以被强征为赛尔军队的军粮。一个已经和平投降的定居点被摧毁，这招来了报复。沙阿·舒贾的科希斯坦兵团指挥官、赛义夫·丁的外甥在看到赛尔对这些村庄的所作所为后，离开了军队，不但带走了自己的科希斯坦士兵，还有大部分的杜兰尼骑兵。

1840 年 11 月 2 日，多斯特·穆罕默德终于在帕尔万山谷和赛尔正面交锋。多斯特·穆罕默德选的开战位置非常好，他的士兵在山脊上的战壕里俯视着赛尔的前进路线。赛尔派弗雷泽上尉率孟加拉骑兵攻击多斯特·穆罕默德的步兵，但是只有少数孟加拉骑兵服从了他的进攻命令，英国军官只好独自冲击战线。洛德医生，这位先是变成政务官后来又成了士兵的医生，在这场战斗中阵亡。弗雷泽幸存了下来，回到了英军阵营，但是他拿军刀的手几乎从手腕处被砍断。多斯特·穆罕默德顺势命令骑兵反攻，孟加拉骑兵团见势转身逃跑，许多人在随后的追击中丧生。孟加拉第二骑兵团因为自己的懦弱和拒绝服从命令而蒙羞，致使兵团被解散，该兵团的名字也从印度军的记录中被划掉。

赛尔随后的回应是，派出步兵和基齐勒巴什人对帕尔万山谷的高地发动猛攻。经过伤亡惨重的激烈战斗后，赛尔的军队最终占领了山脊，而埃米尔方则有条不紊地撤离了。夜里，阿富汗人重新占领了似乎无人防守的高地，向下面平原地带的英军大营开火。第二天，布尔内斯和帖木儿·米尔扎都建议赛尔放弃战斗，因为那些还没有叛逃的阿富汗士兵正处于兵变的边缘。赛尔已经损失了数百名士兵，还有更多的士兵受了伤。他命令补给不足的军队回到恰里卡尔。刚跨过潘杰希尔河，他付出惨痛的代价才拿下的村庄和居民区就被对手迅速重新占领了。

多斯特·穆罕默德的"投降"

赛尔两个月的艰苦作战无甚收获，只有造成的一连串的毁坏。即便如此，赛尔还是宣称他获得了帕尔万山谷战役的胜利，但是他的言论掩盖不了一个令人不安的事实：印度骑兵拒绝服从命令，数名英国军官死伤。随军的军医长官阿特金森将这次交战称为"灾难"，凯耶也认为帕尔万山谷之战是失败的。[9]连一向乐观的麦克纳顿听到消息后也很沮丧。的确，要是叛军追击赛尔的旅团至恰里卡尔，那么可能会导致更具灾难性的败局，因为赛尔的队伍已经遭受了惨重的损失，这使得保卫喀布尔的兵力更少了。赛尔败退到恰里卡尔，但之后的军事和政治形势却突然发生了逆转。1840 年 11 月 2 日入夜时分，一个骑马者，后来被认出是苏丹·穆罕默德·汗·萨菲，独自一人来到夜巡归来的麦克纳顿面前，询问他是否是英国特使。在得到确认后，另一个骑手赶来，下马抓住了麦克纳顿的马镫。麦克纳顿吃惊地发现，另一个骑手不是别人，正是多斯特·穆罕默德。

埃米尔的投降引起了历史学者的众多猜测，考虑到帕尔万山谷之战的结果，至少可以认为他的决定是十分不合常理的。大英帝国时期乃至近代的历史学家都倾向认为，多斯特·穆罕默德的行为是投降，并给出了很多解释，从疯狂到可笑，各种解读都有。有些说法认为，多斯特·穆罕默德的行为是对英国控制（如果不能说是统治）印度河和阿姆河间所有的国家的天定命运的认可。还有人称，多斯特·穆罕默德在赛甘奋力抵抗但失败了，现在投降也不算丢面子。还有一种更荒谬的说法是，他之所以投降是因为亲眼见证了弗雷泽上尉和洛德医生的自杀式勇气，他们的行为让他相信"抵抗是徒劳的"。不过这种解释，显然忽略了孟加拉骑兵拒绝服从长官命令参加战斗反而转身逃跑的事实，也没注意到沙阿·舒贾的很多士兵此时已经叛逃。还有一种解释更不可信：埃米尔是担心自己妻儿的命运，他们被英国人关押着，即将被流放到印度。但是多斯特·穆罕默德此时的处境无法阻止他们被流放的命运，麦克纳顿也已保证会善待他们。事实上，比起担心自己妻儿的命运，更让多斯特·穆罕默德沮丧的是纳瓦布·贾巴尔·汗决定接受英国人的提议。他甚至指责同父异母的兄弟背叛了自己，这暗示贾巴尔·汗已经用他的家庭换取了英国保证自身免受处决、监禁或是流放的决定。

显然，多斯特·穆罕默德不是以败军的样子投降的。他在帕尔万山谷之战中占了上风，尽管输掉了赛甘，但是英国人被迫放弃了巴米扬，把他们的前沿防线移到了恰里卡尔。科希斯坦叛乱让平衡的军事状态变得有利于多斯特·穆罕默德一方，但出于某些原因他仍然决定放弃战斗。赛尔队伍的随军人员默罕·拉尔为多斯特·穆罕默德的行为提供了最合理的解释。按照拉尔的说法，一些不知姓名的科希斯坦埃米尔计划刺杀多斯特·穆罕默德，他们已经派了一名狙击手在双方交战时行动，这样就可以将罪责归咎到英国人身上。拉尔的这一解释被尼吉拉的苏丹·穆罕默德·汗写给埃米尔的信证实了。信件是战后在多斯特·穆罕默德的行李里发现的，里面警示，埃米尔去塔格布时必须小心谨慎，因为一些埃米尔计划背叛甚至刺杀他。晚近记载过第一次英阿战争的阿布杜勒·卡里姆·阿拉维详细描述了这一阴谋的细节。[10] 根据他的说法，赛尔和布尔内斯与阿里·希萨尔埃米尔有过秘密联络，后者同意抓捕或刺杀多斯特·穆罕默德和他的两个儿子，以换取一大笔卢比。

阿特金森则给出了一个更引人入胜但也有失偏颇的观点。基于英方高官的机密消息，根据这一说法，麦克纳顿和布尔内斯一直在拦截尼吉拉布的苏丹·穆罕默德·汗与他在喀布尔支持者的通信。麦克纳顿伪造了一封好心人写给多斯特·穆罕默德的信，警告他有人谋划在战斗中刺杀他。多斯特·穆罕默德读到后，相信确实有取他性命的阴谋。埃米尔不信任科希斯坦的埃米尔们是有道理的，因为他过去在当地进行了两次血腥的镇压活动，杀死或处决了很多圣战领导人的父亲和亲戚。这就解释了为什么多斯特·穆罕默德在激战正酣时骑马逃走，没有告诉儿子们要离开，也没说目的地。唯一一个他完全信任的人似乎就是尼吉拉布的苏丹·穆罕默德·汗。

多斯特·穆罕默德的选择有限。米尔·瓦利和穆拉德·贝格已经与沙阿·舒贾签署协议，不会再为他提供庇护，而他在布哈拉的经历让他深信，如果试图在巴尔赫寻求庇护，会有生命危险或是会被监禁。因此离他最近的安全地点就是离帕尔万山谷只有几个小时骑程的英军在喀布尔的驻地。洛德和麦克纳顿一再向埃米尔保证会对其以礼相待，多斯特·穆罕默德猜测麦克纳顿不会把他交由沙阿·舒贾处决也是一个正确的判断，虽然麦克纳顿以前坚持认为埃米尔"毫无仁慈之心"。[11]但讽刺的是，多斯特·穆罕默德认为自己活下来并东山再起的最好机会就是当英国这个敌人的阶下囚，而不是寻求自己国民的保护。

多斯特·穆罕默德的屈服与投降无异，他在帕尔万山谷战役中并没有被击败，他的军队状态也是十分良好。相反，多斯特·穆罕默德抓住了特使的马镫，用这种上流人士才会使用的传统方式投降。只有王国里最高层、最受信任的人才有抓马镫（即 rikab giriftan）的权力，这是一项悠久的突厥—蒙古传统。握住国王的马镫不仅是承认骑马人的统治和权威，也表明了抓马镫者的尊贵身份。阿特金森指出，多斯特·穆罕默德的行为是在"寻求英国政府的保护"，他对该场景的那幅著名速写里展现了多斯特·穆罕默德和麦克纳顿正在握手的样子，标志着两个势均力敌者的友谊和契合。[12]阿克巴后来说他的父亲当时"在危急关头……依赖的是英国政府的荣誉"。[13]投降、屈服和羞辱是多斯特·穆罕默德最不想做的事情。

麦克纳顿对这次意外的转机欣喜若狂，正如他所说："阿富汗人是火药，而多斯特是一根火柴"。[14]"多斯特"（麦克纳顿对他的称呼）受到了应有的礼遇，被安置在希萨尔城堡，他的帐篷前只有一个象征性的守卫。他的家人也得到许可，可以探视他，他也能给逃亡中的儿子写信，甚至在有一人陪同的情况下他还能外出骑马。短暂逗留希萨尔城堡期间，多斯特·穆罕默德在沙阿·舒贾的监视下还建立了一个平行王庭，甚至有朝臣前来向他致敬。当时人们越来越相信，沙阿·舒贾在大多数人民那里极不受待见，不管他自己声称的如何，这与多斯特·穆罕默德肉眼可见的受欢迎程度形成了鲜明的对比，麦克纳顿也不能对这两个对手间的对比视而不见。在给总督的信中，麦克纳顿对多斯特·穆罕默德的描述与他两年前在《西姆拉宣言》里的谴责和中伤大不相同。显然麦克纳顿似乎对多斯特·穆罕默德产生了同情，这是他和布尔内斯对沙阿·舒贾不曾产生的一种情感。在一次不同寻常的认可中，麦克纳顿甚至请求总督对这位前埃米尔比对沙阿·舒贾"更加优待"，因为"我们为了自己的政策赶走了多斯特，为此他成了受害者，但他从来未曾冒犯过我们"。[15]

多斯特·穆罕默德投降被流放到印度后，科希斯坦的叛乱逐渐平息，但是赛尔的焦土政策引发的仇恨情绪则暗流涌动，等待着被重新点燃的火花。埃米尔的儿子阿克巴毫发未损，与其岳父——拉格曼的吉尔扎伊巴巴克尔领袖穆罕默德·沙阿·汗一起避难，埃米尔的其他两个儿子穆罕默德·阿扎姆和谢尔·阿里则在祖尔马特。尽管存在来自他们和其他萨达尔们的威胁，麦克纳顿还是允许纳瓦布·贾巴尔·汗和纳瓦布·穆罕默德·查曼·汗留在喀布尔，在那里，他们与吉尔扎伊人秘密勾结，试图颠覆沙阿·舒贾的政权。

英军危机重重节节失败

麦克纳顿和布尔内斯利用在科希斯坦所谓的胜利，指责沙阿·舒贾政府的维齐尔毛拉·萨卡尔暗中煽动叛乱，最终说服国王用穆罕默德·奥斯曼·汗替换了他。他是瓦西塔尔·汗的儿子，就是他弄瞎并处死了帕因达·汗。而沙阿·舒贾不信任奥斯曼·汗还有其他理由，作为一个萨多扎伊部族的卡姆兰·凯尔家族成员，他是王位竞争的潜在对手。奥斯曼·汗无能且唯利是图，但是麦克纳顿对上述毛病视而不见，对特使而言，这个任命是极具颠覆性的。奥斯曼·汗不仅是穆罕默德扎伊人的顽固敌人，也是全心全意支持英国入侵的谄媚者，提供了很多有用的内部情报。对沙阿·舒贾而言，穆罕默德·奥斯曼·汗比间谍好不了多少。

麦克纳顿和布尔内斯插手维齐尔职位的任命让人们更加相信，沙阿·舒贾只是一个名义上的国王，是英国人在幕后统治这个国家。沙阿·舒贾公开抱怨自己没有实权，还派了请愿者去向布尔内斯和麦克纳顿表达不满，这对扭转人们的看法毫无用处。布尔内斯和麦克纳顿似乎没有意识到，这样的干预对他们的占领及维护他们强加的阿富汗政权带来了怎样的现实危害。尤其是布尔内斯，他越来越多地干预国王职权范围内的事情，制订了关于阿富汗财政、税收以及阿富汗军队的改革计划。而且在他做这些计划时，常常不咨询国王和大臣们的意见。类似的事情也在坎大哈不断上演，英国政务官员们试图对当地政府进行改革，草拟了一个全面的土地税改革计划，最终导致了他们与当时的坎大哈总督、沙阿·舒贾的儿子帖木儿的紧张关系。诺特将军的行为则更过火，他鞭笞了很多涉嫌劫掠军队财物的帖木儿·米尔扎的官员。当奥克兰勋爵训斥他时，他勃然大怒，这导致科顿将军和奥克兰勋爵与麦克纳顿的关系愈发糟糕。

诺特的坏脾气没有好转，因为尽管他是英国当时在阿富汗的最高级别官员，但在科顿将军回到印度后，他并没有被任命为总指挥官。导致他脾气火爆的原因，也有鞭笞事件的影响。但最主要的原因是，他是印度官员，不是英国女王的人。埃伦伯勒甚至报复心十足地说，诺特没有"一丁点的军事才能"。[16]尽管很多高级指挥官持保留意见，但这个职位还是给了芒斯图尔特·埃尔芬斯通的侄子、奥克兰勋爵的朋友威廉·埃尔芬斯通少将。奥克兰深信埃尔芬斯通是最适合这个职位的人选，但是他大错特错。而且，他任命准将约翰·谢尔顿为埃尔芬斯通的副总指挥官，更是错上加错。

埃尔芬斯通和谢尔顿的处事风格完全不同。埃尔芬斯通和蔼可亲、举止温和，但做事优柔寡断。尽管他还不到60岁，但有可能已经早衰了。埃尔芬斯通还饱受痛风折磨，到快要离开阿富汗时他几乎不能走路了。事实上，埃尔芬斯通当初之所以会去印度，是因为他的医生认为温暖的气候可能有助于他的恢复。奥克兰提出让他去当阿富汗司令时也建议"喀布尔山区的宜人气候可能比印度平原上的炎热更适合你的体质"。[17]

谢尔顿则独断专行，脾气暴躁，以在战斗中表现出近乎鲁莽的个人勇气而著称。在 1812—1813 年间的半岛战役中，谢尔顿的胳膊被炮弹击中，但据说他依然稳稳地骑在马上。当医生给他截肢时，他也没有流露出丝毫的痛苦。的确，谢尔顿脾气暴躁的原因之一是断肢后持续的残肢疼痛，他的胳膊内仍嵌有骨头碎片和弹片。但更让人担忧的是谢尔顿这种剧烈的情绪波动，如果他的建议被否决，他会在营帐内闷闷不乐，拒绝参加委员会会议，甚至不与埃尔芬斯通交流。此外他还蔑视自己的总指挥，但如果这样的行为来自他手下的军官，那他是决不会容忍的。

谢尔顿还自命不凡。作为女王的英军军官，他鄙视印度军的军官，公开表示自己对印度的战斗力缺乏信心。鉴于阿富汗驻军的大部分士兵都是来自孟加拉和孟买，所以谢尔顿是最不应该指挥这支特殊部队的高级指挥官了。当然，谢尔顿也没得到其他英军军官的尊重，他自己的第 44 步兵团的普通士兵同样不爱戴他，还称他为"大暴君"。谢尔顿坚信，对队伍越狠，他们的战斗力就会越高，有时他的行军路程太过艰苦，等到了战场前线，大家都已精疲力竭了。至少有过一次，他把第 44 步兵团逼到了兵变的边缘。此外，谢尔顿个人虽然非常英勇，但他缺乏战术敏锐性。1841 年夏天，喀布尔的军事局势开始恶化，这一缺点就明显暴露出来了。他对战事的糟糕判断导致了整个兵团近乎全军覆没。出于各自不同的原因，埃尔芬斯通和谢尔顿都不适合在阿富汗指挥军事行动，这是自美国独立战争以来英军涉足的最复杂、危机重重的战场。当风暴来临时，最终人们发现两人能力不足。

导致这种问题的部分原因是，长期以来，麦克纳顿反复向印度总督保证诸事顺利，阿富汗局势已经稳定。埃尔芬斯通和谢尔顿抵达喀布尔时，麦克纳顿再次重申了自己的保证，告诉他们在军事上"没什么可担心的"。一直到 1841 年 8 月，特使一直在向奥克兰汇报"这个国家的边界之内目前都非常平静"。[18] 下级军官试图警告麦克纳顿，大麻烦正在酝酿中，最近的胜利不过是压制了不满情绪，他却斥责军官们是在"呱呱乱叫"。总之，直到埃尔芬斯通在喀布尔掌权，麦克纳顿对阿富汗局势，甚至都不如对自己能否被任命为孟买总督那么关心。在喀布尔的最后几个月，麦克纳顿一直想说服自己以及总督相信，他在阿富汗任上是十分成功的。

印度军在坎大哈、加兹尼和喀布尔驻扎下来时，赫拉特的局势崩溃了。波斯放弃围城后，埃尔德雷德·璞鼎查被托德少校顶替，后者是经验丰富的外交官，在德黑兰工作时曾是麦克尼尔的手下。卡姆兰维齐尔亚尔·穆罕默德·汗是当地的实际掌权者，但是自从他的境遇往好了说是困难，往差了说是绝望时，托德的工作就停止了。维齐尔近乎施虐狂般残忍，也是个操纵人心的大师。他巧妙地利用英国畏惧沙俄和波斯对赫拉特的威胁，以补贴的形式和"特殊项目"的名义索取了越来越多的资金。维齐尔还继续秘密以中间人的身份参与在哈扎拉的贸易以及什叶派奴隶交易，并与马什哈德的波斯总督进行秘密通信，此举违背了他和英国的协议。在一封被托德拦截下来的信中，亚尔·穆罕默德公开宣称他厌恶依附于一个异教徒势力："我宁愿承受王中之王的怒火，也不愿选择百万英国人的善意。"[19]

1841年1月，托德的耐心消磨殆尽。他给亚尔·穆罕默德预支了一大笔钱，用于重新征服波斯人把持的边境小镇古里安，但是维齐尔在得到了这笔资金后却同意接受波斯的宗主权以换取古里安的和平归降。托德要求亚尔·穆罕默德废除协议，停止和波斯的一切来往。当他敷衍搪塞时，托德发出了最后通牒，如果他不承认英国驻军，就会被彻底兼并以及解除权力。亚尔·穆罕默德称托德是在虚张声势，断然拒绝了他的要求。因此，托德断绝了和他的外交关系，告知维齐尔做好准备与英国交战，然后前往坎大哈。但是托德的行动并未得到授权，当麦克纳顿听说托德放弃了职责时，托德的政治生涯就戛然而止，他被命令重新回到自己的兵团。当年晚些时候，墨尔本勋爵政府批准了兼并赫拉特的计划，但是这一决定最终落空了，因为奥克兰和他的委员会以成本太过高昂为由否决了它。亚尔·穆罕默德也并没有受到惩罚。至于托德，4年后他在率领炮兵团与锡克人作战时阵亡。

波斯人围攻的威胁解除后，英国人的视线转移到沙俄占领希瓦土库曼汗国所带来的威胁。在英国占领喀布尔几个月后，奥伦堡沙俄总督佩罗夫斯基（Perovsky）将军率领 5000 名士兵进攻希瓦，希望能打压奴隶贸易，并解救被囚禁在希瓦汗国的俄国人。在中亚的寒冬中，大多俄军在试图穿越沙漠时被冻死，致使这场远征以灾难告终。即便如此，佩罗夫斯基的战斗也让伦敦担忧沙俄会利用打击奴隶贸易的借口兼并希瓦汗国这一战略要地。

佩罗夫斯基远征前的几个月，麦克尼尔派斯托达德（Stoddard）上校去希瓦汇报局势，他最后设法抵达了布哈拉，却被囚禁在了那里。表面上他被囚禁是因为拒绝了侮辱性的礼节，这是纳斯鲁拉·汗要求每一位使者在觐见国王时必须要遵循的。但实际上，他被囚禁的真实原因是英国不承认布哈拉对拥有巴尔赫省主权的主张。托德和洛德与其他人一起说服了奥克兰，使他相信这片地区自古以来就是杜兰尼王朝不可分割的一部分，依据就是布哈拉与纳迪尔·沙阿、艾哈迈德·沙阿和帖木儿·沙阿签署的协议，以及一些欧洲的历史资料，如埃尔芬斯通和他的不甚准确的地图。就纳斯鲁拉·汗而言，布哈拉对巴尔赫省的主权主张和杜兰尼人对白沙瓦的主权主张一样重要，甚至要更为悠久。英国拒绝讨论这一主张，这才是斯托达德被扔进蟊虫猖獗的监狱并被最终处死的真正原因。

英国认为囚禁斯托达德是对英国政府权力和威望的一种侮辱。有人呼吁要对布哈拉采取军事行动，但是发动这样一场战争，从后勤角度看是不可能的，而且，英国如果真的与布哈拉开战，会加速其与沙俄开战——这正是英国在阿富汗要避免的情况。相反，1840 年 6 月，正在喀布尔和英军待在一起的阿瑟·康诺利自告奋勇地去协商释放斯托达德事宜，以及向布哈拉汗解释英国在阿富汗的政策，他的这个提议被勉强接受了。尽管麦克纳顿、奥克兰甚至是康诺利都觉得对此行并不乐观，但是康诺利准备去冒这个险。1838 年起，他就计划去中亚考察。他在伦敦拥有强大的支持者，身为麦克纳顿的侄子，这一身份也无疑对他的事业有极大的帮助。此外，康诺利的行程还是一个收集更多情报的理想机会，可以帮助英国了解入侵线路，考察哈扎拉贾特、查哈尔和希瓦的政治局势，以及阿姆河是否具有成为英国商品运输通道的通航能力。

1840年秋天，康诺利启程前往希瓦，陪他一起去的是希瓦驻喀布尔大使，这是一个让人不舒服的旅行伙伴，因为大使向所有人宣布，沙阿·舒贾是一个傀儡，英国对阿富汗的控制是十分脆弱的。康诺利决定走一条异常困难的未知线路，需要先经过巴米扬、亚考朗和和旁遮普，再穿过班迪突厥斯坦山，最后到达梅马内。该地是阿富汗被探索程度最低的区域之一，康诺利的官方报告提供了重要的历史数据和人种数据。不幸的是，他的个人日记和笔记没能保存下来。

抵达希瓦后，康诺利发回了这个汗国的局势报告，并成功调解了希瓦汗国和浩罕汗国间的一个争端，然后他劝说麦克纳顿允许他前往布哈拉。然而这个时机实在是太不幸了。就在他抵达布哈拉前，纳斯尔鲁拉·汗听说了英军在喀布尔惨遭屠杀的消息，他意识到英国威胁不到他了。此外，布哈拉现在可以无惧沙阿·舒贾或是英国人的军事报复，自由地入侵巴尔赫并重申对其拥有的主权。康诺利最后和斯托达德被关进了同一间地牢。纳斯尔鲁拉·汗提出，释放他们需要1万金提拉斯（tilas）的赎金，但是两个人都拒绝了。

尽管狱中条件恶劣，康诺利还是设法偶尔偷偷向外界送出信件，并在他的祈祷书上写下秘密日记。这些作品得以幸存下来，令人心酸地证明了他悲惨的经历以及他的基督教信仰，因为康诺利是反奴隶制基督教改革家威伯福斯（Wilberforce）领导的克拉珀姆教派（Clapham Sect）成员。最后，1842年6月，斯托达德和康诺利被带到广场上，亲眼看着行刑者挖好他们二人的坟墓。斯托达德第一个被锯掉了首级，但康诺利得到允诺，如果皈依伊斯兰教就可以保住性命。康诺利尖锐地指出，斯托达德已经为了活命象征性地转变了信仰，但还是没有逃过一死。所以他准备好以一个基督徒的身份赴死，于是刽子手砍下了他的首级。虽然近年来人们多次尝试找到他们的墓穴，但是两个英国人最后的长眠之地始终未被发现。

英军陷入泥潭不可自拔

当康诺利和斯托达德在布哈拉的地牢里逐渐失去生机时，英国从阿富汗的撤离时间已经从最初的预定日期往后拖延了许久，这让加尔各答和伦敦越来越忧心。印度河战役动用了共计 2.6 万名兵力：1.6 万名部署在阿富汗，还有 9000 名士兵被部署在信德和俾路支斯坦保护军队的供给线。在兰吉特·辛格死后，英国额外增派了兵力前往旁遮普前线。但是，在中国发动的鸦片战争，需要投入更多的军力。鸦片战争是在英国驻印度军队向坎大哈进军期间爆发的。在印度境外部署如此大规模军队，引发了人们是否有足够的兵力应对印度腹地叛乱的担忧。

奥克兰愈发担心占领阿富汗之后迅速增长的开支。1840—1841 年，占领阿富汗让印度国库耗费了 100 多万英镑，还需要额外的 50 万英镑维持信德驻军的开销、后勤保障以及维护印度河上的驳船舰队。成本如此之高，以至印度政府的赤字达到了 100 万英镑，不得不大量举债。在这种情况下，政策显然难以维系，1841 年春天，奥克兰告知伦敦，解决问题的唯一办法就是只留下两个军团驻军，一个在喀布尔，一个在坎大哈，其他军团则全部撤离，并在未来一年内撤出所有兵力。因此，沙阿·舒贾只有不到一年的时间去填补国家财政的巨大空洞，还要招募至少 1.2 万名士兵替代英军。这是一项不可能完成的任务，考虑到国王军队在赛甘和帕尔万山谷战役中的叛逃行为，所以他从前征用的士兵显然不适于这种重任。

沙阿·舒贾早在第一个英国士兵踏上阿富汗前就告诉过韦德，艾哈迈德·沙阿王国的残余力量无法提供足够的税收来维持国家开支，也无法供养、装备一支庞大的常备军。沙阿·舒贾在重登王位时，试图征税或是没收馈赠的永久财产及免税财产，这激起了科希斯坦、赫尔曼德、加兹尼和卡拉特等地吉尔扎伊人的叛乱。为平息叛乱，新的征税制度被废止了，最后是英国支付了国王的大部分开支。为此英国陷入了进退两难的境地。尽管彻底撤军是首选方案，但这可能导致沙阿·舒贾的垮台和反英政府的上台。与此同时，英国不能持续补贴阿富汗政府，帮助沙阿·舒贾的战争也不能无限期地继续下去。在一个多世纪后，苏联和北约军队在占领阿富汗期间也分别领教了这种进退维谷的窘境。

为节约资金，奥克兰告诉麦克纳顿，1842 年底前，要将开支从大约 100 万英镑大幅削减至 3 万英镑。布尔内斯和他在坎大哈的同僚们一起制订了关于军队和税收的重大变动计划，沙阿·舒贾对此极为不满，认为这是英国人干预自己内政的又一例证。国王试图重新对宗教机构的捐赠和世袭封地征税，要求垄断农业关税和特殊商品的人上缴更多税收，结果遭到非常激烈的抵制。拒绝纳税的强势部落首领包括阿明纳拉·汗·洛加里和泰辛的哈姆扎汗。作为报复，沙阿·舒贾解除了他们的职权。

在坎大哈，赫尔曼德和扎敏达瓦尔的杜兰尼家族在阿赫塔尔·汗的领导下发动叛乱，击败了诺特派去镇压起义的阿富汗军团。诺特又派出英军和印度军前去镇压，这次阿赫塔尔·汗吃了败仗，但他重整旗鼓，在几个月后包围了驻扎在吉里什克的英国军队。筹集额外收入的尝试，以及诺特计划守卫卡拉特、消灭"吉尔扎伊国"的谣言，导致了 1841 年春的严重叛乱。霍塔克人和托克希人蜂拥而至守卫卡拉特，诺特抵达这座要塞时，发现自己面对着数千名部落敌人。诺特进攻卡拉特时遭到了吉尔扎伊人的攻击，于是他使用了霰弹和毛瑟步枪，杀死了很多轻武装的吉尔扎伊人。尽管伤亡惨重，但吉尔扎伊人仍不断向英军发起冲击，直到 5 个小时后，幸存的吉尔扎伊人才逃离战场。这是英军和印度军在阿富汗首次也是最后一次打了一场有准备的、按自己方式进行的战斗。

诺特在赫尔曼德和卡拉特的胜利，令麦克纳顿相信阿富汗局势已经平稳，并使他严重低估了叛军的实力，这让麦克纳顿向错误方向走得更远。他把阿赫塔尔·汗领导的杜兰尼人称为"一群叫花子"，而"叛乱"被认为是吉尔扎伊人的第二天性。"那些在巴拉克扎伊人统治时期就了解这个国家的人"，他在 1841 年 8 月写道，"对它以如此少的流血方式发生蜕变感到惊奇"，[20] 所以当坎大哈政务官亨利·罗林森警告麦克纳顿，这些反抗只是开始，更严重的麻烦还在后面时，他被麦克纳顿傲慢地训斥了一番：

> 对我们形势的毫无根据的悲观立场，热衷并传播这样的谣言。我们的苦难、听到的风凉话已经够多了……这些徒劳的言论可能会造成很多麻烦，重复多了，会抵消我恰恰相反的看法。我知道有关这个国家该地区的言论完全是错误的，考虑到你在大英帝国任职的职位，我没有理由相信它们是真的。[21]

埃尔芬斯通和麦克纳顿都没看到不祥之兆，更不用说读懂时局了，他们一直忽略经验丰富的印度军官和阿富汗人的善意警告。尽管麦克纳顿本人向奥克兰承认"我们脆弱无比"，[22] 但还是有更多的印度兵被撤回。到 1841 年 10 月末，喀布尔仅剩下一个英国军团和一个印度军团驻守，辅助他们的只有沙阿·舒贾募集的一支未经训练且极不可靠的新军。

英国人认为至少需要 1.2 万名士兵才能保证沙阿·舒贾稳坐王位，为了募集到这个数量，布尔内斯制订了阿富汗军事改革计划。[23] 仿照英军建制，一支全新的军官队伍将以战绩而不是出身和家世为选拔标准。这是很讽刺的，因为英国军队和阿富汗军队一样都是由根深蒂固的阶级体系构成的。最初的 1600 名被称为"冒险家"（Janbaz）的骑兵是由英国军官训练和指挥的，但是装备的费用则由国王来承担。"冒险家"骑兵团是职业军人，领固定薪水，表现英勇和优异会有奖励，长期服役还能获赠土地。第二支部队是阿富汗人指挥的哈扎尔巴什（Hazarbash），大致相当于英国的皇家骑兵团，他们的主要作用是保护国王的个人安全以及守卫首都。虽然没有明确宣布，但是哈扎尔巴什已经取代了古拉姆军队，基齐勒巴什人也没忽视这一点。

布尔内斯的军事改革像他的财政改革一样，触及了阿富汗封建制度的内核，遭到了既得利益者的强烈抵制，因为后者的权力、财富和地位都受到了威胁。沙阿·舒贾也反对执行这项改革，因为这会削弱对王室的资助，降低他对执拗的贵族们的控制力和激励手段。当人们发现"冒险家"骑兵团和哈扎尔巴什军团的普通士兵将从科希斯坦和达曼的塔吉克人，以及楠格哈尔和库纳尔的普什图人中招募来的，而不是杜兰尼人和基齐勒巴什人时，他们的仇恨进一步加深了。与此同时，阿富汗军团的规模也在缩小，所有服役的军事指挥官都必须在"冒险家"骑兵团和哈扎尔巴什军团申请佣金。实际上，布尔内斯解雇了所有为国王服役的军官。如果这还不算羞辱的话，这些出身高贵的贵族还必须接受布尔内斯的下属特雷弗中尉的面试，他的军衔是所有英军军官中最低的。曾经指挥过自己部落的雇佣兵团的贵族、内战老兵和锡克圣战者们，现在发现自己和自己的部落已经沦落到了由一个低级军官指挥的可怜境地。更糟糕的是，在是否得到委任上，特雷弗是唯一的仲裁人，因为被他拒绝的人无权上诉，甚至也不能向国王申诉。

　　这项任务需要所罗门的智慧和约伯的耐心，所以让特雷弗来执行是个糟糕的选择。他脾气暴躁，毫不掩饰对杜兰尼贵族的厌恶，也不打算平息他们失了颜面的怒火。他甚至愚蠢地告诉贵族们，一到两年内，他们的族人就会失业，以后得到的任何施舍都是纯粹的慈善之举。但是其间最大的侮辱是，哈扎尔巴什军官被要求向国王宣誓效忠，违者将被流放。因为他们早在国王第一次占领喀布尔时就已经表示了效忠，这些贵族认为，要求他们再表忠心，说明英国人和国王在质疑他们的忠诚度。

　　愤怒的贵族们向国王请愿废除这项命令，而沙阿·舒贾却指责他们是懦夫，只会发出徒劳的威胁。他还告诉贵族们，自己只是名义上的国王，他们应该在麦克纳顿、布尔内斯和特雷弗面前抱怨。1841年9月1日发生了兵变，除了一小部分人，其他所有军官都拒绝新的效忠宣誓，于是沙阿·舒贾禁止他们出入王庭，告诉他们要么吞下苦果，要么被驱逐。这种僵局持续大约一个月后，大多数军官都在胁迫下接受了宣誓。一些军官认为麦克纳顿、布尔内斯和特雷弗是发起改革和公开羞辱他们的罪魁祸首，所以开始私下密谋报复他们。

麦克纳顿随后疏远两个原本支持沙阿·舒贾重登王位的强大派系。1841年秋天，麦克纳顿收到奥克兰的命令，削减开支，同时要在几周内筹集数十万英镑的结余资金。麦克纳顿相信，近来在赫尔曼德和卡拉特的胜利，已经让所有的反对派都退缩了，于是决定将付给泰辛族长、贾巴尔·凯尔以及科希斯坦苏菲派大师的资金减半。欧洲历史学者倾向于把这些钱当作贿赂，而实际情况并非如此。萨菲人、莫卧儿人和杜兰尼人都向部落族长们按年支付补贴，以换回在国王的公路上安全通行的保证。确实，正是沙阿·阿巴斯和萨都·汗之间的这种安排，带来萨多扎伊王朝的崛起。所以实际上这些钱是用于购买服务。

1841 年 9 月，麦克纳顿将泰辛族长和贾巴尔·凯尔召到喀布尔，告诉他们削减他们的收入。为了给自己的决定正名，他解释说，苏丹·穆罕默德·汗每年仅给贾巴尔·凯尔 1.3 万卢比。在族长们看来，这个解释是文不对题的，因为沙阿·舒贾已经书面承诺过要给他们更高的报酬，连麦克纳顿都承认，这些部落一丝不苟地兑现了他们的诺言，保证了喀布尔至贾拉拉巴德线路的畅通，且不受强盗袭扰。因此大幅削减他们的开支对这些族长来说是一种重大挫折，尤其是，他们很需要这笔钱维系自己在部落的权力和地位并收买对手。收入损失严重威胁着他们在部落的处境，考虑到喀布尔军队通向印度的补给线穿过泰辛以及贾巴尔·凯尔的领土，麦克纳顿的这个决定简直是灾难性的。

在麦克纳顿宣布削减国家补贴这一消息的几天后，也就是在杜兰尼军队精英确认效忠国王大约一天后，所有曾饱受改革和国家补贴削减之苦的关键人物——杜兰尼贵族、吉尔扎伊汗王们以及科希斯坦的毛拉们秘密聚集在喀布尔，对着《古兰经》发誓，要团结一致"消灭"入侵者。[24] 第一个麻烦是泰辛的吉尔扎伊人在去喀布尔的路上抢劫了一个"卡菲尔"。几天后，贾巴尔·凯尔袭击了喀布尔西南部的布特哈克（Butkhak），这个居民点是通往贾拉拉巴德及霍德考贝尔峡谷的门户。不到一周时间，与英国的供给线以及与白沙瓦的联络就被切断了。与此同时，在拉格曼，阿克巴的岳父、吉尔扎伊族巴巴克尔分支的领袖穆罕默德·沙阿从当地毛拉那得到了伊斯兰法的法特瓦，为反叛冠上了"圣战"的名义。沙阿·舒贾派泰辛吉尔扎伊人的领袖哈姆扎·汗去和穆罕默德·沙阿谈判，但他同时鼓励拉格曼的首领继续反叛。当哈姆扎·汗回到喀布尔，国王立刻以叛国罪囚禁了他，这进一步激怒了那些已经怒火中烧的部落。

赛尔的旅团即将返回印度之际，埃尔芬斯通命令他重新打开喀布尔至贾拉拉巴德的通道，但是因为赛尔的队伍在服役期末，埃尔芬斯通拒绝给他们配发最新式攻击步枪。相反，给他们的是最陈旧的、破损的棕贝丝（Brown Bess）燧发枪，这还是拿破仑战争时期遗留下来的，一个低级军官称之为"毫无用处，几乎是能造出的最糟糕的枪支的典范"。[25] 棕贝丝枪是专门为拿破仑时期的定位步兵战设计的，只在近距离有效，精准度远不如阿富汗的吉赛尔步枪。

赛尔的旅团不得不从布特哈克一路奋战至泰辛，不停地向深谷的高地发起冲击以击退敌人的阻击。当他抵达泰辛时，族长的补贴已经全额恢复了，甚至还收到了对"苛刻、不公正"地削减他的补贴做出的非正式道歉。赛尔在甘达马克收到了埃尔芬斯通要求他回喀布尔的紧急消息，因为科希斯坦此时已经造反了。然而赛尔的旅团并不适合直接杀回阿富汗首都。大多数军官、数百名普通士兵都已阵亡或者受伤，弹药不足，行李也大多被抛下或者遭到了洗劫。咨询过自己的高级军官后，赛尔决定无视命令继续向贾拉拉巴德前进，在那里他占领了重要的要塞，开始加强防守。

赛尔一路战斗到贾拉拉巴德后，麦克纳顿向他表示祝贺，吉尔扎伊人叛乱平息了，他和埃尔芬斯通（已经因痛风丧失行动能力）几日后就可以返回印度了。所以在1841年11月初，时任恰里卡尔政务官的埃尔德雷德·璞鼎查写信通知麦克纳顿，米尔·马斯吉迪和尼吉拉布的苏丹·穆罕默德·汗已经叛变，但这份报告并没有引起特使的重视，他告诉璞鼎查，这些部落听到吉尔扎伊人在卡拉特失败的消息后就会立刻放弃叛乱。麦克纳顿没意识到，科希斯坦暴动只是 6 周前在喀布尔秘密会议上确定的联动起义活动的开始。它也不仅仅是一场叛乱，因为米尔·马斯吉迪也已经宣布"圣战"。

恰里卡尔的前哨由两个军营组成，一个是老恰里卡尔，位于古尔班德河的入口处；另一个是在拉格曼尼，大约在老恰里卡尔北边 1 公里的位置。[26] 科德林顿上尉带领着大约 800 名沙阿·舒贾的士兵守卫这两个军营，包括廓尔喀人以及一小队旁遮普火炮兵。在这些人中，有过实战经验的很少，大多数人还把妻儿带在身边。璞鼎查在第一次视察前哨时，告知麦克纳顿这些阵地无防御能力，要求进行加固并拨出额外的资金增强防守，但是由于无法挪出相关资金，璞鼎查的这个要求被否决了。麦克纳顿还提醒璞鼎查，这些哨所只不过是营房，不是堡垒。科德林顿设法扩大了预算，"偷偷摸摸"增加了两个防御工事，但是叛乱爆发时营房才完成了一半。老恰里卡尔在营房主入口甚至连一扇门都没有，两块阵地也都没有内部供水系统，因此饮用水全部来自附近的古尔班德运河，引出老恰里卡尔用水的另一来源是一座神庙引出的一条间歇性小溪。

1841 年 11 月 1 日，米尔·马斯吉迪的"圣战者"占领了阿克萨赖，切断了守军后撤回喀布尔的线路，这是暴风雨来临的前兆。之后，米尔·马斯吉迪率领 500 名加齐勇士向喀布尔前进，此外还有 2000 人被派去和正在进军拉格曼的穆罕默德·沙阿会合。在喀布尔陷落后的第二天，米尔·哈吉在沙阿·舒贾和麦克纳顿的眼皮底下，站在普里赫介蒂清真寺的宣教台宣读了他的圣战法特瓦。老恰里卡尔和拉格曼被大约 2 万名圣战者包围，比守军的数量多了 20 倍。璞鼎查试图拖延时间，期待喀布尔能派来一支救援军。

11 月 3 日，璞鼎查同意商讨叛乱者的不满，并在拉格曼郊外一个有围墙的果园里安排了一场会面，但是当他和助手拉特雷中尉抵达会面地点时才意识到自己中了圈套。拉特雷在逃跑中被开枪击中了背部，但是璞鼎查设法毫发无伤地逃回拉格曼，在那里他眼睁睁地看着拉特雷被乱枪击毙。

科德林顿试图解救拉格曼，但是他失败了。所以璞鼎查放弃了这个阵地，设法抵达老恰里卡尔，保全了性命。然而老恰里卡尔被包围起来，供水也

今日的恰里卡尔，它是通往潘杰希尔、古尔班德以及萨朗隧道的门户。老恰里卡尔是一个军事哨所，守卫着过去印度莫卧儿王朝和乌兹别克哈拉间的边界。

被改道。科德林顿在突击保卫古尔班德河的残余水域时被击毙，璞鼎查则脚部受伤。军营尽管缺水，但还是坚持了一周多，击退了敌人对城墙的多次进攻。11月9日，友善的赛义德获准自伊斯塔立夫进入要塞，他告知璞鼎查喀布尔暴乱的消息和布尔内斯的死讯，这让他获救的希望彻底破灭。至此，大部分军官和战士已经阵亡或者伤重无法继续作战，弹药用尽，用水配给也降低到了每人每天半茶杯。璞鼎查和在科德林顿死后接过指挥权的霍夫顿中尉决定撤离，试图回到喀布尔。璞鼎查不知道的是，在他下令撤退的当天，麦克纳顿促成了和米尔·马斯吉迪的一项协议，后者同意让兵团安全返回喀布尔，条件是支付6万卢比。

璞鼎查计划在夜里逃走，目的地是伊斯塔利夫的友人住地，这样再穿过平原抵达喀布尔。璞鼎查和霍夫顿都有伤在身，但至少他们还能骑马，其他人只得步行80公里到喀布尔。璞鼎查将撤退人员分成两个纵队，逃亡中他们设法躲过了侦查，然而两个分队却在夜色中失去了彼此的联系。璞鼎查和霍夫顿最后成功抵达伊斯塔利夫，次日清晨到达喀布尔。但是队伍中的其他人就没有这么幸运了。黎明时分，敌人的骑兵追上了他们，屠杀了所有的男女和孩子。被璞鼎查抛下的伤员也在叛军冲击军营时被杀死。老恰里卡尔的陷落，打开了通往喀布尔的道路，科希斯坦的叛军涌入首都，增强了米尔·马斯吉迪的实力，此前他已经占领了贝马鲁高地的阵地。老恰里卡尔的兵团在战斗中表现出了非凡的勇气，在极端不利的情况下还坚持了一周多，然而士兵和军官们都没有得到赞赏。麦克纳顿竟然宣称廓尔喀人"表现不佳"。[27]

璞鼎查和霍夫顿最终到达喀布尔军营时发现自己才出虎穴又进狼窝。喀布尔城内一片骚乱。自 1841 年 11 月初就开始的暴乱，源于人们长期积累的仇恨。他们痛恨外国人、阿富汗的非穆斯林势力、英国对国王内政的干涉以及损害了国王和朝臣们权势利益的布尔内斯财政军事改革。因此，仇恨和不满特别针对以麦克纳顿、布尔内斯和特雷弗为代表的英国政客。

历史学者普遍认为，1841 年的喀布尔暴乱是普通民众和商人的无组织反抗活动，但是证据显示并非如此，相反它是一场早有预谋的叛乱。暴乱开始的大约 6 周前，就有人对着《古兰经》起誓要发动叛乱了。喀布尔叛乱的主要煽动者是杜兰尼贵族、萨多扎伊王朝的支持者阿卜杜拉·汗·阿查克扎伊。大概在 1841 年 11 月秘密会议前后，阿卜杜拉·汗就带着《古兰经》去见了阿明纳拉·汗·洛加里，劝他做反抗的名义领袖。阿卜杜拉·汗接着又获得了一些重要的波帕尔扎伊保王党人、喀布尔宗教界部分成员以及基齐勒巴什人首领的支持。阿明纳拉·汗·洛加里和其他的首领都曾被沙阿·舒贾囚禁，职位被解除，特权也被剥夺。他们都憎恨英国人的财政军事改革，认为这笔账该算在麦克纳顿、布尔内斯和特雷弗头上。

尽管密谋者在国王应该继续由沙阿·舒贾担任还是由他的儿子继承一事上存在分歧，但他们的主要政治目标是真正恢复国王和杜兰尼贵族的权力。他们还相信，如果英国人被迫撤离，他们就可以招募一支有足够能力的军队确保萨多扎伊人的王位。为了争取穆罕默德扎伊人的支持，保王党计划恢复艾哈迈德·沙阿和哈吉·贾马尔·汗达成的协议，并任命帕因达·汗的一个后人为维齐尔。这项政治议程实际上没有任何可行性，一方面是因为他们将沙阿·舒贾面对的所有问题都归咎于英国人，另一方面是因为保王党似乎不能接受一个追随者寥寥无几、软弱无能的国王。沙阿·舒贾得以幸存仅仅是因为英国人在为他战斗，并且支付了从军人军饷到国王公务开支的所有费用。而且考虑到两族之间的不和，穆罕默德扎伊人同意接受萨多扎伊国王领导的可能性非常小。

阿卜杜拉·汗发动叛乱也是因为与布尔内斯的私人恩怨，后者曾要求他偿还欠印度放贷人的巨额债务，但是阿卜杜拉·汗拒绝了。此外，阿卜杜拉·汗的一个宠妃曾设法逃出后宫，被布尔内斯庇护在家中。阿卜杜拉·汗派仆人去接她回来，但布尔内斯先是否认她在自己家中，真相败露后又拒绝将她交出。另一个曾与阿卜杜拉·汗的兄弟有婚约的女人也出逃了，得到了老城里一名英国官员的保护。在阿卜杜拉·汗看来，这件事性质严重，触及了他和家族的核心荣誉。这些出逃的女人不仅羞辱了他，还寻求外国入侵者的保护。况且她们在陌生人家中居住，明显引起了关于不当性行为的怀疑。[28] 出于这个原因，阿卜杜拉·汗决定第一要务是攻击布尔内斯和特雷弗的住处，杀掉所有可恨的外国人，夺回自己的女眷。众所周知，特雷弗的住处存有东印度公司的数千卢比，而且房子的守卫只有一小队印度兵。这进一步鼓励了袭击者，因为这笔财富可以作为非常有用的专用基金来收买人心和装备军队。

正如阿富汗谚语所说："墙上有老鼠，老鼠有耳朵"，阴谋的消息很快传开。在叛乱爆发的前一天晚上，默罕·拉尔的间谍向他详细报告了计划，他给布尔内斯发出了增加守卫的紧急警告。一些同情布尔内斯的阿富汗人也告诉他即将发生的袭击，催促他在希萨尔城堡避难直到国王逮捕密谋者。布尔内斯虽然的确要求增加守卫，但没有理睬这些警告并拒绝离开。增援的守卫始终没有到达，只留下布尔内斯、特雷弗和一些印度兵自生自灭。

1841年11月1日傍晚，米尔·马斯吉迪骑马赶到喀布尔，宣布科希斯坦已经发生叛乱。阿卜杜拉·汗担心保王党会失去主动权，于是决定立刻行动。第二天一早，他的一队家仆攻击了布尔内斯的房子并放了一把火。布尔内斯、他的弟弟以及其他居民在逃离火场时被杀。特雷弗的家也被洗劫，印度兵守卫被杀，财产被掠夺一空。特雷弗和妻子及其 7 个孩子在危急时刻设法逃到了钦达瓦尔，在那里受到了施林·汗·贾万希尔的保护。纳瓦布·穆罕默德·查曼·汗庇护了默罕·拉尔，还告知阿卜杜拉·汗，如果他试图抓捕这位文职官员，他和他的巴拉克扎伊族人就是在对自己宣战。

尽管有火光、枪炮声和到处可见的骚乱，麦克纳顿和埃尔芬斯通直到第二天才确认布尔内斯已经被杀，老城里发生了叛乱。由于对方没有采取应对行动，叛军变得更加大胆。哈扎尔巴什人发起兵变，遇到英国官员就袭击或者屠杀。最后是沙阿·舒贾采取了唯一果断的行动，派出一队古拉姆士兵试图解救英国官员，指挥官是皈依伊斯兰教的英裔印度冒险家约翰·坎贝尔，也称谢尔·穆罕默德·汗。坎贝尔的人虽英勇战斗，但是依旧死伤惨重，在狭窄的小巷中遭遇到交叉火力攻击，被迫撤回希萨尔城堡。然后国王派自己的大儿子法特赫和叛军谈判，结果王子居然催促他们"消灭异教徒"。[29] 沙阿·舒贾接着命令炮兵部队轰炸阿卜杜拉·汗的房子，但是他早已离开，还在喀布尔河北岸穆罕默德沙·巴亚特的城堡占据了一个前沿位置。因此沙阿·舒贾和军营里的英军主力部队断了联系，老城和哈什马特汗湖都落入了敌人之手，希萨尔城堡实际上已经被包围了。

阿卜杜拉·汗袭击喀布尔老城，标志着整个城市的全面暴乱，各个派系都在与英国人及自己的对手交战。阿明·阿拉·洛加尔、阿卜杜拉·汗·阿查克扎伊以及保王党为萨多扎伊王朝而战，他们的对手是纳瓦布·穆罕默德·查曼·汗，他是帕因达·汗幸存的长子，野心勃勃地想当埃米尔，至少也要成为维齐尔。他想推翻沙阿·舒贾的一个原因是国王曾经违背保证他通行安全的誓言，还曾短暂囚禁过他。的确，一些穆罕默德扎伊人高层对沙阿·舒贾的所作所为恨到了希望他和他的儿子们被处死的地步。但是萨达尔家族在阿富汗的政治前景上产生了分歧。一些人支持多斯特·穆罕默德重新成为埃米尔，而其他人则倾向于选择纳瓦布·穆罕默德·查曼·汗，或者是坎大哈或白沙瓦的某一位首领。

科希斯坦和老城的暴乱让纳瓦布·穆罕默德·查曼·汗和穆罕默德扎伊人始料未及，但这一麻烦出现后，纳瓦布·查曼·汗派一名信使去找在胡勒姆的阿克巴，催促他尽快骑马赶往喀布尔。还有一个骑手被派去向纳瓦布·贾巴尔·汗提出了同样的请求。在布尔内斯死后的第二天，纳瓦布·贾巴尔·汗率领一大队贾巴尔部族的吉尔扎伊人涌进了首都，占领了皇家花园——这儿之前是莫卧儿花园，现在则是总统官邸——以及一些相邻的城堡群。皇家花园处在军营西南侧的绝佳位置，因为这座园子四周有厚厚高高的土墙，控制着通往达曼和喀布尔河上一个浅滩的道路，这条路把英军军营和喀布尔老城连接在了一起。在拿下皇家花园后，萨达尔们聚在一起讨论局势，决定让纳瓦布·查曼·汗成为国王。于是他的名字被刻在了硬币上，喀布尔的毛拉们收到命令要在呼图白中吟诵他。但是米尔·马斯吉迪和保王党都拒绝服从该命令。

即便如此，从1841年11月的第一周开始，喀布尔有了两个敌对的国王和两套货币，首都被分为4个主要区域。喀布尔河的北边是纳瓦布·查曼·汗、纳瓦布·贾巴尔·汗和其他穆罕默德扎伊首领们的势力范围，贾巴尔部族以及后来泰辛的哈姆扎·汗都支持他们，他们控制了皇家花园和马哈茂德汗城堡。军营的东北部是米尔·马斯吉迪和他的科希斯坦士兵控制的贝马鲁、里卡布巴什城堡以及佩伊米纳尔以北所有的据点。在军营的东边，贾巴尔部族占领了布特哈克，还占据了斯亚桑群山的位置。在喀布尔河的西边，老城和哈什马特汗湖被效忠于阿明纳拉·汗、洛加尔和阿卜杜拉汗·阿查克扎伊的势力把持着，巴亚特的基齐勒巴什人和老城的毛拉们支持他们。施林·汗和他的贾万希尔基齐勒巴什人则在钦达瓦尔，最初他们在整个冲突中持中立立场。

保王党和穆罕默德扎伊人都试图与英军谈判，从有利于自己的角度让他们体面地撤退。与此同时，他们还在会见英军的对手，讨论成立反英同盟。讨论的成果之一就是纳瓦布·查曼·汗同意承认阿卜杜拉·汗是喀布尔所有起义军的总指挥，但是这个协议并没有维系多久。为了将麦克纳顿逼到谈判桌前，纳瓦布·查曼·汗的军队用狙击枪袭扰了军营里的官兵，对两座存有军队

一群来自卡伊贾巴尔的贾巴尔部族的吉尔扎伊人。在 19 世纪三四十年代，贾巴尔部族是个强大的勇士部落，控制着喀布尔到贾拉拉巴德的老路。至今当地还在传颂着他们的先人与英国人战斗的故事，尽管一些细节常常被篡改。

大部分弹药和补给的城堡群发起猛攻。失去军粮意味着军营里仅剩下 3 天的食物和饲料供应，作战人员的配给减半，而非作战人员只能自力更生。情况到 1841 年 11 月末已经令人极为绝望，军营中的人员只能屠杀马匹和骆驼作为食物，这同时也是为了减少需要喂养的牲畜数量。

军营内的政务官和军事指挥官在讨论应对危机的最佳办法。在布尔内斯死后的第二天，埃尔芬斯通的马不小心失蹄并压在他身上。埃尔芬斯通之前已经因为痛风致残，而现在伤势更加严重——他可能伤到了体内的器官，以致只能在病床上下达军令。伤病和高级军官中日益尖锐的矛盾让他更加优柔寡断。最后谢尔顿几乎不和他交谈，还常常不出席会议。让问题更加复杂的是，埃尔芬斯通此时本应该出发并前往印度，严格来说不应该再指挥军队了，所以谢尔顿认为现在由自己负责指挥军事行动。

在高层指挥们对行动计划犹豫不决时，不当的军营地面布局严重限制了军队在围墙外发动突袭的能力，因为大部分兵力要守卫外围无法脱身，所以只能匀出一个团发动进攻。英军兵力也分散在军营、希萨尔城堡和斯亚桑及巴特哈克的两个哨所之间。埃尔芬斯通下令放弃这两个阵地，很快贾巴尔部族就占领了它们。一些高级军官还想要放弃军营，将兵力集中到希萨尔城堡内，不过谢尔顿反对这一行动，理由是这无异于承认失败。

由于食物和饲料已经耗尽，他们急切地尝试购买补给。喀布尔亚美尼亚社区的两位首领在希萨尔城堡和布特哈克间拥有农地，他们为其提供了一些补给。贝马鲁部落首领、米尔·马斯吉迪的岳父霍加·米尔也以高价卖给军营一些面粉和饲料，再用收到的现金资助女婿的圣战。米尔·马斯吉迪不满这种双重交易，所以刚到喀布尔他就带兵占领了贝马鲁。1841 年 11 月 10 日，谢尔顿勉强同意尝试占领这个定居点及附近的城堡群。在艰苦的肉搏战后，谢尔顿设法把米尔·马斯吉迪的科希斯坦人赶出了贝马鲁，迅速拿下城里卡布什城堡和祖勒菲卡尔汗城堡，并让炮兵轰炸了贾巴尔部族在斯亚桑的阵地。尽管在米尔·马斯吉迪和吉尔扎伊人遭受了沉重打击的同时，谢尔顿也损失了很多士兵，但英军的胜利让被困于军营里的人受到欣慰。继老恰里卡尔沦陷后，又有数千名科希斯坦人在这场战役的前一天带着俘获的英国火炮、步枪和弹药抵达喀布尔。得到增援的米尔·马斯吉迪重新占领了贝马鲁，切断了英军军营的物资供应，派出自己的人在贝马鲁山顶部挖战壕。一旦进入了壕沟，他们就朝下方的英军军营随意开枪，这让营内任何冒险出现在空旷场地的人置于极度危险之中。

尽管谢尔顿表示反对，埃尔芬斯通还是命令他和他的第 44 步兵团占领贝马鲁山，清除那里的狙击手。1841 年 11 月 23 日黎明前，谢尔顿的人控制了东面的斜坡，其间没有遇到任何抵抗，天亮后他用一门火炮向底下的贝马鲁村的科希斯坦人开火。在当地人躲进房内后，谢尔顿派出了强攻队，不过却在狭窄的小巷中遭到了伏击。屋内和屋顶上四面八方的攻击让强攻队撤回了山上。战斗的声音惊醒了皇家花园中的穆罕默德扎伊人和吉尔扎伊人。他们抓起武器冲向临近的穆萨山城堡东翼，试图攻打贝马鲁山的西侧。

谢尔顿现在不得不分兵，留下一队人马保卫穆萨山城堡的东翼以防米尔·马斯吉迪攻击那里的斜坡，而他自己则去西侧对抗吉尔扎伊人和巴拉克扎伊人。穿着红色外套的第 44 团士兵们毫无掩护地暴露在光秃秃的山上，敌人在他们的棕贝丝步枪射程范围外，于是他们很容易成了靶子。当他的士兵像苍蝇一样倒下时，谢尔顿莫名其妙地命令他们摆成两个正方形方阵。这是欧洲步兵在面对骑兵或是步兵进攻时的标准防御阵型，但在抵御狙击手的火力时这是最糟糕的选择。很快这就成了一场一边倒的战役，尽管身边不停有人倒下，谢尔顿还是命令他们守住阵地。敌人一度因为霰弹陷入了困境，但是过热的枪支卡壳炸膛了，于是吉尔扎伊人涌向斜坡。短暂的肉搏战后第 44 步兵团逃下了山，这一切被军营里的人尽收眼底。在全面崩溃中很多士兵被杀，如果不是司令官奥斯曼汗命令他的人控制火力，最后的死亡人数可能会更多。

灾难过后，谢尔顿告知埃尔芬斯通，因为人手不够，他无法再从军营发动进一步的突袭。从这一刻起，最高指挥部深思熟虑的就是如何最好地进行谈判，使自己能在撤退的同时保住颜面，以及和哪派势力谈判。由于这是项政治事务，埃尔芬斯通将责任推给了麦克纳顿，后者又转身交给了特雷弗中尉，告诉他既然他现在是这里级别最高的政务官，那么理应由他来找出摆脱困境的方法。

并不是每一件事都有利于叛军。谢尔顿的霰弹给米尔·马斯吉迪的圣战士、贾巴尔部族和穆罕默德扎伊部族造成了破坏，保王党军队佯攻希萨尔城堡却被击退。很多暴乱的领袖都被杀了或是身受重伤，其中就包括尼吉拉布的沙阿·穆罕默德·汗、阿卜杜拉·汗·阿查克扎伊（很有可能是在激战正酣时被一名刺客击毙的）以及阿卜杜拉·汗的两个儿子和他的妻（兄）弟。阿明纳拉·汗·洛加里失去了两个儿子，多斯特·穆罕默德的两个侄子也被杀了。在之前的交锋中，受了重伤的米尔·马斯吉迪在战役结束的几天后就死了，有传言称他是被下了毒。在他去世时，他的大批追随者离开了喀布尔，返回达曼埋葬他们的这位先知，留下了几乎没有守卫的贝马鲁。这些人的死，对叛军来说是一个沉重的打击，但是，埃尔芬斯通和谢尔顿没有抓住对手群龙无首的机会继续进攻，而是选择了被动的防御策略，这让对手有时间重新集结并等待支援。

麦克纳顿分而治之的尝试

此时，麦克纳顿尝试让一个派系和另一个派系对抗，他邀请默罕·拉尔帮助他，如果不能征服的话就分裂他们。尽管研究第一次英阿战争的历史学者不承认，但是，当时在喀布尔最有效率的政治活动家是拉尔而非布尔内斯。从第一次和布尔内斯到访喀布尔起，拉尔就发展了一个运转高效的庞大线人网络，接触了所有主要派系的领袖。布尔内斯死后，拉尔在喀布尔扮演了一个重要的角色，他不仅是麦克纳顿和叛乱领袖间的调解人，也是一个特工头目。拉尔对自己担任的角色乐在其中，因为他有比当地任何文官都要大的行动自由。

虽然麦克纳顿试图利用不同王朝、政治派系和部落间的敌意让他们相互对抗，但这里不是孟加拉，他也力有不逮，毕竟和他打交道的人都擅长各种阴谋诡计。麦克纳顿的这种雕虫小技无法糊弄任何人，相反，他们利用了他业余的套路为自己谋利。麦克纳顿的第一个目标是阿明纳拉·汗·洛加里。他授权拉尔悬赏 50 万卢比逮捕他，明确表示希望看到洛加尔部落的首领被处死。为了进一步削弱阿明纳拉·汗的地位，拉尔被告知要将洛加尔部落的首领地位交给阿明纳拉·汗的长期竞争对手亚尔·穆罕默德·汗。亚尔·穆罕默德·汗自然认为杀死阿明纳拉·汗就能得到这笔丰厚的报酬，对麦克纳顿"暗杀不是我们的习惯"的保证将信将疑。[30]

阿瑟·康诺利的弟弟约翰·康诺利中尉当时是沙阿·舒贾身边的政务代表，住在希萨尔城堡。他写给拉尔的一封密信加深了这种误解，信里说，他愿意为每个叛军首领的人头悬赏 1 万卢比。尚不清楚是什么人授权康诺利开出这样的条件（如果确有此人的话），当然这也有可能是康诺利自己的主意，但是他的条件大致反映了沙阿·舒贾的看法，后者急切地想要给自己无事可做的刽子手一点工作。由于康诺利的期望和麦克纳顿已经给出的指示一致，所以拉尔给每个叛军首领的人头标了价格。尽管拉尔平时喋喋不休地提到自己在第一次英阿战争中的作用，但他在正式出版的记录中对自己在此事上的做法含糊其辞。不过有一点是清楚的，叛军首领都相信麦克纳顿通过他的政治手段表达出花费巨资刺杀自己的意愿，麦克纳顿还煽动叛军的对手把匕首插入他们的肋骨。有人怀疑在贝马鲁高地之战中枪杀阿卜杜拉·汗的刺客就是英国人资助的，这佐证了上述观点。还有传言说英国人雇凶毒杀米尔·马斯吉迪，毕竟这的确是英国人能做出来的事。

在政治上，拉尔设法和贾巴尔部族的一些族长达成协议，让他们放弃支持纳瓦布·查曼·汗，并向沙阿·舒贾宣誓效忠。作为回报，埃尔芬斯通同意支付 20 万卢比，作为给军营供应食物及饲料的定金。特雷弗被派去付款，但是他抵达会见地点时才被告知，除了一个族长，其他所有人都反悔了，所以麦克纳顿撕毁了协议，理由是贾巴尔部族没能履行他们的协议义务。然而贾巴尔部族对此事有不同的说法。据他们说，一个不知姓名的族长试图哄骗特雷弗给自己现金，于是声称其他汗王们都退出了协定。结果就是贾巴尔部族指责麦克纳顿违背了诺言。

在努力削弱保王党势力的过程中，麦克纳顿的注意力很少放在纳瓦布·查曼·汗和穆罕默德扎伊的首领身上。布尔内斯死后不久，拉尔建议麦克纳顿派代表团去胡勒姆促成和穆罕默德·阿克巴的权力分享协定，甚至提出要帮助多斯特·穆罕默德复辟。不过麦克纳顿拒绝了拉尔的这个建议，将来他会后悔作了这样的误判，因为在贝马鲁山溃败后的第二天，阿克巴率领 6000 名米尔·瓦利的乌兹别克骑兵冲入喀布尔。在战斗中损失尤为惨重的纳瓦布·查曼·汗无力阻止阿克巴接管巴拉克扎伊军队，也不能再抱怨自从萨达尔们提名自己为国王，阿克巴就无权篡夺他的权威。

阿克巴与麦克纳顿的较量

　　纳瓦布·查曼·汗对英国人采取了和解的态度，提出要和他们协商保证英军安全撤离，作为回报，沙阿·舒贾要退位，可能他还希望英国承认他为国王或是埃米尔。另一边，阿克巴却采用了更为强硬的路线，因为他与布尔内斯和麦克纳顿有私人恩怨，后者曾在布尔内斯使团任务失败后羞辱了他的父亲。既然现在占据了上风，阿克巴决心对他的英国对手施加同样的痛苦和羞辱。他将纳瓦布·查曼·汗的谈判人解职，任命自己信任的使者们去见麦克纳顿，带给他一份无异于无条件投降的要求清单。所有英军士兵必须尽早撤离阿富汗，军队所有的火炮、步枪和装备都要上缴。在离开前，麦克纳顿还必须作出书面保证会释放多斯特·穆罕默德并允许他恢复王位。为了保证英国这些承诺得以兑现，一些英国军官要留下来作为人质，待多斯特·穆罕默德抵达喀布尔后才会被释放。沙阿·舒贾和他的家人也要被交出来。阿克巴还做出威胁，如果英国人拒绝自己的要求，他会猛攻军营，营内不要有人期望会得到任何怜悯。

　　麦克纳顿直截了当地拒绝了阿克巴的条件，称自己宁愿在战场上解决问题。但是阿克巴知道形势对自己有利，因为喀布尔的严冬已经来临，缺乏食物、饲料和燃料会最终迫使英国人接受他提出的任何要求。阿克巴没有袭击军营，而是加强了封锁，还烧毁了喀布尔河上的大桥以阻止任何人逃往希萨尔城堡。他的人还用步枪骚扰军营内人员。1841年11月的最后一周进行了短暂的休战，因为阿克巴病倒了，而且要庆祝斋月结束，但是这时军营内的形势已经十分危急。粮食几乎已经吃完，随军的人纷纷被饿死或者冻死，本来就有600多名伤兵得不到救治的医院现在更是超负荷运转，因为数百名印度人得了支气管炎、肺炎和冻疮。

　　为了缓解粮食危机并打击阿克巴，麦克纳顿再次向贾巴尔部族承诺求助，提出要用20万卢比的天价换取食物和饲料，还愿意公开效忠沙阿·舒贾。

但是贾巴尔族长拒绝了这个提议，并告诉麦克纳顿，他们刚刚对着《古兰经》发誓要和异教徒战斗到底。1841 年 12 月 10 日，传来了更多坏消息，诺特来信说自己无法派救援队伍到喀布尔，因为加兹尼和卡拉特的军团也受到了围困。现在的当务之急是尽快在冬天最恶劣的时节到来前，也在军营内的人全部饿死前，达成一个保留体面的协议。

收到诺特来信的第二天，麦克纳顿同意会见吉尔扎伊人和纳瓦布·查曼·汗一派的代表阿克巴。他随身携带着草草拟出的协议，里面的条款与阿克巴 3 周前提出的区别不大。协议规定，所有的英军将尽快撤离，释放多斯特·穆罕默德以及英国承认他为阿富汗埃米尔。沙阿·舒贾会在"劝说"下退位，他可以选择留在喀布尔或者随英军一起去印度。一些军官会留下来充当人质，直到多斯特·穆罕默德抵达喀布尔后再被释放。麦克纳顿甚至同意交出大部分枪支、弹药和装备。作为回报，阿克巴会提供食物、饲料和交通工具，还保证让他们安全到达印度。为了保证维系这笔交易，几位巴拉克扎伊和吉尔扎伊族长会陪同英军一起作为保护。协议末尾，麦克纳顿插入了一条条款，允许英国居民居住在喀布尔，这是他挽回颜面的微弱尝试，但没有糊弄住任何人，因为很显然英国已经屈服了，只不过试图在保留些许尊严的情况下抽身。

麦克纳顿向与会的族长们宣读协议内容时，被阿克巴生气地打断了，他要求英国人第二天就离开。至于安全通行，英国人无权对此有任何要求，他们是入侵者和异教徒，阿富汗习惯法和伊斯兰教法都没有要求任何穆斯林首领做出这样的保证。英国人有两个选择：要么祈求他们的宽恕，要么战斗至只剩最后一人。正如阿克巴所说，他想到了不久前本廷克爵士和奥克兰是如何向自己的父亲发出类似的最后通牒的：要么去拉合尔亲自向兰吉特·辛格屈服，要么承担被锡克人彻底消灭的风险。

在场的其他族长并不认可阿克巴的发难。他们毫不含糊地告诉他坐下闭嘴，麦克纳顿接着读条款时没人再说一个字。宣读结束后，族长们冷静地讨论了协议的利弊。两个小时后，族长们一致接受该协议，只做一些微小的调整。撤离行动将在 3 天后开始，与此同时，之前陪伴麦克纳顿的特雷弗中尉会留下来充当人质以及双方的联络员。会议友好地结束了，对阿富汗人来说，这份协议虽然还没有双方签字盖章，但已经具有了约束力，因为参加支尔格会议的各方的意愿都已经达成一致了。

麦克纳顿现在必须在奥克兰总督面前为这份实质上的投降书正名，还要告知沙阿·舒贾这个交易，因为像平常一样，国王肯定没有被征求意见。在他未写完的给奥克兰的最后一封信中，麦克纳顿辩称他别无选择，只能接受那些条款，因为为英军部队取得通行安全保证至关重要，毕竟他们当时不可能杀回贾拉拉巴德或者穿过开伯尔山口。尽管形势严峻，麦克纳顿依然乐观地告诉奥克兰："离开时我们依然是阿富汗人的朋友。"[31] 沙阿·舒贾知道了这份协议后非常愤怒，拒绝向印度屈服，但是除了同意协议他别无选择，即便如此，在他看来这都是英国盟友的终极背叛。他 3 年前签署的《三方协议》，现在的价值连一张纸都不如。他从前的盟友现在反而计划牺牲他来保全自己的颜面，把他和他的国家交到了他的宿敌手中。

但是麦克纳顿的协议并不像它看上去的那样清晰，因为他在起草时想要一方面离间阿克巴和纳瓦布·查曼·汗，另一方面离间穆罕默德扎伊的萨达尔们和保王党。起初，麦克纳顿的计谋似乎奏效了。支尔格会议结束的第二天，一些参加会议的族长向沙阿·舒贾表示了敬意，他们并不希望看到多斯特·穆罕默德回来当埃米尔，也不希望任何穆罕默德扎伊人统治这个国家。他们提出会支持沙阿·舒贾继续做国王，条件是他任命帕因达·汗的一个儿子做维齐尔，极有可能是纳瓦布·查曼·汗。当拉尔告知麦克纳顿会议结果时，这位特使回复说如果他有足够的兵力去打败阿克巴，他就不后悔撕毁 12 月 11 日的协议。

但是阿克巴机敏地意识到这份协议里暗藏隐患，麦克纳顿试图削弱他和他父亲的地位。阿克巴把这个把戏视为英国人背信弃义的进一步证据，他觉得不能信任麦克纳顿，精明地将麦克纳顿的阴谋转为自己所用，向所有派系证明特使狡猾奸诈、不值得信任。同时他还看到了一个机会能让自己在政治上和军事上立于不败之地。

根据 12 月 11 日制订的协议，所有的英国军队和印度军队都必须从希萨尔城堡撤离到军营。一旦完成这一步，阿克巴和其他族长就会获准进入上希萨尔城堡会见沙阿·舒贾，与其讨论他作为国家元首的命运。阿克巴意识到这个安排给了他绝佳的机会拿下喀布尔最坚强牢固的堡垒，废黜或杀死沙阿·舒贾并击败他的所有对手。为了实现这一目标，阿克巴巧妙地说服埃尔芬斯通允许他的人护送英军从希萨尔城堡到军营。对阿克巴的计谋一无所知的埃尔芬斯通同意了。在疏散过程中，穆罕默德·沙·拉格曼手下的吉尔扎伊人试图强行进入堡垒，但是沙阿·舒贾可能已经收到了关于阿克巴计划的警告，从堡垒的碉楼上向他们开火，杀死或重伤了许多敌人以及印度兵。结果阿克巴不得不放弃夺下希萨尔城堡的企图，沙阿·舒贾再次死里逃生。

越来越多的士兵和随行人员让军营内本已紧张的补给形势进一步恶化。3 天后，天气更加糟糕，整个晚上和第二天的白天都在下暴雪。阿富汗东部

冬季的喀布尔。每年 11 月末至次年 3 月，阿富汗首都的气温低至零下 20℃，地面覆盖有厚厚的积雪。1841—1842 年的冬天尤为寒冷，给撤退中的印度军造成了巨大的损失。

即将遭遇几十年来最寒冷的一个冬天。这时早已过了约定好撤离喀布尔的期限，麦克纳顿试图尽可能拖延撤军，希望能够获得足够的旅程中的补给，还期待能与更有妥协意愿的派别达成协议。

阿克巴袭击希萨尔城堡让其他派系不悦，他的一些对手私下开始与麦克纳顿接触。12月21日，麦克纳顿告诉拉尔，一些可能与他谈判过的匿名吉尔扎伊首领，准备在夜里为军营提供100—200哈尔瓦（kharwars）^①的食物和饲料，价格为20万卢比的现金。作为回报，第二天早上族长们会面见国王宣誓效忠。

但是这个约定是个骗局。一旦这些吉尔扎伊首领向国王表示服从，拉尔就会通知麦克纳顿，然后麦克纳顿就会立刻通知阿克巴12月11日的协议作废，理由就是他和他的父亲都没有得到阿富汗人民的支持。接下来，英军会在皇家花园要塞袭击阿克巴，而吉尔扎伊人、施林·汗的贾万希尔人以及保王党的军队，会从南面同时发动攻击。"不要让我和这件事扯上关系"，麦克纳顿告诉拉尔，"就说我准备好信守诺言，但是我会让阿富汗人民自己做决定。"³²

麦克纳顿的计谋既奸诈又危险，因为尽管他公开向阿克巴保证英国会遵守12月11日协议，但他在私下计划破坏活动。不过麦克纳顿不知道的是，泰辛的哈姆扎·汗和阿明纳拉·汗·洛加尔与两边都有联系，一直向阿克巴汇报麦克纳顿的骗局。阿克巴意识到这个计划后，决定设下一个圈套，让特使的背叛行为最后暴露在他所有的对手面前。

12月21日傍晚，阿克巴的侄子穆罕默德·萨迪克将军抵达军营，私下会见了麦克纳顿和特雷弗。这个会面非常隐秘，埃尔芬斯通和谢尔顿都不知情，更不用说被邀请参加了。萨迪克将军告诉麦克纳顿，阿克巴已经改变了主意，他和他的岳父、拉格曼巴巴克尔的首领穆罕默德·沙阿现在已做好让沙

---

① 哈尔瓦：阿富汗的重量单位，意为一头驴的负载。在现代阿富汗，喀布尔的1哈尔瓦相当于567.2千克；马扎里沙里夫的1哈尔瓦的重量是喀布尔的两倍，即1134.4千克；赫拉提的1哈尔瓦相当于3000千克。——译者注

阿·舒贾继续当国王的准备，条件是沙阿·舒贾要任命阿克巴为维齐尔。作为回报，英国驻军将被允许留在喀布尔直到春天冰雪融化。那样英国人得以保留颜面地撤退，同时可以称自己已经解决了阿富汗的"困难"。但是阿克巴心意的明显转变是有代价的，麦克纳顿需要立刻支付 300 万卢比，并保证阿克巴在余生中每年获得 40 万卢比的养老金。这些条款与纳瓦布·查曼·汗几周前提出的相似，有希望能让敌对的穆罕默德扎伊人和纳瓦布·贾巴尔·汗的吉尔扎伊人联合起来。但是这个约定是有隐患的，为了表示同意此约定，第二天早上，英国人会和阿克巴联手攻击马哈茂德汗城堡、阿明纳拉·汗·洛加尔的据点以及巴亚特基齐勒巴什人。阿克巴甚至提出要把阿明纳拉·汗的人头送给麦克纳顿特使，以换取适当的奖赏。

阿克巴的这个提议让麦克纳顿面对着两种选择。他可以继续遵守和吉尔扎伊派达成的协议，和他们联手进攻阿克巴位于皇家花园的据点；也可以改变立场，在阿克巴的协助下摧毁阿明纳拉·汗和其他该为叛乱和布尔内斯的死负责的首领。阿克巴的狡诈阴谋，让麦克纳顿陷入了被双重怀疑的境地。无论他最终选择哪一方，各方都会相信他只要看到有政治好处就会乐于背叛他们。唯一的出路就是拒绝阿克巴的计划，同时放弃自己攻击阿克巴的打算，并公开向有关各方确认英国政府会继续遵守 12 月 11 日的协议，因为它是在和各部落一起召开的支尔格会议上通过的。

但是麦克纳顿径直落入了陷阱。阿克巴似乎最终准备放弃强硬立场，同意了各方都能接受的条款——当然这其中不包括阿明纳拉·汗·洛加里和他在马哈茂德汗要塞的盟友。麦克纳顿后来又同意签署一份萨迪克递给他的文件，文件内容确认了他同意阿克巴的计划，这样的做法是错上加错。阿克巴现在握有的书面证据表明麦克纳顿准备出卖抵抗阵营的每一个人，资助一方去消灭另一方。当阿克巴展示了麦克纳顿在文件上的签名时，他们怒不可遏。对纳瓦布·查曼·汗而言，这是个极为沉痛的打击，因为他已经竭尽所能去促成一个有尊严的妥协并遏制阿克巴。他甚至冒着生命危险在愤怒的阿卜杜拉·汗面前保护拉尔和其他军官。这个结果使得他之前所有的善意似乎都一文不值，因为麦克纳顿似乎准备背叛他并和他的对手达成协议。

阿明纳拉·汗也同样被激怒了，因为他已经准备好要和英国人联手打击阿克巴。现在这个约定看起来像是一个陷阱，要将他引诱到空旷地带以便被英国人和阿克巴彻底消灭。至于吉尔扎伊人，他们本以为能从为军营提供食物和饲料上大赚一笔，而现在已经是他们在不到一个月的时间里第三次感到失望了，因为麦克纳顿命令拉尔去通知他们不用运来补给，并取消了进攻皇家花园要塞的计划。一夜之间，对麦克纳顿的背叛行为的愤怒和仇恨，让各方团结在了一起。阿克巴的计划取得了完美的效果，现在他掌控了叛军方的议程，终于让他迎来了这一时刻，能够为过去3年里布尔内斯、麦克纳顿和英国政府加诸在他的父亲和家族身上的羞辱而复仇。

直到第二天一早，麦克纳顿才终于对自己的政务官和高级军事指挥官介绍了他和阿克巴的秘密约定，并通知他们自己计划在攻打马哈茂德汗城堡前和阿克巴再次会面。每个人无一例外都谴责了特使的行为。麦克纳顿的助手科林·麦肯齐中尉机敏地意识到这个计划是圈套，直率地警告特使他被骗了。"一个阴谋"，麦克纳顿则是愉快地回复，"不可能发生在我身上，相信我。"[33]埃尔芬斯通将军也有所警觉，他写信询问麦克纳顿，阿克巴给了他什么来保证不会背叛他。至于默罕·拉尔，有十分可靠的消息来源警告他，麦克纳顿正在落入圈套。参加过那场秘密会议的萨迪克的机要秘书米尔扎·胡达达就是主要的情报人之一，他在夜里冒着生命危险拜访了拉尔，警告他阿克巴已经设下了"深深的陷阱去哄骗特使"。[34]于是，拉尔派出紧急信使警告麦克纳顿不要参加会面。信使在麦克纳顿正要离开军营的时候找到了他，但是他不听警告，还愚蠢（或是自大）到认为是自己占了上风。他太过自信，前去会面时没有带一个军事护卫，只有少数几个军官的陪同。

离开军营前，麦克纳顿要求谢尔顿在营外集结了两个军团，表面上是作为自己的后援，但真实目的是等自己的会面一结束就和阿克巴联手攻击马哈茂德汗城堡。谢尔顿虽然有很多缺点，但一直是个可敬的人，他不打算参与这样可耻的骗局，于是告诉麦克纳顿，他无法这么快集结队伍，而且他的手下正忙于为撤离做准备。直到最后军团也没有出现，这可能让阿克巴相信了麦克纳顿在最后时刻也会打算对他耍花招。

如果说之前的警告都不足以让麦克纳顿对自己的危险处境产生警觉，阿克巴选择的会面地点应该能摇响警铃。地点在喀布尔河边一个孤零零的小山丘，今天的阿富汗国家体育场就位于此，正对着伊德加清真寺，至今这里仍有一座纪念碑。麦克纳顿抵达后惊讶地发现很多敌对阵营的代表都在场，包括阿明纳拉·汗·洛加尔的兄弟和贾巴尔族的首领，他曾与这些人协商过有关条款和向沙阿·舒贾投降事宜。会场周边还有一大队全副武装的加齐士兵。当麦克纳顿问阿克巴为什么这些人会在如此机密的现场时，阿克巴回答："他们都知道我们的秘密。"麦克纳顿没能领会这些话的含义，不但没有逃回军营，还伸直身子躺在地上，像是在放松。

看到特使没有理解自己的暗示，阿克巴给了他最后的救赎机会，问他是否仍然打算执行前一晚达成的协议。"为什么不呢？"麦克纳顿随意地回答道，在波斯语语境中，这个表述代表的不是不确定性而是赞同。他的答复足矣。阿克巴大喊一声"抓住他"并抓住了特使的左手。另一位萨达尔苏丹·贾恩则抓住了他的右手，他们一起将麦克纳顿头朝下拖下了山坡。与此同时陪同麦克纳顿的英国军官也被压住胳膊，没收了手枪。[35]

阿克巴后来声称自己无意伤害麦克纳顿，仅仅是打算抓他做人质。然而事实表明并非如此。麦克纳顿努力挣扎之时，阿克巴朝特使开了一枪，用的正是前一天麦克纳顿送给他的一对手枪中的一支。在随后的混乱之中，加齐士兵扑向了负了重伤的麦克纳顿，先是砍下了他的四肢，最后又把他的头割了下来。两个陪同麦克纳顿的军官劳伦斯和麦肯齐因为纳瓦布·查曼·汗的干预才避免了同样的下场，后者的手下击退了加齐士兵，将他们带到了相对安全的马哈茂德汗城堡那里。第二天，纳瓦布·查曼·汗把他们转移到自己的家中。而特雷弗中尉没有这么幸运了。他被解除了武装，正要被带走时，苏丹·贾恩骑马赶到，痛恨特雷弗曾经羞辱过保王派官员的他大喊"特雷弗就是只狗"，并用剑刺伤了特雷弗。然后，特雷弗被加齐兵拖下马砍死。麦克纳顿和特雷弗的躯干后来被挂在了查哈尔查塔市集的一个肉钩上，麦克纳顿的双手被穿在一柄长矛上在老城遭到耀武扬威地游街示众。至于麦克纳顿的头颅，阿克巴用麻袋将其包起来送给了胡勒姆的米尔·瓦利。3天后，特使的残躯被扔进了一条水沟，旁边就是布尔内斯家被燃烬的废墟。

军营里的人对麦克纳顿及其随行军官的命运还一头雾水。直到第二天才确定麦克纳顿和特雷弗已死，其他随行人员被劫为人质。几天后，接管政治事务的埃尔德雷德·璞鼎查收到了一封有阿克巴、阿明纳拉·汗·洛加尔和其他首领签名的信件，要求英国人遵守12月11日协议的条款。信件中，阿克巴还提了很多额外的要求。英军必须立刻撤离，除了在路上的即时开支和6把手枪，所有的财物连同大部分弹药都必须交出。高级军官的妻子们也要出来做人质，直到多斯特·穆罕默德回到阿富汗。阿克巴承诺他和其他首领会和英军同行，并保障他们的通行安全。至于沙阿·舒贾，他可以留下来或者自由离开，因为阿克巴知道，国王已经时日无多。

撤离的英国人遭遇大屠杀

璞鼎查反对这些屈辱的条件，他敦促埃尔芬斯通将军队挺进希萨尔城堡，但是遭到了埃尔芬斯通的无视，因为在麦克纳顿遇刺后，埃尔芬斯通和谢尔顿发动了一场实质上的行动，现在他们全权负责军事行动和政治活动。英军最终坚持了将近3周，那时地上的积雪已深，很多随军人员被冻死。英军在熬过了可能是最悲惨的一个圣诞节后，在1842年1月1日签署了一份新的协议，其中关于撤离的条款比之前的还要苛刻。该协议承认纳瓦布·查曼·汗为摄政王，阿克巴没有得到这个位子的原因，可能是因为他打算陪同英军一起去贾拉拉巴德。签字人包括阿克巴、米尔·哈吉、阿明纳拉·汗·洛加尔和奥斯曼·汗。在这份协议上，泰辛的哈姆扎·汗和贾巴尔部族的汗王们的印章格外显眼，因为他们对英军穿过他们的领土时各有计划，于是没有出席签字仪式。为了回报所承诺的通行安全，璞鼎查用东印度公司的资金开出了高达 145 万卢比的支票，这笔钱将由阿克巴、纳瓦布·查曼·汗、阿明纳拉·汗·洛加尔、施林·汗·贾万希尔、奥斯曼·汗和一些吉尔扎伊族长共享。

最终，1842 年 1 月 6 日，4500 名英军和印度军士兵以及大约 1.15 万名随军人员踏着厚厚的冰雪启程前往贾拉拉巴德。在他们离开的前夜，赛尔夫人发现托马斯·坎贝尔的作品摊开在"霍恩林登战役"这页，于是她对即将发生的情况产生了不寒而栗的预感，这是一首关于法国大革命期间的血腥冬日战役的诗：

> 啊，很少、很少有人在他们相遇的地方分别！
> 积雪将是他们的裹尸布，
> 他们脚下的每一块草皮，
> 都将成为一个士兵的坟墓。

这场撤离行动一片混乱。他们一离开军营，沙阿·舒贾军团剩下的人就做了逃兵。阿克巴承诺过的护卫始终没有出现，而早在军营撤退前，劫匪们就翻墙入室，抢劫并残杀了掉队的士兵。为了躲过屠杀，营内的随军人员向队尾冲去，希望能向队尾的卫兵寻求保护，在此过程中散布了恐慌，阻碍了军队的行进。队伍在路上排成了数公里的纵队，于是所有秩序的假象崩塌了，没有保护的侧翼轻易地暴露在吉尔扎伊人或其他的劫掠者面前，很多掉队的士兵和伤病人员被射杀。

两天后，队伍才朝布特哈克艰难前进了 16 公里，在正常情况下，这不过是从希萨尔城堡出发的一个短距离骑程。在他们面前的是霍德考贝尔陡峭的 U 型深谷，这是哈夫特科塔尔，也称七道山口（Seven Passes）的起点，位于霍德考贝尔和甘达马克之间。这是贾巴尔族人的领地，这里的部落首领和马利克们觉得遭到了麦克纳顿的背叛，因为他砍掉了他们的补贴，还违背了其他的承诺，所以他们必须按照神圣的誓言消灭异教徒。撤退中的部队和随行人员毫无招架之力，吉尔扎伊人从高地的安全地带朝他们开枪，这场屠杀是残酷无情的。5天后，从喀布尔出发的1.6万名男女儿童除了极少数人外，或惨遭杀害，或冻死在寒夜里，而伤员和筋疲力尽无法继续赶路的人只能坐在路旁，等待吉尔扎伊人将冰冷的匕首插进自己的喉咙。

1842年1月13日早晨，残余部队终于到达甘达马克，整支队伍此时只剩下20名军官和45名谢尔顿的第44步兵团士兵。甘达马克本该有一支国王的驻军，但是幸存者只发现吉尔扎伊人在等候他们。几日前，当阿克巴劫持谢尔顿为人质后，格里菲斯少校接过了剩余部队的指挥权，现在他有一个投降的机会，但也许是想起军团在贝马鲁要塞遭受过的羞辱，他没有选择投降。吉尔扎伊人试图解除他们的武装时爆发了一场混战，很快就演变成肉搏战。肉搏结束时除了3人幸存，其他人都被杀害。活下来的苏特（Souter）上尉是幸运的，他把军团的旗帜系在腰间，于是吉尔扎伊人认为他是可以用来索取一大笔赎金的重要人物，就把他俘虏了。

当天下午1点钟左右，贾拉拉巴德要塞的一个警卫在城墙上看到一个人骑着马、挥舞着他的军帽朝要塞奔来，这是曾隶属于沙阿·舒贾军团的助理外科医生威廉·布莱顿。他是唯一一个在行军中幸存下来的英军士兵，但也已经奄奄一息。他的手腕上有刀伤，一部分头骨下垂。尽管失血严重，但他还是活了下来，讲述了自己的故事。不过和流传的帝国版本不同，布莱顿不是唯一一个在这场大屠杀中幸存的欧洲人。之前在英军撤退时，阿克巴将埃尔芬斯通和谢尔顿骗来参加会议后，将他们劫为人质，谢尔顿不得不在很远的地方眼睁睁看着他的军团被消灭。一共有63个欧洲的成年男女与儿童做了阿克巴的人质，其中包括麦克纳顿太太、埃尔芬斯通将军夫妻、赛尔太太以及特雷弗的妻儿，而约翰·康诺利、埃尔德雷德·璞鼎查和默罕·拉尔留在了喀布尔，被软禁在家中。

很多穆斯林，无论是印度兵还是英军的随行人员，都被网开一面，但是那些囚徒被卖为奴隶，他们的女眷最后被送到了当地族长的后宫。一些人沦落到在喀布尔街头乞讨，另一些则逃走，随意加入一个阿富汗的民兵组织。

尽管喀布尔局势严峻，但赛尔的旅团仍设法击退了所有企图攻占贾拉拉巴德要塞的人。当意识到发生了大屠杀时，赛尔决定留下来为任何可能幸存的人提供庇护，并充当救援部队的前线基地。这并不是一件轻而易举的事，因为在几天后，阿克巴和他的岳父穆罕默德·沙阿率领一支大军包围了要塞。尽管形势极度不利，赛尔还是以较少的兵力撑到了 3 个月后波洛克将军前来解救。

坎大哈和加兹尼的情况要好一些。1841 年 11 月初，托克希人和霍塔克吉尔扎伊人再一次起兵叛乱，他们进攻加兹尼，并最终成功占领了这座城市，迫使英军撤回城堡。卡拉特也被围困，但是这两地的驻军都坚守了整个冬天。诺特击退了企图对坎大哈进行的袭击，接着主动出击，打败了一支杜兰尼军队，其指挥官是沙阿·舒贾的儿子——曾经叛投过敌人的萨夫达尔·贾恩。诺特还赶走了坎大哈数千名成年男女与儿童，因为他不确定这些人效忠于谁。

奥克兰得知了喀布尔叛乱的消息后，下令增援部队立刻加急赶往白沙瓦和奎达，但是东线的局势因为阿夫里迪人封锁了开伯尔山口并占领了阿里清真寺的要塞而变得复杂起来。1842 年 2 月初，瓦尔德准将强行打通开伯尔的尝试失败了，所以所谓的"报应军"（Army of Retribution）的指挥官波洛克将军决定在白沙瓦等到春天，因为那时增援部队能够抵达，他的军队士气也会提升。终于，1842 年 3 月 31 日，波洛克率领 8000 名士兵从白沙瓦出发。为了清除开伯尔山口的阿夫里迪人和他们设下的路障，波洛克派出高地军团在风笛的伴奏声中穿越了高山。一场激战后敌军抛弃阿里清真寺逃跑了。接下来在穿越开伯尔山口的过程中，军队几乎没有再遇到阻碍。当赛尔听说波洛克已经突围后，他从贾拉拉巴德出兵击败了阿克巴，夺回了一些被从喀布尔军营带走的枪支。终于在 1842 年 4 月 16 日，波洛克抵达贾拉拉巴德，阿克巴则安全逃到了他岳父位于拉格曼的部落。

　　从奎达出发的纵队在 5 月初到达了坎大哈，它们设法解救了被围困在卡拉特的队伍，但是想要解救加兹尼军团为时已晚。面对着饥饿和供水被切断的局面，指挥官帕尔默（Palmer）上校在得到通行安全保证后已于 1842 年 3 月初投降。但是他们刚到开阔的平原地带，吉尔扎伊人就袭击了他们，几乎杀死了所有的人，少数幸存者也被劫为人质。最后诺特击败了吉尔扎伊人，夺回了加兹尼并和波洛克在喀布尔会合，将两支军队一起撤回了印度。

乔治·阿尔弗雷德·克罗利的作品《霍德考贝尔山口》，1842 年，一幅基于铅笔素描的水墨画。克罗利是波洛克的"报应军"的成员。这幅画表现了军队接近喀布尔时的景象以及死于 1841—1842 年撤退中的英军士兵尸骨。

沙阿·舒贾遇刺身亡以及争夺喀布尔的战斗

　　英军刚开始撤离喀布尔，不同派系就开始争权。[36]沙阿·舒贾依然是国王，但仅仅是名义上的，因为他的命令在希萨尔城堡的城墙之外没有效力，他还痴心妄想地认为，英国人会派援军回喀布尔恢复他的权威并惩罚阿克巴和其他叛徒。至于阿克巴，他离开了首都去接管英国人留下的废墟，后来又包围了贾拉拉巴德，让纳瓦布·查曼·汗成了喀布尔实际的掌权者。1842 年 1 月中旬，各方同意沙阿·舒贾继续当国王，纳瓦布·查曼·汗成为维齐尔，阿明纳拉·汗·洛加尔则是国王的副手。不过这个脆弱的妥协局面仅仅维持了几周。

与此同时，沙阿·舒贾还受到了来自米尔·哈吉的压力，后者命令他接管科希斯坦的圣战军队，并与阿克巴联手打败赛尔，对抗波洛克。国王并不信任米尔·哈吉，拒绝离开安全的希萨尔城堡。1842 年 4 月初，米尔·哈吉听说波洛克正在朝贾拉拉巴德进发，便向国王发出了最后通牒，要么国王率领他的圣战者抵抗英国人，要么他就发出声明，宣布国王"是个异教徒，其朋友也是异教徒"。纳瓦布·查曼·汗派妻子给沙阿·舒贾送去了密封在一本《古兰经》里的誓言，承诺会保护他不受伤害，于是沙阿·舒贾投降了。两天后，沙阿·舒贾在几个印度侍从的陪伴下离开了希萨尔城堡，但是，纳瓦布·查曼·汗的儿子舒贾·达乌拉带着大约 60 名"探险家"将他拦下并残忍杀害。国王的尸体被扔入一条沟渠里任其腐烂，3 天后才最终被埋葬在他父亲帖木儿·沙阿陵墓旁的一个无名墓穴里。根据一名英国人质文森特·艾尔（Vincent Eyre）的说法，沙阿·舒贾被杀身亡是多斯特·穆罕默德谋划的，这位吉尔扎伊首领是为报复他之前尝试谋害阿克巴而采取的刺杀行动。

国王的遇刺引发了民众的普遍谴责，尤其是因为纳瓦布·查曼·汗曾经发誓要保护他。为了挽回自己的名声，纳瓦布·查曼·汗剥夺了舒贾·达乌拉的继承权并将其驱逐。沙阿·舒贾的长子法特赫·贾恩继承了父亲的位子，但是他的权威仅在希萨尔城堡的城墙范围内有效。在堡垒围墙外，纳瓦布·查曼·汗、米尔·哈吉和阿明纳拉·汗·洛加里为夺取阿富汗首都的控制权争斗不休。法特赫·贾恩命令米尔·哈吉和阿明纳拉·汗为自己父亲的死报仇，于是他们攻击了纳瓦布·查曼·汗。然而，后者交出约翰·康诺利作为补偿，买通了米尔·哈吉，因为这位苏菲大师迁怒于没有得到应有的战利品。米尔·哈吉从康诺利手里得到了大笔现金，强迫他用加尔各答国库的钱签下了单据，他用这笔钱贿赂了对手并供养自己的圣战军队。同时，为了获得米尔·哈吉的忠诚，阿明纳拉·汗授予了他在老城征收房屋税的权力。

1842 年 4 月末，纳瓦布·查曼·汗和阿明纳拉·汗又进行了一场战斗，这一次是为了争夺喀布尔海关收入的控制权。为了恢复国家秩序，纳瓦布·查曼·汗提议将税收收入分配给米尔·哈吉，而不是去资助针对波洛克将军的圣战。阿明纳拉·汗的反应是逮捕了米尔·哈吉，把科希斯坦加齐兵拉入了这场权力的斗争。在宣誓效忠法特赫·贾恩后，米尔·哈吉才终于被释放，但是重获自由并和纳瓦布·查曼·汗联手后，他就违背了自己的誓言。人数不占优势的阿明纳拉在希萨尔城堡寻求庇护，尽管法特赫·贾恩同意保护他，却拒绝允许阿明纳拉·汗的 4000 名武装侍从进入城堡。于是他们只能回家，而法特赫·贾恩也失去了加强希萨尔城堡防守的最后机会。

几天后，纳瓦布·查曼·汗和米尔·哈吉组成联军包围了希萨尔城堡。然而围城战刚开始，阿克巴和穆罕默德·沙阿就率领着一支由辛瓦里人和巴巴克尔族的吉尔扎伊人组成的大军抵达了喀布尔。纳瓦布·查曼·汗别无选择，只能将穆罕默德扎伊人队伍的指挥权交给阿克巴，后者交给阿明纳拉·汗一封拦截下的加尔各答的命令，让波洛克退休返回印度。这条消息粉碎了英国人会来解救国王的所有希望，希萨尔城堡里除了几名守卫，其他人全部投降了。

法特赫·贾恩也许是意识到自己会被处死，所以拒绝投降，然而他身边只有几个阿拉伯人和努比亚古拉姆在保护他，所以阿克巴派巴巴克尔部族吉尔扎伊人占领了谢尔·达尔瓦扎高地。然后他们在上希萨尔城堡的最佳位置架设了一门缴获的英国野战炮，近距离朝守军开火。1842 年 5 月 7 日，国王手下的古拉姆指挥官达尔维什·穆罕默德认命了，向穆罕默德·沙阿的吉尔扎伊人打开了城堡大门，而阿克巴负责警戒，阻止纳瓦布·查曼·汗或他的其他对手进入城堡。法特赫·贾恩被囚禁在上希萨尔城堡的一个小房间内，接下来的几周里，阿克巴强行侵占了国王剩下来的财宝，用来收买基齐勒巴什人和纳瓦布·查曼·汗的巴拉克扎伊人。纳瓦布·查曼·汗和纳瓦布·贾巴尔·汗大吵了一架，还拉扯了贾巴尔的胡须狠狠羞辱他，接着又指责他给国家带来了所有的灾难，因为正是他"第一个将欧洲人带进了国家"，纳瓦布·查曼·汗这样的举动对他的征服大业没有任何好处。[37]

在希萨尔城堡陷落后，纳瓦布·查曼·汗的追随者抛弃了他，所以他恳求米尔·哈吉在呼图白中吟诵自己的名字来承认自己的王权。米尔·哈吉回复，自己同意这么做，但前提是要让他指挥已经在巴布哈克无所事事了3个多月的加齐军队伍，带领他们出击控制着贾拉拉巴德的波洛克。纳瓦布·查曼·汗没有同意这个要求，他主张谈判，但是米尔·哈吉拒绝任何让步。几天后，阿克巴召集了他自己的喀布尔乌里玛会议。1842年6月29日，米尔·哈吉正式宣布，在多斯特·穆罕默德回来前，任命法特赫·贾恩为摄政王、阿克巴为他的维齐尔。当纳瓦布·查曼·汗和施林·汗·贾万希尔抵制这次会议时，穆罕默德的吉尔扎伊人袭击了纳瓦布·查曼·汗、泰辛的哈姆扎·汗以及施林·汗，迫使他们不得不屈服了。最终纳瓦布·查曼·汗保住了性命，但是他和很多其他的首领以及阿克巴的对手们像哈姆扎·汗一样被囚禁起来。施林·汗被免除了贾万希尔基齐勒巴什人首领的身份，被迫将默罕·拉尔交给毛拉贾拉尔·阿查克扎伊，后者是普里赫诗蒂清真寺的负责人，曾折磨过默罕·拉尔并敲诈了他一大笔钱。尽管经历了所有的考验，拉尔还是继续冒生命危险偷偷向波洛克行进中的大军提供消息和情报。

对阿克巴而言，本来一切的发展都该是一帆风顺的，但是埃伦伯勒决定撤回让波洛克将军返回印度的命令，也不允许他进军喀布尔为英军军官遭受的"暴行"展开报复并解救人质。阿克巴听到这个消息后，立刻招募了一支军队抵抗波洛克的推进，这支力量包括英军训练的"冒险家"骑兵团和哈扎尔巴什人军团。由于已经榨干了法特赫·贾恩的所有财富，阿克巴强迫他退位，转而支持他的弟弟苏丹·沙阿·普尔，并对喀布尔的店主和普什图族的富人强征圣战税。阿克巴还试图用人质作为筹码与波洛克谈判，但是他的这种想法旋即被拒绝。即便如此，人质的拘留条件还是得到了极大的改善，一些被掠夺的财物也失而复得。

英国在阿富汗政治和军事的失败

1842 年 8 月 20 日，波洛克将军残忍地镇压了辛瓦里人后，出发前往喀布尔。由于赛尔的妻子也是人质之一，所以赛尔陪同波洛克一起前往，而且他在哈夫特科塔尔的战斗经验也被证明是非常宝贵的。赛尔招募了一支阿富汗火枪手军团，他们的火力让胜利的希望向波洛克这边倾斜，因为阿克巴和贾巴尔族人正在等待对波洛克发动又一场大屠杀。波洛克率领队伍从甘达马克出发沿公路挺进途中不停地提醒他们，8 个月前他们的战友遭受了什么。在甘达马克，秃鹰仍在谢尔顿的第 44 步兵团的腐尸上盘旋，一路上随处可见一堆堆白骨和正在腐烂的尸首，很多尸体都残缺不全，一些还能辨认出是朋友和战友身份。霍德考贝尔峡谷布满了尸首和白骨，以至于队伍不得不在这些腐烂的遗体中穿行。[38] 腐肉散发出的恶臭几乎让人难以忍受，但是波洛克的队伍没有时间停下来埋葬这上千具尸体，因为他们正忙于一系列的追击战。

波洛克比阿克巴聪明得多，他派士兵冲击高地，又在白刃战中将敌人冲散。英军越来越接近布特哈克，阿克巴连续输掉了两场战斗，不得不向北逃往古尔班德，而波洛克未遭抵抗就占领了希萨尔城堡。

喀布尔本身已经被废弃了，因为尽管印度商人和放贷人留了下来，但是大多数居民都已逃往达曼。几天后，诺特将军从坎大哈抵达阿富汗首都，他已经在卡拉特和加兹尼击败了吉尔扎伊人。他带来的战利品中有加兹尼的苏丹·马哈茂德墓的檀香木大门，他声称那是大约 800 年前从印度教索姆纳特（Somnath）庙中劫掠得来的。但是坎大哈政务官亨利·罗林森少校并不相信，他是一名波斯学者，后来因为记录和破译了贝希斯敦（Behistun）的阿契美尼德碑文而出名。通过木门上刻的库法体文字，他"坚信"它属于伽色尼王朝。[39]

虽然喀布尔的确是沦陷了，但是人质还在阿富汗人手上。阿克巴下令把他们从拉格曼转移到巴米扬，打算送他们去安全的胡勒姆。对波洛克来说，幸运的是阿克巴将此任务交给了萨利赫·穆罕默德，他曾是沙阿·舒贾麾下一支骑兵团的指挥官。当施林·汗听说他要朝巴米扬前进，便提出给他一大笔钱来交换人质。萨利赫·穆罕默德接受了这笔钱，并向喀布尔进发，而施林·汗和他的贾万希尔基齐勒巴什人在一些英国官员的陪同下骑马前去拦截并释放了人质。被囚禁的经历并没有改善谢尔顿的坏脾气，他斥责了自愿执行救援任务的莎士比亚上尉，因为他没能遵守正确的军事行动规范，在到达营地时也没有首先向高级军官谢尔顿汇报。

救援行动对埃尔芬斯通将军来说太迟了，在 4 月份他就死于伤病和精疲力竭。阿克巴将他的尸体放在一副粗糙的棺材里，送去贾拉拉巴德，交给赛尔安葬，但是，送葬队伍被穆罕默德·沙阿的吉尔扎伊人拦住，他们剥掉尸体的衣服，先用石头砸，再试图烧掉他。阿克巴的护卫设法阻止了这最后的侮辱，但是他们被迫返回了拉格曼，在那里，埃尔芬斯通的尸体被重新安置并安全地送到了贾拉拉巴德。埃尔芬斯通的夫人被释放后，挖出了丈夫的遗体，之后带到加尔各答体面地安葬了。

约翰·康诺利是另一个受害者，在波洛克抵达首都前几周就已经丧命了，拉尔声称其死因是"由这场不幸引发的内心悲痛"。[40]他被埋葬在了"莫卧儿花园"中，极有可能是希萨尔城堡边的一座亚美尼亚墓地。他们还"损失"（在欧洲人看来）了韦德夫人，一个在撤退中被杀的英军中士的盎格鲁 - 印度裔妻子。由于无法忍受严酷的囚禁，同时还面临着卖身为奴的威胁，她皈依了伊斯兰教并嫁给了一个吉尔扎伊族长。

在拿下喀布尔后，波洛克派麦卡斯基尔（McCaskill）少将进入达曼，将叛军首领杀掉或俘虏。他的第一个目标是伊斯塔利夫，据说这里驻扎了阿明纳拉·汗·洛加里的军队主力。但是，这位叛军首领早已逃之夭夭。然而，定居点挤满了数千名流离失所的喀布尔平民。麦卡斯基尔命令他的军队袭击他们，残酷地杀害了数以千计的男女儿童，房屋和集市也被放火焚烧。大屠杀的惨痛是成倍的，因为伊斯塔利夫的长者们曾为英军军营提供过饲料和食物，伊斯塔利夫的苏菲派长老还曾经在璞鼎查和霍夫顿从恰里卡尔逃至此地时庇护过他们。麦卡斯基尔的士兵战利品太多了，以至找不到足够的驮畜将这些不义之财带回喀布尔，因此，所有带不走的财物都被扔进火里。麦卡斯基尔接着向恰里卡尔推进，一路上肆意杀戮和破坏，但他没能杀掉或俘虏任何一个叛军首领，所以最后被召回了喀布尔。

波洛克也在肆意报复，但是，由于他没办法惩罚叛乱首领和谋害布尔内斯、麦克纳顿和特雷弗的凶手，所以他把英国人的集体怒火发泄到了族长们的城堡群和老城上。波洛克决心要在首都摧毁至少一座重要的纪念碑，以此永久地警示当地人胆敢挑战英国军事力量的可怕后果。起初他想夷平希萨尔城堡，但是被提醒这是沙阿·舒贾和萨多扎伊王朝君主们的住处后，改变了想法，毕竟，一开始英国就是为了这个王朝才参与的战争。于是波洛克下令摧毁大巴扎，为了给自己的行为正名，他解释说，麦克纳顿和特雷弗的尸体就是被挂在这个庭院公开示众的。

他的决定是一种心胸狭隘的报复行为。查哈尔查塔大巴扎的居民没参与过叛乱，和英国官员的死也没有关系。的确，大巴扎里大多数居民和店主是印度教商人，他们是印度公民，并不是阿富汗穆斯林。他们留在喀布尔是因为波洛克曾经向他们保证，要保护他们的人身和财产安全。在英军占领期间，他们向麦克纳顿上缴了数百万卢比的税收，并用加尔各答国库资金兑付了很多信用证，现在却是他们这些印度教徒以他们的家园和生计来承受别人的罪行带来的后果。他们在刺刀的逼迫下离开了家和店铺，没有时间带走自己的财物；任何人表现出一丝丝反抗的迹象都有被射杀或刺伤的危险。大巴扎被清空后，英军立刻尝试摧毁它，但是它被建造得非常牢固以至英军不得不动用了炸药。

破坏查哈尔查塔大巴扎，是对文化的无端破坏，用阿特金森的话来说，
这座大巴扎是"被泥土层层包围的宝石"，是开伯尔山口北侧莫卧儿式建筑
的最佳典范。[41]受阿里·马尔丹·汗所托建造，它高约 200 米，两侧分别有
两层小楼。两端各有一个带装饰的八角形庭院，两边则是气势恢宏的拱门，
中间置有一个喷泉和蓄水池，内衬白色大理石。墙上装饰着镜子和以树木、
飞鸟和动物为主题的自然主义画作，里面至少还有一座公理清真寺。然而不
幸的是，在大巴扎被摧毁前，没有人曾费心为它或是其内部的主要建筑绘制
详细的平面图或草图。在描绘 1843 年前的查哈尔查塔大巴扎的作品中，只
有一幅画提供了关于莫卧儿式建筑的细节。[42]其他几座古迹之后也被摧毁了，
其中包括法朗吉清真寺，即弗兰克清真寺，它被建造在麦克纳顿被谋杀的原
址之上。

　　被派去喀布尔老城执行破坏任务的队伍很快就失控了。这些士兵心中燃

乔治·阿尔弗雷德·克罗利 1842 年的作
品《洗劫喀布尔大巴扎》，一幅基于铅
笔素描的水墨画。

烧着复仇的火焰，带着对自己战友腐烂残缺尸体的记忆，劫掠焚烧了商铺和民宅，杀死每一个挡路的人。等到秩序恢复时，老城里的很多已存在了数百年之久的木质房屋和店铺都燃烧着熊熊大火。只有希萨尔城堡和钦达瓦尔的基齐勒巴什人居民区得以幸存，因为他们的建筑外层都是石头，防御较好。两周后，当波洛克离开时，破坏的火焰仍在燃烧，远至霍德考贝尔都能看到烟雾。

波洛克撤离时，很多印度教商人决定和英军一起回到印度，不仅是因为已经失去了房屋和生计，他们更害怕英军一离开自己就会遭到报复。法特赫·贾恩加入了撤离队伍，但是他的弟弟沙阿·普尔决定留下来，然而几个月后，他还是逃去了白沙瓦，勉强保住了性命。其他离开后一直在流亡的人包括奥斯曼·汗·萨多扎伊、纳瓦布·查曼·汗、赛尔·穆罕默德·汗和赛义德·穆罕默德·汗（也称贾恩·菲山·汗，是伊德里斯·沙阿的高曾祖父、知名作家、新苏菲派代表人物）。大多数流放者最后都到了洛迪亚纳，在那里，沙阿·舒贾的后人和一些其他重要官员得到了一点养老金和封地。但是大多数难民不得不自力更生，很多人生活在赤贫中，被迫从事苦役，或是依靠着美国长老会传教士的施舍过活。1858 年，沙阿·扎达·帖木儿的两个儿子、沙阿·舒贾的孙子因为在 1857 年印度士兵哗变中挽救了传教士们的性命而得到了奖励。

第一次英阿战争在政治和军事上的失败对印度和英国都造成了广泛的负面影响。首先，英国的帝国威望和军事权威遭到了沉重打击，甚至连最热血的帝国宣传者都无法否认这场战争是一场灾难。英国遭到了羞辱，军队遭遇了自美国独立战争以来最大的失败。而败在装备简陋、四分五裂、"野蛮""未开化"的部落人手里的事实，更是在伤口上撒盐。惨重的军人伤亡和高级军官的大量损失，在印度造成了信任危机，有人担忧英国是否还有足够的兵力留下来维持那里的秩序。更糟糕的是，战争开销让东印度公司陷入了严重的预算赤字和债务中。

从政治上看，这场占领行动同样是极具灾难性的，因为其结果和英国官员的设想恰好相反。本就已经穷途末路的萨多扎伊势力被击垮，再也没有一个萨多扎伊人能挑战帕因达·汗的后裔去争夺阿富汗的控制权。多斯特·穆罕默德被英国认为是不友好的奸诈统治者，获准返回阿富汗后他迅速夺回了王位，建立了一个持续 85 年的王朝。多斯特·穆罕默德、阿克巴和米尔·马斯吉迪成了"国家英雄"，多斯特·穆罕默德在统治末期被阿富汗历史学者称为"伟大的埃米尔"。一个近现代阿富汗人甚至用和波斯《列王纪》一样的诗律为阿克巴的功勋编造了一段浮夸的历史。[43] 时至今日，阿富汗历史学家依然认为多斯特·穆罕默德是阿富汗最伟大的统治者之一，而阿富汗首都的外交区也以维齐尔阿克巴的名字命名。

那些鼓吹、支持入侵的英国政客们现在不得不承受自己制订的错误政策带来的后果。新上台的托利党政府竭尽全力淡化混乱的后果，而辉格党尽管现在坐在了反对党的席位上，却也不愿意利用此事攻击政府，毕竟是他们的首相将英国带入了这场战争中。因此，"两党要埋葬的东西比要炫耀的多"。[44] 英国政界和军方不可避免地团结起来寻找替罪羊来挽救自己。如今身为反对党的帕默斯顿采用了他惯用的拖延策略，拒绝承认他的政府制定的"印度河政策"是个灾难，并坚定地为开战的决定辩护。托利党议员迪斯雷利（Disraeli）试图将责任归咎于管理委员会主席霍布豪斯（Hobhouse），指责他遗漏或者删减了阿富汗传来的急报是"纯粹的弄虚作假"。[45] 但是霍布豪斯拒绝成为替罪羊，他在议会中为自己的立场展开了一场激烈的辩护，并最终赢得了胜利。

奥克兰遭受了最严厉的批判，尽管他在喀布尔灾难前就辞去了总督一职。但是由于大屠杀发生时，他仍在回英格兰的船上，无法回应对他的批判。直到登陆后，他才听说了喀布尔军团的覆灭，还发现媒体、政客、总督委员会议会以及管理委员会都在试图将责任推卸给他。管理委员会甚至给伦敦写信称奥克兰一直在阿富汗的局势上将他们蒙在鼓里。至于代替了奥克兰成为总督的埃伦伯勒，尽管最开始是他的印度河政策使得英国介入了阿富汗，但是他公然批判前任的行动。

引人注目的是，伦敦和加尔各答都没有人受到惩罚，那些要为印度河政策和在阿富汗战争败北负主要责任的人也的确没有受到任何职业生涯上的影响。墨尔本在1841年大选中失利后就淡出了政界，但是在1843年，奥克兰成了第一任海军大臣，埃伦伯勒则被任命为新一任印度总督，而墨尔本政府的外交大臣帕默斯顿成了英国维多利亚时期最伟大的政治家之一，两次担任英国首相。在新西兰和澳大利亚甚至有以奥克兰、墨尔本和帕默斯顿的名字命名的城市以示纪念。

这场灾难被归咎于喀布尔政治和军事当权派的不作为，尤其是埃尔芬斯通和麦克纳顿，布尔内斯也要负次要责任。这样评价极为便利，因为这3个人都已经死亡，所以无法再为自己辩护。就连阿富汗人都被指责争取独立时鲁莽冒失，被蔑称为"背信弃义的敌人，染上了刺杀这样罪恶的污点"，而且犯有"彻彻底底的背叛"。[46]结论显而易见：阿富汗人获胜仅仅是因为他们的欺骗。至于英国人留下的混乱、无政府状态和杀戮，埃伦伯勒将其视为"神圣的报应"，是"他们犯罪的下场"。[47]

随后数年，维多利亚时期的帝国宣传机器竭尽全力将羞辱转变为英勇的行动，这样的做法在20世纪下半叶被称为"敦刻尔克精神"。麦克纳顿的背叛行为被淡化了，同样被淡化的还有布尔内斯和其他官员与当地贵族妻妾的风流韵事。重点反而被转移到了与加齐军战斗的英勇事迹，与诺特战胜杜兰尼人和吉尔扎伊人、璞鼎查守卫赫拉特、赛尔守卫贾拉拉巴德，以及波洛克的报应军等方面。尤其是布尔内斯、洛德、阿瑟·康诺利和斯托达德，他们被重塑成大英帝国事业的烈士，为了将文明的福祉带给不知感恩、"野蛮""背信弃义"的阿富汗人而白白献出了自己的生命。这样的"粉饰"非常成功，以至在第二次与阿富汗开战前夕，印度事务大臣克兰布鲁克（Cranbrook）子爵在上院发表的演讲中能够将1841—1842年的灾难定性为"不幸的"（一种非常具有英国特色的轻描淡写）事件，是值得与会的同僚们"赞许"的：

> 我们的军队在（第一次阿富汗）战争中遭受的苦难……不是因为我们国家软弱无力无法维系权威、无法以武力镇压对手，而是因为我们运气不佳。我们的政务谈判者是不幸的；我们的将军是不幸的（同意，同意[①]）。我们忽视了最常见的预防措施，正是因为这些原因，而不是由于在战场上缺乏勇气，才导致了令我们感到后悔的灾难性结果。（同意，同意）。[48]

后来的两幅画作帮助将这场惨痛的灾难描绘成大英帝国的英雄主义行为：威廉·巴恩斯·沃伦（William Barnes Wollen）的《女王陛下的第 44 团在甘达马克的最后一战》（1898 年），以及巴特勒太太描绘布莱顿医生抵达贾拉拉巴德的《一支军队的残兵败将》（1879 年），两幅作品都强化了关于不列颠帝国决心不可动摇的神话。布莱顿医生及其第 44 步兵团不屈不挠的精神和阿富汗人的野蛮行径形成了鲜明对比，而两幅画所展现的包围第 44 步兵团的吉尔扎伊人的冷酷面孔和匕首，以及荒凉贫瘠、霜寒冰冻的背景，正象征着阿富汗人和阿富汗这个国家的"野蛮"。巴特勒的作品绘制于英国军队第二次入侵阿富汗前夕，在画面里，英国国旗在贾拉拉巴德城堡的旗杆上挑衅般地飘扬着。

有 7 名军官在军事法庭上回应对自己"有辱军官品质"的指控，但是所有人都被无罪释放了，理由是，他们只是服从埃尔芬斯通将军的命令。只有谢尔顿准将和帕尔默上校受到了军事法庭的全面指控。在加兹尼投降的帕尔默被体面地无罪释放了，而谢尔顿则面对着四项指控：未经授权下令准备撤退，在全军范围内对上级使用不尊重的语言，与敌人秘密来往，以及由于没有采取

---

① 议员们附会的声音。——译者注

应有的防范和防御措施导致自己被俘虏。但是并没有提及他在指挥贝马鲁高地战斗中的无所作为，违背上级命令拒绝参加委员会会议以及坚持主张撤退等行为。谢尔顿最后因为和阿克巴的秘密往来，被定了一个聊胜于无的罪名。尽管如此，因为他在拿破仑战争中的功勋而没有被解雇，后来谢尔顿还恢复了兵团的指挥权，1845 年他被失蹄的马压住后去世。

阿富汗战争失败引发的广泛政治影响使人们非常担心这场失利会给印度的全体穆斯林带来什么样的冲击。璞鼎查预言说："如果政府不采取果断行动恢复军队的感情……只需一个火花就能让印度士兵哗变。"[49] 另一个担忧是阿富汗战争的失败会给英国的欧洲超级大国地位带来负面影响，无疑，在圣彼得堡的权力机构中，很多人为英国受挫而窃喜。英国战败后，沙俄政府对继续在中亚地区执行扩张政策的担忧要小得多，他们认为英国对在开伯尔山口和波伦山口外的军事干预前会三思而行。在接下里的 30 年里，沙俄帝国军队向南推进兼并了所有的中亚汗国，其间没有遇到英国的任何军事回应。到 19 世纪 60 年代后期，沙俄在中亚地区的边境已经划到了阿富汗的北部边界阿姆河。

从军事上看，波洛克和诺特在 1842 年夏天和秋天的战斗，在某种程度上恢复了英国的军事威望。吞并信德以及第二年两次击败锡克人（1845—1846 年以及 1848—1849 年）使得旁遮普也被兼并，并帮助印度军恢复了破败的声誉，将英属印度的西北边界扩展到了开伯尔。上述这些及其他胜利与领土收获，让英国历史学家更加轻松地将第一次阿富汗战争的失败描绘成是一个例外而不是惯例。

然而英国的中亚政策已经千疮百孔，和阿富汗的外交关系也糟糕到了极点。布尔内斯和麦克纳顿的行为加深了阿富汗人对英国外交的不信任感，也导致他们对英国本身的敌视。英国现在面临着一个重要任务：与曾被它诽谤、罢免及驱逐的统治者重建信任，与一个不愿冒险再和欧洲大国或欧洲文明来往的政府与人民重建信任关系。

第七章

对"科学合理的边界"的追求
（1843—1879）

> 我们永远不会为屡屡易手的突厥斯坦感到惋惜，任由它落到谁的手中吧。在政治问题上，阿富汗人得到的越多，沙俄人或波斯人得到的就越少。
>
> ——赫伯特·爱德华兹（Herbert Edwardes）

> （埃米尔谢尔·阿里·汗）应当清楚地认识到，在我们眼中他不过是两个超级大国间的掌上玩物，就像夹在两件铁器中间的陶器。
>
> ——巴特尔·弗里尔（Bartle Frere）

在英国对阿富汗的占领逐渐被削弱之际，多斯特·穆罕默德·汗也没闲着。在被流放印度期间，他恳求和已经成为总督的埃伦伯勒勋爵会面，并获得了成功。埃米尔到达加尔各答后，受到埃伦伯勒的高规格接待。的确，他的访问像是一次出巡：他是总督的座上宾，在他人陪同下游览了城市和码头，主人还特意举行了向他致敬的正式宴会。多斯特·穆罕默德生病时，总督送他到高地度假别墅疗养。总督知道，在拉拢阿富汗未来统治者方面，接待多斯特·穆罕默德此次访问的作用，比花费高昂的代价入侵他的国家有效得多。在出访中，杜兰尼家族的国王第一次亲眼看到了英国的科技和工业发展到了何等的水平，知晓了这个帝国的经济和军事实力。他对英国人的了解也日益增多，熟悉了他们与阿富汗不同的文化和宗教。毫无疑问，正是这次出访让多斯特·穆罕默德更加坚定地相信，阿富汗的存亡有赖于和英国的联盟，因为英国是唯一一股有实力保证他的国家免遭波斯或沙俄入侵的力量。

多斯特·穆罕默德·汗重返阿富汗

若不是埃伦伯勒勋爵决定不设任何先决条件地允许埃米尔和其他流放者回到祖国，多斯特·穆罕默德在印度也不会对阿富汗的未来政治产生重大的影响。这是个冒险的策略，因为埃米尔的儿子阿克巴在暗杀麦克纳顿和屠杀英军及印度雇佣兵时扮演了重要角色。毕竟，多斯特·穆罕默德本可以充分利用英军的不得人心重新拿下白沙瓦或者入侵旁遮普，而且兰吉特·辛格的王国在他死后已经由于内战而四分五裂，这种情况对他是极大的利好。

但是，多斯特·穆罕默德要处理的内部事务已经够多了，因此他无法再冒险与锡克人开战。他回到喀布尔两年后，英国人已经对旁遮普的混乱局势失去了耐心，派了军队驻扎。经历了1846年3月的一系列失利后，达利普·辛格大公（Maharaja Duleep Singh）签署了一项协议，条款包括要支付一笔巨额的战争赔款，并把贾朗达尔·多阿巴割让给英国。多斯特·穆罕默德一定对锡克政权的覆灭非常满意，因为现在它再也不能对他的王国造成威胁了。与此同时，英国也增强了自己的力量。埃米尔在解除了被侵略的威胁后，现在可以追求自己的扩张计划了。

多斯特·穆罕默德回到阿富汗的首要任务，就是在这个饱受战争蹂躏的国家树立自己的权威。由于内战和报应军的破坏，喀布尔现在已成为一片废墟。至于达曼和塔格布的富裕农业区，赛尔的焦土政策已经将它们摧毁。贸易更是处于停滞之中，大多数印度商人已经带上财物逃回了印度。自从大部分国家储备被印度军消耗完后，这个国家便开始遭受食物和饲料短缺危机，而且阿富汗人在战争中无论是直接还是间接的死亡率都远高于英军。在战争中，霰弹的使用让数千人终身残疾，无力供养家庭。更悲惨的是，成千上万的平民在自己的国土上流离失所，很多人甚至失去了拥有的一切。这些物质损失对农作物产量和国家税收都造成了严重影响。

也许侵略带来的社会政治影响更具破坏性。英阿战争后，以普什图人为主的南方地区开始闭关自守，激进且仇外的苏菲派长老们和乌里玛的力量得以加强。对英国的信任消失殆尽，而关于布尔内斯和麦克纳顿的任务、阴谋与背信弃义的的苦涩记忆，导致继任政府拒绝英国特使或代表在阿富汗居住。但是这种排外不是阿富汗独有的，布尔内斯和麦克纳顿的死亡、大屠杀以及残害将死之人与损毁尸体，都强化了大英帝国对所有阿富汗人都是"野蛮人"的认知，鲁德亚德·吉卜林的诗歌对此有过著名的描述，如《年轻的英国士兵》：

> 当你负伤遗留在阿富汗平原，
>
> 妇女现身将所剩下的砍碎，
>
> 谐谑你的步枪，引爆你的大脑，
>
> 去见你的上帝吧，像个士兵。

至少在多斯特·穆罕默德看来，自从阿克巴在他的岳父穆罕默德·沙阿的支持下控制了希萨尔城堡和首都的大部分地区后，喀布尔就不再是战场了。为了庆祝父亲的回归和恢复埃米尔的称号，阿克巴下令让城市连续 7 天灯火通明，部落和宗教领袖也被要求前往首都宣誓效忠。多斯特·穆罕默德为了调解各方敌对势力，原谅了那些曾经对抗阿克巴或协助过英国人的人，并且任命了其中一些人进入他的内部委员会，他们包括纳瓦卜·贾巴尔·汗、施林·汗·贾万希尔、哈菲兹齐以及谢尔·穆罕默德·汗·巴米扎伊。英国吞并白沙瓦后，多斯特·穆罕默德甚至在这个内阁里给白沙瓦最后的萨达尔苏丹·穆罕默德·汗留了席位。大赦名单里没有的一个人是阿明纳拉·汗·洛加尔。尽管年事已高，但他还是在监狱里度过了余生。

至于阿克巴·汗，他的地位如此强势，尽管他并不是埃米尔的长子，多斯特·穆罕默德不得不屈从他的命令，承认他既是维齐尔，也是合法继承人。阿克巴的同母异父兄弟古拉姆·海达尔汗、谢尔·阿里·汗、穆罕默德·阿明·汗以及穆罕默德·谢里夫也被安排到国家的最高职位上，但是埃米尔的长子穆罕默德·阿夫扎勒·汗及其亲兄弟穆罕默德·阿扎姆·汗不接受这个决定。他们在多斯特·穆罕默德统治期间酝酿出了仇恨情绪，最终导致了另一场内战。埃米尔对坎大哈萨达尔的容忍度要低很多。诺特将军撤退后，寇汗·迪勒·汗就占领了坎大哈，这座城市成了反对多斯特·穆罕默德家族的穆罕默德扎伊将领们的安全港。埃米尔回到喀布尔大约一年后，寇汗·迪勒·汗向首都进军，试图将自己同父异母的兄弟赶下台，但是在加兹尼附近一场胜负不明的遭遇战后，寇汗·迪勒·汗向多斯特·穆罕默德宣誓效忠，条件是让他继续担任坎大哈自治区总督。

多斯特·穆罕默德执政后的首要任务，是打造一支更加专业的军队，减少对不可靠的部落雇佣兵和古拉姆重骑兵的依赖。正是和英国及印度军队的作战经验，以及在印度的经历，强化了他的这一想法。他命令维齐尔阿克巴和他的兄弟们建立 5 个装备齐全的军团，共有约 4000 名士兵，将成为新兴的国家军队的核心。队伍中的很多人之前曾隶属于英国训练的冒险家骑兵团和哈扎尔巴什军团，他们身穿欧式制服，配备从印度军那里搜刮或缴获的步枪。军队的军火里也包括了不少英国火炮，有攻城炮及大量弹药。这些装备使得胜利的天平朝埃米尔的一边倾斜。

尽管有了这些军事装备，第一场战役却是场灾难。阿夫扎勒和阿克巴被派去库纳尔征服巴尤尔汗（Khan of Bajur），结果却在对方的激烈反抗中丢盔弃甲。多斯特·穆罕默德在接下来的一场征服巴米扬和东哈扎拉贾特的行动取得了更满意的结果。这一次行动由阿克拉姆·汗负责，不出几个月的时间，贝赫苏德、德赫赞吉、戴昆迪和巴米扬的埃米尔就承认了多斯特·穆罕默德的宗主权。阿克拉姆·汗返回喀布尔时，满载战利品和一大笔现金。但是 1846 年，埃米尔对科希斯坦强加权威并征收新税的企图导致了该地发生叛乱。这场叛乱的领导人有曾在多斯特·穆罕默德第一次统治期内制造了很多麻烦的马祖·汗，以及萨希布扎德·贾南（Sahibzada Janan）和萨希布扎达·法特赫（Sahibzada Fath），后两人可能是赛义德族的领袖。一开始，纳瓦布·贾巴尔·汗和他的吉尔扎伊军队被派去镇压，但失败了。维齐尔阿克巴和谢尔·阿里·汗奉命率领 3 个新成立的军团前去接应，最终才粉碎了这场叛乱。马祖·汗和萨希布扎德·贾南战死，萨希布扎德·法特赫被俘虏，后来被判决由大象踩死。

多斯特·穆罕默德的第二个统治期到了第四年时，他对权力的掌控逐渐加深，但这引发了悲剧。1847 年 11 月，喀布尔爆发了一场霍乱，成百上千人死亡，多斯特·穆罕默德和王室被迫逃到了查哈尔—阿希亚布（chahar Asiyab），尽管如此，维齐尔阿克巴还是丧命于瘟疫。当时他刚过 30 岁，按其遗嘱，他的遗体被送往马扎里沙里夫的沙依·马尔丹神庙安葬，这一事件导致流言四起，有人说多斯特·穆罕默德有野心要在这个独立地区重新树立权威。很快这个担忧就被证明并非空穴来风。

库纳尔山谷下的一座典型房屋。当地的主要居民萨菲人和莫赫曼德人经常给中央政府制造麻烦。

阿克巴死后，埃米尔决定摧毁阿克巴的岳父——巴巴克尔·赫尔吉尔扎伊的首领穆罕默德·沙阿的力量。穆罕默德·沙阿在围攻喀布尔军营和贾拉拉巴德的战役中，以及随后协助阿克巴夺取喀布尔和希萨尔城堡的过程中扮演了重要角色，因此对他的权势是个威胁。现在阿克巴已死，无法再保护他，多斯特·穆罕默德开始遏制他的力量。

穆罕默德·沙阿的同情者向他透露了埃米尔的意图，于是他逃到了在拉格曼的巴迪亚巴德（Badiabad）据点，贾巴尔部族则突袭了喀布尔—贾拉拉巴德路上的商队。多斯特·穆罕默德出发前往楠格哈尔，亲自监督在拉格曼的行动。这位埃米尔恢复了支付安全通行费用的惯例，安抚了贾巴尔部族，然后继续沿着阿里尚河行军。巴迪亚巴德的陷落过程持续了将近两年时间，结果穆罕默德·沙阿撤退到了当时被称为卡菲里斯坦（Kafiristan）的大山区，他正是从那里出发突袭了楠格哈尔平原地区，在塔格布、尼吉拉、古尔巴哈尔和帕尔万煽动了叛乱。1855 年，穆罕默德·沙阿甚至俘虏了多斯特·穆罕默德的侄子沙·穆罕默德·汗，在收到了一大笔赎金后才释放他。穆罕默德·沙阿最终在 1857 年初神秘死亡，但是直到多斯特·穆罕默德统治末期，穆罕默德·沙阿发动的叛乱都未能完全平息[1]。

1848 年 4 月，英国和锡克第二次开战，哈扎拉长官恰塔尔·辛格（Chattar Singh）请求埃米尔支援，并提出愿意向杜兰尼王室归还白沙瓦和两个"德拉"（德拉·伊斯梅尔·汗和德拉·加齐·汗）。这是个令多斯特·穆罕默德无法拒绝的提议，于是他率领 5000 名士兵出发前往白沙瓦。直到确认阿塔克的普什图驻军倒戈后，多斯特·穆罕默德意识到他下错了赌注，但为时已晚。1849 年 2 月 13 日，英军在古吉拉特战役击溃了锡克人。一个月后，恰塔尔·辛格无条件投降，于是多斯特·穆罕默德匆匆撤回贾拉拉巴德。

这场胜利后，英国吞并了包括旁遮普和白沙瓦在内的整个锡克王国。英军抵达开伯尔山口的消息在阿富汗首都引起恐慌。多斯特·穆罕默德担心再次被侵略，于是向胡勒姆的米尔·瓦利呼吁，假如英军再次占领喀布尔要为自己提供庇护。然而，此时杜兰尼国王和胡勒姆统治者之间的长期联盟已经破裂，埃米尔被明确告知他不受欢迎。幸运的是，英国对肥沃的白沙瓦平原很满意，并控制了穿过开伯尔山口的通道，因此不想冒险在阿富汗再次折戟。这一结果出乎意料，因为它意味着多斯特·穆罕默德现在可以自由地实现自己的帝国雄心——征服巴尔赫。

征服巴尔赫维拉亚特

1849 年之前，兴都库什山北面的局势一直都是埃米尔关切的重点。1844年初，米尔·瓦利去喀布尔再次确认和埃米尔的同盟关系时，带来了令人不安的消息。在沙阿·卡姆兰死后控制了赫拉特的维齐尔亚尔·穆罕默德·汗已经攻破了强大的逊尼派哈扎拉新城堡，并准备入侵查哈尔维拉亚特。为了达到这一目的，他和布哈拉的纳斯鲁拉·汗签署了一项协议，后者同意协助亚尔·穆罕默德，条件是他要承认从阿克查到卡塔干的所有领土都属于布哈拉。更令人担忧的是，米尔·瓦利宣称一旦攻克巴尔赫，两个盟友就计划进军喀布尔，废黜多斯特·穆罕默德，拥立亚尔·穆罕默德为杜兰尼国王。[2]

多斯特·穆罕默德非常重视这一威胁，他要米尔·瓦利以埃米尔的名义占领巴尔，预先遏制对手的行动。但米尔·瓦利不打算冒险与赫拉特和布哈拉开战，便拒绝了他。米尔·瓦利后来请求多斯特·穆罕默德给自己提供军事援助，但是埃米尔的前提是必须有一位阿富汗穆斯林哈基姆住在胡勒姆。这一要求损害了米尔·瓦利的一贯自治权，他也拒绝了，由此胡勒姆和埃米尔的关系破裂。米尔·瓦利终于得到回胡勒姆的许可时，抛下了所有的杜兰尼的枷锁，他下令必须在呼图白中吟诵布哈拉汗的名字，这一行为恰好为多斯特·穆罕默德提供了侵略巴尔赫所需的借口。

一直到 19 世纪 40 年代中期，巴尔赫省都处于动荡之中，深受王朝战争、流行性霍乱和蝗虫灾害的困扰。经济形势异常严峻，民众为了养活自己纷纷卖

赫瓦贾·阿布·纳斯尔·帕尔萨（Khwaja Abu NasrParsa）的帖木儿神庙（1460），巴尔赫。直到19世纪中叶埃米尔多斯特·穆罕默德兼并了该地区前，巴尔赫省一直在布哈拉汗的统治下。赫瓦贾·帕尔萨是一个中亚纳格昔班底教团苏菲分支的先知。

子为奴。佐勒菲卡尔·汗、萨尔普勒的总督、梅马内的瓦利米兹拉布·汗以及安德胡伊的哈基姆沙·瓦利·汗死后，查哈尔维拉亚特因骨肉相残而四分五裂，这些乌兹别克酋长国的竞争者们为争夺霸权大打出手，各部落纷纷向包括赫拉特的亚尔·穆罕默德和布哈拉汗在内的诸势力寻求军事支援。

当安德胡伊的加赞法尔（Ghazanfar）·汗请求布哈拉帮助自己对付沙·瓦利·贝格时，纳斯鲁·拉汗把他交给了米尔·瓦利，当时后者已经和伊珊·乌拉克和伊珊·苏杜尔（巴尔赫和阿查的布哈拉长官）、马扎里沙里夫的穆塔瓦里·舒贾丁（Mutawalli Shuja'al-Din）以及萨尔普勒的新总督马哈茂德·汗结盟。他们一起打败了希比尔甘的指挥官，并宣布恢复加赞法尔·汗的职位，但是米尔·瓦利刚一撤退，沙·瓦利·贝格就在梅马内瓦利，胡库迈特·汗和希比尔甘哈基姆·汗的支持下夺回了安德胡伊。

此时，胡库迈特·汗请求亚尔·穆罕默德出动军队协助自己废黜和自己敌对的同父异母兄弟谢尔·穆罕默德·汗，这一请求给亚尔·穆罕默德提供了入侵的正当理由。他率领大约 1 万名士兵进军梅马内，迫使谢尔·穆罕默德仓皇逃窜。随后，亚尔·穆罕默德恢复了胡库迈特·汗瓦利的位子。然后，加赞法尔·汗请亚尔·穆罕默德和胡库迈特·汗帮自己废黜沙·瓦利·汗并得到了同意。安德胡伊在被包围后很快就陷落了，赫拉特军队洗劫了这座城市，并屠杀了那里的土库曼人。

这场大捷后，亚尔·穆罕默德进军巴尔赫，但是当地守军拒绝投降。由于冬天已经到来，补给也消耗殆尽，亚尔·穆罕默德决定不去冒险围攻要塞，命令自己的军队返回赫拉特。但是，很多士兵在穿越穆尔加布河流域被大雪覆盖的山口时，被饿死或是冻死。尽管经历了此次挫折，第二年，也就是 1849 年，亚尔·穆罕默德再次进攻梅马内。当时，胡库迈特·汗已经受够了赫拉特人的堕落，不允许亚尔·穆罕默德进入他的城堡。尽管亚尔·穆罕默德包围了梅马内 11 个月，最终还是铩羽而归返回了赫拉特。但是前一年在查哈尔维拉亚特的暴行，削弱了巴尔赫和查哈尔维拉亚特的统治者抵抗更为强大和坚定的敌人的能力。

尽管亚尔·穆罕默德尝试征服梅马内失败，但穆罕默德·阿克拉姆·汗和古拉姆·海达尔·汗却在巴米扬集结了一支大军。1849 年夏天，他们挥师北上，迫使赛甘、阿伽、卡赫马尔德和达拉伊·苏菲（Darra-yi Suf）的埃米尔们接受了杜兰尼家族的统治。当萨达尔们进攻多西（Doshi）时，米尔·瓦利逃去了布哈拉。到 1850 年初，马扎里沙里夫和巴尔赫已经落入阿富汗人的手中。阿克拉姆·汗后来包围了阿查，暴风般迅速攻下了这座要塞，屠杀了守卫，洗劫了城市。伊珊·乌拉克、伊珊·苏杜尔和萨尔普勒的马哈茂德·汗被俘获囚禁，不过马哈茂德·汗随后被释放。1852 年秋，阿克拉姆·汗击败了米尔·瓦利和卡塔干的米尔·阿塔里克，但他在这场战役中染上肺炎离世。多斯特·穆罕默德任命了次子穆罕默德·阿夫扎勒·汗为法定继承人和巴尔赫军事长官。

尽管阿富汗军队取得了巴尔赫和突厥斯坦东部边境的控制权，但他们的占领被证明是旷日持久且血腥的。接下来的40年里，杜兰尼家族对这些行省的统治受到了以突厥—塔吉克人为首的当地人的强烈反抗，他们痛恨生活在外国势力的占领下。频繁出现的叛乱被残酷地镇压，每一次镇压之后，当地乌兹别克埃米尔们的势力就被进一步侵蚀，直至最后彻底消散。引起仇恨的另一个原因是当地的劳动力被强征参与公共工程建设或入伍以及一些新的苛捐杂税制度。将梅马内的成吉思汗后裔统治下的税收制度与自19世纪80年代中期起的阿富汗税制进行对比，结果显示穆罕默德扎伊统治下的赋税激增了100%—300%。此外，很多之前免税的商品现在也要向国家缴税。[3]税负让很多小地主和劳工陷入赤贫，而当地大部分的财富都被用来建造兵营、供养军队，或是流入了喀布尔统治精英阶层的口袋里。恶性通货膨胀和包括一场毁灭性地震在内的一系列自然灾害，更是加剧了不幸和衰败。

阿夫扎勒·汗就任巴尔赫长官之后的第一个行动，就是将省会迁往了巴尔赫和马扎尔（Mazar）之间的塔赫塔普尔军营所在地，选址特意远离主要的人口中心，且足够容纳大部分的北方军。作为沙依·马尔丹神庙的信徒，阿夫扎勒·汗搬去塔赫塔普尔意味着他能够每日朝觐马扎里沙里夫，最后这座城市成了行政省会。塔赫塔普尔、巴尔赫和马扎尔的周边地区很快就成了数千名从南方来的普什图移民和殖民者的家，也吸引了退伍老兵来此居住。而他们获赠的这块肥沃平原上的土地，其实是从当地乌兹别克人那里没收来的。

《英国—阿富汗协议》以及大阿富汗边境

英国对多斯特·穆罕默德入侵巴尔赫不感兴趣，米尔·瓦利请求英国官员介入阻止兼并的提议也自然被搁置着。在英国看来，巴尔赫的沦陷是阿富汗内政，况且英国自己忙于平定旁遮普而自顾不暇，并不希望去和埃米尔对抗。英国在兴都库什山北面的主要担忧是沙俄帝国恢复在中亚诸汗国的军事扩张。维齐尔阿克巴入侵巴尔赫的前一年，沙俄帝国军队就占领了锡尔河上的阿拉尔斯克（Aralsk）。接着在 1854 年 3 月，英国为阻止黑海成为沙俄的内湖，与沙俄帝国在克里米亚开战。克里米亚战争对阿富汗和中亚局势并没有直接影响，但是多斯特·穆罕默德确实打算利用英俄间的冲突为自己谋利。当米尔·瓦利在 1854 年冬天率领一支布哈拉大军穿过阿姆河时，埃米尔请求英国驻印总督给予自己军事和政治支持，声称波斯帝国和沙俄帝国是这场入侵的幕后推手。

克里米亚战争还激活了本已偃旗息鼓的争论——关于沙俄帝国对印度的威胁，以及在锡克王国衰落后阿富汗的战略地位。旁遮普的常务特派代表赫伯特·爱德华兹认为，英国应该正式承认多斯特·穆罕默德为埃米尔，并在两国间达成友好协议，这样就可以将多斯特·穆罕默德与英国的战略利益绑在一起，让阿富汗顶替锡克王国成为新的缓冲国。在爱德华兹看来，多斯特·穆罕默德吞并巴尔赫是积极的举措，因为"阿富汗人得到的越多，沙俄人或波斯人得到的就越少"。

他的观点最终在加尔各答盛行起来，尽管他的顶头上司亨利·劳伦斯表示反对。1848—1856 年在任的印度总督达尔豪西勋爵写信给埃米尔，建议举行会谈讨论，让英阿关系步入正轨。1855 年 2 月，多斯特·穆罕默德派儿子海达尔·汗去白沙瓦会见英国官员。可以预见，海达尔·汗想要讨论杜兰尼对白沙瓦的主权问题，当爱德华兹告诉他英国对该地的统治权没有商量的余地时，这个议题便不了了之。海达尔·汗也没能让英国承认埃米尔在赫拉特的主权，但是在巴尔赫问题上，英国和阿富汗意见统一，因为双方都不想看到乌兹别克人恢复霸权。为了支持阿富汗人在巴尔赫的主权，爱德华兹淡化了一个秘密特工有关当地民众不满杜兰尼王朝统治以及阿夫扎勒·汗政府的压迫本质的报告。[4]

商议的结果是在 1855 年 3 月 30 日签订了具有里程碑意义的协议《英国—

阿富汗协议》（也称《白沙瓦条约》）。在协议中，英国承认多斯特·穆罕默德为阿富汗国王，并在条款里正式称呼他为"殿下"。失去白沙瓦的失望之情，也因英国间接接受了杜兰尼家族对巴尔赫的主权而得到缓解，这个认可来得很及时，因为当时布哈拉军队已经穿过了阿姆河去支援在查哈尔维拉亚特的又一场叛乱。多斯特·穆罕默德充分利用了这份协议的宣传价值，他告知乌兹别克叛军和布哈拉的纳斯鲁拉·汗，英国已经承认阿姆河是阿富汗的北部边境，还谎称印度总督可能会以军事力量协助自己攻打布哈拉。

英国与阿富汗的协议，激励了埃米尔挑战与自己为敌的坎大哈萨达尔们。寇汗·迪勒·汗在协议签署后不久就去世了，这进一步激化了迪勒兄弟中最后的幸存者拉希姆·迪尔和寇汗·迪勒·汗的儿子西迪克·汗之间的权力争斗。随即，坎大哈陷入了一片混乱，当宗教机构也没能协商出解决方案时，双方只得求助于多斯特·穆罕默德，后者派了谢尔·阿里·汗去坎大哈居中调解。但是谢尔·阿里·汗利用这个机会将自己的武装人员渗透进了坎大哈。埃米尔率领一支大军于 1855 年 11 月抵达，他宣称自己是来为死去的同父异母兄弟举行法蒂哈（fatiha，葬礼祈祷仪式）祈祷仪式的，于是被放行。刚一进城，埃米尔的军队就开始炫耀武力。第二天，多斯特·穆罕默德直截了当地通知迪尔家族，现在是自己掌权了，并强迫他们交出城池大门的钥匙。

政变成功后，埃米尔在该省实施了新的财政制度，减少了实力强大的酋长们的世袭封地，还要求对从前免税的财产征税。然后多斯特·穆罕默德写信给总督达尔豪西勋爵，要求将坎大哈写进协议里。但是总督回复说，这样的调整在法律上是不可能实现的。不过他向埃米尔再次保证，只要他遵守协议的其他条款，自己就会在解读协议时加入一条"任何领土都可能是埃米尔的"。[5] 实际上，达尔豪西全权委托多斯特·穆罕默德去兼并其他地区，并暗示其中包括赫拉特。

达尔豪西对《英国—阿富汗协议》的自由解读，标志着英国在赫拉特政策上的转变，部分原因是亚尔·穆罕默德·汗在坎大哈陷落前不久就离世。亚尔·穆罕默德的儿子赛义德·穆罕默德继承了父亲的汗位，但是他暴露出了自己不稳定的精神状态后，命丧沙赫扎达·优素福（Shahzada Yusuf）领导的政变之中，后者是前赫拉特萨多扎伊人统治者哈吉·费洛兹丁（Hajji Firoz al-Din）的儿子。沙赫扎达·优素福在政变成功后将波斯国王的名字从呼图白里抹去。作为回应，波斯人派出了一支军队包围了城市。最后，费洛兹丁的维齐尔伊萨·汗把不幸的王子交给了波斯指挥官，他被带到德黑兰处决。然后伊萨·汗违背了自己交出赫拉特的诺言，围城又持续了 6 个月。最终在 1856 年 10 月，波斯军队暴风般攻下赫拉特，处死伊萨·汗，任命穆罕默德·阿奇姆汗的儿子苏丹·艾哈迈德·汗接替了他的位子。

包围赫拉特让波斯人和英国再起冲突，因为英国怀疑沙俄帝国是这场袭击的幕后推手。英国海军远征军占领重要港口布什尔后，波斯恺加王朝沙阿·纳西尔丁·恺加（Shah Nasir al-Din Qajar）投降，他于 1857 年 3 月签署了一个新的《英国—波斯协议》。协议规定，所有的波斯军队都必须无条件撤出赫拉特和古里安，波斯国王还必须正式承认赫拉特和阿富汗都是独立的主权国家。英国军官泰勒少校被派往赫拉特保证协议条款得到遵守，同时在城内他制订了一个救助计划，以减轻数百名马什哈德犹太人的痛苦。此前波斯国王命令这些犹太人改信伊斯兰教，否则就要被处死，于是他们逃到了赫拉特。

为了应对赫拉特被围困，以及布哈拉又一次入侵查哈尔维拉亚特，总督赠予多斯特·穆罕默德 4000 支步枪、一些军火弹药，以及 50 万印度卢比，还开始就第二份更为具体的协议开始谈判。多斯特·穆罕默德欣喜若狂地接受了武器、现金和一份有利于增强自己地位和合法性的协议。1857 年 1 月签订的《英国—阿富汗协议》（也称《白沙瓦条约补充条款》）的确明显对埃米尔更有利。因为序言里特意提到巴尔赫和坎大哈是埃米尔王国的一部分，并承诺英国将"协助埃米尔多斯特·穆罕默德维护自己在巴尔赫、喀布尔和坎大哈的现有资产不受波斯侵犯"。在波斯围困赫拉特期间，埃米尔每个月还会收到额外的军事供给和 10 万印度卢比。作为回报，多斯特·穆罕默德同意服从英国提出的针对波斯和沙俄的政策，并允许一名瓦基勒（wakil，英国本土新闻作家）居住在喀布尔。几个月后，拉姆斯登（Lumsden）少校率领军事特派团抵达坎大哈，监督军事援助的落实情况。[6]1856 年 8 月至 1858 年 10 月，印度政府向多斯特·穆罕默德总共支付了 206 万印度卢比，相当于当时的 25 万多英镑，并且免费提供了额外的 4000 多支步枪和火药。然而这些步枪和现金都被用来镇压查哈尔维拉亚特的另一场叛乱，巩固了埃米尔对巴尔赫省的控制。

对英国而言，第二份《英国—阿富汗协议》签署的时间再及时不过了。协议签署的第二天，加尔各答便发生了一起纵火袭击案，接着一个月后，孟加拉步兵团就叛变了。印度兵变，或是按照现在印度政府的正式说法称之为 "印度第一次民族独立战争"，从表面上看是因为据说英国人分发了涂抹了猪或牛的脂肪的步枪子弹，然而起义的根本原因要复杂得多。总之，它迅速在整个印度军中蔓延开来，并得到了之前被英国免职的统治者和领导们的支持。

当叛乱分子在印度北部肆虐横行时，多斯特·穆罕默德承受了来自政府内部人士和布哈拉的纳斯鲁拉·汗的极大压力，他们要求他撕毁《英国—阿富汗协议》，并发起对英国的圣战夺回白沙瓦。只要埃米尔参加圣战，纳斯鲁拉·汗甚至提出愿意承认阿富汗对巴尔赫的主权。埃米尔的次子穆罕默德·阿扎姆·汗，以及不少大家族的其他成员都支持圣战，而且还得到了埃米尔的首席宗教顾问哈菲兹齐及其在喀布尔和科希斯坦强大的伊斯兰盟友的支持。经过长时间的激烈辩论，多斯特·穆罕默德认为违背《英国—阿富汗协议》进攻白沙瓦将得不偿失。他明白，如果英国镇压了起义，他的统治和王朝都要结束，甚至可能导致阿富汗的瓦解。因此埃米尔拒绝了布哈拉的提议，并驱逐了使者。

在给布哈拉·汗的回复中，多斯特·穆罕默德指出当他去布哈拉恳求支援自己抵抗英国入侵时，布哈拉·汗不仅拒绝伸出援手，还把自己和儿子们像犯人一样对待。多斯特·穆罕默德然后把这段遭遇和自己在流放印度时受到的善意和尊重进行了对比。"我对外国人的友谊和敌视没有丝毫担心，"他总结道，

"对英国人感到很放心……就算俄罗斯帝国、波斯人和布哈拉因为我与英国的友谊与我为敌，那又和我有什么关系呢？"[7]当英国驻拉合尔特派代表亨利·劳伦斯听说了埃米尔的决定后，把这个消息当成是天赐的礼物："显然，如果我们和喀布尔关系不和，就会先失去白沙瓦，然后失去旁遮普，最后整个印度都会在打击下陷入混乱。"[8]来自喀布尔的消息意味着劳伦斯能从旁遮普全面撤退，只留下一支象征性的队伍，然后去镇压印度民族大起义。

在镇压起义中起了重要作用的英国官员大多来自旁遮普和西北边境，他们曾在第一次阿富汗战争中作为低级军官积累了初次战斗经验，也在那里收到了很多惨痛的教训。不同于搞砸了拿破仑战争的年事已高的老兵，这批新兵对印度兵变的反应是迅速、果断的，同时也比较残忍。他们不但成功阻止了旁遮普发生大规模起义，还为挫败印度起义做出了极大的贡献。普什图人分队，如骑警和木尔坦骑兵也在镇压叛乱中扮演了重要角色。普什图族阿夫里迪部落的人，甚至将在逃亡中自称秉持庇护传统（nanawatai）①的印度兵交给了白沙瓦当局。兵变后，维多利亚女王统治了印度，接着又成了印度的国家元首，新的总督制度也替换了旧的制度。

阿富汗最幸运的统治者多斯特·穆罕默德

当英国陷入印度民族大起义的旋涡时，多斯特·穆罕默德开始征服卡塔干的米尔·阿塔里克（Mir Ataliq），后者和布哈拉以及逃亡中的胡勒姆米尔·瓦利结成了军事同盟。米尔·阿塔里克收到了一道最后通牒，要求他承认多斯特·穆罕默德作为阿富汗哈基姆的地位，并在呼图白中吟诵埃米尔的名字。这些要求被拒绝后，阿夫扎勒·汗在胡勒姆边境集结了军队。米尔·阿塔里克向布哈拉求助，尽管布哈拉的纳斯鲁拉·汗对埃米尔的野心大为光火，并且斥责

---

① 普什图人的普什图瓦里守则，它允许处于困境的人进入其他人的房子避难，主人不能拒绝，即使以主人的生命或财产为代价。——译者注

他拒绝入侵印度，但在帮助卡塔干的事情上仍然无能为力，因为他的家门口有更近的敌人需要解决。1859年春天，阿夫扎勒·汗向卡塔干西南部进军，当地主要的居民塔吉克人像欢迎解放者一样欢迎他，因为穆拉德·贝格夺走了他们的土地，强迫他们生活在不毛之地和蚊虫滋生的沼泽地上。当达哈纳伊·古里（Dahan-i Ghuri，今阿富汗巴格兰省达哈纳伊·古里县）据点在长期被围困后沦陷时，米尔·阿塔里克穿过阿姆河逃走了。1859年6月，昆都士落入阿富汗人手中。与此同时，第二支纵队占领了鲁斯塔克（Rustaq，今阿富汗查哈尔维拉亚特鲁斯塔克县），巴达赫尚的省长也接受了阿富汗的宗主权。一年后阿夫扎勒·汗占领了萨尔普勒，驱逐了马哈茂德·汗，在驻军的支持下任命了一位穆罕默德扎伊人为长官。1860年末，梅马内成了巴尔赫省最后一个独立的乌兹别克酋长国。

1862年初，在位第七年的多斯特·穆罕默德出发征服赫拉特，夺下它可能是最大的荣耀了。英国又一次支持这次战役，因为如果喀布尔直接统治赫拉特，波斯人的野心以及更难对付的俄罗斯帝国的野心就能被抑制。战斗打响前，多斯特·穆罕默德写信给总督坎宁勋爵，再三向他保证自己的目的是"重

埃米尔多斯特·穆罕默德在赫拉特古扎尔加的陵墓。埃米尔在最终征服了赫拉特的几天后去世。

新统一"阿富汗，无意将阿富汗的边境向西推进到古里安以外的地方。为了替自己攻打赫拉特正名，他还提醒总督，赫拉特统治者苏丹·艾哈迈德·汗与一起战争罪有牵连，因为麦克纳顿被谋杀时他就在现场，没有采取任何行动阻止事情的发生。[9]似乎复仇能成为英国不反对多斯特·穆罕默德兼并赫拉特的一个理由，人们似乎轻易地遗忘了英国特使的致命枪伤是来自埃米尔儿子的事实。苏丹·艾哈迈德·汗在沙俄特使抵达赫拉特后，宣布自己打算与沙俄帝国签署一项协议，于是英国更加愿意支持埃米尔的入侵了。

1862 年夏末，埃米尔占领了法拉，在击退了苏丹·艾哈迈德·汗阻止他前进的无力尝试后，他的军队包围了赫拉特。多斯特·穆罕默德的军队在围城 8 个月后，于 1863 年 5 月 27 日，向赫拉特的城墙发起了暴风般的猛攻，洗劫了这座城市并屠杀了城内居民。不过，苏丹·艾哈迈德·汗并没有活着看到自己的城市沦陷，在最终决战前几周他就死了。这场胜利的两周后，多斯特·穆罕默德也去世了，被葬在了古扎尔加，离著名伊斯兰法理学者赫瓦贾·阿卜杜拉·安萨里的陵墓不远。

多斯特·穆罕默德必须被视为阿富汗最幸运的统治者。他躲过了一系列的暗杀和大家族内部的其他挑战，数次在锡克人和英国人手里品尝到败绩，丢掉了杜兰尼王朝冬都白沙瓦的控制权，还被驱逐到了印度。但是在英国尝试复辟萨多扎伊王朝失败后，他恢复了自由并得到许可回到喀布尔，而与此同时，他的老对手兰吉特·辛格的帝国却崩溃了。英国在第二次锡克战争后吞并了旁遮普，意味着阿富汗对英国的印度防卫政策有了更加重要的战略意义。以上的结果就是两份《英国—阿富汗协议》的签署，以及为埃米尔提供大量的军事和资金援助，在国际上承认他的王朝主权，使他征服巴尔赫、坎大哈和赫拉特的行为完全合法化了。克服了重重困难，多斯特·穆罕默德从一次又一次的不幸中卷土重来。到了生命即将终结时，他已经把王国的边境向北推至阿姆河，向南推至古里安。

在国内，多斯特·穆罕默德改革了地方政府。他的统治不是通过代理人——自治的、世袭的统治者，向国王支付固定的税款或按年缴纳以换取权力，而是任命自己偏爱的儿子们为部长和省长。他虽然有一个顾问委员会，但是除了象征性的权力，所有的实权都集中在他的儿子手中。向中央集权的转变也被延伸到司法体系上，多斯特·穆罕默德恢复了公开听证制度，他可以对申诉进行裁决，并同时担任法官和陪审员。实际上，在多斯特·穆罕默德的统治下，政府成了家族企业，与欧洲民族国家相比，这个国家更像是在按照阿拉伯酋长国的方式运行，这种体制一直延续到穆萨希班（Musahiban）王朝在1978年垮台后才结束。

多斯特·穆罕默德死后的权力斗争

多斯特·穆罕默德和他的众多妻子生下了很多孩子，任何关于他死后权力能够和平过渡的希望都很快破灭了。法定继承人谢尔·阿里被承认是赫拉特的埃米尔，但是他的王位继承权受到了同父异母兄弟、埃米尔的长子阿夫扎勒·汗以及同母异父兄弟穆罕默德·阿扎姆的挑战。埃米尔的死讯刚一公布，就引起了骚乱。卡塔干驻军叛变，并宣布支持阿扎姆。昆都士的米尔·阿塔里克和巴达赫尚的米尔·贾汉达尔试图利用这次冲突，重新控制昆都士，但被阿夫扎勒·汗之子阿卜杜·拉赫曼·汗击败了。

谢尔·阿里在为父亲举行的葬礼后，马上出发前往喀布尔，同时让自己14岁的儿子雅库布管理赫拉特，但是阿夫扎勒·汗的弟弟阿扎姆找了借口没有陪同。埃米尔刚踏上去坎大哈的路，他就走了一条更短的哈扎拉贾特线路前往喀布尔，希望比自己的同父异母兄长更早抵达并控制首都。但是当阿扎姆听说谢尔·阿里的长子穆罕默德·阿里正严密守卫着喀布尔，便改变目的地去了洛加尔，在那里招募了一支军队公开反叛。战败后，阿扎姆逃到了自己母亲在霍斯特的部落寻求保护，然后派使者向谢尔·阿里乞求原谅。埃米尔要求他亲自来喀布尔宣誓效忠并住下，结果阿扎姆拒绝了。阿扎姆让儿子萨瓦尔·汗做人质以表归顺，但是埃米尔的间谍很快发现，萨瓦尔·汗正在策划暗杀埃米尔的行动。

巴尔赫总督阿夫扎勒·汗也拒绝亲自前往喀布尔表示效忠，但是他的确下令在呼图白中吟诵谢尔·阿里·汗的名字，并送上礼物和信件表达自己的忠诚。然而，私下他和兄弟却在密谋夺取王位。1864 年春天，埃米尔谢尔·阿里的间谍拦截了兄弟俩的通信，表明他们正在密谋废黜自己，于是逮捕了一批相关人等。抄家时发现了更多见不得人的信件后，埃米尔派了军队前往霍斯特，阿扎姆逃出国境去了印度。作为报复，阿夫扎勒宣布自己为马扎里沙里夫的埃米尔，并在卡纳巴德（Khanabad）集结兵力，准备进军喀布尔。

1864 年春天，谢尔·阿里和穆罕默德·阿里率军北上抵抗阿夫扎勒。埃米尔在离开喀布尔前，分别释放了前巴尔赫总督伊珊·苏杜尔和阿查总督伊珊·乌拉克，承诺恢复他们的总督职位，只要他们去查哈尔维拉亚特为自己争取支持。得到同意后，埃米尔便送他们去了梅马内。1864 年 5 月中旬，穆罕默德·阿里和阿夫扎勒的军队在卡赫马尔德山谷狭路相逢。在夜色的掩护下，穆罕默德·阿里的士兵翻过了高耸陡峭的山谷，发现阿夫扎勒的守卫正在打盹。破晓时分，他们朝下面的敌军大营开火，制造恐慌。穆罕默德·阿里还在

巴米扬北面的卡赫马尔德山谷跨越了连接喀布尔和巴尔赫的重要军事及贸易线路。它的前面是阿伽山谷，曾是阿拔斯王朝时期扎希尔国王的狩猎场。

他们转身逃跑时使用了霰弹。那些躲过了屠杀的士兵逃到了杜阿布，但是当谢尔·阿里命令自己的人追击敌人时，其他萨达尔都劝说他寻求和解，而不是让国家被内战分裂。谢尔·阿里同意了，随后给阿夫扎勒送去一本加盖皇室印章的《古兰经》，在其扉页上附了一封信，提出要解决他们之间的分歧。

由于对方再三保证通行安全，阿夫扎勒没有理会儿子阿卜杜·拉赫曼的警告而去了谢尔·阿里的大营，结果他得到了自己的地位该有的招待。这样的接待让阿夫扎勒打消了疑虑，他命令阿卜杜·拉赫曼返回塔赫塔普尔，而他和谢尔·阿里去了塔什库尔干（Tashqurghan）讨论和平条约。会谈进行得并不顺利，因为阿夫扎勒坚持让谢尔·阿里兑现他们父亲的临终愿望，即允许自己继续当巴尔赫总督，并恢复阿扎姆霍斯特及胡拉姆总督的职位。谢尔·阿里不打算让对手拥有这样的权力，但是双方最终还是达成了妥协。阿夫扎勒将会继续担任巴尔赫总督，但是梅马内将会由赫拉特管辖，而卡塔干和巴达赫尚则由埃米尔任命的人管理，阿夫扎勒勉强答应了这份协议。1863 年 8 月兄弟二人前往马扎里沙里夫朝圣，在那里他们对着哈兹拉特·阿里（Hazrat Ali）的陵墓发誓要遵守协议。

事情到此本该已经得到了解决，但是阿卜杜·拉赫曼拒绝向法定继承人穆罕默德·阿里致敬，声称既然自己年龄和地位都要高于对方，应该是穆罕默德·阿里照顾自己才对。于是这位萨达尔拒绝亲自宣誓效忠埃米尔。阿夫扎勒没有斥责自己儿子的行为，于是谢尔·阿里怀疑他是利用阿卜杜·拉赫曼作为代理人继续觊觎王位。埃米尔的间谍拦截了阿夫扎勒写给阿卜杜·拉赫曼的信，表明他们在策划叛变。于是阿夫扎勒被逮捕、阿卜杜·拉赫曼被免除了塔赫塔普尔指挥官一职。由于害怕遭到监禁甚至被处死，阿卜杜·拉赫曼穿过阿姆河逃到了布哈拉。

尽管是阿夫扎勒密谋推翻埃米尔，但是因为违背誓言受到谴责的却是谢尔·阿里，他的很多支持者纷纷弃他而去。当埃米尔回到喀布尔，还有另一场阴谋正在浮出水面，一些同谋被驱逐到了印度，而其他人则逃往坎大哈与穆罕默德·阿明·汗结成同盟，后者是埃米尔的同母异父兄弟，也背叛了他。1865 年 6 月初，谢尔·阿里和穆罕默德·阿明·汗在坎大哈和吉尔扎伊堡之间的卡尔巴扎（Kaj Baz）展开了血战。尽管埃米尔最终获胜，但也付出了惨重代价，穆罕默德·阿明和埃米尔的继承人穆罕默德·阿里被杀死。

谢尔·阿里认为，他们的死是自己违背了对阿夫扎勒的誓言遭到的天谴，因此当抵达坎大哈后他就退位了。接下来的 7 个月里，谢尔·阿里全心全意地背诵《古兰经》，哀悼自己最心爱的儿子。最终他的悲伤发展成了抑郁，精神也变得不稳定。曾有一次，谢尔·阿里从二楼的窗户跳进了花园的蓄水池，发疯似地开始寻找死去的儿子，是他的仆人及时把意识不清的前埃米尔从水里拉了出来。

在谢尔·阿里退位期间，政府停摆，这让阿扎姆掌握了主动。他回到了霍斯特，却发现那里少有人支持自己的政变，于是出发前往巴达赫尚。与此同时，阿卜杜·拉赫曼越界进入查哈尔维拉亚特，劝说他的叔叔、阿查总督法伊兹·穆罕默德·汗加入自己。几周的时间内，塔赫塔普尔、萨尔普勒等要塞的军事指挥官就加入了叛军阵营，迫使谢尔·阿里的巴尔赫总督法特赫·穆罕默德·汗逃往喀布尔。阿卜杜·拉赫曼紧追不舍，不费一兵一卒就拿下了巴米扬。他在古尔班德山口安营扎寨，塔格布和科希斯坦的领袖们，以及哈菲兹齐、毛拉米尔·阿夫塔布（Mir Aftab）和喀布尔阿富汗人村庄（Deh Afghanan）的马利克都来此宣誓效忠。

巴尔赫和巴米扬的陷落终于将谢尔·阿里从麻木中唤醒。恢复政府的控制权后，他动身前往喀布尔。因为他担心喀布尔长官瓦利·穆罕默德·汗会率城投降，毕竟他的哥哥法伊兹·穆罕默德已经宣布支持阿夫扎勒。幸运的是，谢尔·阿里的拥护者在瓦利·穆罕默德变节前就逮捕了他。刚回到喀布尔，埃米尔就和阿卜杜·拉赫曼展开了谈判。为表善意，他允许瓦利·穆罕默德前往古尔班德，但是拒绝释放阿夫扎勒，也不同意恢复他巴尔赫总督的职位。作为报复，阿卜杜·拉赫曼进攻了喀布尔，小规模的冲突后他占领了城市。谢尔·阿里撤到了加兹尼，但在沙兰（Shah Gau）遇到阿卜杜·拉赫曼并击败了他，迫使他退回赛义达巴德。但在一周后的第二次战役中，阿卜杜·拉赫曼获胜，而谢尔·阿里逃至坎大哈。1866 年 5 月，阿夫扎勒被宣布成为喀布尔埃米尔。

穆罕默德·阿夫扎勒·汗和穆罕默德·阿扎姆·汗的友谊

阿夫扎勒·汗对权力的掌控和谢尔·阿里一样脆弱。阿夫扎勒被宣布成为埃米尔后不久，他的侄子穆罕默德·拉菲克·汗和其他一些穆罕默德扎伊人就被逮捕了。这是因为穆罕默德·拉菲克·汗被发现写信给舒贾·穆克（Shuja al-Mulk）在卢迪亚纳的儿子萨哈扎达·沙赫布尔，提出要拥护他登上王位。拉菲克被一根丝绳绞死后，尸体挂在希萨尔城堡的城墙上被狗啃噬。然后阿卜杜·拉赫曼任命的巴尔赫总督法伊兹·穆罕默德拒绝向阿夫扎勒宣誓效忠，还击退了前来攻打自己的军队。

阿夫扎勒在南部取得了更大的胜利。1867 年 11 月，阿卜杜·拉赫曼攻下了坎大哈，谢尔·阿里则逃到了赫拉特。听闻了法伊兹·穆罕默德的不满情绪后，谢尔·阿里决定前往巴尔赫参加战斗，以对付这个王位觊觎者。谢尔·阿里率军穿过查哈尔维拉亚特，从穆尔加布河到巴达赫尚的所有乌兹别克埃米尔们都表达了对他的支持。谢尔·阿里抵达塔赫塔普尔后举行了一个盛大的集会，召集了巴尔赫本土的领袖们和他一起去了沙依·马尔丹神庙，在那里他对着《古兰经》发誓要恢复他们的自治权，以回报他们支持自己对抗穆罕默德·阿夫扎勒。他甚至承诺如果自己取胜，就免除该省两年的税赋。

当谢尔·阿里在巩固自己在北方的控制权时，一场霍乱席卷了喀布尔和达曼，摧毁了阿夫扎勒在恰里卡尔的军队，埃米尔本人也病倒了。谢尔·阿里听说阿夫扎勒生命垂危，便率军穿过安朱曼山谷（Anjuman）前往潘杰希尔，并在巴扎拉克安营扎寨，科希斯坦和塔格布的毛拉及部落代表纷纷来到营地向他表示效忠。临终之际的阿夫扎勒在病榻上命令阿卜杜·拉赫曼·汗迎战敌人。

10月初，谢尔·阿里在离如今的贾巴尔萨拉吉（Jabal Saraj）定居点不远的安拉达得堡（Qal 'a-yi Allahdad）被击败，[10] 法伊兹·穆罕默德·汗也被反弹的炮弹开膛破肚。

安拉达得堡战役本应为内战的决定之战，但是局势出乎意料地朝着有利于谢尔·阿里的方向发展。1867 年 10 月 7 日，阿夫扎勒·汗在获胜 3 天后去世了，阿卜杜·拉赫曼·汗回到了喀布尔主持哀悼仪式。刚回到城里，他就收到了扫兴的消息：阿夫扎勒·汗已经任命了他的兄弟阿扎姆汗为埃米尔，随后他的叔叔与认为自己应该成为埃米尔的阿卜杜·拉赫曼·汗发生了对峙。阿卜杜·拉赫曼·汗最终还是勉强承认了阿扎姆·汗的继承权，但是阿扎姆·汗担心自己的侄子会废黜自己，便派他率军前往巴尔赫对付谢尔·阿里。经过激烈的争吵后，阿卜杜·拉赫曼·汗违背了命令。

围攻梅马内

在安拉达得堡被击败后，谢尔·阿里退回了塔赫塔普尔，在那里他决定返回赫拉特招募一支新军后再次通过坎大哈进攻喀布尔。与此同时查哈尔，塔赫拉普尔的埃米尔们收到命令要抵御阿卜杜·拉赫曼的进攻，尽可能地坚持下去为谢尔·阿里争取足够的时间拿下坎大哈。这是一个雄心勃勃的计划，但是谢尔·阿里赌阿卜杜·拉赫曼在春天前不会前往巴尔赫，因为兴都库什山的山口上已经开始飘雪。但是出乎意料，阿卜杜·拉赫曼立刻挥师北上。尽管很多士兵都受了冻伤，但他们在 1868 年 1 月抵达艾巴克（Aibak），军队依然保持着战备状态。

仅仅几周内，阿查到巴达赫尚所有的乌兹别克埃米尔们都向阿扎姆宣誓效忠了，但是查哈尔维拉亚特的埃米尔们拒绝屈服，[11] 阿卜杜·拉赫曼不得不出兵攻打他们，因此被拖到了离喀布尔更远的地方。他的第一个阻力是明格里克要塞，该要塞坐落在巴尔赫到阿查的旧公路上，被认为是坚不可摧的城堡。这里的乌兹别克守卫已经发誓要战斗至死，但是中世纪的城堡不够坚固，无法抵御 19 世纪的火炮和攻城炮的威力。经过 4 个小时的狂轰滥炸，大门被击碎，阿卜杜·拉赫曼命令自己的士兵用成捆的稻草和鲜草填满沟渠，但被守城的卫士们点燃。尽管如此，还是有强攻队抵近突破口，并在那里遭遇激烈反抗。当他们最后冲入堡垒时，1000 多名守卫被屠杀。阿富汗人这边的伤亡同样惨重：大约 700 名士兵被杀，还有更多的人受伤。

伊珊·苏杜尔和儿子卡拉·苏丹（Qara Sultan）以及伊珊·乌拉克之子艾哈迈德·汗被活捉。伊珊·苏杜尔和艾哈迈德·汗被判决活埋，但卡拉·苏丹被释放了，目的是让他告诉查哈尔维拉亚特的埃米尔们如果拒不投降会面临什么样的下场。然而乌兹别克人并没有屈服，反而在梅马内集结兵力，只有一向与查哈尔维拉亚特其他统治者不和的希比尔甘总督米尔·哈基姆·汗投降了。结盟是通过他的一个女儿与阿卜杜·拉赫曼·汗联姻实现的。

阿卜杜·拉赫曼·汗别无选择，只能进攻梅马内，尽管他的军队已经濒临兵变。士兵们已被拖欠了 6 个月军饷，要求阿卜杜·拉赫曼·汗将所有的欠款付清之后，才会再上战场。因为如果自己阵亡，家人们至少还有钱可以活下去。阿卜杜·拉赫曼·汗因为怀疑卡塔干骑兵的忠心，将他们送回了昆都士，这进一步削弱了自己军队的实力。由于没有足够的军饷发给士兵或者招募人员强攻固若金汤的梅马内，阿卜杜·拉赫曼·汗写信给埃米尔阿扎姆，恳求支援和资助，并在收到回复前暂停了行动。但是阿扎姆拒绝了他的请求，因为守卫喀布尔也需要资金和兵力。而且阿扎姆还要求阿卜杜·拉赫曼·汗把剩下的一半士兵派回阿富汗首都，因为雅库布·汗正在进军吉里什克，对坎大哈构成了威胁。但是阿扎姆·汗坚持要征服梅马内并进攻赫拉特，这进一步削弱了阿卜杜·拉赫曼·汗的战斗力。

阿卜杜·拉赫曼·汗出发前往梅马内，但是他的行程被梅马内瓦利·侯赛因·汗拖延了几周，后者派自己的母亲去了阿卜杜·拉赫曼·汗的大营，提出只要他放弃攻打梅马内，就向他提供 10 万印度卢比。但是这笔钱始终没有兑现，于是此刻已经处于深深的焦虑和困惑中的阿卜杜·拉赫曼·汗向梅马内挺进了。他派出军队强攻城墙，但遭到土库曼和乌兹别克骑兵的埋伏，只能被迫撤退。阿卜杜·拉赫曼·汗不愿意冒险进行第二次进攻，便围困了城市，命令坑道工兵在城墙下埋设地雷。

当梅马内继续被围困之际，坎大哈落入了雅库布·汗手中。埃米尔阿扎姆·汗发出紧急消息召阿卜杜·拉赫曼·汗回喀布尔，但为时已晚。阿卜杜·拉赫曼·汗意识到自己保住家族财产的唯一机会就是尽快攻下梅马内，于是他进军赫拉特去袭击谢尔·阿里。阿卜杜·拉赫曼·汗命令自己的军队做好准备进行第二次进攻。1868 年 5 月 17 日清晨，地雷纷纷被引爆，一支强攻队突进到缺口处。进攻方遭遇到守军的顽强抵抗，甚至连妇女们都从城墙上朝他们投掷石块。12 个小时过去了，他们仍然无法拿下城池，最终只得撤退。第二天，米尔·侯赛因派梅马内的宗教领袖前往阿卜杜·拉赫曼·汗的大营，同意了一项保全后者颜面的协议，然后阿卜杜·拉赫曼·汗带着残兵败将朝塔赫塔普尔出发。

回程经过查塔尔省时，土库曼和乌兹别克骑兵发动了突袭，将行李洗劫一空，屠杀了伤员和掉队的士兵。等阿卜杜·拉赫曼·汗抵达塔赫塔普尔时，士兵们已经筋疲力尽，于是他下令回兵营休整，他自己也得了重病。谢尔·阿

梅马内堡垒的遗迹，这座重要的城市位于阿富汗的西北边境，曾是巴尔赫—赫拉特贸易线路上的主要停靠点。20 世纪 40 年代，重建计划拆除了大部分的堡垒。20 世纪 70 年代，这里建造了当地的一个剧院和茶馆。

里的侄子伊斯梅尔曾经支持、跟从阿卜杜·拉赫曼·汗，现在宣布支持自己的叔叔，带着自己的军团迅速离开了队伍前往喀布尔。1868 年 8 月 21 日，喀布尔希萨尔城堡的驻军在被短暂地围攻后向伊斯梅尔·汗投降，当时正在加兹尼的阿扎姆向北逃往塔赫塔普尔。

几周后，谢尔·阿里得意扬扬地进入了喀布尔。阿扎姆和阿卜杜·拉赫曼·汗试图在瓦尔达克再招募一支军队，但是支持他们的人并不多。1868 年冬天，阿扎姆在加兹尼附近的沙兰（Shash Gau）被击败，他和侄子逃到了锡斯坦，又从那里去了波斯并在那里去世。阿卜杜·拉赫曼·汗随即启程前往已被沙俄控制的撒马尔罕，其他的穆罕默德扎伊人和阿夫扎勒的支持者也来此与他会合。

英国及阿富汗内战

出于种种考虑，1863—1868 年的阿富汗内战是英国官员极为关注的事。1864 年，沙俄帝国占领了浩罕，再次对中亚诸汗国进行征服，第二年塔什干也陷落了。新征服的领土被命名为俄罗斯突厥斯坦，奥地利裔将军康斯坦丁·彼得罗维奇·凡·考夫曼（Konstantin Petrovich von Kaufman）成了这里的第一任总督。考夫曼继续朝阿姆河推进，1865 年拿下了通往撒马尔罕和布哈拉的门户吉扎克（Jizakh）。3 年后的 1868 年春天，沙俄帝国深入推进了布哈拉附近。在 1860 年继承了父亲纳斯尔·阿拉汗之位的穆扎法尔（Muzaffar）汗向阿卜杜·拉赫曼·汗寻求军事援助，但是拉赫曼·汗正因梅马内被围困而焦头烂额，于是拒绝了他的请求。1868 年 5 月，撒马尔罕沦陷，沙俄帝国军队追击其残兵至布哈拉城门前。撒马尔罕发生的一场叛乱被血腥镇压下去，这也让穆扎法尔·汗得以短暂喘息。6 月，为了不让布哈拉落得和撒马尔罕一样的下场，穆扎法尔·汗投降了。穆扎法尔保住了汗的位子，但是布哈拉成了沙俄帝国的保护国。布哈拉被征服意味着到了 1868 年夏天，沙

撒马尔罕，埃米尔帖木儿·朗或帖木儿大帝（Tamurlaine）的陵墓。1868 年俄罗斯帝国占领了这座城市，随后布哈拉汗便投降了，标志着帖木儿帝国对该地统治的结束。

俄帝国在中亚的边境已经延伸到了阿姆河及阿富汗北部边界。

布哈拉的陷落，让英国官员纷纷呼吁在阿富汗、卡拉特和其他边境地区实行进一步的干预政策，他们驳斥了那些 19 世纪 30 年代在制定埃伦伯勒的印度河政策时用过的说辞。但是到了 1868 年，决定命运的河流不再是印度河，而是阿姆河或是英国那些接受过传统教育的官员不合时宜指出的奥克苏斯河（Oxus River）。阿富汗内战被认为是沙俄出兵干预的理想时机，他们可以给亲沙俄帝国的王位觊觎者提供军事援助，或是以巴尔赫从前是布哈拉汗国的一部分为理由公然兼并它。这种担忧越发强烈，因为阿卜杜·拉赫曼·汗和阿夫扎勒家族其他人在撒马尔罕得到了庇护，考夫曼给他们提供了房子和养老金，并公开向阿卜杜·拉赫曼·汗咨询布哈拉政治局势，甚至试图劝说他和自己一起对抗穆扎法尔·汗。

英国政府要求沙俄政府解释沙俄帝国在该地区的意图，沙俄帝国在回复中保证，阿富汗是在英国的势力范围内，自己没有入侵或是兼并的计划。但是这份保证并没有看起来那么明晰，因为沙俄政府对阿富汗的界定和大英帝国在 1855 年及 1857 年的《英国—阿富汗协议》中承认的边界有明显差异。根据沙俄帝国外交部的说法，阿富汗是阿富汗—印度边境上的普什图部落带。因此阿富汗王国不包括巴尔赫、赫拉特、哈扎拉贾特甚至喀布尔。此外，既然阿富汗包含了边境线印度一侧的普什图部落，俄罗斯帝国就有机会支持杜兰尼王朝长期以来主张的对所有普什图部落领土、卡拉特、奎达以及白沙瓦的主权要求。

内战也让英国和阿富汗的关系变得复杂起来。1863 年任总督的埃尔金勋爵承认谢尔·阿里为埃米尔，但是根据第一任旁遮普特派代表及专员亨利·劳伦斯制定的不干预政策，英国不能向任何一方提供军事或资金支持。与此同时，大量难民涌入西北边境也造成了问题，阿扎姆逃去旁遮普时受到了严密监视，因为他试图从边境印度一侧的普什图部落招募士兵，并和有影响力的反英的苏菲派长老建立了联系。

亨利·劳伦斯死于 1857 年勒克瑙被围困时，但是他的弟弟约翰·劳伦斯在兵变中得以幸存，并在 1864 年接替埃尔金勋爵成为印度总督。他就任没多久，阿夫扎勒便攻下了喀布尔，宣布成为埃米尔，于是劳伦斯秉承着不在内战中选边站的政策承认了阿夫扎勒和他的继承人阿扎姆为阿富汗东部埃米尔。这个决定激怒了谢尔·阿里，他坚信自己作为多斯特·穆罕默德的合法继承人，应该被总督认可为阿富汗唯一的合法领袖。直到在 1868 年春天重新控制了喀布尔，劳伦斯才承认了他是阿富汗全境的埃米尔，为了释放善意还向他赠送了 120 万印度卢比和 12000 杆步枪。沙俄帝国征服布哈拉不久之后，劳伦斯作为总督做的最后一件事就是邀请谢尔·阿里去印度讨论英国—阿富汗关系，但是当谢尔·阿里抵达时，在安巴拉（Umballa，如今的 Ambala）迎接他的是劳伦斯的继任者梅奥（Mayo）勋爵。

前进政策与安巴拉会议

站在英国和阿富汗的角度来看，约翰·劳伦斯退休的时点对英国—阿富汗关系是不利的。劳伦斯兄弟二人在旁遮普多年，和多斯特·穆罕默德培养出了互信关系，《英国—阿富汗协议》基本上就是归功于亨利·劳伦斯的外交手腕。另外，梅奥勋爵对印度并不熟悉，没有和阿富汗人或是印度西北边境部落打交道的经验。劳伦斯的退休对鼓吹要对阿富汗采取更为激进的干涉主义方式的人而言是个机会，这种方式被称为前进政策。前进政策和 19 世纪 30 年代的埃伦伯勒主义相比，在很多方面都是换汤不换药的，而埃伦伯勒的主张最终导致了第一次英阿战争的爆发。拥护前进政策的人对沙俄帝国在中亚获取领土非常害怕，他们认为这威胁到了英国在印度的权力。为了避免这样的情况发生，他们督促英国在阿富汗内政事务上要更加积极主动，并通过军事协助和经济补助的方式将埃米尔与英国的利益捆绑起来，同时还要确保喀布尔的统治者是亲英的。如果现任埃米尔和沙俄帝国过于亲密，任由俄罗斯帝国介入部落事务或是在印度边境煽动叛乱，英国就必须采取"单方面行动"保护自己的战略地位。这样的"行动"归根结底就是对阿富汗的入侵、兼并甚至是分解。

亨利·罗林森爵士的《阿富汗边境备忘录》里记载了英国对阿富汗政策的巨大变化，[12] 这本备忘录是梅奥勋爵写作《安巴拉文献》时的关键参考文献。罗林森是前进政策的主要提倡人，在第一次英阿战争期间曾是坎大哈的初级政务官，他支持锡克兼并喀布尔和贾拉拉巴德，也赞同将坎大哈与赫拉特分裂成两个独立的王国。30 年后，罗林森成了英国最资深的东方主义者之一，被称为"叙利亚研究之父"，还是总部位于伦敦的印度理事会议员。

罗林森坚信，沙俄帝国并不打算停止在阿姆河上的军事行动，而且计划要在波斯取得政治支配地位，并占领赫拉特和巴尔赫为入侵印度打前站。与 19 世纪 30 年代的情况一样，罗林森将赫拉特视为防御印度的关键所在，认为英国必须不惜一切代价阻止沙俄帝国占领赫拉特，无论是直接参与还是利用波斯作为代理人。他建议恢复早已放弃的英国—波斯联盟，向沙俄帝国施压迫使其同意对阿富汗北部和西北部边境进行划界，如果越过了这个"科学的边界"，就意味着英国会在亚洲和欧洲同时与沙俄帝国开战。罗林森宣称，"绝对不能"允许沙俄帝国挑战巴尔赫省的乌兹别克汗国对阿富汗埃米尔的"国家性依赖"。

他还批评劳伦斯没能为谢尔·阿里提供资金和军事援助。“介入阿富汗，”罗林森宣称，“现在已经成了我们的责任。”[13] 这里的“介入”包括与谢尔·阿里协商出一条新的协议将他和英国的利益绑在一起，并允许英国控制该国的外交政策。但是这项新协议的前提条件是，埃米尔必须同意英国在喀布尔派一名常驻的特派代表，他既能为埃米尔建言献策，又可以监视沙俄帝国在阿富汗和阿姆河外的行动。

尽管梅奥勋爵的继任者们将全心全意支持罗林森的建议，但他并不准备采纳这样的激进政策。相反，梅奥勋爵与谢尔·阿里进行谈判的方式是找到一条既不采用“毫不作为的极端路线”，也不寻求“补贴和派使者干预介入”的中间路径。他指出“安全措施”在于“观察和友好往来”。[14]

至于谢尔·阿里，他接受了邀请，希望他的到访能带来急需的资金和军事援助以保住自己的权力，尽管他已经拿下了喀布尔，但是阿夫扎勒依然在撒马尔罕逍遥法外，对他控制罗林森口中的“阿富汗突厥斯坦”构成了威胁。的确，即使他已经设法到达了印度，埃米尔阿扎姆之子穆罕默德·伊沙克·汗也已经在布哈拉招募兵的支持下占领了阿查。哪怕他最终被击败，安巴拉会谈还是在对内战复燃（沙俄帝国可能会提供协助）的担忧中召开了。因此谢尔·阿里也同样渴望和英国达成一条新的协议来取代之前的协议，因为按照他的说法，上一份协议只带来了“干巴巴的友谊”。[15] 毕竟 1855 年及 1857 年的协议虽然要求埃米尔做英国人“朋友的朋友，敌人的敌人”，但是没有条款反过来约定英国也会做埃米尔的“敌人的敌人”。

考虑到谢尔·阿里面临着岌岌可危的军事局势，他冒险前往印度是值得的。但与此同时他也很注意不向英国做过多退让，因为他对布尔内斯使团和第一次英阿战争仍然记忆犹新。在穆罕默德扎伊人里和政府内也有响亮的声音反对和这个宿敌过于亲密。确实，主要反对英国—阿富汗紧张局势缓和的人就是埃米尔的首相赛义德·努尔·穆罕默德·汗，同时他还是埃米尔的首席谈判官和伊斯兰法权威。保守伊斯兰派的另一个有影响力的人物是丁·穆罕默德，也称"世界的芬芳"（Akhund Mishkin，或 Mushk-i Alam）。丁·穆罕默德的祖父是一位印度苏菲，大概在帖木儿·沙阿的统治期间来到了阿富汗，获赠了加兹尼旁边安达吉尔扎伊的一个世袭庄园，在那里他建立了一个苏菲派的休息场所（langar khana），可以免费为朝圣者们分发食物，同时，还被任命为当地几个苏莱曼·凯尔部落的苏菲派长老。[16]

另一个反对英国—阿富汗同盟的是赛义德·贾马尔·丁·阿富汗尼，虽然叫这个名字，但是他其实出生在波斯的阿萨达巴德（Asadabad）。[17]贾马尔接受的是什叶派传统教育，但对非正统的千禧年运动也有所涉猎，其中就包括巴布教（Babism）和赛希特教（Shaikhism，也称谢赫教）。后来他受到了法国理性主义的影响，招致一些保守的逊尼派神学家的谴责，说他对伊斯兰教义的解读是异端。19 世纪后期，贾马尔成了泛伊斯兰运动的主要拥护者，他强烈反对欧洲人控制穆斯林的土地，尤其是英国统治印度。他的政治目标是复兴哈里发，在所有穆斯林国家实现政治统一，成为不受欧洲基督教国家支配的独立主权国家。

贾马尔·丁在多斯特·穆罕默德统治末期抵达了阿富汗，使用了哈吉·赛义德·鲁米或赛义德·伊斯坦布里的化名，他在被驱逐出阿富汗后才获得了"阿富汗尼"（al-Afghani，意为"阿富汗的"）的头衔。多斯特·穆罕默德死后，"赛义德·伊斯坦布里"把命运寄托在阿夫扎勒身上，因为他也有反英情绪，还是古拉姆·穆罕默德·塔尔齐（Ghulam Muhanmmad Tarzi）的座上宾，后者是坎大哈萨达尔的一个后裔、马哈茂德·塔尔齐的父亲，在 20 世纪初成为阿富汗最有影响力的民族主义者之一。

埃米尔阿夫扎勒死后，阿富汗尼被派到顾问委员会工作，喀布尔瓦基勒称他为"埃米尔枢密院里最有影响力的领导人"。当阿富汗尼督促阿扎姆与英国断绝关系和沙俄帝国交好时，英国官员怀疑他是沙俄帝国的卧底。[18]谢尔·阿里占领喀布尔后，阿富汗尼继续留了下来，希望能够得到国家重用，但是被完全忽略了。在政府被请愿书淹没后，谢尔·阿里终于失去了耐心，在 1868 年 11 月在武装警卫的押送下，将阿富汗尼赶出阿富汗，这次驱逐很可能是因为埃米尔即将访问印度。

谢尔·阿里抵达安巴拉后和梅奥勋爵建立了个人友谊，但是谈判出了问题。梅奥的介于不作为和过度干预之间的平衡政策，意味着他不准备让英国政府签署协议，同意在重燃内战时军事干预支持谢尔·阿里或他的继承人。对于埃米尔来说，他希望英国正式承认阿卜杜拉·贾恩是自己的法定继承人，并认可只有自己的后代才能成为阿富汗的合法统治者。对此梅奥也不打算同意，因为这样的承诺可能导致英国被迫军事援助谢尔·阿里对抗任何他决定交战的外国势力。

令埃米尔更加失望的是，梅奥告知谢尔·阿里，英国不会恢复1857年与他父亲达成的协议里约定的补贴，因为这在当时是个临时性的安排而不是永久的承诺。不过埃米尔一次性获赠了许多火炮、1万支步枪、60万印度卢比，英国还含糊地承诺会提供更多的资金和武器，但是要由总督决定。埃米尔请求英国军官训练军队也遭到了拒绝，梅奥也不愿意答应谢尔·阿里让英国仲裁阿富汗和波斯关于锡斯坦主权的长期纠纷。

对埃米尔而言，这次会谈给他带来的仅仅是步枪和现金的一次性物质收获。但是英国的要求相当多，包括在喀布尔长期派驻英国特使，这一请求在阿富汗代表团里引发了巨大的"警觉"和"躁动"。谢尔·阿里原则上同意了这一想法，但没有立即答应。他回复说，在他能够保证这些官员安全的时候，才能正式去执行。由于此事敏感，埃米尔基本反对英国在喀布尔安排特别代表的想法，因为他的敌人们会利用特别代表的存在来证明他是英国的傀儡。梅奥勋爵意识到了这件事的微妙便不再坚持，并向他保证英国"不会违背他的意愿向阿富汗强加欧洲官员或是特别代表"。[19]总督甚至"向埃米尔明确暗示，在任何情况下，英国士兵都不会穿过国界帮助他镇压反叛的民众"。无论如何，梅奥相信英国没有必要立刻在阿富汗彰显存在：

　　给谢尔·阿里提供了资金和武器后，他对我们怀有友好的感情。

我们也许可以在不派任何欧洲官员去喀布尔的情况下，对他施加足够的影响，让他保持和我们最友善的关系。[20]

梅奥勋爵起草了一份由双方签署的备忘录，总督向埃米尔保证英国会"非常不高兴地"看到"你的对手们有任何破坏你的喀布尔统治者地位的企图"。他还表示，希望谢尔·阿里尽快建立自己"对整个王国的合法统治"，并"将你合法拥有的尊严和荣耀传给你的子孙们"。[21]谢尔·阿里对没能达成一份更正式的协议感到失望，但是由于梅奥认可了他在备忘录中"（双方）顺风航行"的措辞，伦敦的一些部长们非常担心这份模糊的承诺。梅奥的举措最终得到了批准，但在接下来的 10 年里，对于备忘录里对埃米尔做出的承诺做到了何种程度，引发了很多辩论和分歧，不光是在英国政府内部，在埃米尔和继任的总督们之间也是如此。一个特别的问题就是，梅奥的备忘录的法律地位尚不确定，尽管它不是个正式的协议，但由于双方都已签署且伦敦内阁也予以认可，它显然具备了一些法律效力。

在英国媒体看来，安巴拉会谈是英国的胜利，但对于谢尔·阿里来说几乎就是失败。埃米尔的期望的确过高了，他原本希望能给喀布尔带回更有实质性的东西，而不仅仅是一封信、一笔现金与一批步枪。事后证明，安巴拉会谈不是英国—阿富汗关系得以改善的新时代开端，而是标志着双方关系开始慢慢滑坡，最终导致了彻底的外交崩溃。问题在于双方有着迥然不同的目标。谢尔·阿里需要资金和武器抵御阿夫扎勒一方，并不关心英国在沙俄帝国入侵一事上的执念。而英国的主要利益是遏制沙俄帝国在阿姆河外的军事和政治影响力，并确保在印度西北边境的战略深度。就英国而言，阿富汗是一个关键的地缘政治王国，但是他们对阿富汗人民本身不感兴趣。

回到喀布尔后，谢尔·阿里竭尽全力将自己的印度之行描绘成一场外交胜利。60 万印度卢比和大量步枪帮忙压制了一些批评的声音，但是他仍无法解释为什么没有带回来一份新的协议，以及为什么丧失了他父亲享受过的补贴。因此谢尔·阿里谎称现金和步枪只不过是第一批，接下来还有很多类似的礼物，并授意官方记录和历史记录中，将这份备忘录称为"协议"（Ahd）。[22]

埃米尔回到喀布尔后不久就面临着另一个对自己权威的严峻挑战，不过这个挑战是否和安巴拉会谈的结果有关并不明确。穆罕默德·伊斯梅尔·汗曾经是阿卜杜·拉赫曼·汗军队的逃兵，还以谢尔·阿里的名义拿下了喀布尔。但是谢尔·阿里并没有把巴尔赫长官的职位奖励给他，这让他非常失望。和埃米尔一番争吵后，他冲出了希萨尔城堡，向钦达瓦尔的贾万希尔基齐勒巴什寻求庇护，并占领了位于查哈尔德赫的马达里维齐尔堡。当谢尔·阿里威胁要将自己的大炮对准钦达瓦尔时，贾万希尔交出了这位叛军首领。随后，穆罕默德·伊斯梅尔·汗被流放到了印度，然而他马上逃到了巴尔赫，并在那里试图发起另一场叛乱。当计划再次失败时，他向埃米尔乞哀告怜，并同意去拉合尔流亡。

伊斯梅尔·汗的叛乱似乎让谢尔·阿里相信，希萨尔城堡不再是适合埃米尔居住的安全场所，所以他命人建造了一座加固的皇室新住所，命名为谢尔普尔（Sherpur），就坐落于贝马鲁高地和穆萨山城堡的南坡。这座堡垒合并了大部分的英军废弃营地，是由兵营、行政楼和皇室住所组成的建筑群，周围是带有棱堡的厚厚的土墙。但是谢尔普尔始终没有完工，那里也缺乏充足的供水。由于成本逐渐失控，埃米尔最终放弃了这个工程。

王朝对抗与阿富汗突厥斯坦的叛乱

与此同时，埃米尔直系亲属间的关系也日渐紧张。当阿卜杜拉·贾恩在1870年被宣布为法定继承人时，埃米尔的长子穆罕默德·雅库布便拒绝接受父亲的决定。然后雅库布试图控制坎大哈，在失败后逃往波斯。第二年春天，他重新占领了赫拉特，写信给父亲要求正式承认他为赫拉特总督。谢尔·阿里反而派出了一支军队对付他，不过由于指挥官们之间的积怨爆发，军队还没有抵达赫拉特就分崩离析了。谢尔·阿里决定，最好还是对儿子的要求让步，于是几个月后雅库布来到喀布尔，在那里接受了皇室的谅解，但还是没能取代阿卜杜拉·贾恩。

当埃米尔和两个儿子的争斗上演之际，在兴都库什山外巴尔赫总督穆罕默德·阿拉姆·汗的高压统治激起了另一场战斗的爆发。伊沙克·汗失败后，穆罕默德·汗清洗了该地的阿夫扎勒·汗的同情者，处决、监禁或驱逐了数百人，没收了他们的土地和财产，并对曾经支持过叛军的地区课以重罚。查哈尔维拉亚特的埃米尔们被要求每年都要去诺鲁孜节会见马扎里沙里夫长官，然后再亲自去喀布尔重申自己的盟誓。阿拉姆还榨干了巴尔赫，以支付修建谢尔普尔宫殿和军事基地日渐上涨的花费，强征数千名劳工无偿参与这些工程。阿拉姆是什叶派穆斯林，他拥有一位基齐勒巴什人母亲，只会让他更加不受欢迎。成千上万的民众为了躲避逮捕或征兵，纷纷越境逃往沙俄突厥斯坦，而乌兹别克埃米尔们也开始和伊沙克与阿卜杜·拉赫曼联络，提出要协助他们废黜穆罕默德·阿拉姆·汗。

1875 年，事态发展到了紧要关头，当时梅马内瓦利·侯赛因·汗拒绝参加一年一度的宣誓仪式。同时，他还处决了一些亲政府人士，并下令在呼图白中吟诵布哈拉的穆扎法尔·汗的名字。很快从穆尔加布河到阿查省的整个西部边境地区都纷纷效仿。阿拉姆试图与他们谈判，但当总督派出官员去梅马内要求补缴欠税时，侯赛因·汗把他们连同当地其他政府官员一起赶走了。1875 年秋天，有两支军队去攻击侯赛因·汗，一支来自巴尔赫，另一支来自赫拉特，但遭到了梅马内守军的激烈抵抗。围困了城市 5 个多月后，最终在 1876 年 3 月，攻方突破了防线，掠夺并焚烧了城镇和集市，屠杀了成百上千的男人、妇女和儿童。

侯赛因·汗和其他查哈尔维拉亚特的叛军首领被戴上镣铐送往喀布尔，但是谢尔·阿里为了遵守自己在 1868 年做出的承诺，拒绝处死他们。的确，当埃米尔听说了他们在梅马内劫掠屠城的惨痛报道，以及阿拉姆的残酷统治后，感到非常震惊。当阿拉姆第二年抵达喀布尔庆祝诺鲁孜节时并没有受到英雄般的礼遇，埃米尔反而下令检查他的账目，并且将他软禁在家中。几个月后，阿拉姆被宣布已经死亡。根据官方说法，阿拉姆被马踢倒后摔断了腿，随后染上了斑疹伤寒，最终去世。但实际情况是，埃米尔在他参观自己的马厩时命令马夫将他打死。暗杀结束后，谢尔·阿里没收了阿拉姆的所有财产，并任命加西·洛纳布·谢尔迪勒·汗（Shahghasi Loynab Sherdil Khan）接替他成为巴尔赫总督。

俄罗斯征服希瓦及西姆拉会议

英国与阿富汗的关系在梅马内沦陷后就已经恶化了。1870 年，来自沙俄帝国的考夫曼将军与谢尔·阿里进行了通信，埃米尔尽职地将信件展示给了喀布尔的瓦基勒，后者制作了副本并将其送到了印度。埃米尔还在如何回复上听取了总督的建议。尽管表示了自己的忠诚，但是前进政策的支持者们认为，通信往来说明谢尔·阿里和沙俄帝国交往过密。两年后，关于埃米尔对英国不忠的指控愈来愈多，因为考夫曼提出要会见阿富汗官员商讨边境问题。1873 年末，考夫曼甚至暗示沙俄帝国已经和阿富汗结成了某种同盟。英国政府的恐俄者十分重视沙俄帝国对阿富汗王室日益扩大的影响力，声称谢尔·阿里越来越不值得信任。前进政策的支持者们呼吁，英国需要在阿富汗首都和其他重要城市进一步彰显其影响力和存在感，一方面是为了确保埃米尔会服从英国的命令，另一方面是为了监视沙俄帝国在中亚的行动。

具有讽刺意味的是，考夫曼的联络主要是因为英国向沙俄外交部施压，要求划清阿富汗的西北边界，这是为了阻止沙俄帝国在穆尔加布河或穿过阿姆河后可能进行的军事扩张。这样的通信往来几乎没有取得进展，所以在 1872 年末英国单方面宣布从发源自瓦罕地区萨伊古尔湖（也被称为维多利亚湖或是伍德湖）的阿姆河到安德胡伊西北部的赫瓦贾·萨利赫（Khwaja Saleh）为阿富汗正式的北部边境。沙俄帝国最终同意了这样的边界划分，但是谢尔·阿里被激怒了，因为英国甚至都没有让他参与外交沟通，也没有咨询他对拟定的边界有什么意见。1873 年 6 月，沙俄军队占领了希瓦汗国，汗王将在阿姆河的独家航运权割让给了沙俄帝国。此外，他还放弃了阿姆河沿岸所有的希瓦领土的主权。对拥护前进政策的人来说，希瓦的陷落证明了沙俄帝国不打算遵守任何实际上的边界划分安排。他们还计划占领赫拉特，以此作为日后入侵印度西北部的基地。

1873 年 5 月，沙俄军队准备攻占希瓦时，谢尔·阿里也收到了沙俄帝国可能威胁到赫拉特和阿富汗突厥斯坦的警告，他实行了强制征兵来扩大自己军队规模，并开始在查哈尔维拉亚特修建一系列新的防御工事。谢尔·阿里于是写信给接替梅奥成为总督的诺斯布鲁克勋爵，要求提供枪支弹药和资金来守卫自己的北部边境。尽管以议员迪斯雷利为首的保守派反对党强烈要求积极干预介入，但诺斯布鲁克仍然拒绝了埃米尔的要求，因为他不相信希瓦的陷落对印度构成了迫在眉睫的威胁。他相信，只要沙皇的军队"没有踏上波斯或者阿富汗"，就没有恐慌的必要，因为沙俄帝国（这样做）是在冒着自不量力的风险。"沙俄越是在这些地区扩张"，诺斯布鲁克指出，"我们就越有可能伤害到他，他却不再有能力像之前那样伤害我们了"。[23]

1869 年时，最担忧沙俄帝国对阿富汗构成威胁的人是梅奥勋爵，而现在轮到谢尔·阿里感到了恐慌。伊沙克·汗造反的儿子雅库布·汗带领赫拉特人准备接受沙俄帝国的干预，而仅仅在 4 年前查哈尔维拉亚特的埃米尔们还张开双臂迎接了伊沙克·汗。诺斯布鲁克的解决办法是派使团去喀布尔商讨危机，但是埃米尔拒绝了他们的要求，反而提出要派自己的首相赛义德·努尔·穆罕默德·沙去印度，最终诺斯布鲁克同意了。1873 年 7 月，双方在西姆拉碰了面，但从一开始就可以看出，自他们上次会晤后，英国与阿富汗的关系已经明显恶化。

努尔·穆罕默德通知英国代表团，埃米尔对总督非常恼火，因为在英国和沙俄帝国达成的边境协议上，英方没有咨询埃米尔。他想要英国明确表态，假如沙俄帝国入侵阿富汗领土，英国政府有何打算。努尔·穆罕默德后来指出，既然英国期望埃米尔守卫印度的边境，由英国来负担军事力量建设的费用是最合适不过的。而且还认为根据阿富汗对梅奥备忘录的分析，英国已经承诺要在这种形势下提供军事和资金援助。然而诺斯布鲁克拒绝接受这样的要求，并指出任何援助都要视总督的决策而定。与此同时，诺斯布鲁克向努尔·穆罕默德保证，英国会继续致力于维护阿富汗的领土完整，但是一旦发生无端攻击，只有在所有的外交渠道都用尽后才会提供军事援助。

　　另一个严重的障碍是阿富汗与波斯人就锡斯坦而展开的纷争。1869年，埃米尔请梅奥勋爵调解此事，但遭到了拒绝。不过，仅仅两年后，弗雷德里克·戈德斯米德（Frederick Goldsmid）少将就被派来划分边界。埃米尔同意划分方案仅仅是因为他相信阿富汗对整个锡斯坦的诉求强烈到戈德斯米德会表示赞同支持。但是，波斯国王对此划分非常愤怒，波斯政府随即退出了所有的合作。所以为了安抚波斯国王，戈德斯米德采纳了所罗门的解决方案，将锡斯坦分给了两国，但这让埃米尔和波斯国王都不满意。更糟糕的是，阿富汗政府是在努尔·穆罕默德抵达西姆拉时才第一次意识到戈德斯米德的边界划分。当谢尔·阿里听说拟定新边界后，便对这个消息"深感屈辱"，阿富汗和英国谈判人员对此也进行了长时间的激烈辩论。最终努尔·穆罕默德还是在胁迫下同意了戈德斯米德的划分方案，同时他希望英国人会同意一个更有利于埃米尔的协议来补偿他的重大领土和财政收入损失。但是，尽管希瓦的沦陷带来了威胁，诺斯布鲁克勋爵并没有权限做出正式的安排。

　　虽然没能满足埃米尔的期望，但诺斯布鲁克仍然想要谢尔·阿里做出在他看来十分重大的让步，允许英国在阿富汗派遣驻特派代表。努尔·穆罕默德再次拒绝了这个要求，因为"阿富汗人非常无知，认为英国的代表永远是进行兼并的先驱"。他还指出，"在喀布尔有一个强大的集团，反对埃米尔与英国政府交往过密"。[24] 最终诺斯布鲁克在梅奥备忘录的基础上做出了妥协，认为努尔·穆罕默德不能在没有得到埃米尔同意的情况下坚持阿富汗接受派驻英国官员，但是他建议英国官员应该界定阿富汗的北部边境，并建议努尔·穆罕默德防守巴尔赫。但是考虑到英国人处理锡斯坦边境纠纷的粗暴手段，埃米尔也拒绝了这一建议。

最后努尔·穆罕默德此行的所有收获就是总督的第二份备忘录，以及英国口头承诺"希望看到一个强大独立的阿富汗"，会"视情况需要不时努力加强（他的统治）"。[25] 虽然一些英国官员声称这份承诺是坚定明晰的，但它不是埃米尔追求或需要的。对谢尔·阿里而言，他认为在和英国的谈判中自己受到了亏待，不过他的确得到了 5000 支步枪（后续还承诺会有 15000 支）以及总计 150 万印度卢比的资金，其中 50 万印度卢比是因为波斯的突袭而补偿给阿富汗的。

谢尔·阿里的失望之情是可以理解的。他在 1869 年收到的武器和现金要更多，而他的父亲在 1856—1857 年赫拉特被围困期间也得到过大量的补贴。而今，双方都同意沙俄现在对阿富汗的威胁要比 1856 年或是 1869 年严重很多。英国和其他国家都有防御协议，那为什么不和阿富汗订立呢？尤其是它对英国利益有战略性意义。埃米尔反而丧失了锡斯坦超过一半地区的主权，英国政府也没有恢复当初与他父亲约定的年度补助，更不用提定期提供财务或军事支持了。总督仅仅是做出了一系列不具有约束性的口头承诺和保证。看来英国甚至不打算协助巩固阿富汗脆弱的北部边境。埃米尔深深的失望之情体现在对备忘录的回复中，他的回复在诺斯布鲁克看来"有些阴沉"，这让总督感到很困惑。诺斯布鲁克竭尽全力向埃米尔再三保证英国会继续维系友好关系，但是伤害已经发生了。

谢尔·阿里对西姆拉会谈的消极反应的原因之一是内部形势的发展。会谈期间埃米尔的身体严重不适，1873 年夏天和初秋的大多时候他都无法亲政。当埃米尔卧病在床的谣言传开时，谢尔·阿里下令举行一场公开庆典确认阿卜杜拉·贾恩为法定继承人，结果赫拉特的雅库布拒绝举办任何仪式为自己的同父异母兄弟庆祝。谢尔·阿里决定必须先发制人，以阻止自己死后可能发生的内战，于是派遣使者去赫拉特传达命令，劝说雅库布前来喀布尔，承诺他不会受到伤害或是被监禁。1874 年初，雅库布终于抵达喀布尔，然而埃米尔拒绝让他返回赫拉特，几个月后又将其软禁起来。对此，雅库布的同母异父兄弟阿尤布·汗和赫拉特代理总督发动了叛乱，但是很快就被镇压了，阿尤布·汗也逃到了波斯。

囚禁雅库布成了英国和埃米尔关系进一步紧张的原因之一。诺斯布鲁克没有干涉阿卜杜拉·贾恩成为法定继承人，但是他个人认为雅库布才是埃米尔死后能保证稳定的最佳人选。所以当雅库布被囚禁时，总督写信给谢尔·阿里要求他信守诺言释放雅库布，并恢复他赫拉特总督的职位。埃米尔并不感谢诺斯布鲁克的介入，谢尔·阿里在回复中指出，英国无权干涉他的国家的内政。诺斯布鲁克不合时宜的干涉让埃米尔怀疑英国在暗中支持雅库布的叛乱，因为他们相信雅库布更愿意向英国的要求屈服。

利顿勋爵和前进政策

在埃米尔试图阻止内战之时，英国政府内的一个变化导致了本已紧张的英阿关系进一步恶化了。1874 年 2 月，迪斯雷利的保守党人上台了，索尔兹伯里勋爵接管了印度事务。迪斯雷利和索尔兹伯里都热衷于推行前进政策，于是新政府在英阿关系上持更加干涉的态度，对谢尔·阿里个人以及他与英国的关系的看法也普遍比较消极。甚至在选举获胜前，索尔兹伯里就告诉迪斯雷利，英国应该坚持在阿富汗派驻至少一名代表。保守党执政后，这也成为政府的重要外交目标之一。索尔兹伯里在第一次和诺斯布鲁克的通信中对整个阿富汗政策进行了质问："正统学说认为我们的利益是要建立一个强大独立的阿富汗，你是否对此的真实性感到完全满意？"然后索尔兹伯里表达了自己"对将埃米尔的友善作为我们政策的枢纽是否明智有许多忧虑"，声称有一天埃米尔可能会用英国提供的枪支和军事援助入侵印度。[26] 就索尔兹伯里而言，谢尔·阿里不仅不值得信赖，还有可能会背信弃义。谢尔·阿里和考夫曼将军的往来，现在被索尔兹伯里用来对付他，索尔兹伯里错误地声称是谢尔·阿里先开始联络俄方的。

迪斯雷利激进的阿富汗政策源于对沙俄帝国军事意图的普遍担忧，尤其是巴尔干地区。在波斯尼亚、黑塞哥维那、保加利亚和罗马尼亚发生的一系列反对奥斯曼统治的民族起义，都遭到奥斯曼雇佣军的残酷镇压。作为回应，沙俄帝国威胁要派自己的军队穿过多瑙河，保护主要由东正教人口构成的巴尔干地区免遭种族灭绝。在迪斯雷利看来，这仅仅是沙俄帝国为了在地中海获得海军基地：挑战英国的海上霸权并威胁其对新通航的苏伊士运河的控制权的一个借口。随着与沙俄帝国在欧洲开战的威胁越来越大，迪斯雷利害怕沙俄帝国计划开辟对抗印度的第二条战线。该战线要么是通过占领阿富汗北部实现，要么是通过向阿卜杜·拉赫曼·汗和撒马尔罕的阿夫扎勒难民提供军事援助实现。因此，英国不得不确保在喀布尔有一个值得信赖的盟友。索尔兹伯里怀疑谢尔·阿里是否是实现这一战略目标的正确人选，决定必须要测试他的忠诚，英国需要加强"对埃米尔的控制"。[27]

为此，索尔兹伯里重申了英国往喀布尔永久派驻代表的要求，而且如果可以的话，在赫拉特和坎大哈也要有。诺斯布鲁克提出强烈反对，认为这样的要求违背了梅奥勋爵在 1869 年做出的承诺，并指出埃米尔已经连续两次拒绝了类似的要求，理由是他无法保证英国官员的安全。此外，如果英国强制实现这一要求，埃米尔极有可能转投沙俄一方。索尔兹伯里不同意诺斯布鲁克的看法，在 1875 年 1 月，他指示总督"在情况允许时……以最快的速度"在赫拉特安排一名英国使者，"对坎大哈也采取相似的措施"。[28] 喀布尔不在索尔兹伯里的清单内，是因为他现在认为喀布尔"过于狂热而无法保证绝对的安全"。倘若埃米尔拒绝了"请求"，索尔兹伯里认为，不管埃米尔是否同意，诺斯布鲁克都应该派使团去喀布尔。

诺斯布鲁克和他的委员会一致认为谢尔·阿里会拒绝这一要求，并对索尔兹伯里的立场进行了有力的反驳。他们指出，埃米尔忠实地遵守了 1869 年和

1873 年备忘录的条款，驳斥了索尔兹伯里关于埃米尔拒绝英国使团是不忠诚的象征性的说法。同时还告诉他，如果逼迫埃米尔允许英国人进入阿富汗，这些英国军官们被暗杀的可能性极大。至于谢尔·阿里与沙俄帝国的通信往来，埃米尔也已经安守本分地向喀布尔的英国记者展示了考夫曼的所有信件，记者又把信件的副本提交给了加尔各答，而且埃米尔还咨询了总督该如何回复。最后，诺斯布鲁克暗示自己和委员会准备好违抗伦敦的命令，拒绝执行新政府的政策。在一封私人信件里，诺斯布鲁克坦言：

> 那些最有资格提出意见的人都认为埃米尔会强烈反对英国官员在阿富汗的存在，自从我来印度后，埃米尔的行动似乎也证实了这一点。我们认为，如果能得到埃米尔的衷心同意，在赫拉特安排英国官员是非常可取的，但是如果违背他的意愿迫使他同意了，我们的官员将没有真正的权力可以行使，他们的存在很可能会在某一天导致我们和阿富汗关系的破裂。[29]

索尔兹伯里不为所动，还反过来指责诺斯布鲁克和他的委员会懦弱，声称之前英国—阿富汗战争的灾难"像铁一般烙进了他们的灵魂"，使他们无法采取"果断"行动。他宣称，英国现在的处境是"既危险又羞耻"，已经是该放弃劳伦斯及其继任者"固定不变"政策的时候了。政府认为埃米尔已经给了沙俄帝国成为阿富汗"情妇"的机会，"我们不能将（印度）大门的钥匙交到一个忠诚度存疑的守卫手中"。[30]

最后，印度政府别无选择，只能执行伦敦的政策。1875 年秋天，诺斯布鲁克勋爵辞职以示抗议。尽管他的正式辞呈仅提及"个人原因"，私下里他告诉朋友们，自己觉得难以和迪斯雷利政府共事，并拒绝执行他们的阿富汗政策。然而他的辞职正好给了索尔兹伯里任命利顿勋爵的机会，后者是保守党成员，对阿富汗的观点与索尔兹伯里和迪斯雷利一致。利顿的任命是导致与谢尔·阿

罗伯特·布鲁尔—利顿（Robert Bulwer-Lytton），第一任利顿伯爵及 1876—1880 年间的印度总督。他对前进政策的大力推动引发了与埃米尔谢尔·阿里的对抗，并最终导致了第二次英国—阿富汗战争。

里关系彻底破裂的最主要原因，正是他再一次将英国拖入了和阿富汗的战争中。

利顿勋爵在前往印度时中途在开罗停留，在那里会见了前进政策的主要理论家巴特尔·弗里尔爵士，弗里尔的支持者称，"没有人比我们更了解我们与阿富汗的关系问题"。[31] 但实际上，这与事实相差甚远。弗里尔爵士在印度的前 6 年里，生活在木尔坦和信德，但是剩下的职业生涯是在加尔各答担任总督委员会的顾问，后来就任孟买总督。因此，弗里尔在边境事务上的经验有限，极少参与阿富汗的政治事务。但是他的确和阿富汗有种紧密的联系，不过这是个负面的联系：他的兄弟理查德·弗里尔曾在赛尔军团围攻贾拉拉巴德时服役，并在波洛克的援军抵达后不久死去，很可能是因为在围城中受了伤。

弗里尔曾陪同威尔士亲王对印度进行国事访问，索尔兹伯里委托他搜集并汇报阿富汗的边境事务以及英国和埃米尔关系的情报。弗里尔在拉瓦尔品第参观了兄弟的墓地后，去白沙瓦待了两周，多次会见了专员理查德·波洛克爵士，后者拒绝透露任何关于阿富汗的机密信息，这激怒了弗里尔。他在给索尔兹伯里的快件中，错误地声称波洛克没有权力，不能接触波斯发来的快报。他写道，在涉及关于阿富汗"准确可靠"的信息时，波洛克专员"几乎没有，在盲目猜测的现状下也很难有"，并称他只能对埃米尔的意图做出"基于个人直觉的猜测"。

尽管缺乏接触政府文件的渠道，弗里尔还是在阿富汗事务上高谈阔论。他告诉索尔兹伯里，埃米尔谢尔·阿里的性格中带有对英国"最深的敌意"。然后他对索尔兹伯里的立场表示支持，赞成在阿富汗至少派驻一名常驻英国阿富汗的官员。他补充说：

> 如果埃米尔对改善与我们的关系表现出明显的抗拒，我会认为这清楚地表明敌对影响的作用比我们估计的要更大，诱导哄骗他产生更好的心情是无用的，我们必须在喀布尔以外的其他地方寻求结盟和影响力，（我们）必须在卡拉特、坎大哈、赫拉特以及波斯寻找，而我也会立即行动起来。[32]

弗里尔继续说道，埃米尔必须意识到他是"两个超级大国间的掌上玩物，就像两艘钢铁舰船中间的一条土船"。[33] 在开罗会面期间，弗里尔向利顿展示了自己给索尔兹伯里的信件和建议的副本。利顿指出："巴特尔·弗里尔爵士的意见，和我在离开英国前秘密呈给索尔兹伯里侯爵和迪斯雷利先生审阅并得到他们认可的看法相吻合，这是惊人的吻合。"[34] 事实上，这种"吻合"并没有什么特殊之处，因为索尔兹伯里给利顿的官方指示里就包括了弗里尔的大部分建议。

索尔兹伯里没有费心将利顿的指令副本用电报发给加尔各答，而是让他亲自送达，这严重违反了程序。当总督委员会得知利顿得到指令，强行推进在阿富汗派常驻特派代表来检验埃米尔的忠诚时，立刻发生了强烈的抗议，利顿、总督委员会以及其他高级官员之间的关系也恶化了。委员会的一个成员后来称他为"印度有史以来最糟糕的总督"，而其他官员最后也表示，在利顿手下工作是不可能的，纷纷申请延长探亲假。尽管对阿富汗当前局势"无知到令人震惊"的程度，[35] 但利顿仍然否决了所有的反对意见，最后也不再向委员会咨询此事。一些官员得出结论，认为总督得到了伦敦的秘密指令，要和谢尔·阿里开战，这样英国就有了借口去兼并或分裂阿富汗。利顿对谢尔·阿里的看法对局势也没有帮助：在私人信件中，他称埃米尔是"一个半野蛮的君主""软弱的蛮族首领""不但是个野蛮人，还带有一丝疯狂"。[36]

佩利使团及白沙瓦会议

利顿就任总督后的第一个行动，是命令经验丰富的外交官路易斯·佩利爵士前往喀布尔，此人以前曾在德黑兰工作过。此行目的是"确定埃米尔对印度政府的真实态度"，但利顿不愿意询问埃米尔对佩利这次访问活动的态度。谢尔·阿里第一次得知佩利使团，是在利顿给自己写了第一封正式信件后。利顿谎称，佩利到访是关于迪斯雷利政府决定宣布维多利亚女王为印度君主，并讨论"涉及双方政府共同利益的事"。然后他提出希望签署一项协议，里面提到了年度补贴、"更加坚定地承认"阿卜杜拉·贾恩为法定继承人以及"明确承诺……在外国入侵时提供物质支持"。虽然利顿点燃了埃米尔的希望，但利顿故意没有告诉他，英国要签署这样的协议有什么前提条件。此外，在弗里尔和索尔兹伯里的建议下，佩利使团的任务更像是对埃米尔忠诚度的测试，而不是出于其他目的。正如利顿指出的那样，"如果埃米尔拒绝接受这样一支使团，印度政府可能不得不重新考虑他们的对阿政策，但是毫无疑问，对埃米尔的疏远是不可避免的"。[37]

埃米尔对佩利使团来访的消息感到深深的不安，因为他很清楚，在王室内还有反英集团的情况下，这样的访问会有多不受欢迎。埃米尔在回复中建议，由自己派出努尔·穆罕默德前往白沙瓦同佩利会面，并再次做出警告，如果佩利来喀布尔，自己将无法保证他的安全。埃米尔还指出，如果佩利到了阿富汗首都，考夫曼将军极有可能也要求派出沙俄帝国的使者。谢尔·阿里后来承认他对第三回合的谈判结果过于乐观了，还指出前两次会谈都没有达成他期待的结果，反而导致了英阿关系的进一步紧张。他警告第三次会议可能让事态变得更糟。

利顿认为埃米尔的答复进一步证明了他不值得信任，以及他试图挑起英国和沙俄帝国的争斗。在给索尔兹伯里的一封电报中，利顿声称，埃米尔拒绝佩利使团，侮辱了"一个伟大帝国的政府"。他宣称英国"犯下了一个对软弱的蛮族首领免责的错误，这个首领受英国的庇护，欠下了许多的友情债，对英国的轻蔑漠视，也被容忍了"。[38] 因此，利顿一开始便拒绝了在白沙瓦的会面，并指责埃米尔"轻率地拒绝了伸向自己的友谊之手"。他甚至警告谢尔·阿里，如果佩利不能去喀布尔，他只能"认为阿富汗在自愿脱离英国政府的盟约和支持"。[39]

当利顿向他的委员会展示自己的回复时，3 名高级成员表示拒绝支持这样的内容，称谢尔·阿里有权根据梅奥备忘录的保证拒绝使团。但是利顿反驳了他们，还是把信寄出了，不过他的确同意了让佩利的会面在白沙瓦举行。与此同时在喀布尔，伊斯兰反英派利用总督的威胁，宣称使团访问是英国的刻意挑衅，目的就是制造借口吞并阿富汗南部。当一名俄罗斯帝国使者在 1876 年 6 月抵喀布尔时，利顿不但将其视为埃米尔"疏远"英国的又一证据，而且考虑到俄罗斯帝国在巴尔干地区与奥斯曼土耳其再一次走到了战争的边缘，还认为这是个潜在的军事威胁。

反对英阿同盟的人呼吁对印度进行圣战，因此谢尔·阿里陷入了进退维谷的艰难境地。为了安抚这些批评者，埃米尔在 1876 年 8 月举行了一次特殊的乌里玛委员会议，在穆什克·阿拉姆主持下，埃米尔把自己与英国和俄罗斯帝国的通信都摆在了大家面前。然后，埃米尔要求他们根据伊斯兰教法决定他是否应该同意佩利来到喀布尔。委员会议最后认为埃米尔没有允许佩利进入阿富汗是正确的，而且假如谈判地点不在阿富汗的话他们会支持再和英国人谈判。

埃米尔将会议的结论和自己对会见佩利的期待简单告诉了喀布尔的瓦基勒阿塔·穆罕默德·汗。阿塔·穆罕默德在 10 月前往印度，他在那里报告说，谢尔·阿里对英国深感失望，尤其是双方没能在 1873 年达成协议。然后瓦基勒列出了埃米尔对会见佩利以及如何修复关系抱有的期待。其中就有英国承诺不会有"英国人"派驻阿富汗，尤其是在喀布尔；承认阿卜杜拉·贾恩为法定继承人；发生无端的外部侵略时提供军事援助以及每年支付一笔补贴等。埃米尔还希望英国能明确声明不会干涉阿富汗内政。利顿原则上同意讨论这些条件，但前提是埃米尔要同意英国在赫拉特的永久权利。他还想要埃米尔允许英国官员界定阿富汗的北部边境，并把印度电报线从白沙瓦延伸到喀布尔。阿塔·穆罕默德返回喀布尔后，谢尔·阿里勉强答应考虑英国特派代表的事情。1877 年 1 月，赛义德·努尔·穆罕默德·沙阿和其他阿富汗官员抵达白沙瓦，但是，因为利顿决定要军事干涉卡拉特事务，令这次英阿关系处于更加紧张的状态中。多年来，俾路支斯坦一直饱受部落战争和内战的困扰。所以在 1876 年秋天，利顿出兵支持卡拉特·汗镇压叛乱。于是就有了 1876 年 12 月签署的《贾拉拉巴德协议》，用利顿的话来说，这份协议让英国成了俾路支斯坦"事实上的主人"。这片土地成了英国的一个保护国，而卡拉特为了回报英国对自己维护权力所提供的军事援助，允许一支英国驻军驻扎在奎达，以及印度的铁路和电报网络延伸到阿富汗边境的查曼（Chaman）。这是利顿的前进政策的一个胜利，而且总督还相信，奎达会成为阿富汗边境最重要的情报搜集中心。

俾路支斯坦传来的消息在喀布尔并不受欢迎，这是因为卡拉特汗们自从艾哈迈德·沙阿统治时期就一直是杜兰尼国王的附庸和盟友。谢尔·阿里的首相及白沙瓦会谈首席谈判官赛义德·努尔·穆罕默德·沙阿是土生土长的俾路支斯坦人，他对这份协议感到尤为愤怒。而英国驻军在奎达的存在以及将铁路和电报网络延伸到阿富汗边境的行为，都被认为是对阿富汗的直接威胁。但是利顿没能理解介入卡拉特带来的后果，因此才会对《贾拉拉巴德协议》怎么会"伤害了喀布尔埃米尔"表示震惊。[40]

当双方最终在白沙瓦见面时，大家都清楚英阿关系已经到了崩溃的边缘。谈判一开始进展得并不顺利，因为赛义德·努尔·穆罕默德·沙阿明确表示，埃米尔仍不打算考虑英国在阿富汗的永久存在。他接着阐述了他的政府是如何看待英国在之前的协议和 1869 年、1873 年两份备忘录下负有的责任。根据埃米尔的说法，英国已经承诺过要帮助阿富汗抵御外部入侵。既然现在沙俄帝国已在穆尔加布河和阿姆河边境有军事行动，谢尔·阿里认为英国应当能提供资金和军事援助。但是另一边，英国人觉得讨论资金和军事承诺的前提是，埃米尔要首先同意英国在阿富汗的永久存在。于是双方陷入一场持续了 3 个月的僵局。

当白沙瓦会谈还在看不到任何解决方案的拖延时，在巴尔干地区，沙俄和土耳其开战的危险性越来越高。对迪斯雷利政府而言，在阿富汗安排军事观察员是更为紧急的事，因为根据索尔斯伯里的说法，俄罗斯和英属印度间所有的屏障只剩一个"软弱""野蛮"的国家了。[41] 所以当佩利向利顿汇报他掌握了谢尔·阿里和考夫曼达成了秘密协定的"确凿"证据时，利顿认为佩利终于"撕开了不可逾越的面纱，长期以来这面纱一直阻碍了我们看到英国对喀布尔影响力消失殆尽"。[42]

1877 年 3 月 3 日，利顿写下了对英阿协议的详细回复，这份备忘录对第二次英阿战争的意义相当于《西姆拉宣言》之于 1838—1842 年第一次英阿战争。在对 1855 年及 1857 年协议和梅奥及诺斯布鲁克的备忘录的详细批判中，利顿实际上已经废止了这些约定，他认为它们的条款都没有提及英国有义务保卫埃米尔的王国，保证阿富汗领土完整或维护他的王权。提出这一点尤其是因为"埃米尔在过去 4 年里的言行一直都是对 1855 年协议第一条款的违背甚至是挑衅"。[43]

而 1857 年协议和 1869 年的备忘录都涉及"仅在特殊情况下"的条款，因此在目前情况下没有对这些承诺的申诉权。至于 1855 年及 1857 年协议：

可以十分清楚地看到，两者都没有直接或间接地要求英国政府承担哪怕一点义务或责任，捍卫、保护或支持埃米尔及其王朝抵御来自内外或国内任何敌人或任何风险。

阿富汗认为，1869 年和 1873 年备忘录具有正式协议效力的观点是"完全错误的"，英国声称自己会"非常不高兴看到（埃米尔的）对手有任何妨碍其地位的企图"，但是解读这句话应该以考虑埃米尔在 1869 年的处境为前提。因此梅奥勋爵不愿也无力让英国政府同意无条件保护埃米尔，更不会承担任何不建立在他未来对英国政府及本国人民的行为上的责任。简言之，总督声明的主要含义不外乎是保证只要埃米尔继续公正、仁慈地统治自己的人民，且维持和英国政府的亲密无间关系，英国政府就会继续保护他。

至于诺斯布鲁克做出的在遭受无端攻击时为他而战的承诺，不过是"一个私人保证"，"英国政府不会在没有积极条件全面保证的情况下做出承诺，而埃米尔最近已经表明没有意向要遵守这样的积极条件"。

利顿指示佩利将备忘录转给赛义德·努尔·穆罕默德·沙阿，并通知特使现在要撤回签署协议的提议以及 1876 年 10 月的信中涉及的条款：

> 如果国王陛下真诚地渴望与英国政府交好，继而获得保护，他就能得到诚恳且毫无保留的（条款）。但是国王陛下没有流露出这样的希望。有一个幼稚荒谬的假设是：因为英国政府在 1869 年本会对别人企图挑战一个忠诚可信的盟友的权威感到非常不悦，因此在 1877 年他有义务去保护一个不值得信赖的邻居因为忽视了自己的建议而受损的权力。[44]

佩利还告知努尔·穆罕默德·沙阿，英国拒绝支付"以埃米尔及其王朝之名欠下的所有债务"，所以利顿让前三任总督的工作成果一下子付诸东流，让英阿关系倒退回了 1838 年黑暗时期的水平。尽管如此，利顿继续坚持英国仍会遵守所有上述协议和义务所规定的条款。此外，佩利还"以不易被误解的语言，向特使明确解释了英国政府对阿富汗没有敌意，并将此记录在案"。除此之外，英国政府：

将继续恪守对埃米尔独立的认可，并适度克制对部落和非英国势
力范围内领土的干预，英国政府和阿富汗人民没有任何纷争。它真诚
地希望阿富汗能永远独立、繁荣、和平。英国没有设定的目标，当然
也没有意愿去干涉阿富汗内政事务。英国将毫无保留地尊重他们的独
立，而且任何时候他们联合起来呼吁协助时，毋庸置疑，自己都是愿
意且准备好帮助他们抵御对阿富汗独立的侵犯。与此同时，阿富汗人
民可以充分放心，只要他们不在统治者或是其他人的推动下对侵略英
国领土和朋友的想法感到兴奋，英国就永远不允许士兵未经邀请进入
阿富汗。[45]

一年后英国军队再一次"未经邀请"进入了阿富汗，可见那些承诺还不如
不遵守。

年老体弱的赛义德·努尔·穆罕默德·沙阿在埃米尔给利顿回信前就去
世了，因此更多的问题接踵而来。其他的阿富汗代表无权继续谈判，他们打算
带着首相的遗体回到喀布尔。利顿听说了努尔·穆罕默德·沙阿的死讯后终
止了谈判，并拒绝让喀布尔瓦基勒返回阿富汗。阿富汗使团出发前往喀布尔后
不久，利顿任命前进政策的坚定支持者路易斯·卡瓦纳里上尉为新的白沙瓦专
员。佩利得知这一任命后，给总督写了一封长信，支持政府对阿富汗采取的强
硬态度。利顿现在在白沙瓦有了一个盟友，他可以帮助自己制衡其他反对自己
政策的高级管理官员。

通往战争之路及埃米尔谢尔·阿里·汗的去世

埃米尔最大的担忧现在得到了证实：白沙瓦会谈不但没有改善英阿关系，
反而导致双方彻底反目，而且英国已经实质上切断了外交联系。为了进一步
向埃米尔和英国施压，1877 年 4 月，12 万名沙俄帝国士兵进军罗马尼亚，令

后者迅速宣布从奥斯曼土耳其帝国独立。现在英国人与埃米尔的往来更多是基于俄土战争的潜在后果的考虑，阿富汗发现自己又一次陷入了欧洲国家对抗带来的恶果中。沙俄帝国介入奥斯曼土耳其帝国控制的巴尔干地区和高加索地区，增加了英国与沙俄帝国开战的可能性，也让沙俄帝国通过开辟第二战线占领赫拉特或阿富汗突厥斯坦成为可能。

谢尔·阿里为亡羊补牢做了最后的尝试，即任命一个新的特使负责继续谈判。埃米尔还暗示自己可能愿意妥协，如果英国同意在奎达解除武装，就允许一个英国官员进驻赫拉特。但是，当他的特使穿越印度边境时被拒之门外。特使得到通知，既然总督已经终止了谈判，就没有必要采取任何进一步的行动。

白沙瓦谈判的失败和英阿关系的崩溃是谢尔·阿里最关心的问题。英国暗中鼓励一个更加亲英的王室成员，雅库布·汗，来争夺王位的可能性就大大增加了。而且，利顿的确也正在和伦敦商讨此事。此外，由于英国不打算提供武器和资金，面对沙俄帝国的入侵或阿卜杜·拉赫曼这样的篡位者在沙俄帝国支持下推翻埃米尔的尝试，阿富汗都显得非常脆弱无力。因此，谢尔·阿里打着圣战的旗号进行了一次总动员，但利顿误以为这是埃米尔在沙俄帝国的煽动下计划挑起边境各部落进攻印度，但事实远非如此。谢尔·阿里唯一的顾虑就是抵抗沙俄或英国可能进行的干预，保住自己的王位和王国。

为了调解并劝说谢尔·阿里加入反俄同盟，1877 年 9 月，奥斯曼哈里发派了一个代表团前往喀布尔。在喀布尔，埃米尔对使者们抱怨，经过 10 年的协商，自己也没有从英阿关系中获得任何重大收益。[46] 他宣称和英国的友谊是"写在冰上的文字"，他已不再打算"把宝贵的生命浪费在对英国人抱有的幻想上"。[47] 奥斯曼使者无能为力，他没有得到奥斯曼授权调解埃米尔和伦敦的关系，英国政府对整项冒险活动较为怀疑，尤其是土耳其人已经申请在白沙瓦安排一位奥斯曼代表。然而，奥斯曼使团完成的任务确实是开启了阿富汗与土耳其之间更亲密的关系，该关系为日后的泛伊斯兰运动打下了基础，这场运动将在接下来的数年内对阿富汗内政事务产生重要影响。

　　直到 1878 年夏天，沙俄帝国与英国的对峙还没有结束。与此同时，奥斯曼土耳其帝国在巴尔干地区和高加索地区遭受了一场重大失利。1878 年 2 月，沙俄军队占领了埃尔斯伦（Erzerum），而在西部战线，沙俄军队离伊斯坦布尔只有一步之遥了。英国的回应是派出一支纵队进入地中海东部阻止沙俄的前进。1878 年 3 月 3 日，土耳其签署了《圣斯特法诺条约》，丧失了在巴尔干、亚美尼亚和格鲁吉亚地区的大部分领土主权，只保留了象征性的权力。6 月，六大强国在柏林会面敲定了新的巴尔干边界，英国试图遏制沙俄帝国的扩张，并阻止沙俄帝国在地中海东部获得新的海军基地。

　　考夫曼将军为了向英国施压并影响柏林会议的结果，便写信给埃米尔，说自己派了尼古莱·史托勒托夫将军去了喀布尔讨论沙俄和阿富汗的关系。不久之后，另一名沙俄军官尼古拉·伊万诺维奇·格罗杰科夫上校穿过了阿姆河，不顾埃米尔的意愿，对从马萨尔经萨尔普勒、希林塔格布、梅马内到赫拉特的商队路线进行了高调的军事侦察。[48] 考夫曼的边缘政策，引发了英国对沙俄帝国计划军事干预阿富汗的更大担忧。谢尔·阿里同样感到震惊，并要求取消史托勒托夫使团，但是考夫曼拒绝了，反而告知埃米尔，沙俄帝国会认为他个人要负责保证特使的安全并安排盛大的接待。谢尔·阿里现在陷入了进退维谷的困境。他不敢将史托勒托夫送出边界，因为这样会给沙俄帝国入侵赫拉特或阿富汗突厥斯坦以借口，但是如果他接待了特使，英国极有可能利用特使的存在为自己的入侵正名，还有可能吞并阿富汗南部。

　　谢尔·阿里竭尽全力推迟史托勒托夫抵达喀布尔的时间，希望沙俄外交部在英国的压力下会召回特使。但是史托勒托夫无视埃米尔官员的拖延手段，于 1878 年 7 月抵达了阿富汗首都。根据英国对此事的描述，谢尔·阿里后来和沙俄商谈了一个秘密协议，但实际上史托勒托夫所做的仅仅是按照埃米尔的愿望清单起草了一份备忘录，并提交给考夫曼审批而已。谢尔·阿里当时并不知道，考夫曼安排史托勒托夫使团或格罗杰科夫调查时，并没有得到圣彼得堡的授权。当英国要求正在柏林的沙俄代表团领队、外交部长戈尔恰科夫

（Gorchakov）伯爵解释沙俄帝国的所作所为时，后者竟私下承认他并不知道有任何前往喀布尔的使团。戈尔恰科夫命令格罗杰科夫召回史托勒托夫，否认了喀布尔使团并撤回所有给埃米尔援助或协议的承诺。等史托勒托夫收到这个消息时，他的使团无论如何也已经是多余的了，因为柏林会议已经迫使沙俄军队撤离了多瑙河，还避免了沙俄帝国和其他大国间的战争。

尽管欧洲大陆燃起战火的危险已经消除，对阿富汗而言，损失是无法挽回的。利顿利用了史托勒托夫的出使任务和与所谓的沙俄秘密协议作为埃米尔政治不忠诚的确凿证据。在史托勒托夫抵达喀布尔前，利顿就写信给索尔兹伯里，声称埃米尔已经"无法挽回地从我们手中溜走了"，于是开始了讨论分裂或肢解阿富汗的议程。而仅仅几个月前他才向谢尔·阿里保证英国会尊重阿富汗的独立。利顿然后命令将军内维尔·鲍尔斯·张伯伦（Neville Bowles Chamberlain）爵士做好前往喀布尔商讨这次危机的准备，并写信给埃米尔，告诉他无论有没有他的同意，一名英国特使都正在去阿富汗首都的路上。

可悲的是，就在总督的信送达阿富汗外交部时，法定继承人阿卜杜拉·贾恩去世了，埃米尔和朝臣们正陷入深深的哀痛中。由于丧礼正进行到关键环节，且大家对埃米尔谢尔·阿里在上次一位爱子去世时陷入的精神波动仍然记忆犹新，所以没有官员敢冒着生命危险向悲痛万分的埃米尔展示总督的快件。最后还是埃米尔的侍从冒险向他报告了利顿勋爵的信。几天后，史托勒托夫出发返回撒马尔罕，在喀布尔留下了两个低级官员。

大概一周后，英国官员才得知了阿卜杜拉·贾恩的死讯，但是利顿还是坚持让张伯伦继续率团前往喀布尔。1878 年 8 月 30 日，利顿在正式的慰问信中告诉埃米尔，张伯伦计划在 9 月 16 日或 17 日离开白沙瓦前往喀布尔。但是当信使抵达贾拉拉巴德时，只得到了埃米尔的一张便条，告诉他"不适合参与朝政"，而且"必须等到斋月过后再讨论"。[49]9 月 27 日是斋月的最后一天，在这种情况下推迟要求合情合理。但是白沙瓦专员卡瓦纳里命令信使，不管埃米尔的意愿如何，都要继续朝喀布尔前进，而谢尔·阿里别无选择，只得允许他继续行动。

英国使团即将到来的消息让埃米尔的高级官员们陷入了激烈的辩论，他们无法就是否允许张伯伦继续行动达成一致。9月16日，阿富汗边境的阿里清真寺哨所指挥官写信给卡瓦纳里，告诉他由于自己没有收到埃米尔关于是否允许使团进入阿富汗的指令，英国官员任何穿越边境的企图都会受到武力抵抗。卡瓦纳里无视该警告，和张伯伦在一支大型武装警卫队的陪同下出发，并爬上开伯尔山口，结果在入境时被拒绝了。当卡瓦纳里将埃米尔的信息告诉利顿，并通知他使团被拒绝入境阿富汗时，总督向伦敦发了电报，声称入境被拒是对英国威信的"冒犯"和"侮辱"，并建议英国政府立即向阿富汗宣战。为了应对接下来的军事行动，利顿命令军队前往奎达和白沙瓦的前线。

然而迪斯雷利内阁在开战一事上意见并不统一，甚至连索尔兹伯里都担心入侵会产生适得其反的效果，因为这会给俄罗斯帝国提供梦寐以求的借口去撕毁柏林会议上达成的条款。内阁决定给埃米尔最后一个机会。1878年11月2日，利顿写信给谢尔·阿里，告诉他战争一触即发，并列举了他犯下的多条所谓的"敌对行为"。最后，总督给他下了最后通牒。如果埃米尔希望避免这场战争，他就必须要为拒绝张伯伦使团入境做出"充分且恰当的"道歉，还要同意一名英国使者常驻阿富汗。11月20日是给埃米尔设下的最后期限，过了这个时间，利顿宣称，"我将不得不认为你对我们是怀有敌意的，并把你视为英国政府的公敌"。[50]最后期限过去了，依然没有任何回复。于是，第二天，3支英国纵队向阿富汗领土进军了。

事实上，埃米尔在最后期限的前一天就回复了总督的最后通牒，埃米尔当时已经准备允许张伯伦来喀布尔，并考虑接受英国官员常驻阿富汗了。但是这封回信没能及时送到白沙瓦。信使听到英国军队已经占领阿里清真寺的传言后，便调头回到喀布尔等待埃米尔的新指示。埃米尔对信使的行为非常震怒，命令贾拉拉巴德的邮政局长务必保证将信送给卡瓦纳里。但是直到11月30日信才到了专员的桌上，此时已经过了总督的最后期限10天了。当时英军已经占领了阿富汗南部，即便谢尔·阿里在英国的要求前已经做了两个重大的让步，但卡瓦纳里还是认为埃米尔的回应是不充分的。在利顿看来，这些让步远远不够且为时已晚，并不是英国所要求的"清晰明确的顺从"。

英国进军阿富汗南部后，谢尔·阿里决定不抵抗，并将坎大哈和贾拉拉巴德的大部分兵力撤到赫拉特与喀布尔。受到史托勒托夫承诺的鼓舞，谢尔·阿里决定前往圣彼得堡，亲自向沙皇请求军事支援。为了达到目的，他释放了雅库布·汗，任命他为喀布尔总督。1878 年 12 月末，埃米尔带上家人和沙俄使团的其余成员一起出发前往马扎里沙里夫。

一些英国历史学家声称埃米尔是仓皇出逃，退位支持雅库布·汗或是任命他为自己的法定继承人，但是这些说法都是错误的。阿富汗历史学家清楚地指出，谢尔·阿里依然是埃米尔，他前往马扎里沙里夫是有意为之的战略之举。[51] 无论事后看来这个决定带来了多大的负面影响，谢尔·阿里的计划有其合理之处。他的军队并不是英军的对手，唯一的希望就是诱敌深入阿富汗，拉长他们的补给线，并寄希望于各部落能出来反抗，让英国一时半会无法占领阿富汗南部。毫无疑问，这些策略是吸取了他的父亲和阿克巴在第一次阿富汗战争中的经验，当时各部落的游击战术让侵略者疲惫不堪，并最终将侵略者赶出了国界。对马扎里沙里夫而言，这是一个理想的天堂。因为冬天已经来临，谢尔·阿里赌侵略者在春天之前都不会穿过大雪覆盖的兴都库什山。除此之外，该省还驻扎了 15000 名政府军，埃米尔计划在冬天招募更多的士兵。马扎里沙里夫离沙俄帝国边境也很近，能够方便地接收预期中沙俄军队送出的武器大礼。直到埃米尔抵达了马扎里沙里夫，他的策略才被看穿。

在离开首都前，谢尔·阿里释放了牢中所有幸存的查哈尔维拉亚特的乌兹别克埃米尔们。埃米尔一到马扎里沙里夫，他们就去了沙依·马尔丹神庙。在那里，谢尔·阿里承诺，只要他们为即将到来的战争招募士兵并保证政府军能安全回到塔赫塔普尔或赫拉特，就恢复他们的领地。这些当地领袖们大多数已被囚禁了超过 10 年，原因是埃米尔违背了一个类似的誓言。他们不仅不再相信埃米尔的承诺，还认为英国的入侵是恢复自己独立的一个机会。所以当萨尔普勒的前总督穆罕默德·汗和被废的梅马内瓦利侯赛因·汗回到了家乡后，就集结了各自的军队，攻击了阿富汗驻军并将他们逐出了自己的领地。数千名土库曼人也乘着混乱突袭了查哈尔维拉亚特，洗劫了一些定居点，奴役了大约6000名妇女。埃米尔试图出兵镇压他们的袭击，结果失败了。

尽管天寒地冻，梅马内驻军的幸存者最终还是设法回到了赫拉特，不过已是饥肠辘辘、身无分文了。他们要求发放被拖欠的军饷，当得知国库已空时怒火中烧，便洗劫了集市和私人住宅。为了平息骚乱，阿尤布·汗离开马什哈德，并在波斯的现金礼物支持下接管了赫拉特政府，把他所有的钱都分给了哗变的士兵们。但是这些现金并不能满足他们的要求，阿尤布无法使他们服从自己。

与此同时，考夫曼拒绝了埃米尔觐见沙皇的请求，也不允许他进入沙俄帝国的领土。相反，他建议埃米尔尽力与英国协商出和平条款。考夫曼已经因为未经授权派使团去喀布尔陷入了麻烦，现在不打算再让自己被孤立了。沙俄外交部也没有兴趣冒险为阿富汗与英国开战。

等谢尔·阿里抵达马扎里沙里夫时，他的健康状态已经很糟糕了，并且在持续恶化之中。当他肿胀的双腿开始生疽腐烂时，他和大臣们都意识到死亡并不遥远了。埃米尔命不久矣的谣言传播扩散之时，争夺继承权的斗争也开始了。埃米尔的一个儿子穆罕默德·阿里·汗试图控制关键的塔赫塔普尔驻军，但是士兵们拒绝让他进入。随后驻军发动了兵变，逮捕了指挥官并选举了自己的将军。于是穆罕默德·阿里·汗向南去了德赫赞吉，在那里开始招募军队进攻喀布尔的雅库布·汗。1879年2月22日，谢尔·阿里去世，葬在沙依·马尔丹神庙的一座陵墓里，旁边就是维齐尔阿克巴的陵寝。他死后，所有对英国入侵的抵抗都崩溃了，军队也分崩离析。阿富汗这个国家的生死存亡问题悬而未决。

对埃米尔谢尔·阿里·汗的评价

埃米尔谢尔·阿里的统治道路一直困难重重。一开始就是痛苦的 4 年内战，其间阿富汗被分裂成了两个敌对的国家。谢尔·阿里最终取得了内战的胜利，但是不论是个人还是国家，都付出了极为惨重的代价。在位的其余时间里，埃米尔竭力将国家团结起来，对内要遏制一个日渐强大伊斯兰反英派系，对外不仅要在兴都库什山外应对一系列的叛乱，还要处理和自己的儿子雅库布·汗在继承权上的纷争。更为困难的是，从 1868 年起，阿富汗和俄罗斯帝国边界接壤，而觊觎王位的阿卜杜·拉赫曼·汗和伊沙克·汗在撒马尔罕接受着俄罗斯帝国的资助。

埃米尔的对策是寻求与英国达成一个新的、更好的协议，或至少有一个能给自己带来急需的资金和军事援助的协议。但是经过了 3 次会谈，英国官员也再三保证想要和阿富汗交好，可英国政府始终不打算订立任何正式协议。利顿勋爵的确给谢尔·阿里提供了一份可能的协议，但是其中的条款不现实且难以接受，因为它们极有可能导致埃米尔下台。利顿勋爵在白沙瓦会谈上让事态进一步恶化了，因为他将之前的所有英阿协议解读成了单方面受益的文件，所有的义务都由埃米尔承担，英国即使有义务也微不足道。从英国的视角上看，谢尔·阿里在捍卫自己的王国和继承权问题上也提出了一些不合理的要求。但是英国要求埃米尔接纳佩利使团，并允许英国官员常驻阿富汗来证明他的忠诚，是损人不利己的。利顿一定清楚除非受到武力威胁，否则埃米尔不会答应这样的要求。征服布哈拉和希瓦以及俄土战争之后，沙俄帝国对英属印度的威胁直线上升，所以迪斯雷利政府没有选择在这时加强英阿的关系纽带，实际上导致了英国一直以来竭力避免出现的结果。利顿的侵略性帝国主义，带来的只有英国和阿富汗的又一场代价高昂的战争，只会让普通的阿富汗人民更加痛苦。

让人疑惑不解的是，为什么安巴拉会谈或西姆拉会谈没能最终达成协议？

至少也应该更新与多斯特·穆罕默德·汗订立过的约定。正是这些错失的良机导致了最后的战争。双方都在 1855 年和 1857 年协议的基础上获得了想要的一切，而考虑到英国担心沙俄帝国威胁到阿富汗及英属印度的偏执，做出不向埃米尔提供资金和军事援助的决定的战略意义并不大。此外，如果在 1869 年或是 1873 年达成了一个有法律效力的协议，利顿和迪斯雷利政府将很难提出类似派驻英国特派代表这样的要求。利顿也无法声称英国没有支持埃米尔的正式义务，或是如此轻易地撤销前任做出的承诺，说它们纯属个人做出的临时决定。

不幸的是，历史学家们对于第二次英阿战争的起因依然倾向于采纳帝国主义版本的解释，认为都应归咎于埃米尔的"顽固"，尤其是他和沙俄帝国的往来，当然还有他拒绝佩利或张伯伦到访喀布尔。这种观点几乎没有考虑到埃米尔当时所面对的极端困难环境，他被夹在两个超级大国之间，两个大国都对阿富汗有自己的谋划，还面对着来自大家族内部以及穆什克·阿拉姆这样的激进分子反对英阿同盟的声音。这是一种微妙的平衡，本应该用来考验比谢尔·阿里更伟大的政治家的智慧。

第二次英阿战争的真正原因在于，罗林森和弗里尔等前进政策的支持者们采用强硬的干预手段，以及利顿和索尔兹伯里鲁莽冒失的外交策略。利顿傲慢地拒绝了听取比他更了解阿富汗局势的经验丰富的官员的建议，所以在很大程度上导致了和谢尔·阿里关系的最终破裂。但是迪斯雷利、利顿和索尔兹伯里都坚持主张英国对阿富汗统治者享有帝国权力，他们相信这个统治者不仅善变狡猾，还是个半疯狂的"野蛮人"。

最后的事实证明，英国和沙俄帝国都不是谢尔·阿里可以信赖和依靠的，他发现自己面临着两难选择。当时的英国著名漫画杂志《笨拙》（Punch）在一幅画作中展示了埃米尔的窘境，他搓着双手，一边是流着口水的熊，另一边是咆哮着的狮子。标题中，埃米尔哭着说："把我从朋友的手中救出去！"图片下方是《泰晤士报》一位记者的讽刺："如果此刻决定要入侵埃米尔的领土，实际上我们是在执行一项旨在与阿富汗交好的政策。"[52]

埃米尔参加安巴拉会谈，是杜兰尼王朝的国王第一次对英属印度进行国事访问。在访问中他和随行人员接触到了机械化的世界和工业革命。这次相遇让谢尔·阿里向接触现代科技迈出了第一步尝试。他引进了阿富汗第一台印刷机，出版了第一份波斯语报刊《晨曦》（*Shams al-Nahar*），并印刷了英语作品（大多数是军事指南）的波斯语译本，另外还有该国的第一本邮票。埃米尔新建了阿富汗第一家工厂，生产火药和小型武器。他成立了阿富汗第一所军事学院，教学范围包含数学、地理、地图识别等学科，并对喀布尔进行了人口普查。谢尔·阿里统治的另一个显著特征是增加对普什图头衔和术语的使用，尤其是在军事上，这是因为很多军队的指挥官都是来自加兹尼和瓦尔达克的吉尔扎伊人。谢尔·阿里统治期间，普什图语的普及度在一定程度上被阿富汗历史学者们夸大了，波斯语依然是王室和官方的通用语言。

谢尔·阿里是已知的第一个身着欧洲服饰的阿富汗统治者，在正式场合他通常是穿着沙俄军事制服现身。埃米尔对外国服饰的接纳远比看起来的要更有争议，因为欧洲服饰并不符合严格的伊斯兰着装规范。但是谢尔·阿里通过接纳欧洲款式的服饰，表明了自己是同情那些寻求接触西方世界及其科学技术的现代化主义者的。此外，在 19 世纪中叶的欧洲人眼里，外国统治者和酋长们的着装方式决定着他们是被当作文明人还是野蛮人。因此，从非洲到新西兰毛利族的酋长们，都穿着双排扣长礼服、戴着上浆的衣领，而不是穿着传统服饰，因为这么做是获得欧洲帝国俱乐部会员资格的关键之一，当然也只不过是二等会员。[53]欧洲服饰与"伊斯兰"或传统服饰之争，直到 20 世纪都将持续地成为阿富汗受过良好教育的城市精英与保守的伊斯兰主义者和农村居民们的冲突焦点。

在社会生活的其他方面，谢尔·阿里统治下的阿富汗依然固守传统。奴隶制依然普遍，也没有计划引入现代教育、鼓励识字，甚至不能提供最基础的健康服务。富裕的阿富汗人会聘请家庭教师，其他人只能送孩子去印度接受教育，要么是在白沙瓦和卢迪亚纳的教会学校，要么是在赛义德·艾哈迈德·汗爵士在阿里格尔开设的伊斯兰教盎格鲁—东方学院。宗教精英们则偏爱印度的宗教学校，尤其是德奥班德神学院（Darul Uloom Deoband），他们认为这是适合自己的孩子学习传统伊斯兰课程的地方。德奥班德以其反殖民主义观点和对哈乃斐法学体系及宗教文本的重视闻名，它对后世的阿富汗伊斯兰主义者产生了深远的影响，那些人将领导对引进宪法、教育和社会改革的反对活动。

第八章

"减少乱民数量"（1879—1901）

> 在一个大的国家性质的"犯罪"里，所有阿富汗人都是"同谋"。
>
> ——利顿勋爵[1]
>
> 在彼得大帝统治期间……可没有数十万人被处死并遗忘……我的任务和那个时期类似，所以我正在减少乱民的数量，营造一个新的、有序的状态。
>
> ——埃米尔·阿卜杜·拉赫曼·汗

谢尔·阿里·汗死后，雅库布·汗宣布成为喀布尔的新埃米尔，接着数名涉嫌支持阿夫扎勒部族的将领被逮捕。在马扎里沙里夫，谢尔·阿里的朝臣们纷纷向雅库布的长子穆罕默德·穆萨宣誓效忠，后者袭击并制服了塔赫塔普尔的叛乱分子，迫使他们宣誓效忠埃米尔雅库布，并将他们的首领戴上镣铐送往喀布尔执行死刑。在赫拉特的阿尤布·汗也认可自己的兄弟继承王位，但是很多巴尔赫和赫拉特的军官支持撒马尔罕的流放者们。由于在赫拉特几乎已经没有军事纪律可言，阿尤布在确保大家对他的兄弟忠诚上无能为力，尤其是当时他的国库已经空空如也。为了安抚军队，阿尤布向马扎里沙里夫发出紧急消息，请求得到更多的现金。他还给驻军发放了一个月的军饷，但士兵们仍纷纷暴动，并向他们的长官们投掷石块。当更多的资金到位时，阿尤布仍然无法发放拖欠的所有军饷，刚从梅马内和穆尔加布赶来的军团更是一无所获。为了摆脱不守纪律的队伍，阿尤布命令两支梅马内军团前去喀布尔，并承诺他们的埃米尔雅库布·汗在他们抵达后就会发放军饷。

《甘达马克协议》及喀布尔驻地遭围困

阿富汗军队的崩溃，意味着英军在进军贾拉拉巴德、霍斯特和坎大哈时遭遇的唯一激烈抵抗是来自当地的部落。不到几周的时间，阿富汗南部的绝大部分地区沦陷了，埃米尔雅库布别无选择只得提出谈判，实际上就是商讨投降，他希望自己的屈服能阻止阿富汗的分裂。1879 年 5 月，白沙瓦专员路易斯·卡瓦纳里和埃米尔在甘达马克会面，这个地点是卡瓦纳里精心挑选的，因为它能触发与谢尔顿军团 1842 年 1 月最后一战的情感联系。由于英军节节胜利，卡瓦纳里没有心情做出让步，他对埃米尔雅库布·汗提了一系列的要求，后者为保住国家元首的位子只能接受，别无他选。这些要求包括允许在喀布尔派驻一名由庞大军队予以支持的英国常驻特派代表，以及英军不经埃米尔的事前许可就入境阿富汗的权力。另外，英国测绘师将界定阿富汗北部边境，喀布尔要接入印度电报系统，库拉姆、锡比（Sibbi）和皮欣成为英国统治下的"指定区域"。这些暂时的安排最后成了事实上的兼并。埃米尔还交出了开伯尔山口贾姆鲁德要塞的钥匙，放弃了一切干预阿夫里迪部落内政事务的权力。埃米尔雅库布得到的回报仅仅是 60 万印度卢比和英军最终会撤离阿富汗全境（坎大哈除外）的保证。

雅库布·汗无权争辩，只得于 1879 年 5 月 26 日在《甘达马克协议》上加盖印章。利顿欣喜若狂，宣称协议标志着"阿富汗新的、更好的时代的开

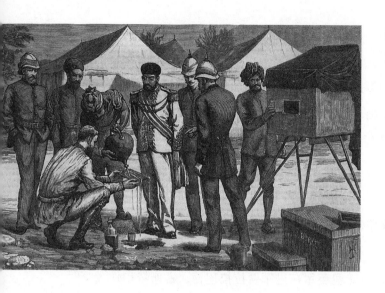

"解决负面问题"。《阿富汗战争的终结》——刊登于 1879 年 7 月 12 日《画报》。记录了雅库布·汗在甘达马克的影像。照片中拿着盘子的就是摄影师约翰·伯克，他自愿在战时担任摄影，并在第二次英阿战争期间拍摄了一系列阿富汗的历史照片。

始"。利顿的自欺欺人甚至严重到了宣称阿富汗人会"更加喜欢并尊重我们，因为我们狠狠教训了谢尔·阿里，还给俄罗斯上了一课"，并称他们对英国入侵自己的国家并无敌意。索尔兹伯里毫不吝啬地夸赞总督的"巨大胜利……以及展现出的优秀品质"。而迪斯雷利告诉利顿，"很大程度上是由于你的能量和远见，我们才能为我们的印度帝国获得科学的、合适的边境"。[2] 但在迪斯雷利的祝贺信送达印度前，这个帝国的霸凌试验就被利顿搞砸了。

与此同时，卡瓦纳里被任命为驻喀布尔特使，并获得了少校军衔以及额外的骑士身份。1879 年 7 月末，他抵达喀布尔，使团在那里受到了热烈欢迎，埃米尔的铜管乐队现场演奏了英国国歌《天佑女王》。他的陪同人员里有 75 名帕坦人和锡克人边境向导，由爵士乔治·波洛克将军的侄孙瓦尔特·汉密尔顿中尉指挥。汉密尔顿在 3 个月前因为在楠格哈尔的法塔哈巴德战役中表现英勇而获得了维多利亚十字勋章，但他在世时没能得知自己获得了大英帝国的最高军事荣誉。使团的下榻地是下希萨尔城堡一个破败客栈。这个建筑从来没打算被用作防御工事，但它现在是城堡里唯一能容纳过百人的闲置场所了。少将查尔斯·麦格雷戈爵士随后考察了这个住所，按照他的说法，这就是个"捕鼠器"。[3]卡瓦纳里知道客栈没有防守能力，但他并不打算要求更合适的住所，因为他无意冒犯埃米尔雅库布。

大多数阿富汗人认为，《甘达马克协议》和卡瓦纳里使团是对国家的侮辱，因此他们拒绝按惯例礼节性地拜访特使。对他们而言，埃米尔雅库布只不过是名义上的国王，甚至连卡瓦纳里都注意到了"相比自己的统治者，阿富汗民众甚至更愿意依赖英国特使"。当埃米尔派出的税务官抵达达曼山时，当地民众在埃米尔的官员得到英国特使的书面授权前拒绝缴税。应征入伍的阿富汗人则缠住向导询问卡瓦纳里何时能废除令人憎恶的征兵制度并允许他们回家。[4]

卡瓦纳里在阿富汗边境驻守的经验不足两年，他忽视了这些警示信息，并告诉总督阿富汗人已经受到了惊吓，甚至连"喀布尔的宗教界都出奇地安静，没有一座清真寺对英国同盟的成立发出一句反对的声音"。与此同时，他注意到在首都存在一个强大的反雅库布派系，但他没能将其与英国的占领联系起来。卡瓦纳里很快就陷入阴谋诡计的沼泽里苦苦挣扎，他向利顿坦言，自己对是否应该信任埃米尔感到"非常困惑"，对自己背后的动作也"毫无察觉"。[5]他在技巧和经验上的匮乏，让自己轻易间成为官员们的猎物，他们利用英国人的存在给自己谋利，也进一步助长了野心。

这些机会主义者中最有权势的人之一就是萨达尔瓦利·穆罕默德·汗，他曾是谢尔·阿里统治时期的喀布尔总督。他的忠诚无法确定，因为有人怀疑他与撒马尔罕的阿卜杜·拉赫曼·汗和伊沙克·汗有联络，而且自己也有想当埃米尔的野心。尽管萨达尔瓦利·穆罕默德·汗和阿夫扎勒后人有家族关系，但在他们占领库拉姆时叛逃到了英国人一边。卡瓦纳里任命他为自己的顾问委员会成员，在那里他和他的盟友们摧毁了特使对埃米尔雅库布忠诚度的所剩无几的信任。[6]

当卡瓦纳里竭力在一个他完全无法胜任的职位上挣扎时，两支来自赫拉特和一支来自巴尔赫的叛军在 8 月相继抵达喀布尔。他们之前曾得到承诺，新的埃米尔会支付他们的军饷。赫拉特兵团的情绪尤为糟糕，因为他们每人仅仅收到了 3 卢比的路费，抵达首都时个个饥肠辘辘、身无分文。行军过程中适逢斋戒开始，但这并没有改善他们的脾气。抵达后没几日他们就和向导们发生了冲突，但是卡瓦纳里忽略了支持者关于麻烦正在酝酿之中的警告。

因为国库空虚，雅库布·汗无力向士兵们发放军饷，而且他也没有收到英国的一分钱补助。利顿曾经告诉卡瓦纳里，如果雅库布·汗需要"迫切的经济援助"，"不要吝啬"，但是卡瓦纳里拒绝付钱，因为他想要雅库布"先承认自己的无助之后，再向他提供援助"。[7]具体而言，卡瓦纳里希望埃米尔全面改革他的政府，但是埃米尔踟蹰不前，因为他没有做好冒险去干预牢固的赞助体系、激怒权势人物的准备。9月2日，在最后一封正式通信中，卡瓦纳里给利顿发电报称"一切安好"。第二天清晨，埃米尔雅库布手下的指挥官达乌德·沙阿将军命令赫拉特兵团在下希萨尔城堡集合，不携带任何武器地领取军饷，但是他们被告知只能收到两个月的军饷。于是士兵们纷纷向将军和军官们投掷石块，迫使他们在埃米尔的宫殿里寻求庇护。随后叛军试图突袭埃米尔的住所，结果遇到了一些阿拉伯古拉姆的激烈反击。一个身份不明的人大喊，怂恿他们向英国特使索要现金。于是他们冲进了英军驻地。当卡瓦纳里拒绝拨付一分一毫时，叛军们又开始向为使团带路的向导们投掷石块。最后卡瓦纳里命令后者开枪，一些攻击者在此过程中丧命或受伤。伤亡事件进一步激怒了叛军，他们从谢尔普尔派出援军。与此同时，他们还洗劫了集市和附近的军工厂。得到增援的叛军现在全副武装，他们重整旗鼓进攻英军驻地，而老城的毛拉们也打破了沉默，站在宣礼塔上号召所有人前来加入进攻队伍中。

据一位阿富汗目击者所言，驻地保卫战是个"奇迹"。尽管差距悬殊且损失惨重，但向导们几乎当天就守住了。最后建筑物都被点燃，进攻者攻破了驿站的大门，他们在院内设置了一门野战炮，准备近距离向守军避难的地方开火。卡瓦纳里使团的内科医生凯利、东方事务秘书詹金斯、汉密尔顿中尉，以及仍能战斗的向导们为了遏制野战炮的火力，发起了一系列冲击，结果非死即伤。幸存者们得到了活下来的机会——锡克人只要皈依伊斯兰教便能保命，但是他们拒绝了这个提议。于是穆斯林帕坦人和旁遮普的锡克人一起并肩作战直至几乎全部战死，最后只有两个印度兵得以幸存，才有机会向后人讲述这一事件的过程。[8]

卡瓦纳里的死以及他的护卫惨遭屠杀，给利顿的阿富汗政策和英国政府在阿富汗的威望造成了致命打击。对利顿个人也是悲剧，因为卡瓦纳里是他的朋友。在向迪斯雷利通报大屠杀的快件中，利顿汇报说："我们如此谨慎和耐心编织的政策网络已经被粗暴地粉碎了……我在战争后期和谈判中竭力避免发生的事情，现在都在命运之手的安排下发生了。"[9]尽管利顿意识到可能会有1841—1842年事件重演的危险，但英国现在别无选择，只能派军前往喀布尔。由于总督将卡瓦纳里的死归咎到埃米尔雅库布身上，而不是自己及英国政府的激进政策上，雅库布·汗想继续当埃米尔已经没有可能了。于是英国人开始物色新的人选，用利顿的话来说是要找一个新的"傀儡统治者"。利顿极其严厉地斥责了埃米尔雅库布，认为他主动煽动了叛军，暗中呼吁圣战，还故意在英军和护卫惨遭屠杀时袖手旁观。总督的指控，基本上是基于萨达尔瓦利·穆罕默德的说法。对利顿和迪斯雷利而言，这种说法不仅实用而且方便，

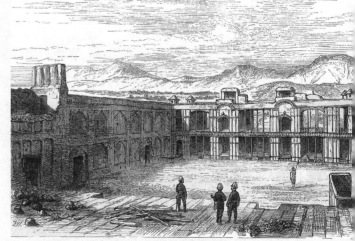

《英国驻地内景，向南看的视角》，刊登于1879年12月20日的《伦敦新闻画报》。这幅素描绘制于卡瓦纳里及其护卫被屠杀后。

INTERIOR OF THE BRITISH RESIDENCY, LOOKING SOUTH.

因为它让自己免于任何责备，所有的责任都落到了埃米尔的身上。因此，瓦利·穆罕默德对卡瓦纳里之死的描述深深地渗透在英帝国史中，无论是通俗作家还是学者，都继续不加批判地重复着这种说法。

　　阿富汗的说法和其他当代记录，对英军驻地遇袭的背景有着截然不同的说法，也许最有说服力的是埃米尔雅库布在事件发生几日后给总督的一封信中的描述。雅库布在信中对英国的伤亡表达了深深的歉意。利顿自然轻蔑地认为埃米尔的说法是一个懦弱狡猾的统治者在找借口。尽管事实表明埃米尔在特使之死中没有任何收获，甚至还失去了一切，雅库布对卡瓦纳里之死的说法仍然被忽视或没有得到认真对待。另一方面，瓦利·穆罕默德·汗写下了他对此事的描述，希望英国人将雅库布赶下台，并任命自己接替埃米尔的位子。

　　埃米尔雅库布有理由声称自己无法派援军去英国人的驻地，因为他和一些高级官员也被类似的叛变士兵围困了，同样有性命担忧。这些士兵们无论如何都不服从埃米尔或是将军们的命令，但是即便如此雅库布·汗还是尽了最大的努力去结束包围行动。达乌德·沙阿将军被派去尝试恢复秩序，结果被袭击并受了重伤。于是埃米尔派了一个儿子和其他萨达尔一起手持《古兰经》呼吁叛军进行谈判，结果他们的请求被无视。最后雅库布派出了"每个家族著名的毛拉们"去说服叛军，但是他们也都铩羽而归，没能说服叛军停止进攻。最终，埃米尔幸运地保住性命逃了出来。

　　根据英帝国历史学者的描述，这场袭击是突然和自发的，但是阿富汗方面的记录又一次与之不同。按照法伊兹·穆罕默德·卡蒂布的说法，兵变是支持阿夫扎勒部族的反英派有预谋地要推翻埃米尔雅库布，由谢尔·阿里最宠爱的妻子——刚刚去世的法定继承人阿卜杜拉·贾恩的母亲——艾莎夫人"一手策划"。[10] 艾莎夫人的父亲是拉格曼省的穆罕默德·沙阿·汗·巴巴克尔·凯尔。穆罕默德不仅要为阿富汗政府在 1842 年英军撤退后仍然扣押英国人质负责，还在围困贾拉拉巴德和为多斯特·穆罕默德阵营拿下喀布尔过程中发挥了重要作用。如同穆罕默德长期坚持反抗英国入侵一样，艾莎和雅库布的母亲为了谁的儿子能继位成为新的埃米尔，也一直在进行着竞争。当法定继承人、艾莎的独子阿卜杜拉·贾恩意外去世后，她在后宫的最高地位就输给了埃米尔的母亲。为了夺回权力，艾莎密谋废黜或刺杀埃米尔，希望自己正在撒马尔罕流放的女婿穆罕默德·伊沙克·汗能继承王位。

艾莎开始变卖自己的珠宝来收买军心，但当埃米尔雅库布听闻她的所作所为后，马上禁止她出售任何财产。艾莎没有畏缩，私下写信给英国官员提出要毒杀埃米尔，并用所有的现金贿赂高级军官和叛变的士兵加入这场阴谋。刚从赫拉特抵达的两支军团成了她的首要目标，他们不仅身无分文、饥肠辘辘，而且还曾经接受过阿卜杜拉·贾恩的指挥。至于巴尔赫军团的军官，他们当中有很多曾经就是伊沙克·汗和阿卜杜·拉赫曼·汗的拥护者。根据卡蒂布的说法，太后甚至还贿赂了埃米尔的指挥官达乌德·沙阿将军，劝说军团不要接受两个月的军饷并造反。

如果情况真是如此，也许就能解释为什么达乌德·沙阿决定召集希萨尔城堡内正在叛变的士兵，而不是城墙外的士兵了。正常情况下，士兵们无论武装与否都不能进入皇家城堡，因为这样对埃米尔造成的威胁过大。达乌德·沙阿将军也许早已知道士兵们会拒绝两个月的军饷并攻击埃米尔的宫殿，但是直到叛军在城墙下被击退转而攻击英军驻地后，这个阴谋才被揭穿。当向导们击伤或杀死了数名士兵后，叛军们更加坚定地要为同伴的死报仇，而不是突袭雅库布的宫殿。毫无疑问，对洗劫驻地殷实国库的期望是一个额外的诱因。等到最后一名守军被杀，整个驻地被劫掠一空时，已经是黄昏时分了，精疲力竭的叛军才收兵，去结束斋戒并瓜分了战利品。

罗伯茨将军及占领喀布尔

卡瓦纳里的死意味着喀布尔将不可避免地被占领，随即弗雷德里克·罗伯茨将军率领的霍斯特·菲尔德大军得到命令进军阿富汗首都。在喀布尔城内，雅库布设法守住了希萨尔城堡，当然城里的其他地方并不受他的控制。在抵达查哈尔阿西亚布（Asiyab）前，罗伯茨进军喀布尔的行程都是相对顺利的。在喀布尔郊外的一场激战后，他击败了部落士兵和政府军。于是埃米尔雅库布去了罗伯茨的大营投降，他和一些支持者们遭到逮捕。

朋友之死和前进政策的崩溃深深影响了利顿勋爵，他对罗伯茨下达的指令清楚地表明，他的复仇既是为了英国也是为了个人。罗伯茨有"完全不受约束的行动自由"惩罚任何与袭击英军驻地有牵连的平民和士兵，嫌疑人将面临"最严厉、最坚决的法律制裁"。罗伯茨还收到特别的命令，不留下审判过程的任何书面记录。受到指控的人无权上诉，罗伯茨设立的军事法庭得到授权可以接受线人未经证实的证据，哪怕"极有可能让一些相对无辜的人遭殃"，这也是"不可避免的"。对利顿而言，个别人有罪还是清白无关紧要，因为不仅喀布尔是"最大的国家罪犯"，所有的阿富汗人都是这个重大国家罪行的从犯。

> 我认为死在英国复仇之手的每一个阿富汗人，连"无赖窝"里的一个"无赖"都不如。你不能从中找出罪魁祸首。赫拉特军团的每个士兵实际上都是有罪的；每个平民也是如此，不管他是牧师还是信徒，毛拉还是农民，只要他加入了暴民队伍中，他就是有罪的……切记，这不是普通意义上的司法，而是你一到喀布尔就必须立刻实施的复仇……你的目标是打击恐怖，而且要迅速彻底，但同时要避免"恐怖统治"。[11]

根据罗伯茨的副官、少将查尔斯·麦格雷戈爵士的说法，"Bobs"（罗伯茨的昵称）是这一职位的最佳人选，因为他是个"冷酷嗜血的小野兽"。[12]的确，罗伯茨在占领霍斯特期间已经展现出其残忍无情的一面。他烧毁洗劫了那里的村庄，命令一个骑兵军官"格杀勿论"，并对一个印度军官冷血处决了

90 名犯人的行为视而不见。罗伯茨的倒霉之处在于，他的一名随军记者记下了他的所作所为，发表在英国新闻界并引发了轩然大波。在利顿的同意下，罗伯茨的回应不是缓和自己的政策，而是驱逐了这个冒失的记者。

罗伯茨取得对喀布尔的控制后，立刻在希萨尔城堡召集政府官员并将他们统统解职。然后他宣布在首都 16 公里半径范围内实行戒严，并给予提供线索帮助逮捕英军驻地大屠杀嫌犯的人以丰厚的奖励。周围的所有村庄，尤其是曾藏匿过叛军的村庄，都被强制解除了武装，尤其像英迪基（Indiki）这种村庄，还遭到了重罚。随后罗伯茨又成立了一个仅由英国军官组成的调查委员会，负责认定大屠杀的责任人。不出意外，他们最终认为埃米尔雅库布的"过错和助纣为虐"是"确凿的"。于是，埃米尔无奈退位，继而和 3 名军队的高级指挥官一起被流放到了印度。

其他涉嫌参与大屠杀的人就没有那么幸运了。罗伯茨在驻地的废墟上竖立起两个绞刑架，将被处死人的尸体挂在那里。一共有 87 人被处决，而且都是在证据不足的情况下。这些被处决的人包括喀布尔治安官穆罕默德·阿斯兰·汗将军，纳瓦布穆罕默德·扎曼·汗之子、瓦利·穆罕默德·汗的敌人苏丹阿齐兹·汗将军，老城的著名毛拉纳齐尔，以及已经皈依伊斯兰教的库斯劳·汗将军。至于那场袭击真正的罪魁祸首却逃脱了"法律制裁"，因为他们当中的大部分人早在罗伯茨抵达前就离开了喀布尔。

罗伯茨的暴行最终报应到了他自己身上。随军记者们写了一系列言辞激烈的负面文章，记录了他的拙劣手段、军事法庭的武断以及焚烧村庄的暴行。在一家报纸宣称一些廓尔喀人将数名阿富汗囚犯活活烧死或砍头后，《每日新闻》谴责罗伯茨为杀人犯。这些新闻报道为格莱斯顿的自由反对党提供了绝佳的政治燃料，后者指责迪斯雷利授权实行恐怖统治。利顿也因为将谢尔·阿里逼入了困境，并一直积极伺机入侵阿富汗而受到了批评。为了挽回颜面、保住职位，利顿试图推责给罗伯茨，结果后者愤而为自己辩护，声称在当时的情况下他已经最大限度地做到了"仁慈宽容"。[13]

尽管实施了戒严，也处决了一批人，英国对喀布尔的占领还是导致了悲剧和叛乱。在盘点清算希萨尔城堡的军火库时，英国人发现有大量火药、火箭和其他弹药被极为危险地放置在地面上。当军队试图消除这一隐患时，一场大规模的爆炸夺走了一名英军军官和多名廓尔喀人的生命，同时也摧毁了部分上希萨尔城堡。与此同时，在喀布尔和加兹尼的腹地，反对英国入侵的力量正在集结，但是罗伯茨只是轻蔑地认为这一威胁"不值一提"。[14] 抵抗力量主要分为 4 个派别，除去一个派别，所有人都支持雅库布·汗或是他的儿子沙赫扎达·穆萨回国。穆什克·阿拉姆在瓦尔达克对英国宣布了圣战，并与穆罕默德·贾恩将军结成了不稳定的同盟。古拉姆·海达尔·汗将军是来自查克的塔吉克人，正在洛加尔集结兵力；在达曼，米尔·巴查·汗·科希斯坦人和尼吉拉布的萨菲教团领袖米尔·奥斯曼·汗支持阿卜杜·拉赫曼·汗和撒马尔罕流放者的大业。

另有一些人是支持英军占领的，其中就包括了贾万希尔基齐勒巴什人。他们的指挥官已经告知卡瓦纳里，如果英军占领喀布尔，他们非常乐意杀死每一个落入手中的穆罕默德扎伊人。其他的英国支持者还有喀布尔和加兹尼的哈扎拉人，以及穆尔加布和巴德吉斯的查哈尔维拉亚特。甚至连梅马内瓦利迪拉瓦·汗都写信给罗伯茨表示向英国臣服。这些部落是被边缘化且剥夺了选举权的少数民族或宗教少数派，所以他们都希望罗伯茨能铲除杜兰尼人，将阿富汗置于英国的直接统治之下。

1879 年 12 月，甘达马克和喀布尔之间的电线被切断了，这是动荡的最初迹象。几天后，洛加尔人拒绝向军队提供任何补给。12 月 11 日是麦克纳顿和阿克巴达成协议的 48 周年，这一天穆罕默德·贾恩和穆什克·阿拉姆在查哈德赫（Chahardeh）袭击并打败了一支英军纵队。派去达曼山的第二支队伍，与萨菲人和米尔·巴查汗·科希斯坦人进行了一场激战，最终设法完整地回到了喀布尔。几天后，大约 6 万名圣战者从四面八方涌入了喀布尔，他们占领了首都南面、西面及北面的大部分地区。

罗伯茨现在面临着一个极其严峻的局面。他可以调遣的士兵只有 6000

人，而且没有足够的燃料和饲料挺过这个冬季。罗伯茨决定将所有的兵力集中在谢尔普尔防御工事后方，并且驱逐了数千名曾为军营修复营房和防御工事的哈扎拉人。很快那些哈扎拉人就在穆什克·阿拉姆率领的队伍追捕下遭到殴打或是杀害。甘达马克边防所的指挥官布莱特收到进军喀布尔的命令，但他拒绝了，因为他曾经被拉格曼省的阿斯马特拉汗袭击过，现在正在准备迎接第二波攻击。于是罗伯茨命令正在贾拉拉巴德驻军的高夫将军出兵，以减轻两个军团的压力。

尽管需要守卫超过 4 公里的残缺不堪的围墙，罗伯茨的军队还是坚持了10 天。阿富汗人没有立即攻打军营，而是洗劫了印度教徒和亚美尼亚商人的住宅和店铺，同时大肆破坏了穆拉德凯恩和钦达瓦尔的基齐勒巴什居民区。这让罗伯茨得以喘息。叛军将领们在应该宣布谁为埃米尔以及是否应该让穆什克·阿拉姆担任喀布尔长官上争论不休。当穆罕默德·贾恩开启谈判时，罗伯茨哄骗了他。罗伯茨其实并没有做出任何退让，不过是几天的缓兵之计而已。

穆什克·阿拉姆最终失去了耐心。1879 年 12 月 23 日，麦克纳顿遇刺纪念日当天，2 万名加奇兵对谢尔普尔的城墙发起了猛烈袭击。已经提前收到袭击预警的罗伯茨用上了霰弹，并让训练有素的士兵使用了步枪还击。在多次尝试猛攻城墙打开缺口失败后，穆什克·阿拉姆的士兵放弃了进攻，只在谢尔普尔的城墙下留下了数千具尸体和奄奄一息的士兵。罗伯茨赢得了这场战斗，但这只是一次险胜。高夫的援军在第二天抵达了喀布尔，叛军也纷纷离开。罗伯茨派出了一队骑兵进行追击，并命令他们不要手下留情。于是，任何携带武器或涉嫌参与叛乱的阿富汗人都被冷酷无情地射杀或砍死。

阿富汗人在谢尔普尔的失败，结束了对英国占领的徒劳抵抗。与第一次英阿战争的情况不一样，罗伯茨是果断无情的。他的部队装备精良，能通过电报和日光反射信导仪进行远距离实时通信。现代后膛装弹式步枪已经取代了旧式的前膛装填棕贝丝步枪，精准度更高，超过了阿富汗的吉赛尔步枪和毛瑟枪。在第二次英阿战争中，吉塞尔步枪和毛瑟枪仍然是阿富汗部落乃至军队的主要武器装备。罗伯茨还部署了加特林机枪，这是机枪的早期雏形。此外，库尔德喀布尔和太津的吉尔扎伊人在包围喀布尔过程中几乎没有发挥任何作用。皇家工兵部队在拉塔班德通道上开辟了一条新路，这条新路绕过了哈夫特山口和贾巴尔部族领地的峡谷和通道。

重新夺回对首都的控制权后，罗伯茨解除戒严，对叛军实行大赦，但是他悬赏骚乱首领的头颅。雅库布·汗的母亲也被囚禁了，指控理由是她鼓励资助了骚乱。瓦利穆罕默德·汗被任命为喀布尔长官，但是当他得知英国计划撤军后就选择了流亡印度。罗伯茨下令在首都内外修建一系列新的防御工事，并铲平谢尔普尔周边的所有建筑以提升射程。下希萨尔城堡的所有建筑也被铲除了，皇家工兵部队制订了详细的计划，拟修建新营房、一个阅兵场、一家军事医院以及一条连接西门和东门的新路。最终，这些新建筑无一完工，但是所有的店主、政府公务人员、奴隶们和其他的居民没有得到补偿就被赶走了。大部分的木材、石料和其他的建筑材料都被拿去修复谢尔·阿里完工一半的谢尔普尔城堡了。皇家工兵部队摧毁的建筑里就有莫卧儿和萨多扎伊王朝的宫殿遗迹以及阿富汗唯一的基督教教堂，后者一直由喀布尔人数不多的亚美尼亚社区居民在使用。后来一个亚美尼亚老妇人挖苦道，这座穆斯林王国为基督徒建造的教堂，却毁在基督徒手中，这是多么的讽刺。[15] 罗伯茨还派出了一支纵队去达曼惩罚米尔·巴查，他的家乡巴巴喀什加尔曾在 1840 年被赛尔烧为灰烬，现在再一次被夷为平地。

阿卜杜·拉赫曼·汗归来

在伦敦，阿富汗战争的政治后果促使迪斯雷利决定在 1880 年初举行大选。为了消除对战争愈加尖锐的批评之声，利顿解除了罗伯茨对内政事务的控制权，并任命旁遮普首席大臣雷贝尔·格里芬为喀布尔政务官，命令他"开始着手准备让我们摆脱那个捕鼠夹"。[16] 几周后，坎大哈野战部队负责人斯图尔特将军接替罗伯茨成为军队总司令。他收到了进军喀布尔的命令。斯图尔特成了当时在阿富汗的最高级别军官，因此罗伯茨对自己威望受损感到非常愤怒，怨恨之下，他写信给利顿，告知他自己打算在阿富汗战争一结束就辞职。

雷贝尔·格里芬面临一项复杂的任务：找到一个对英国的命令足够顺服，但也至少能得到阿富汗一些主要派系支持的统治者。罗伯茨在自己身边安排了穆罕默德扎伊人，这些人自然告诉格里芬只有他们家族的后裔才能被接受，这一主张得到了格里芬毫无异议的支持。[17] 然而，潜在的候选人有几十个，利顿很随意地把这个国家划分给了赫拉特的阿尤布·汗、坎大哈的萨达尔谢尔·阿里·汗，和一个独立的喀布尔埃米尔。后来在北方发生了一个翻天覆地的变化，改变了整个局面。

阿卜杜·拉赫曼·汗在撒马尔罕听到谢尔·阿里的死讯后，向沙俄帝国官员申请返回阿富汗继承王位，但是他的请求被拒绝了。不过在雅库布退位和英国占领喀布尔后，俄罗斯人改变了想法，他们允许阿卜杜·拉赫曼·汗回国主张继承王位。阿卜杜·拉赫曼·汗出发前往巴达赫尚省，因为当地米尔和他有姻亲关系，但他在途中去了撒马尔罕著名苏菲派大师赫瓦贾·阿赫拉尔的神庙朝圣，在那里他声称苏菲导师（shaikh）现身告诉他接过自己的旗帜，因为

巴达赫尚省的法扎巴德，阿卜杜·拉赫曼·汗首先占领的中心省份中的一个城市

这面旗帜能确保其取得胜利。虽然有这一神圣的偷窃行为的护佑，阿卜杜·拉赫曼·汗的战役依然开局不利。米尔试图阻止他穿过阿姆河，但是阿卜杜·拉赫曼·汗以智取胜，在更靠近下游的地方涉水通过。然后他没有向法扎巴德出发，而是冒着大雪穿过了一个高海拔山口进军鲁斯塔克。当他抵达时，当地驻军叛变。几周后，巴达赫尚省的米尔在一场仓促的战斗后逃往吉德拉尔。

当阿卜杜·拉赫曼·汗拿下巴达赫尚省时，萨达尔伊沙克和他的两个兄弟穆罕默德·萨瓦尔·汗及阿卜杜拉·库杜斯正越境进入查哈尔维拉亚特，他们希望那里的阿富汗驻军能够支持自己。然而忠于雅库布的巴尔赫总督古拉姆·海达尔将军发动了袭击，迫使他们逃到了达什特莱利。随后，萨瓦尔乔装前往希比尔甘，希望能够说服驻军指挥官加入自己。结果他被逮捕并送到了马扎里沙里夫，并在那里遭受了残忍折磨后被斩首。伊沙克和阿卜杜·库杜斯逃往梅马内，在那里遭到了拘留，但是最终在去赫拉特的路上设法逃脱了。至此，他们在查哈尔维拉亚特发动叛乱的企图彻底失败。

如果古拉姆·海达尔在判断上没有犯下严重错误，那么阿卜杜·拉赫曼对王位的竞争很可能早已在此刻结束了。阿卜杜·拉赫曼·汗向昆都士的苏丹穆拉德请求让自己的人安全通过他的领地前往喀布尔，但被拒绝了。古拉姆·海达尔的反应是先发制人，袭击并占领了昆都士，于是苏丹穆拉德逃往法扎巴德。此时，苏丹已把自己的命运和阿卜杜·拉赫曼·汗拴在了一起，因此他呼吁当地所有的乌兹别克人都起来反抗。塔赫塔普尔指挥官对萨瓦尔被残忍处决感到非常震惊，也宣布支持阿卜杜·拉赫曼·汗。随着越来越多的部队叛变，古拉姆·海达尔只好穿过阿姆河出逃，而他的兄弟则自杀身亡。到 1880 年诺鲁孜节，整个阿富汗突厥斯坦都落入了阿卜杜·拉赫曼·汗之手。

雷贝尔·格里芬一直都在密切关注着阿卜杜·拉赫曼·汗的进展，1880年 4 月初，他派出使者去刺探阿卜杜·拉赫曼·汗是否有成为埃米尔的可能。格里芬告知阿卜杜·拉赫曼·汗，如果他愿意接受他的先人和英国达成的协议，自己就会认真考虑他对王位的主张。阿卜杜·拉赫曼·汗的回复非常谨慎，因为他的支持者们都希望他对英国人宣布圣战。他告诉格里芬，自己只是来"帮助陷入巨大困惑和麻烦中的祖国"，但是现在通向谈判的大门已经打开。在随后的通信中，阿卜杜·拉赫曼·汗请英国澄清是否会要求在阿富汗派驻一名特使，并请求将坎大哈以及赫拉特（如有可能）纳入他的势力范围。

但是格里芬仍然在两面讨好。在和阿卜杜·拉赫曼·汗进行谈判的同时，他还召集了曾经参与谢尔普尔围城战的各派系领导人来喀布尔开会。这些领导人中大部分都支持雅库布或其子穆萨回国，所以当格里芬通知他们英国不会允许任何埃米尔家族成员成为埃米尔，以及总督正在考虑将阿富汗分成 3 个独立王国时，他们深感失望。这不是这些代表们想听到的话。当他们返回大本营时，古拉姆·海达尔的洛加尔军队在查哈尔阿西亚布附近袭击了一支英军，而当斯图尔特将军抵达加兹尼附近的艾哈迈德家族领地时，他的推进遭遇了大约12000 名到 15000 名效忠穆什克·阿拉姆的吉尔扎伊人的阻拦。在接下来的一场一边倒的战役中，1000 多名加奇兵被屠杀。死在战场上的人中至少有一名女战士。继艾哈迈德家族领地之战后，格里芬放弃了笼络穆什克·阿拉姆和埃米尔一派的尝试，并决定选择阿卜杜·拉赫曼·汗，他告诉利顿："我们发现阿卜杜·拉赫曼现在就是一只困在丛林里的公羊。"[18]

到 1880 年 5 月，英国有了很多紧迫的理由想要快速解决一切然后撤离。此前在 4 月末，格莱斯顿的自由党以压倒性胜利赢得了大选，利顿也递交了辞呈。接替他的里彭侯爵明确指示要放弃前进政策，并从阿富汗尽快撤出全部军队。由于格莱斯顿政府不再将同意英国在阿富汗派驻特使作为每个国王候选人必须接受的先决条件，阿卜杜·拉赫曼成为国王的最大绊脚石已被消除。唯一的分歧就是英国人想要继续控制坎大哈，并让萨达尔谢尔·阿里·汗担任总督，而阿卜杜·拉赫曼希望这个前杜兰尼王朝首都能成为阿富汗不可分割的一部分。

阿卜杜·拉赫曼·汗决定向喀布尔靠近以防英国撤军。1880 年 7 月，他抵达恰里卡尔，潘杰希尔河、科希斯坦和塔格布的宗教领袖和长老们纷纷赶来，并"亲吻他的马镫"。7 月 19 日，他收到了一封来自格里芬的信，告知他英国准备正式承认他为喀布尔埃米尔，同时邀请他前往首都参加就职典礼。这个决定的宣布让阿卜杜·拉赫曼很吃惊，所以他匆匆召开支尔格会议，请来了所有能够召集到的宗教和部落领袖，第二天他们向阿卜杜·拉赫曼宣誓表达了忠心。两天后，虽然阿卜杜·拉赫曼仍在恰里卡尔。格里芬还是公开宣布阿卜杜·拉赫曼为喀布尔埃米尔。

在埃米尔阿卜杜·拉赫曼统治的 20 年里，英国官员一直坚持认为是英国赋予了埃米尔合法性，因为主权应该属于完成征服的胜利者。但是另一边的阿卜杜·拉赫曼坚称他的合法性是基于 1880 年 7 月 20 日的选举，他认为这次选举是全国性议会的一种形式。但实际上，参加这场支尔格会议的部落和宗教领袖大多来自喀布尔地区，现场并没有杜兰尼的代表、穆什克·阿拉姆和他的吉尔扎伊人，或是其他反抗英军占领的雅库布的势力。最终格里芬的确获得了加兹尼周边一些吉尔扎伊部落宣誓效忠阿卜杜·拉赫曼的书面保证，但是阿卜杜·拉赫曼关于自己是由全国普选出来的说法没有任何事实依据。

迈万德和坎大哈

格里芬与阿卜杜·拉赫曼协商移交权力的决定，在一定程度上是对英国在阿富汗南部军事命运发生突然变化的恐慌反应。斯图尔特将军离开坎大哈没多久，宗教界就发出了一份法特瓦，谴责英国支持的总督萨达尔谢尔·阿里·汗是一个非法统治者。得到这份声明的阿尤布率领一支装备精良的庞大部队出发前往坎大哈。萨达尔谢尔·阿里·汗率兵出城迎击阿尤布，但他在穿过赫尔曼德河后发现赫拉特军队的数量远远超过了他的预期。萨达尔谢尔·阿里·汗呼吁坎大哈驻军指挥官伯罗斯准将帮助自己，于是伯罗斯带着 2400 名士兵启程了。但当他抵达吉里什克时，萨达尔谢尔·阿里·汗的人已经大多叛逃了。

由于不确定阿尤布军队的位置，再加上补给短缺，伯罗斯沿着坎大哈公路撤至库什克纳胡德。1880 年 7 月 26 日，他的侦察兵报告说有一小股敌军骑兵出现在迈万德。伯罗斯认为阿尤布还在赫尔曼德河的对岸，于是命令自己的士兵第二天一早向迈万德进发。炎炎夏日，在炽热的沙漠中行军的部队筋疲力尽，还因为缺水焦渴不已，所以队伍只能趁夜急行前进。抵达迈万德之时所有人都疲惫不堪、口渴难耐，还有很多人中了暑。

让伯罗斯感到沮丧的是，他发现自己径直挺进了阿尤布的主力部队中，后者在伯罗斯部队和唯一的水源地之间的高地上挖了战壕。伯罗斯后来又做出了一个严重的误判，他派出两个步兵团，采用静态防线策略前进。部队在毫无掩护的情况下暴露在外，遭遇到壕沟中的狙击手和火炮的交叉火力攻击。尽管损失惨重，步兵团仍在阵地坚守了 4 个多小时，直到伯罗斯命令骑兵向战壕发动猛攻以解救他们。当骑兵们无法取得突破时，他又下令前线部队撤退，结果撤退却变成了惊慌失措的逃亡。少数士兵坚守阵地，战至最后一刻，但是大多数都转身逃走，试图返回大约 80 公里（50 英里）外的坎大哈。没想到，逃兵们又受到了当地村民的夹道袭击，村民们用上了所有能得到的武器。最后，死在逃亡过程中的士兵比战死在迈万德的还要多：伯罗斯共计损失了超过 1200人，几乎是他的部队人数的一半。

迈万德之战一直是奠定阿富汗民族主义身份的奠基之战。有很多街道以此战役的名字命名，在喀布尔、赫拉特和坎大哈都可以找到此次胜利的纪念碑。在喀布尔的老城，战死在迈万德或是战后因伤去世的先人们的坟墓，至今依然被他们的家族尊为圣地。迈万德还是马拉莱传奇故事的起源，她也许是近代最出名的阿富汗女性，20 世纪的民族主义者称她为"阿富汗的圣女贞德"。据传，马拉莱是基格一个贫穷的牧羊人的女儿，还未成年，和其他几百名妇女一起在迈万德战役中给士兵们送水。在激战正酣时圣战者的队伍踌躇不前，据说正是马拉莱夺过阿富汗国旗，即兴朗诵普什图语有关失败的耻辱对句，让士兵们重新振作，反败为胜。一些版本则把战役当天说成是她的结婚日。

这个浪漫的故事极有可能是后来编造的，因为当代阿富汗历史并没有任何关于马拉莱或是她的英雄行为的记载。

我们知道有数百名妇女在迈万德向阿富汗军队运送了饮水，也的确有关于女性战士们奋战在艾哈迈德部族和查哈尔阿西亚布战役中的记载。根据大撤退的一位目击者所言，当地村妇还向逃离中的部队扔了石块和其他投掷物。基格在英国军事史上非常出名，因为它是第 66 步兵团最后坚守的阵地。虽然马拉莱的故事极有可能是个神话，但是她象征着阿富汗妇女在抵抗外国侵略中所起的作用。今天依然有很多阿富汗女性用着她的名字，因为马拉莱已经成了一个象征，代表着阿富汗妇女反抗一切形式的男性压迫，并争取参与社会生活的权利。

第二天雷贝尔·格里芬通过电报得知了迈万德发生的灾难，他立刻召集了一场紧急会议，与阿卜杜·拉赫曼碰面讨论立即移交权力以及解救正被阿尤布围困的坎大哈事宜。但是格里芬无权商讨协议，也没有权力承认阿卜杜·拉赫曼为喀布尔和坎大哈的埃米尔。于是，他向阿卜杜·拉赫曼提交了一份由印度外交大臣阿尔弗雷德·莱尔爵士起草的《职责备忘录》。这份文件被称为《莱尔协议》，是埃米尔阿卜杜·拉赫曼统治期间所有英阿关系的基础，备忘录中体现出的重要一点是英国做出的让步。英国官员在阿富汗常驻的先决条件被取消，英国还承诺在阿富汗遭遇外国无端侵略时向埃米尔提供军事援助，并每年支付给他一笔补助。这些条件和萨达尔谢尔·阿里·汗在安巴拉和西姆拉所提出的非常相似。如果英国政府当时答应了这些要求，就不会有后来的入侵阿富汗，英国和阿富汗就都能避免开战。

经过两天的讨论，阿卜杜·拉赫曼同意了这些条款，几天后他抵达喀布尔监督权力移交。谢尔普尔、希萨尔城堡和其他据点被疏散清空，30 门野战炮和部分萨达尔谢尔·阿里·汗的炮兵阵地被移交，同时交接的还有喀布尔国库的财宝和 100 万印度卢比礼金。罗伯茨后来又向贾巴尔族人和太津的吉尔扎伊人支付了数额相当的资金换取安全通行，于是部队几乎没有遇到对方愤怒的火力袭击就安全撤离了。埃米尔利用英国的资金来获取关键人士的忠诚，尤其是古拉姆·海达尔·汗·恰尔希。后来，此人被任命为总司令。格里芬还耐心地与穆什克·阿拉姆协商了数周，在阿卜杜·拉赫曼进入喀布尔后不久，穆什克·阿拉姆的两个儿子就前来表示他们父亲会对新任埃米尔的效忠。作为回报，穆什克·阿拉姆的长子成了宗教事务主管。

英国占领军现在面临的唯一问题就是解救坎大哈。罗伯茨接到了这项任务，并在阿卜杜·拉赫曼、古拉姆·海达尔和穆什克·阿拉姆的帮助下确保了洛加尔到加兹尼的通行安全。在此过程中，他只遇到了象征性的阻拦。由于情况非常危急，罗伯茨的队伍在 23 天里的前进里程是平时的两倍，即超过了 500 公里。在摩托化运输出现前的时代，这是个了不起的壮举。由法利少将指挥的第二旅从俾路支斯坦的锡比出发，但是在去坎大哈的路上几乎一直在战斗。不过罗伯茨的军队实力远远大过坎大哈。1880 年 9 月 1 日，阿尤布在老坎大哈附近的巴巴瓦利受到毁灭性打击，坎大哈被围困的局面解除了。正因如此，格莱斯顿政府能够将撤离阿富汗描绘成一次有序的权力移交，而不是一场失利或撤退。

解围坎大哈让罗伯茨成了英国最受敬仰的军事英雄之一。英国议会上下两院均向他表示感谢，维多利亚女王给他写了一封私人贺信，随后他又被授予准男爵爵位。罗伯茨放弃了辞去军中职务的计划，1885 年成为印军总司令。15 年后，他再次重现了坎大哈之战中的功绩：在南非的布尔之战中为马弗京（Mafeking）解围。至于阿尤布，迈万德之战对他来说是一场代价惨重的胜利，因为他不但没能获得王位，还迫使英国和他的侄子兼对手阿卜杜·拉赫曼仓促达成了一项协议。然而围困坎大哈的确导致了英国政府决定放弃控制这片区域的计划。1881 年 4 月，坎大哈被移交给了阿卜杜·拉赫曼任命的总督。

英国在逃离这个"捕鼠夹"的过程中没有重演其在第一次阿富汗战争中经历的羞辱，这可以说是幸运的。即便如此，这次的入侵也很难算是圆满成功。卡瓦纳里和其他 3 名英国官员以及他们的随行人员惨遭屠杀，而对谢尔普尔的包围也是一触即发。迈万德失利以及坎大哈被围都进一步挫败了英军的威望。这场介入敲响了前进政策支持者的丧钟，迪斯雷利为此付出了大选失败的代价，利顿丢了自己的总督职位，英国财政部则损失了 1700 万英镑，是其最初预算的 3 倍。最终罗伯茨将军成了英国的英雄，但是真正的赢家是阿卜杜·拉赫曼。在多斯特·穆罕默德死后，他为王位争夺打了 20 年的仗，现在终于获胜了。即便如此，英国官员还是声称第二次英阿战争的收获超过了损失。英国现在有了一位杜兰尼国王盟友，为印度抵抗沙俄入侵提供了战略纵深。阿富汗人看待英国侵略的角度非常不同，正如卡卡尔的恰当评价：“英国从此次入侵和第一次阿富汗战争中获得的是阿富汗人的永远敌视。”[19]

埃米尔阿卜杜·拉赫曼·汗及镇压异见者

英军撤离后，阿富汗的国内局势依然不稳定。英国人离开坎大哈几个月后，阿尤布再次拿下了这座城市。阿卜杜·拉赫曼在穆什克·阿拉姆的吉尔扎伊部族支持下出发对抗他的敌人，而时任突厥斯坦总督阿卜杜拉·库杜斯·汗则受命进军赫拉特。1881 年 9 月，阿尤布的部队在靠近老坎大哈的奇勒兹纳被彻底击败。在听说赫拉特已经落入了阿卜杜拉·库杜斯手中后，阿尤布逃往波斯境内。与此同时，阿卜杜·拉赫曼的军队正在通过洗劫坎大哈来庆祝自己的胜利。阿卜杜尔·拉敏·阿克洪和大毛拉瓦西去了基尔卡沙里夫神庙寻求庇护，他们是坎大哈资深宗教人士，也正是他们发出了谴责埃米尔与英国结盟的声明。阿卜杜·拉赫曼下令强行将他们带走，继而又在神庙的门口亲自举剑杀死了他们。

坎大哈与赫拉特的陷落，有了让阿富汗重新团结在一起的可能性。但是，埃米尔面临的挑战并没有结束。在接下来的 20 年里，阿卜杜·拉赫曼面临着 40 多次主要叛乱，涉及各个地区和各个民族。[20] 阿卜杜·拉赫曼的统治的确是一场几乎永无休止的冲突，并没有像他说的那样“在无序的民众中恢复新秩序”，[21] 而是他独裁式统治带来的必然结果，这是阿富汗人民在杜兰尼王朝时期从未经历过的。

在俄罗斯突厥斯坦流亡的 10 年间，阿卜杜·拉赫曼对沙皇，尤其是对彼得大帝的独裁统治颇为赞赏。沙俄帝国高度集权的行政管理和严苛的封建主义是部落封建主义的对立面。而后者过去是，现在也依然是阿富汗政治生态的标志。阿卜杜·拉赫曼的野心是将所有的权力集中到自己手中，按照沙皇的方式重塑阿富汗，这就意味着要摧毁和拆解所有与之有竞争性的权力架构。阿卜杜·拉赫曼不仅希望成为国家元首，还想要当整个阿富汗的身体、头脑和灵魂。[22] 一位作家恰如其分地指出，"政府所在地就是（埃米尔的）寝宫"。[23]

这种中央集权政策不可避免带来的后果之一就是反抗，没有一位权势人物愿意不作任何抗争地交出自己的政治自主权、社会地位及世袭特权。随着权力掮客接连垮台，埃米尔剥夺了他们的财富、土地或是宗教捐赠的支配权，这些正是他们权力的根基。很多人以各种新奇的方式遭到处决，敌对的穆罕默德扎伊人被流放，还有数千人被扔在疾病蔓延的牢中任其病重死亡。据估计，到阿卜杜·拉赫曼统治的末期多达 10 万人被处死。阿卜杜·拉赫曼的镇压得到了全面覆盖的情报搜集网络的支持。每家每户都被恐惧所支配，没人敢对埃米尔进行一丝批判，以免被自己的家人出卖入狱，落入埃米尔的酷刑官和刽子手手中。[24]

阿尤布战败后，埃米尔的第一轮镇压对象是穆罕默德扎伊人、萨达尔谢尔·阿里·汗的前政府官员以及阿尤布和雅库布的支持者。埃米尔的注意力尤其集中在坎大哈萨达尔的家族上，他们的后人被流放，其中包括古拉姆·穆罕默德·塔尔齐。埃米尔还逮捕或处决了一些在恰里卡尔对塔尔齐宣誓效忠的领导人，以及一些曾经协助英国入侵的普什图部落首领。在接下来的几十年间，埃米尔向莫赫曼德、辛瓦里以及楠格哈尔和库纳尔的其他部落发动了数次军事行动，处死或流放了他们的领导人，接替他们的人通常是没有级别和地位，但由于忠诚和蒙恩于埃米尔的人。他还推出了一个新税种，相当于所有收益和收入的三分之一，以此替代传统的伊斯兰宗教税（Zakat）和什一税（ushr）。

埃米尔的另一个目标是穆什克·阿拉姆和穆罕默德·贾恩·瓦尔达克将军，

他们在包围谢尔普尔中发挥了关键作用。埃米尔指责他们和贾巴尔家族领袖阿斯马特拉·汗及米尔韦斯·霍塔基的直系后裔米尔阿夫扎勒·汗·霍塔基秘密策划，要让阿尤布复辟。他们被逮捕后要么被毒死在监狱中，要么在夜里于希萨尔城堡城墙外的刑场被处决，该刑场旁边就是哈什马特汗湖。1885 年末，接替穆什克·阿拉姆成为苏菲派大师的长子阿卜杜勒·卡里姆发布了一条法特瓦，谴责阿卜杜·拉赫曼为异教徒，并号召支持阿尤布复辟。但是他的安达尔吉尔扎伊人很快就被彻底击败，大约 2000 人被杀死或处决的吉尔扎伊人的头颅被送到喀布尔，在那里被堆成头骨金字塔。阿卜杜勒·卡里姆和他的兄弟们则设法逃到印度，所以埃米尔只能把怒火发泄在穆什克·阿拉姆的尸体上，他把尸体掘出后烧成灰烬。至于安达尔吉尔扎伊人，他们失去了所有的土地和财富，陷入赤贫状态。

阿卜杜勒·卡里姆的叛乱，预示着吉尔扎伊的反抗斗争将更为严重。1886 年春，埃米尔的官员试图对坎大哈的托克希吉尔扎伊人和霍塔克吉尔扎伊人进行处罚并解除其武装。于是，托克希和霍塔克人在卡卡尔部落支持下奋起反抗。在赫拉特，吉尔扎伊军团发动了兵变，并邀请阿尤布控制城市。但当阿尤布穿过波斯边境时，他的小队人马被打败了，他独自一人逃回波斯。最终他放弃了夺回王位的任何希望，接受了英国的提议，流亡到了拉合尔，而吉尔扎伊叛乱最终也得以平定。

英阿关系及阿富汗的北部边界

从阿富汗撤军后，英国官员对埃米尔国内争斗的关注远不及他们对沙俄帝国对赫拉特造成的威胁以及阿富汗界限不清、防守薄弱的西北边境的关注。一个特别的问题是，梅马内总督迪拉瓦·汗拒绝承认阿卜杜·拉赫曼的宗主权。总督在 1882 年 5 月写信给英国官员请求保护，并威胁说如果英国不认可梅马内的独立地位，他就会"向其他势力求助"。当英国官员直接粗暴地回复说他们将梅马内视为阿富汗不可分割的一部分时，迪拉瓦接受了沙俄的资金和武器援助，从而将一个小纠纷酿成国际危机。[25]

沙俄军队在前一年已经占领了通往梅尔夫和赫拉特的门户阿克卡尔绿洲。所以当梅马内接受了沙俄帝国的资金和武器援助后，英国官员担心这是占领赫拉特的前兆。英国敦促埃米尔将梅马内重新置于中央权力之下，并在城里增加一支驻军。为了协助这次行动，总督给阿卜杜·拉赫曼提供了1000支冲锋枪。1882年春天，来自赫拉特及巴尔赫的两支军队进军梅马内，迪拉瓦则在自己的城堡上挂起了沙俄帝国旗帜。但是，梅马内再一次证明自身是个棘手的难题，巴尔赫总督穆罕默德·伊沙克无法迅速拿下这座城市，最终只得在迪拉瓦同意象征性地屈服于埃米尔后达成休战协议。

第二年（1883年）夏天，伊沙克再次试图征服梅马内，只是这一次他有了迪拉瓦的叔叔、王位竞争对手米尔·侯赛因·汗的协助。1884年3月，梅马内再一次被围困，但是迪拉瓦请求沙俄帝国军事支援的要求被无视了。几周前沙俄军队占领并吞并了梅尔夫，尽管圣彼得堡之前向英国保证无意夺取梅尔夫。随之而来的公愤导致国会议员和英国媒体呼吁对沙俄宣战。最终双方避免了冲突，但是沙俄也不打算在入侵梅尔夫之后进一步逼迫英国，所以迪拉瓦只能独自面对埃米尔的愤怒。梅马内沦陷后遭到了洗劫，大量居民惨遭屠杀。至于迪拉瓦，他被戴上镣铐送至喀布尔。后来伊沙克任命侯赛因·汗为新任瓦利，不过所有的实权都掌握在阿富汗军事总督手中，而且他的身后有一支政府大军的支持。

对于英国而言，梅马内沦陷的时机太及时了，因为英国官员和沙俄帝国官员正准备就阿富汗西北边境问题达成协议。梅马内陷落后的一个月，他们就签署了一份协议，在接下来的两年里，沙俄帝国、英国和阿富汗专员对赫拉特到阿姆河间的地区进行了调查，绘制出得到国际认可的边境线。与此同时，英国和印度测绘员对阿富汗西部和西北部进行了当时最为全面的勘察。由于边境线的划分非常模糊，沙俄帝国和阿富汗都试图主张尽可能多的领土。1885年初，沙俄帝国占领了北面通往赫拉特的门户祖尔—菲卡尔山口，而当埃米尔向该地派出增援力量时，在阿富汗和沙俄指挥官之间发生了不符合外交的互相辱骂。作为回应，英国告知圣彼得堡，如果沙俄帝国试图从马鲁恰克顺流而下占领赫拉特或是彭迪绿洲，英国就会开战。尽管受到这样的威胁，1885 年 3 月 30 日，还是有一支沙俄军队越过了阿富汗边境哨所普尔赫什蒂，以沙皇的名义主张拥有彭迪绿洲。

彭迪绿洲危机再一次将英国和沙俄帝国推到了战争边缘，但是伦敦最终做出了让步，因为它没有准备好为了一个不重要的中亚绿洲发动一场欧洲战争。于是，英国明确表示沙俄帝国在阿富汗领土上采取的任何威胁到赫拉特的进一步入侵行动都将被视为宣战。

讽刺的是，正在对英属印度进行国事访问的阿卜杜·拉赫曼对彭迪绿洲的命运毫无兴趣，反而更加关心沙俄帝国是否会吞并巴尔赫及马扎里沙里夫的肥沃平原。埃米尔甚至推迟了向英国边界专员授权进入赫拉特的许可，以准备防御可能受到的袭击，这让英属印度政府非常沮丧。直到沙俄帝国占领彭迪绿洲大约 8 个月后，他们才获准进城。为了让城市更具防御性，埃米尔下令夷平城内的数座重要的帖木儿建筑，其中包括高哈尔·沙德女王修建的庞大的穆萨拉（musalla）[①]建筑群，它是由一座巨大的星期五清真寺、一个宗教学校以及皇家陵墓组成。

阿富汗边界委员会的一个调查结果引起了极大的警觉，他们从穆尔加布到梅马内得到的对阿富汗统治的反馈是极其不满的。的确，很多当地民众公然告诉委员们他们宁愿被沙皇人统治，也不愿在穆罕默德扎伊人治下生活。这种不满情绪引发了人们对边境防御能力的严重担忧，毕竟这条边境线是随意划分的，和传统的放牧及灌溉权关系不大。

阿富汗化及北部省份的殖民化

为了解决这个问题，边界委员会委员耶特上校提议将当地的土著居民——

---

① 穆斯林聚会或做礼拜的地方。——译者注

艾马克人、土库曼人和乌兹别克人驱逐出边境，由南部的普什图殖民者取而代之。耶特将自己的政策称为"阿富汗化"，埃米尔被这个主意所吸引，因为彼得大帝也实施了类似的策略。与此同时，阿富汗化的策略也能达到一举多得的效果。迁往该地的大部分部落成员是杜兰尼人，由于与统治王朝的族裔和部落联系，他们自然对阿富汗有更多的忠诚。而这种联系可以通过分配给他们从原住民那夺来的自由地、房屋和放牧权得以巩固。此外，边境地区大量普什图人的存在意味着在紧急情况下有大量兵源。阿富汗化也是将反叛的吉尔扎伊人和喀布尔城内的穷人迁离权力中心的理想方式，毕竟他们是另一个麻烦的源头。最后，这项政策符合阿卜杜·拉赫曼的观点：普什图人，尤其是杜兰尼人，具有种族优越性。

阿富汗化的第一阶段聚焦于强制迁移穆尔加布和巴德吉斯的几个艾马克部落，最终重新安置的范围扩大到从梅马内到卡塔干的所有地区，向南一直延伸至普里库姆里和哈里河。在 3 年时间里，大约有 10 万到 20 万普什图人自愿或被迫从赫尔曼德、坎大哈、加兹尼、楠格哈尔和喀布尔迁去北部各省，结果就是维拉亚特的普什图人口占比从 1884 年的 4% 增长到了 1888 年末的 30% 以上。大概也有相等数量（就算没有更多）的乌兹别克人、土库曼人和艾马克人被从自己的家园和土地上赶走，没有获得任何补偿。他们像垃圾一样被倒在了一些边缘土地上，主要包括巴德吉斯、古尔和班迪突厥斯坦山麓、赫拉特腹地以及巴尔赫、普里库姆里（Pul-i Khumri）和卡塔干周边的暴雨砾石平原。其他部落也一起离开了这个国家：一些逃往俄罗斯帝国，其他的去了波斯呼罗珊或英属印度。

新普什图殖民者，发现他们在新家园的生活远非易事。阿富汗北部的气候和环境与他们习惯的非常不同，尤其是对那些从更加温暖的南部平原或亚热带的楠格哈尔迁来的部落而言更是如此。第一批移居者在北部冬季严寒伊始抵达，缺少饲料、粮食和食物供应，基本商品的价格很快就急剧攀升。冬天来临时，牧民的家畜由于无法入围冰冻的土地，只能在缺少牧草的情况下饿死、冻死或是死于新型动物疾病以及其他动物猎食或是食用不熟悉的有毒植物。很多殖民者也因为流感、肺炎和冻伤死亡。当夏季到来时，疟疾和白蛉热开始发威，而蝗虫则吃光了春草和正在发芽的谷物。尽管政府为牧民们提供了大量耕地以及放牧权，但是这些部落没有农业耕作的传统，认为从事农业和园艺有失身份。一些部落首领甚至怀疑阿富汗化是埃米尔的阴谋，目的是削弱他们的领导力并迫使他们的部落接受静态的生活方式。在勉强度过第一个冬天后，第二年秋天他们又迁居到穆尔加布的一个普什图居住地。

新殖民者塔朱汗·伊沙扎伊命令自己的部落集体返回在普什图河的传统冬季驻地。

新殖民者一到当地就和原住民关系紧张。当地群众憎恶移民者，认为他们是外国人，他们之间经常就土地所有权、用水和放牧权发生武装冲突。牧主允许牲畜自由漫步的传统尤为受到厌恶，因为这些动物会啃食新种的农作物、果树和藤本植物，还会破坏灌溉渠道。面对当地居民的抱怨，当地官员通常是站在殖民者一边。更为雪上加霜的是，政府还征用当地民众为殖民者修建房屋和仓库。梅马内和穆尔加布地区原有的数千名部落成员——乌兹别克人、土库曼人和艾马克人——纷纷逃入沙俄帝国境内，在那里开展抵抗运动，并开始袭击政府哨所和偷窃殖民者的牲畜。

英国对阿富汗化带来的社会影响漠不关心，很多人认为普什图部落在脆弱的穆尔加布和梅马内边境安置下来是件好事。对英国而言，1887 年夏天签署的边境协议才是重要的。现任首相索尔兹伯里勋爵私下承认，他并不认为边境公约能够经得起时间的考验，当负责彭迪绿洲的沙俄军官塔诺夫斯基中尉在1892 年以沙皇的名义迅速占领瑙堡时，勋爵的看法似乎被证实了。但是，在沙俄外交部斥责塔诺夫斯基是个"疯子"并将他召回圣彼得堡后，和英国的战争得以避免，塔诺夫斯基回去后"彻底崩溃"、名誉扫地。即便如此，阿富汗的北部和西北部边境也证明要比其与英属印度的边境安全得多，而且更少面临争端。

但是在这样一个饱受动乱、战争和经济衰退之苦的地区，边界划分引发了巨大的社会动荡。彭迪绿洲最终被划入了沙俄帝国一侧，作为回报，沙俄帝国在更北侧的地方做出了领土让步。但是这条人为划分的边界切断了惯常的饮水权和放牧权，还分割了当地人口。边境协议最终签署后，阿卜杜·拉赫曼关闭了交通运输边境。对和梅尔夫、希瓦和布哈拉具有通商传统的梅马内、安德胡伊和穆尔加布而言，这个决定是场经济灾难。而现在这些地方沦为了落后地区，经济急剧衰退。

一群来自巴德吉斯偏远地区兰格尔的伊沙扎伊普什图人。这些杜兰尼部落成员被重新安置在这里，这是埃米尔阿卜杜·拉赫曼·汗在 1885 年的潘吉德危机后进行的阿富汗化运动的一部分。

萨达尔穆罕默德·伊沙克·汗的反抗

埃米尔的政策疏远了突厥斯坦萨达尔穆罕默德·伊沙克·汗，因为他不得不处理阿富汗化运动和新边境引起的诸多社会动乱，以及不断下滑的经济和土著居民的激烈反抗。事实证明，伊沙克的确是个得人心的将军。他的执法方式温和，敢于违抗他认为不公正、不合理的埃米尔的命令。他加入了纳格什班迪耶教团，该教团是迄今为止该地最大的教团。同时，伊沙克参拜沙依·马尔丹神庙，态度虔诚。这些进一步提高了他的声望。

伊沙克和埃米尔之间第一次出现紧张局势，是在吉尔扎伊叛乱期间，当时他拒绝派出更多的乌兹别克雇佣兵参战，也不愿为战役提供更多的财政资金。当埃米尔将一群政治异见者驱逐到吉尔扎伊时，伊沙克释放了他们，声称没有证据证明他们有罪。到 1888 年初，阿卜杜·拉赫曼已经受够了伊沙克的所作所为，命令所有北方省份的驻军指挥官前来喀布尔。指挥官们深知这个命令可能会导致自己被革职、监禁甚至处决。伊沙克找了一些借口推迟执行埃米尔的命令。1888 年 6 月，伊沙克在沙甸高地度假区召集了一个秘密会议，参加的有军事指挥官和当地领袖，会议决定他们将不再忍受埃米尔的独裁统治，并对着《古兰经》起誓要支持伊沙克争夺王位。唯一反对的声音来自梅马内总督侯赛因·汗，他将自己的地位归功于阿卜杜·拉赫曼的支持，他也为自己的拒绝付出了生命的代价。米尔·侯赛因·汗参加了 1888 年 8 月的沙甸会议，但是他拒绝向萨达尔伊沙克宣誓效忠，一部分原因是梅马内在当时处于赫拉特总督而不是巴尔赫总督的领导之下。此外，伊沙克在担任阿富汗突厥斯坦的副总督期间，一直都致力于扳倒米尔·侯赛因。当侯赛因拒绝支持叛乱时，伊沙克将他投进大牢，后来又将他交给了米尔·侯赛因的侄子、米尔·胡库马特汗的儿子穆扎法尔·汗。1862 年，在一场继承权争夺中，米尔·侯赛因杀死了他的同父异母兄弟胡库马特，穆扎法尔则亲手杀了自己的叔叔，为父亲的死复仇。

在沙甸会议的 6 周后，伊沙克和他的支持者秘密召集了自己的军队，还设法对埃米尔隐瞒了这一阴谋。他们得益于当时长期折磨阿卜杜·拉赫曼的慢性病复发，这导致了他有一段时间失去了意识，有时还无法开口说话。[26]8 月初，消息传到马扎里沙里夫，埃米尔已经奄奄一息甚至可能已经死亡。伊沙克认为时机已经成熟，可以提出自己的王位主张了。在 1888 年 10 月 10 日的礼拜五祈祷中，伊沙克的名字在呼图白中被吟诵，穆塔瓦里和沙依·马尔丹神庙的长老（shaikhs）还发出了一道法特瓦，谴责埃米尔和他的政府是异教徒政

埃米尔阿卜杜·拉赫曼·汗（1880）。晚年的他变得病态性肥胖，还染上了慢性病，所以他有时会失去知觉，无法执政。

权。于是宗教领袖们被派往该省各地号召民众加入圣战。几日之内，卡塔干和赛罕就陷落了，政府军也退回了印度。尽管梅马内支持反抗的民众占压倒性的多数，但是梅马内的侯赛因·汗的继承人穆罕默德·沙里夫·汗在赫拉特驻军的支持下一直坚守，拒绝参与叛乱。

这场叛乱让埃米尔感到非常吃惊。尽管重病在身，他还是迅速行动阻止叛乱之势扩大。伊沙克在喀布尔的家人遭到囚禁，其中包括他年长的亚美尼亚母亲。埃米尔获得了支持自己的法特瓦，宣布对伊沙克发动圣战。在镇压吉尔扎伊叛乱中起了关键作用的古拉姆·海达尔将军被派往巴米扬招募一支军队，而赫拉特的阿卜杜拉·库杜斯则向梅马内派出了一支援军。在伊沙克被宣布为埃米尔后不到两周，古拉姆·海达尔拿下了叛军在卡赫马尔德的哨所，并将驻军指挥官、伊沙克的岳父纳吉姆丁戴上镣铐送往喀布尔，在那里他被全身浇满沸腾的热油惨遭处死。卡赫马尔德沦陷后，谢赫·阿里·哈扎拉人投降了，祈求埃米尔允许他们移居到波斯。但是他们得到的答复是选择在坎大哈或赫拉特附近重新安置，或是流放到印度。最终他们选择定居奎达，而不是继续留在这个阿卜杜·拉赫曼统治的国家。

埃米尔用迅速的军事反应将主动权从伊沙克手中夺了过来。后者接下来决定任由古拉姆·海达尔·汗挺进，从而犯下又一个战术错误。听闻赫拉特军队已经在向萨利普尔推进，伊沙克决定集中兵力对付塔什库尔干，这样如果赫拉特纵队征服了查哈尔省，他就能在防御马扎里沙里夫时占据优势位置。这让古拉姆·海达尔汗得以毫无抵抗地进军多西，而当他向库卢姆推进时，伊沙克别无选择只能坚持战斗。

1888 年 9 月 27 日，两支军队最终在塔什库尔干峡谷南面的吉扎尼加克相遇。一开始，战斗在伊沙克的掌控之中。当时骑兵的一次冲锋迫使海达尔军队的一翼四散逃离，但是海达尔发起了有力反击，最终叛军屈服了。伊沙克认为自己的士兵已经全面撤退便撤离了战场，于是剩下的士兵也转身逃跑了。10 月 3 日，古拉姆·海达尔未遭抵抗便进入了马扎里沙里夫。伊沙克带着那些尚有行动能力的支持者们穿过阿姆河，余生都在撒马尔罕流亡。后来阿卜杜·拉赫曼在沙依·马尔丹神庙的入口处设立了一块牌匾以纪念自己的胜利。

突厥斯坦暴行

尽管疾病缠身，阿卜杜·拉赫曼还是决定前往马扎里沙里夫监督叛乱分子受惩以及恢复该地的安宁。在接下来的 18 个月里，埃米尔主导了被英国官员称为"突厥斯坦暴行"的行动。[27] 埃米尔的怒火不仅落到了涉嫌参与叛乱的人身上，还波及了可能对他的权力造成威胁的个人和团体。大清洗波及了整个社会，包括宗教精英、前乌兹别克埃米尔的家人们、军官团体以及敌对的穆罕默德扎伊人。数千人被用"极不人道和残酷的方式"处决，还有更多的人在遭受了酷刑折磨后终身残疾，如失明或跛脚。[28] 妇女也同样遭到了折磨，有一些被强迫嫁给穆罕默德扎伊人，还有一些在喀布尔沦为阶下囚，在监狱里遭到了狱卒和政府官员的蓄意强奸。甚至连对埃米尔保持忠诚的人也无法保证安全，很多都因涉嫌支持伊沙克而被监禁或处决。

该省的所有免税土地都被收归国有，包括马扎里沙里夫的沙依·马尔丹神庙所有的土地和财产。有数百名毛拉、皮尔和其他的宗教领袖被囚禁或是处决，120名沙依·马尔丹神庙的世袭守卫被带到喀布尔公开腰斩。商人和本地地主的财产被没收，很多人被拷问藏匿财富的地点。当地主要的出口商品被收归国有，商人们被命令不得与沙俄帝国进行贸易往来，货物将送到英属印度，违者处以死刑。这对当地经济又是一个打击，因为当地著名的出口果品，尤其是葡萄和瓜果，都太容易腐烂，无法长距离运输。然而一切也并非都如阿卜杜·拉赫曼所愿。在检阅部队时，一名士兵在近距离朝埃米尔开了枪，但是子弹没有打中他的头部，一个站在旁边的小军官受了伤，这名未遂的刺客立刻就被军团的一名军官击倒。阿卜杜·拉赫曼将自己的侥幸归功于右臂上佩戴的护身符。

陪同埃米尔前往马扎里沙里夫的英国驻喀布尔通讯记者定期向印度报送局势信息，但是官员们都认为他夸大其词。当他的汇报继续如潮水般涌来时，白沙瓦政治代表沃伯顿上校和正在突厥斯坦进行一项矿产资源勘察的地理学家卡尔·格里斯巴赫被要求前去调查。两人都证实了通讯记者的汇报，而格里斯巴赫还见证并记录了当地男女遭受的令人毛骨悚然的酷刑。

格里斯巴赫口中的"突厥斯坦暴行"让英国官员陷入了困境。到1888年时，总是不尽如人意的英阿关系已经备受关注，一些高级官员正在考虑兼并阿富汗南部或是彻底肢解这个国家。这一想法的主要支持者之一是已经成为勋爵的罗伯茨将军。在1885年的一份备忘录中，他辩称利用一个统一的阿富汗作为抵抗沙俄帝国入侵英属印度的堡垒政策是"充满幻想"的。他断言，英国"活在愚人的天堂"里，而且这个天堂是昂贵的，因为阿富汗是靠着英国的资金和军事援助才得以维系的。他认为，英国支持阿卜杜·拉赫曼的时间越长，想要在不损失"尊严和声誉"的情况下抽身就越难。他继续说道，阿卜杜·拉赫曼"在这个自相纷争的王国里只是凭借恐惧"在统治，至于埃米尔的执政风格，那"充其量是恐怖统治"。[29]

关于"突厥斯坦暴行"的报道，最终出现在印度和英国媒体上，引发了公众的强烈抗议，甚至连维多利亚女王也写信给索尔兹伯里表达自己对埃米尔行径的极度反感。在国会中，自由反对党要求索尔兹伯里公开与暴行相关的信件，但是索尔兹伯里拒绝了，理由是这"不符合公共利益"。实际上，这只是不符合他个人的利益，因为如果沃伯顿和格里斯巴赫的报告被公之于众，索尔兹伯里毫无疑问会被迫辞职，英国的阿富汗政策以及对阿卜杜·拉赫曼·汗的支持也会随之瓦解。

这种局势还造成了一场外交危机。沙俄外交部就埃米尔公开声称是沙俄帝国鼓励和支持伊沙克的叛乱一事向英国抱怨。沙俄还对埃米尔关闭俄阿边境导致的贸易损失以及难民危机感到不满，因为成千上万的难民穿过边境涌入了沙俄帝国境内以逃避迫害和地区性经济危机。当英国方面对沙俄帝国的这些抱怨没有采取任何行动时，沙俄外交部失去了耐心。他们通知英国方面，如果不采取行动遏制埃米尔的"过分行为"，俄方将通过军事干预来保护民众。

英国大力扶持埃米尔阿卜杜·拉赫曼，但它并不打算入侵阿富汗、废黜埃米尔，更不准备冒险发动另一场内战。截至 1888 年，英国政府已为埃米尔提供了每年超过 180 万印度卢比，还额外赠予了 1140 万印度卢比资金、25000杆后膛装弹步枪、70 门火炮和数百万发子弹。埃米尔利用这些武器和资金粉碎国内叛乱，维系军队和效忠者的欢心。讽刺的是，萨达尔谢尔·阿里·汗曾经一次又一次祈求英国给自己提供补贴和军事援助，数量要少得多，结果却被拒绝了。如果英国答应了萨达尔谢尔·阿里·汗的请求，给予他和阿卜杜·拉赫曼同样的支持，那也就没有必要入侵阿富汗了，而这个国家的君主的统治风格就会温和得多，阿富汗人民和英国也都更加能接受。

英国和埃米尔阿卜杜·拉赫曼·汗的关系

"突厥斯坦暴行"是英国利益遭到自己的亚洲关键盟友背叛的另一个例子，只不过这次是公开的。尽管英国大肆宣传埃米尔是印度的保护神，但是英国官员私下对和阿卜杜·拉赫曼的关系以及他的反复无常，感到越来越沮丧。问题的核心就是缺乏互惠。英国认为，既然自己为笛子吹奏者支付了费用，就有权决定曲调，然而埃米尔一次又一次吹出错误的旋律，甚至是完全拒绝演奏。埃米尔甚至还鲁莽到指责英国吝啬，当总督兰斯敦勋爵让他告知军队人数和部署以便评估可能增加的军事援助时，埃米尔愤怒地拒绝提供信息。在发行量巨大的英文版自传中，埃米尔多次批评英国的政策以及包括利顿和兰斯敦在内的历任总督。[30]

阿卜杜·拉赫曼还违反了《莱尔协议》，直接与波斯、土耳其、沙俄帝国和德国往来。尽管他明知英国有意打理阿富汗的外交关系。当英国开始努力将印度铁路延伸至查曼时，阿卜杜·拉赫曼宣称这就像是在他身体的重要器官上插了致命一刀。他甚至还出版了一系列小册子，呼吁阿富汗人民准备好对英国和沙俄帝国的圣战，指责这两国秘密谋划分裂阿富汗。

兰斯敦写信敦促埃米尔节制发表关于沙俄帝国的"挑衅言论"，并警告他这可能会引发"冲突"。与此同时他还提及了"突厥斯坦暴行"一事，只不过语气似乎带有些许歉疚。如果相关报道属实，那么兰斯敦是这么写的：这些惩罚是"与文明格格不入的"，但总督同时也承认对叛军采取的"一些手段也许是必要的"，而且"积极有力的行动"是"极为必要的"。[31]发出这封信后不久，他就收到了格里斯巴赫和沃伯顿的报告，于是兰斯敦又给埃米尔写了第二封信，措辞更加严厉地指出"突厥斯坦暴行"是"同文明国家理念不符的"，并且"可能会制造负面印象"。总督还提及许多其他的让已缓和的英阿关系再度紧张的事件，并暗示如果埃米尔不改变行事风格，英国就会重新考虑是否提供无条件的支持。埃米尔读了总督的信后勃然大怒，在非常不符合外交礼仪的回复中，指责兰斯敦用"专横傲慢的方式"和自己对话并干预阿富汗的内政事务。阿卜杜·拉赫曼接着又竭力为自己的行为辩护，没有展示出一丝一毫的悔恨，声称自己像彼得大帝一样"让无序的民众回到了新秩序中"。[32] 类似的两难局面再次出现。

埃米尔的回复让人极度不满，但是兰斯敦并没有进一步追究此事，并安慰自己，埃米尔这样的回复是"语气温和的"，而且暴行也在减少。事实上，事情一如既往地糟糕几年后，类似的两难局面再次出来。埃米尔对哈扎拉人的镇压导致了更多的大规模处决、驱逐出境和革职。英国高级官员私下里承认，"出于政治原因，面对这样一个血腥无情的统治者"，越来越难"证明我们支持阿富汗国王的行动是合理的"，但是最后总结道，唯一的选择只能是"不要自找麻烦"。[33] 两国的关系会继续"漂浮不定"，因为英国抱有埃米尔很快过世，他的继承人将会是更合适的盟友的希望。由于担心政治动荡和内战爆发会给沙俄帝国提供介入的借口，英国认为自己除了支持阿卜杜·拉赫曼之外别无选择，于是后者便没了约束。埃米尔识破了英国的虚张声势，并成了赢家。

尽管实施了血腥镇压，埃米尔没能阻止更多的叛乱发生。1890 年，穆尔加布的菲罗茨科希艾马克人发动叛乱，接着在 1892 年春天，梅马内又发生了另一场叛乱。两场起义都遭到了残酷镇压，梅马内最后的乌兹别克瓦利穆罕默德·沙里夫·汗越过边境出逃，并请求沙俄当局允许数千名梅马内人移民。他的请求遭到拒绝，但是穆罕默德·沙里夫继续在梅马内边境与阿富汗当局进行游击战，直到最后他被大赦的承诺引诱到赫拉特，结果却被投入监狱。

哈扎拉战争

1891 年，西哈扎拉贾特的哈扎拉人叛乱，引发了一场更加严重的骚乱。[34] 从多斯特·穆罕默德时期开始，该地对穆罕默德扎伊人统治的不满情绪就在发酵。由于土地被征收，很多哈扎拉人被迫前往喀布尔和其他城市做粗活，成为当地受到鄙视的底层劳工。城市上层阶级对哈扎拉人的态度用埃米尔本人举的例子来说，就是对待驴子的态度。1879—1880 年，英国占领喀布尔期间，哈扎拉人受的偏见越来越深，因为他们欢迎入侵者的到来，还努力争取谢尔普尔的复兴。

哈扎拉叛乱的导火索是苏丹穆罕默德·汗·泰拉的后人阿卜杜拉·库杜斯·汗将军被任命为巴米扬长官。根据一些机密资料显示，阿卜杜拉·库杜斯在"宗教事务上有些许的狂热……在政治上是最铁杆的托利党人，对阿富汗人而言是国家的信徒"。[35] 任命这样一个强硬的逊尼派普什图人至上主义者统治该地，可能是最糟糕的选择了，因为当地人口主要是什叶派和伊斯玛仪派的突厥—蒙古人。阿卜杜拉·库杜斯和在巴米扬的穆罕默德扎伊军官们对待哈扎拉人非常恶劣，囚禁或处决了他们的领袖、解除了民众的武装、侮辱哈扎拉女性并强制遵守逊尼派仪轨。1891 年春天，乌鲁兹甘省的哈扎拉人终于忍无可忍并奋起反抗。3 个装备有现代英式武器的旅被派往该地，迅速镇压了起义。然而乌鲁兹甘省叛乱只是一场持续 3 年多的战争的开始。第二年，德赫赞吉的穆罕默德·米尔·阿齐姆·贝格和佛拉迪（Fouladi）伊斯兰教法官穆罕默德·阿斯卡拉在古尔班德领导了另一场反抗。这两人都曾在1879 年向阿卜杜·拉赫曼宣誓效忠，作为回报，埃米尔授予阿齐姆·贝格"萨达尔"的头衔。

叛乱分子封锁了喀布尔至巴米扬的道路，扰乱了与马扎里沙里夫及赫拉特的贸易往来和通信，最终迫使阿卜杜拉·库杜斯放弃了巴米扬。叛乱很快就蔓延到了城里的哈扎拉人、哈扎拉军团以及喀布尔的基齐勒巴什社区中。阿卜杜·拉赫曼做出冷嘲热讽的回应：利用派系斗争和种族歧视。他设法发出了一道法特瓦，谴责所有的什叶派和伊斯玛仪派为异教徒，并号召长期以来与哈扎拉人在迁徙线路和放牧权上有分歧的吉尔扎伊牧民部落发起圣战。作为激励，埃米尔允诺他们一旦成功就能在当地获得更多的牧场，并让他们掠夺哈扎拉人的牲畜和财产。他还怂恿阿齐姆·贝格的敌人穆罕默德·侯赛因·哈扎拉加入圣战，提出要任命他为哈扎拉各部落的首领。

这道法特瓦导致了对什叶派和伊斯玛仪派的全国性迫害。基齐勒巴什公务员被解职、财产遭到洗劫，逊尼派伊玛目被指派管理什叶派清真寺和神庙。一些城市里的哈扎拉人和基齐勒巴什人逃到哈扎拉贾特加入了叛军，而许多赫拉特的大型什叶派社区民众设法去了波斯，使得这场冲突有了成为国际性问题的可能。1893 年 4 月，位于马什哈德的伊玛目雷扎神庙的什叶派宗教学者（mujtahids）发出了自己的法特瓦，宣布保护什叶派民众，与阿富汗交战是合法的，波斯国王也威胁要实施入侵。最终这个威胁并未成真，因为波斯国王并不希望为了阿富汗冒险与英国再次对抗。波斯国王给英国驻印度总督写了一封措辞激烈的信，声称英国是"埃米尔的朋友，却不是阿富汗人民的朋友"，同时要求废黜阿卜杜·拉赫曼·汗。[36] 英国暂时停止了向埃米尔运输武器，但是由于埃米尔已经全副武装，这一行动对阻止迫害什叶派民众几乎不起作用，也对哈扎拉战争的结果没有丝毫影响。

到 1892 年 8 月，尽管进行过近乎自杀式的抵抗，哈扎拉叛乱终究还是被粉碎了，阿齐姆·贝格也被逮捕并处决。1893 年初，穆罕默德·侯赛因·哈扎拉受够了埃米尔屠杀自己人民的手段，便发起了第三次反抗，但同样被残酷镇压了。每一次反抗之后，都会迎来埃米尔实行的更加可怕的恐怖统治。许多哈扎拉人认为，这就是种族灭绝。据统计，大约有超过 50% 的哈扎拉男性人口直接或间接死于战争，成千上万妇女被强迫嫁给普什图人，这是在蓄意破坏哈扎拉社会及宗教结构。乌鲁兹甘省南部、扎瓦尔、加兹尼以及梅丹沙阿的哈扎拉民众遭到驱赶，他们的土地被分配给了穆罕默德扎伊人、吉尔扎伊牧场主及政府支持者。尽管很多人被流放到了奎达，当地的主要人口依然是哈扎拉人。哈扎拉贾特所有省、地区和村庄的领导人都由埃米尔任命，只对他负责。更为屈辱的是，什叶派和伊斯玛仪民众被要求缴纳宗教人头税，在伊斯兰教法中这是向非穆斯林征收的。公开庆祝穆哈兰节以及纪念阿里·阿比·塔利布之子侯赛因之死的阿舒拉节都被禁了，直到杜兰尼家族统治在 1978 年覆灭后禁令才得以解除。

哈扎拉人聚集在喀布尔贾马尔米纳区的萨基贾恩神庙庆祝诺鲁孜节。1976 年 3 月。这座神庙建于"神圣斗篷"从布哈拉转移到坎大哈时封存过的旧址上。

《杜兰德协议》及杜兰德边界线

对哈扎拉人的镇压，引发了越来越多呼吁英国废黜埃米尔的声音，但是政府官员仍然不准备冒险引发动荡或是发动另一场战争。随即，又一次更广泛的地缘政治危机到来了，这就是英国和沙俄帝国正在协商的阿富汗北部边界问题。1893 年，哈扎拉战争仍在肆虐，印度外交大臣莫蒂默·杜兰德抵达喀布尔，想要与埃米尔就帕米尔边界及阿富汗与印度的边界达成协议。这是一项微妙的任务，因为杜兰德必须说服埃米尔放弃罗尚（Roshan）和石南（Shignan）以换取印度在阿姆河左岸的领土让步，还要让他答应将贫瘠多山的瓦罕狭长地带纳入阿富汗版图，因为英国并不希望英属印度与沙俄帝国有任何公共边界。

由于位于印度境内的一些部落仍然将埃米尔视为名义领袖，甚至偶尔向他进贡，阿富汗与印度的边境问题变得更为复杂。英国无法忍受这样的局面，尤其是埃米尔继续干预部落事务的同时，还为印度革命分子提供庇护。英国甚至怀疑埃米尔在怂恿普什图宗教领袖去号召发动圣战反抗英国统治，以至阿富汗官员对将后膛装弹步枪走私到部落的行为视而不见。

莫蒂默·杜兰德的任务非常成功。1893 年 11 月，埃米尔签署了《杜兰德协议》，接受瓦罕—帕米尔边界的划分，以及建立一个英阿委员会的提议，同时依据杜兰德带给他的草图来划分阿富汗—印度边界。埃米尔阿卜杜·拉赫曼·汗也放弃了对吉德拉尔、斯瓦特、巴朱尔、达瓦尔和瓦济里斯坦的领土主张以及"影响权"，不过阿富汗保留了库纳尔的巴尔玛尔（Barmal）地区。作为补偿，埃米尔得到了补贴，还被允许从印度自由进口武器。考虑到当时哈扎拉战争正在进行，这可以说是英国的一个重大让步。

但是后来的事实证明，《杜兰德协议》是英阿关系产生分歧的主要原因。在 1947 年印巴分治后，又成了阿富汗与巴基斯坦关系不睦的主要原因。20 世纪早期，普什图民族主义出现的同时，也出现了对所有普什图部落联合起来成立一个统一的普什图斯坦的美好愿景。这导致杜兰德边界线的合法性遭到了后来历任阿富汗政府及普什图泛民族主义者的质疑。时至今日，他们依然认为这条边界线"划分不当"，是"非法的"或"臆想的"。[37]

根据这一论述，《杜兰德协议》并不具备条约的合法地位。在接下来的数年中，人们提出了各种各样的论据意图搁置该协议：有的声称杜兰德在边界线的真实性上蓄意欺骗了阿卜杜·拉赫曼·汗，即使协议附上了一份地图也是如此；也有人称埃米尔是被迫签署了协议或是他压根没有签字；抑或是他签署的仅仅是英文版而不是波斯文版。其他人断言，埃米尔放弃的只不过是对部落的控制权而不是国家主权。还有一些人称"界限"与"边境"有着语义上和法律上的区别，前者出现在了《杜兰德协议》中，但是后者并没有。实际上，在《杜兰德协议》的文本中出现的"界限""边境"和"边境线"几乎是一个意思。[38] 20 世纪 90 年代，在巴基斯坦的阿富汗难民中流传着《杜兰德协议》的有限期只有 100 年的说法，因此在 1993 年 11 月后，根据国际法，那个边境线就不再有法律效力。[39]

这些观点往好了说是不符合事实的，往坏了说就是在故意歪曲史实。"公约""协议"和"议定书"都是主权国家在订立合法国际条约时使用的术语，因此《杜兰德协议》（也称《喀布尔公约》）依据国际法具有完全的法律地位。既然埃米尔是亲自参加谈判的，称他受到了胁迫或是误导的说法显然是无稽之谈。埃米尔甚至举行了一次朝廷会议，他和杜兰德一起就协议的条款和含义向参会的普什图部落首领和宗教领袖进行了解读。然后他的演讲稿复本被分发给每位代表，而且每位代表都按要求在埃米尔的演讲稿上盖上了自己的印章。埃米尔显然知道《杜兰德协议》意味着什么，尽管他对自己做出的一些让步并不开心，但是他认为和英国结盟能给自己带来固定的资金和武器援助，这比拥有他口中"叛乱之地"（Yaghistan）的名义主权要重要得多，毕竟这是一片难以驾驭和管理的土地。

阿卜杜·拉赫曼·汗在自己的自传中这样描述《杜兰德协议》：

> 围绕这些边境事务引发的误解和争端被消除了，在两国政府委员们签署的上述众多协议确定了边界线后，两国政府间实现了基本的和平与和谐，我向神祈求这可以永远持续下去。[40]

认为《杜兰德协议》的有效期只有100年的看法更是无稽之谈，因为协议序言里写到此协议的目的是"尽量消除未来所有可能引发疑惑及误解的根由"，而第六条也指出"印度政府及阿富汗埃米尔陛下共同认为"所有条款"最充分、最令人满意地解决了边境问题上的主要意见分歧"。埃米尔后来自忖"对这个沙漠中的弹丸之地有个宏大的期望，希望它能延伸到大海"：[41]要么是在波斯湾，这一点实现起来并非遥不可及；[42]要么是在印度洋，他曾建议英国在某个时点考虑割让给阿富汗一个通向大海的狭窄走廊。这个对于温暖海港的"幻想"后来被普什图民族主义者抓住，深深地交织在关于普什图斯坦及杜兰德边界线的争论中。

《杜兰德协议》签署后，一个英阿委员会在 1894 年 4 月至 1896 年 5 月间对边境进行了调查，委员会官员被要求"以最严谨的态度遵守这份协议附图上的边界线"。[43] 委员们与部落首领进行了大量磋商，各方一致认可对杜兰德原始版地图进行的所有修改。然后每隔一定的距离修建了界碑，位置也被细致地记录下来。边界划定的最终版本被提交给了埃米尔，包括对每个边境分段的详细描述以及大比例地图，后来又被存放进了英国政府及印度政府的档案馆。1919 年，莫赫曼德地区按照《英阿协议》进行了划界，1921 年和 1932 年又分别做出了进一步的微调。无论是 1919 年还是 1921 年的协议，都重申杜兰德边境线得到了"已故的埃米尔的承认"，并且是由阿富汗民族主义之父马哈茂德·塔尔齐亲自谈判达成的。

尽管签署了《杜兰德协议》，但是埃米尔继续插手干预边境事务，尤其是在吉德拉尔，他的政府高官们也在暗中煽动印度一侧的"狂热分子"。至于阿富汗部落，他们本身对边境知之甚少，因此几乎没有人留心杜兰德边界线。他们继续在没有官方文件的情况下越过边境，这一做法一直延续到了今天。鉴于边境两边的部落都处于半独立的状态，该地区一直是走私者、鸦片商和武装运动组织的天堂，诸如"基地"组织、塔利班组织、克什米尔"自由战士"组织以及"伊斯兰国"（Daesh ISIS）都在此活动。

但是英国利用《杜兰德协议》为印度政府在吉尔吉特、斯瓦特和吉德拉尔的驻军争取到了不少利益，建立了一条抵御沙俄帝国可能通过瓦罕进行入侵的防线。然而，边界的划分并没有给部落起义画上句号，印度军队针对边境部落发起了一系列进攻，其中就包括马哈苏德人（1897）、莫赫曼德人（1897—1898）、瓦济里人（1897）以及阿夫里迪人和奥拉克扎伊人（1897），这些行动扩大了英国的权威，让英国进一步深入控制了部落领地。

根据《杜兰德协议》，尽管很多卡菲尔都将吉德拉尔的王子视为自己名义上的君王，被称为卡菲里斯坦的独立山区仍然被划入了阿富汗境内。卡菲尔所在地是穆斯林世界最大教派的教徒飞地，他们的宗教和文化与古代印度 - 雅利

迪萨尼女神的卡菲尔木雕。1971年在阿富汗国家博物馆展出。这尊卡菲尔人像被塔利班砸碎后，马克斯·克林堡教授带领一支团队对其进行了精细修复。

安教派有着密切联系。[44] 该地因女神和古代英雄的木质雕像以及暴露死者尸体而闻名。从没人询问卡菲尔是否愿意成为阿富汗人，他们融入阿富汗之后，对自己古老的文化和宗教造成了致命打击。

哈扎拉叛乱结束后，阿卜杜·拉赫曼宣布对卡菲尔进行圣战。1895年他从北面和西面各派出一支大军抵达卡菲尔聚集地。大多数卡菲尔配备的武器是弓箭、斧头和长矛，在配备后膛直发步枪、火炮和机枪的军队面前毫无胜算。面对灭顶之灾，很多部落同意皈依伊斯兰教以保全自己和家人的性命，而反抗的人面对的则是阿富汗闪击战部队的全部火力。男人和女人遭到了任意屠杀，7岁以上的男童面对着改变信仰或是被奴役的选择。为了活命，一些卡菲尔在绝望之下提出让自己年幼的女儿嫁给侵略者，但是很多儿童最后都沦为了穆罕默德扎伊人、部落首领和其他官员家中的奴隶或仆人。大多数卡菲尔部落领导人和宗教领袖被处决，他们的牲畜被抓走，他们的家、寺庙、祖先墓地和雕像都遭到了损毁和焚烧。一小部分木质雕像被当作战利品带到了喀布尔，然后被展示在了喀布尔博物馆。后来该地更名为努里斯坦，意为"光明之地"，很多毛拉被派到这里，监督伊斯兰化的进展。1896 年，为了庆祝卡菲尔的皈依，埃米尔召开了一个盛大的宫廷会议，接受了"政教荣耀"（Ziya'al-Milat wa al-Din）的头衔。

萨达尔纳斯鲁拉·汗对英国的国事访问

尽管围绕着埃米尔的对内压迫仍有争议，英国还是在 1895 年正式邀请阿卜杜·拉赫曼·汗进行国事访问。但是由于健康每况愈下，埃米尔委托儿子萨达尔纳斯鲁拉代替自己出访。纳斯鲁拉在英国会见了维多利亚女王，参观了军火工厂，参加了皇家赛马会，还给当地的穆斯林机构捐款。接下来的欧洲之行中，他又访问了法国和意大利，但是这两趟行程不但没有让他对英国更加赞赏，反而让纳斯鲁拉对欧洲文化和价值观产生了负面印象。

纳斯鲁拉父亲的信仰混合着伊斯兰神秘主义，但是他本人却是个严格正统的逊尼派穆斯林。他的宗教保守主义，加之被庇护和鼓励的成长经历，意味着欧洲之行对他而言是一次深深的文化冲击。让纳斯鲁拉尤为震惊的是，他不得不会见赤裸的女人（即没有戴面纱的女人），并与她们交谈，还有这些女人居然能和不是亲属的男人自由来往。当纳斯鲁拉返回阿富汗后，他对欧洲的教育、社会风尚以及现代化生活总体上产生了一种深深的厌恶，认为它们是不符合伊斯兰教法，且无可救药地被基督教价值观所"污染"的。纳斯鲁拉的访问没有实现埃米尔的首要目标，即获得在伦敦开设阿富汗使馆的许可。他的请求遭拒的理由是阿卜杜·拉赫曼曾经一次又一次地拒绝英国特使在喀布尔常驻。但是纳斯鲁拉认为英国的拒绝是对他个人的侮辱，于是进一步疏远了英国。

但是并非所有的事都像看上去的那样。当一位英国军医为 20 岁的王子检查身体时，他高度机密的医学报告显示纳斯鲁拉和埃米尔的表兄弟萨达尔穆罕默德·阿克拉姆·汗正饱受"慢性酒精中毒"的折磨，甚至有时达到震颤性谵妄的地步。[45] 饮酒是伊斯兰教法所禁止的，但是纳斯鲁拉、他的父亲以及其他皇室成员在流放沙俄突厥斯坦期间染上了酗酒。成为埃米尔后，阿卜杜·拉赫曼恢复了当地葡萄酒和烈酒的生产，而自多斯特·穆罕默德时代以来这一直是被禁止的。到了 19 世纪 90 年代中期，埃米尔本就欠佳的健康状况进一步恶化，甚至无法坚持几个月连续处理政务。日常国事的管理工作就交给了他的儿子哈比布拉·汗，后者的法定继承人身份已经有很多年了。到 1901 年，埃米尔显然已时日无多，于是他搬去了帕格曼。在最后的日子里，人们不忍直视他的身体，因为他的身体从脚开始朝上慢慢腐烂，而腐烂的肉体发出的恶臭导致朝臣只能一次在他面前待上几分钟。终于，在 1901 年秋天，他过世了，同日便被下葬，没有举行任何盛大的仪式，因为他的敌人威胁要盗窃并侮辱他的尸体。接下来的几个月里，很多人尝试要焚毁他的陵墓。

埃米尔阿卜杜·拉赫曼·汗：对其统治的评价

　　阿卜杜·拉赫曼·汗的统治在阿富汗国家的现代化进程中起到了重要作用，但是他留下的遗产远远谈不上是积极的。

　　在其统治时期，阿富汗北部和南部的边境得到了合法界定，但是很多至今仍然困扰着整个国家和民族身份的错误边界线也可以追溯到他的任期。北部和南部边境随意地将传统上属于同一社会、经济群体的部落和民众分开了。杜兰德边界线并没有终结阿富汗对部落事务的干预、武器走私问题以及边境线印度一侧的部落反叛等麻烦。边界划分后，阿富汗和巴基斯坦在杜兰德边界线上产生了分歧，而边境问题和部落领地却成为叛乱分子的避风港，时至今日依然没有得到解决。镇压并强制转移数十万民众以及将土地和财产收归国有的行为，导致了重大的社会动荡和经济危机，并引发了民众对中央政府的仇恨，这种恨意仍在暗地里发酵。阿富汗化还推动了民族中心主义及普什图文化和民族

堡垒建筑群中的迪尔库沙宫殿。埃米尔哈比布拉甚至在贾巴尔·萨拉吉建造了一座小型发电站为宫殿提供电力。它的英国建筑师还修建了一座钟楼，每个整点都会鸣钟，这让当地民众大为惊奇。

至上观点的出现，这些都加剧了种族、教派及地区关系的紧张。

阿卜杜·拉赫曼·汗痴迷于将权力集中在自己手中的做法削弱了国家机构和公民团体的力量，尤其是地方政府的力量。至于任何形式的协商会议，他告诉人们"不要让自己成为这些代表手中的木偶"。[46] 因此阿卜杜·拉赫曼·汗没有丝毫兴趣要用任何有效的地方政府机制替换传统的次国家级政府体制架构，这是由于他认为这个架构是虚弱无效的，需要逐渐废除。喀布尔成了一切事务的中心枢纽，各省总督由于担心遭到囚禁或处决，纷纷拒绝在埃米尔表示同意前有所作为。这种中央集权在他死后继续保持不变，即便是在穆萨希班王朝于 1978 年垮台后，这种模式也得以存续。今天，阿富汗政府的行政部门和立法部门依然将中央集权和指令性经济当作首选的治理模式。

阿卜杜·拉赫曼·汗是第一位利用国家层面的宣传机器，在本国人民和全世界面前为自己行为正名的阿富汗君主。在位期间，他印制了一系列的波斯语和普什图语小册子，并在重点地区发布了一系列官方公告。一位印度教师（munshi）受命撰写埃米尔波斯文自传的英文版本，并在英国和印度得到了广泛流传，帮助埃米尔传播了其视角下的阿富汗历史。在这本书中，阿卜杜·拉赫曼汗将自己塑造成抵抗沙俄入侵印度的保护者，同时又是现代的和现代化的国王，是一位仁慈的父亲般的人物，不辞辛劳地将一个充斥着忘恩负义、无知狂妄之人的国家带入现代世界中。至于他的残酷压迫行为，埃米尔辩称只要目的正当便可以不择手段。

在"铁血埃米尔"（英国媒体对阿卜杜·拉赫曼·汗的称呼）的统治下，阿富汗成了一个越来越封闭的国家。任何坚持要访问或进入阿富汗的英国人都必须得到阿富汗官方正式许可，这进一步加深了它的闭塞程度。[47]埃米尔的确雇用了一些印度人和英国技术人员，但英国技术人员主要是在他的军工厂和皮革厂里担任顾问。艾尔弗雷德·格雷博士和后来的英国女医生莉莉亚·汉密尔顿博士被任命为埃米尔的私人医疗顾问，而汉密尔顿博士的助手英国护士凯特·戴利开设了阿富汗的第一家现代化医疗诊所。但是埃米尔拒绝使用任何外国军事顾问来训练自己的军队。

接触欧洲文化和思想主要是通过乌尔都和波斯媒体以及进口奢侈品进行的。参观埃米尔新宫殿迪尔库沙的人注意到，这个地方布满昂贵的饰品和新奇的玩意，包括机械玩具、旅行钟以及大量的欧洲玻璃和餐具应有尽有。很多王室女子还会购买最新的法国时装。值得注意的是，在自传的末尾写给后人的建议中，阿卜杜·拉赫曼·汗倡导引入女性教育，但不过要在是要在将来的某个遥远时刻实行。埃米尔本人除了将一些军事手册翻译成波斯语和普什图语，没有采取任何提高阿富汗中世纪教育体系或是解决地区性文盲的措施。阿富汗学者或官员被下令不得出国学习。

埃米尔最宏大的土木工程之一就是在老国王花园旧址上修建了一个新的宫殿建筑群，它就是今天的总统府。[48]它由一位英国建筑师设计，建筑群中甚至包括了一座钟楼。宫殿在战时也可以当作一座堡垒，这里有用双重城墙修建

埃米尔阿卜杜·拉赫曼·汗在喀布尔的陵墓。最初这座建筑是埃米尔招待外国显要的巴斯坦驿站。但在他死后不久，这里就在大火中被夷为平地，始作俑者可能是一个纵火犯。埃米尔哈比布拉修复了此建筑，并将其改造了一座宏伟的、带有清真寺的陵墓。

的防御工事，上面设置有炮兵碉堡，一条干沟环绕在四周。但最初设计用来招待宾客和外国显要的巴斯坦驿站（Bastan Sarai），最后成了埃米尔的陵寝，他的儿子埃米尔哈比布拉后来又增建了一个圆顶和一座清真寺。另一座王室住所扎尔内加尔宫殿在 1964 年被拆除，为一座同名的公园腾出了地方。两座宫殿之间的古利斯坦驿站是最受埃米尔宠爱的妻子比比·哈利马的住处，而埃米尔的儿子哈比布拉·汗和纳斯鲁拉·汗则在德赫阿富汗修建了私人住所。

　　其他主要的建筑工程还包括喀布尔庞大的伊德加清真寺以及沙阿宫、巴拉花园和四十柱宫。埃米尔还为比比·哈利马在巴布尔花园修建了一座后宫，在贾拉拉巴德修建了冬季行宫。这些建筑大部分都出自埃米尔雇用的印度建筑师之手，通常被设计成新莫卧儿风格。但是负责古里斯坦驿站的是一位布哈拉

埃米尔阿卜杜·拉赫曼·汗新城堡群的围墙和地面。这个位置以前是一座莫卧儿式花园。埃米尔哈比布拉改建了堡垒，新建了正式的花园，统统采用欧式风格。

建筑师，堡垒上的一些建筑特色的灵感来源于沙俄东正教建筑。

　　埃米尔坚信阿富汗拥有大量未开采的矿产资源，这一观点是对格里斯巴赫地质勘察的非常宽泛的解释。对潜在财富和资源的美好愿景在历届政府中代代相传，直到它嵌入国民意识中。但是埃米尔和他的继承者们都没有采取任何行动利用这些资源，本来这些资源可以让阿富汗至少向实现经济自足更进一步。之所以没有开发，也是由于埃米尔在遗嘱里吩咐后人永远不要将开采权交给任何外国公司。结果就是，这些矿产资源大部分因为缺乏专业技术和现代采矿设备始终未得到开采。

　　除了点缀在迪尔库沙宫殿的小饰品外，埃米尔对现代技术唯一一次认真的投入就是购买了用于大规模制造武器、弹药、军靴和制服的机械。一些新修建但未开通的道路，主要也是为了部队的快速行军。埃米尔多次拒绝英国将坎大哈和贾拉拉巴德接入印度铁路及电信网络的提议，并建议自己的后人也这样做。直到不久前，阿富汗唯一正在运转的铁路是一条大约 1 公里的轨道，连接边境口岸海拉坦和乌兹别克斯坦。

尽管埃米尔阿卜杜·拉赫曼不愿意承认，但是他能维持统治权，或多或少仅仅是因为英国一直在为他提供镇压叛乱所需的现代化武器和大量资金。这样的稳定局面将阿富汗变成了一个保护印度免受沙俄帝国侵略的缓冲国，从而完成了英国的地缘政治目标。但是阿富汗人民为此付出了巨大的代价，他们被迫忍受了长达 20 年的暴政。阿富汗也因此变成了一个食利国，其财政自给能力甚至比之前还要弱。埃米尔死时，阿富汗严格来说没有负债，但是这仅仅是因为百万卢比的英国补贴资金被存放在印度银行里作为战略储备。

尽管英阿关系仍然紧张，但对英国而言，埃米尔阿卜杜·拉赫曼已经完成了英国人交给他的任务。他曾是一个忠心耿耿的盟友，在这个濒临崩溃的国家重新实现了中央政府的控制权。他允许英国划分阿富汗的国际边境，因此降低了沙俄帝国入侵的威胁，以及阿富汗插手印度事务和部落事务的可能性。阿富汗作为缓冲国非常有效，虽然英国军事战略家知道，如果沙俄帝国决定和英国摊牌并占领赫拉特，英国也几乎无力阻止。最终促使沙俄遵守边境协议的是外交手段以及在欧亚开战的威胁。

因此，阿富汗作为一个民族国家侥幸存活下来了。无论是在第二次英阿战争之前还是之后，利顿、罗伯茨和其他高级官员都曾严肃地考虑要将阿富汗分成数个独立自治的个体，甚至想过彻底吞并阿富汗南部。最后他们还是认为维持一个统一的阿富汗带来的麻烦和代价，要比发动另一次侵略战争少得多。确保阿卜杜·拉赫曼守住王位，成了英国的"保卫印度政策"的核心。意识到这一点后，阿卜杜·拉赫曼在 1885 年被授予印度之星勋位指挥官爵士，1893 年又晋升为巴斯勋位。

但是对很多阿富汗人，尤其是哈扎拉人、乌兹别克人和艾马克人来说，埃米尔留给他们的遗产要苦涩得多，而且即使英国将"铁血埃米尔"的压迫统治美化成必要的罪恶，在那些被迫忍受他的统治的民众眼中，他过去是，现在也依然是"血腥埃米尔"。

第九章

改革与压制（1901—1919）

尽管埃米尔受到现代社会的影响，但他不相信任何进步的政治或教育机构。他设置了明确的不可逾越的限制，他多疑的性格和对子民缺乏信心，使改革无法进行。他依然是专权的埃米尔。

——A. C. 杰维特 [1]

一手拿不下两个西瓜。

——阿富汗谚语

1901 年 10 月初，阿卜杜·拉赫曼·汗长子哈比布拉·汗被宣布为埃米尔。他登基时 29 岁，是比较年轻的国家元首，父亲早在伊沙克·汗叛乱后就着手培养他继承王位，确保他与强大的部落和宗教首领建立姻亲联盟。尽管哈比布拉·汗身为法定继承人，却生活在父亲威权的恐惧之下。有时会惹得父亲大发雷霆，甚至还曾因违抗父亲之命被软禁家中。他还有语言障碍，据说是孩童时期被人谋害所致。他过早肥胖，遗传了父亲的慢性退行性疾病，王室官员委婉地称其为痛风。

埃米尔哈比布拉的政府

权力过渡过程相对和平，主要是因为哈比布拉·汗与胞弟纳斯鲁拉·汗达成了权力共享协议，楠格哈尔和库纳尔的许多部落忠诚追随后者。此外，作为宫廷中的保守逊尼派领袖，纳斯鲁拉是许多有影响力的苏菲大师的盟友，例如朔尔巴扎的法兹尔·穆罕默德·穆贾迪迪（Fazl Muhammad Mujadidi）以及谢赫·纳吉姆丁·阿洪扎达（Shaikh Najm al-Din Akhundzada），后者又名哈达·萨希卜（Hadda Sahib）或哈达·毛拉（Hadda Mullah）。作为不谋求继任的回报，纳斯鲁拉被任命为纳伊卜·苏丹（na'ib al-sultan），即法定继承人伊纳亚特·汗（Inayat Khan）的摄政王，他还出任军队总司令、财税和内政事务负责人以及教育部长。此外，纳斯鲁拉·汗还负责部落事务，并创立了阿富汗外交部。

萨达尔纳斯鲁拉是哈比布拉·汗的同胞兄弟，也是王室内反对西方势力的伊斯兰派系领袖。

哈比布拉·汗政府的另一个实权人物是白沙瓦萨达尔的后裔萨达尔阿卜杜拉·库杜斯·汗（Sardar Abd al-Quddus Khan）。他曾是阿卜杜·拉赫曼·汗最得力的将军，拥有"国家柱石"或"国家信心"的称号。喀布尔军队大都因为阿卜杜拉·库杜斯才宣誓效忠哈比布拉·汗，也是他一手促成了埃米尔和纳斯鲁拉权力共享。作为回报，阿卜杜拉·库杜斯被任命为宫务大臣、埃米尔内务委员会领导人。1905 年起，他还负责处理英阿关系。

阿卜杜拉·库杜斯汗和纳斯鲁拉·汗在意识形态上形成同盟，他们一起复兴了曾备受阿卜杜·拉赫曼·汗迫害和打压的宗教，成立了由高级乌里玛组成的顾问委员会，即米赞阿尔·塔奇卡特·伊斯兰教法会（Mizan al-Tahqiqat-I Shari'at），负责审查所有的法律法规，确保它们符合伊斯兰教法。委员会主席哈吉·阿卜杜拉·拉扎克（Hajji 'abd al-Razzaq）兼任最高法院院长及纳斯鲁拉·汗精神顾问，毕业于德奥班德神学院。教法会说服哈比布拉·汗废除了他父亲制定的一些较残忍的处决方式，因为它们不符合伊斯兰刑法典。埃米尔还释放了数百名政治犯，关闭了可怕的西亚查赫（Siyah Chah）地牢。这个地牢是希萨尔城堡围墙外的一个废弃深井，囚犯被扔进去，在污秽和黑暗中慢慢腐烂。

哈比布拉·汗的当务之急是赢得伊斯兰保守派重要人士的支持，他请哈达·毛拉·纳吉姆丁（Najm al-Din）前来喀布尔，作为卡迪里亚（Qadiriyya tariqa）苏菲派教团的精神领袖，纳吉姆丁拥有阿富汗东南部以及杜兰德边界线印度一侧很多普什图部落的绝对忠诚。他还是反抗英国统治的名人，经常鼓动西北边境各部落发动圣战。为得到纳吉姆丁的支持，哈比布拉·汗正式承认他的精神权威地位，并提高了他的政府津贴。

3 年后，为抵消纳吉姆丁激进主义的影响，埃米尔邀请卡迪里亚苏菲教团的伊拉克分支负责人赛义德·哈桑·盖拉尼（Sayyid Hasan Gailani）来阿富汗定居。哈桑·盖拉尼得到了楠格哈尔的苏尔克鲁德区的一块（封地），作为回报，哈桑·盖拉尼承认埃米尔和穆罕默德扎伊王朝的合法性。事实上，盖拉尼家族成为君主制最坚定的宗教支持者，经哈桑的儿子兼继承人艾哈迈德·盖拉尼的努力，这一传统延续至今。

虽然王位继承没有发生流血事件，但哈比布拉·汗至少面临过一次严重的王朝危机。他的继母比比·哈利玛，是阿卜杜·拉赫曼·汗最宠爱的妻子，也是多斯特·穆罕默德的外孙女。她对自己不到12岁的儿子穆罕默德·奥马尔·汗，又称奥马尔·贾恩，在继承权之争中输给来自巴达赫尚省的塔吉克情妇的儿子感到不满。为了推翻哈比布拉·汗，比比·哈利玛获得一些中层军官的支持。1903年初，阴谋被揭穿，36名军人被处决。奥马尔·贾恩被剥夺了所有官职，比比·哈利玛被囚禁在巴布尔花园（Bagh-i Babur）的后宫，在那里度过了余生。同年，哈比布拉·汗还镇压了宗教异见者，处决了人数较少的阿富汗艾哈迈德派（Ahmadiyya）的社区领导人萨希布扎达·阿卜杜·拉蒂夫·霍斯蒂（Sahibzada 'Abd al-Latif Khosti）。

塔尔齐、穆萨希班及洛亚布家族的归来

哈比布拉还发起了和解行动，大赦一批显赫的穆罕默德扎伊流放者，其中包括坎大哈萨达尔的后人、前埃米尔雅库布及其兄弟阿尤布的支持者。归来者中，3个亲族在决定20世纪阿富汗政治和社会发展方向上，可谓举足轻重。

哈比布拉·汗继位不久，马哈茂德·塔尔齐和他的侄子从大马士革前往喀布尔，请求允许返回家园[2]。马哈茂德是坎大哈萨达尔拉希姆·迪尔（Rahim Dil Khan）的孙子，他的母亲来自萨多扎伊家族。马哈茂德的父亲古拉姆·穆罕默德曾服役于多斯特·穆罕默德和埃米尔谢尔·阿里麾下，但他最广为人知的身份却是诗人，以塔尔齐（tarzi，即"设计师"）这个笔名进行创作，塔尔齐是塔哈卢斯（takhalus）家族的姓氏。1866年，古拉姆·塔尔齐接待赛义德·贾马尔·丁·阿富汗尼，并成为其泛伊斯兰及反英意识形态的忠实追随者。塔尔齐家族最终迁居喀布尔，据家族史记载，埃米尔雅库布被流放

后，马哈茂德·塔尔齐的父亲将儿子派往恰里卡尔，代表家族向阿卜杜·拉赫曼·汗表示臣服。但阿卜杜·拉赫曼·汗击败阿尤布，坎大哈沦陷后，埃米尔指责古拉姆·穆罕默德协助过阿尤布势力，将其全家投入大牢，随后流放印度。

在卡拉奇待了 3 年后，古拉姆·穆罕默德接受了谢赫·盖拉尼（Shaikh Gailani）的邀请移居巴格达，甚至还觐见了奥斯曼苏丹阿卜杜勒·哈米德二世（Abd ul-Hamid II）。之后的 20 年间，塔尔齐家族一直住在大马士革，在那里，马哈茂德和他的兄弟及侄子们在奥斯曼帝国学校接受教育，受到了相对自由的黎凡特①环境（Levantine milieu）的影响。马哈茂德以土耳其语为母语，不过他也能说流利的波斯语，并能读懂乌尔都语和部分阿拉伯语。这时，奥斯曼帝国正在进行重大变革，年轻的土耳其人纷纷接受民族主义思想。因为掌握了土耳其语，马哈茂德能够阅读法文和德文哲学以及文学作品的土耳其语译本。1889 年，马哈茂德在巴黎参观了世界博览会。后来他娶了大马士革一个重要的清真寺的伊玛目阿勒颇的谢赫·穆罕默德·萨利赫·法塔尔（Shaikh Muhammad Saleh al-Fatal）之女阿斯玛·拉斯米娅为妻。

塔尔齐一家流亡大马士革期间，时局动荡，奥斯曼帝国正因欧洲强国尤其是沙俄和英国的军事和政治打压而逐渐崩溃。19 世纪 70 年代中期，土耳其从严格意义上说已经破产。1881 年，奥斯曼帝国政府被迫将债务管理权交给欧洲银行家组成的一个委员会，委员会主要成员是法国人和英国人。后来，沙俄在多瑙河对岸持续进行军事干预，导致奥斯曼丧失了巴尔干半岛大部分地区，希腊也于此时宣布独立。塞浦路斯和埃及实际上已经被英国统治。随着阿拉伯民族主义的兴起，黎凡特和阿拉伯半岛相继陷入动荡。在安纳托利亚，亚美尼亚民族觉醒运动引发了一系列反抗。领土的丧失，导致大量国内流离失所者涌入伊斯坦布尔、大马士革和其他城市，给本就不堪重负的奥斯曼帝国的国

---

① 黎凡特指中东托罗斯山脉以南、地中海东岸、阿拉伯沙漠以北和上美索不达米亚以西的一大片地区。——译者注

库带来更大压力，一系列自然灾害更是雪上加霜。

奥斯曼帝国的衰退引起了一场政治危机，也出现了彻底改革国家机构的呼声。1839—1876年，坦齐马特改革（Tanzimat）[①]时期，发生了深刻的社会和政治变革，在巴黎接受教育的土耳其年轻人认同卢梭、奥古斯特·孔德、意大利烧炭党人的政治哲学理念，以及马克思主义甚至无政府主义，进而要求将国家机构世俗化。公立学校开始教授包括自然科学在内的西方学科，伊斯兰宗教学校则越来越边缘化了。1876年，土耳其通过了第一部基于《拿破仑法典》编纂的宪法，限制了哈里发的权力，并降低了哈乃斐伊斯兰法的地位。为了展示自己的新派，进步的土耳其人越来越乐于接受欧洲的习俗和着装规范。

从19世纪80年代末起，这些先后被称为"奥斯曼青年党"和"土耳其青年党"的改革者成立社团，旨在践行基于欧洲启蒙运动思想的民主和自由化改革。他们尤为痴迷自然科学，认为只有自然科学而非宗教才能解决土耳其政治、社会问题，甚至他们提出的"自由、平等、正义"的口号也和法国大革命的战斗口号相呼应。这些社团聚集在"联合进步委员会"的旗帜下，后来发展成为"联合进步党"（CPU）。这些组织坚持共和观念，试图废黜伊斯兰教及其机构，以欧式民主取而代之。

但是，土耳其青年党的思想观念并不一致，他们虽然宣布支持泛伊斯兰主义观点，同时也全心全意地支持当时风靡欧洲的社会达尔文主义以及德国民族中心主义运动的激进民族主义。按照土耳其青年党的说法，土耳其是土耳其人的家园（vatan），这一术语与德语中的"祖国"同义。可见，土耳其青年党接受了民族中心主义世界观，那些非土耳其血统或不说土耳其语的人沦为少数派。这种土耳其主义观点和土耳其民族性，不同于伊斯兰世界和奥斯曼帝国对公民身份的理解。在奥斯曼帝国，非穆斯林团体（millets）享有高度自治，有信奉自己宗教的自由。想成为奥斯曼人，并不要求一定是穆斯林或土耳其族

---

① 19世纪中叶，土耳其封建统治集团内的改革派为巩固奥斯曼帝国统治而推行的改革运动。——译者注

人，希腊人、亚美尼亚人、斯拉夫人、东正教徒或犹太人身份都不会成为加官晋爵的阻碍。很多奥斯曼高级官员来自非穆斯林社区，奥斯曼的基督教学校提供了帝国最好的教育。由于土耳其青年党的政治议程与奥斯曼帝国现状及伊斯兰教的支配地位相悖，联合进步党建立之初只能开展地下活动，其中一些更为激进者则采取直接行动并发起恐怖活动。马哈茂德·塔尔齐就是在这种激进的政治和社会改革环境中成长的。与同时代受过良好教育、有良好社会关系的年轻人一样，他认同联合进步党的激进主义和民族中心主义观点，这些观点被嫁接到塔尔齐家族所痴迷的阿富汗尼泛伊斯兰主义和反殖民主义上。

1892 年，塔尔齐家族还在大马士革时，奥斯曼哈里发邀请贾马尔·丁·阿富汗尼来伊斯坦布尔定居，后者被驱逐出埃及和伊朗后，在巴黎生活了数年，并在那里开始出版极富争议的刊物《最坚固的纽带》。[3] 阿富汗尼期望说服哈里发支持并接受自己的泛伊斯兰主义愿景，但这个乐观的想法很快就破灭了。阿富汗尼强烈反对英国在印度的统治，但奥斯曼帝国政府依赖英国的财政、军事和政治援助与沙俄作战，并不打算惹恼自己的重要盟友。阿富汗尼鼓励阿拉伯民族主义运动、抨击苏菲派大师和宗教学校体系的做法无助于他的事业。1896 年，阿富汗尼的一名追随者刺杀波斯国王纳西尔丁·恺加后，阿富汗尼被软禁在家中，次年死于喉癌。马哈茂德·塔尔齐在阿富汗尼去世前 6 个月，前去伊斯坦布尔谒见了他。根据塔尔齐家族的说法，阿富汗尼去世时，马哈茂德·塔尔齐就在他的身边。

塔尔齐家族 1905 年初回到喀布尔时，马哈茂德和兄弟子侄们在文化上与其说是阿富汗人，还不如说是奥斯曼人。在意识形态上，他们致力于阿富汗尼的反英泛伊斯兰主义议程，以及土耳其青年党的社会和政治改革，包括对传统伊斯兰领导层的厌恶，对快速实现社会、立法转型及技术现代化的渴求。大部分阿富汗人以及在阿富汗工作的欧洲人将马哈茂德·塔尔齐称为"那个土耳其人"或"马哈茂德贝格"。在大马士革接受 20 多年的文化和思想熏陶后，塔尔齐家族在阿富汗必定经历了深刻的文化冲击。但是，祖国的"落后"让马哈茂德更加坚信，阿富汗需要自己的"坦齐马特改革"来摆脱政治、文化和教育的"黑暗时代"。抵达喀布尔后几个月，塔尔齐就聚集起志同道合的年轻改革者，并称之为"青年阿富汗党"。

第二个返回阿富汗的显赫穆罕默德扎伊家族是萨达尔·穆罕默德·优素福·汗（Sardar Muhammad Yusuf Khan）家族，被称为穆萨希班或叶海亚·凯尔（Yahya Khel）。优素福的爷爷是苏丹穆罕默德·泰拉（Sultan Muhammad Tela'i），这位白沙瓦萨达尔在 1826 年被多斯特·穆罕默德免职。和古拉姆·塔尔齐一样，优素福及其家族一直是埃米尔雅库布的支持者，并于 1880 年陪伴他流亡印度。但在阿卜杜·拉赫曼去世前不久，他们返回了阿富汗。这个赦免，毫无疑问得益于优素福同父异母兄弟阿卜杜拉·库杜斯·汗的影响力。穆萨希班和塔尔齐的流亡经历非常不同。优素福的儿女们是在北印度的德拉敦（Dehra Dun）接受的教育，母语为乌尔都语。流亡期间，优素福和两位妻子育有 5 个儿子，分别是穆罕默德·阿齐兹·汗、穆罕默德·纳迪尔·汗、穆罕默德·哈希姆·汗、沙·马哈茂德·汗（Shah Mahmud Khan）以及沙·瓦利·汗（Shah Wali Khan），他们整整支配了一个时代的阿富汗政治生活。但是，优素福和儿子们最初在军队中仅被委以中级职务，最小的儿子沙·瓦利·汗任埃米尔哈比布拉私人卫队的统领。纳迪尔·沙阿和沙·瓦利·汗成功镇压 1912 年曼加尔叛乱后，纳迪尔·汗成为军队总司令。

第三个显赫的穆罕默德扎伊归国者是洛伊纳布·库什迪尔·汗（Loynab Khushdil Khan），其父谢尔·基尔·汗（Sher Kil Khan）先是在多斯特·穆罕默德手下效力，娶了埃米尔的一个女儿为妻，随后埃米尔谢尔·阿里任命他为宫务大臣、阿富汗突厥斯坦总督。[4]罗伯茨将军占领喀布尔后，洛伊纳布家族随埃米尔雅库布·汗一起被流放，他们曾是前埃米尔在拉合尔的随行人员。尽管有这份联系，埃米尔哈比布拉却娶了谢尔·基尔·汗的长女萨瓦尔苏丹，即乌利亚·哈兹拉特（Ulya Hazrat）·贝古姆，也是日后的阿富汗埃米尔阿曼努拉·汗的母亲。作为埃米尔哈比布拉最宠爱的妻子，乌利亚·哈兹拉特利用自己在后宫中至高无上的地位，动摇了伊纳亚塔拉·汗的法定继承人地位，并为自己的儿子谋求继位。返回喀布尔后，洛伊纳布·库什迪尔·汗和他的儿子阿里·艾哈迈德成为埃米尔的内务委员会成员，阿里·艾哈迈德最终成了埃米尔哈比布拉最信任的顾问。

哈比比亚学院和改革运动的开始

1902 年 9 月，埃米尔哈比布拉举办朝廷会议，庆祝自己登基一周年。贵宾是哈达毛拉纳吉姆·丁（Najm al-Din），他授予埃米尔"民族与宗教之光"（Seraj al-Millat wa al-Din）的头衔，从此，哈比布拉·汗家族以萨拉杰为家族姓氏，他和儿子埃米尔阿曼努拉·汗的时代被称为萨拉杰时代。萨拉杰也经常被用作国家项目、出版物的名称和地名。为纪念这次朝廷会议，埃米尔宣布每年的这一天为民族团结纪念日，这是阿富汗的首个非伊斯兰国家节日。

在马哈茂德·塔尔齐和青年阿富汗党的影响下，1903 年，哈比布拉·汗模仿爵士赛义德·艾哈迈德·汗（Sir Syed Ahmad Khan）在阿里加尔（Aligarh）的穆罕默德盎格鲁－东方大学学院，开办了阿富汗第一所欧式学校哈比比亚学院。课程除了伊斯兰研究（Islamiyat）外，还突破性地包含基础科学、数学、历史和地理。这一创举并没有受到纳斯鲁拉·汗及其逊尼派系的欢迎，尤其是德奥班德神学院的毕业生。他们反对一切教育世俗化的做法，也不同意开设除传统伊斯兰宗教课程之外的科目。在他们眼中，西方科学和教育有损伊斯兰教义，削弱了乌里玛对教育的垄断。此外，他们还憎恶赛义德·艾哈迈德爵士对伊斯兰教的理性进步看法，认为它们近乎异端邪说，对他积极参与英国在印度的统治也很不满，哈达·毛拉等人都认为该政府是不合法的。为了先发制人，阻止针对哈比比亚学院的任何宗教抵制，埃米尔让纳斯鲁拉·汗在重要省份的中心开始建造政府资助的伊斯兰学校（madrasa）。

　　因此，阿富汗教育体制向现代化迈出的试验性脚步，包含了伊斯兰保守势力和一小群拥有国外留学背景的年轻城市改革者（roshanfikrs）之间的微妙平衡。之后，在哈比布拉·汗统治时期，改革运动与马哈茂德·塔尔齐形成了不可分割的紧密联系，但是变革的原动力并不是来自塔尔齐和他的亲土耳其的青年阿富汗党，而是源于尼尔·格林（Nile Green）所定义的乌尔都世界（Urdusphere）[5]。乌尔都语新闻在阿富汗随处可见，很多高级官员都会阅读。当时很多印度穆斯林在埃米尔阿卜杜·拉赫曼·汗和埃米尔哈比布拉统治

著名故事《疯子的故事》微型画中描绘的一座传统伊斯兰学校，画家未知，位于赫拉特，创作于15世纪晚期至16世纪早期。埃米尔哈比布拉试图对教育体系和课程进行改革，一部分原因是削弱控制着伊斯兰学校的宗教精英们的力量。但是，这些现代化的尝试遭到了来自政府和自己家族中保守派的抵触。

时期来到阿富汗工作。他们当中有建筑师、医务工作者以及国家工程的监理人员。哈比比亚学院的前两任校长以及许多教师也是印度人，他们大多毕业自阿里加尔、拉合尔的伊斯兰学校或是教会学校。

接下来的几十年里，关于社会和政治改革的辩论逐渐呈现两极化。受过良好教育的年轻一代推崇现代化，并提出政治、法律改革方面的诉求，同时势力强大的保守派伊斯兰游说团也有着自己的诉求，埃米尔们竭力在这两个诉求之间寻求平衡。国外流亡者的归来，在一定程度上加剧了双方间的分裂，尤其是塔尔齐的亲土耳其派要求进行快速、彻底的改革。不幸的是，阿卜杜·拉赫曼·汗政权的众多负面遗产之一，是人们相信实行国家恐怖主义的君主专制是治理阿富汗的唯一方法，这一想法得到阿富汗人和欧洲人的一致支持。因此，一些人将哈比布拉·汗的和解努力错误解读为懦弱，他的政治和意识形态上的敌人利用其尝试性改革来削弱他的权力和英阿同盟。

埃米尔哈比布拉及英阿关系

正当埃米尔哈比布拉努力改革之际，阿富汗与英国的关系恶化了。问题始于沙俄与阿富汗就哈里河及穆尔加布河的河岸权产生的纠纷，沙俄人指责阿富汗随意使用超过自己应有份额的灌溉用水。随后赫拉特－穆尔加布边境的许多界桩消失或被故意损毁。为解决这些问题，赫拉特总督萨达拉·汗（Sa'ad Allah Khan）违反 1880 年的《莱尔协议》以及 1900 年的《英俄协定》，直接与边界线对面的地区负责人进行协商。而埃米尔与赫拉特总督之女离婚事件，令局势变得更糟。

英国向沙俄外交部抗议，反对他们直接与阿富汗总督对话，但是沙俄方面辩称，争端并非政治事件，阿富汗总督完全有权与边界线对面的负责人讨论地区事务。英国拒绝接受对《英俄协定》的这种解读，因为这会为沙俄向赫拉特派驻情报人员大开方便之门，假借讨论河岸权问题，暗中收集有价值的军事情报，激起反英情绪，唆使心生不满的总督发动叛乱。英国总督寇松勋爵邀请埃米尔哈比布拉前往白沙瓦讨论赫拉特边境危机，希望埃米尔同意续签《莱尔协议》和《杜兰德协议》，或者最好签署一份更有利于英国利益的新条约。对寇松而言，达成一份新的英阿协议至关重要，因为无法确定 1880 年和 1893 年的协议是政府间缔结的还是仅是埃米尔阿卜杜·拉赫曼·汗的个人行为。如果是后者，那么这两份协议实际上在哈比布拉·汗父亲去世时就终止了。

　　哈比布拉·汗不准备冒险离开阿富汗，但他向寇松保证，自己会"坚定地支持"英阿同盟[6]。但是，寇松并不满意。1903 年秋，他说服埃米尔允许亨利·多布斯爵士（Sir Henry Dobbs）前往赫拉特，报道边境局势并修复破损的界桩。[7]但是，多布斯的任务遭到沙俄官员和赫拉特总督的一致阻挠，对此英国有理由怀疑后者因收受沙俄贿赂而不配合。最后，多布斯完成的任务仅仅是视察破损界桩和提交一份关于赫拉特防御长期存在缺陷的预警报告。在喀布尔工作的英国工程师欧内斯特·桑顿秘密通知印度政府，沙俄特工近期已经到访了阿富汗首都并与埃米尔举行了秘密会谈，这让局势变得更加紧张。[8]1903 年底，沙俄开通了塔什干和中亚之间的铁路线，并开始勘察从撒马尔罕到泰尔梅兹（Termez）的阿姆河线路。由于沙俄已经在库什克（Khushk）有了一个能穿越赫拉特边境的铁路枢纽，英国官员担心泰尔梅兹线运行后，沙俄就有能力向阿富汗边境快速输送数千名士兵和大量弹药，同时入侵赫拉特和马扎里沙里夫。

　　这种情况对英国军事战略家而言就是一场噩梦，因为他们知道英国无力阻止沙俄占领赫拉特或阿富汗突厥斯坦的任何行动。1903 年秋，英国军队将领在西姆拉举行军事演习，模拟了一场沙俄经阿富汗对印度发动的侵略。结论令人担忧，任何进入阿富汗的军队都将被击败。问题在于，后勤不可能同时为总数为五六万人的 3 支部队提供补给：一支在赫拉特攻击俄军；另一支在赫尔曼德设置一道马其顿防线；第三支占领坎大哈、贾拉拉巴德以及喀布尔。事实证明位于查曼和白沙瓦的铁路枢纽没有足以支撑这种战役的运力，它们离战区太远，无法快速运送这么多士兵及其行李装备。而且，据估计，不仅在印度，整个世界也无法为这样一支大军找到足够的驮兽，毕竟这是整个帝国中驮兽损耗率最高的地区。寇松试图解决这个问题，请求埃米尔允许将铁路网延伸至贾拉拉巴德和坎大哈，但是哈比布拉·汗和父亲一样，再次拒绝了这一请求。

令英国的地缘战略雪上加霜的是，多布斯去赫拉特执行任务时，沙俄与日本的交战正威胁着中国东北地区。1904 年 2 月初，日本率先袭击了中国旅顺口的沙俄海军基地，英国由于刚与日本签署了一项共同防卫协议而被拖进这场代理人战争。沙俄对日本入侵中国东北的回应是，调集大量士兵逼近阿富汗边境。英国担心这一军事集结可能是沙俄发动入侵、钳制英国在印度军事力量的先兆。1904 年上半年，英国预料沙俄能战胜，于是他们更加迫切地需要一份新协议，来保证埃米尔哈比布拉和英国的战略利益绑定起来。但是日本出乎意料地获胜，使得沙俄入侵印度的实力被削弱了。

为监视沙俄军队动向，寇松鼓励多布斯尽可能地拖长其在赫拉特的任务。当哈比布拉·汗最终将他召回时，寇松派多布斯前往喀布尔，借口是他需要向埃米尔简要汇报自己的行动。实际上，多布斯的首要目的是报告阿富汗首都的政治局势，并说服埃米尔恢复英阿联盟。多布斯抵达喀布尔时受到非常热情的接待，同样也非常担心受沙俄威胁的埃米尔向多布斯口头保证有意商讨更新《英阿协议》。

作为回应，寇松派印度外交大臣路易斯·戴恩爵士（Louis Dane）带着一份协议草案前往喀布尔。草案的条款涵盖了"前进政策"长期以来的大部分要求，包括英国军官有权在阿富汗进行军事调查、将印度铁路延伸至喀布尔以及在阿富汗所有的重要省会中心派驻本土新闻记者等。戴恩于 1904 年 12 月抵达阿富汗首都，几周后的 1905 年 1 月，沙俄指挥官将旅顺口拱手交给日本人。沙俄军队撤离的同时，士兵们被从阿富汗边境转运到中国东北。因此，签署新的条约对埃米尔来说就不那么重要了，因为迫在眉睫的入侵威胁已经消除。

戴恩又一次搞砸了自己的使命，当他向哈比布拉·汗展示寇松的协议草案时，遭到埃米尔内部委员会大多数成员的拒绝，其中就包括纳斯鲁拉·汗和阿卜杜拉·库杜斯，而穆罕默德·优素福·汗则威胁说，如果埃米尔签字，他就会向埃米尔开枪。与之前所有的英阿协议一样，英国此次依然要求对方做出重大让步，而自己给出的回报极为有限。寇松的草案甚至限制了埃米尔从印度进口武器的权利，因为英国依然担心大量现代步枪会落入印度境内的阿富汗叛乱分子手中。

埃米尔辩称，1880 年和 1893 年达成的协议是与阿富汗而不是与其父亲个人签署的，因此没有必要再签一份新的协议，这令戴恩方寸大乱。更让戴恩感到不舒服的是，埃米尔指出，如果这些协议像总督认为的那样是私人订立的，那他就更没有法律义务维护父亲做出的承诺。更何况严格来说，他是一个独立的君主，有权自由选择与任何外国势力直接沟通。将戴恩逼入绝境后，埃米尔哈比布拉又表达了商讨新协议的意愿，但戴恩不得不留出时间等待埃米尔的内部委员会对寇松的草案给出官方回复。

戴恩落入了陷阱，他没有依据自己的官方职权坚持要求埃米尔完全在寇松草案的基础上进行谈判，而是同意了埃米尔的条款，将主动权交到了阿富汗人手里。1905 年 1 月，戴恩终于拿到了委员会的反对案，寇松的关键要求一个都没有提及，戴恩发现自己正在协商的实际上是一个完全不同的协议。阿富汗方案的关键前提条件之一是英国承担在阿富汗北部和西部修建一系列防御工事的开支，并支付因驻扎哨所而需增加的阿富汗军事人员的费用。

寇松得知埃米尔的协议草案后非常愤怒。这不仅是因为戴恩违反了权限范围，还因为阿富汗提出的条件无法接受，而且根本没有包含英国的关键诉求。如果这还不够糟糕的话，埃米尔接下来坚持的主张就更为过火，既然英国认为之前的所有协议都随着自己父亲的死而失效，那么现在的阿富汗严格来说是一个独立的主权国家。这对英国而言，后果严重，因为这样一来，埃米尔哈比布拉在法律上就有权重新主张《杜兰德协议》中割让给英国的领土，有权对开伯尔的阿夫里迪人施加影响，甚至可以无视边界划分。

寇松现在陷入进退两难的困境。他起草的协议原本期望当俄军入侵阿富汗时英国可以做出更有力的军事反应，但是戴恩的被骗使阿富汗人变被动为主动，提出了完全不可接受的、代价高昂且背离自己初衷的提议。由于没做好接受阿富汗方面所提条款的准备，寇松认为没有协议比采用一个糟糕的协议更有利，于是他指示戴恩要让埃米尔正式承认 1880 年和 1893 年协议仍然有效。英国首相巴尔福勋爵不赞同，认为在戴恩未促成一项新协议的情况下就把他召回，是一个外交耻辱。经过异常激烈的争吵后，巴尔福命令寇松指示戴恩与阿富汗人签署一项协议，即使协议里没有任何英国原定的条款。

1905 年 3 月 21 日，戴恩和埃米尔签署了《喀布尔协议》。对英国外交来说，这是一大败笔，但它标志着阿富汗迈出了成为独立国家的第一步。让寇松和巴尔福感到宽慰的是，埃米尔重新认可了 1880 年和 1893 年的协议。作为回报，埃米尔能继续获得年度补助，还可以保留从印度无限量进口武器的权利。然而，尽管英国继续掌控着阿富汗的外交事务，协议的名称却显示订立双方为英国和"阿富汗国"，并将埃米尔称为阿富汗的"独立国王"。就帝国权势等级而言，这意味着哈比布拉·汗现在的个人身份更像君主而非英属殖民地的统治者，阿富汗的国家地位也首次获得间接承认。《喀布尔协议》签署 3 个月后，寇松以与巴尔福在中亚政策上存在不可调和的分歧为由辞职。

"戴恩使团"（Dane Mission）失败后，英国开始探索新的方式，保护印度免受沙俄的侵略。此时，沙俄刚刚在日俄战争中落败，英国利用沙俄战败的时机与圣彼得堡进行谈判，意图正式承认阿富汗的中立立场以及国际法规定的缓冲国地位。尽管称埃米尔为独立国王，但英国并没有费心去告知他这些事项，也没有征询他的意见。英国还加强了与日本的军事联盟，以钳制驻扎在中国东北的俄军，降低他们入侵阿富汗的风险。

埃米尔哈比布拉对印度的国事访问

接替寇松的明托勋爵（Lord Minto）在英阿关系上采用了对抗性更弱的方式。抵达印度后不久，他邀请埃米尔前来印度，而哈比布拉·汗也不顾纳斯鲁拉·汗和反英的逊尼派人士反对，接受了邀请。1906 年初，埃米尔抵达白沙瓦，英国官员在随后的 3 个月里使出浑身解数，试图用英国的实力和技术力量打动他。在穿越阿富汗边境时，埃米尔收到英国国王爱德华七世亲自发来的欢迎电报，还享受了和英国总督一样的 31 响礼炮致敬的待遇。他参加了在阿格拉和加尔各答举办的盛大接待会，狩猎老虎，参观皇家造币厂、加尔各答动物园、医院、军工厂以及学校。在参观海军船坞时，他甚至实操了舰炮。回国途中，他还参观了阿里格尔学院（Aligarh），为拉合尔的伊斯兰学院举行了奠基仪式。在这些机构发表讲话时，埃米尔公开支持唯理主义者阿富汗尼的泛伊斯兰主义以及赛义德·艾哈迈德·汗（Syed Ahmad Khan）爵士的神学自由主义及其提出的接触欧洲文化和科学的倡议。此外，埃米尔还激励阿里格尔学院和伊斯兰学院的学生主动接受西方教育、世俗课程以及致力伊斯兰教研究。

在埃米尔背后，很多人对他在印度的举动表示不满。他身边以及喀布尔城中更为保守的人士并不欢迎他支持赛义德·艾哈迈德·汗爵士的阿里格运动，埃米尔与宿敌的友好关系，以及参加有不戴面纱的外国女士在场的派对的做法完全不受欢迎，也不被接受。更严重的是，有报道称，哈比布拉·汗在进入德里清真寺进行礼拜五祷告时没有脱去鞋子，这是英国法律赋予王室的特权，但在伊斯兰教法和阿富汗习俗中却是不可接受的。埃米尔参观位于阿姆利则的金庙，并发言赞美锡克教信仰，这进一步加剧了人们的不满情绪。

最有争议的当属埃米尔请求成为共济会会员，这令英国官员和加尔各答共济会会所都十分尴尬。因为鉴于埃米尔的等级，他不得不一次性晋升三个等级。这样的流程非同寻常，但在政府的施压下，英国共济会总会长亚瑟王子同意破例。入会仪式极度保密，只有埃米尔和几位资深兄弟，以及所有政府要员在场见证。

　　哈比布拉·汗从未解释过为何要加入被阿富汗人称为遗忘之家（Faramush Khana）的组织，但是他的入会悍然无视了逊尼派乌里玛的一项裁定：共济会会员资格与伊斯兰教徒身份不能兼得。埃米尔可能认为，入会是对其国王和改革者新身份的确认，因为欧洲大多数君主都是共济会的会长。此外，尽管伊斯兰教明令禁止，许多穆斯林统治者以及知识分子和政治改革者都是兄弟会

身着正装的埃米尔哈比布拉·汗。

执政期间，公务人员和朝臣们都必须穿西装，这项政策并不受欢迎，尤其是对保守的穆斯林。

成员，他们视之为自身现代思想和自由主义的标志。阿尔 - 阿富汗尼的埃及同行穆罕默德·阿布杜赫（Muhammad Abduh）和土耳其联合进步党领导人以及许多带头的阿拉伯民族主义者，都是共济会成员。出现这种状况的一个原因是，共济会会所是少有的几个革命者们可以十分秘密地分享激进观点的地方之一——因此波斯语称之为"共济会小屋"（分会），这些观点在共济会会所以外的地方会被认为是叛国或者异端。极有可能，鼓励埃米尔加入共济会正是马哈茂德·塔尔齐，因为这样他就有可能与贝鲁特、开罗及大马士革的共济会会长熟识，这些地方都是革命的、反殖民的以及民族主义活动的温床。[9]大马士革的第一家共济会会所在塔尔齐家族抵达叙利亚的前几年就开设了，其成员包括高级别军事和民事官员、知识分子、阿拉伯和土耳其民族主义者以及自由思想家。事实上，塔尔齐及其兄弟和侄子们很可能就是大马士革某个共济会会所的成员。

埃米尔的行为引起身边很多人的不满，在他访问印度期间，有传言说有针对他的刺杀计划。哈比布拉·汗返回喀布尔后，受到暴风般的批评，因为他加入共济会的消息已经泄露，一些宗教领袖公开指责他皈依了基督教。埃米尔最终公开承认自己已是共济会成员，这进一步助燃了对手的愤怒。为抑制来自宗教精英的批评，埃米尔处决了 4 名发声最多的毛拉，并开始巡游全国，以争取民众支持。

访问印度期间，哈比布拉·汗迷上了所有的西式物品。回到喀布尔后，他开始立刻引入现代技术和西方习俗，但方式随意且业余。他下令制作一面王室旗帜，给每个兵团分配颜色，设计了阿富汗的第一面国旗，并在瓦格纳的歌剧《齐菲尔》①的曲调基础上创作了国歌——在印度时他听过这首歌。他"鼓励"穆罕默德扎伊人使用西方风格的姓氏，要求公务人员和政府官员穿西装上班，土耳其毡帽（fez）和大尾绵羊（Karakul）毛皮帽子取代了头巾。

---

①　瓦格纳的一部歌剧。齐菲尔是德国民间史诗中的英雄。——译者注

埃米尔招募了很多外国专家，用于扩大制造业规模并监管新宫殿、政府大楼和大坝的建设项目。一名美国工程师负责监督修建位于贾巴尔萨拉吉的阿富汗第一座水电站大坝，大坝将为喀布尔的马申卡纳兵工厂（mashin khana）、政府部门以及埃米尔的居所供电；喀布尔和帕格曼之间的加尔加大坝（Qagha Dam）则为首都供应饮用自来水。埃米尔的住所和政府办公室之间，喀布尔、贾拉拉巴德、帕格曼和国王在拉格曼的山间行宫之间都开通了电信联系。但是埃米尔仍然拒绝将喀布尔接入印度的电信网络。英国总督向埃米尔赠送两辆劳斯莱斯汽车后，修建了新的道路和铁桥以方便哈比布拉·汗和家人在首都和周边村庄行驶。埃米尔还带回了相机，并成为一名狂热的摄影师。他的爱好还包括高尔夫和网球。执政后期，埃米尔在这些享乐上花的时间越来越多，以至于严重耽误国事。

英阿关系及《英俄公约》

尽管埃米尔在印度受到了热情接待，在他回国的第二年即 1907 年，随着《英俄公约》在 8 月的签订，英阿关系进一步恶化。戴恩使团的失败引发了异常艰难的谈判，公约最终正式确认了沙俄和英国在波斯、阿富汗的势力范围。沙俄承认阿富汗在英国的势力范围内，前提是英国不会入侵阿富汗。作为回报，英国也认可沙俄有权与阿富汗官员进行平等贸易和直接沟通与政治无关的问题。这对埃米尔而言本该是一种胜利，但是英国再次无意通知埃米尔有关谈判及谈判结果事宜。哈比布拉·汗知悉公约条款的时间，是在它签署的一个月后，当时明托勋爵写信给埃米尔，要求他在文件上签字，因为只有当哈比布拉·汗正式签字同意后公约才具有法律效力。读完公约条款后，埃米尔感到既羞辱又惊恐。纳斯鲁拉·汗和大多数王室委员会成员都反对这项协议，并对英国与沙俄协商涉及国家主权问题时将阿富汗排除在外表示愤怒。最后，哈比布拉·汗拖延了将近一年才对协议做出正式回应。

《英俄公约》的细节最终还是在公众面前曝光，这助长了阿富汗人反英情绪的上升。1908 年 5 月，哈达毛拉宣布圣战，支持莫赫曼德人和阿夫里迪人的反英起义，数千名部族男子涌入楠格哈尔参加这场运动。纳吉姆·丁（Najm al-Din）请求埃米尔做圣战者领袖，但哈比布拉·汗迟迟未作回应，于是，阿卜杜拉·库杜斯宣布自己有意接管军队并入侵印度。纳斯鲁拉·汗暗地里鼓励圣战，对英国步枪通过印度边境被出售给叛军视而不见。几个月后，约 1 万名贾姆希迪人穿过边境逃入彭迪绿洲并开始袭扰阿富汗领土，这给《英俄公约》带来了更大压力。沙俄官员最终劝说大部分人返回了阿富汗，但是，其他人以及首领们在俄罗斯突厥斯坦得到了庇护，尽管埃米尔对此表示反对。

埃米尔无节制地拖延签署公约的做法令英国政府处境困难。开伯尔的叛乱形势严峻，数千名哈达毛拉的支持者穿越"杜兰德边界线"加入起义队伍，于是英国官员认真考虑占领贾拉拉巴德事宜。但是这一想法被搁置了，因为该行动有违《英俄公约》，会为沙俄占领巴尔赫与赫拉特大开方便之门，而且这种情况可能导致两国开战。埃米尔哈比布拉也进退两难，他没有兴趣支持哈达毛拉的圣战，但他也不敢对抗如此有影响力的人物，尤其是对方有纳斯鲁拉·汗和王庭中反英派的支持。同时，埃米尔深知他不可能打赢与英国的战争，而且这意味再也不能获得"上帝赐予的资金"，因为英国的补贴是众所周知的，而且对阿富汗的财政偿债能力至关重要。[10] 此外，这场行动极有可能会以英国再次派军占领坎大哈和贾拉拉巴德而收场。

1908 年 8 月，埃米尔终于在一封附有超过 50 页详细评论的信函中对《英俄公约》做出了正式回应。这份主要由纳斯鲁拉·汗和阿卜杜拉·库杜斯执笔的回应，毫不留情地批评了《英俄公约》，指出它不仅损害了英国保证阿富汗独立的承诺，而且，在阿富汗人眼中，它是国家解体的序幕。埃米尔因此拒绝签署公约，除非进行重大修改。由于英国和俄国都不准备再次协商公约或是对已有文件做任何改动，两国官员一致同意遵守条款，即便埃米尔反对。

立宪党阴谋

对哈比布拉·汗的统治及其毫无计划的现代化尝试的不满，以及对阿富汗政治改革措施匮乏的不满情绪，导致阿富汗在 1908 年出现了第一个政党。1908 年秋，埃米尔收到一封匿名信件，信中要求他实行君主立宪制，并威胁如果"不按该要求办，就要承担相应的后果"。[11] 这封信是以立宪党（Hizb-i Mashruta）的名义写的。此次运动还采用了秘密国家党的名义，史料中关于这个极为神秘的组织的信息极其有限，它很有可能是更为广泛的宪法运动中的一个激进的革命派别。[12]

立宪党大概是从一个月前发生在土耳其的全国宪法党叛乱中汲取了灵感，那场暴动迫使奥斯曼苏丹恢复了 1876 年宪法。两年前，伊朗立宪党（Hizb-I Mashrutiyya）曾逼迫沙阿·穆扎法尔·丁·恺加（Shah Muzaffar al-Din Qajar）承认伊朗的第一个国民议会和以比利时宪法为模板制定的宪法。毫无疑问，埃米尔哈比布拉是知道这些叛乱的，但他并不打算交出自己的任何专制权力，而且出于对性命的担忧，他命令喀布尔市警察局长米尔扎·穆罕默德·侯赛因·汗追捕密谋者。埃米尔这样做无意间为改革运动的反对者们提供了摧毁他们个人和意识形态敌人的绝佳机会。

1909 年 3 月的第一周，一位不愿透露姓名的线人指认哈比比亚学院的校长阿卜杜勒·加尼博士（Dr Abdul Ghani）为立宪党阴谋的领导者，宣称他和在学院执教的两个兄弟计划要毒害埃米尔，夺取王位。最后，大约有 300 人因此被逮捕，受到审问，不过一周后许多人被释放。[13] 加尼博士、他的两个兄弟以及其他几个印度公民和被控的阴谋领导成员在阿富汗的一家监狱里被囚禁了 10 年。加尼和其他印度人没有被处决的唯一原因是他们的英国公民身份。被逮捕的人包括毛拉维·阿卜杜·拉乌夫·阿洪扎达（Maulawi 'Abd al-Ra'uf），他是伊斯兰法德高望重的倡导者并以卡其布（Khaki）为笔名进行诗歌创作。他还是毛拉法伊扎拉的直系后人、国王帖木儿·沙阿的导师。[14] 他的父亲阿卜杜拉·拉希姆（Abd al-Rahim）因颁布宗教声明谴责埃米尔阿卜杜·拉赫曼·汗政府是异教徒，和其他宗教领袖一起被埃米尔阿卜杜·拉赫曼·汗处死在伊沙里夫神庙的门槛前。1905 年底，阿卜杜·拉乌夫得到阿卜杜拉·库杜斯的许可，创办了阿富汗的第一份私人报纸《阿富汗新闻之光》（*Seraj al-Akhbar-i Afghanistan*），但发行一期后就遭停刊。[15] 被捕时，阿卜杜·拉乌夫是皇家伊斯兰学校的首席督导官及法庭毛拉（Mullah Huzur）。

阿卜杜·拉乌夫的两个儿子也遭到了扣押。长子阿卜杜·拉布·阿洪扎达（'Abd al-Rabb Akhundzada）是埃米尔哈比布拉的私人精神顾问，也是哈比比亚学院的一名教师。他帮助建立阿富汗第一所教师培训学院，并在国家教育政策的制定方面发挥了突出作用。阿卜杜·拉乌夫的小儿子毛拉维·阿卜杜拉·阿尔瓦西（Maulawi al-Wasi）是新兴的普什图文学运动的领军人物，也是普什图民族主义的倡导者。阿卜杜·拉乌夫、他的儿子们以及很多家庭成员都在监狱中度过了大约 10 年，直到阿曼努拉·汗掌权后才重获自由。阿卜杜拉·瓦西随后成为起草尼扎姆纳马斯（Nizam Namas）草案的委员会主席，该草案是阿富汗第一部宪法的基础。其他被逮捕的知名人士还有：查哈尔巴格（Chahar Bagh）的哈兹拉特的一个亲戚；阿卜杜拉·库杜斯的一个儿子；马哈茂德·塔尔齐的侄子纳吉布·哈比布拉·汗（Na' ib Habib Allah KhanSeraj）；梅马内的乌兹别克埃米尔的后人古拉姆·穆罕默德·莫萨瓦尔·梅马内吉（Ghulam Muhammad Mosawar Maimanagi），他曾在巴黎求学、在美术学院执教；以及《阿富汗新闻之光》的作者法伊兹·穆罕默德·卡蒂布。

7 个人死于枪口下，其中包括纳齐尔·穆罕默德·萨菲尔·汗（Nazir Muhammad Safir Khan），他曾任埃米尔阿卜杜·拉赫曼机密顾问，还兼王室印章的保管员，以及令阿卜杜·拉赫曼·汗忌惮的内部安全事务负责人。作为王室厨房的监督员，萨菲尔·汗还负责确保无人向国王的食物里投毒。但在阴谋被揭露时，萨菲尔已经入狱，在被发现曾偷偷向莫赫曼德和阿夫里迪叛军出售武器后，他又被指控非法使用王室印章。萨菲尔的长子是哈比比亚学院的一名学生，和来自坎大哈的伊斯兰学者、《阿富汗新闻之光》的作者毛拉维·穆罕默德·萨瓦尔·瓦塞夫（Maulawi Muhammad Sarwar Wasef）一起被处决，《阿富汗新闻之光》是受埃米尔哈比布拉委托翻译的奥斯曼哈乃斐法典的波斯语译本。瓦塞夫被捕时受雇做《阿富汗新闻之光》的抄写员。遭受酷刑后，瓦塞夫承认自己是运动的领袖，也是给埃米尔的匿名信件的作者。被处死前，他偷偷给一名同伴送出一张字条，宣称自己非常高兴能为自由事业献身。

尽管存在这些逮捕和处决事件，"立宪党阴谋企图刺杀并废黜哈比布拉·汗"这一官方说法仍然经不起审核和推敲。英国情报机构对这个阴谋捉摸不透，[16] 他们一开始认为纳斯鲁拉·汗和阿卜杜拉·库杜斯是幕后主使，尽管他们认为这二人支持推动立宪政体的想法是荒谬的，同样不可信的还有对古吉拉特印度人加尼博士计划立自己为阿富汗埃米尔的指控。至于纳斯鲁拉·汗，他尝试说服埃米尔相信英国是政变的幕后推手，但没能成功。后来政府宣称密谋者大多是军官，但是除了萨菲尔，没有一个受指控的头目有军衔。

大多数被告都有支持前埃米尔雅库布的家族史，一些人还曾在埃米尔阿卜杜·拉赫曼的政府里任高官。很多人来自坎大哈，宗教学者们曾在皇家伊斯兰学校接受过教育，阿卜杜·拉赫曼设立该机构的目的是培训一批忠诚的乌里玛，推广支持君主政策，抵消激进、独立且通常反政府的宗教领袖的伊斯兰模式。一些所谓的头目在教育和法律改革中也起到了积极作用，他们与哈比比亚学院有着密切的联系。萨菲尔·汗是个例外，他在意识形态上与保守的逊尼派一致，是对哈比比亚学院和埃米尔的教育政策直言不讳的批评者。因此，萨菲尔·汗是最不可能支持类似立宪党这样运动的人。

证据表明，"立宪党阴谋"实际上是对更为险恶的事情的一种掩盖。引发政治迫害的夜间急报的送达时间似乎是为取得最佳效果而设定的，因为当时埃米尔正在从严重的疾病中逐渐恢复，他的症状之一就是急性妄想症。真正的策划者考虑到埃米尔的精神状态，认为刺杀阴谋会令哈比布拉·汗在恐惧中下令逮捕和处决阴谋者，不会刻意弄清指控的真实性。实际情况正是如此，那些策划了这场阴谋的人腾出手来压迫、抹黑改革者，同时摧毁他们的私敌。

根据加尼博士的描述，任命印度人管理哈比比亚学院的做法引起了王庭中许多权势人物的极大妒忌。后来加尼博士任校长，取代因遭到其两个兄弟人格诽谤而被解职的印度医生古拉姆·纳比，敌对情绪进一步激化。掌握哈比比亚学院的控制权后，加尼博士立刻解雇所有纳比博士任命的人员，替换成自己指定的人选。之后，加尼博士鼓励发展基础教育，说服很多毛拉用他们的清真寺来传授基础教育知识，甚至还为宗教领袖们开设了教师培训课程。课程的成功打动了埃米尔，他额外拨款 10 万卢比用于项目推广，加尼博士在被捕前不久还向哈比布拉·汗提出了一系列建议，包括将基础教育扩展到每个省份、修建一所大学以及开放一所职业技术学院。他甚至获得埃米尔的许可，重新发行一份报刊，应该正是阿卜杜·拉乌夫的《阿富汗新闻之光》。

纳斯鲁拉·汗和阿卜杜拉·库杜斯反对加尼的教育计划并催促埃米尔拒绝其提议，声称这些都是摧毁伊斯兰和"阿富汗生活方式"的阴谋。就纳斯鲁拉·汗而言，哈比比亚学院本应该是专用于穆罕默德扎伊人接受伊斯兰教育的伊斯兰学校，但阿卜杜拉·库杜斯在多个场合宣称穆罕默德扎伊人统治的稳固完全取决于"（阿富汗）臣民彻底的无知"。[17]纳斯鲁拉·汗对加尼的反对也是出于个人缘故，因为身为教育部长，他却被埃米尔架空，埃米尔把大笔预算的控制权交给了加尼，后者可以在不知会纳斯鲁拉·汗的情况下任意支配。

加尼博士显然没有意识到正在给自己树立强大的敌人，他继续推进教育项目并开始涉足更加危险的领域。在他的领导下，哈比比亚学院成为政治异见的温床，学生们公开讥讽埃米尔和他的朝臣是"愚蠢的老傻瓜"。一些教师和学生加入了，来自坎大哈、具有改革意识的伊斯兰学者发起立宪党运动，他们在老城的一家清真寺秘密聚会。加尼对这个秘密运动有了解到何种程度尚不得而知，但是他没采取任何镇压行动，也没斥责这些鲁莽的年轻人。相反，他决定开设晚课讨论"政治经济"。他的初衷应该是出于思想的而非政治目的，但加尼博士本该知道在这样一个世代由偏执的独裁者统治的国家，有比公开讨论这些话题更好的做法。安排这些讲座的决定，为他的敌人们提供了反对他的借口。

有两个人尤其需要对加尼的垮台以及策划刺杀埃米尔的阴谋负有责任，或者至少是推波助澜。第一个是古拉姆·纳比博士，因被加尼及其兄弟废黜哈比比亚校长一职而与他们结下了宿怨。1908 年冬天，哈比布拉·汗召纳比博士回阿富汗医治自己的急性疼痛，这是他的疾病症状之一，因为上一次疼痛发作时，纳比博士曾设法治愈了。医治过程中，纳比博士利用埃米尔对自己的信任指责加尼及其兄弟们是激进的革命者和英国密探。

加尼的另一个敌人更为强大。米尔扎·穆罕默德·侯赛因·汗·萨菲（Mirza Muhammad Husain Khan Safi）是埃米尔的穆斯托菲（首席财务官司），同时也是喀布尔警察局长、东部省份国内安全长官以及贾巴尔萨拉杰附近穆拉德贝格城堡的萨菲部族酋长，后被尊称为侯赛因·科特（Husain Kot），以示敬意。[18] 穆斯托菲指挥着一支重要的地方武装，在意识形态上与逊尼派一致，与朔尔巴扎的哈兹拉特（Hazrat of Shor Bazaar）联系紧密，其家族精神导师毛拉纳·阿卜杜拉·哈伊·潘杰希里（Maulana 'Abd al-Hai Panjshiri）毕业于德奥班德神学院。受雇监督贾巴尔萨拉杰水电项目的美国工程师杰维特称穆斯托菲"诡计多端、寡廉鲜耻"；[19] 喀布尔瓦基勒（wakil）则提到，他"极端顽固和保守"，"天生厌恶埃米尔的西化生活方式"。穆斯托菲对加尼博士及其教育政策产生了个人厌恶，而加尼则指控穆罕默德·侯赛因是导致自己 12 岁儿子在自己入狱几年后被冷酷杀害的幕后黑手。

身为哈比比亚学院的学生，穆斯托菲的儿子们无疑告知了父亲有关加尼博士的动向、公众对政府官员的嘲讽，以及一些师生已经加入一个秘密政党的事实。为了清除这些王室的批评者，侯赛因·汗·萨菲制作（有可能是伪造）了那份据称来自立宪党的匿名信件，因为他知道自己会受命追捕罪魁。的确，根据加尼的说法，正是穆斯托菲让埃米尔相信了这场阴谋的始作俑者是他和他的兄弟们。所以侯赛因·汗在获得王室批准后，能够清除哈比比亚的印度教师，并逮捕改革运动的领头人物，其中包括因进步思想而闻名的宗教学者和文学界人士。与此同时，穆斯托菲还削弱了埃米尔对教育自由化的信念，终止了对国家法律和社会框架的改革，并且除掉了自己的私敌。

至于纳齐尔·穆罕默德·萨菲尔，他和穆斯托菲一直是宿敌，因为穆斯托菲曾经取代他成为喀布尔警察局长以及安全部门负责人，并且可能是致其入狱的推手。虽然纳齐尔·穆罕默德·萨菲尔与改革运动毫无思想瓜葛，但穆斯托菲仍然指责他是立宪党运动的首脑，并最终将其处死。根据杰维特对这场阴谋的含混不清的记录，穆斯托菲策划阴谋的部分原因是出于嫉妒，还有一部分是，这样他就可以控制喀布尔海关的收入。[20]

不是每一件事都朝着穆斯托菲希望的方向发展，因为尽管他一再尝试，埃米尔却始终拒绝签署加尼博士及其兄弟们的死亡执行令，可能是因为处决他们会给英阿关系造成严重后果。哈比比亚学院最后也没有落入伊斯兰反对者手中。相反，埃米尔任命自己的长子兼继承人伊纳亚特·拉汗（Inayat Allah）为教育部长，西方科学得以继续传播。但是埃米尔确实打击了政治辩论和政治异见，解散了自己的咨询委员会，并且恢复了父亲的专制传统。

"立宪党阴谋"引发的诸多未解难题之一是马哈茂德·塔尔齐和他的青年阿富汗党成员的角色问题，后者几乎可以等同于立宪党。像许多被指控参与了阴谋的人一样，塔尔齐家族有支持埃米尔雅库布和阿尤布的历史，塔尔齐的一些青年阿富汗党成员也遭到了逮捕，其中就包括他的侄子。后来塔尔齐聘用了一些涉嫌参与阴谋的人来做自己的报纸编辑，并发表了他们的文学作品。因此很难相信马哈茂德·塔尔齐对立宪党一无所知，或未参与所谓的废黜埃米尔哈比布拉的阴谋。一名阿富汗要员甚至告诉杰维特，主谋是"（埃米尔的）堂兄弟被流放到突厥斯坦的儿子"，这一说法明确指向马哈茂德·塔尔齐或他的侄子，因为塔尔齐的父亲此时已经去世。很显然，一些官员相信马哈茂德·塔尔齐在此次阴谋以及立宪党运动中起了主要作用。

如果马哈茂德·塔尔齐真像看上去的那样是立宪党宪法运动或国家秘密的

领袖人物，为什么他没有和侄子一起被逮捕，而且他的侄子没有被处决？两位塔尔齐是否出卖了其他密谋者以换取自己的性命？马哈茂德·塔尔齐有没有秘密谋划废黜埃米尔哈比布拉？可能我们永远都不会知悉这些问题的答案，因为塔尔齐家族基本不可能公开会导致后人及阿富汗君主主义者赋予他的圣人形象受到玷污的任何文件。

马哈茂德·塔尔齐、《阿富汗新闻之光》及阿富汗民族主义

我们所知道的是，镇压立宪党标志着马哈茂德·塔尔齐政治力量的崛起。在哈比布拉·汗执政的最后 10 年里，马哈茂德和他的兄弟子侄是教育和新闻领域的领军人物，同时还领导了社会改革运动。塔尔齐还利用自己新获得的影响力保证了在教育、健康领域和军事学院里任用土耳其人为顾问。"立宪党阴谋"被镇压后的几个月，马哈茂德·塔尔齐的政治力量和王朝权力因为联姻得到了加强，他的长女嫁给了法定继承人伊纳亚特·拉汗，几年后另一个女儿索拉娅也和未来的阿富汗埃米尔阿曼努拉·汗订立了婚约。塔尔齐也成为索拉娅的丈夫阿曼努拉·汗的导师，这位阿富汗未来的埃米尔在埃米尔哈比布拉的儿子中是最具自由精神和改革思想的人。这么多的联姻意味着塔尔齐家族的命运与萨拉杰王朝息息相关。

1911 年 10 月，马哈茂德·塔尔齐得到官方许可恢复阿卜杜·拉乌夫创办的报纸，并将其更名为《阿富汗新闻之光》。[21]《阿富汗新闻之光》是双周刊，每次印制 3000 份，分发给每个政府部门，订阅费从公务人员的薪酬里扣除。塔尔齐坚持认为这份报纸不是官方刊物，但这种说法至少可以说是不诚实的，因为塔尔齐从埃米尔处获得了可观的薪酬，报纸印刷也由公务人员薪水补贴。事实上，官员们都将《阿富汗新闻之光》视为宫廷通告。

塔尔齐明确表示要将《阿富汗新闻之光》打造成"知识的集市"，尽管发行量相对较小，它仍然对受过良好教育的阿富汗人产生了深远影响。发行 7 年

中，《阿富汗新闻之光》的话题涵盖了文学、科学、地理、经济理论、技术以及哲学等，还刊登了大量欧洲作品的译本。在翻译过程中，塔尔齐还将许多外来借用词引入阿富汗波斯语。对很多阿富汗人而言，这份大开本报纸是他们与欧洲文化、文学及科技世界的第一次接触。

许多人对《阿富汗新闻之光》有过贡献，包括阿卜杜·拉乌夫、洛伊纳布·阿里·艾哈迈德（Loynab 'Ali Ahmad）以及普什图诗人阿布德·哈迪·达维（Abd al-Hadi Dawai），但是大多数的文章是由塔尔齐撰写或翻译的，这份报纸在本质上就是塔尔齐宣传其泛伊斯兰愿景、民族主义和现代化的工具。和当时大多数穆斯林改革者一样，塔尔齐辩称，伊斯兰教与西方教育、科学和技术并没有内在冲突。这一观点与大多数阿富汗宗教界人士的看法背道而驰，后者所持的传统观念认为，所有必要的知识都包含在《古兰经》《穆罕默德言行录》（*Hadith*）和《圣训》之中。塔尔齐反对这种狭隘的世界观，并指责宗教界将民族置于知识的暗界、宣扬迷信和蒙昧主义。这样的争论使塔尔齐和他的青年阿富汗党成了宗教界的强大敌人，不但没有说服宗教界接受改革，反而让他们的想法更加稳固，因为他们害怕塔尔齐和他的圈子会破坏这个国家赖以发展的整个伊斯兰框架。毕竟，塔尔齐在意识形态上的对手非常清楚土耳其青年党和坦齐马特时代激进、反伊斯兰教法的意图。

可以说塔尔齐的政治愿景中最为重要和持久的一点就是促进一种新的民族认同，这一争论随后为他带来了"阿富汗民族主义之父"的称号。但是塔尔齐的民族主义观点绝不是独创的，基本上是对土耳其青年党的政治哲学的重铸。塔尔齐所构建的民族主义的基本前提就是他所称的阿富汗尼亚（Afghaniyya，Afghaniyyat 的复数）——即阿富汗性（Afghanness）或阿富汗主义（Afghanism）——这个术语由塔尔齐创造，但等同于"土耳其主义"一词。正是这种民族中心主义世界观促使塔尔齐将阿卜杜·拉乌夫的报纸名称从"阿富汗"（Afghanistan）改为"阿富汗尼亚"（Afghaniyya）。塔尔齐认为"阿富汗"（Afghan）和"普什图"（Pushtun）是同义词，而"阿富汗尼亚"则越来越趋同于"普什图性"（Pushtunness）和普什图语言，尽管普什图性本质上是指阿富汗—印度边境的山区部落的价值观和身份认同，而非那些自称阿富汗人的群体所推崇的东西。一些阿富汗部落，例如居住于城市的杜兰尼人，与其说是普什图族，不如说是波斯族。

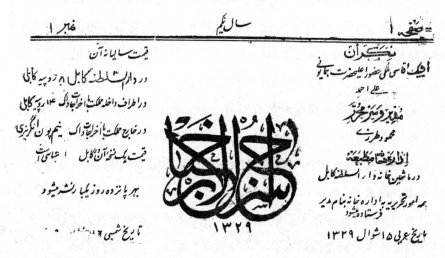

马哈茂德·塔尔齐的第一期《阿富汗新闻之光》的报头。出版于伊斯兰教历 1329 年 15 日，即 1911 年 10 月 8 日。它的内容从很多方面来说都是革命性的，塔尔齐利用它来推广自己的新民族主义。但是，《阿富汗新闻之光》并不是阿富汗出版的第一份报刊。

尽管如此，塔尔齐的阿富汗尼亚仍被采纳为君主国的民族主义论调的一部分，并为杜兰尼人统治阿富汗正名，即为"阿富汗人的土地"的神授权利提供了一个思想外饰。毕竟塔尔齐是有着萨多扎伊血统的穆罕默德扎伊人。塔尔齐认为，尽管波斯语从萨多·汗（Saddu Khan）时期就是杜兰尼王朝的官方语言，也是商务和外交语言，但阿富汗人的国家语言（zaban-i milli）应该是普什图语。这种争论忽略了一个事实：大部分阿富汗公民并不说普什图语，对他们大多数人而言，它是一门外语。然而，塔尔齐坚称波斯语不能作为国家语言，因为它不是阿富汗独有，而且已经是什叶派波斯的官方语言了。塔尔齐因此将阿富汗波斯语降级为官方语言（rasmi），而不是国家语言。同世纪后期，为了离间阿富汗波斯人和他们在波斯的亲属，政府正式将喀布尔方言（Kabuli dialect）更名为达里语，借口说它是莫卧儿王庭里所使用的波斯语。塔尔齐更为实际的做法是鼓励他的读者们用普什图语发表文章和诗歌，并雇用一位说普什图语的员工将作品翻译成普什图语。即便如此，《阿富汗新闻之光》发表的普什图语文章还是很少。讽刺的是，最长的普什图语作品投稿来自一名住在土耳其的阿富汗人。另一个具有讽刺意味的事实是，虽然塔尔齐的第一语言是土耳其语，但他从未使用阿富汗的突厥语系语言发表过任何作品，无论是乌兹别克语、察合台语还是其他语言。

塔尔齐的"阿富汗尼亚"起到的作用远不止于仅仅促进了普什图语文学和文化的复兴，他认为阿富汗语应该成为所有阿富汗公民唯一指定的官方身份象征，而无视阿富汗是一个多元文化、多民族国家的事实，这个国家的主要人口从过去到现在一直包括那些非阿富汗族裔。因此塔尔齐寻求对所有非阿富汗民族语言的群体人为地强加一个外来身份，这样做间接加剧了宗派、地区和民族分裂，疏远了已沦为少数民族的大批民众。这种做法就好像是英国政府坚持让所有的苏格兰人、威尔士人和北爱尔兰人在护照上标明是英格兰人一样。

塔尔齐将国家身份定义为四个相互关联的元素：宗教（din），他界定为逊尼派的哈乃斐学派；爱国主义（daulat dosti），祖国（watan），国家（millat），它是其他三元素的结合。这些术语大多源自土耳其民族主义用语，但是其含义在阿富汗有细微的差别。比如，在喀布尔波斯语口语中，"watan"并不指祖国或是国家，而是指一个人的出生地区（例如潘杰希尔、赫拉特、瓦尔达克或马扎尔），而奥斯曼土耳其语"millat"一词甚至指涉帝国里大量的非穆斯林人口，但除了少数受过教育的阿富汗人外，该词的含义已经丢失。至于"daulat"一词，根据它的语境，可以表示王国、领域、政府、王朝，甚至财富和财产，而"daulat dosti"，即"爱国主义"或直译为"对国家的爱"，很可能是塔尔齐自己创造的。

与20世纪初的土耳其不一样，阿富汗此时并无国家认同的概念，至少在欧洲人看来是这样。按照传统，部落和宗教领袖代表整个部落和追随者向埃米尔个人，而非国家或是王朝宣誓效忠。与中世纪的欧洲一样，每当新的统治者上台或是重大叛乱结束后，这种誓言就会进行更新。作为回报，大家期待埃米尔身为"酋长们的酋长"，能够拨付王室资助并维护酋长们的传统自治权。

宗教精英们则希望埃米尔能够在由乌里玛组成的委员会指导下，按照伊斯兰教法进行统治。严重违反伊斯兰教法的行为被认为是叛乱的充分理由，并谴责埃米尔及其政府为异教徒。根据伊斯兰法律，人民有宗教义务推翻受到此种正式指控，或曾严重违反伊斯兰法律的任何统治者，如效忠罪、宗教革新或异端。当国家陷入战争时，埃米尔并不呼吁爱国主义、"国家利益"或是"保卫领土"，而是依赖伊斯兰教和效忠誓言。按照传统，在进行任何军事行动前，埃米尔会寻求获得一份宗教声明，赋予战争以宗教合法性。军中招募自部落的士兵们则效忠于自己的部落和宗教领袖，而非国家、政府或元首。

塔尔齐的"阿富汗尼亚"充斥着从土耳其民族主义思潮里截取和复制的杂乱观点，对阿富汗和普什图社会的流变缺乏理解，而且它满是讽刺。因为尽管塔尔齐是阿富汗族裔，但他不会说也读不懂普什图语，他和父亲都是用波斯语进行文学创作。普什图语并不是有文化修养的人或是整个国家的语言，说普什图语的主要人群大多数是目不识丁的农民、游牧民以及阿富汗—印度边境半独立的山区部落居民。实际上，除了库沙尔·汗·哈塔克（Khushhal Khan Khattak）和其他几个人的杰出作品外，20 世纪的前几十年里，普什图语几乎不能算是一种书面语言，更别说是一种文学语言了。普什图语作为书面语言是在英国占领旁遮普后才开始的，当时边境的官员们被要求学习普什图语，传教士们也将基督教《新约》和其他宗教典籍翻译成了普什图语。因此，塔尔齐倡导普什图语作为阿富汗国家语言就相当于英国政府想让威尔士语成为英国的国家语言。尽管如此，塔尔齐的"阿富汗尼亚"成了后续所有保皇派—民族主义话语的基石。

很多青年阿富汗党的党员像土耳其青年党的党员一样走得更远，他们将

"阿富汗尼亚"和社会达尔文主义、德国的种族至上主义以及雅利安主义混为一谈。雅利安主义流行于 20 世纪早期，源自对《东方圣书》的错误解读，这是由德国出生的东方主义学者马克斯·穆勒撰写的对《吠陀经》和《阿维斯塔》的比较研究作品。基于这些古老的印度和波斯圣言文本的语言学及神学上的相似点，穆勒假定曾经存在一个他称之为"雅利安人"的古老民族，居住在中亚的某个地方，所说的语言是后来的梵语、希腊语和波斯语的前身。根据穆勒的理论，雅利安人最终向南方和西方迁徙，将吠陀宗教带到了印度，将拜火教带到了伊朗，而在欧洲他们是北欧民族和日耳曼民族的祖先。

穆勒的雅利安理论后来被强行用于为德国纳粹党和其他法西斯运动的种族主义理论正名，同时也对土耳其和阿富汗的民族主义发展产生了深远影响，印度也深受其影响，而且"对雅利安理论的接受加强了民族主义历史书写中印度习语的使用"。[22] 塔尔齐可能是从印度革命者和难民马亨德拉·普拉塔普（Mahendra Pratap）那里第一次听说雅利安理论，后者是 1915 年德国使团的成员之一。使团任务结束后，普拉塔普留在了喀布尔，塔尔齐在《阿富汗新闻之光》上刊登了几篇他的文章。多年后，普拉塔普出版自己的阿富汗回忆录时，将书名定为《阿富汗：雅利安的心脏》（*Afghanistan: The Heart of Aryan*）。

随着阿富汗民族主义与雅利安主义日渐交织在一起，很多阿富汗知识分子开始宣称普什图语是原始雅利安语。尽管这一理论基础薄弱，但它让普什图语的倡导者们得以断言自己的语言比伊朗波斯语更为古老，并认定在王朝铭文中自称是雅利安人的阿契美尼德王朝实际上是阿富汗人。之后在 20 世纪，普什图学院的成员将巴尔赫，即古代的巴克特里亚（Bactra），认定为雅利安人最初的家园，而一些更为激进的普什图主义者则声称普什图"人种"是赫仑福克（Herrenvolk），即主族。自 20 世纪 40 年代起，政府开始在国家机构名称中使用"雅利安"一词，包括国家航空界和新闻界。"雅利安"甚至成了阿富汗的代名词。塔尔齐的"阿富汗尼亚"的另一影响是催生了普什图斯坦运动，旨在寻求杜兰德线两侧的普什图部落的政治"再统一"。20 世纪 60 年代，建立"普什图斯坦"成为官方政府政策，不过这一想法最早是在 1916 年由奥朗·沙阿博士（Dr Aurang Shah）提出的，他是第一批在加利福尼亚求学的阿富汗人之一，在美国建立了阿扎德·普什图斯坦协会。[23]

然而，塔尔齐在两个重要方面背离了土耳其青年党的民族主义愿景。他坚定拥护君主制，并主张将伊斯兰教法确立为国家法律系统的永恒基础。身为穆罕默德扎伊人，两个女儿都嫁给了哈比布拉·汗的儿子，塔尔齐在维护王朝的现状上有自己的既得利益，甚至连他的报纸名《阿富汗新闻之光》都是对君主制的肯定和支持。对塔尔齐而言，爱国主义不仅意味着对祖国和宗教的热爱，还意味着对埃米尔、杜兰尼王朝以及整个君主制的忠诚。[24]

对于伊斯兰法律的作用，塔尔齐持两极立场。一方面，他攻击伊斯兰领袖们的愚昧和迷信，另一方面他又认为哈乃斐主义——可以说是伊斯兰法律体系中最保守的学派——应该继续充当阿富汗社会、法律体系的基石。因此塔尔齐支持目前的政治和宗教崇拜现状，因为这个时期土耳其、伊朗和阿拉伯国家的穆斯林民族主义者纷纷要求对行政和法律体系进行彻底改革，包括要求出台一部基于欧洲法律规范的宪法，伊斯兰教政教分离、民主议会以及共和主义。根据这些改革者的说法，君主制的独裁本质和乌里玛把持的国家立法是影响现代化进程的两个最大障碍。然而，对塔尔齐来说，行动自由和政治自由，首先就是脱离英国独立，而不是建立民主机构或代议制政府。

每一期的《阿富汗新闻之光》都有对哈比布拉·汗试探性改革的阿谀奉承，并详细记述埃米尔的活动。此外，除了公布关于 1912 年霍斯特起义的公文外，《阿富汗新闻之光》有意避谈任何政治动荡或异见。塔尔齐甚至在一篇社论中宣称阿富汗没有"丝毫独裁统治的痕迹"。塔尔齐的君主爱国主义甚至导致他将阿富汗历史改写成了王朝宣传稿。例如，他赞扬埃米尔阿卜杜·拉赫曼的统治时期为黄金时代，尽管正是这位埃米尔囚禁并流放过他的家人。而艾哈迈德·沙阿·杜兰尼针对贾特人和锡克人的大屠杀和宗教清洗都被说成是为了自由、国家完整和民族团结。

回顾过去，塔尔齐的"阿富汗尼亚"更像一个"诅咒"而不是福音，任何参加过有关阿富汗政治未来会议的人都能认识到这一点。直到今天，阿富汗人仍然在为以下问题激烈斗争：伊斯兰法律的作用、非普什图少数民族的权利、共和主义的价值、杜兰尼君主制的复辟以及行政和立法机关的权利。塔尔齐的"阿富汗尼亚"不仅没有将国家团结在一起，反而进一步加剧了分裂。

第一次世界大战及德国使团前往喀布尔

1914 年爆发的第一次世界大战，给哈比布拉·汗造成了又一次重大的危机，他承受着来自青年阿富汗党和伊斯兰党要求他加入土耳其和德国阵营参战的巨大压力。尽管如此，埃米尔依然向总督哈丁勋爵保证自己保持中立。这是一个明智的决定，因为当时在阿富汗东南部发生了部落叛乱。哈比布拉·汗的决定对英国是一个宽慰，但是资深穆罕默德扎伊人和大多数民众并不欢迎这个决定。塔尔齐利用《阿富汗新闻之光》主张阿富汗参战并站在土耳其一边，以此要求脱离英国完全独立。《阿富汗新闻之光》越发激烈的反英争论最终导致哈丁勋爵向埃米尔抱怨这份报纸的"攻击态势"，埃米尔强迫塔尔齐发表了一份关于阿富汗中立立场的官方声明。1915 年 5 月，总督再次向哈比布拉·汗抱怨"《阿富汗新闻之光》编辑的偏执"，塔尔齐被要求"保证此后不再发表这些……可能会干扰边境或印度和平局势的文章"。[25]

塔尔齐基本上无视这一承诺。一个德国使团于 1915 年 9 月抵达后，他刊登了随团的印度革命者巴拉卡特拉和马亨德拉·普拉塔普的文章，进一步助长了反英浪潮。随后他聘请巴拉卡特拉为《阿富汗新闻之光》的副主编。尽管时常受到埃米尔的训斥，塔尔齐仍继续刊登敌视英国政策的文章，所以哈比布拉·汗削减了塔尔齐的薪水，威胁将他驱逐出境，并命令他提交报纸的校样以便能够在发行前亲自审核批准。哈比布拉·汗在遇刺前约一个月，终于暂停了

《阿富汗新闻之光》的发行。

　　埃米尔面对的国内压力越来越大，当时土耳其和德国都试图劝说阿富汗对英国宣战。战争在欧洲爆发几个月后，奥斯曼哈里发派一名土耳其国民议会成员携带一份宗教声明前往阿富汗，宣布对英国进行圣战。英国情报部门设法阻挠了土耳其使团抵达喀布尔，而随后由奥斯卡·冯·尼德迈尔（Oskar von Niedermayer）率领的德国—土耳其使团也在波斯陷入了困境。1915 年夏，德国外交部受到在美国印度革命者的鼓动，向喀布尔派出第二支使团，由沃纳·奥托·冯·亨提（Werner Otto von Hentig）带队。[26] 抵达波斯时，亨提与尼德迈尔会师，尽管使团中很多成员被沙俄和英国军队拘留，他们还是设法抵达了赫拉特，并于 1915 年 9 月到达喀布尔。抵达时，负责喀布尔军事学院的土耳其官员安排军校学员组成仪仗队欢迎使团，这一行为导致他被立刻革职。

　　亨提－尼德迈尔使团对英阿同盟而言是一个直接挑战，因为按照 1880 年和 1893 年协议中的条款，埃米尔本应该拒绝使团入境。但是埃米尔哈比布拉·汗觉得自己别无选择，只能允许使团来喀布尔，因为纳斯鲁拉和他的法定继承人伊纳亚特拉·汗以及他的大部分高级官员都支持参战并加入土耳其阵营。毛拉们和其他阿富汗—印度边境的宗教人士也强烈呼吁对英国进行圣战。而在喀布尔街头，民众公开指责埃米尔是异教徒和异教徒们的朋友。因此允许德国使者到来成了讨好主战派的举动，尽管哈比布拉·汗并没打算被拖进第一次世界大战中。

　　德国使团被安排住在比比·哈利玛（Bibi Halima）从前在巴布尔花园的宫殿中，但是不允许他们外出。随后，埃米尔故意推迟正式接待的时间，但在坐了一个多月的冷板凳后，使者们纷纷绝食以示抗议。10 月末，亨提和尼德迈尔终于被带到了帕格曼，在那里密会了埃米尔哈比布拉和他最亲信的顾问。在这场持续 6 个小时的会面中，使者们争辩，阿富汗应该基于哈里发的声明加入德国阵营。埃米尔则反过来质疑使团的资质，宣称非常不满德国皇帝威廉二世的信件是打印的而非手写，并批评使者们年纪太轻，不值得认真对待。使者们可能并未察觉，埃米尔计划利用德国人在喀布尔的存在，从英国人那里获取更多的资金和武器，并将使团比作试图出售货物的商人。埃米尔的计划成功了，英国总督最后将补贴提高了20万卢比。

在给德国人的答复中，埃米尔指出对印度宣战的客观困难。他不仅会失去英国的补助，阿富汗也会面临被已结为盟友的英国和沙俄分裂，乃至国家解体的风险。这样的情况已经在波斯上演了，因为在第一次世界大战爆发时，沙俄和英国军队就根据《英俄协议》分别占领了波斯的北部和南部。因此，埃米尔提出参战的先决条件是德国和土耳其向其支付大量金条，并提供枪支、弹药和军队。会谈无果，埃米尔将进一步的谈判延至召集长老和宗教领袖讨论时局之后。与此同时，与纳斯鲁拉、伊纳亚特拉·汗和马哈茂德·塔尔齐的非正式谈判仍在继续，这些人私下都承诺支持阿富汗—德国同盟。

1915年12月末，埃米尔了解到亨提和尼德迈尔都不是全权代表，这就为哈比布拉·汗提供了既能摆脱困境，又能保住颜面的解决办法。埃米尔请求亨提起草一份协议，但他知道除非有德国外交部的批准，否则协议就没有约

埃米尔哈比布拉在巴布尔花园的行宫，由阿富汗文化信托基金会修复。德国使团被安排在这里，离老城非常远，且花园四周环绕着高耸的围墙。

束力。这份缔结于 1916 年 1 月 24 日的协议规定德国需向阿富汗提供武器、弹药、1000 万英镑以及 1 万名前线作战士兵。双方都知道这样的安排无法兑现，因为即使能从西线战场或东线战场分出兵力，让一支德国师团穿越被占领的波斯也是不可能的。埃米尔要求将提供武器、资金和兵力作为对印度宣战的前提条件是非常机智的，如此一来他既安抚了主战派，又同时确保了阿富汗的中立立场。

签署协议后的第二天，埃米尔哈比布拉会见了英国代表，再次向他确认自己决心保持中立。随后，在德国使团即将离开前，纳斯鲁拉·汗告知亨提，除非土耳其和德国派出一支 2 万—10 万人且装备精良的军队，否则埃米尔不会宣战。即使那样，他也只会在印度穆斯林首先挑衅英国的情况下进攻印度。因此阿富汗—德国协议实际上毫无意义，整个第一次世界大战期间阿富汗都保持了中立。德国使团刚离开阿富汗，埃米尔就清洗了政府内的亲德官员，并发出了一份传单，称所有国民必须服从他们的统治者，只有埃米尔本人才有权宣布圣战。

对英国政府来说，尽管担心随德国使团出行的印度革命者留在了喀布尔，并成立了一个流亡的印度民族主义政府，但哈比布拉·汗的中立态度也算是个宽慰。德国使团离开后不久，一小群反英圣战者在边境印度一侧的部族领土上成立了一个由被英国人称为"印度斯坦狂热分子"组成的聚居区，他们还得到包括纳斯鲁拉·汗在内的阿富汗高级官员的秘密支持。因此英国不得不在阿富汗—印度边境保留那些原本要被派往欧洲的士兵。从这个意义上来说，亨提—尼德迈尔使团是成功的，尽管第一次世界大战的结果并未因此而改变。但是，1916 年的《德国—阿富汗协议》使阿富汗走向完全独立又进了一步，只不过 1915—1916 年的德国使团最不朽的遗产，是亨提和尼德迈尔以及另一个使团成员埃米勒·里比施卡拍摄的一系列具有历史意义的照片。[27]

埃米尔哈比布拉遇刺

次年，以1917年10月布尔什维克胜利而告终的俄国革命，在阿富汗和印度引发了更多的担忧。1918年3月3日，布尔什维克政府签署了《布列斯特—立陶夫斯克协议》，结束了沙俄与德国的战争，也终结了英俄同盟。不久，俄国陷入内战，消除了俄国入侵阿富汗的直接威胁，但同时也引发了一些人对喀布尔的印度革命者会将共产主义革命宣传传播到阿富汗和印度的担忧。1918年夏天，哈比布拉·汗又收到了一份匿名信件，要求建立立宪政府，并威胁如不配合会立刻采取行动。哈比布拉·汗无视这一威胁，但几日后，在7月2日的生日庆典期间，有人在埃米尔开车穿过朔尔巴扎时向他开枪，子弹击中车子后落在他的脚下，没有造成伤害。

哈比布拉·汗向穆斯托菲侯赛因·汗求助，追捕刺客，并再次借机清洗了更多的改革者。他认定主谋者是塔尔齐最亲密伙伴中的两个人：阿卜杜·拉赫曼·卢丁（Abd al-Rahman Ludin）和诗人阿卜杜拉·哈迪·达维（Abd al-Hadi Dawai），后者的笔名是普莱斯汗（Preshan）。两人均来自坎大哈，毕业于哈比比亚学院，被捕时都是《阿富汗新闻之光》副主编。穆斯托菲甚至尝试诬陷阿曼努拉·汗和加尼博士，尽管此时加尼仍在受牢狱之苦。但是埃米尔无视这些针对自己儿子的指控，拒绝签发加尼的死刑执行令。卢丁和阿卜杜拉·哈迪也逃过了处决。马哈茂德·塔尔齐又一次躲过了逮捕，但是埃米尔暂停发行《阿富汗新闻之光》4个多月。阿卜杜·拉赫曼·卢丁和阿卜杜拉·哈迪在哈比布拉·汗死后重获自由，而塔尔齐也在阿曼努拉·汗继承王位后将《阿富汗新闻之光》的控制权移交给阿卜杜拉·哈迪，后者将报刊更名为《阿富汗和平报》。

冬季来临，哈比布拉·汗前往贾拉拉巴德，希望在那里躲避席卷喀布尔的流行性感冒，将自己的小儿子阿曼努拉·汗留下来管理首都。1919年1月初，埃米尔进行了一次狩猎，2月中旬抵达位于拉格曼的卡拉戈什（Kalagosh）

狩猎小屋。2 月 19 日入夜，一个身份不明的刺客溜过卫队警戒线，从耳部近距离朝埃米尔射击，令其当场毙命。

哈比布拉·汗的统治因前任阿卜杜·拉赫曼和继任阿曼努拉·汗而相形见绌。但正是在哈比布拉·汗在位时期，阿富汗通过接待德国使团，迈出了脱离英国走向独立的第一步。同样也是在他的统治下，阿富汗开始努力解决政体改革和教育改革的复杂问题，阿富汗第一个地下政党才得以成立。在马哈茂德·塔尔齐及其圈子的影响下，土耳其民族主义思想开始嵌入阿富汗民族主义话语，为随后的普什图主义、雅利安主义和普什图斯坦的兴起做出了重要贡献。外国文学和历史作品也首次被翻译成波斯语。

但是，埃米尔的改革方案是试验性的，局限在教育领域，无意涉及行政权力改革。阿富汗依然是一个专制国家，挑战埃米尔特权，或是寻求更具包容性的政府组织形式的人，都有被监禁或处决的风险。埃米尔哈比布拉拒绝考虑政治改革，这导致其对立宪党的镇压、《阿富汗新闻之光》的停刊以及主要改革者的监禁和处决。现代化主义者和改革者，与反对任何教育解放、社会习俗和法律准则的保守的逊尼派之间日益加剧的意识形态对抗，是一场为国家灵魂而战的斗争，它将主宰阿富汗下个世纪的政治生活，直至今日，这一斗争仍未见分晓。

哈比布拉·汗领导的现代化主要指土木工程和科技项目，大多是为王室便利而为，包括大坝、一座小型水电站以及道路提升工程。除了德国在加兹尼附近修建的大坝，所有的这些基础设施项目只惠及首都，对各省没有任何意义。建设这些土木工程项目给民众带来了很多苦难，因为工人是被强行征召的，征用的土地也没有补偿。一位土耳其医生经营的诊所首次引入疫苗接种，但杯水车薪。霍乱、伤寒和其他疾病依然肆虐，1919 年的流感导致几十万阿富汗人死亡，尤其是在喀布尔。

基建项目的监理失职和缺乏经验导致成本急剧上升，腐败问题泛滥。8 年后，贾巴尔萨拉杰的水电站项目尚未完工就被放弃；贾拉拉巴德的阿米拉拉宫设计得过于糟糕，建筑师居然忘了保留室内卫生间；而从卡塔尔大坝向喀布尔引入饮用水的管道也从未铺设完成。至于国营工厂生产的商品，它们的价格比从印度进口的同类商品高出 4 倍。正如哈比布拉对摄影、高尔夫和网球的痴迷一样，他对现代化技术的投入不过是又一个个人爱好而已。

第十章

梦想成空（1919—1929）

埃米尔哈比布拉的遗体在遇刺后的第二天被运到了贾拉拉巴德，埋葬在他修建的高尔夫球场中。次日，即1919年2月21日，查哈巴格的哈兹拉特赛义德·纳吉布·盖拉尼在军队总司令纳迪尔·汗和洛伊纳布·阿里·艾哈迈德·汗的支持下宣布纳斯鲁拉·汗为埃米尔。法定继承人伊纳亚特拉·汗和他的弟弟哈亚特拉·汗无力阻止这场政变，只得宣布效忠叔父。

阿曼努拉·汗登基

谋杀案发生后的第二天一早，埃米尔去世的消息就通过电报传到了喀布尔。随后，在塔尔齐和青年阿富汗党的支持下，阿曼努拉控制了迪尔库沙宫殿和国库，通过承诺大幅提高军饷而得到喀布尔军队的支持。阿曼努拉·汗随即匆忙召开一场朝廷会议，会上，朔尔巴扎的哈兹拉特法兹尔·穆罕默德·穆贾迪迪和塔格布的毛拉阿洪扎达·哈米德拉·萨菲宣布阿曼努拉·汗为埃米尔。就职典礼上，阿曼努拉·汗公开谴责叔叔纳斯鲁拉操纵刺杀哈比布拉·汗，并抨击同父异母的兄弟们对叔叔宣誓效忠是叛国罪行。

内战得以避免，原因是贾拉拉巴德驻军的军官团宣布支持阿曼努拉·汗，并逮捕了纳斯鲁拉·汗、纳迪尔·汗和洛伊纳布·阿里·艾哈迈德。随后，纳斯鲁拉·汗在枪口下被迫写下退位信，和其他囚犯一起在重兵看守下被送往喀布尔。与此同时，看清了风向的伊纳亚特拉·汗和哈亚特拉·汗火速赶到喀布尔，向他们的兄弟宣誓效忠，结果也遭到逮捕。抵达首都后，纳斯鲁拉·汗、伊纳亚特拉·汗和哈亚特拉·汗被带到了私设的法庭，该法庭认定纳斯鲁拉·汗策划了埃米尔遇刺案。他被判处终身监禁，几个月后被秘密处决，尸体葬在阿斯马依山（Koh-yi Asmayi）一处无标记的墓穴里。[3] 尽管伊纳亚特拉·汗和哈亚特拉·汗在事件中的作用只是仪式性的参与，他们还是被囚禁，不过最终被释放。洛伊纳布·阿里·艾哈迈德在其姑母乌利亚·哈兹拉特介入后也被释放，尽管他的忠诚曾经动摇过，他还是成为阿曼努拉·汗政府的一名要员。

纳迪尔·汗是哈比布拉·汗遇刺当夜的安保负责人，法庭免除了他的罪责并重新任命他为总司令以及战争、部落和边疆事务部部长。纳迪尔·汗的三个兄弟也没有受到任何处罚，还保留了军衔。后来纳迪尔·汗最小的弟弟沙·瓦利·汗娶了阿曼努拉·汗的女儿。穆萨希班家族之所以能逃过惩罚，可能是因为埃米尔担心囚禁他们会导致叛乱，因为纳迪尔·汗和沙·瓦利·汗在军队和楠格哈尔各部落中很受尊重。但是阿曼努拉·汗为确保纳迪尔·汗尽可能远离喀布尔，先是将他派往霍斯特，后又派往遥远的卡塔干。

哈比布拉·汗遭暗杀以及随后多人被捕，为青年阿富汗党提供了铲除王朝和意识形态对手的机会，这是他们一直在寻找的机会。改革派尤为痛恨的一个人是穆斯托菲米尔扎·穆罕默德·侯赛因·萨菲。就我们已经掌握的信息判断，他并没有参与暗杀哈比布拉·汗的行动，而且据他的后人称，穆斯托菲试图在埃米尔去打猎前送便条提醒他提防这一阴谋。不幸的是，哈比布拉·汗并没看到这张便条。他死后，人们在他的夹克口袋中找到了这封没有拆开的信笺。这封信后来被当作穆斯托菲参与暗杀的证据。穆斯托菲被判处死刑，并被粗暴地吊死在迪尔库沙宫殿的一棵桑树上。穆斯托菲身患绝症的兄弟哈桑·汗也被判处死刑，但他在行刑前就去世了。他们死后，穆斯托菲在喀布尔、科希斯坦和贾拉拉巴德的财产被没收，他的族人也遭到逮捕，之后被流放到科希斯坦和卡塔干。

基齐勒巴什人、哈扎拉什叶派出身的沙·阿里·列扎（Shah Ali Reza）上校成了谋杀案的替罪羊。哈比布拉·汗被杀的当晚，他在帐外守卫，曾试图追捕逃走的刺客，但是他的忠心并没有得到回报，相反，阿曼努拉·汗指责他开了致命的一枪，声称父亲在梦中向自己显灵时指认阿里·列扎是凶手。阿里·列扎被带到埃米尔面前，埃米尔将自己的剑交给一个伊拉克古拉姆。这个古拉姆首先割开这名被定罪男子的嘴，然后一剑，将他劈成了两半。[4]

阿曼努拉·汗的继位让加尼博士及其兄弟们，以及其他哈比比亚学院的印度籍教师获得了自由，这些人因涉嫌参与宪政党阴谋而被监禁。尽管在狱中服刑了近 10 年，加尼博士在出狱后依然选择留在阿富汗做埃米尔的顾问，还成为 1919 年 8 月拉瓦尔品第会议的阿富汗代表团成员。

尽管采取了逮捕和处决行动，关于刺杀事件传言依然在发酵，传言阿曼努拉·汗和马哈茂德·塔尔齐策划了哈比布拉·汗刺杀案。几年后，哈比布拉·汗的警卫舒贾·阿尔·杜拉向古拉姆·西迪克·恰希承认自己才是凶手，当时由他负责埃米尔的露营安排，甚至他还拿出了当时用来击毙埃米尔的手枪。舒贾·阿尔·杜拉声称，刺杀埃米尔是出于私人仇怨，但是阿曼努拉·汗任命他为喀布尔警察局和军事情报局主管的事实暗示，可能是阿曼努拉·汗或其母亲乌利亚·哈兹拉特唆使他行刺的，这两个职位之前都是由穆斯托菲米尔扎·穆罕默德·侯赛因·萨菲担任的。毕竟，马哈茂德·塔尔齐有充足的理由希望哈比布拉·汗不再挡路。哈比布拉·汗统治的最后几年中，塔尔齐越来越反对埃米尔在第一次世界大战中的中立立场，以及镇压立宪党和停刊《阿富汗新闻之光》的做法。不到一年，塔尔齐最亲密的伙伴们就因试图枪击埃米尔而纷纷遭到囚禁。阿曼努拉·汗的继位也是塔尔齐的一场政治胜利，因为塔尔齐曾亲自培养这位王子成为君主，这是哈比布拉·汗最具有改革思想的一个儿子。塔尔齐成为阿曼努拉·汗的外交大臣和首席顾问，这两个职位意味着现在他能够影响易受外界影响的年轻的埃米尔，并实现自己的梦想，将阿富汗转变成一个欧洲化的现代民族国家。

独立宣言和第三次英阿战争

1919 年 2 月 27 日，掌权仅仅一周的阿曼努拉·汗举行了第二次王室会议，宣布他打算将阿富汗建设成为一个完全独立的国家，并命令与会的部落领袖们返回家乡，集结兵力对印度发动圣战。埃米尔随后以"我们独立且自由的阿富汗政府"的名义给英国总督写信，这一宣言标志着英阿同盟的终结。[5] 阿曼努拉·汗宣布独立以及后续与英国的作战转移了人们对政变的关注，并且赢得了那些还未宣誓效忠的总督、军事指挥官、部落和宗教领袖们的认可。曾在西北边境地区暗中煽动部落叛乱的塔尔齐和印度革命者还说服埃米尔，如果他入侵印度，旁遮普将会发生大规模骚乱，这样将迫使英国承认阿富汗独立并在领土上做出让步。这是一个严重的误判，是玷污埃米尔统治生涯的糟糕政治决策的开端。

宣布独立并参战的另一个原因是，英国明显没有回报阿富汗在第一次世界大战中的中立立场。1916 年 3 月，在签署《阿富汗—德国协议》前不久，埃米尔哈比布拉·汗写信给英国总督切姆斯福德（Chelmsford）勋爵，请求在战后的和平会谈中获得一个席位，结果遭到拒绝。遇刺前 3 周，巴黎和会即将举行之际，哈比布拉·汗再次写信给总督，请他承认阿富汗的"绝对自由、行动自由以及永久独立"，[6] 但是这一恳求再次被否决。当总督的回复送达喀布尔时，哈比布拉·汗已经亡故，阿曼努拉·汗在马哈茂德·塔尔齐的建议下对总督的信做了回复。新任埃米尔明确表示，英阿同盟继续存在的前提是英国要正式承认阿富汗为"独立自由"的国家。[7] 之后，阿曼努拉·汗未事先征得英国许可，向莫斯科、土耳其和众多欧洲国家，甚至是美国派出了使节，以强调自己的独立。

哈比布拉·汗的死、阿曼努拉·汗的宣布独立，以及针对印度的圣战，令英国官员措手不及。结束第一次世界大战敌对行动的《1918 年 11 月停战协议》达成后，英国的外交重点是巴黎和会，该会议召开于哈比布拉·汗遇刺前不久。最初，即使埃米尔已经正式宣布对印度开战，英国政府和印度政府在如何回应阿曼努拉·汗的独立宣言问题上没有把握，并且存在分歧。切姆斯福德勋爵认为英国应该接受阿富汗在一定程度上独立，但是，时任英国外交大臣的柯曾勋爵拒绝让步。1917 年爆发的"十月革命"和在第一次世界大战中的惨重损失，意味着俄国不会再对印度构成军事威胁，至少短期内不会。但是柯曾执迷于前进政策，并将俄国的威胁重塑成意识形态上的"布尔什维克威胁"。他认为列宁正积极鼓动印度国内的反抗运动，并煽动埃米尔入侵印度。因此，柯曾认为英国不仅不该允许阿富汗获得任何形式的独立，而且应该加强对阿富汗外交事务的控制，并严格控制军火供应，以防枪支落入边境地区印度一侧的部落手中。至于阿曼努拉·汗，柯曾认为这位新任埃米尔是一个"不负责任、行事鲁莽的年轻人"，还认为反英的塔尔齐是国王背后的实权人物。[8]

切姆斯福德竭尽所能为谈判留下余地，在给埃米尔的回信中，他回避了棘手的独立问题。但是伦敦方面拒绝在此事上沟通协商的态度促使埃米尔寻求圣战。和阿富汗开战的威胁暴露出很多严重问题，因为印度根本没有做好应对入侵的准备。印度的军事力量中，除了 8 个营以外的所有常规作战部队都已经撤出并被派往西线战场或中东，而且步枪、大炮、弹药、车辆和其他军事装备的库存量正处于历史最低。大多数仍然留在印度的营队兵力严重不足，许多来自阿富汗的普什图雇佣兵也已取代了西北边境的前线部队。除此之外，11月停战协议达成后，很多军官都已返回英国，补休逾期已久的探亲假。[9]

让英国总督的处境更为艰难的是，1919年春，旁遮普和阿富汗边境沿线发生了严重的内乱，起因是《罗拉特法案》的通过。这部法案延续了1915年《印度国防法案》中本就非常严苛的措施，对公民自由实施的严格限制导致了民众的抵制、罢工和大规模抗议。为此，印度政府拘禁了很多独立运动领导人。抗议活动在阿姆利则大屠杀发生时达到了高潮。1919年4月13日，戴尔准将命令手下的印度士兵，包括一个帕坦人的特遣队，向一大群聚集在贾利安瓦拉巴格花园里手无寸铁的抗议者开火，导致包括妇女和儿童在内的数百名平民死亡，使得局势进一步恶化。

虽然大多数伤亡者是锡克人，喀布尔的印度革命者还是借机将大屠杀作为埃米尔发动圣战的正当理由。1919年5月1日，阿曼努拉·汗再次举行朝廷会议，会上他宣读了关于贾利安瓦拉巴格花园大屠杀的情况，并声称大多数死伤者是穆斯林。然后他提到劳伦斯在阿拉伯和希贾兹的战役，以及英国占领了奥斯曼帝国耶路撒冷和大马士革，称英国正在计划消灭伊斯兰世界，每个穆斯林的尊严都受到了侵犯。将听众带入一种宗教狂热后，埃米尔下令军队开拔至印度边境。

阿富汗和西方历史学家大多将第三次英阿战争描述成一场独立战争，实际上这是一场圣战。毕竟，阿曼努拉·汗想要取得独立不需要发动战争，因为他已经宣布了阿富汗的独立，而且他知道英国对此无能为力。但是埃米尔需要取得一道法特瓦为入侵印度正名，为此国家的宣传机器将这场战争刻画成保卫伊斯兰教和受迫害的穆斯林的战争。然而一旦获得了这项许可，阿曼努拉·汗就打起了民族主义牌，号召杜兰德边界线两侧的普什图人起来反抗，将英国人赶出旁遮普。随后政府向莫赫曼德人和阿夫里迪人发布了"用极度糟糕的、几乎无法翻译的普什图语印制的"公告。[10]

阿富汗战役包括了三方面的进攻。萨利赫·穆罕默德·汗将军指挥的楠格哈尔队伍主要由莫赫曼德和阿夫里迪士兵组成。他的任务是控制开伯尔山口并进攻白沙瓦。与此同时，马哈茂德·塔尔齐和印度革命主义者在阿富汗驻白沙瓦特工的帮助下计划在当地举行起义，以配合萨利赫·穆罕默德·汗的推进。[11] 第二战场交给了纳迪尔·汗，他正在霍斯特集结军队。他得到的命令是占领瓦济里斯坦和库卢姆，这些都是《杜兰德协议》里阿富汗割让给英国的领土。但是因为加德兹发生了叛乱以及边疆部落对圣战明显缺乏热情，纳迪尔·汗的计划延期了。当地人对纳迪尔·汗 10 年前残暴镇压曼加尔叛乱记忆犹新，而很多瓦济里人和其他印度边境内的部落很满意自己在英国统治下享有的自治权，他们不允许任何军队穿过自己的领地，无论是阿富汗军还是英军。[12]

阿卜杜拉·库杜斯（Abd al-Quddus khan）指挥的第三个师被派往坎大哈，目标是占领查曼、古力斯坦、皮辛和霍贾克山口。然而阿卜杜拉·库杜斯抵达坎大哈花了太多的时间，当他终于到达目的地时，又不得不去镇压一场宗教领袖的叛乱。在洛伊纳布·阿里·艾哈迈德·汗的帮助下，叛乱最终得到了平息，这场胜利后他对坎大哈的基齐勒巴什人进行了一次短暂却血腥的屠杀。等到阿卜杜拉·库杜斯准备好进军俾路支时，战争已经结束了。

究竟是谁打响了第三次英阿富汗战争的第一枪，至今仍有争议，至少在

开伯尔地区的普什图部落男子。第三次英阿战争中英军面对的主要就是他们这样的对手。

阿富汗人看来是这样。根据英国的官方记录，1919 年 5 月 3 日，萨利赫·穆罕默德·汗将军切断了英国驻军的供水，并占领了开伯尔山口印度境内的哨所。另一方面，阿富汗人声称战斗始于英国战机轰炸阿富汗境内的阵地，[13] 但是英国的官方描述是，英国空军是在阿富汗人入侵后才部署的。

实际情况似乎是加齐士兵违背萨利赫·穆罕默德的命令，率先对英国哨所发动袭击，迫使他跨过边境支援武器装备单薄的雇佣兵。结果，进攻开伯尔山口和白沙瓦起义协调配合的计划被打乱。英国人匆忙撤离了他们的前沿阵地，但萨利赫·穆罕默德·汗未能发挥他的优势，他决定围攻兰迪科塔尔，而不是突袭兰迪科塔尔。这给了印度政府将增援力量派到兰迪科塔尔的铁路终点的喘息之机。与此同时，英国情报部门还及时发现了塔尔齐在白沙瓦发动起义的阴谋。警方和军方封锁了老城，切断供水、供电和食物供给，专员罗斯·凯佩尔告知叛乱分子，直到他们的头目投降或被交出来，封锁才解除。两天后，埃米尔的特工和其他的密谋者自首，起义也渐渐平息。

白沙瓦叛乱结束时，数千名配备重型装备的士兵已经抵达兰迪科塔尔。5 月 11 日，英国士兵在福勒将军带领下进攻并击败了阿富汗军队，腿部受伤的萨利赫·穆罕默德·汗逃到贾拉拉巴德后立刻被解除了指挥权。与此同时，福勒将军继续挺进，尽管遇到激烈抵抗还是重新拿下达卡、阿里大清真寺和贾姆鲁德。抵达阿富汗边境时，福勒停下来等待进攻贾拉拉巴德的命令，但是进攻从未发生。相反，戴尔的师团被派去解塔尔（Thal）之围。

在福勒的短暂战斗中，英国皇家空军第一次被部署到阿富汗对战壕进行轰炸。皇家空军的飞机还轰炸了贾拉拉巴德和喀布尔，重创尚未完工的哈比布拉陵墓以及阿卜杜·拉赫曼·汗的墓穴。阿富汗人对空战是陌生的，事实上阿富汗人几乎没有见过飞机，这对阿富汗人产生了毁灭性的心理打击。阿曼努拉·汗向总督抱怨这种形式的战争是不公正的，因为它导致了包括妇女和儿童在内的平民的伤亡，埃米尔决定同意休战的一个重要因素就是来自受惊吓的空袭受害人的请求。

　　纳迪尔·汗的师团取得了更大的胜利，至少最初是这样的。1919 年 5 月 23 日，两支纵队进入北瓦济里斯坦和帕拉奇纳，迫使瓦纳和戈马尔撤离。同时，北瓦济里地方武装发生了叛变。帕拉奇纳指挥官的迅速行动挫败了纳迪尔·汗的钳形攻势，但纳迪尔·汗的师团在遭遇挫折的情况下还是穿过一条极为艰难的道路抵达了南库卢姆，试图从侧翼包围英军，并出其不意地出现在距离塔尔 32 公里区域内。指挥塔尔驻军的尤斯塔斯准将将全部兵力集中在主堡垒上，并决定坚守城池直到援军到来。之后他成功击退一次猛烈的攻城尝试，给阿富汗人造成了严重的伤亡。后来，纳迪尔·汗宣称自己已经拿下塔尔，但是他所做的只是占领了附近的一个警察哨所。[14]

瓦济里斯坦的巴基斯坦和阿富汗边境。1994 年时这个边防哨所由一名官员和他的儿子驻守。1919 年，萨达尔纳迪尔·汗入侵瓦济里斯坦导致瓦济里爆发了一场重大叛乱，几个月后才被镇压。

戴尔从开伯尔的行动中抽身，紧急赶去解救尤斯塔斯。塔尔遭袭两天后，他的部队赶到科哈特（Kohat）的铁路终点。翌日，戴尔一行强行突进，抵达塔尔，尽管士兵们筋疲力尽，还是被派去进攻阿富汗的前线。大吃一惊的纳迪尔·汗被迫撤回到北瓦济里斯坦。1919 年 6 月 3 日，戴尔收到一封电报说，埃米尔已经同意停火，于是他停止了行动。但是，由于停战协议并不适用于那些曾帮助过入侵者的边界线印度一侧的部落，所以戴尔烧毁并劫掠了比兰德部落的瓦济里居民点。在更南边的俾路支，英国军队占领了斯宾巴尔达克（Spin Baldak）的阿富汗前线哨所，从而先发制人地阻止了阿卜杜拉·库杜斯的坎大哈师的进攻。第三次英阿战争持续了整整一个月，不过零散的战斗直到 8 月停战协议签署后才结束。尽管阿富汗政府随后进行了正面宣传，但阿富汗军队在两面战场都遭遇了惨败，而斯宾巴尔达克则被英军占领。这场战争虽然短暂，却很血腥。英国的伤亡人数达到 1751 人。在开伯尔、白沙瓦和科哈特地区爆发的"广泛且突然"的霍乱中，又有数百名士兵和随军人员死亡。[15] 在战场上死亡的阿富汗人达到 1000 人，之后有几百人因伤死亡。这场战争共计耗费印度国库约 1600 万英镑。[16]

阿富汗的入侵计划可能已被挫败，但是纳迪尔·汗的行动引发了俾路支阿查克扎伊人（Achakzai）和瓦济里人大起义，这是纳迪尔·汗竭尽全力鼓动的。叛乱始于招募自阿富汗的吉尔扎伊雇佣兵的叛变，迫使放弃前线哨所甚至被迫从桑德曼堡撤离。虽然几天后桑德曼堡被夺回，但是敌对行动一直持续到 1919 年夏天，当时一场霍乱夺去了很多英国及阿富汗士兵的生命。

拉瓦尔品第会议及英阿关系

1919 年 5 月 24 日，面对英国占领贾拉拉巴德和坎大哈的威胁，阿曼努拉·汗寻求和谈。6 月初，他接受了总督的停战协议。渴望继续圣战的宗教领袖和部落首领们并不欢迎停火的决定，纳迪尔·汗则继续暗中支持瓦济里斯坦叛乱。阿卜杜拉·库杜斯也希望战争能永远延续下去，因为他还没有在愤怒中开过一枪。为了替埃米尔的休战决定正名，政府宣称阿富汗获得的胜利迫使英国回到谈判桌前。

埃米尔处理圣战失败带来的后果时，英国官员在如何最好地解决阿富汗危机问题上产生了分歧。[17] 在印度外交部副部长丹尼斯·布雷爵士的支持下，柯曾希望恢复阿卜杜·拉赫曼·汗时期的边境封闭政策，同时保持对阿富汗外交关系的严格管控。柯曾还希望埃米尔交出居住在阿富汗的所有印度革命主义者以及马哈茂德·塔尔齐和阿卜杜拉·库杜斯，因为布雷相信这些人是真正的战争煽动者。英国总督和印度外交部长多布斯更倾向于和解，他们估计埃米尔会在战败后采取更为温和的措施。双方最终于 1919 年 7 月 26 日在拉瓦尔品第会面，阿富汗代表团的领队是洛伊纳布·阿里·艾哈迈德·汗，这个人选多少令人费解，毕竟他在几个月前还曾支持过纳斯鲁拉·汗夺权。阿里·艾哈迈德还与埃米尔同父异母的姐妹萨希拉·贝古姆暗中进行婚外恋，几个月后他们的关系败露，阿里·艾哈迈德·汗被判处死刑，不过在他同意迎娶公主并支付一笔巨额赔偿金后，减刑为软禁家中。阿富汗代表团有两位印度公民，一位是哈比比亚学院前校长、获释出狱的加尼博士，另一位是埃米尔哈比布拉时期的财政部长、印度银行家。在所有派去拉瓦尔品第的阿富汗官员中，只有商务部长毛拉古兰·穆罕默德代表主战派。阿卜杜拉·库杜斯、马哈茂德·塔尔齐和纳迪尔·汗的缺席十分引人关注。

虽然多布斯希望阿富汗会接受和解，但洛伊纳布·阿里·艾哈迈德采取了不妥协的方式，他要求恢复埃米尔的补贴、支付战争赔款以及承认阿富汗对所有的部落领土拥有主权。英国首席谈判代表阿尔弗雷德·格兰特爵士拒绝了这些要求，直截了当地告诉对方代表桌上的那份英国草拟的协议是"国王陛下的政府能够做出的最大让步，我们的要求是你们要么接受要么拒绝"。[18] 但是洛伊纳布·阿里·艾哈迈德坚持认为英国应该"在我们的外交关系独立性上……给予明确的书面保证"。切姆斯福德在幕后请求伦敦在独立事宜上做出让步，他认为一个独立的阿富汗依然在经济和军事上依赖英国。"如果我们现在舍弃在表面上的掌控，"他写道，"我们还有可能在日后获得实质上的控制权。"[19]最终内阁勉强同意间接承认阿富汗独立，协议的标题中也加入了"阿富汗独立政府"的说法。但是在正式条款中丝毫没有提及阿富汗是个独立的或自由的国家。对此，格兰特给埃米尔写了一封私人信函，说明这份协议"不会干涉阿富汗在国内外事务上的完全自决权"……该条约和这封信使得阿富汗在国内外事务上具有了正式的自由和独立。[20]双方对这一让步都十分满意，并在 1919 年8 月 8 日签署了《拉瓦尔品第和约》。

正如格兰特向阿里·艾哈迈德指出的那样，对阿富汗来说战争是得不偿失的，"战争撕毁了所有从前达成的协议和条约。现在你们无法再根据旧协议行使任何权力，而且我们也不承认任何义务"。[21]这意味着失去英国补贴，存在印度银行的补贴余额被没收，以及进口武器的权力被废除。阿曼努拉·汗还确认接受"已故埃米尔认可的印度—阿富汗边境"，并同意允许英国派测量师前往莫赫曼德边境有争议区域划界，在划界完成并签字确认之前，斯宾巴尔达克将继续留在英国手中。协议里甚至还有一条声明，将战争归咎于"阿富汗的侵略"，并在结尾处简要声明，"这场战争废止了之前的所有协议"。《拉瓦尔品第和约》也被定性为一份私人协议，而不是与阿富汗签署的，"因为是埃米尔对我们发动了战争"，"如果友好谈判成为现实"，国家间条约的问题将被推迟。

阿富汗政府实际上已经屈服了，他们在会议上所能展示的就是一封给埃米尔本人的间接承认阿富汗独立的信件。但刚回到喀布尔，洛伊纳布·阿里·艾哈迈德·汗就声称英国已经对阿富汗的所有要求做出让步。政府继续宣传自己赢得了战争，充分利用英国已经默认阿富汗独立这一事实。为了纪念这场"胜利"，8 月 18 日被定为阿富汗独立日——虽然直到 1922 年才通过协议正式承认阿富汗独立。阿富汗政府在掩饰《拉瓦尔品第和约》的真实条款上做得如此成功，以至于阿曼努拉·汗被从印度到中东的所有穆斯林人赞誉为英雄，一些人，包括朔尔巴扎的哈兹拉特，甚至呼吁他成为新的哈里发。

《拉瓦尔品第和约》标志着英阿关系的另一个转折点。英国从未原谅阿曼努拉·汗入侵印度，在他统治的剩余时间里，英国和埃米尔的关系一直受到彼此间的相互猜疑和一定程度的任性外交的困扰。英国政府拒绝在官方通信中用"陛下"来称呼埃米尔，阿曼努拉·汗写给英王乔治五世的信一封也没有得到回复。当阿富汗政府寻求与意大利建立外交关系时，伦敦毫不客气地通知意大利人，他们必须首先承认英国对阿富汗拥有"优先权和主要政治影响"。塔尔齐对此的回应是，召集所有在喀布尔的外国使节参加会议，会上，他公开斥责了正在喀布尔试图协商新的英阿协议的亨利·多布斯爵士。作为报复，柯曾拒绝会见到访伦敦的阿富汗代表团，不同意他们觐见英国国王。塔尔齐的还击是，给多布斯写了一封"精心羞辱"的信，并拦截了英国的外交邮件。[22]

穆苏里会议与哈里发运动

1920 年 4 月，旨在达成一份永久解决方案的第二轮谈判在穆苏里开始。这一次阿富汗代表团由马哈茂德·塔尔齐领队，成员包括像阿卜杜尔·哈迪·达维这样的反英的青年阿富汗党人。塔尔齐也采取了绝不妥协的立场，要求毫不含糊且无条件地承认阿富汗独立、在伦敦和德里设立使馆的权利，以及阿富汗对瓦济里斯坦和其他部落领土的主权。当英国谈判团领队多布斯直接拒绝这些要求后，塔尔齐天真地试图诉诸政治勒索。

穆苏里会议召开前的几个月，苏俄特使雅科夫·扎哈罗维奇·苏里茨抵达喀布尔协商与阿富汗的协议，于是塔尔齐声称莫斯科给出的条件比英国提供的任何条件都要好得多。多布斯识破了塔尔齐的谎言，向阿富汗代表团展示了"一系列的既成事实，可以进行解释，但不容修改，就算他们抗议也无济于事"。[23] 塔尔齐并不知道伦敦已经开始和莫斯科就恢复 1907 年的《英俄条约》进行谈判，塔尔齐想让英国和苏俄互相对抗的企图注定失败。因此，谈判陷入僵局，当多布斯听说纳迪尔·汗和阿卜杜拉·库杜斯一直在支持叛军瓦济里人时，他暂停了会议。为打破僵局，多布斯对协议草案做了一些小调整，但是伦敦拒绝了这些调整，理由是过于温和。最终，1920 年 7 月，多布斯终止了谈判并给埃米尔写了一份备忘录，在备忘录中他向阿曼努拉·汗再三保证英国的"真诚和善意"，并概述了英国同意新协议的条件。[24]

穆苏里谈判悬而未决，阿曼努拉·汗还面临很多国内危机。1919 年 3 月，英阿战争爆发前不久，一些印度穆斯林在布尔什维克政府公布了 1916 年 5 月达成的《赛克斯—皮科协定》后组织了哈里发运动，他们当中大部分都曾是阿里格穆斯林大学和德奥班德神学院的学生。这份法国、英国和俄国之间高度机密的协议，将奥斯曼帝国的莱万省和安纳托利亚省以"托管"的形式划分成三部分给了这三个欧洲强国。这一消息激怒了坚信盟国打算肢解奥斯曼帝国的印度穆斯林民族主义者，哈里发运动要求与土耳其签署的任何战后协议都必须维护奥斯曼哈里发的世俗和精神权力，这一观点随后得到了印证。当时穆苏里会议仍在进行，但英国军队占领了伊斯坦布尔并废黜了联合与进步委员会政府（CUP），而曾领导过阿拉伯起义的叙利亚国王费萨尔（Faizal）的统治，则在法国的军事干预下被推翻。阿拉伯起义因电影《阿拉伯的劳伦斯》而出名。

塔尔齐在穆苏里会议期间提到了奥斯曼土耳其帝国分裂的话题，并试图将解决英阿战争问题与战后的近东局势联系起来，要求在与阿富汗签署的任何协议中，英国都必须保证不会肢解奥斯曼帝国，哈里发的精神力量和世俗力量也必须保留。塔尔齐的要求很奇怪，因为他在穆苏里会议上代表的是阿富汗的利益，而不是他的第二故乡或阿拉伯国家的利益。他的要求没有得到任何回应，多布斯简短地告知塔尔齐，英国对土耳其的政策与他无关。

塔尔齐的担忧正是哈里发运动所担忧的，这场运动日益激昂，运动的参与者们热衷推动穆斯林联盟在旁遮普和西北边境的非暴力反抗运动。1920 年 4 月的圣雷莫会议确认了中东的划分，并让盟国承诺在奥斯曼帝国的巴勒斯坦省建立犹太人家园，哈里发运动由此升级。1920 年夏，信德和西北边境的多位知名苏菲派大师发布法特瓦，宣布英国统治的印度为"战争之地"（Dar al-Harb），号召印度的穆斯林效仿穆罕默德移居伊斯兰之家（Dar al-Islam）。这些法特瓦促使约 3 万人大规模迁徙到阿富汗，这就是迁徙（Hijrat）运动。迁徙发生在印度的盛夏时节，很多移民在抵达阿富汗边境前就死于口渴或中暑。他们还在穿过开伯尔山口时遭到了莫赫曼德人和阿夫里迪人的劫掠。阿曼努拉·汗欢迎第一批抵达的移民（muhajir），他们被安置在巴格拉姆的临时营地。随着越来越多的难民涌入边境，阿富汗政府无力供养数千名饥肠辘辘的移民，只得关闭边境并敦促他们返回家乡。数千人被困在无人区，饥饿、干渴、疾病和当地部落的贪婪劫掠，迫使他们身无分文地回到了家乡，只有一小部分人留了下来。埃米尔关闭边境的决定不仅是对哈里发运动的致命打击，也是对阿曼努拉·汗在印度和穆斯林世界的泛伊斯兰主义者身份的致命打击。

巴斯马奇运动及阿富汗与苏联的关系

当阿富汗政府在意料之外的东南部移民危机中无法抽身时，埃米尔还不得不面对与英国谈判失败的后果。塔尔齐一回到喀布尔就开始与苏俄商讨协议，他受到列宁写给埃米尔的一封信的鼓励，列宁在信中提出了"一起对抗世界上最贪婪的帝国主义政府大不列颠"的愿景。[25] 1920 年 9 月，埃米尔同意了苏俄特使苏里茨起草的协议草案，其中承诺向阿富汗提供大量的资金、军事和技术援助。作为回报，苏俄可以在加兹尼、坎大哈和其他的阿富汗城市开设使馆。但是苏里茨的协议草案必须由莫斯科批准，由于他做出的让步远远超过其职责所允许的范围，莫斯科当局花了几个月的时间研究《苏阿协议》带来的利益是否能超过大量的资金和军事援助。克里姆林宫还在讨论这份协议的利弊时，阿富汗和苏俄的关系因为埃米尔决定支持俄罗斯突厥斯坦的穆斯林民族主义叛乱而陷入了紧张。

这次叛乱被俄罗斯人轻蔑地称为"巴斯马奇"（basmachi，在俄语中意为强盗或土匪），它发端于 19 世纪下半叶，沙皇帝国对穆斯林统治的中亚汗国的征服。[26] 生活在外国非穆斯林的统治下的穆斯林人自然滋生憎恨之情，大片灌溉良田被充公进一步激化了这一情绪，这些土地被没收后分配给了来自北方的沙俄殖民者。随后，政府又将农业生产对象从该地区的主要作物小麦调整为棉花。虽然莫斯科因此有了大量的硬通货收入，但它破坏了当地农民经济上的自给自足，制造了人为的饥荒。1916 年，沙皇取消了突厥斯坦穆斯林享有的兵役豁免权，强行征召他们入伍弥补沙俄在西线战场的损失，不满情绪因此增强。紧随其后发生的广泛的抗议活动迅速演变成一场争取独立的战争，而沙俄当局在武装定居者的支持下以血腥镇压给予回应。1916 年 6 月到 1917 年 10 月间，多达 150 万中亚民众丧生。

1917 年的"十月革命"让人们看到了布尔什维克政府同意突厥斯坦和高加索地区自治的希望。当沙俄政府濒临崩溃时，列宁采取了仁慈政策，公开支持自治的愿景，直至红军有足够实力平息叛乱。[27] 为了最后的一决胜负，共产党委员被派到当地建立苏维埃武装。受到列宁承诺自治的鼓舞，突厥斯坦特别会议在 1917 年 12 月宣布突厥斯坦为自治区，以浩罕为首都，接下来的几个月，鞑靼人、库尔德人和阿塞拜疆人纷纷效仿。但仅仅一年后，列宁向当地派出数千名士兵平定分裂主义运动。没有重武器的叛军们毫无胜算。1919 年 3 月浩罕沦陷。

浩罕的陷落促成突厥斯坦民族运动的形成，它是巴斯马奇运动的前身，该组织致力于建立一个独立的突厥斯坦国。但是这场运动因为在意识形态、部落和地区上的差异而四分五裂，军队的装备和训练也十分糟糕。在浩罕陷落大概 8 个月后，红军在俄国定居者贾迪迪人（Jadidis）的支持下包围了希瓦。[28] 1920 年 2 月，希瓦被攻陷，汗王被废，该地区也更名为花剌子模苏维埃人民共和国。同年 9 月，布哈拉在强攻下失守，布哈拉汗穆罕默德·阿里逃往费尔干纳，并最终抵达阿富汗，在那里得到阿曼努拉·汗的庇护。

到了 1921 年秋天，巴斯马奇运动已经走到了失败的边缘，局势在奥斯曼帝国将军、土耳其少壮派革命领导人恩维尔·帕夏（Enver Pasha）叛逃后发生了戏剧性变化。1913 年政变后，他成了奥斯曼帝国军官三巨头中最有权势的一位，在第一次世界大战期间掌控了奥斯曼帝国，但他在《穆德罗斯停战协议》签署后逃跑了，奥斯曼帝国退出了第一次世界大战。后来他被缺席判处死刑，罪名是下令大规模驱逐亚美尼亚人，也被称为亚美尼亚大屠杀。恩维尔·帕夏最终设法抵达莫斯科，在那里列宁让他负责对巴斯马奇的军事行动，并指示他与阿曼努拉·汗以及喀布尔的印度革命者取得联系，以鼓励他们在印度北部发动反英活动。

抵达布哈拉后不久，恩维尔·帕夏改变立场宣布支持流亡的布哈拉·汗，做出这一决定的部分原因是莫斯科正在与土耳其现任总统穆斯塔法·凯末尔进行协议谈判，而后者是恩维尔·帕夏水火不容的政治敌人。恩维尔以费尔干纳和塔吉克斯坦为大本营，开始自称为副哈里发、伊斯兰军队总司令以及哈里发的女婿。恩维尔向阿曼努拉·汗寻求援助，埃米尔秘密为他提供资金和武器，同时还在阿富汗北部为他的圣战分子提供避难所。1922 年 2 月，恩维尔·帕夏占领杜尚别，第二个月又包围了布哈拉。莫斯科的回应是向该地区增派数千名士兵以及重型装甲车和战机，这迫使恩维尔·帕夏解除对布哈拉的围困并逃回在塔吉克斯坦的山区据点。几个月后，恩维尔·帕夏死于苏联的一次搜捕。

土耳其独立运动的出现让阿曼努拉·汗陷入了又一个外交困境，因为很多穆斯林领袖督促他支持他们的独立斗争。1919 年夏天，阿曼努拉·汗向布哈拉的汗王派出了一个使团，成员包括卡罗赫（Karokh）的哈兹拉特萨希卜（Sahib）、古扎尔加的米尔以及军事顾问，还带了 6 门大炮作为礼物。此外还有两名大使，在大批军队陪同下被派往梅尔夫和希瓦，而数百名阿富汗人和印度人也加入了阿富汗志愿军，他们被安排北上支援布哈拉汗王。第二年纳迪尔·汗被派往卡塔干，负责协调此次军援。但是埃米尔的支持绝非出于无私，他要求穆罕默德·阿里姆·汗让出大片费尔干纳绿洲的领土作为回报，而阿富汗对梅尔夫和希瓦汗王的援助也是基于他们会向埃米尔出让彭迪绿洲主权的承诺。

多布斯使团及 1921 年《英阿协议》

即便是在苏里茨和克里姆林宫争论《苏阿协议》草案的利弊时，莫斯科也是知晓埃米尔私下给予巴斯马奇援助的。布哈拉沦陷后，苏联政府秘密设立青年阿富汗革命者中央委员会，这项运动旨在推翻杜兰尼君主制并建立一个苏维埃式的共和国。在阿富汗和英国，希瓦和布哈拉的沦陷唤醒了沙俄入侵巴尔赫的挥之不去的记忆，因此尽管同意了和苏联在几个月前才达成的协议草案，阿曼努拉·汗要求总督派多布斯来喀布尔重启关于英阿协议的谈判。

多布斯于 1921 年初抵达喀布尔，据他报告，首都遍布俄国人、意大利人、德国人、突厥人和法国人，他们都在争夺独立后的阿富汗里的一席之地。尽管苏联威胁着阿富汗的北部边境，塔尔齐还是继续坚持要英国同意阿富汗方面在拉瓦尔品第提出的、已经被英国拒绝的条款。从英国的角度看，协商变得困难复杂了，因为他们的情报部门没有获得《苏阿协议》的完整副本，多布斯只是大致了解苏联人给埃米尔开出的条件。最后，多布斯在喀布尔待了将近一年的时间，其间阿富汗政府与土耳其、意大利和伊朗都签署了协议。多布斯在此事上受到约束，因为伦敦坚持签署任何正式协议的前提都是埃米尔要废除其与苏联的协议，所以当阿曼努拉·汗在 1921 年 8 月批准《苏阿协议》时，多布斯便中断了谈判，并准备离开。离开前夕，埃米尔亲自介入，提出要和英国签署一份"睦邻友好"的声明。多布斯对此表示同意，这份声明于 11 月底签署。

1921 年的《英阿协议》是为了双方保存颜面，而且考虑到当时的形势，它也是双方能够期待的最好结果了。这份协议不过是又一份简报或辅助备忘录，但即便如此，它也是阿富汗历史上的一个里程碑，因为英国正式承认了阿富汗独立并同意在官方通信中称呼埃米尔为"陛下"。英国不再要求阿富汗撤销《苏阿协议》，解除了从印度进口武器的禁运——不过有一些附加条件——而阿富汗政府则再次确认会接受杜兰德的"印度—阿富汗边界线"。英国同意建立正式外交关系，允许阿富汗在伦敦设立公使馆，在德里、卡拉奇、加尔各答和孟买设立领事馆，由一位英国部长负责的英国公使馆也将在喀布尔成立。但是，埃米尔的年度补贴没有恢复，英国保护阿富汗免遭无端外部侵略的承诺也不会继续。结果阿富汗在政治、军事和财政上的力量都受到削弱。或许最为重要的是，埃米尔无法再依赖英国帮助阿富汗抵抗苏联入侵了。

莫斯科充分利用了这一形势。恩维尔·帕夏撤退后，苏联政府驱逐了阿富汗驻布哈拉代表，并暂停了对阿富汗经济、军事和技术援助，理由是埃米尔支持巴斯马奇叛乱以及布哈拉埃米尔违反《苏阿协议》。莫斯科随后威胁说，如果埃米尔不关闭边境并切断对叛乱分子的援助，苏联就会进攻巴斯马奇在阿富汗北部的基地。阿曼努拉·汗别无选择，只能配合。纳迪尔·汗被召回喀布尔，阿姆河边境被封锁，阿富汗志愿军也被解散，这些决定很大程度上造成恩维尔·帕夏的失败和死亡。至于前布哈拉汗王，他被迫撤出了在喀布尔市中心的住宅，搬去了一个位于查哈尔德赫（Chahardeh）的乡间小屋。

苏联的入侵威胁并不是阿曼努拉·汗将巴斯马奇送入虎口的唯一原因。抵达卡塔干后不久，纳迪尔·汗就写信警告埃米尔阿富汗北部边境没有防守，而阿富汗对阿姆河外突厥—塔吉克的独立诉求的支持，将不可避免地导致阿富汗北部说突厥语和波斯语的民众提出类似要求。[29] 30 万中亚难民的存在，包括北部省份数千全副武装的圣战分子，助推了分裂主义，令地区族裔平衡向有利于非普什图人口方向倾斜，也让国家资源不堪重负。[30] 对喀布尔政府而言，阿富汗北部发生叛乱与苏联入侵的威胁同样是噩梦般的情况，因为泛伊斯兰主义和泛阿富汗主义或许有可能成为可接受的政府政策，但泛土耳其主义是任何情况下都不能容忍的。

巴斯马奇叛乱的失败意味着大多数来自中亚的难民再也无法回到家乡。于是他们被安置在从阿富汗北部梅马内到昆都士的多个城镇和村庄。但是他们从未忘记阿富汗政府背叛了他们的大业。巴斯马奇抵抗战士们向他们的子孙讲述自己与共产主义、苏联占领以及红军抗争的故事，于是这些后人继续怀着建立独立突厥斯坦的梦想。他们的存在导致了遭到历届政府无情镇压的地下突厥—塔吉克民族主义，或突厥斯坦主义运动的崛起。

阿曼努拉·汗政府

印度和中亚几十万难民的涌入、战败于英军带来的军事和经济的衰败、失去英国的补贴和军事援助，这些都远远超出了阿富汗政府的应对能力，更不用说苏联军队对阿富汗北部省份构成的威胁。而阿曼努拉·汗的一项旨在将阿富汗转变为一个现代的、欧洲化国家的大规模社会和法律改革，使情况进一步恶化并使这个国家处于不稳定状态。

一个亟待解决的问题是，需要额外的税收来弥补失去英国补贴的亏空，因此埃米尔提高了赋税。传统上以实物支付的农业税现在必须缴纳现金，而家庭饲养牲畜、放牧、灌溉农田和农产品方面的赋税也都增加了。新增加的一项收入税直接从公务人员、士兵的薪酬中扣除，实质上等同于降薪。征兵制度再次启动，杜兰尼部落和宗教精英一贯享有的兵役豁免权也被取消了。政府引入了一种新的、标准化土地测量法（jerib），对土地进行地籍调查，同时普查牲畜并将重量和尺寸标准化。政府还提高了出口关税，奢侈品的进口关税也被增加到100%。1923年，阿富汗采用了首个国家预算，双重分类账会计法取代了古老的簿记体系。一种新的国家货币阿富汗尼出现了，还第一次发行了纸币，但是它们并不受民众的欢迎，因为人们觉得使用没有实际价值的纸币是在愚弄他们。削减成本的措施包括减少或取消给穆罕默德扎伊人、宗教基金会和部落领袖的补贴，军饷也被削减了。另一个不受欢迎的举措是引入了国民身份证（tazkira），没有这个证件将无法获得政府的工作或登记结婚。虽然采取了这么多的财政措施，阿富汗的年收入也只有 200 万英镑。

阿曼努拉·汗没有将额外获得的财政收入用于提高普通阿富汗居民的生活水平，而是在无价值的项目上浪费了大量资金，这些项目的受益者只有他的直系亲属。两个最耗财力的计划是帕格曼的山间避暑山庄和喀布尔西南部的新首都。一位当代观察家将帕格曼描述成"仙境"，[31]事实也的确如此，因为在这里，埃米尔可以不受民众影响地实现"位于亚洲的欧洲"愿景。这里还成了王室成员、大臣们和攀附权贵者们的避风港，他们的行为举止可以像欧洲人一样，还可以假装非常现代。诸如穿着布卡（burqa）①的传统禁忌在这里被无视，男人可以自由地和女人接触，一起打混双网球。帕格曼的建筑特意拒绝了本土风格，选择了仿欧风貌。花园里遍布洛可可式喷泉和古希腊罗马时期的雕塑；王宫具有英国的殖民风格；巴哈（Bahar）酒店是德式风格；而纪念阿富汗独立的胜利拱门（Taq-i Zafar）则是缩小版的凯旋门。这里甚至还有一座歌剧院。曾在1934年到访喀布尔的罗伯特·拜伦严厉抨击了帕格曼"粗制滥造"和"下流的"建筑：

> 每一处空地都耸立着如此骇人的房屋、办公大楼或剧院，令人嫌弃地想到德国疗养所和皮姆利科（Pimlico）的后院，即便是开玩笑，也无法想象阿曼努拉是从哪里找来的建筑师设计出这样的建筑。[32]

帕格曼的可取之处是它的自然风光。坐落在喀布尔河的源头高地上，这里有山风、绿荫、清澈的溪流以及雪山全景，是一个田园诗般的地方。尽管在20世纪八九十年代遭到破坏，帕格曼依然是喀布尔居民最喜爱的避暑胜地。

---

① 伊斯兰国家妇女穿的全身式罩袍。——译者注

　　被称为达尔阿曼（Dar al-Aman）的新首都的设计宗旨是修建一座现代化独立国家的首都，它更为宏伟华丽，花费的成本相当于阿富汗一整年的财政收入。[33] 该项目并未完工，部分原因可能是该计划覆盖了喀布尔西南部太大的区域，从普里马兰（Pul-I Malan）到德赫马赞（Deh Mazang）和米娜·怀斯（Mir Wais Mina），向南直到里什霍、查哈尔德赫和四十柱宫。[34] 新城市用了埃米尔自己的名字，但是也被翻译成"和平之家"（或"和平之门"），这是个能引发强烈感情的伊斯兰术语，类似"安全之家"（Dar al-'Amn）、"伊斯兰教之家"（Dar al-Islam）。"达尔阿曼"在空间上和意识形态上是对过去的抗拒，这种意识形态在泰姬贝格（Taj Beg）宫殿群入口处的"智慧和无知之塔"（Minar-I Ilm wa Jahal）上得到了强化。

　　达尔阿曼完全接纳了欧洲，尤其是法国的建筑模式。最初的设计规划是由新成立的法国考古使团团长安德烈·戈达尔起草的，他曾接受过建筑师培训。新首都的中心有一条笔直的、绿树成荫的大道，绵延6公里多（4英里），被拜伦称为"世界上最美的大道之一"。埃米尔甚至修建了一条铁路将泰姬贝格和旧城连接起来。

在帕格曼建有两座纪念碑，一座为纪念第三次英阿战争阵亡战士的阿曼努拉·汗，一座是纪念阿富汗独立的塔克扎法尔（Taq-i Zafar）。这两座纪念碑在苏联占领期间以及随后各军阀之间的战斗中遭到了严重破坏。

　　泰姬贝格的主要宫殿是埃米尔的办公区和一个未来议会的会场。宫殿规模庞大，占地 5400 平方米，高 33 米（108 英尺），这座三层楼的建筑在喀布尔西南天际非常瞩目。建筑外部是朴素的料石，但内部装饰奢华，铺有大理石和青金石嵌刻物。西面还有一个略小的宫殿，供王后索拉娅私人使用。这些宫殿的四周是带喷泉的正式花园；花园外面是政府办公楼以及一个火柴厂。这听起来很堂吉诃德，所有这些建筑物完全不实用。除却规模太大无法发挥作用外，高悬的天花板和砖石垒砌的墙壁意味着在喀布尔的严冬里，它们会使室内更加寒冷、潮湿且昏暗。

　　阿曼努拉·汗还进行了很多其他基础设施项目的建设，包括水坝和灌溉方案，但根本没有国家发展规划，而且单个项目的承建权都被欧洲国家瓜分。法国人经营邮政业务，垄断考古发掘，还建立了阿富汗第一个博物馆。此外，法国还开办了阿曼尼（Amaniyya）高中，学校的法国教师用法语教授法国的课程。德国工程师修建大坝、灌溉设施，接管达尔阿曼的建设，修建铁路并提供全部车辆，还训练了陆军和空军。德国开办了用德语授课的阿

埃米尔阿曼努拉·汗时期生锈的火车残骸，今天被遗弃在国家博物馆的花园里。这条铁路线从未打算用于公共交通，纯粹是为了供王室娱乐。

曼尼高中。与此同时，土耳其人主导军事学院，运营诊所和医院，在教育和宪法改革中也拥有重要的影响力。但是政府缺乏训练有素的专业人员，在设备维护方面也鲜有人感兴趣或是具备技能，阿富汗迅速变成了生锈金属和闲置工厂的坟墓。

1924 年宪法

税收、征兵、身份证等变化以及埃米尔修建宫殿的花费引发很多不满，但是激起最强烈敌意的是阿曼努拉·汗修改国家法律及社会体制的决定。掌权后不久，埃米尔就组建了一个立法委员会和宗教知识委员会，旨在革新国家法律。委员会由改革者和进步派宗教人士掌控，包括毛拉维·阿卜杜尔·瓦西、一个曾是警察的突厥人和阿卜杜勒·加尼博士的一个兄弟。1923 年 4 月，委员会发行了《阿富汗国家行政机构法》，[35]或称尼扎姆纳马（Nizam Namas，"秩序之书"），它包含 73 条条款，是阿富汗第一部宪法的基础。尼扎姆纳马反映了塔尔齐和青年阿富汗党的改革和现代化愿景，大量借鉴了土耳其模式。伊斯兰教被宣布为国教，但是尽管埃米尔将"依据伊斯兰教法和本宪法阐述的原则"进行统治；这个有意为之的模糊说法使埃米尔可以在认为伊斯兰法与宪法相抵触时搁置前者。无论宗教信仰和教派隶属如何，每一个阿富汗公民都是平等的，强加给非穆斯林的歧视性着装和宗教人头税也被废除。政府声明新闻自由和公民免遭任意逮捕得到确定，每个阿富汗人，包括女孩子，必须接受初级义务教育。

塔尔齐的种族国家主义体现在宪法对国籍的定义之中，"阿富汗人"是唯一的官方公民身份。为了促进普什图语的研究还成立了一所普什图学院，但是尼扎姆纳马没有像塔尔齐倡议的那样将普什图语宣布为国语。普什图瓦里或其他习惯法（ādat 或 rawaj）不具法律地位，而政府颁布的婚姻家庭法令将很多传统习俗判定为非法，例如娶寡嫂制、无须彩礼赠送妇女以化解血仇的习俗以及童养媳制。

宪法规定，国务委员会会议每年召开一次，立法权十分有限。仅有少部分成员由选举产生，大部分成员由阿曼努拉·汗指定，其他的则是凭借部落或宗教地位获得固定席位。宪法显然没有对埃米尔的专制和强权施加任何限制，效仿波斯君主制而授予他的帕夏（padshah），即国王尊称，实际上强化了这些权力。阿曼努拉·汗还可免于国务委员会审查，国王可以独自任命王位继承人、政府部长、军官以及省长。他还是军队最高指挥官，保有批准、废除或推翻国务委员会和司法机构任何法律或判决的特权。

根据官方说法，宪法是建立在奥斯曼哈乃菲教法的基础之上，但是真正的灵感是源自土耳其的坦齐马特时期，以及第一次世界大战后穆斯塔法·凯末尔的世俗化改革。这一影响反映在，被用来表示宪法的波斯术语，直译自土耳其 1921 年宪法的名称"Te·kil·t-·Esasiye Kanunu"。"Mashruta"，波斯语中常用于表示宪法的术语，由于和 1909 年反政府运动有历史渊源，没被使用。

反对尼扎姆纳马的运动声势十分浩大且发展迅速。宗教精英们宣称很多条款都违背伊斯兰教法，普什图部落领袖则对削弱习惯法的立法很不满意。早在 1921 年，阿曼努拉·汗的首相阿卜杜拉·库杜斯就从坎大哈的资深宗教领袖那里获得一道法特瓦，谴责宪法的整个理念。该法令宣布，"从理性和法律的角度出发，只有一种类型的政府，即哈里发政府，这对执行神圣法律以及实施主决定的政治命令十分关键"。法特瓦还宣称，所有人为制定的法律框架都会带来"腐败"，并"以文明为幌子煽动仇恨和恐怖"。[36]

因此，明显受到土耳其改革运动影响的尼扎姆纳马给保守的逊尼派人士敲响了警钟，尤其是穆斯塔法·凯末尔的宪法将主权从真主的手中转移到了国家手中之后。他还废黜了奥斯曼哈里发，并迫使阿卜杜勒·梅吉德苏丹二世流放。根据 1924 年宪法，土耳其还废除了伊斯兰教法的至高无上的地位，穆斯塔法·凯末尔宣布，如果伊斯兰教"不再是政治工具"，它的境况会更好。

伊斯兰教和伊斯兰机构的瓦解震惊了阿富汗宗教界，他们坚信国王在索拉娅王后、马哈茂德·塔尔齐以及亲土耳其的青年阿富汗党人的挑唆下，为阿富汗规划了类似的命运。

尽管尼扎姆纳马遭到反对，但阿曼努拉·汗还是一意孤行，坚持推进。1923 年秋，他在贾拉拉巴德召开了一次支尔格大会，试图为自己的宪法争取支持和合法性，结果宗教领袖和部落首领们谴责了当中的很多法条。颇具影响力的查哈尔巴格哈兹拉特的兄弟拒绝接受尼扎姆纳马的很多条款，理由是它们不符合伊斯兰教法或是传统的普什图习惯法，并反对普及初等义务教育，他认为这会瓦解伊斯兰宗教学校体系。部落首领们随后抱怨国家补贴减少、征兵制、税收提高以及新的婚姻法。拉格曼、坎大哈和赫尔曼德也爆发了抗议活动，一个军营发生了兵变。一个来自贾巴尔萨拉杰（Jabal Saraj）的毛拉代表团前往喀布尔，他们因抱怨学校存在外国教师而遭到逮捕，后来在塔加布毛拉阿洪扎达·哈米德·阿拉的干预下，他们被释放了。

在针对宪法的辩论日益加剧之时，国王和英国的关系因匪徒的跨境活动而愈发紧张。1923 年 4 月，一群来自边境阿富汗一侧的辛瓦里人在兰迪山口杀死两名英国军官，而科哈特的阿夫里迪不法分子则谋杀了英国少校的妻子埃利斯太太，并绑架了她 17 岁的女儿莫莉。当这些辛瓦里人逃到阿富汗时，英国要求国王惩处他们，或是将他们移交英国司法部门。拖延数周后，国王终于将他们逮捕，但在审判前他们轻松逃脱了。国王的举动激怒了部落和宗教领袖们，他们认为逮捕行动违反了庇护传统，也是对宿敌的屈服。两位拥有极大影响力的苏菲派大师图朗扎伊人哈吉·萨希卜（Hajji Sahib）和查克纳瓦兹（Chaknawaz）的毛拉，随后将那些辛瓦里逃犯纳入自己的保护范围。对此英国要求国王重新逮捕犯罪分子，还暂停了所有进入阿富汗的武器运输，以此向国王施压。最终阿曼努拉·汗派出警察，武力捉拿辛瓦里人。在随后的冲突中，一名警察和一个匪徒中枪身亡。

与此同时，阿夫里迪绑匪在提拉赫（Tirah）的部落领地深处避难。白沙瓦基督教会医院的护士长莉莲·斯塔尔的丈夫，几年前被一个阿夫里迪刺客捅死在床上，现在她踏上危险的路途，设法交涉释放莫莉·埃利斯。[37] 这项任务取得成功后，边境首席专员约翰·马菲爵士（Sir John Maffey）召开了一次阿夫里迪和奥拉克赛首领们参加的支尔格会议，并以军事行动相威胁，迫于此，他们签署了一份声明，宣布匪徒是不法分子，并放弃了一部分传统的自治权。英国利用谋杀案和人质危机在边境部落中获得了更大的影响力，同时还削弱了国王在部落首领中的信誉。阿曼努拉·汗和阿富汗东南部普什图人的关系本来就因为他的宪法改革而十分紧张，从这件事后变得越发艰难。

伊斯兰的反击：霍斯特叛乱和支尔格大会

1924 年春天，部落对政府改革的不满最终导致霍斯特的曼加尔人发动叛乱。叛乱的诱因是一个政府官员根据新家庭法，拒绝因为当事女子的父亲在她还是婴儿时就将她许配给了另一个男人而宣告一桩婚姻无效。一名被称为瘸子毛拉（Mullah-i Lang）的宗教人士宣布这项裁决违背伊斯兰教法，并发布一道法特瓦，谴责国王是卡菲尔。"瘸子毛拉"以一种戏剧性的姿势出现在支尔格大会上，一手拿着一份尼扎姆纳马，一手拿着一本《古兰经》，呼吁与会人员在人类法律和神明法律间做出抉择。国王向当地派出调解员，试图为新法律正名，但"瘸子毛拉"立刻将他们赶走，谴责他们是异教徒政权的听差。"瘸子毛拉"随后宣布圣战，并谴责阿曼努拉·汗叛教，理由是他的宪法拒绝承认《古兰经》的永恒性。"瘸子毛拉"甚至还宣称国王已经变成了艾哈迈迪耶教派（Ahmadiyya）的信徒，这个教派是旁遮普人米尔扎·古拉姆·艾哈迈德·卡迪亚尼于 1889 年创立的，其追随者们把他奉为马赫迪和弥赛亚。

叛军沿着洛加尔河谷行进，占领了加德兹，尽管由土耳其将军贾马尔·帕夏领导的政府军设法阻止了他们对喀布尔的进攻，并夺回了加德兹。然而，胜利是短暂的。几周后，一直在拉合尔流亡的前国王雅库布·汗的儿子阿卜杜尔·卡里姆（Abd al-Karim）逃脱英国当局的监视进入霍斯特，在那里被叛军宣布为国王。随后他们调头进攻并重新占领加德兹，在此过程中消灭了一支土耳其人率领的精锐军团。7月末，叛军拿下了距喀布尔12公里的希萨拉克（Hisarak），引发了首都的一阵恐慌。对阿曼努拉·汗来说，幸运的是曼加尔人并没有继续推进和进攻首都，而是带着战利品返回了霍斯特。

　　叛军距喀布尔不远时，阿曼努拉·汗召开了一次紧急廷臣会议（darbar），试图争取大家对共同抗击"瘸子毛拉"的支持。政府将这次会议隆重地称为是一场支尔格大会，即大部落议会，这一称号极有可能是塔尔齐的亲密伙伴阿卜杜尔·哈迪创造的，试图引起普什图部落的情感共鸣。[38] 实际上，正如阿曼努拉·汗统治期间采用的许多官方术语一样，支尔格大会是土耳其国民议会的直译，这是一个由穆斯塔法·凯末尔建立的立法机构。更为讽刺的是，大多数参加支尔格大会的代表都是喀布尔城里人或来自说波斯语的科希斯坦、塔加布和达曼的部落代表。

　　国王的意图是获得大家对宪法的支持，并为抗击"瘸子毛拉"的战争征兵。但是，与会代表却利用这次机会表达对税收、征兵以及土耳其人主导教育

霍斯特：一栋典型的卡拉房屋，大院子被高高的围墙环绕，狭窄的窗子在墙体上方，保障了隐私和安全。当地的普什图部落起兵反抗国王，阿曼努拉·汗的改革，最后以失败告终。

和军事的不满。朔尔巴扎的哈兹拉特努尔·马沙耶赫·法兹尔·奥马尔以及曾为阿曼努拉·汗继承王位正名的塔加布毛拉阿洪扎达·哈米德拉一起攻击尼扎姆纳马不属于伊斯兰教，他们和其他在德奥班德神学院受训的乌里玛嘲笑政府神学家试图以伊斯兰教法为基础来证明宪法的合法性。他们提出，派兵对抗"瘸子毛拉"的前提条件是，必须成立一个由乌里玛组成的委员会，重新草拟尼扎姆纳马以符合他们对伊斯兰教法的解释。

阿曼努拉·汗别无选择只能同意这些要求，于是由德奥班德神学院师生和努尔·马沙耶赫的支持者们主导的修订委员会开始着手推翻宪法。他们甚至用阿拉伯语写下了修改后的刑法典，以强调新法律的"神圣性"，然后又将其翻译成波斯语。这些变化是剧烈的。[39] 阿富汗在历史上首次正式成为受哈乃斐法规治理的伊斯兰国家，还成立了一个具有执行力的乌里玛委员会来审查、修改或否决任何不符合伊斯兰教法的立法。委员会恢复了区分穆斯林和非穆斯林的传统，并将"严格遵守伊斯兰教法和国家刑法"作为个人自由的前提条件。司法机构移交给了宗教法官，婚姻和家庭法律被废除，女孩子只能在宗教学校接受教育，直到青春期为止。

尽管受到胁迫，阿曼努拉·汗同意了这些调整，乌里玛委员会则立刻发布法特瓦，谴责"瘸子毛拉"为叛乱分子，科希斯坦和塔加布人也立刻返回家乡集结军队。实质上，这就是一个反改革的伊斯兰主义者派系，为了自己的意识形态和政治目的牺牲了另一个同样反动的集团。为了反击对"瘸子毛拉"叛教者的指控，国王处决了几个艾哈迈迪耶教派叛依者。但是阿曼努拉·汗做什么都无法掩盖支尔格大会已经成为一种公开羞辱的事实，必须有人为这次惨败负责。这个不幸的替罪羊是毛拉维·阿卜杜尔·瓦西，起草尼扎姆纳马的委员会主席，他的反对者们严厉指责他捍卫宪法的言论。这是阿卜杜尔·瓦西人生中第二次入狱，但是风暴平息后，他获释并恢复了普里赫诗蒂清真寺负责人的身份。然而他和国王的关系变得紧张，并利用礼拜五布道的机会间接批评政府的政策。

得到了科希斯坦兵力增援后，时任军事行动负责人的沙·瓦利·汗在 8 月中旬攻击了叛军位于洛加尔的卡雷斯达尔维什（Karez Darwish）前沿阵地，而苏联和德国的空军战机则轰炸了前线。到 10 月初，加德兹重新回到政府手中，两个月后霍斯特部落首领在得到安全通行的承诺后来到喀布尔寻求和谈，结果却被投入监狱。"瘸子毛拉"和他的 3 个儿子最终被俘获，死在枪口下。共有约 100 名叛乱分子被处决。沙·瓦利还在霍斯特焚烧、劫掠了逾 300 栋房屋。他带着 600 名女俘房回到喀布尔，将她们作为战利品分给很多穆罕默德扎伊人。至于阿卜杜尔·卡里姆，他调头穿过印度边境逃跑，却被英国当局逮捕并流放至缅甸，两年后自杀身亡。"瘸子毛拉"叛乱几乎颠覆了国王的统治。虽然叛乱最终被平息，但阿曼努拉·汗的军事力量受挫，而他进行宪法改革的议程也被伊斯兰主义者绑架。更糟糕的是，为了支付战争费用，国王不得不提高税收、削减公共开支。

宪法的伊斯兰化使喀布尔人数不多的欧洲顾问群体产生了难以预料的负面影响。1924 年 7 月末，意大利工程师达利奥·皮珀诺（Dario Piperno）射杀了一名因轻微罪名前来逮捕自己的警察。[40] 他在伊斯兰法庭受审并被判处死刑，但是死者的近亲放弃行使手刃凶手的权利（qisas），而是接受了凶手的抚恤金，因为他不希望"异教徒的鲜血弄脏自己的手"。[41] 按照伊斯兰法理学和普什图习惯法，一旦抚恤金到位，皮珀诺就应该被释放。但是国王核准了死刑判决，第二年，在没有事先通知意大利使馆的情况下，秘密绞死了皮珀诺。

处死皮珀诺是一场外交灾难。所有在喀布尔派驻代表的西方国家都提交了正式抗议，而意大利则要求阿富汗正式道歉并返还抚恤金。这两点都没有实现，于是意大利冻结了阿富汗部长们的银行账户，暂停了所有援助，并召回自己的大使。但就在大使将要离开之际，外交部的一名下级官员递给大使一封道歉信，并承诺退回抚恤金，于是这场对抗结束了。但是皮珀诺事件让阿富汗损失了在国际联盟中的席位，因为英国将这次审判和处决作为否决其成员国身份申请的理由。这一次，国王失策的替罪羊是喀布尔的警察局长，他因此被解雇。

　　阿曼努拉·汗在处理宪法危机、霍斯特叛乱、皮珀诺事件以及外交关系上展现出来的政治天真和判断失误令人担忧。国王认为仅凭颁布法令就可将自己的改革愿景强加给国民，这种想法导致的仅仅是不满和叛乱，而他对意识形态领域对手的屈服则让改革者和那些希望更稳步地推进现代化进程的人希望破灭。1924 年 4 月，穆萨希班兄弟中最年长的萨达尔·纳迪尔·汗（Sardar Nadir Khan）向驻喀布尔的英国大臣弗朗西斯·汉弗莱斯爵士（Sir Francis Humphrys）透露，他反对国王迅速推行现代化计划，反对缺乏与公众协商就制定宪法，反对削减军费开支，反对土耳其人控制军队。不久，纳迪尔·汗当面告诉国王，他只欠军队一份人情，愤怒的阿曼努拉·汗任命纳迪尔·汗为驻法大使，这实际上等同于流放。在国王宣布自己的姐妹与纳迪尔·汗的兄弟穆罕默德·哈希姆·汗的婚约无效大约一年后，萨拉杰家族和穆萨希班家族的冲突成了常态。纳迪尔·汗的回应是辞去职务，归隐法国尼斯，后来沙·瓦利·汗和穆罕默德·哈希姆·汗也去了尼斯。

　　就连马哈茂德·塔尔齐也对他的门徒感到失望。在阿曼努拉·汗命塔尔齐签署 1921 年《英阿协议》后，他们之间的关系似乎已经开始破裂，因为几个月后，塔尔齐作为大使被派往法国。1924 年塔尔齐被召回，恢复了外交部长职务，但是他在处理宪法危机和皮珀诺事件的方式上再次与国王发生争执。1927 年，塔尔齐以健康状况欠佳为由去了瑞士。其他的改革者已经不再对君主专制的环境中能发生任何重大变革抱有希望，于是重新组建了宪政党，反政府的小道消息（shab namas）再一次秘密流传。另一派人成立了阿富汗第一个共和党，而布哈拉亲布尔什维克的贾瓦南一世（Jawanan-i）在喀布尔建立了一个基层组织，这是阿富汗共产主义政党的前身。

　　阿曼努拉·汗在伊斯兰游说团面前最终夺回了一些阵地。1926 年，一名德国人开枪打死一名阿富汗人，据称是出于自卫，司法机构根据欧洲法律程序对他进行了审判；他被认定有罪并判处入狱，但是获得王室赦免。之后，塔尔齐私下向外国使节保证，伊斯兰法不适用于涉案的外国人和非穆斯林外籍工人。索拉娅王后在迪尔库沙宫殿开办了一所女子学校，后来又在宫殿外建立了更多的女校。阿曼努拉·汗也在全国范围内巡游，宣传自己的教育观点，并主张一定限度的女性解放。国家媒体上出现了越来越多针对毛拉和苏菲派大师们的公开批评，而朔尔巴扎的哈兹拉特努尔·马沙耶赫则被"鼓励"去麦加朝圣，不得返回。然而，他在边境外的德拉伊斯梅尔汗建立了自己的基地，在那里动用他的圣战网络，谋划推翻一切他认为失去合法性的统治者。

阿苏关系以及占领扬吉卡拉

让1924年的动荡雪上加霜的是，斯大林决定将俄罗斯突厥斯坦分为塔吉克斯坦、乌兹别克斯坦和土库曼斯坦三个自治的苏维埃共和国，之后，阿富汗与苏联的关系在这年年末恶化了。苏联默认乌兹别克人、土库曼人和塔吉克人在中亚拥有自决权的做法在喀布尔非常不受欢迎，因为这引起了人们的担忧，担心会助长巴尔赫维拉亚特地区的民族主义情绪。第二年，关于阿姆河边界问题的长期争端差一点引发战争。大约有20年时间，阿富汗和沙俄曾在乌尔塔塔盖（Urta Tagai），或达尔卡德（Darqad）的主权问题上一直存有争议。这是潘杰河上的一个小岛，在阿富汗边境哨所扬吉卡拉对面。当阿姆河的主河道从乌尔塔塔盖的南部急剧转向北部后，争端开始了，根据国际法，这一变化意味着这座小岛现在是在阿富汗境内。于是乌尔塔塔盖成了塔吉克斯坦巴斯马奇进行渗透的重要中转站，也是白俄罗斯人和其他反苏活动者的避难所。

1925年12月，莫斯科派出红军占领了乌尔塔塔盖，不少阿富汗士兵在这次军事行动中丧生。阿富汗媒体歇斯底里地谴责这次攻击是一场入侵，阿曼努拉·汗也严肃地考虑是否对苏联宣战。但是英国站在了阿富汗政府的背后，最终说服莫斯科接受国际仲裁。委员会最终做出对阿富汗有利的决定，苏联撤出军队，但乌尔塔塔盖被占领的事实是对阿富汗政府的强烈警告，提示他们阿富汗北部边境的脆弱，以及和莫斯科对抗可能面临的后果。

国王阿曼努拉·汗的大出访

尽管阿富汗面临着内部和外部的许多复杂问题，1927 年末，国王阿曼努拉·汗仍宣布他即将开启印度、中东和欧洲之行，他认为这不是"一次为了娱乐的行程……而是（为了）学习和社会探索"。[42] 国王计划缺席七个多月，而很多政府高级官员都反对这次大出行，但是国王无视他们的忧虑，任命职业外交官萨达尔穆罕默德·瓦利·汗为总督。[43] 当时正在瑞士的马哈茂德·塔尔齐写信给国王，劝他放弃冒险，但是阿曼努拉·汗命令他在意大利参加王室聚会。然而，塔尔齐在国王一再无视自己的建议后先是返回瑞士，接着启程回到喀布尔。

访问印度和埃及后，阿曼努拉·汗在欧洲的第一站是意大利，他在那里公开表示了对意大利总理、意大利法西斯党领导贝尼托·墨索里尼的钦佩，而后者正在将自己的国家急速转变为极权国家。意大利国王维克多·伊曼纽尔二世随后授予阿曼努拉·汗"天使报喜勋章"，这是意大利骑士精神最高也是最古老的荣誉。这也引起了争议。众所周知，这一荣誉只颁发给受洗的罗马天主教徒，还必须是意大利公民，而奖章是一个天使报喜的图案，被十字架和"fert"四个字母环绕，这四个字母，可以解释为拉丁语中的"他（基督）背负了（我们的罪过）"。阿曼努拉·汗的宗教对手们没有忽略这一荣誉的基督教意义，他们认为，国王接受这一荣誉进一步证明了他在本质上是一个叛教者，而国王接受教皇庇护十一世召见让这种观点更加得到印证。

阿曼努拉·汗造访的下一站是尼斯，在那里他试图说服纳迪尔·汗和穆萨希班兄弟回国，但是没有成功。在瑞士，国王遭遇的是"冷淡的沉默"和"共和党的从简"；[44] 但当阿曼努拉·汗抵达德国时，他受到了欧洲君主享有的全部盛典和仪式，因为魏玛共和国的经济急剧下滑，德国政府急于在独立后的阿富汗获得一席之地。逗留期间，阿曼努拉·汗和多家德国公司签署了很多高价的合同，这是因为德国政府同意提供一笔巨额贷款，但只能用于购买德国设备和军备物资。

结束在德国的访问后，他又启程前往英国，在那里被英王乔治五世奉为国宾。在英期间，阿曼努拉·汗乘坐了飞机和潜艇，还参观了弹药工厂。英国当局确保向国王全面展示英国的军事实力，以此提醒他不要冒险再次与印度开战。阿曼努拉·汗的访问也受到广大民众的欢迎，他们站在道路两旁只为一睹这位异国君主及其随行人员的风采。

阿曼努拉·汗探访苏联是一段非常尴尬的旅程，因为此前两国因乌尔塔塔盖进行过对抗，斯大林还建立了几个中亚共和国。一个更令人不舒服的事实是，布尔什维克人就是几年前处决了末代沙皇及其家人的人。苏联媒体从未称阿曼努拉·汗为皇帝，也没有将其称为波斯版的恺撒。报道中使用的是这位国王最近获得的头衔"帕夏"，即国王，并强调他支持印度自治以及反对英帝国主义的战争。但阿曼努拉·汗是失望地离开莫斯科的，因为尽管《苏阿协议》做出了一些承诺，但是苏联仅提供了象征性的援助和军事装备。

阿曼努拉·汗在返回阿富汗的途中还经过了土耳其和波斯。他在伊斯坦布尔会见了总统穆斯塔法·凯末尔并签署了一项友好协议，约定"司法、科学和军事专家"将协助阿富汗的"知识和军事进步"。[45] 在欢迎他的晚宴上，阿曼努拉·汗再次重申了自己实现阿富汗现代化的意图，但是他没有提到在这一进程中伊斯兰教扮演什么样的角色的问题。的确，阿曼努拉·汗似乎在会见了穆斯塔法·凯末尔后，坚定了强行让阿富汗走上和土耳其一样的道路的决心，尽管他曾在宪法和婚姻法上受到过挫折。即使英国情报部门成功挫败了努尔·马沙耶赫（Nur al-Mashayekh）趁国王出行之机废黜他的阴谋，国王本人并没能注意到这一警告。

阿曼努拉·汗的最后一站是波斯，另一个最近经历了重大宪法和王朝动荡的国家。大约 3 年前，国王列扎·沙阿（Reza Shah）废黜了最后一批恺加王

身着欧洲军事制服的国王阿曼努拉·汗，摄于他颇具争议的欧洲之行前，《伦敦新闻画报》1927 年 10 月 1 日刊。

朝的统治者，启动了自己快速推进的欧洲化项目。不甘示弱的阿曼努拉·汗向波斯官员吹嘘自己计划 10 年内在阿富汗实现类似改革。他的听众十分震惊，认为国王已经失去理智。

　　阿曼努拉·汗在此次出行中接触了一些世界上最有权势的人物，赢得了荣誉。对很多欧洲人来说，他已经将阿富汗放在政治版图之上，并成功地使一些国家至少相信投资阿富汗是不错的生意。阿曼努拉·汗的友善和仁慈让他在普通民众中大受欢迎，而美艳过人的索拉娅王后也轰动一时。可悲的是，阿曼努拉·汗在旅程中冲昏了头脑，所到之处看到的技术无不向他显示着阿富汗与欧洲的巨大差距。大众媒体不断称阿富汗和阿富汗人民"落后""不守规矩"和"原始"的做法，更进一步加剧了这种自卑感。《每日邮报》特约记者罗兰·怀尔德甚至嘲讽阿曼努拉·汗，称这位国王相信："如果身着丛林山丘风格的服装，他就无法用纲纪国法来统治，无法靠规矩和原则来统治。"[46]等到阿曼努拉·汗跨过阿富汗—波斯边境，他似乎已经下定决心不计后果地寻求改革。正如怀尔德所言，"谁也不会料到阿曼努拉会感染西方的细菌，严重到失去了判断力。但这的确真实发生了"。[47]

阿曼努拉·汗似乎没有意识到自己的旅行招致了暴风般的批评，这些批评不仅来自他的宗教对手，还来自改革者和各级军官。他对墨索里尼法西斯政府的赞扬，让那些渴望民主政府和宪法改革的人不悦，而对天使报喜勋章的接受并与教皇会面的做法被伊斯兰教对手们利用，以证明国王是叛教者。鉴于布尔什维克建立的是一个无神论国家，他对苏联的访问并不是很符合外交礼仪，而阿曼努拉·汗对世俗化进程及穆斯塔法·凯末尔和列扎·沙倡导的政教分离改革的热情进一步激怒了伊斯兰教游说团。其他官员，尤其是军队官员，对《土阿协议》的条款感到不悦，因为它承诺要在军事和教育上给予土耳其更多的主导地位，这是不受欢迎的。更糟糕的是，索拉娅王后和随行的其他妇女在欧洲之行中摘下了面纱，穿上了"咆哮的二十年代"所流行的紧身低胸裙。

国王阿曼努拉·汗的改革：第二阶段

回国后，阿曼努拉·汗的各种行为加剧了人们对他的不满。在坎大哈停留期间，国王告诉当地政要，他计划恢复全民教育和实行妇女解放，他宣称："欧洲妇女比阿富汗男人更加勤劳和活跃，这难道不令人羞耻吗？"[48]将普什图男人与女人，尤其是欧洲女人做不利对比，是极度的侮辱，特别是许多议会成员可以接触到乌尔都语报刊，看到了索拉娅女王穿着暴露服装的照片。阿曼努拉·汗的所有言论只是加剧了人们的担忧，害怕国王会为阿富汗女性规划相似的"命运"。

回到喀布尔后，阿曼努拉·汗下令，在1928年8月底召开支尔格大会，而此时他本人隐居帕格曼，将国事交由萨达尔穆罕默德·瓦利·汗负责。在波

访问欧洲时的阿富汗王后。《伦敦新闻画报》，1928 年 2 月 4 日刊，这张照片上的索拉娅王后没有佩戴面纱，膝盖以下的双腿也裸露在外。印度媒体上类似的照片流传到了喀布尔，被伊斯兰教人士、国王阿曼努拉·汗的反欧对手们利用，加速了他的垮台。

斯法律专家和土耳其大使的协助下，阿曼努拉·汗开始规划自己的社会和法律改革。在接下来的 6 周里，他发布了一系列离奇的法令，包括要求所有政府机关的来访者着欧洲服饰。随后国王彻底改组了自己的内阁，任命阿谀奉承的保王党领袖谢尔·艾哈迈德·汗·齐克里亚为首相，"头脑发热的激进分子"[49]古拉姆·西迪克·恰希则代替塔尔齐成为外交部长。这些任命丝毫不得人心，以至大多数留任的部长们纷纷辞职。

8 月底，大约 1000 名代表穿上不舒服的双排扣礼服参加了支尔格大会。阿曼努拉·汗概述了自己的计划，宣称"进步的最大秘诀就是抛弃陈旧过时的想法和习俗……与时俱进"。[50]根据阿曼努拉·汗的说法，"进步"意味着改

变传统的国家象征符号，并恢复初等阶段义务教育以及 4 年前被推翻的所有
宪法规定。源自阿巴斯哈里发旗帜的杜兰尼黑色旗帜被由黑、红、绿三个竖条
组成的三色旗取代，这是以法国、比利时和意大利国旗为蓝本的旗帜。伊斯兰
图案中的星星、清真寺和交叉的剑被一捆小麦包围着的群山和一个在顶端有星
星的朝阳所取代。政府部长们确认，支尔格充斥着保王党支持者，会上通过了
一项妇女权益法案，并成立了妇女保护协会，国王也公开表示反对面纱和帕
达。支尔格通过的其他措施还包括禁止毛拉参与教育和司法。

　　尽管还是在国王的倡议书上盖了章，但很多代表都对国王的计划不满，
一回到家乡就立刻表达他们的担忧。在喀布尔，军队使用武力野蛮镇压了骚
乱；卡塔干的几个毛拉拒绝在呼图白中吟诵国王的名字；而朔尔巴扎哈兹拉特
的兄弟古尔·阿加·穆贾迪迪和塔加布的毛拉阿洪扎达·哈米德拉·萨菲起草
了一份法特瓦，谴责国王的计划，大约 400 名宗教界人士在上面签了名。当
古尔·阿加将法特瓦呈递给国王时，阿曼努拉·汗指责哈兹拉特们是英国间
谍，并将他们投进监狱。[51] 国王拒绝接见来自楠格哈尔有影响力的部落首领和
宗教领袖，这些人来到喀布尔原本是欢迎国王回国，同时也想表达对他的改革
的担忧。后来索拉娅王后进一步挑战了人们的底线，她出现在公众面前时仅仅
佩戴轻薄的面纱，还在《阿富汗和平报》上发表系列文章，称无论是《古兰经》
还是《圣训》都没有禁止妇女接受教育，也没有要求佩戴完全遮脸的面纱。另
一家有影响力的报纸《阿尼斯》（Anis）也发表了一系列言辞激烈的言论攻击
毛拉和苏菲派大师。

　　异见很快就变成了彻底的反抗。当阿曼努拉·汗试图劝说喀布尔最资深
宗教法官卡齐·阿卜杜尔·拉赫曼发布法特瓦为自己的改革正名时，卡齐作
为朔尔巴扎的追随者拒绝了这一请求。当国王威胁处死他时，卡齐·阿卜杜
尔·拉赫曼、古尔·阿加和其他来自科希斯坦及塔加布持异见的乌里玛逃到了
霍斯特，并试图劝说艾哈迈德扎伊人反抗。但是他们遭到了背叛并被逮捕。卡
齐·阿卜杜尔·拉赫曼和他的 3 名男性亲属在 1928 年 10 月下旬被以叛国罪公

开处决。[52]

尽管抗议浪潮日益高涨，阿曼努拉·汗拒绝退让。10 月末，国王召集了最亲密的支持者们举行了一次廷臣会议，之后连续 4 天里，他描述了更加激进的改革计划。礼拜四取代礼拜五伊斯兰安息日成为官方假日；任何参观或是居住在喀布尔的民众必须穿欧式服装；一夫多妻制也被废除；所有的儿童都必须去男女同校的学校接受教育，每个省都将兴建外国人经营的学校，阿富汗女孩也可以被送去欧洲学习。阿曼努拉·汗随后对宗教界发出致命攻击，将国家的弊病归咎于他们。在演讲的结尾，他再次重申反对佩戴面纱，然后索拉娅王后和其他在场女性在热烈的掌声中摘下了自己的面纱。国王的演讲和王后不合时宜的表演成了压垮骆驼的最后一根稻草。

楠格哈尔和达曼的叛乱

几周后，楠格哈尔辛瓦里人发动叛乱。叛乱理由包括税收、征兵的改革，强行推行西方服饰，政府官员腐败以及王后的举止。随后许多宗教人士发布法特瓦支持叛乱，并谴责国王及其政府是异教徒。辛瓦里的村庄遭到了空军的炸弹袭击，而辛瓦里人、莫赫曼德人以及霍亚尼人（Khogyanis）也加入了起义。到 1928 年 11 月末，贾拉拉巴德和阿富汗南部大部分地区都掌握在了叛军手中。古拉姆·西迪克·恰希被派去与叛军谈判，叛军提出了一系列要求，包括废止近期实施的所有法律、财政和社会改革举措，取消征兵计划，恢复乌里玛在司法系统中的决定性作用。同时还宣称，要求国王和索拉娅王后离婚，将她和塔尔齐家族流放，驱逐所有土耳其顾问和除英国人外的外交官。[53]作为回应，阿曼努拉·汗发布了自己的法特瓦，声明自己是一名穆斯林国王，所有的臣民必须完全服从自己，并派洛伊纳布·阿里·艾哈迈德·汗前往楠格哈尔镇压叛军。在此期间，除了保留少数的前线军团，喀布尔所有的兵力都被派出。

与此同时，喀布尔北部、塔加布、科希斯坦和达曼也都处于叛乱之中。麻烦的开端是国王试图逮捕塔加布毛拉，结果被派去抓捕他的士兵因遭到埋伏而失利。在达曼，一伙劫匪在喀布尔 - 恰里卡尔（Charikar）公路上拦路打劫几个月之久，还绑架商人索要赎金。他们的头领哈比布拉·卡拉卡尼更为人知的称呼是"挑水夫之子"（Bacha-yi Saqau），[54] 年轻时曾在穆斯托菲·侯赛因·汗·萨菲的庄园里做事，但在 1919 年被征召入伍，第三次英阿战争中在萨达尔纳迪尔·汗手下服役，随后作为阿富汗志愿武装的一员参加了对巴斯马奇的战斗。1924 年，卡拉卡尼参与了镇压霍斯特叛乱，但在宣称自己和自己的人没有得到应得的战利品后退出。哈比布拉和战友们随后返回了达曼，在那里开始抢劫村庄、劫掠商队。[55]

政府无力压制这些袭击，恰里卡尔总督艾哈迈德·阿里·洛迪反而向卡拉卡尼提供王室赦免、现金和军衔，条件是他和他的人必须重新回到军队，帮助镇压楠格哈尔叛乱。为表达诚意，他提出要送给卡拉卡尼一份安全通行证，但是卡拉卡尼对此表示怀疑，要求国王在《古兰经》上为赦免令和安全通行证封印。艾哈迈德·阿里和阿曼努拉·汗在电话中讨论了这个提议，国王指示艾哈迈德·阿里用布裹住一本普通的书伪装成《古兰经》，并诱使卡拉卡尼前来恰里卡尔，这样就可以逮捕他并将其送到喀布尔处死。阿曼努拉·汗不知道，电话运营商是卡拉卡尼的一个朋友，他偷听了对话并警告这是欺诈。卡拉卡尼于是假扮恰里卡尔总督给国王本人打电话，询问他在卡拉卡尼问题上有什么指示，而阿曼努拉·汗对着线路那头大喊："杀了他！杀了他！"于是故事开始了，卡拉卡尼随即揭示了自己的真实身份，对国王破口大骂，并扬言要进军喀布尔将他废黜。[56]

卡拉卡尼随后在科希斯坦和达曼密会了一批有影响力的宗教人士，包括阿洪扎达·阿卜杜拉·贾恩、布祖格·贾恩（Buzurg Jan）和塔加布哈兹拉特·穆贾迪迪，他们都反对国王的改革，并与朔尔巴扎哈兹拉特、哈达毛拉以及楠格哈尔的叛军首领们有着密切的联系。他们同意推举卡拉卡尼为圣战的军事统帅，并发布法特瓦谴责国王及其政府，宣布阿曼努拉·汗的同父异母兄弟哈亚特拉·汗为新国王。一位消息人士称，哈亚特拉·汗自己也参加了其中的一个秘密会议。[57]

已经从一名掠夺者变成圣战者的卡拉卡尼开始发动了攻势。1928 年 11 月初，他占领了沙莱伊霍贾（Sarai-yi Khoja），切断了通往首都的电报和供电线路。然后包围了贾巴尔萨拉杰（Jabal Seraj）。10 天后，艾哈迈德·阿里·洛迪（Ahmad Ali Lodi）将城市连同军工厂和国库拱手让出，以换取前往喀布尔的通行安全保证和一部分现金。卡拉卡尼有了一大笔现金可供使用，还有包括机关枪和重型火炮在内的大量武器，于是开始进军喀布尔。11 月末，他占领了喀布尔郊区的穆拉德贝格城堡（Qal 'a-yi Murad Beg），在那里，叛军暂停了攻势去做礼拜五祷告。在祈祷仪式中，主持祈祷的沙姆斯·哈克·穆贾迪迪（Shams al-Haqq Mujadidi）将哈比布拉·卡拉卡尼的名字插入呼图白中，并授予他一个宏伟的头衔——哈迪姆·丁·拉苏尔·阿拉（Khadim-I Din-I Rasul Allah），即上帝使徒宗教的仆人。此时被正式任命为国王的哈比布拉二世挺进帕尔万卡丁（Kart-i Parwan），12 月 14 日占领了国王位于巴拉花园（Bagh-i Bala）的官邸、哈比比亚学院和军事学院，并洗劫了阿卜杜拉·库杜斯的私人住所。大部分喀布尔守军被派往楠格哈尔，只有一小部分军团留在喀布尔，其中大部分是拖欠几个月军饷的新兵。于是大多数人当了逃兵或是加入叛军。阿曼努拉·汗走投无路，只得将步枪分发给喀布尔普通居民。即将离开喀布尔去楠格哈尔与洛伊纳布·阿里·艾哈迈德会合的艾哈迈德扎伊部落成员，立刻调转枪口对准国王的军队或是把枪支送往霍斯特。

将近两周，战火在帕尔万卡丁及周边地区肆虐，新建成的英国公使馆成了战斗前线。当使馆员工躲在台球桌下，冒着狙击手的攻击去树林里取燃料时，英国公使汉弗莱斯口衔烟斗，勇敢地阻挡试图潜入使馆领地的叛军和政府军。在圣诞节前夜，局势突变，汉弗莱斯不得不下令全面撤离。在接下来的两个月里，586 名男女和儿童乘坐经过特殊改装的皇家空军飞机飞往白沙瓦，这也是世界上首次空运撤离。[58] 12月末，阿曼努拉·汗也以同样方式将妻儿送到坎大哈。

在圣诞节后，卡拉卡尼被弹片击伤，被迫撤退到帕格曼休养，战斗暂时停止。但这对阿曼努拉·汗起不到安慰作用，因为几天后影响力巨大的查克纳瓦尔（Chaknawar）毛拉宣布支持楠格哈尔的叛军，并呼吁国王退位。被逼到墙角无路可退的阿曼努拉·汗召开紧急内阁会议，发布王室公告，撤销大部分近期的改革措施，并屈从于辛瓦里的要求。国王似乎认为安抚楠格哈尔叛军能让他们同意支持自己并镇压目中无人的科希斯坦人。毕竟他曾成功地用同样的办法，逆转平息了霍斯特叛乱。但是楠格哈尔各部落并不信任已经失去了全部宗教合法性的国王，于是国王分而治之的尝试失败了。1929年1月，阿曼努拉·汗做出了更多的让步，他释放了努尔·马沙耶赫（Nur al-Mashayekh）的兄弟、穆贾迪迪家族的其他成员以及一些异见人士，但这远远不够，且为时已晚。许多政府官员，包括部长、改革运动领袖和位高权重的穆罕默德扎伊人早已在暗中和卡拉卡尼达成了协议。

喀布尔的陷落及国王阿曼努拉·汗的逃亡

1929年1月中旬发生了一场政变。科希斯坦领导人在穆斯托菲侯赛因·汗·萨菲家庭的侯赛因科特城堡（Qala-yi Husain Kot）集会，其间再次宣誓效忠卡拉卡尼。第二天，1.6万名科希斯坦人涌入喀布尔，遇到的零星抵抗基本上可以无视。阿曼努拉·汗向伊纳亚特·汗交接后匆匆退位，在马哈茂德·塔尔齐的陪同下仓皇驱车前往坎大哈，随身携带了1000万卢比的金币。但是伊纳亚特·汗的统治只维系了约一周的时间，即便在这一周内，他的权威也没有超出迪库沙宫殿（Dilkusha Palace）的范围。宫殿围墙外的政府官员，甚至还有他自己的兄弟们都已经向哈比布拉·卡拉卡尼投降了。穆斯托菲·穆罕默德·侯赛因·汗的妻弟阿布德·拉希姆·汗·萨菲也叛变了，他在泰佩马兰詹（Tepe Maranjan）指挥着 1000 名士兵。叛军包围王宫后，汉弗莱斯担心发生屠杀，设法为伊纳亚特·汗夫妇、塔尔齐的两个儿子和一些高级官员争取到了通行安全保证。英国皇家空军用飞机将他们送到白沙瓦。

哈比布拉·汗·卡拉卡尼控制阿富汗首都，但是赫拉特、加兹尼和坎大哈的省长都拒绝向他效忠。在楠格哈尔，辛瓦里、莫赫曼德和霍吉亚尼的叛乱分子宣布洛伊纳布·阿里·艾哈迈德汗为国王。艾哈迈德汗试图夺下喀布尔但失败了，因为霍吉亚尼人接受朔尔巴扎穆贾迪迪人的大笔资金后叛变。洛伊纳布·阿里·艾哈迈德逃到白沙瓦，在那里用毫无节制的饮酒狂欢来麻痹自己。清醒之后，他设法回到了坎大哈，与阿曼努拉·汗和平共处。

阿曼努拉·汗仍然希望从自己的杜兰尼部落募集士兵，所以当听闻伊纳亚特·汗已经逃离阿富汗时，他撤回退位决定。宗教顾问认为这是非法的，但他无视他们的反对。然而，杜兰尼人不愿意团结到王室的旗帜下，国王无疑有理由后悔他对懒惰的坎大哈人的讽刺言论。坎大哈的乌里玛也拒绝谴责卡拉卡尼是叛乱分子，因为他们当中很多人从一开始就反对国王的宪法改革，对他解放妇女的计划也不感兴趣。在阿曼努拉·汗退位前不久，坎大哈的一些宗教领袖曾写信给国王，抱怨毛拉们必须有教师资格才能在公立学校执教的新规以及女性教育问题。国王的战争部长阿卜杜尔·阿齐兹（Abd al-Aziz）试图通过劝说和发放现金礼物的方式获得他们的支持，并确保部落和宗教领袖们听到难民们对卡拉卡尼追随者在喀布尔犯下的违法、强奸和其他暴行的详细描述。

到 1929 年 2 月底，部落的意见开始偏向国王一方。来自瓦尔达克、贾勒雷斯和哈扎拉贾特的军队甚至击败了卡拉卡尼派来攻击坎大哈的部队。然而，阿曼努拉·汗没能赢得苏莱曼部族吉尔扎伊人的支持，因为这些家族作为努尔·马沙耶赫（Nur al-Mashayekh）的穆克里斯（mukhlis，苏菲派领袖的追随者），曾经发誓要支持他们的大师，而苏菲派大师已经为叛乱送上了祝福。阿曼努拉·汗呼吁印度总督允许从印度进口武器的要求也遭到拒绝，理由是英国在冲突中保持中立立场。驻莫斯科大使古拉姆·纳比·恰尔希向苏联的求助得到了响应，莫斯科同意提供现金、武器和军事顾问，并允许他从居住在乌兹别克斯坦的众多阿富汗难民中招募士兵。

穆萨希班兄弟归来

阿曼努拉·汗重新夺回王位的机会更加渺茫了，因为他听说纳迪尔·汗及其兄弟们已在孟买登陆，并在那里宣布他们此行目的是从强盗国王的手中解放阿富汗。纳迪尔·汗和沙·瓦利·汗是战斗英雄，在军队和边境部落中有强大的追随者。此外，作为白沙瓦萨达尔的后人，穆萨希班家族给叛军提供了替代萨拉杰王朝的可行方案。纳迪尔·汗前往白沙瓦可以算是一个胜利。大批民众在拉合尔车站欢迎他，乌尔都诗人和印度民族主义者穆罕默德·伊克巴尔（Muhammad Iqbal）为纳迪尔·汗的行动捐出了毕生积蓄。纳迪尔·汗在演讲中宣布自己"在看到阿曼努拉重返王位前不会休息"，[59] 但是待他抵达白沙瓦时，他已经改变了立场，称自己只想"建立和平、从暴政中解放我的同胞"，谁当国王应该由各部落共同决定。[60]

纳迪尔·汗这种想法上的改变，很可能是因为他亲耳听到部落和宗教领袖们有多么憎恶阿曼努拉·汗的改革。由于纳迪尔·汗需要部落支持，他和兄弟们拉开与阿曼努拉·汗及其改革主义者圈子的距离是上策。纳迪尔·汗与已经撤退到白沙瓦的弗朗西斯·汉弗莱斯爵士的会面，无疑也影响了这种看法。汉弗莱斯已经对塔尔齐和阿曼努拉·汗产生了个人厌恶。几乎可以肯定，他明确告知纳迪尔·汗，英国不希望看到一个萨拉杰重新获得阿富汗的王位，同时向纳迪尔·汗保证英国会帮助新国王坐稳自己的宝座，"无论这个新国王是谁"。[61] 从这一刻起，纳迪尔·汗对阿曼努拉·汗的批评变得更加直言不讳，但他拒绝宣布自己为国王，也回绝了卡拉卡尼和努尔·马沙耶赫的特使们邀请自己加入新政府的提议。洛伊纳布·阿里·艾哈迈德·汗也没能说服纳迪尔·汗认为，既然楠格哈尔各部落已经选举自己为国王，纳迪尔·汗和他的兄弟们也应该向自己宣誓效忠，但他没能说服纳迪尔·汗。相反，在 1929 年 3 月 6 日，纳迪尔·汗、沙·瓦利·汗和哈希姆·汗出发前往霍斯特，意在招募军队挺进喀布尔。

穆萨希班兄弟们出人意料地回到印度，意味着他们现在要和阿曼努拉·汗展开争夺喀布尔的竞争。但是阿曼努拉·汗尚未说服杜兰尼各部落或坎大哈乌里玛谴责卡拉卡尼政权，并和他一起重夺阿富汗首都的控制权。孤注一掷试图获得支持的阿曼努拉·汗采取了一个大胆且富有戏剧性的举措。1929 年 2 月 24 日，国王在克尔卡沙里夫（Khirqa-yi Sharif）神庙前举行了一场支尔格大会，这里毗邻艾哈迈德·沙阿·杜兰尼的陵墓。阿曼努拉·汗在热情洋溢的讲话中重申了自己的伊斯兰教信仰，并诅咒哈比布拉·卡拉卡尼是叛徒和异教徒。然后他命令神庙的穆塔瓦里（mutawalli，神殿守卫者）打开圣骨盒，将神圣的披风高高举起，问在场的人，真主是否会允许一个异教徒或叛教者拿着如此神圣的物件而不将他处死。这戏剧性的一幕立即产生了效果，一个又一个领袖接连上前重新表示忠心，同时乌里玛发出法特瓦，谴责哈比布拉·卡拉卡尼国王是篡位者。

即便如此，阿曼努拉·汗直到 4 月初才终于开始向阿富汗首都进发，这可能是因为他得知纳迪尔·汗正在朝加德兹前进的消息。与此同时，古拉姆·纳比·恰尔希带领一小支军队穿过阿姆河意图从北面进军喀布尔。问题是阿曼努拉·汗的军队规模较小，主力是哈扎拉人，当初加入国王队伍是因为资深圣战分子在什叶派位于伊拉克卡尔巴拉（Karbala）最神圣的神庙前发布法特瓦，督促他们支持阿曼努拉·汗。

阿曼努拉·汗之后犯了一个致命错误。国王无视将领们希望通过洛加尔山谷进军喀布尔的建议，在未从苏莱曼部族那里获得通行安全保证的情况下，贸然出发前往加兹尼。让吉尔扎伊人更为生气的是，国王军队的大部分士兵是哈扎拉人，因为他们与哈扎拉人积怨已久，部分原因是他们是什叶派和伊斯玛仪教派，还有部分原因是他们长期在放牧权问题上有争端。阿曼努拉·汗在加兹尼公路行进时饱受突袭者骚扰，抵达穆库尔（Muqur）时 7000 名吉尔扎伊人凶猛地扑向散乱的队伍。虽然哈扎拉人英勇战斗，国王军队还是被全部歼灭。阿曼努拉·汗逃到了卡拉特吉尔扎伊，但当这里也被包围时，他越境逃往查曼。几天后，怀孕已久的索拉娅王后、马哈茂德·塔尔齐和伊纳亚特·阿拉·汗夫妻也逃到查曼。

兴都库什山外的局势也十分混乱。卡拉卡尼拿下喀布尔后不久，效忠新政府的军队占领了马扎里沙里夫（Mazar-i Sharif）和詹吉城堡（Qal 'a-yi Jangi）。阿卜杜尔·拉希姆·汗·萨菲北上就任阿富汗突厥斯坦总督。任命了新的文职和军事官员后，他出发前往梅马内和赫拉特，带走了大部分的兵力，结果几周后古拉姆·纳比·恰尔希在苏联战机的支持下，控制了马扎里沙里夫和詹吉城堡。德赫达迪（Dehdadi）驻军设法坚持了一个月后，不得不投降，于是古拉姆·纳比进军塔什库尔干，迫使卡拉卡尼的军队撤退至昆都士和艾巴克市。

古拉姆·纳比预料该省的上千名普什图殖民者会加入自己的战斗，但这一期望后来证明是严重的误判，因为只有一两个在巴尔赫附近的指挥官宣布支持他。与此同时，卡拉卡尼政府抓住苏联战机轰炸詹吉城堡以及古拉姆·纳比的军队中有说俄语的官兵这一事实，宣布古拉姆·纳比只不过是苏联入侵的傀儡。在这一波宣传下，马扎里沙里夫和巴尔赫的宗教领袖们宣布对古拉姆·纳比进行圣战。土耳其皮尔和巴斯马奇前领导、基齐尔阿亚克（Qizil Ayaq）的哈里发，指挥着由1.2万名追随者组成的军队，重新夺取马扎里沙里夫。在喀布尔，土耳其巴斯马奇指挥官易卜拉欣·贝格（Ibrahim Beg）也宣布支持卡拉卡尼，而在喀布尔，卡拉卡尼政权废除了《苏阿协定》，并威胁苏联大使，如果苏联不撤回其"顾问"，就驱逐苏联大使。

古拉姆·纳比最终还是在普里库姆里和塔什库尔干之间的拉巴塔克山口（Kotal-i Rabatak）与卡拉卡尼军队迎面相遇，结果自然是古拉姆·纳比战败并越过阿姆河溃逃。他的失利以及阿曼努拉·汗在穆库尔的损失彻底终结了国王想要重夺王位的所有希望。更多的羞辱还在后面。印度总督拒绝前国王在印度寻求庇护的请求，阿曼努拉·汗余生流亡意大利，在那里他享受骑士称号，相当于名誉公民。1960 年去世后，政府终于允许他的遗体回到阿富汗，挨着父亲葬在了贾拉拉巴德的家族陵园中。塔尔齐则定居土耳其。他在 4 年后去世，葬于伊斯坦布尔的伊普苏丹公墓。

阿曼努拉·汗国王：失败的改革者

阿曼努拉·汗国王的统治被后人记住的大多是他失败的社会和宪法改革，在很多阿富汗人看来，失败的原因主要是宗教领袖和部落首领们的顽固与愚昧。然而他的改革之所以失败，至少有部分原因是国王、索拉娅王后、马哈茂德·塔尔齐和青年阿富汗党所采取的狭隘教条主义做法，他们认为在土耳其非常有效的做法对阿富汗也同样适用。国王、塔尔齐和他们的支持者热衷于不切实际地进行快速改革，试图将坦齐马特和凯末尔的模式强加给阿富汗，虽然阿富汗和奥斯曼土耳其同为逊尼派国家，但是两国几乎在所有方面都有天壤之别。

和阿富汗不同，奥斯曼帝国建立在与欧洲文明数千年交往的基础之上。的确，所有的欧洲强国都认为土耳其是欧洲国家而不是中东国家，因为它有数千年的拜占庭帝国基督教遗产，此外很多代表希腊罗马文明的伟大城市位于土耳其境内。另一侧的阿富汗无论在空间上还是意识形态上都隔绝于欧洲及欧洲文化。阿富汗和欧洲仅有的一点往来也大多数是负面的，因为它的两个欧洲邻居英国和沙俄被视为异族，是对阿富汗主权、宗教和文化身份的威胁。阿富汗与欧洲的往来在 19 世纪初才开始，直到阿曼努拉·汗统治时期，除极少数例外，居住在阿富汗的欧洲人是占领军的一部分。阿富汗长期实行的外交政策就是拒绝英国和其他欧洲国家在本国派驻代表。英国也对阿富汗采取了闭关政策，而塔尔齐的泛伊斯兰和反殖民观点加强了这种封闭性，虽然他倡导的现代化是建立在源自欧洲的模式基础上。

在奥斯曼社会，种族或宗教隶属不会影响一个人成为高级官员或公职人员。基督徒、犹太人、斯拉夫人、希腊人和亚美尼亚人都可以在奥斯曼帝国的商业、文化和政治生活中发挥重要作用。但在阿富汗情况并非如此。除了一两个例外的印度教徒，该国的宗教少数派被边缘化和歧视，在国家政治生活中起的作用十分有限。甚至穆斯林宗教派别，如什叶派和伊斯玛伊仪派也受到敌视，有时还会遭到集体迫害，而塔尔齐效仿后奥斯曼土耳其，在民族语言学上重新定义民族认同的做法，加剧了非普什图群体中业已存在的公民权利被剥夺感。

战后穆斯塔法·凯末尔领导的土耳其政治和社会转型，经历了一个多世纪的奋斗后才达到顶峰，但是阿曼努拉·汗居然天真地相信自己可以在10年内实现同样程度的变革。土耳其革命的领导人是接受过良好教育的知识分子和军官们，他们曾在基督教学校和欧洲的大学里深造，或是曾接受过德国军官的培训。所有人在不同程度上都曾积极接触过欧洲文化和政治哲学。穆斯塔法·凯末尔战后对伊斯兰宗教机构的瓦解之所以成功，是因为他是一名战斗英雄，指挥着一支装备精良、训练有素且忠心耿耿的现代化军队。最后一点，他的改革受到民众的广泛支持。

这些情况在阿富汗都不存在。阿曼努拉·汗国王不是将军，他在第三次英阿战争中没有起到积极的军事作用。阿富汗军队不堪大任，他们不但败于英军的优势技术和纪律，还败给装备简陋、未受训练的部落士兵。1808—1809年，埃尔芬斯通在沙阿·舒贾宫廷所注意到的探究知识文化氛围早已消失，或是在国家的打压下被迫转入地下。而阿富汗的知识分子只是主要由穆罕默德扎伊人组成的城市化小集团，他们不了解民意，部分原因是他们不屑于听取民意。作为土耳其"启蒙运动"主要动力的欧洲教育理念还未在阿富汗扎根。作为阿富汗第一所设立现代科学和人文学科的教育机构，哈比比亚学院的运行还不到20年，招收的学生也仅限于少数特权人士。大多数普通民众只能在宗教学校接受教育，那里通常热衷阻止学生接触非伊斯兰世界的观点。1919年，只有不到5%的阿富汗男性识字，在塔尔齐开始他的翻译计划前，很少有阿富汗人阅读过欧洲作家的作品。在所有的穆斯林国家中，阿富汗是最不可能进行阿曼努拉·汗和青年阿富汗党设想的快速革命的地方之一。

因此，改革运动失败的部分原因是倡导者的幼稚，同时他们缺乏对欧洲和土耳其科技、知识和社会革命进程的了解。政府寻求共识的努力基本上是象征性的，国王愚蠢地相信他的臣民会毫无迟疑地服从他的法令。改革者们因国王在追求改革议程和向伊斯兰保守派屈服之间摇摆不定而终感绝望。最后，国王颁布的往往怪异的法令和公告撕裂了改革运动：一种是意识到改革只能是一个长期过程的人，如穆萨希班兄弟；另一种是同国王一样，相信转型可以在一夜之间实现的塔尔齐及青年阿富汗党成员。

阿曼努拉·汗的垮台通常被归咎于他的欧洲之行带来的负面影响，尤其是不戴面纱的索拉娅王后频频现身；但是，正如我们所看到的，阿曼努拉·汗垮台的真正原因要复杂得多。汉弗莱斯指出：

> 将阿曼努拉国王垮台的主要原因归咎于他在旅欧期间做出的决定是错误的。他曾向我坦陈，自从他登上王位，就一直被一股无法自制的渴望所驱动，想要在自己的一生中彻底实现国家的现代化。[62]

根据汉弗莱斯的说法，尼扎姆纳马的颁布标志着阿曼努拉·汗政府开始走向终结，然而，早在 1921 年，坎大哈就出现了反对制定宪法的声音。可以说阿曼努拉·汗的垮台能追溯到他决定入侵印度之时，因为这场失利暴露了军队的不足，削弱了国王的信誉。部落的不满情绪受到助长，后来，这种情绪又和关于性别、国家伊斯兰教认同，以及欧洲化问题的辩论交织到一起。战争还打破了阿富汗和英国的共生关系，导致阿富汗失去年度补贴，英国也不再承诺维护阿富汗的领土完整。所有这些都间接削弱了阿曼努拉·汗对权力的把控。

阿曼努拉·汗国王本可以通过践行自己的独立宣言并与英国就此事进行协商来得到更多的利益，而不是发动战争。英国已经向他父亲暗示准备允许阿富汗获得某种形式的有条件独立，而且如果国王给了外交解决的机会，厌战的伦敦政府很有可能会为了保持在阿富汗的利益而做出更多让步。相反，阿曼努拉·汗的无端入侵激起阿富汗的主要盟友及世界上最强大国家的敌意。从此，英国官员将阿曼努拉·汗的阿富汗视为敌对的邻居，并在幕后削弱他的统治。

阿富汗人失去了所谓的"主恩赐的钱"，意味着这个国家面临着严重的财政危机，尤其是它已经清楚不会有别的欧洲国家准备提供同等水平的财政援助来维持国家的财政运行。结果阿曼努拉·汗被迫提高赋税、削减开支并大量举借外债。他还在自己看好的项目上浪费大量资金，例如帕格曼项目、阿曼项目以及他的大出行计划，而不是将资金用到整个国家的福利上。到1928年，阿曼努拉·汗被迫向外国贷款来维持这些项目，但在此过程中他放弃了一定的国家主权。获得英国银行家的一笔40万英镑贷款的条件是让对方垄断阿富汗的食糖贸易，另一笔来自法国银行家的100万法郎贷款的代价是7%到8%的利率，还需要国王提供阿富汗所有的海关收入作为担保。德国政府也同意提供一笔600万马克的短期贷款，但国王必须用这笔资金购买德国商品。

将阿曼努拉·汗的垮台描绘成伊斯兰保守势力与"现代化"和"进步"力量之间的意识形态冲突也是错误的。1919年，朔尔巴扎的哈兹拉特、塔加布毛拉以及阿卜杜拉·库杜斯·汗，这三个并不以进步观点著称的人士支持阿曼努拉·汗争夺王位，尽管后者支持塔尔齐的议程，而且在贾拉拉巴德称王的纳斯鲁拉·汗是一个受人尊敬和虔诚的穆斯林。支尔格大会也原则上同意了宪法的概念，虽然德奥班德教派强迫对条款做出重大修改。在1924年至1928年的叛乱中，宗教领袖们各有效忠对象，除了努尔·马沙耶赫，阿曼努拉·汗的大多数宗教对手，都是被动应变而非积极主动，他们在敌对行动开始后才为叛乱提供宗教合法性。

阿曼努拉·汗为阿富汗寻求的很多变革，如果是逐步引入并获得大家的共识，本是可以造福这个国家的，可他操之过急，这才是他统治期间真正的悲剧。但是，将君主政体传统的专制权力让给选举产生的立法机构，并不在阿曼努拉·汗的改革议程中。将行政权象征性下放给政务委员会且不做任何努力打造一个参与度更高的政府，是宪法辩论中诸多具有讽刺意味的事情之一。它表明无论是阿曼努拉·汗还是他的支持者们，对立宪政府的真正含义以及运作方式都知之甚少。甚至连塔尔齐也未对行政机构的任何实质性的改革表现出兴趣，而是全心全意地支持国家的君主专制制度。

最后阿曼努拉·汗及其支持者只能亲自为失败买单。可悲的是，阿曼努拉·汗的统治没能带来一个进步和现代化的时代，结束时所有的改革理念都遭到了阻挠和污蔑，继任的政府发现实施改革变得更加困难。即使在今天的阿富汗，"改革"和"进步"这两个词也带有负面含义，让人想到暴力革命、社会动荡、世俗化以及西化。至于女性教育、妇女工作权利以及头巾（parda）制度等性别问题，至今依然是意识形态雷区。

虽然阿曼努拉·汗尝试的文化革命失败了，他引入的不少改革却得以幸存。阿富汗人依然是官方指定的唯一民族身份；阿富汗尼依然是官方货币，杰利布依然是土地丈量标准。支尔格大会一直存在，还出现了越来越多关于其起源自一种古老的普什图部落民主形式的传说。公务人员依然在周四休息半天，所有的阿富汗人都必须随身携带身份证。阿曼努拉·汗的三色国旗经过改进一直沿用至 1978 年达乌德总统下台，并在 2001 年被卡尔扎伊总统恢复。

阿曼努拉·汗的遗留问题中令人担忧的一点是，很多生活在城市的阿富汗知识分子，尤其是穆罕默德扎伊人，还在依依不舍地将他的统治视为黄金时代，认为这个时代毁于宗教狂热主义和意识形态领域的保守主义——这是一种反教权说辞，本身就是源自马哈茂德·塔尔齐的论调。这种对"失落之地"的理想化憧憬阻碍了人们对塔尔齐的民族主义和阿曼努拉·汗的改革及现代化愿景中不足之处的客观批评。[63]阿什拉夫·加尼在当选阿富汗总统前敏锐地写道："（阿曼努拉·汗）的改革和失败都为历代的阿富汗现代化倡导者树立了样本，他们一次次地回头尝试完成阿曼努拉·汗未竟的事业，结果却囿于自己的盲点，以自己的方式溃败。"[64]

　　不幸的是，自 2001 年以来，"现代化主义者"像青年阿富汗党一样，觉得他们也面临着伊斯兰保守主义势力，开始将回归"未竟事业"作为自己的重要主题。很多返回阿富汗的流亡者和难民是 1978 年前查希尔·沙阿国王时期的当权者或当时这些官员的后人，他们竭尽所能想回到那个假定的，仅存在于他们和他们父母想象中的进步和民主时代。实际上，阿什拉夫·加尼总统本人也落入了同样的窠臼。除了继续依赖外国资助，鲜少有人对阿富汗的未来发展有着连贯的计划。讽刺的是，居然是塔利班这样的激进组织对阿富汗发展方向有着更为清晰的构想，尽管他们的愿景也同样理想化且保守。

第十一章

穆萨希班王朝的建立：回到未来
（1929—1933）

> 你不可能自上而下建立一个国家……就像不能自上而下建造房子一样。阿曼努拉尝试通过从改变民众的服饰开始来改变他们的思想。他失败了。我是从基础入手。这要完成许多痛苦、艰巨的任务……需要耗费的时间和搭起耸入天空的架构需要的时间一样多。
>
> ——纳迪尔·沙阿国王[1]

阿曼努拉·汗的逃亡和古拉姆·纳比的失败，让哈比布拉·卡拉卡尼政府面临各种军事挑战。纳迪尔·汗和他的兄弟们在霍斯特，而在楠格哈尔的辛瓦里人尽管战败仍拒绝投降，塔格布的萨菲人在拉格曼的吉尔扎伊人的帮助下，短暂占领了萨罗比。阿布德·拉希姆表面上以哈比布拉·卡拉卡尼的名义占领了赫拉特，却拒绝在呼图白中吟诵卡拉卡尼的名字，而是将其作为"阿富汗国王"的名字念出来。

埃米尔哈比布拉二世（挑水夫之子）的统治

在坎大哈，阿曼努拉·汗的支持者们还在争论谁来接替他的位子，恰里卡尔前总督艾哈迈德·阿里·洛迪已经秘密联络了卡拉卡尼军队的指挥官普迪尔·汗将军，很可能正是因为他的诡计，坎大哈的长者们才同意投降，前提是不洗劫这座城市。1929 年 6 月 1 日，普迪尔·汗一路畅通无阻地进入坎大哈，杜兰尼宗族的首领们纷纷向埃米尔哈比布拉二世宣誓效忠。大赦的范围并不包括阿曼努拉·汗家族及其他政府高官。洛伊纳布·阿里·艾哈迈德·汗和他的两个儿子遭到追杀。长子被当场处死，阿里·艾哈迈德和小儿子以及哈亚特·阿拉·汗王子、阿卜杜勒·马吉德·汗王子、艾哈迈德·阿里·洛迪和毛拉娜·阿布德·阿尔瓦西都被戴上了镣铐押往喀布尔。在那里，他们被半裸游街。艾哈迈德·阿里·洛迪最终获得释放，但是洛伊纳布·阿里·艾哈迈德·汗、阿布德·阿尔瓦西和卡齐·阿卜杜·舒库尔被处以炮刑。阿里·艾哈迈德临死前表现得很英勇，在被绑起来行刑前还亲吻了炮口。一个女仆找回他被割下的头颅并施以厚葬。3 天后，哈亚特·阿拉·汗、阿卜杜勒·马吉德·汗（Abd al-Majid Khan）和其他几个穆罕默德扎伊人被射击队处决。

喀布尔的无政府状态在蔓延，卡拉卡尼的追随者们到处肆意奸淫、掳掠、谋杀，折磨那些被怀疑藏匿财富的民众。学校教师因为教授非伊斯兰教课程遭到逮捕和毒打，所有的女子学校被关闭，女学生们被迫嫁给卡拉卡尼的心腹。卡拉卡尼还废除了所有和外国签署的协议。政府几乎没有政府该有的样子；财政收入枯竭、通货膨胀失控，导致用来铸币的金属耗尽，卡拉卡尼转而采用皮革货币。支持过叛乱的伊斯兰主义者取消了阿曼努拉·汗的改革，控制了司法体系并建立了一个伊斯兰监管委员会，旨在监督伊斯兰法律的执行。1929 年 4 月末，委员会发布一项法特瓦，谴责什叶派和伊斯玛仪派是非信徒，这一法令导致喀布尔的哈扎拉人和基齐勒巴什社区遭到迫害，洛加尔库什（Khushi）的什叶派居民也惨遭屠杀。

　　尽管缺乏基本的治理能力，卡拉卡尼还是掌控权力长达 9 个月。部分原因是反对派四分五裂，同时也因为其政权得到普什图部族直接和间接的支持，这一令人尴尬的事实已经被掩饰，尤其是阿富汗官方历史，更愿意将这段"挑水夫之子"统治的过渡期描述成纯粹的塔吉克现象。事实并非如此。科希斯坦叛乱的煽动者是朔尔巴扎的哈兹拉特努尔·马沙耶赫，苏莱曼·克尔和其他吉尔扎伊部落在宗教上都效忠于他，击败阿曼努拉·汗并迫使他逃离阿富汗的是加兹尼附近的塔拉基（Taraki）和其他吉尔扎伊部落。在坎大哈，杜兰尼人与新政府达成了一项协议，在阿曼努拉·汗的儿子们和政府高官被追捕和处决时选择了袖手旁观。在阿富汗东南部，霍吉亚尼人（Khogiyanis）的背叛导致洛伊纳布·阿里·艾哈迈德的失利；随后甚至连辛瓦里和莫赫曼德叛军也接受了卡拉卡尼的宗主权，并和萨达尔穆罕默德·哈希姆·汗展开作战。在西部，主要由普什图人组成的赫拉特守军处决了阿曼努拉·汗任命的总督，并向阿布德·拉希姆·萨菲打开城门，而巴尔赫大多数普什图殖民者没有支持古拉姆·纳比·恰尔希废黜篡位者的尝试。卡拉卡尼还得到了贾巴尔·凯尔的支持，霍斯特的部落当初对纳迪尔·汗的战役几无兴趣。只有塔加布的萨菲和瓦尔达克、梅丹·沙和加兹尼的部落进行了抵抗。

当地一场马背叼羊比赛中的潘杰希尔人和达曼山人。他们当中的很多人依然将卡拉卡尼视为民间英雄，"挑水夫之子"军队中的大多数士兵也都是从该地招募而来的。

反对卡拉卡尼的力量主要来自哈扎拉人和卡扬（Kayan）的赛义德·纳迪尔·汗的伊斯玛仪派、阿加·汗的代表。尽管政府几次尝试镇压叛乱，哈扎拉的抵抗仍持续到了1929年秋天，一度威胁攻取喀布尔。卡拉卡尼甚至迫使喀布尔的基齐勒巴什和哈扎拉社区的领袖们前往贝苏德劝说叛军投降，其中就包括史学家法伊兹·穆罕默德·卡蒂布。[2] 他们没能完成任务，返回喀布尔后遭到笞刑（打脚掌）和监禁，这个遭遇很可能导致了卡蒂布在两年后去世。政府随后愤世嫉俗地发布法特瓦谴责什叶派和伊斯玛仪派卡菲尔，并利用苏莱曼部族对劫掠、土地和放牧权的憧憬，鼓励他们对哈扎拉人发动圣战。面对苏莱曼部族的进攻威胁，哈扎拉人被迫投降，但是一个月后又再次发动叛乱，因此牵制了本该被派去对抗沙·瓦利·汗的兵力。

1929年春天，纳迪尔·汗艰难募集起来的不过是一支象征性的军队，因为他的资金十分有限，而且很多部族首领怀疑他在计划阿曼努拉·汗的复辟。5月下旬，纳迪尔·汗的运气似乎好转，曾由阿曼努拉·汗任命的加德兹长官宣布支持穆萨希班兄弟，几周后沙·瓦利·汗也击败了被派来夺回城镇的政府军。但在贾巴尔部族和卡拉卡尼的军队联手后，纳迪尔·汗撤离加德兹逃回领地贾吉（Jaji）。一段时间里，他考虑过放弃大业回到印度，但在朔尔巴扎的哈兹拉特努尔·马沙耶赫叛变后，局势出人意料地朝着对他有利的方向发展了。

科希斯坦的穆贾迪迪关系网曾经支持过卡拉卡尼，目的是清除他们痛恨的阿曼努拉·汗和塔尔齐家族，但是一旦掌控了喀布尔，他们就立刻开始在穆罕默德扎伊人中寻找合适的国王人选。纳迪尔·汗显然是一个备选对象，努尔·马沙耶赫的特使在他还在白沙瓦时拜访了他，表面上是说服他加入卡拉卡尼政府，但皮尔的代表私下里鼓励纳迪尔·汗自立为埃米尔。纳迪尔·汗拒绝了这一提议，也不打算宣布与埃米尔竞争，因此努尔·马沙耶赫又想到了萨达尔·阿尤布·汗的儿子萨达尔奥马尔·汗。1929年1月，奥马尔·汗躲过了英国的监视，偷渡出境进入辛瓦里。人们对奥马尔·汗在楠格哈尔的行程知之甚少，他是否参与了辛瓦里起义也不得而知，但他似乎发现很少有人支持他的事业。6 月，他返回了印度，结果遭到逮捕并被流放至缅甸，一起流放的还有阿尤布·汗和雅库布·汗家族余下的所有成员。

1929 年 5 月末，英国当局允许努尔·马沙耶赫返回阿富汗，但是他并没有前往喀布尔，而是在距纳迪尔·汗的霍斯特营地不远的卡塔瓦兹安顿下来。纳迪尔占领加德兹后，努尔·马沙耶赫多次秘密会见这位萨达尔，沙·瓦利·汗后来称这些会面是为了再次劝说穆萨希班兄弟加入卡拉卡尼阵营。事实上，努尔·马沙耶赫敦促纳迪尔·汗疏远萨拉杰家族，并宣布有意成为埃米尔。作为回报，哈兹拉特承诺会让苏莱曼部族宣誓效忠。他们肯定做出了某种秘密安排，因为努尔·马沙耶赫在 1929 年 6 月中旬发布了一道法特瓦，谴责卡拉卡尼政府侵犯人权。几周后，喀布尔和科希斯坦的穆贾迪迪长老们呼吁卡拉卡尼退位，将权力移交给纳迪尔·汗。

努尔·马沙耶赫的法特瓦毫无疑问是建立在假设的基础上：既然加德兹已经在纳迪尔·汗手中，那么攻陷喀布尔也只是时间问题了，因此纳迪尔·汗之后的失利和逃亡瓦解了整个计划。纳迪尔·汗和苏莱曼部族的关系也受到了重创，因为负责指挥卡拉卡尼军队对抗加德兹的穆罕默德·西迪克将军负伤，并得到贾巴尔部族的阿斯马特·阿拉·汗的庇护。纳迪尔·汗要求对方交出叛乱分子，但遭到贾巴尔部族酋长的拒绝。双方由此互相侮辱并产生了武装冲突，阿斯马特·阿拉·汗被俘。纳迪尔·汗遇到的挫折还不止这些，沙·马哈茂德和穆罕默德·古尔·汗·莫赫曼德在舍瓦基战败，穆罕默德·哈希姆·汗也没能说服楠格哈尔的辛瓦里人加入他的战斗。

随着冬天的临近，纳迪尔·汗决定最后一次尝试攻占喀布尔，他还无视英国的抗议和轰炸其大本营的威胁，派特使进入瓦济里斯坦北部招募更多的部落士兵。上千瓦济里斯坦人响应了号召，正是这些部落成员，或者严格意义上说正是这些印度公民让军事形势朝着有利于纳迪尔·汗的方向发展。9 月末，沙·瓦利·汗穿过舒图尔加丹山口，绕过加德兹并在上洛加尔占领了库什伊。两天内，他击败唐·瓦赫詹（Tang-I Waghjan）驻军并占领扎尔根沙阿（Zargun Shahr），在那里，他与穆罕默德·古尔·汗·莫赫曼德合兵一处。10月5日清晨，两支力量联手进攻瓦赫詹峡谷入口处的战略要塞，要塞的守军在一场鏖战后仓皇逃跑。翌日，沙·瓦利·汗占领查哈尔阿西亚布，在那里他兵分两路：穆罕默德·古尔·汗·莫赫曼德被派去沿洛加尔山谷进攻哈什马特·汗，而沙·瓦利·汗则进军查哈德和因达基，对抗卡拉卡尼的主力部队。10月8日，沙·瓦利·汗和穆罕默德·古尔·汗·莫赫曼德对喀布尔东南部和西南部同时发起进攻。经过一整天的激战，沙·瓦利·汗夺下特佩赞布拉克（Tepe Zamburak）高地和高伊斯马依（Koh-I 'Asmayi）高地。当沙·瓦利·汗听说援军已经在路上，便决定冒险发起夜袭，10月9日晚上10点，瓦齐里斯

洛加尔山谷下游的舍瓦基，卡拉卡尼和沙阿·马哈茂德·汗的战场。该地还因佛教遗迹闻名，尤其是一系列的三层塔式建筑，很可能是朝圣者的路标。图片展示的37米高的米纳尔查卡里是截至1977年唯一矗立着的一座佛塔。但在塔利班时期坍塌了，或者说是被炸毁了。

人伴随着战鼓的节拍，蜂拥着冲下高伊斯马依，一举击败熟睡中的守军。3 天后，沙·瓦利·汗在沙赫阿拉击败并杀死普迪尔·汗将军。

卡拉卡尼和其最亲密的伙伴们躲藏在迪尔库沙宫殿的城墙内，尽管纳迪尔·汗全家仍被囚禁在宫殿里，他仍然命令沙·瓦利·汗开炮。在接下来的轰炸中，主弹药库发生爆炸并燃起大火，于是卡拉卡尼派自己的私人精神导师举白旗前去谈判，以释放纳迪尔·汗家人换取安全通行。然而谈判进行期间，卡拉卡尼和同伙携带国库里的财物逃至贾巴尔萨拉杰。沙·瓦利最终进入迪尔库沙宫殿时，发现纳迪尔·汗家族除了一个成员（纳迪尔·汗的长女塔希拉在囚禁期间亡故）外，其余全部幸存。瓦济里人和其他部落的士兵随后在首都进行了大肆掠夺，洗劫宫殿、政府大楼甚至是外国使馆。坐落在迪尔库沙宫殿的阿富汗第一座博物馆也遭到洗劫，王室档案馆和图书馆遭遇同样厄运。沙·瓦利设法保存了一些珍贵的手稿和阿曼努拉·汗的独立纪念碑上的铭文，但他的干预差点让自己丧命。在试图阻止一个瓦济里人实施抢劫时，劫掠者向他扔出一把匕首，不过刀刃没能刺穿他厚厚的冬季毛呢大衣。

纳迪尔·沙阿国王和穆萨希班王朝的建立

几天后，纳迪尔·汗抵达喀布尔，欢呼的人群站在他前往迪尔库沙宫殿的道路两旁欢迎他。1929 年 10 月 16 日，沙·瓦利·汗和穆罕默德·哈希姆·汗在萨拉姆卡纳，即今天的外交部所在地，召集了一群支持者，纳迪尔·汗终于宣布，自己打算接受王位。埃米尔阿卜杜·拉赫曼·汗幸存的两个儿子和其余的代表纷纷前来向纳迪尔·汗宣誓效忠，纳迪尔·汗因此成为穆萨希班王朝或纳迪尔王朝的缔造者——纳迪尔·沙阿国王。

但是，国内大部分地区仍不受国王的控制，于是穆罕默德·高斯和瓦济里人被派去降服达曼人并抓捕卡拉卡尼和其他逃犯。在这次行动中，瓦济里人延续他们的杀戮和劫掠狂欢，而哈扎拉人也不甘示弱，袭击了古尔班德和恰里卡尔的定居点。为阻止进一步的破坏，当地头领向纳迪尔·沙阿表达顺从之意，后者原谅了很多曾经支持过卡拉卡尼的宗教领袖，甚至还任命了当中的一些人担任政府职务。但是，作为对纳迪尔·沙阿宽宏大量的回报，这些领袖必须同意要么追捕卡拉卡尼，要么劝说他和他的同伙投降。

卡拉卡尼究竟是如何落入政府手中不得而知。卡拉卡尼自己认为他遭到出卖，但是根据其他信息来源，他是在收到纳迪尔·沙阿在《古兰经》上封印饶其性命的承诺书后投降的。[3] 但是纳迪尔·沙阿没有遵守自己的承诺，卡拉卡尼、他的兄弟哈米德拉、赛义德·侯赛因将军以及9名其他同伙被判处死刑。关于卡拉卡尼最后时刻的记载富有争议，一些记述纯属虚构。[4] 一些人声称他是被石头砸死的，还有人说他死在了行刑队面前。根据当代阿富汗人的说法，纳迪尔·沙阿将囚犯交给了自己的王室卫队，卫队先是对囚犯进行了折磨，然后每个部落士兵轮流对犯人开一枪。他们残缺不全的尸体被挂在喀布尔主要街区的绞刑架上，现场照片被制成明信片散发流传。[5]

这种残忍、不按法律程序的处决方式遭到很多宗教领袖的谴责，他们认为这违背了伊斯兰教法，一些普什图首领则对国王违背誓言和普什图荣誉守则的做法感到厌恶。政府竭尽所能地为国王的行为正名，在《阿尼斯》特刊的社论中辩称，尽管纳迪尔·沙阿可以原谅针对其家族犯下的个人罪行，他无权饶恕叛国者或是那些对国家犯下罪行的人。社论还称死刑判决是经由"乌拉玛"和部落长老们的诉状批准和认可的。纳迪尔·沙阿国王在自己的官方声明中称，处死他们是回应广大民众的诉求："我被你们的爱国之情和宗教热情所感动。你们希望对那些破坏国家的人复仇。因此我按照你们的请求，交出了12名叛国者。"[6] 沙·瓦利·汗也宣称处决的决定是在"人民的坚持和大会的一致同意下"做出的，尽管当时并不存在举行这种会议的机构。[7]

处决科希斯坦叛乱领导人后，纳迪尔·沙阿仍然需要夺回阿富汗北部的控制权，掌控这里的依然是卡拉卡尼的残余部队、巴斯马奇土匪头领以及当地乌兹别克人，他们利用阿曼努拉·汗的垮台再次开始袭扰苏联领土，并驱逐数千普什图族定居者。[8] 1929 年 4 月 8 日，一个名为法扎伊尔·玛克舒姆（Fazail Maqsum）的塔吉克巴斯马奇人控制了塔吉克斯坦南部部分地区，并占领加尔姆，不过后来他在苏联的一次还击中被彻底击败。[9] 巴斯马奇叛乱的死灰复燃促使苏维埃当局在阿富汗建立共产主义组织，希望以此破坏阿富汗的政权，并最终推翻这个君主政体。

因此苏联乐于看到纳迪尔·沙阿败在卡拉卡尼手下，同时它也是第一个在外交上承认穆萨希班政府的国家。纳迪尔·沙阿随后着手镇压巴斯马奇叛乱，并重申对巴尔赫维拉亚特（Wilayat）的中央集权控制。来自费尔干纳的一位拉盖（Laqai）乌兹别克巴斯马奇指挥官易卜拉欣·贝格（Ibrahim Beg）尤其令人感到担忧，因为他指挥着一支训练有素的地方武装队伍，还曾经在喀布尔陷落后收留过卡拉卡尼的将领们。一开始，纳迪尔·沙阿对此无能为力，因为他的兵力都正忙于完成在达曼山和阿富汗南部的军事行动。为了准备在兴都库什山外的一场战役，他下令紧急修复巴米扬和多西（Doshi）之间的道路，并致信易卜拉欣·贝格命其投降。但是他的信件被无视。

政府的分权统治和伊斯兰式宪法

1930 年春天，易卜拉欣·贝格恢复穿过阿姆河的袭击行动。[10] 苏联当局最终失去耐心，派出一支 300 人的机动化部队穿过阿姆河，占领并捣毁巴斯马奇叛乱在阿克泰帕（Aq Tepa）和阿利阿巴德（'Aliabad）的基地，但是易卜拉欣·贝格本人躲过了追捕并向南撤退到山区。苏联进入卡塔干的消息在喀布尔引起了恐慌，纳迪尔·沙阿强迫流亡中的布哈拉汗王阿里姆·贝格写信命令易卜拉欣·贝格放下武器前往喀布尔。易卜拉欣·贝格不屑回复这封信，反而宣布在卡塔干和巴达赫尚省建立一个独立的突厥斯坦国。接下来他占领了达尔瓦兹、鲁斯塔克、扬吉卡拉、哈扎尔巴格（Hazar Bagh）和汉阿巴德。

易卜拉欣·贝格分裂国家的举动是对杜兰尼主权的直接挑战，也是一个必须处理的紧急问题。尽管达曼山和加德兹叛乱仍在继续，纳迪尔·沙阿还是于 1930 年 12 月派沙·马哈茂德和穆罕默德·古尔·汗·莫赫曼德率领一支部落武装前去镇压卡塔干叛乱。两人的军事行动开局并不顺利，因为在班吉齐斯拉克（Banghi Qishlaq）与易卜拉欣·贝格的第一次交锋中，他的几百人的乌兹别克族地方武装几乎消灭了所有的莫赫曼德士兵。沙·马哈茂德后撤等待援军。与此同时，为削弱易卜拉欣·贝格获得的支持，他允许瓦济里和莫赫曼德虔诚军（Lashkars）在卡塔干南部的定居点大肆劫掠，制造恐慌。随后实行的恐怖统治震惊了宗教领袖和政府的同情者，他们纷纷向国王请愿停止袭击，但是纳迪尔·沙阿无视了他们的请求。

1931 年 2 月，沙·马哈茂德重新发动攻势，最终将易卜拉欣·贝格赶出当地。易卜拉欣·贝格撤到阿克泰帕时遭到包围，但在补给和弹药即将用尽时逃到了塔吉克斯坦。随后他被苏联边防巡逻队逮捕，几个月后送法庭受审，被宣判死刑，处以枪决。卡塔干和巴尔赫陷落后，阿布德·拉希姆·萨菲在赫拉特向纳迪尔·沙阿投降，被允许至少暂时保留赫拉特长官一职。几个月后纳迪尔·沙阿恢复《苏阿协议》，并在 1936 年 3 月达成了一项商业友好协议，进一步巩固了与莫斯科的关系。

为了降低未来再次发生叛乱的可能性，纳迪尔·沙阿重组了地方政府，实施了一套旨在分而治之的复杂职权体系。围绕着阿富汗主要的城市中心区建立了 7 个省，各省省长直接对内政部长负责，还额外建立了 7 个次要省份，这些省又被细分为更小的行政单位。拥有 1 万多名居民的城市选举了自己的市长和市议员，但在这些职务的任命上，各省省长拥有最终的决定权。每个省会还有一名军事统领，负责指挥前线大部队。大多数新的省区官员和军事指挥官都是南部的普什图人；当地人只受雇于较低级别的公务员。

在组建新政府时，纳迪尔·沙阿任命自己的兄弟穆罕默德·哈西姆为总理，而沙·马哈茂德则任军队总司令和国防部长。本来更有资格成为军队负责人的沙·瓦利·汗被边缘化了，他被派往伦敦担任大使，而纳迪尔的长兄穆罕默德·阿齐兹·汗先是被派往莫斯科，然后又去了柏林。由于国家军队实际上已经不复存在，国王最初依靠部落征募士兵，主要是瓦济里人、曼加尔人和莫赫曼德人，随后他们被合并成一支新的国家军队。纳迪尔·沙阿废除了传统的八选一的征兵制度，要求每一个成年男性必须服役两年，但对普什图人依然由汗王和支尔格而非政府官员来挑选军校生入伍。政府还鼓励自愿入伍，提高军饷和军队条件。1933 年，纳迪尔·沙阿为中学生开办了一所新的军事学院。还派一些军官去德国和法国接受军事训练。在英国、德国和苏联的帮助下，阿富汗军队重整了装备，在仅仅 3 年的时间里人数达到 4 万到 7 万人，其中核心作战兵力达 1.2 万人，大多是普什图人，不过也有两个哈扎拉人的军团。纳迪尔·沙阿还建立了阿富汗第一支现代警察队伍。

国王在普什图部落的支持者中分配军衔和文官职位的做法让新官员数量激增，而且大多是半文盲，他们几乎没有接受过军事培训，对阿富汗的官僚体制也一无所知。大量的新任命引发了上一届公务人员的不满，他们当中很多人发现自己失去了职位。这些任命还打破了民族语言的平衡，尤其是在军队中，因为大多数新招募的士兵和他们的上司都以普什图语为母语，很少会或干脆不会说波斯语。在不说普什图语的地区，一些官员只得雇用翻译和当地居民沟通。

新王朝的另一个当务之急是要与阿曼努拉·汗统治时期实施的激进的、不受欢迎的改革撇清关系。为此纳迪尔·沙阿对改革采取了更为谨慎的态度，并强调政府的伊斯兰和普什图身份。朔尔巴扎的哈兹拉特努尔·马沙耶赫·法兹尔·奥马尔成为司法部长，在 3 年任期内，他改革了阿富汗的法律和社会秩序，以期建立一个实质上的伊斯兰国家。退休后，他的女婿接替他继续伊斯兰化的进程。在那个哈兹拉特及其家族掌权的时代里，很多毛拉和穆贾迪迪皮尔积极参与了阿富汗的政治生活，阻碍了很多法律、社会和教育改革。

纳迪尔·沙阿在首份公开声明中宣布自己打算将阿富汗建设成"一个进步的国家"，但它会严格遵守伊斯兰教教义。[11] 上任一个月后，他发表了 10 点政策声明，公开支持对 1924 年宪法进行修订。1931 年 10 月，一部新的宪法正式确认了努尔·马沙耶赫的伊斯兰化方案，宣布"哈乃菲逊尼主义"为国家法律体系的基础和"普通大众"的信仰。宗教专家们建立了一个专门委员会，确保所有立法都符合伊斯兰教法，伊斯兰教法法庭成为司法体系的基础，所有的法官被要求只根据伊斯兰教法进行裁决。[12] 努尔·马沙耶赫还成立了依提萨布（Ihtisab），这是司法部下设机构，负责执行伊斯兰道德规范和宗教习俗。意识形态警察为其提供保障。

妇女被强制要求在所有的公开场合佩戴面纱。所有成年女性离开家族居住地都需要由一个男性近亲属陪同，不过意识形态警察令人恐惧，以至没有女性会冒险外出。一些嫁给阿富汗人的外国女性反抗妇女蒙面法令，但是她们和丈夫遭到了骚扰，长期违反法令的人还面临着被解雇甚至监禁的风险。当时还有严格的新闻审查制度，索拉娅王后创办的女性报刊被禁止发行，同样被停刊的还有所有被认为违背了伊斯兰教义的出版物。外国刊物只有不包含"反对宗教和阿富汗政府政策"的实质内容才能获准出版。苏联式内部护照制度，即身份证的引入限制了行动自由，阿富汗人和外国人的社会交往也受到极大妨碍。政府还逮捕了很多改革主义领导者和哈比布拉国王的支持者，他们在家中或监狱里被囚禁了几十年。

教育也遭到了重创。1931 年宪法规定必须接受 6 年初等义务教育，但是实际上这只适用于男孩，女孩只被允许进入宗教学校，而且到了青春期就要结束。德奥班德的达鲁尔 - 乌洛姆伊斯学校重新设置了小学课程，只教授基于 14 世纪说教文本潘吉甘吉（Panj Ganj）的伊斯兰教课程，每所学校和教师都必须依法遵守伊斯兰信仰的规则。[13] 新成立的省级学校可以得到大量的国家拨款。私立教育机构被取缔，外国教师能教授的课程有严格的范围限制。妇女被禁止出国留学，那些已经在国外的人即使还没有完成学业也必须回国。如果她们有不情愿回国的迹象，留在阿富汗国内的家人就会受到威胁。

德国和法国的学校被更名，但是哈比比亚学院保留了原有的名字。[14] 这些中学继续教授初级地理、数学、历史和科学，政府还设立了很多职业教育机构。在小学阶段对伊斯兰教义的强调意味着新入学的中学生完全没有为接受高一级教育做好准备。意识形态警察和国内安全部门也密切关注着这些学校，以保证"西方"影响不会破坏伊斯兰价值观，同时也是因为有理由怀疑它们在传播政治异见。

1933 年 2 月，两条宪法补充案禁止阿富汗女性嫁给外国人；已经和非穆斯林结婚的人将失去公民身份和所有财产、土地及继承权。阿富汗人的外国遗孀可以恢复原来的外国国籍并回到她们的出生地，但前提条件是她们要向宗教当局保证不会放弃信仰。外国人被禁止购买或拥有土地，但是这条规定不适用于杜兰德边界线印度境内曾协助过穆萨希班登上王位的普什图人。他们在巴尔赫以及阿富汗北部和东南部获赠了土地。

尽管设置了严格的教育限制，政府还是在 1932 年开设了第一所医学院，它是喀布尔大学的前身，但在很多年间它依然只对男性开放，而且由于伊斯兰教的禁忌，医学生无法解剖尸体。第一所女性医院的建立带来了更棘手的后勤问题和神学问题，因为阿富汗只有一名半合格的女性医生，而男性医生被禁止为女病人看病，更不用说做检查了。第二年，一对法国夫妇创办了一所护理和助产学校，这所学校暗地里是一所女子学校，直到十多年后才被官方承认为公立学校。

1931 年宪法的主要目的之一是为穆萨希班王朝的合法性正名：第 5 条指出"阿富汗人民普遍"承认纳迪尔·沙阿是"一位合适且可敬的国王"，接着又为证明为什么"阿富汗王位"应该在"现任国王的家族内传递"提出了冗长混乱的论据。宪法成立了国民议会，由 105 名成员组成，全部由支尔格大会成员选出。上议院，由 44 名"聪明且有远见"的人组成，全部由国王亲自挑选。政府部长和国民议会主席可以秘密举行会议，成立秘密委员会并在未经众议院同意的情况下通过立法。此外，国民议会通过的任何法律"不能违背伊斯兰教的真正信仰以及王国政策"，国王和宗教委员会有权否决国民议会的任何立法。纳迪尔·沙政府的下议院和上议院都是顾问机构而不是立法机构，它们实际上是无权威的机构，旨在例行公事般地通过事先由国王及其兄弟们批准的法案。

尽管支尔格大会没有伊斯兰教法律依据，这个实行于阿曼努拉·汗统治时期的会议制度被保留了下来。但在穆萨希班王朝，它成了纯粹的普什图人俱乐部，成员都是政府任命的汗王及宗教精英。支尔格大会从自己的成员中选拔国民议会议员，还可以否决下议院和上议院的任何决策，这样的安排使得行政部门可以规避立法机构对其权力的限制。

1931 年宪法制造了民主的假象，其目的是要加强国王的绝对权力以及伊斯兰教法的至高地位。由于许多条款相互矛盾，并可能被宗教委员会以不符合伊斯兰法为理由推翻，这部二重性的宪法令人不适，最终无法实施，后续的所有宪法也是如此。许多规定的违反者反而受到了尊敬，尤其是那些涉及个人人身自由和公民自由权利的条款。宪法是以德奥班德模式重塑阿富汗的民族价值观，这是对国家的"再神圣化"，纳迪尔·沙阿和他的兄弟们认为这是为保住政权而付出的可以接受的代价。[15] 其实际意义在于，1931 年宪法正式确立了一项阿富汗历史上前所未有的伊斯兰化方案，直至塔利班时期。

扎布利的新经济政策

在改革和现代化问题上，纳迪尔·沙阿及其继任者谨小慎微，将重点放在提升国家基础设施上，这个领域引起的争议远远不及社会或司法改革。电信和邮政服务有所改善，适合机动车辆行驶的道路工程、一些大型灌溉工程和水力发电大坝工程也开始启动。纳迪尔·沙阿不得不面对的难题之一，就是政府空荡的国库和千疮百孔的经济。他任命阿卜杜·马吉德·扎布利为国民经济部长着手解决财政危机。吉尔扎伊塔拉基人扎布利是阿富汗最富有的商人之一，他从家族继承了总部在塔什干的进出口生意。父亲去世后他将基地搬到了莫斯科，在那里与苏维埃高官建立了密切联系。1929 年他将生意转移到柏林，还在那里娶了一个德国警察的女儿。几个月后，纳迪尔·沙阿邀请扎布利来喀布尔起草应对长期财政危机的方案。[16]

扎布利以列宁的新经济政策为蓝本设计了一个 7 年计划，将苏维埃的国家资本主义作为复苏阿富汗国民经济的核心，税收来源从传统的土地税和农业税转移到了国家控制进出口税和重要商品税上。结果在接下来的数年里，国家成了控制所有主要资产和商品的巨型公司。为了在背地里实现实际上的国有化，扎布利在喀布尔建立了自己商业帝国的分支机构，私人也有机会参与投资数十家国有控股公司或股份公司。1932 年，扎布利说服努尔马沙耶赫批准合法建立一家股份制合作银行，由于伊斯兰法禁止高利贷，这家银行进行利润分红而不收取贷款利息。实际上就是将自己的公司换了名字，因为扎布利既是银行的总裁，也是主要股东，而政府出的启动资金不足一半。扎布利随后任命了王室的一些高级成员为董事。穆萨希班兄弟、其他穆罕默德扎伊人以及阿富汗富人从投资中收获高达 500% 的巨额利润。很多派驻国外的高官在追求个人商业利益上花费的时间比履行国家职责还要多，个人利益和国家利益的界限变得如此模糊，以至很多官员认为它们就是同一枚硬币的两面。

扎布利的财政政策让国家税收增加了两倍多，由于很多部长和其他政府官员从股份公司获利匪浅，他在阿富汗经济和财政事务上的权威几乎不受限制。合股银行最终控制了 50 多种国家垄断商品，包括利润丰厚的卡拉库尔羊皮、羔羊皮、糖、葡萄干、干果、大米、棉花、羊毛、汽油、汽车以及水泥等。在 1938 年阿富汗银行成立前，合股银行还承担储备银行的功能，控制着金融市场、汇率、外币、金条交易以及国库券的发行。由于扎布利同时也是商务部长，他确保了几乎没有独立的私人企业家能够进行贸易，试图保持独立的商人面对的是卡夫卡式的官僚主义，只有意志坚定的人才不会被吓退。坚持和股份公司进行贸易竞争的人有被指控走私、逃税，甚至反政府活动的风险。大多数交易商放弃了这样不公平的竞争，要么选择向股份公司屈服，要么破产停业。

尽管美国史学家杜普利称赞扎布利的"开拓性的自由企业制度"和"自由放任经济"，[17] 扎布利的经济政策和自由市场经济是对立的，更像是国家垄断经济模式。它们都导致了价格固化、腐败和逃税，以及走私和黑市的猖獗。股份公司将国家的大部分财富集中到统治阶层精英手中，进一步加剧了业已巨大的贫富差距。此外，扎布利的政策最终导致了一场自酿的经济危机。当国际羔羊皮市场因为经济大萧条而滞销时，合股银行被迫限制了外汇发行，结果阿富汗尼对印度卢比的汇率大幅下跌。

阿富汗的印度教徒、锡克教徒和犹太人是受股份公司系统冲击最大的群体，因为非穆斯林被禁止参股任何股份制企业。这些宗教少数派在历史上一直是国家商业活动的中流砥柱，扎布利认为这是不能忍受的情况。的确，扎布利曾公开表示股份公司就是要"切断外国人的双手"。阿富汗本土的犹太人团体以及大量的布哈拉犹太人难民团体是卡拉库尔绵羊皮的主要贸易商，他们遭到了尤为严重的打击。更为雪上加霜的是，20 世纪 30 年代，纳粹的雅利安主义

赫拉特的货币交易商。在阿富汗，此类交易一直通过非正式的哈瓦拉（hawala）系统进行，而不是由银行经办。扎布利的货币和财政改革旨在破坏这一系统，对汇率和外币交易实施国家管控。

和反犹太主义越来越受到阿富汗统治阶层精英的欢迎。1933 年，政府指责布哈拉犹太移民商人是苏联的奸细，纳迪尔·沙阿命令所有犹太人移居到兴都库什山南面。两年后，大部分布哈拉犹太人和本土犹太人在赫拉特发生反犹骚乱后逃到了喀布尔。最后，这个历史悠久的犹太人团体除了一小部分人外，都离开阿富汗前往了巴勒斯坦。[18]

少数富有的商人能够维持半独立，阿卜杜·阿齐兹·哈米迪就是其中之一，由于在阿曼努拉·汗国王统治时期曾访问过英国首都，他也被称为"伦敦人"。阿卜杜·阿齐兹家族源于克什米尔，他的父亲在那里做动物毛皮和羊皮毛呢交易。但在伦敦时，阿卜杜·阿齐兹意识到欧洲市场有羔羊皮需求，于是通过出口羔羊皮赚了一大笔钱。在合股银行接管羔羊皮贸易后，阿卜杜·阿齐兹开始向苏联出口棉花，并鼓励卡塔干和巴尔赫的农民扩大棉花种植面积，赊账给他们提供种子、肥料和农具。他的这一事业得到了卡塔干省长、吉尔扎伊卡洛蒂人谢尔·汗·班达尔的支持，后者的祖先早年定居卡纳巴德。为了扩大经济作物种植面积，扎布利说服政府以极低的价格卖给他昆都士附近的大片沼泽地，接着他和谢尔·汗将其出售或是赠予给来自阿富汗南部的杜兰尼和卡洛蒂游牧民，以及来自中亚的土库曼难民。他们排空地里的水，种上棉花、水稻、葡萄和果树。在短短 20 年里，昆都士疟疾横行、常有野猪和奥克斯虎（现已灭绝）出没的沼泽地，被改造成了阿富汗生产力最高的地区。谢尔·汗随后创立了斯宾查棉花公司；为了纪念他的成就，阿姆河和潘杰河交汇的奇兹尔卡拉浅滩被更名为谢尔汗港。

"伦敦人"意识到他的生存取决于和政府与企业的合作，于是他和合股银行一起成立了许多合资企业，建造了轧花厂、肥皂厂和棉花籽提炼厂。尽管当地民众从合股银行的巨额利润中几乎分不到利益，但是阿卜杜·阿齐兹保证了付给农民的远高于农产品行情的价格，并实施了一个非常有效的信贷方案。此外，他还建立了乡村诊所，挖掘饮用水井并改善卫生条件。"伦敦人"的殚精竭虑最终透支了自己，他于 1938 年去世，年仅 55 岁。在他去世后，政府将棉花贸易以及他创建的所有轻工企业收归国有。

英阿关系及多国的双边关系

穆萨希班政府面对的另一个主要挑战就是修复与英国的关系，阿曼努拉·汗的独立宣言和第三次英阿战争已经严重损害了两国关系。英国官员对阿富汗的政权更迭持乐观态度，但是他们不确定纳迪尔·沙阿会对印度和国内各部落采取什么样的政策。毕竟纳迪尔·沙阿曾经领导入侵瓦济里斯坦，并在第三次英阿战争期间进攻了塔尔。1929年，他还曾无视英国的抗议从边境印度一侧招募了很多瓦济里人对抗哈比布拉·卡拉卡尼。掌权后的纳迪尔·沙阿没有驱逐印度民族主义者，例如印度革命党领袖阿拉·纳瓦兹·汗，甚至还任命他为随从参谋。

与此同时，纳迪尔·沙阿与沙·瓦利·汗、汉弗莱斯、弗雷泽·泰特勒，以及其他曾在喀布尔公使馆任职的英国外交官之间的长期友谊，也促进了与英国的良好关系。作为白沙瓦贵族的后裔，穆萨希班兄弟与白沙瓦和旁遮普都有历史渊源，五兄弟都是在印度长大并接受教育的。由于这一背景，新王朝将印度而不是土耳其作为现代化和改革的榜样，1933年参加医学院开学典礼的贵宾包括穆罕默德·伊克巴尔爵士和阿里格大学副校长赛义德·罗斯·马苏德爵士。伊克巴尔随后访问了加兹尼，写下一首波斯语诗歌，诗中宣告：

> 亚洲是一片由水和黏土组成的土地，
> 阿富汗民族就是其心脏。

至于纳迪尔·沙阿及其兄弟们，他们注意不与宿敌过于亲密，以免激怒边境各部落，给萨拉杰人提供更多口实，后者指责穆萨希班兄弟是英国的傀儡。萨拉杰人认为飞行员T. E.肖，别名"阿拉伯的劳伦斯"，1926年到1928年在奎达为

位于喀布尔帕尔万卡丁的英国公使馆，这是一座由柯曾勋爵委托建设的豪宅，是英国皇权的象征。1928 年至 1929 年冬天，身处前线的公使馆员工被英国皇家空军撤离。1994 年，它被交给了巴基斯坦政府，第二年，它被伊斯兰党支持者烧毁和洗劫。这栋建筑物最近被英国政府买回来了。

纳迪尔·沙阿国王在巴拉希萨尔城堡的牌匾，标注了卡瓦纳里及其向导在 1879 年被杀的地方。纳迪尔·沙阿在公开场合和英国保持了距离，但私下英阿关系极其亲密。英国甚至暗中为穆萨希班兄弟提供资金和军事援助。

英国阴谋推翻阿曼努拉·汗的"证据"，并以此大做文章，尽管没有证据表明劳伦斯参与了阿富汗事务。纳迪尔·沙阿一直否认自己在和哈比布拉·卡拉卡尼作战时接受过英国的任何支持，但是最后他还是模糊承认接受了某种援助，可能是现金。

纳迪尔·沙阿成为国王后不久，总督就向他发出了贺电，表示希望重启"古老的友好关系"。一个月后，沙·瓦利·汗在去伦敦的途中，向英国在印度的官员口头保证新政府已经放弃了阿曼努拉·汗的挑衅性反英政策，于是英国在外交上全面承认了阿富汗。但是由于喀布尔公使馆在交火中严重受损，需要全面修复，阿曼努拉·汗时代曾任汉弗莱斯副手的新任大使理查德·麦康纳奇爵士直到第二年春天才返回喀布尔。

对英国而言，沙·瓦利·汗对边境政策的保证是及时的，因为1930年印度政府遭遇了30年来最严重的部落起义，煽动者是"图朗扎伊的哈吉"，[19]萨希布其真名为法兹尔·瓦希德。哈吉·萨希布号称是得到神谕的皮尔及信徒，来自达木拉，曾因煽动反英被囚禁多年。被释放后他得到边境阿富汗一侧的莫赫曼德斯人的保护。从1926年开始，哈吉·萨希布向"受益的部落"——那些接受英国补贴的部落——的马利克（村长）施加压力，要求他们不要再接受英国的卢比，任何拒绝这一"请求"的宗族都有可能被哈吉萨希布的圣战者袭击，他们的马利克和汗王也有可能被刺杀。英国对此的回应是提高保持忠诚的宗族的补贴，轰炸叛军驻地并囚禁哈吉·萨希布的亲属和支持者。后者报复性地攻击了英国在开伯尔山口的哨所，将叛乱扩展到托奇山谷、胡拉姆以及瓦济里斯坦。

1929年11月，哈吉·萨希布的一个亲戚和同伙，来自白沙瓦地区乌特曼扎伊部落的普什图人阿卜杜·加法尔·汗，也称巴查·汗，组织了一场不合作运动，即"真主的仆人"（the khudai Khidmatgar），因参与者身着红色服装而被称为红衫运动。阿卜杜·加法尔·汗曾在白沙瓦的英国圣公会学校学习。1920年他参加了希拉法特运动，并和希吉拉（第三性学者）一起前往阿富汗，因此被判处 3 年苦役。受白沙瓦传教团团长埃德蒙·维格拉姆牧师的启发，阿卜杜·加法尔·汗认识到教育的重要性，在边境地区建立了上百所学校，在推广普什图文学和普什图民族身份认同上发挥了中坚作用。他创立的机构包括阿富汗人改革协会（1928 年）和专门针对普什图年轻人的普什图支尔格（1927年），并创办了加利福尼亚普什图流散移民资助的政治月刊《普库图》（*Pukhtu*）（1928 年）。的确，阿卜杜·加法尔对教育、普什图文学和普什图自决权的贡献比塔尔齐及其在喀布尔的青年阿富汗党的影响更为重要和深远。

"真主的仆人运动"是一场左翼社会主义运动，英国舆论称它受到了布尔什维克的激励，但这场运动的哲学根源是普什图民族身份以及伊斯兰版本的圣雄甘地非暴力主义，即积极主动的非暴力抗议。在政治上，阿卜杜·加法尔与全印度穆斯林联盟追求独立穆斯林国家的主张背道而驰，他支持甘地建立统一的、世俗化的印度的计划。（1947 年）印巴分治后，反对分治的巴查·汗要求建立独立的普什图斯坦国，他因为这一立场先后在巴基斯坦监狱中被囚禁数年，被软禁在家中一段时间，还在楠格哈尔被流放了 8 年。

1929 年冬天，阿卜杜·加法尔在整个西北边境建立了多个"真主的仆人运动"委员会。1930 年 4 月他在自己家乡召开了一场群众大会，这场群众大会表面上是他建立的自由学校制度的周年庆。但在活动期间，学生们表演的舞台剧被英国认定具有煽动性，阿卜杜·加法尔被逮捕。当安全部队进入白沙瓦老城的齐萨赫瓦尼集市拘捕运动的其他领导人时，遭到了上千名愤怒群众的抗议。副警长试图恢复秩序时被投掷的石块砸中，陷入昏迷。混乱中一名通信员被施以私刑，一辆装甲车冲入人群试图抢回他的尸体，致使多名抗议者死伤，进一步激怒了抗议者。最后准军队组织指挥官下令开火，更多的示威者死亡。军队最后被迫撤离并进行谈判，当局在将近一个月后才重新夺回了老城的控制权。

齐萨赫瓦尼大屠杀发生几周后，数千名阿夫里迪人包围了白沙瓦军营，但被炮火和英国皇家空军逼退。1930 年 8 月中旬，整个白沙瓦地区实施了戒严，增援物资也被运送进来。政府随后向开伯尔和莫赫曼德输送了军队、坦克和重型火炮，迫使阿夫里迪人和莫赫曼德人寻求和谈。但是图朗扎伊的哈吉·萨希布在 1937 年去世前一直坚持反抗。

尽管部落首领们亲自呼吁支持叛乱，纳迪尔·沙阿始终保持中立，还因逃跑的阿夫里迪人进入阿富汗这一政策，使他获得了英国官员的尊敬。阿富汗外交部随后再次明确承认 1923 年的《英阿协议》以及之后的贸易协定，两国关系进一步提升。纳迪尔·沙阿私下向麦康纳奇保证阿富汗政府无意干预边境事务，不过他也的确指出，为了安抚部落情绪有必要时常掩饰这一点。阿富汗的中立主场很快就带来了可观的红利。1930 年夏天，政府因为达曼山、卡塔干和霍斯特发生叛乱向英国请求贷款和武器，获赠一万杆步枪和 20 万英镑。随后数年间，英国秘密向喀布尔运送了更多的弹药来帮助政府镇压一系列的叛乱。

纳迪尔·沙阿与土耳其的关系既疏远又紧张，因为新政府试图与塔尔齐的亲土政策保持距离。所有的土耳其军事训练官和顾问都被遣送回国，不顾安卡拉抱怨此举违反《土阿协议》。直至 1930 年夏，土耳其才终于同意恢复与阿富汗的外交关系。伊朗—阿富汗的关系依然亲密，但在锡斯坦边境和赫尔曼德河下游的河岸权上的争端一直没有停止。但是阿富汗政府最大的担忧是，伊朗民族主义可能导致赫拉特和阿富汗西部的波斯人，以及阿富汗什叶派少数民族发生叛乱。法国继续在教育领域占据支配地位，将法国视为欧洲知识与科技中心的纳迪尔·沙阿，把自己的继承人穆罕默德·查希尔·沙送去巴黎接受教育。其他穆罕默德扎伊人也纷纷效仿，不过他们有些人更青睐德国或美国。1930 年后，意大利在阿富汗的影响并不显著，但是政府确实允许梵蒂冈在意大利使馆内修建了一个天主教特遣牧师办公处，以满足外国人社区的精神需求。

到 1929 年，德国已经成为阿富汗第三大外国股东和最大的债权人，因为德国政府曾向阿曼努拉·汗放贷 800 万德国马克。阿富汗新政府根本无法在商定的 6 年期限内偿还贷款，所以政府成功地协商了两年的延期。但在一开始，阿富汗—德国关系就因德阿公司（Deutsch-Afganische，DACOM）争端而变得复杂，这家公司成立之初的目的是处理德国与阿富汗的贸易和援助事宜。阿曼努拉·汗的官员坚持从德国出口货物的价值必须等同于德国从阿富汗进口货物的价值后，德阿公司陷入财政困境，鉴于德国可以进口的阿富汗货物价值极低，这一要求不切实际。阿曼努拉·汗垮台后，哈比布拉·卡拉卡尼取消了德阿公司的合同，囚禁了公司的阿富汗员工，还没收了所有库存，所以当纳迪尔·沙阿掌权后，德国政府拒绝和阿富汗恢复正常邦交，除非补偿事宜得到落实。纳迪尔·沙阿的回应是拒绝与德国技术人员续签合同，但是双方最终意识到各自的做法都是损人不利己的，于是在 1931 年恢复了外交关系。而此时德阿公司已经破产。

导致穆萨希班王朝和德国关系紧张的另一个主要原因是柏林存在大量的反阿富汗政府煽动者，领导人是古拉姆·纳比·恰希和他的三个兄弟古拉姆·吉拉尼、阿卜杜 - 阿尔 - 阿齐兹及古拉姆·西迪克，他们与阿曼努拉·汗和马哈茂德·塔尔齐都是姻亲。阿曼努拉·汗垮台时，这几个兄弟都居住在国外，古拉姆·纳比在科塔里 - 拉巴塔克战败后，恰希家族在获得纳迪尔·沙阿帮助阿曼努拉·汗恢复王位的承诺后，为他的军事行动提供了大量资金援助。[20] 当纳迪尔·沙阿违背这一承诺时，恰希兄弟指控穆萨希班兄弟篡夺王位，并发动了持续的舆论攻势反对这个王朝。

纳迪尔·沙阿的反应是尝试引诱恰希兄弟来喀布尔，以便除掉这些麻烦的制造者。最终古拉姆·吉拉尼回到了家乡并淡出了公众视野，但是古拉姆·纳比和古拉姆·西迪克继续和纳迪尔·沙阿斗争。1930 年夏天，他们在安卡拉与阿曼努拉·汗及马哈茂德·塔尔齐相遇，古拉姆·纳比随后发表了一封写给纳迪尔·沙阿的公开信，要求发起全民公投，决定谁来统治阿富汗。[21] 纳迪尔·沙阿于是剥夺了塔尔齐家族的阿富汗公民身份，并继续努力引诱剩下的两个兄弟前来喀布尔。

最终纳迪尔·沙阿说服古拉姆·吉拉尼相信他是真诚地希望达成和解。吉拉尼同意在沙·瓦利·汗的陪同下前往柏林，后者随身携带一封纳迪尔·沙阿的亲笔信，以及封印在《古兰经》中的通行安全保证。沙·瓦利甚至提出让两个家族通婚来确保双方和解，并暗示纳迪尔·沙阿召集他们去喀布尔是想要讨论将权力移交给阿曼努拉·汗。[22] 古拉姆·纳比可能因为纳迪尔·沙阿会退位才相信了沙·瓦利的承诺并返回家乡。1932 年 10 月，他抵达喀布尔，在外国使团的见证下，与纳迪尔·沙阿举行了紧张的会面。[23] 在随后的私人会面中，纳迪尔·沙阿无意退位的事实很快就显而易见了。他反而要求古拉姆·纳比放弃家族对阿曼努拉·汗效忠的宣誓，作为回报，自己会承诺让他安全返回安卡拉，条件是他永远不再返回阿富汗。古拉姆·吉拉尼和古拉姆·西迪克则会分别被任命为驻日本和德国大使。但是如果兄弟们拒绝服从，他们将不得不面对后果。

古拉姆·纳比有一周的时间考虑这份最后通牒，但在 1932 年 11 月 8 日清晨，王室卫队的士兵到他们的住处要求兄弟二人立刻拜见国王。[24] 他们抵达时，纳迪尔·沙阿愤怒地拿出一些能证明古拉姆·纳比是一场加德兹叛乱幕后黑手的文件。古拉姆·纳比否认这一指控并羞辱了国王，纳迪尔·沙阿则命令自己的护卫用步枪枪柄将他活活打死。在他死后，又有 100 多名恰希大家族成员和他们的家仆被投进监狱。为了给自己未经司法程序的谋杀饰以合法的外表，国王随后向 3 家独立的司法机构展示了古拉姆·纳比所谓的叛国罪证据。不出意外，所有机构都认定古拉姆·纳比有罪。

古拉姆·纳比的死激起了穆萨希班和恰希家族间的血仇，留在柏林的古拉姆·西迪克让这份仇恨延续了下去。1933 年 6 月，纳迪尔·沙阿同父异母的兄弟、阿富汗驻德国大使穆罕默德·阿齐兹·汗被赛义德·凯末尔枪杀，后者是一名工程专业学生，曾在德国人办的内雅特高中学习。接受盖世太保的审讯时，赛义德·凯末尔称自己是为了让阿曼努拉·汗恢复王位，而喀布尔政府则指责古拉姆·西迪克是刺杀的幕后黑手。作为报复，古拉姆·吉拉尼、谢尔·穆罕默德·汗·恰希和几个阿曼努拉·汗的前部长都被处决。

阿齐兹·汗遇刺事件让阿富汗与德国的关系变得紧张。阿富汗政府抱怨德国没有保护好自己的外交使节，并迁怒于德国拒绝引渡或是审判赛义德·凯末尔。问题是由于案件发生在阿富汗大使馆内，德国并没有司法管辖权。最后，为了阿富汗和德国的关系，法庭判决赛义德·凯末尔死刑，于 1935 年 1 月执行。在阿齐兹·汗遇刺身亡后 3 个月，内雅特高中教师穆罕默德·阿齐姆于 1933 年 11 月 6 日进入喀布尔的英国公使馆枪杀了 3 名使馆工作人员。穆罕默德·阿齐姆在接受讯问时承认，自己原计划是刺杀英国大使，希望英国能因此废黜纳迪尔·沙阿，让阿曼努拉·汗重新上台。

穆萨希班王朝和普什图民族主义

穆罕默德·阿齐兹·汗遇刺时，希特勒当选德国总理才刚刚几个月。一开始，希特勒政府支持阿曼努拉·汗复位，但是王朝里颇有影响力的亲德派领袖阿卜杜·马吉德·扎布利积极促成了与第三帝国的友好关系，阿齐兹·汗的两个儿子穆罕默德·达乌德和穆罕默德·纳伊姆就是亲德派。对希特勒德国及其国家社会主义的同情，在阿富汗统治阶层精英中根深蒂固，一部分原因是政府积极推广的普什图民族主义日益与种族和文化优越论及雅利安主义混为一谈。穆萨希班之所以采用比塔尔齐的阿富汗尼亚主义更强硬的手段，是为了迎合他的主要支持者，即印阿边境的普什图各部落。

在穆萨希班统治的第一个 10 年里，这种国家支持的种族－民族主义的最主要提倡者是维齐尔穆罕默德·古尔·汗·莫赫曼德。[25] 尽管有莫赫曼德贵族血统，古尔·汗是在一个说波斯语的城市环境中长大的，直到去了喀布尔的军事学院才开始学习普什图语，因为这是必修课程。随后他被送到土耳其接受军事训练，在那里受到了土耳其青年党的民族中心主义影响。在埃米尔阿曼努拉·汗统治时期，古尔·汗·莫赫曼德成为"普什图社会"的创始成员之一，埃米尔垮台后，他又在纳迪尔·沙阿反抗哈比布拉·卡拉卡尼的行动中起到了重要作用，指挥了楠格哈尔和洛加尔的军事行动，还发布了普什图语传单，助推了穆萨希班的大业。

纳迪尔·沙阿当上国王后，穆罕默德·古尔·汗·莫赫曼德被任命为内政部长和全权公使，被委以将国家带回中央集权模式的重任，并以极高的效率完成了。他还利用自己的影响力推进了国家对普什图身份认同的浪漫化和理想化愿景。1932 年，古尔·汗·莫赫曼德将坎大哈所有的文学社团合并为一个单一的、由国家资助的机构，即达·帕赫图·阿达比·安朱曼，主席由坎大哈省长任命。5 年后，他又将这个机构以及其他所有的普什图文学社团整合成一个国家管理的普什图学院，成为高等教育部下设的一个分支，这实际上实现了普什图文学复兴的国家化，目的是为王朝服务。在古尔·莫赫曼德的影响下，普什图学院开始清除普什图语中大量的阿拉伯、波斯和土耳其元素，在此过程中创造了大多数普什图母语者都无法理解的词汇库。后来古尔·莫赫曼德出版了一本普什图语词典和语法书，以及一小本普什图语诗歌汇编。

穆罕默德·古尔·汗·莫赫曼德的普什图民族主义具有深远的政治影响，正如卡隆指出的那样："为了部落的利益……成功地将君主政体翻译为男性普什图骑士精神的社会词汇，因为这些部落总是带着怀疑看待国家统治阶层精英的等级制度。"[26] 这种沙文式的浪漫主义体现在古尔·汗的诗歌《论普什图及普什图性》中，他在诗中宣称："普什图是根本的 / 真正的高贵……普什图是救赎……普什图是尊严（或威严）……普什图是荣耀……普什图没有羞辱或堕落……普什图是高尚且自由的……普什图就是高贵。"[27] 根据普什图学院创始人之一阿卜杜—阿尔·拉乌夫·贝纳瓦的说法，穆罕默德·古尔·汗·莫赫曼德结束了玫瑰和夜莺的时代，那些都是波斯诗歌和普什图诗歌的传统主题，而学院前院长西迪克·阿拉·瑞克廷则称：

穆罕默德·古尔·汗·莫赫曼德（原文如此）带来了政治普什图语。他的工作远比我们的更有价值。他的光芒映照着我们。如果不是他拥有这么多的力量，我们就不可能完成这么多的工作……他的普什图语更加崇高。[28]

1936 年，政府从这一版本的普什图民族主义中得出了不合逻辑的结论，宣布普什图语将成为阿富汗唯一官方语言，由此导致了混乱。普什图语的路牌难以辨认，很少有教师能够读写普什图语；即使老师可以读写，学生们也很难理解，他们也无法读懂课本。面临被解雇威胁的公务人员疯狂尝试掌握复杂的普什图语语法，甚至连纳迪尔·沙阿、他的兄弟以及他们的孩子们都不得不学习普什图语课程，因为很少有穆萨希班人可以说普什图语，更不用提阅读了。[29]这项政策最后因为无法执行而被放弃，波斯语被恢复为和普什图语一样的国家语言，但是政府一直坚持不懈地推广普什图身份认同。

政府通过操纵身份来拉拢普通普什图人的尝试没有得逞，普什图人不需要政府来告诉他们自己身份的意义。这种国家推行的普什图主义，在本质上是一帮母语非普什图语的波斯化城市知识分子创造的。它与普什图农民及游牧民或边境部落居民的文化和价值观只有表面上的相似之处。在楠格哈尔，游吟诗人创作了讽刺隽语和民谣来嘲讽王朝试图讨好普什图人的做法，并猛烈抨击它没能坚守那些他们声称要拥护的普什图美德。

到 1933 年，政府在一定程度维护了稳定局面，并控制了全国大部分地区，但是纳迪尔·沙阿的统治却突然结束。1933 年 11 月 8 日是古拉姆·纳比·恰希逝世 1 周年纪念日，国王在迪尔库沙宫殿广场上为内雅特高中的学生举行了一场颁奖仪式。[30]在仪式上，一个 17 岁的哈扎拉人、古拉姆·纳比·恰希亲信家仆的儿子阿卜杜·阿尔·哈利克上前一步，近距离朝国王冷静地开了 3 枪，国王当场毙命。尽管遭受了酷刑，阿卜杜·阿尔·哈利克依然拒绝牵连恰希家族或是其他人，称是为了替自己的恩人复仇而单独行动的。一周后，恰希家族和阿卜杜·阿尔·哈利克的亲属们被迫去观看他被王室卫队大卸八块。一共有 20 多人被各种新奇的方式处决了。这些人包括恰希家族成员、内雅特高中的校长和副校长以及一些对阿卜杜·阿尔·哈利克计划毫不知情的同学。[31]此外，数百名有嫌疑的哈比布拉国王的同情者遭到了围捕。

纳迪尔·沙阿统治结束的方式正如它开始的方式一样，伴随着血腥的法外处决。尽管如此，弗雷泽·泰特勒毫无讽刺之意地将纳迪尔·沙阿的统治描述为"近乎完美的仁慈专政"，而另一位英国传记作者更是将纳迪尔·沙阿称为"阿富汗历史上最伟大的统治者"。[32]

纳迪尔·沙阿国王在喀布尔泰佩马兰詹的陵墓。这种鲜明的方形结构明显是受到了纳粹德国的公共建筑风格影响。它在1993—1995年间的战争中遭到了严重损毁，2002年后得到了修复。查希尔·沙阿国王和王后也葬在了这里。

第十二章

查希尔·沙阿国王：分崩离析的房子
（1933—1973）

> 我们不能都做主人，做主人的也不是都能令人效忠的。
>
> ——威廉·莎士比亚，《奥赛罗》，第一幕、第一场
>
> 和狮子一起玩耍的人一定会受到伤害。
>
> ——阿拉伯谚语

　　纳迪尔·汗遇刺身亡，法定继承人查希尔·沙阿继承王位。查希尔·沙阿是一个害羞内向的 19 岁男孩，几乎没有政府管理经验。因此哈希姆汗首相成了摄政王，接下来的 20 年，他就是实际上的国王，只是没有名分。哈希姆汗的统治风格甚至比纳迪尔·沙阿更专制，哈希姆汗对行刺非常敏感，只在白天由大批护卫陪同出门。查希尔·沙阿在这 20 年里沉湎于个人享受，帮助基齐勒巴什艺术家阿里·穆罕默德·钦达瓦利在宫殿天花板上绘制微型画、打网球、狩猎或是观看马背叼羊比赛。他在公众场合的亮相大多是仪式性的，非常简短。[1]

　　表面上，权力过渡相对顺利，但是，纳迪尔·汗的死加速了两个穆萨希

班家族分支的分裂。穆罕默德·阿齐兹·汗的儿子马哈茂德·达乌德和穆罕默德·纳伊姆都非常有野心，而哈希姆汗与保守的伊斯兰主义者结盟，改革和现代化进程缺乏进展，这两点让他们失望、沮丧。为了消除这两兄弟的威胁，纳迪尔·沙阿把两个女儿许配给了达乌德和纳伊姆，缔结了双重婚姻联盟。查希尔·沙阿是幸运的，老国王遇刺时，达乌德正在贾拉拉巴德指挥东部军队，纳伊姆在做阿富汗驻罗马大使。纳迪尔的弟弟沙·瓦利·汗是许多人心中最适合继承王位的候选人，他当时正在法国。后来，哈希姆汗在1935年召回了沙·瓦利·汗，任命他为国防部长，希望能以此抗衡达乌德在军队中的支持度，但是他和达乌德很快就下台了，沙·瓦利也被送回了法国。

哈希姆汗着手扩建阿富汗与其他国家的外交关系。1934 年，阿富汗加入了国际联盟，与美国正式建立了外交关系。美国在阿富汗的事务起初是由德黑兰大使馆负责的。美国参加了第二次世界大战后，美国国务院才于 1942 年在喀布尔设立了公使馆。1938 年，欧洲再次面临战争威胁之际，美国内陆勘探公司开始对阿富汗的自然资源产生兴趣，尤其是石油，并获得了长达 75 年的阿富汗矿藏开采独家特许权。美国内陆勘探公司派出一支勘探队前往阿富汗东北部，招致了苏联对阿富汗政府的抗议。勘探得出的结论是：由于资源获取困难和缺乏基础设施，开采石油或矿产无利可图，于是公司放弃了特许经营权。[2]阿富汗官员一直以来都坚信埃米尔阿卜杜·拉赫曼·汗向他们灌输的观点，认为阿富汗有巨大的矿产资源，所以他们对美国内陆勘探公司的退缩非常气愤，这也加剧了人们对美国公司履行合同义务的不信任感。

哈希姆汗摄政与德英等大国关系

哈希姆汗摄政期间，阿富汗与德国的关系愈发亲近，扎布利催促和第三帝国建立更加亲密的关系，甚至还为德国驻喀布尔大使馆提供情报。哈希姆汗恢复了德阿同盟，获得了用来购买德国军事装备的新贷款，德国对阿富汗的技术援助也大幅增加。1935 年，一个德国使团前往努里斯坦，表面上是收集植物、语言和考古方面的数据，因为他们相信努里斯坦人就是雅利安人。[3] 第二年，阿富汗派出一支代表团参加柏林奥林匹克运动会，查希尔·沙阿国王、哈希姆汗、扎布利和其他政府高级官员一同前往。访问期间，国王、扎布利和其他高级官员和希特勒总理及其核心圈进行了私下会面，开幕式上，所有阿富汗运动员都行了纳粹礼。[4] 访问带来了一笔 1500 万德国马克的贷款，此外还达成了商贸、教育和政治协议。1937 年，德国汉莎航空公司开设了每周飞往喀布尔的航班，1939 年 7 月，根据《托特协议》，一名总督被派去喀布尔监理所有的德国项目和人员，并为阿富汗政府建言献策。第二次世界大战爆发时，大约有 300 名德国公民在阿富汗工作，包括德国特工及纳粹党党员。

直到与德国开战的威胁迫在眉睫时，英国官员才惊醒认识到德国可能给他们带来威胁，因为德国在阿富汗的影响力日益扩大，它和意大利可能也暗中鼓励了哈吉·米尔扎·阿里（也称伊皮的修行者）的叛乱。[5] 这场起义始于 1936 年，当时查哈巴格哈兹拉特的一位精神追随者法基尔宣布圣战，反对英国军队入侵瓦济里斯坦。英国向当地派出了大量的增援力量，但没能镇压叛乱。英国皇家空军在轰炸袭击中多次试图杀死哈吉·米尔扎，但他却逃脱追杀。英国媒体将他称为 "瓦济里斯坦腥红色的繁笺花"。对修行者支持者而言，他能幸免于难表明他具有神奇的力量。

1938 年，随着穆罕默德·萨阿迪·贾伊拉尼，即夏米·皮尔抵达瓦济里斯坦南部，叛乱局势愈加复杂了。来自叙利亚大马士革的拜伊是赛义德·哈桑·盖兰的远亲，也是马哈茂德·塔尔齐的女儿、索拉娅王后的堂兄弟。夏米·皮尔宣布自己打算进军喀布尔，废黜穆萨希班家族并帮助阿曼努拉·汗重登王位时，数千名瓦济里人和马苏德人拥入他的旗帜下。随后他出发前往霍斯特，希望曾起兵反抗阿富汗政府征收关税的苏莱曼·凯尔能够加入。夏米·皮尔还没能穿过杜兰德边境线，英国皇家空军就轰炸了他的军队，部队损失惨重，四散而去。乔治·坎宁安爵士随后提出，要给吉拉尼 25 万英镑让其返回叙利亚，后者接受了，于是英国"从一场头等灾难中侥幸脱险"。[6]

英国人相信，夏米·皮尔战役的背后是德国人，喀布尔政府则归咎于古拉姆·西迪克·恰希。证据表明，两种怀疑都是合理的。毕竟，吉拉尼与塔尔齐和阿曼努拉·汗都是姻亲，他在德国接受教育，还在那里娶了德国女人。大马士革的英国情报人员也汇报皮尔经常与德国反间谍特工会面。这次叛乱极有可能是沃纳·奥托·冯·亨蒂格策划的，他是当时德国在中东最得力的人员、德国第一次派往阿富汗使团的领导人。

英国担心德国参与了边境叛乱，于是开始一次新的外交努力，旨在让阿富汗政府与英国的利益更加紧密。1938 年 10 月，印度外交部长奥布里·梅特卡夫爵士飞往喀布尔讨论边境事宜，希望阿富汗政府保证不支持伊皮的修行者的叛乱。作为回报，英国提供一定的军事援助，并在阿富汗出口商品的运输费用上做出让步。哈希姆汗对英国皇家空军迅速出动驱散夏米·皮尔的士兵非常感激，梅特卡夫的访问则对哈希姆汗决定在 1939 年 11 月爆发的战争中保持中立起到了重要作用。

尽管阿富汗宣布中立，但是扎布利在达乌德和纳伊姆的支持下继续促进与德国的利益，并催促阿富汗参战加入德国阵营。1941 年春天，扎布利对柏林进行了半私人的访问，会见希特勒和亨蒂格时，他告诉德国总理，自己准备废黜查希尔·沙阿国王和哈希姆汗，并对英属印度宣战。作为回报，扎布利要求德国提供飞机、坦克和高射炮，以便自己能将阿富汗边界推向印度河，并占领卡拉奇。扎布利还要求希特勒利用他对苏联的影响力，争取让苏联保证会尊重阿富汗的北部边界，毕竟当时苏联是德国的盟友。[①]

喀布尔的德国和意大利外交官暗中支持伊皮的修行者，试图劝说他将叛乱扩大到边境其他地区。1941 年夏天，意大利特工秘密穿过边境与修行者会面。几周后，两名表面上是在进行科学研究的德国人被阿富汗巡逻队在洛加尔的查克附

----

① 这是作者的误解，当时苏联与德国只是签定了《苏德互不侵犯条约》，互不攻伐，但远谈不上盟友关系。——译者注

近拦截。在随后的争执中，一名德国人被击毙，另一名受重伤。巡逻队在搜查他们的行李时发现了数十万阿富汗尼、卢比、黄金、机关枪，以及写给伊皮的修行者和其他反英部落首领的信件。英国要求阿富汗驱逐所有的轴心国公民和使节，哈希姆汗不敢轻视这一要求，毕竟几个月前英国军队占领了中立的伊拉克并推翻了其政府。在德国突袭苏联后，英国和苏联军队结成了盟友，随后分别占领了伊朗南部和北部。这两次入侵的动机都是为了确保重要的石油供应，但公开的理由是，伊拉克和伊朗政府拒绝驱逐轴心国人员，这一行动是正当的。因此，拒绝英国的要求有可能让阿富汗也面临被英国和苏联军队占领的危险。

哈希姆汗陷入了进退两难的境地。他不敢承担被指责向英国或苏联投降的风险，但不满足英国的要求会让阿富汗的领土完整再次受到周边超级大国的威胁。为了解决这一问题，哈希姆汗召开了一次紧急支尔格大会，国王不合时宜地身着全套德国军装举行了开幕式。国王和高级部长们随后捍卫了政府的中立政策，但是努尔·马沙耶赫在激烈的演讲中回顾了阿富汗对英国统治的抵抗，宣称驱逐外国居民并将他们交给英国既违背了伊斯兰教法，也与普什图的庇护传统背道而驰。他宣布"我们将与之抗争"，并在结尾时高呼"真主伟大"，得到了全场的高声附和。[7] 接下来又有很多反英演讲，但代表们在最后还是投票决定驱逐轴心国的非外交人员，条件是英国正式承诺保证他们安全回到本国。但是根据有关中立国的国际法，阿富汗政府拒绝驱逐德国、意大利和日本的大使。由于担心苏联和英国无论如何都会发动侵略，支尔格大会批准了强制征兵以及一项特殊战争税。因此德国和意大利的外交使节留在喀布尔继续和伊皮的修行者商讨阴谋，但是他们扩大叛乱的企图破产了。修行者高兴地收下了德国和意大利提供的所有现金和武器，却只是象征性地袭击了几次英国哨所。

1941 年冬天德国撤离莫斯科后，德国游说团在王宫的势力和影响力逐渐消退。喀布尔的德国官员为了牵制中亚的苏联士兵，试图利用布哈拉前埃米尔的特工，让巴斯马奇运动复燃，这进一步削弱了德国游说团的力量。德国在阿姆河两岸招募了大量当地特工，巴斯马奇的埃米尔们则在阿富汗北部重新动用军事力量。1943 年 4 月，局势发展到紧要关头，英国向阿富汗和苏联政府提交了在阿富汗和俄罗斯突厥斯坦活动的已知德国特工的名单。阿富汗政府的回应是，将布哈拉前埃米尔和他的女婿软禁家中，并囚禁了数名突厥斯坦流亡者。但是努尔·马沙耶赫和其他有影响力的宗教领袖并不拥护这一举动。塔格布的阿昆德扎·米扬·古尔甚至在普尔赫什蒂清真寺的布道坛上，公开谴责扣押布哈拉王室的行为。[8]英国再次要求驱逐所有轴心国的外交官，并且这一次拒绝退让。哈希姆汗召见了德国大使，向他展示了德国参与突厥斯坦起义的详细证据。大使承认后被勒令离开，并关闭使馆。1943 年 8 月，所有德国、意大利和日本外交官都离开了阿富汗，在第二次世界大战结束前再也没有返回。

　　阿富汗或许在第二次世界大战中持中立立场，但在 20 世纪 30 年代和 40 年代，很多政府官员同情德国的国家社会主义意识形态。普什图人起源于雅利安人的想法已经植根在阿富汗民族主义思潮中。普什图学院提出的众多说法中有一个是，琐罗亚斯德教的《阿维斯塔》和印度教的《吠陀》都是"普什图"文学的代表作，[9]纳粹的反犹主义加剧了犹太后裔受到的种族歧视，这也最终导致了阿富汗大部分的犹太人被驱逐。在瓦齐尔·穆罕默德·古尔·汗·莫赫曼德担任内政部长和巴尔赫军事长官的时期，普什图人是雅利安主要民族之一的说法，在阿富汗北部引起了灾难性的后果。

穆罕默德·古尔·汗的突厥斯坦政策及部族叛乱

　　正如我们所见，古尔·汗·莫赫曼德是国家赞助的普什图主义运动的主要推动者之一。他的家族里已经有三代人深入参与了杜兰尼人占领巴尔赫省的行动。他的祖父阿布德·卡里姆·莫赫曼德参与了穆罕默德·阿克兰·汗最初在 1849 年对巴尔赫的入侵，而他的父亲曾是德赫达迪要塞的指挥官。穆罕默德·古尔·汗·莫赫曼德在巴尔赫的生涯始于埃米尔阿曼努拉·汗统治时期，当时他被任命为巴尔赫长官，在父亲死后又接过了要塞指挥官的职务。古尔·汗·莫赫曼德还和纳迪尔汗一样，担心阿曼努拉·汗支持巴斯马奇及鼓吹突厥斯坦民族主义政策会带来的一些后果。

1931 年，随着易卜拉欣·贝格在卡塔干发起的独立运动被镇压，古尔·莫赫曼德在巴尔赫建立了基地，监督该地区的和平，监禁或处决了巴斯马奇领导人、哈比布拉·卡拉卡尼的支持者和当地的民族主义者。为了一劳永逸地打击分裂主义运动，古尔·汗·莫赫曼德强迫土著居民和来自中亚的土库曼及乌兹别克难民迁居到赫尔曼德、阿尔甘达卜和楠格哈尔地区，没收了他们的土地和财产，以低价甚至是免费给了来自楠格哈尔的新一波普什图殖民者，后者多是古尔·汗的莫赫曼德部落成员。

从 20 世纪 30 年代中期开始，穆罕默德·古尔·汗·莫赫曼德在各省启动了一项针对主要省级城市的重新开发计划，旨在消除土著文化中的情感符号，便于控制潜在的叛乱分子。此举也是国家有意展示其威慑和削弱潜在抵抗的力量。这项计划的关键就是依据一名德国—瑞士建筑师制定的标准网格方案修建新城镇。[10] 一位参与者指出，修建新的城镇需要"推倒原来的中心，改为

从梅马内向南眺望能看到 1940 年重建后的阿富汗北部中心城市特有的标准网格式布局和宽阔的街道。

混凝土拱廊的集市商店"。[11] 在此过程中，大多数中世纪集市与古老的城墙、城堡、神庙、清真寺、苏菲教团清真寺、墓地等历史遗迹一起被夷为平地，其中许多建筑与成吉思汗统治时代有着重要的文化和历史联系。

阿富汗急需更多的收入，因为第二次世界大战给它带来了经济灾难。出口商品，尤其是利润丰厚的卡拉库尔羊皮贸易量骤跌，导致外汇短缺。为获得更多的坚挺货币，政府大量出口小麦和农产品，引起国内供应短缺、恶性通货膨胀，资本也外逃印度。德国战败也意味着阿富汗失去了一个重要的资金、技术和军事援助国，很多德国资助的基础设施项目都无法完工。

1944 年冬天，发生了一系列表达不满的抗议活动，暴动最严重的是库纳尔的萨菲人和莫赫曼德人。[12] 叛乱领导人有穆斯塔菲·米尔扎·侯赛因·萨菲的妻兄弟阿布德·拉希姆将军以及米尔·扎曼·汗·萨菲的一个儿子，阿曼努拉·汗曾为其赐名罗亚汗。[13] 叛军指定了自己的国王和首相，实际上宣布了独立。政府花了 6 个月的时间才粉碎了库纳尔叛乱。叛乱平息后，上千个萨菲家庭被流放到了哈里河或是巴尔赫的绍尔加拉地区。米尔扎曼汗家族和穆斯塔菲·米尔扎·侯赛因家族的大多数幸存者被囚禁多年，其中就包括诗人、历史

在巴尔赫尔阿布南部的绍尔加拉山谷水源充足，种植了大面积的水稻和棉花。1945 的萨菲叛乱后，来自库纳尔的数千名普什图人被迫迁居在此。由于绍尔加拉山河谷坐落于哈兹达纳尔运河网的上游，灌溉了巴尔赫平原，水权之争屡见不鲜。

学家乌斯塔德·哈利勒·阿拉·哈利利。他和家人们能够躲过死刑是因为查希尔·沙阿国王拒绝签署他们的死刑令，这是国王罕见的敌对行为。

第二年冬天，在哈扎拉贾特发生了另一场叛乱，导火索是阿富汗主要的食用油绵羊油被征税，它是哈扎拉人的主要收入来源。在著名的什叶派宗教领袖穆罕默德·易卜拉欣·贝格，也称高苏瓦的带领下，叛军轻松地占领了一个省会，杀死了政府官员并洗劫了军械库。叛乱最终被镇压时，易卜拉欣·贝格被流放到了巴尔哈布最偏远的地区，但是政府废除了不得人心的绵羊油税。[14]

马哈茂德摄政并寻求美国支持

1946 年，饱受睾丸癌（也可能是前列腺癌）折磨的哈希姆汗卸任，他的弟弟沙阿·马哈茂德·汗接替他成为首相和摄政王。沙阿·马哈茂德·汗的思想观点更加自由，他的内阁显然也有左派和改良派倾向，萨达尔·达乌德被任命为国防部长，他的兄弟萨达尔·纳伊姆担任驻美国大使。外交部长阿里·穆罕默德是曾在埃米尔阿曼努拉·汗手下做事的塔吉克人，扎布利继续担任国民经济部长。穆罕默德·古尔·汗·莫赫曼德失去了内阁的职务，努尔·马沙耶赫对司法系统的束缚也被打破了。沙·瓦利·汗回到了喀布尔，但他在 1947 年与达乌德发生争执后，被派往新成立的巴基斯坦做阿富汗特使。两年后，沙·瓦利又被派往伦敦。

1947 年 2 月，英国宣布退出印度，随后蒙巴顿勋爵宣布印巴分治，巴基斯坦成立，阿富汗的地缘局势更加动荡。英国的撤退引起喀布尔的巨大警觉。尽管阿富汗政府一直持反英论调，国家也曾遭到过英国的两次入侵，但在将近一个世纪的时间里，是英国限制了沙俄对阿富汗的领土野心。英国还为王朝提供了补贴和军备支持，划定了阿富汗的国家边界线并为阿富汗政府在国际社会提供了合法性。英国从印度撤离后，该地区就没有临近的欧洲国家可以抗衡苏联对阿富汗的威胁了。

马哈茂德的应对办法是寻求新的西方超级大国美国的帮助，这样阿富汗就在无意中卷入了冷战。就与美国的关系而言，第二次世界大战是有利于阿富汗的。1941 年 6 月，一支来自德黑兰的美国外交使团访问了喀布尔，美国积极回应了阿富汗提出用美国教师、工程师和其他领域专家取代德国人的请求。第二年 6 月，美国国务院在喀布尔开设了公使馆，任命荷兰裔美国人、中东专家科尼利厄斯·恩格特为第一任大使。恩格特很快就获得了阿富汗政府的好感，在他的安排下，战时滞留在卡拉奇的大量卡拉库尔羊皮和羊毛被销售至美国。

1946 年 4 月，扎布利向美国国务院探询能否为阿富汗提供一笔 1 亿美元的贷款，"用来资助一项为期 10 年的公共工程计划并提高生活水平"，实际上，阿富汗政府打算将大部分贷款用于重建军队。[15] 贷款当时没有到位，第二年，马哈茂德以阿富汗首相身份对美国进行第一次正式访问，再次提出了财政援助的请求。同年晚些时候，扎布利和纳伊姆与美国国务院官员展开了进一步的讨论，请求给予阿富汗军事援助"以维持国内稳定"并"在可能与苏联交战时做出积极贡献"。[16]

美国在阿富汗的第一个土木工程是由一家私人公司完成的。在埃米尔哈比布拉统治时期，坎大哈长官梦想能收回下赫尔曼德地区的"恰西亚走廊"，在 13 世纪遭到蒙古人的侵略前，这里一直是当地农业生产力水平最高的地方。为了实现这一目标，长官下令在赫尔曼德河吉里什克下游的地区修建一个新的入水口，即博格拉运河，为穆萨堡和博斯特地区提供灌溉水源。[17] 20 世纪 30 年代，德国和日本工程师接手了博格拉项目，直到第二次世界大战爆发，工程都没完工。扎布利渴望恢复赫尔曼德山谷计划，一部分原因是种植更多的经济作物，但也是为了利用新的土地安置普什图游牧民。由于阿富汗缺乏实施这样大型项目的专业技术和重型设备，扎布利转而向基地在加利福尼亚的莫里森—克努森公司（MKI）求助，这是修建胡佛水坝的 6 家公司之一。虽然莫里森—克努森公司没有在欠发达国家的工作经验，但是它同意接手这一任务，并成立了子公司阿富汗莫里森—克努森公司（MKA）。

扎布利和阿富汗部长们都没意识到这项计划的复杂性，这样的工程即使在发达国家都将面临重大挑战。莫里森—克努森公司在签署合同前并没有进行可行性调查或影响力调查，也没真正了解该地区的水文和地形情况。赫尔曼德山谷灌溉计划（HVIS）从一开始就遇到了问题。莫里森—克努森公司不得不修建新的公路运输重型设备，为数千名工人建造住所，还要进口从扳手到水泥的所有所需的设备和建材。物流问题是一场噩梦，因为所有的货物必须先运到卡拉奇，卸载后装上火车，转运到奎达后再次卸载，再用卡车穿过边境运到阿富汗。

拟定的开垦地区面积过大，周边环境也令人生畏。赫尔曼德河在下游地区穿过了死亡沙漠（Dasht-i Margo）和雷吉斯坦沙漠，夏季这里的温度能超过 50℃。春天时，臭名昭著的"持续 120 天的风"以超过 100 公里 / 小时的速度刮起了沙尘暴，堵塞了灌溉沟渠，剥掉了稀薄的表层土壤。被指定用于主要灌溉工程的赫尔曼德河与阿尔甘达卜河在季节性流量和总流量上变化很大。春季融雪期间，肆虐的洪流席卷了分流控制设施和运河堤岸，向后冲刷了灌溉河渠的河床，在河网中形成淤泥。洪水和剧烈的河流改道也很常见。然而到了夏末，当农作物的成熟需要水源时，河水高度却可能会下降，如果没有堰或水泵，则无法将水输送到主渠。直到 20 世纪 40 年代，赫尔曼德盆地和锡斯坦的大部分地区还是未知领域，这进一步增加了莫里森—克努森公司的挑战。

莫里森—克努森公司计划引入永久性的钢筋混凝土结构控制流速和流量，本地居民对此毫无经验，也无法理解。农民们很早就适应了高峰低谷年周期，他们有耐心用压实的泥块和砖块修复河岸、控制结构，用汤因比的话来说："在阿富汗……为了让大自然满足自己的需求，人们是去取悦它，而不是敲打它。"[18] 农民们有控制地进行周期性排水，这一过程由当地选拔出的米拉布斯（水监）监控，还必须符合晦涩难懂的不成文的规则，但是土地却因此不堪重负。水监的酬劳由社区股东以实物支付，关于用水权的纠纷由水监和社区委员会解决，政府官员并不参与，因为水源一旦离开主河道，政府在法律上就不再拥有水权，更不用说对它的管理权了。

而阿富汗莫里森—克努森公司的计划是要让自然屈服，这和美国莫里森—克努森公司对科罗拉多河所做的如出一辙。阿富汗莫里森—克努森公司的计划是多方面的，不仅在运河中修建钢筋混凝土结构，还建造了控制闸门、水坝、高速公路、通道以及殖民者的住所。随着计划的进展，阿富汗莫里森—克努森公司还开始参与土地开垦、排水设计、种子分配、植树、肥料分配、示范农场和政府官员、农民和定居者的能力训练，以及制图和地籍水文调查等事务。阿富汗莫里森—克努森公司还为多名美国雇员修建了一个巨大的、有围墙的营地。

大多数灌溉和开垦的目标地区都是荒地，属于公有土地。政府认为出售开垦后的土地以及未来的经济作物是收回投资的办法。此外，通过该计划政府不但可以控制土地和房屋的分配权，还能通过控制闸门和蓄水坝将赫尔曼德河及阿尔甘达卜河的水资源分配到主要的运河，因为这些设施的管理方是政府官

赫拉特瑞瑙运河的春季大清除。传统灌溉系统的维护由社区用水人在当地选出的水监监督下进行。重大的政府灌溉计划往往会破坏这样的社区权力，将更大的权力交给政府官员。

员而不是当地民众。因此国家干预水资源管理、让灌溉部代表政府影响了水监的任命，还有可能利用供水作为控制政治和社会的手段。它也打开了腐败、裙带关系和牟取暴利的大门。因此，在昆都士、巴尔赫和楠格哈尔实施的赫尔曼德河谷灌溉计划及其他重大国家资助灌溉项目削弱了社区的自我管理和自给自足，进一步强化了中央政府的控制和干预。

莫里森—克努森公司刚开始在当地实施计划就遇到了复杂的关联问题。对博格拉运河延伸区进行的地质调查表明，当地土壤层浅、地下水位高、排水差。调查员注意到地表有大量盐分沉积，当运河修建完成后随着地下水位的抬升，盐分还会进一步增加。莫里森—克努森公司随后发现，现有的压实泥浆分水坝在低流量时期无法向网络尾部输送水源，所以公司决定修建更大更好的混凝土结构。结果博格拉计划的花费增加了两倍，但这仅仅是莫里森—克努森公司灾难的开始。为了解决盐度增加、渗流、河流水位波动和季节性洪水问题，莫里森—克努森公司建议在赫尔曼德的卡贾基和阿尔甘达卜的达拉修建两座巨大的蓄水坝，并提议在整个流域范围的影响调查完成前推迟所有的工程进度。这些额外干预措施的预算达到了 6370 万美元，其中有 5370 万美元是外汇。

到 1949 年，阿富汗政府已经向莫里森—克努森公司支付了 2130 万美元，但是博格拉延伸计划在进行了 4 年后依然没有投产。到这个时候，项目能否完工已经成了阿富汗政府的国家荣誉问题，而莫里森—克努森公司和美国的声誉也岌岌可危。扎布利的个人信誉和政治信誉都受到了威胁，因为赫尔曼德河谷灌溉计划（HVIS）消耗了阿富汗大部分外汇信贷，而建造亚洲伊甸园的愿景远未实现。由于阿富汗政府和莫里森—克努森公司都不敢放弃这个计划，越来越多的资金投入到项目中，阿富汗的负债也就越滚越多。

阿富汗政府批准了莫里森—克努森公司关于蓄水坝的建议，但是要求公司优先完成博格拉系统。1949 年，扎布利向进出口银行再申请 5500 万美元的贷款用于额外支出，但是银行只批准了 2100 万美元。由于这还不到所需资金的一半，扎布利取消了西迈尔杰二级运河项目以及地质调查和影响调查。莫里森—克努森公司认为若反对资金削减在政治上无法接受，于是同意了，但是缩小规模让事情变得更加糟糕。1950 年春天，博格拉网络终于通水后，无衬砌的河床开始渗水，地下水位和盐度急剧上升，新种植的农作物因而枯萎。由于博格拉运河和分水坝的设计目标是承载两条而非一条二级运河的水量，西迈尔杰延伸计划的取消导致了过度喷涌、洪水以及运河内结构的退化。

随着问题的增加，阿富汗官员和莫里森—克努森公司的工程师们将成本激增和进展缓慢归咎到对方身上。一些官员甚至指责莫里森—克努森公司故意拖延进度以获取更多利益。一个争执的焦点是莫里森—克努森公司在拉什卡尔加的营地，那里的美国雇员可以拥有中美洲的各种奢华享受，包括装备空调的别墅、好莱坞电影、娱乐设施和冰镇啤酒。美国人享受着对阿富汗人来说是纸醉金迷的生活，而且是由阿富汗政府出资的，可营地外的农民却只能勉强维持生计，这让阿富汗官员和当地居民都非常愤怒。

当莫里森—克努森公司努力解决诸多复杂的技术难题时，他们的土地申请陷入了官僚主义的泥潭。由于灌溉土地面积的减少，政府大幅削减了每个定

俾路支居民聚集在现代拉什卡尔加城外每周的集市上，背后就是被损毁的加兹尼宫殿和防御工事。这些废墟沿着赫尔曼德河左岸延伸了大约 7 公里（4.4 英里）。赫尔曼德山谷灌溉计划的灵感来自于该地区的复兴愿景，在被蒙古征服前这里是一片肥沃的绿洲。

居者分配到的土地，导致农场不再具有经济可持续性。获赠土地的普什图游牧民并没有耕种或水资源管理的经验，接受的培训也十分有限。一些游牧民拒绝出售自己的牲畜，他们的动物在没有护栏的场地上自由游荡，吃着自己家和邻居家的农作物。情况变得越来越糟，以至很多游牧民放弃了自己的农场，把它们卖给投机商人，回归了从前的生活方式。重新安置来自布哈拉的土库曼人和乌兹别克人的成功率更高。很多这些难民，尤其是来自费尔干纳的难民都是有经验的农业专家，对灌溉技术也非常熟悉。即便如此，博格拉运河灌溉范围内10500 英亩的土地中仅有 15% 分到了普通农民的手中。政府拿走了 2000 英亩用来修建"试验农场"，莫里森—克努森公司也建立了自己的示范农场，穆罕默德扎伊人和其他不在当地的杜兰尼地主们获得了 6000 英亩的土地，他们当中很多人已经在赫尔曼德和阿尔甘达卜拥有了大量地产。

达拉大坝终于在 1952 年末投入使用，卡贾基大坝则于次年春天关闭。这个项目是一个非凡的工程壮举，莫里森—克努森公司的员工在最艰难的环境下出色地完成了工作。然而这些大坝从未按照设计运行过。投放水源前，必须得到喀布尔的灌溉部部长的书面许可，后者又需要获得首相的签字。当地官员和莫里森—克努森公司工程师多次建议放水，但是喀布尔拒绝了他们的申请，这导致了巨大的、人为的洪水泛滥。在 1953—1966 年的 13 年间，仅卡贾基大坝就决堤了 11 次，大片肥沃的土地变成浅湖，庄稼、牲畜和定居点被淹。在尤为糟糕的一年，吉里什克的钢制闸门都完全被冲走了。

中央政府之所以不情愿放水，主要是因为赫尔曼德山谷计划加剧了阿富汗和伊朗之间就赫尔曼德三角洲的河岸权产生的长期纠纷，这个纠纷源于英国在 19 世纪末划分了锡斯坦的边界。由于此后阿富汗和伊朗边境护卫队常常发生冲突，尽管土耳其有意和解，但这一纠纷从未得到解决。莫里森—克努森公司和阿富汗政府都无意在实施赫尔曼德山谷计划前咨询伊朗的意见，由于伊朗农业从业者的生计受到了威胁，德黑兰强烈反对这一计划。1948 年，边界线伊朗一侧的农作物歉收，德黑兰将此归咎于阿富汗把水源引入了博格拉系统。德黑兰还抗议修建卡贾基大坝。1951 年，赫尔曼德项目从一个危机走出却又陷入了另一个危机，而且成本激增。马哈茂德请求美国政府介入。美国国务院委托技术援助集团进行调查，后者建议美国政府承担计划的经济责任。第二年，阿富汗政府成立了赫尔曼德山谷管理局，后更名为赫尔曼德—阿尔甘达卜山谷管理局，从而将该项目实质上收归国有。从此时起，赫尔曼德—阿尔甘达卜计划打上了政府间发展计划的标签，而它后来的化身美国国际开发署负责处理美国方面的行动。莫里森—克努森公司逐渐退出项目，最终在 1959 年完全撤出，这无疑让该公司董事和股东们感到宽慰。

美国国务院的参与意味着赫尔曼德—阿尔甘达卜项目被卷入到冷战的政治斗争中，杜鲁门总统的"第四点计划"给它打上了这个标签，该计划旨在促进发展，并对抗苏联宣传西方世界不关心欠发达国家需求的说法。因此美国国务院资助赫尔曼德—阿尔甘达卜山谷管理局项目带有政治标签，因为阿富汗想要获得援助就必须签署一份双边协定和共同安全条约。这些协议反过来加剧了马哈茂德内阁和家族的分歧。达乌德因为反对签署这些协议被撤职，尽管不久后官复原职。

1956 年，美国国务院对赫尔曼德—阿尔甘达卜项目的一份审查报告指出，迄今为止莫里森—克努森公司和阿富汗政府已经在项目上花费了 8300 万美元，但经过 10 年的投资，财务回报在最好的时候也不尽如人意。[19]尽管在赫尔曼德—阿尔甘达卜山谷管理局成立前，对农田进行的额外灌溉增加了双季作物种植，提高了产量和质量，但是一共只有 12 万英亩的土地得到了开垦。该地区出口的干果和新鲜水果有所增加，但是进口成本在 4 年里翻了一倍，大多数进口品是赫尔曼德—阿尔甘达卜计划所需的耗材。政府对该项目的预期收入远远没有实现，甚至无法偿还贷款本息。的确，政府一直在以"巨额赤字"的状态运行，在阿富汗银行和国际债务人那里的欠款也越来越多。大约 20% 的阿富汗国家预算以及半数的建设项目发展基金都拨给了赫尔曼德—阿尔甘达卜山谷管理局。

但是报告指出，放弃赫尔曼德—阿尔甘达卜项目，从政治角度上来说是

20世纪50年代末或60年代初在喀布尔机场的一架阿富汗阿里亚纳航空公司的DC4飞机。这家刚被国有化的航空公司由一名美国商业飞行员于1955年建立，1957年泛美集团持有了该公司49%的股份。直到1979年前，泛美集团负责提供技术支持并训练飞行员。在阿富汗被苏联占领期间以及纳吉布拉垮台后的内战中，该公司的许多飞机都被损毁。

不可能的，因为它"与美国在阿富汗的威望密不可分"，所以，美国国务院为了解决这一问题承诺追加投入 4780 万美元。[20]

赫尔曼德—阿尔甘达卜计划成了一个自我延续的开放式项目，驱动它的并不是可实现的目标或者经济社会收益，而是维护美国和阿富汗政府的威望和信誉的需要。从 1956 年起，由于达乌德首相接受了苏联 1 亿美元的贷款，该计划承担了更多的政治意义。因此颇为讽刺的是，2001—2005 年间，对美国的介入最猛烈的抵制正是来自博格拉网络周边的定居者，这项美国资助的项目向他们做出了太多的承诺，结果他们的希望破灭，生活也被土地盐碱化、洪水和土地掠夺摧毁了。在阿富汗，伤痛的记忆永远不会消失，它们只是冬眠。

但这并不是说美国在战后帮助阿富汗发展上没有取得任何成功。莫里森—克努森公司和美国国际开发署培训了一代工程师和技师，并提供了成千上万个就业机会和奖学金。莫里森—克努森公司和美国国际开发署还创办了学校和诊所，其中地籍测量学校的毕业生绘制了阿富汗的第一批地图。最终卡贾基大坝和达拉大坝为坎大哈、吉里什克、拉什卡尔加和其他城镇提供了水力发电，坎大哈与巴基斯坦的贸易也由于莫里森—克努森公司修建的全天候道路得到了升级。从20世纪50年代起，美国教师和教育学家开始教授英语，重新编写阿富汗的课程，并出资印制教科书和入门书籍。美国还援助建立了喀布尔大学，泛美集团帮助训练了阿富汗国立阿里亚纳航空公司的飞行员，波音公司则为阿富汗供应了第一批喷气式客机。

阿卜杜勒马吉德·扎布利的垮台

赫尔曼德—阿尔甘达卜计划带来的技术问题、不断增加的资金成本以及飙升的债务导致马哈茂德首相和扎布利关系紧张，扎布利已经在项目上投入了国家银行的大多数外汇储备。当计划迟迟不能产生预期的财政回报后，人们对扎布利的项目管理质疑。马哈茂德还担忧扎布利掌握了太多的权力，产生了危险的政治渴望，这进一步加剧了两人的对抗。这种焦虑是有道理的，因为扎布利在达乌德和纳伊姆的支持下，通过在坎大哈发起了旨在提高普什图身份认同的"觉醒青年"（Wish Zalmiyan）文化运动，越来越多地介入准政治活动。3年后，扎布利和达乌德成立了作为"觉醒青年"在喀布尔的分支国家俱乐部，成了年轻的左翼改革主义者的秘密论坛。扎布利还雇用了一些积极主义者，包括阿富汗人民民主党的未来领袖努尔·穆罕默德·塔拉基。的确，按照《现代阿富汗》塞卡尔的说法，"战后的一代政治家们，包括那些相信马克思主义的，都是在扎布利的影响下成长起来的"。[21]

两人的对抗在20世纪40年代末达到了高潮，当时国家银行拒绝兑现一份首相签发的信用证。在一场争吵激烈的内阁会议上，马哈茂德要求扎布利告诉他银行为何敢拒绝他签署的敕令，对此扎布利讥讽地反驳道："不是每一件事都在政府的控制中，或是在您的权威下。"[22] 愤怒的马哈茂德召集了警卫，命令他们驱逐扎布利，但在其他内阁部长的干预下，扎布利最终自愿离开了。马哈茂德一度考虑过要囚禁甚至处死扎布利，但后来只是将他打发到了卡拉奇，与巴基斯坦政府协商普什图斯坦事宜。

当达乌德在 1953 年 9 月成为首相时，他要求扎布利把银行的控制权交给政府。被拒绝后，达乌德派出了审计员，他们发现扎布利有数百万来源无法解释的美元外汇，其中大部分都转入了他自己的私人离岸账户。扎布利将面对公众的羞辱并遭受囚禁，他自愿选择被流放；在莫斯科待了一段时间后，他去了纽约定居，最终成了美国公民。他于 1998 年去世，享年 102 岁，把巨额财产的 70%（以今天的货币估值超过 2 亿美元）捐给了一个旨在促进阿富汗教育的基金会。

"自由议会"和打压异见

扎布利和马哈茂德的冲突揭示了更大范围的政治和意识形态斗争正在发生。哈希姆·汗死后，马哈茂德首相就开始削弱努尔·马沙耶赫和其他伊斯兰主义者的权力，并解除了一些伊斯兰法律设下的限制。女子学校重新开学，政治犯获得赦免，政治活动和新闻自由的限制也被放宽。在这种尝试自由化的背景下，"觉醒青年"运动和阿富汗的第一个学生会出现。

担任首相后不久，马哈茂德下令举行新的选举，让公众能更深入地参与进来。选举结果宣布后，下议院大会的 120 名成员中有 40 位是代表独立的改革主义者群体的，他们成立了人民阵线联盟（Jabha-yi Mardum）。其成员致力于打破他们所谓的"沉默之墙"，遏制行政部门的权力，并让部长和国王对议会负责。1950—1951 年，被称为自由议会的立法机构通过了两部法律，扩大了新闻自由。这导致出现了一些准政治宣传单，引发了短暂骚乱，所有的宣传单都对政府和国王持批评态度，攻击腐败现象和宗教蒙昧主义。大多数此类些发行物的编辑都是"觉醒青年"的成员。[23]

新的自由导致公众上街示威，要求改革，这往往导致了与安全部队的冲突。这些报刊的编辑还与王朝和宗教固有利益方面产生了矛盾。"觉醒青年"的著名成员穆罕默德·古拉姆·哈桑·萨菲写了一篇文章，指控努尔·马沙耶赫非法转移了指定用于学校的建筑材料，用来修复穆巴拉克（Mui Mubarak）神殿。他还质疑了据说是先知穆罕默德的一根胡须的文物真实性，并嘲讽了文物崇拜。努尔·马沙耶赫反过来指责穆古拉姆·哈桑亵渎神灵，要求用石刑将他处死。

到 1952 年冬天，马哈茂德受够了自由化试验，禁止了所有的私人刊物，关闭了非官方的学生会，囚禁了一些知名的异见人士和记者。被捕者包括穆罕默德·古拉姆·哈桑·萨菲、巴布拉克·卡马尔——来自卡马里的塔吉克人，其家族起源于克什米尔，以及米尔·阿克巴尔·开伯尔——一名洛加里的吉尔扎伊人。巴布拉克和米尔·阿克巴尔后来成为阿富汗旗帜派共产党的领导人。政府举行了新的选举，这一次确保了没有一个反政府激进分子能重回议会。

达乌德利用了这个短暂的自由化时期尝试废黜自己的叔叔。1951 年诺鲁孜节前夜，内政安全部门通知马哈茂德，他们发现有人企图在新年庆典时发动政变。[24] 政变头目被指认为穆罕默德·易卜拉欣之子赛义德·穆罕默德·伊斯玛·巴尔基，是曾领导 1946 年起义的哈扎拉领袖。巴尔基曾在伊拉克纳杰夫的什叶派中心学习，回国后在钦达瓦尔建立了宗教学校，并在喀布尔的贾马尔米纳建立了哈扎拉马哈拉。他还成立了一个地下政党伊斯兰集会（Mujtami-yi Islami）。巴尔基的政变被扼杀在摇篮中，密谋者也都被囚禁，但是根据哈利勒·哈利利的说法，达乌德才是阴谋的真正幕后主使。在诺鲁孜节的几天前，中间人接触了包括哈利勒·哈利利在内的一些主要内阁部长，试探他们的想法，达乌德则私下会见了巴尔基。似乎是达乌德煽动了政变，或是出于自己的目的试图操纵政变。如果情况真是如此，这就解释了为什么在密谋者们被逮捕后不久，达乌德和纳伊姆就被政府双双免职。

达乌德摄政及普什图斯坦问题

1953 年 3 月，达乌德前去莫斯科参加斯大林的葬礼，在那里不出意外地与苏联政治局讨论了阿富汗局势。苏联官员似乎鼓励达乌德废黜马哈茂德，理由是共产党同情者因为参加抗议活动和发表反政府文章而被囚禁。回到喀布尔后，达乌德和叔叔产生了对抗，要求他辞职，但是马哈茂德拒绝了。随之而来的是持续了几个月的对峙，9 月中旬，国王迫使马哈茂德辞职，威胁说如果叔叔不下台自己就退位。查希尔·沙阿任命了达乌德接替马哈茂德。达乌德的首相任期是阿富汗王朝史上的一个分水岭，因为他的上台标志着纳迪尔·汗及其兄弟们的统治结束。很多穆萨希班家族的第二代和其他的穆罕默德扎伊人都曾在美国或是欧洲接受教育，是坚定的改革主义者和现代化主义者。他们常常是"觉醒青年"网络的一部分。

领导层变动的一个结果是，在达乌德首相带领下的国家将推动建立普什图斯坦作为政府的政策之一。普什图斯坦不是新鲜的概念。1916 年，住在加利福尼亚的普什图人奥朗沙阿博士首次提出了这一概念，他创立了阿扎德·普什图斯坦协会。直到印度宣布独立和印巴分治后，这件事在阿富汗政府的外交关系中的重要性才日益提高。然而阿富汗提出的统一巴阿边境所有普什图部落的倡议，导致了与巴基斯坦的长期激烈对抗。[25] 英国宣布撤离印度后，阿富汗政府声称，自古以来就对杜兰德边界线印度一侧的普什图部落拥有主权。最后一任印度总督蒙巴顿勋爵下令在西北边境省举行全民公决时，投票有两个选择：加入印度或巴基斯坦。阿卜杜·阿尔·加法尔要求在投票中加入彻底独立的第三个选项，遭到蒙巴顿拒绝后，他的支持者纷纷抵制这次公决。另一方面，马哈茂德给总督写信恳请设置第四个选择：部落有权决定加入阿富汗。蒙巴顿在回信中告知马哈茂德，根据国际法，巴基斯坦合法享有前帝国的所有权力，包括继承《杜兰德协议》和后续所有英阿协议中商定的所有国家边界。

全民公决的计票结果显示只有 55% 的人支持加入巴基斯坦（人们也好奇，如果投票决定留在印度会造成什么程度的混乱）。阿卜杜·阿尔·加法尔和阿富汗政府都拒绝接受这个结果，他们称这不代表所有普什图人的意愿，因为很多人都抵制了投票。当国际社会是否承认东、西巴基斯坦的事项被提到了联合国时，阿富汗否决了这项动议，尽管几个月后，阿富汗政府在得到巴基斯坦官员口头承诺，两国在部落领土的管理问题上可以协商后，还是承认了巴基斯坦。但是谈判从未进行过，继任的巴基斯坦政府还拒绝商讨阿富汗提出的举行第二次全民公决或商讨普什图斯坦自决权的要求。

西巴基斯坦建国一年后，阿卜杜·阿尔·加法尔和其他"真主的仆人"领导人被逮捕，于是阿富汗政府对巴基斯坦发动了尖刻的舆论攻势。1949 年 6 月 30 日，下议院正式将建立普什图斯坦国作为国家政策，并声称废除了所有和杜兰德边界线相关的国际协议。在边境巴基斯坦一侧，在一次阿夫里迪支尔格大会上宣布"从吉德拉尔到俾路支，从开伯尔到印度河河岸"建立起一个独立的普什图斯坦，于是阿富汗境内的阿夫里迪人手持新制作的普什图斯坦旗帜穿过边界大量涌入，宣称他们计划将旗帜插在印度河河岸上。[26] 与此同时，在北瓦济里斯坦，伊皮的修行者建立了自己的普什图斯坦国民议会。

巴基斯坦的回应是，派军队轰炸了阿夫里迪人的基地，造成大量人员伤亡，部落成员四散逃离。随后，巴基斯坦空军袭击了伊皮的修行者，结果一架战机错误地轰炸了阿富汗境内的一个村庄，本就紧张的局势进一步恶化。巴基斯坦还允许前埃米尔阿曼努拉·汗的同父异母兄弟在奎达成立了自由阿富汗电台，白沙瓦的异见人士则以阿富汗共和党的名义出版反政府报刊。巴基斯坦还对过境商品设置严格限制，严重打击了阿富汗本就陷入困境的经济。

阿富汗政府因此中断了双方的外交关系，不过几个月后一位巴基斯坦特使获准回到了喀布尔。然而，阿富汗政府拒绝回应，直到巴基斯坦原则上同意讨论普什图斯坦的自决问题。1950 年 1 月，阿富汗与印度建立外交关系，而印度自克什米尔危机和 1947—1948 年战争后，一直是巴基斯坦的死敌。新德里的反击是发表了一篇支持普什图斯坦的声明。[27] 达乌德成为首相后，普什图斯坦自决问题成了新政府地区政策的基石，普什图斯坦在阿富汗民众身份认同中的情感作用就如同克什米尔在巴基斯坦的一样。但是为了实现这一幻想，达乌德和其支持者对更广泛的政治影响和不利的经济后果视而不见，似乎不能认识到巴基斯坦为了守住这三分之一的西巴基斯坦地区会战斗到底。在 1971 年与东巴基斯坦爆发内战后，巴基斯坦政府的立场变得更加坚定，这也导致了孟加拉国的独立。正如一名住在喀布尔的美国公民所说："喀布尔要求的是巴基斯坦自取灭亡。"[28]

1954 年 11 月，巴基斯坦总理穆罕默德·阿里宣布了自己的"联合计划"，撤销西巴基斯坦包括西北边境省在内的 5 个省级行政区，用一个单一的单元取而代之，这让两国间的对抗愈加激烈。由于该政策剥夺了部落很多传统的自治权，达乌德首相威胁穆罕默德·阿里，如果他继续实施这项重组计划就会面对"严重后果"。引发喀布尔震怒的另一个原因是，巴基斯坦在 1954 年 9 月决定加入东南亚条约组织（SEATO）；第二年 2 月，巴基斯坦还成为中央条约组织（CENTO）成员，土耳其、伊拉克和伊朗也是该组织成员。[29] 英国和美国计划用这些协议抗衡苏联在亚洲和中东的影响力，其中包括共同防御协定，以及缔约各方会捍卫成员的"不可侵犯性""领土完整"和"主权及政治独立"的承诺。1956 年，东南亚条约组织正式承认杜兰德边界线为巴基斯坦和阿富汗的国家边境，尽管阿富汗政府对此表示抗议。对喀布尔而言，更让他们警觉的是，这些协议意味着美国和英国开始用包括地对空导弹在内的现代武器重新武装巴基斯坦了。

阿富汗没有收到加入东南亚条约组织或中央条约组织的邀请，这也被阿富汗官员们解读为美国和英国站在巴基斯坦一边的表现。但是阿富汗没有参与的原因之一是达乌德在普什图斯坦问题上的不妥协。美国国务院积极促成阿富汗、巴基斯坦和伊朗之间的合作，因为它认为三国一起能组成一个对抗苏联渗透和潜在入侵的强大战线。出于此目的，美国国务院官员督促阿富汗政府无条件与巴基斯坦协商普什图斯坦问题，但是达乌德拒绝让步。由于阿富汗政府投票否决了将杜兰德边界线作为自己的国际边境并废止了英阿协议，在这一争议解决前，阿富汗和巴基斯坦不可能同时成为东南亚条约组织或中央条约组织的成员。阿富汗政府的顽固让美国国务院官员感到沮丧，他们认为普什图斯坦问题是"看似绝望的绊脚石"和"消耗性的僵局"。[30]

　　阿富汗被排除在东南亚条约组织和中央条约组织之外的另一个原因是美国国务院的评估。评估结果表明，阿富汗政府是不稳定的，军队效率低下，而且国家正面临着严重的经济危机。在这种情况下，美国不打算保证帮助阿富汗抵御外部侵略。美国已经在赫尔曼德山谷计划上自讨苦吃了，国务院和五角大楼都不愿意在火炉中把手伸得更近。实际上，美国拒绝扮演前大英帝国的角色，也不愿因阿富汗被卷入新的和苏联的大博弈。于是美国选择和1830年前一样，用印度河而不是阿姆河作为自己的南亚底线。

　　巴基斯坦总理穆罕默德·阿里无视达乌德的抗议，继续推行自己的"联合计划"，所以达乌德在1955年3月公开称"阿富汗人民不认为普什图斯坦

在人民民主党领导下，共产主义政府继续由国家推动成立普什图斯坦。从左到右展示了1979年发行的一张普什图人和普什图斯坦图案邮票；普什图人到1982年已经完成了武装，还竖起了开战的旗帜；1985年发行的这一期描绘了普什图斯坦旗帜在喀布尔的普什图斯坦广场上飘扬，周围是跳着阿坦舞的部落男子。此时，《国家新闻报》也表达了对俾路支独立的支持。

是巴基斯坦领土的一部分"，并宣布进入紧急状态。[31] 巴基斯坦在喀布尔、贾拉拉巴德和坎大哈的领事馆遭到了暴民袭击，巴基斯坦国旗被焚毁，取而代之的是普什图斯坦的旗帜。巴基斯坦采取了报复，他们解散了白沙瓦的阿富汗领事馆，还重新限制了跨境活动。达乌德的回应是派出虔诚军袭击巴朱尔办事处，但他们在巴基斯坦军队的顽强抵抗下撤退了。11 月，阿富汗专门召开支尔格大会呼吁进行关于普什图斯坦的全民公决。次月，在苏联总理尼古拉·布尔加宁和苏共中央第一书记尼基塔·赫鲁晓夫的访问中，苏阿两国政府发表联合声明，呼吁普什图人民自决。当巴基斯坦和阿富汗濒临战争边缘时，土耳其和沙特阿拉伯在美国的支持下提出，可以居中调解。于是紧张局势有所缓和，两国在 1957 年年中恢复了外交关系。第二年，查希尔·沙阿国王甚至对巴基斯坦进行了国事访问。

1958 年末，阿尤布·汗将军发动军事政变后，两国的争端再次激化。尽管阿尤布是普什图人，但他没有精力顾及普什图斯坦问题。在他宣布戒严后的镇压行动中，阿卜杜·阿尔·加法尔和其他红衫领导人再次被逮捕。阿富汗政府要求释放他们，在没有得到回应后，于 1960 年 11 月派出了 1.5 万人的部落非正规军进军巴朱尔，声称他们支持詹多尔汗对抗他的对手哈尔汗。接着支持阿富汗和支持巴基斯坦的地方武装间发生了激战，巴基斯坦的美国战机轰炸了阿富汗据点，甚至在阿富汗境内发动了袭击。1961 年，两国外交关系进一步恶化，阿富汗和巴基斯坦的边境被关闭，达乌德首相宣布在巴基斯坦同意就普什图斯坦自决问题进行协商前不会重新开放边境。巴基斯坦出于报复，停止了每年吉尔扎伊人的迁徙，理由是他们既没有阿富汗护照也没有巴基斯坦签证。达乌德关闭边境的决定对阿富汗的打击比对巴基斯坦的更大。他的决定的确是最不合时宜的，因为阿富汗的秋季水果即将成熟收获，关闭边境阻碍了葡萄、蜜瓜和其他易腐烂水果出口到巴基斯坦和印度。最后，阿里亚纳航空公司以极高的成本将葡萄运到了印度，苏联则购买了剩余的农作物。但是达乌德还是拒绝重新开放边境，直到 4 年后才解除封锁。

达乌德亲苏派被迫下台

关闭与巴基斯坦的边境后，达乌德政府只得转向苏联，尝试为阿富汗的进出口找到替代的过境线路，同时也是重新武装自己，以对抗装备了美国武器的巴基斯坦现代化军队。达乌德似乎相信了和莫斯科搭建更亲密的纽带关系会降低苏联干预阿富汗北部事务的可能性，阿富汗政府一直因为这个威胁而焦虑不安。在短暂的自由议会期间，北部省份图尔科 - 塔吉克人的几名代表在支尔格获得席位，他们在会上抱怨大部分发展计划的基金和贷款都被用在了以普什图人为主的阿富汗南部地区。为了解决他们的不满，政府请联合国在希尔比干和萨尔普勒地区潜在的油气田进行可行性勘探。受托前来调查的法国调研员立刻引起了克里姆林宫的注意。苏联外交部召见了阿富汗驻莫斯科大使，"严厉地斥责"了他，并拿出了一份备忘录谴责北约国家在阿富汗进行油气勘探或开采是"不友好的行为"，同时也违反了 1931 年的《苏阿协议》。[32] 毫无疑问这是阿富汗无视了苏联抗议的后果，或者说这是因为苏联认为阿富汗北部省份在自己的影响范围内。阿富汗外交部长甚至指出，苏联的备忘录是"（阿富汗）近代史上最严重的摩擦"。内阁为了挽回颜面向苏联发出了一份"坚定的反驳"函，但是法国调查队还是被召回了，项目也被搁置。几年后，阿富汗政府与苏联签署了一份开采希尔比干油气田的协议，其中大部分天然气直接跨境输送到苏联，因为苏联曾经向阿富汗提供的巨额贷款有一部分是要用这些天然气来偿还的。

尽管发生了这种不愉快的对抗，达乌德仍然继续寻求与苏联交好。1955年，阿富汗政府签署了一份为期 5 年的过境协议，并接受了一笔 350 万美元的贷款用于建造粮仓和馕饼店。同年 12 月，苏联领导人首次对阿富汗进行了国事访问，在此期间，两国政府再次确认了 1931 年的《互不侵犯条约》有效，达乌德首相宣布阿富汗政府已经同意接受苏联的一笔 1 亿美元低息贷款。这笔资金大多用来购买苏联的武器和军事装备；剩下的被投入到基础设施项目，在 2001 年前的阿富汗掀起了一股建设热潮，并为数千名大学毕业生和劳动者提供了就业机会。实施的土木工程项目包括：修建高速公路；铺设喀布尔的街道；建设灌溉工程；建造纺织厂、水泥厂、医院、邮局、苏式房屋和政府办公楼；以及修建喀布尔理工学院。苏联还提供了公共汽车、医院病床、医疗设备、汽车和卡车。就业问题得到解决也有助于避免政治和社会动荡，至少在短期内是如此。

但是最宏伟的工程莫过于修建了喀布尔经萨朗隧道到马扎里沙里夫的高速公路，在 1964 年通车时是世界上最长的公路。新的高速公路使得喀布尔到北部省份的旅程缩短了数百公里，从首都开车去马扎里沙里夫仅需一天。这条路还促进了与苏联的贸易以及国内的南北贸易。在完成了到阿富汗边境口岸海拉坦的铁路轨道延伸工程，以及穿过阿姆河的公路铁路桥梁工程后，阿富汗被接入了苏联的铁路网络，有了可靠的向欧洲运输货物的替代途径。

激增的苏联援助导致阿富汗涌入了数百名苏维埃和华沙组织的技术和军事顾问，而陆军和空军军官、军事学院的学生得到了去苏联学习的奖学金，在那里接触了共产主义思想和理论。但是达乌德是有底线的。当苏联提议全额赞助阿富汗政府约 10 亿美元预算的第二个五年计划时，他礼貌地谢绝了，因为阿富汗政府希望继续做一个不结盟的国家。但是从 1956 年起，阿富汗被拉入了苏联的影响范围内，庞大的债务和对苏联的科技依赖也让阿富汗政府与苏联的利益绑到了一起。从外观上看，阿富汗的城市中心经历了一次转型，最终呈现出了显著的苏维埃和东欧景观。

苏维埃在阿富汗日益扩大的存在感不可避免地推广了马克思列宁主义，尤其是在军官、学生和少数民族民众中。苏联的宣传电影和书刊推动了共产主义的传播，而阿富汗北方城市的民众观看的电视节目都来自塔什干，语言包括达里语、乌兹别克语以及土库曼语。美国和西欧也在继续援助阿富汗，但是没有一个国家在资助上能比肩苏联。早在 20 世纪 50 年代，苏联官员就相信至少在阿富汗他们赢得了冷战，正如阿富汗北部一名苏联石油勘探队成员对美国历史学家、考古学家路易·杜普利所说的那样："我们已经在这里很久了……你们美国人为什么不回家呢？阿富汗是我们的邻居，不是你们的。"[33]

一些不喜欢苏联无神论和共产主义思想的阿富汗人并不欢迎达乌德接受苏联大量援助的决定，而宗教精英们则反对教育自由化和政府在社会、法律事务上的世俗化观点。不欢迎阿富汗与苏联过于亲密的还有巴斯马奇的后人，以及在苏联占领家乡后逃亡的难民。

达乌德的社会自由化政策中最为戏剧性的姿态出现在 1959 年 8 月的独立日庆典活动中。王室的女性成员没有遮面就出现在了公众面前，这让大家回想起了埃米尔阿曼努拉·汗的时代。揭开面纱，或是其委婉的说法——"改革"，在官方说法中是自愿行为，但在国有机构中它"强力推进"，尤其是学校、公务机关和政府开办的工厂都会强制执行。[34] 在普利库姆里，戴面纱的女人无法在国有棉纺厂找到工作，搭载佩戴布卡的乘客的马车夫也会受到交警的罚款。伊斯兰保守派强烈反对摘掉面纱，他们请愿达乌德恢复帕达。达乌德的回应是，让他们从《古兰经》和圣训中找到证据证明蒙面是宗教义务，但他们没

萨朗隧道北入口。完工后，这条 2.6 公里（1.6 英里）的隧道将喀布尔到马扎里沙里夫的旅程缩短到了一天。但是，由于隧道建在海拔超过 3000 米（9842 英尺）的地方，在冬天匝道常常会被阻塞。

能做到。于是伊斯兰主义者改为采取直接行动，发起了一系列的公开示威，这些示威迅速演变成暴力活动。11 月，坎大哈的骚乱导致大约 60 名抗议者在与警察冲突中丧生，助推骚乱的一部分原因是关于面纱的争议，另一部分是政府对杜兰尼地主征税的企图。

同月，在霍斯特发生的一起本地伐木权纠纷，由于解决不当升级为全面骚乱。达乌德展示了自己的武力，派出装备了苏联重型武器的陆军和空军轰炸叛军，迫使其投降，数千名部落成员逃到了巴基斯坦的瓦济里斯坦。随后，达乌德提出赦免叛军，但是对霍斯特起义的镇压为巴基斯坦提供了宣传机会，部落长者在巴基斯坦的媒体采访和电台节目中谴责达乌德政府，指控他们放弃伊斯兰教义，向无神论的苏联人屈服。

共产主义同情者利用伊斯兰派对达乌德社会改革的反对，摧毁自己的意识形态敌人。在坎大哈暴动期间，曾因为煽动反政府活动入狱的巴布拉克·卡尔迈勒通知达乌德，朔尔巴扎的哈兹拉特的一个亲戚西比哈特·阿拉计划在苏联领导人赫鲁晓夫即将进行的国事访问中刺杀他。[35] 参与刺杀计划的西比哈特·阿拉、其他伊斯兰主义者和一些军官均被逮捕。从这时起，达乌德和巴布拉克及其他左翼人士建立了合作关系，目的是削弱自己的伊斯兰对手。

到 1963 年春天，达乌德关闭巴基斯坦和阿富汗边境，反而在自己国家造成了自发性的经济危机。基础商品短缺，通货膨胀飙升。外汇储备创历史新低，政府难以偿还不断增加的外债。商人、穆罕默德扎伊人长老和外交使节纷纷督促达乌德与巴基斯坦协商重新开放边境，但他拒绝退让。1963 年 3 月 10 日，查希尔·沙阿国王在叔叔沙·瓦利·汗和沙·瓦利之子阿卜杜尔·瓦利·汗将军的支持下，解除了达乌德和纳伊姆的职务。但是兄弟俩并没有被打发去执行什么偏远国家的外交任务，反而被允许留在喀布尔。这是国王的严重误判，达乌德被解职后即开始策划让查希尔·沙阿下台的活动，并和巴布拉克·卡尔迈勒及其左翼人士建立了更紧密的联盟。

1964 年宪法及政党成立

新任首相穆罕默德·优素福博士是德国留学归来的物理学家。为了让政府更具包容性，不再像家族事业，优素福任命了不少技术专家和王室圈外人。他的第一个举动是飞去了德黑兰请雷扎·沙阿国王调解阿富汗与巴基斯坦的争端。最后双方达成了一个保留颜面的协议，恢复了外交关系，边境也得以重新开放。1965 年 3 月，阿富汗与巴基斯坦签署了一份为期 5 年的过境协议。

优素福首相在公开记录中表示他希望在阿富汗建立一个两党制政治体系，而国王则成立了一个修订 1931 年宪法的委员会，《喀布尔时报》的一篇文章称这一决定是为了将国家带上"通往民主的大道"。[36] 与此同时，文章也强调了渐进式改革的必要，并警示不要将民主与自由等同于"无法无天"和"无政府主义"。穆罕默德·优素福任命司法部长赛义德·沙姆·丁·马鲁赫为宪法委员会主席，这让他的宗教对手大为震惊，新主席是一位受人尊敬的伊斯兰学者，他的父亲曾是哈达毛拉的精神伙伴。经过两年的深思熟虑，在此期间还咨询过法国宪法专家的意见，内阁最终在 1964 年 7 月同意了新宪法。同年 9 月，国王召开了支尔格大会，因为只有支尔格大会批准后新宪法才具有效力，但是和之前的支尔格大会不同，本届会议有很多直选成员，包括不少非普什图少数民族、6 名女性以及一位喀布尔印度教社区代表。

支尔格大会上关于宪法辩论非常激烈，揭示了国家在地区、民族和意识形态上的分裂程度。例如，非普什图人社区代表要求具有双重含义的"阿富汗"不应作为公民身份或国籍，但是他们的要求被否决了。伊斯兰主义者抗议新宪法将伊斯兰教法边缘化，因为尽管伊斯兰教被宣布为国家的"神圣宗教"，但宪法议会的立法都被赋予了更高的地位。而法官们只有在宪法和议会立法都不清晰的时候才能使用哈乃斐法规。和 1931 年宪法不同，"伊斯兰教法"一词在新宪法中只出现了两次。

新宪法将自由定义为"人类的自然权利"，"除了他人的自由和法律规定的公共利益不受任何限制"，这一点引发了激烈的辩论。[37] 这样的表述和1931年宪法以及伊斯兰教法的要求不符。由于新宪法没有明确提及妇女权利，似乎关于自由的定义男女都适用。因此，这些规定有重要的自由意义，它们废止了1931年宪法的很多限制性条款，尤其是涉及妇女权利的歧视性规定。

新宪法规定阿富汗是君主立宪制国家，但是事实并非如此。新宪法永久确立了两院制度：支尔格大会和下议院议员是由"自由、广泛、秘密、直接"的选举产生的。它们甚至有权要求质询政府部长、弹劾他们。然而，只有仅有1/3的上议院议员由普选产生，而第三级立法机构支尔格大会可以否决对宪法的任何修改。国王依然是军队的最高司令，他可以独立召集或解散支尔格大会。他可以任命1/3的上议院议员，有权解散或中止下议院，还可以不征询国会或支尔格大会的意见就宣布国家进入紧急状态。除此之外，国王负责任命总理、高等法院法官、"高级文官和武官"以及"颁布条例"。新宪法第15条甚至宣布"国王不承担责任"。

王位继承是另一个争议事项。根据规定实施长子继承制，如果继承人未成年可以由王后摄政。但是支尔格大会通过了一项修正案，规定"王室成员不能参加政党"，不能加入上、下议院，也不能担任高等法院法官。这项修正案旨在否决达乌德和纳伊姆登上王位的权力，同时也将他们和其他穆萨希班家族成员排除在国会或支尔格大会之外。修正案遭到了两院达乌德派成员的强烈反对，但是他们在投票中失利。关于继承权的讨论发生在达乌德被怀疑计划在支尔格大会期间发动政变的背景下。查希尔·沙阿国王之前拒绝了提名达乌德为支尔格大会代表，有流言称他计划违抗国王命令出席。优素福博士以武力回应，在首都的主要街道安排了兵力，达乌德决定等待一个更好的时机。支尔格大会经过11天的讨论以多数票通过了宪法，1964年10月1日查希尔·沙阿国王在文件上盖下了自己的印章。这是改革主义者和现代化主义者对宗教保守派的巨大胜利，后者自纳迪尔·汗和哈希姆·汗时代起一直把控着阿富汗的社会和法律议程。

　　根据宪法，新的选举在1965年9月举行，届时会对省际边界做出重要划分，还会产生29个省以及多个次级行政区。新的法律允许了一定程度的新闻自由，一大批私人报纸得以出版，而一些政治运动组织也走出阴影准备报名参加竞选。1964年1月，阿富汗人民民主党秘密召开了第一次会议。通常被称为哈尔克（KHALP）的人民民主党是一个马克思列宁主义的组织，领导人都曾是"觉醒青年"网络的成员，总书记努尔·穆罕默德·塔拉基曾是扎布利的手下和门生，后来是阿富汗驻华盛顿使馆的初级官员，回到喀布尔后被聘用为美国大使馆的翻译。[38]塔拉基的副手巴布拉克·卡尔迈勒是政治学专业毕业生，上过喀布尔的军事学院，因为政治煽动服刑过多年，已经与达乌德建立了利益联盟。人民民主党的其他主要领导人还有哈菲佐拉·阿明，一个来自帕格曼的哈罗蒂·吉尔扎伊和拥有哥伦比亚大学硕士学位的教师；以及穆罕默德·纳吉布·阿拉，来自加德兹的艾哈迈德扎伊·吉尔扎伊医学博士。人民民主党中最有影响力的女性是来自达曼古尔达拉讲波斯语的阿纳希塔·拉特布扎德，在芝加哥接受过护士培训。人民民主党成立两年后，拉特布扎德发起了一场激进的妇女运动。

　　和其他涌现于20世纪60年代的政党一样，人民民主党也有领导权内斗和意识形态与政策上的分歧。最终在1967年，巴布拉克·卡尔迈勒离开并成立了自己的马克思列宁主义派别——旗帜派，主要吸引大学生和少数民族。旗帜派的领导层有哈扎拉人、乌兹别克人和潘杰希尔人，而哈尔克以吉尔扎伊普什图人为主，在陆军、空军、知识分子和阿富汗北部普什图人中有很多追随者。

　　阿富汗新民主党（New Democratic Party of Afghanistan）的党办出版物名为"永恒之火"。它的创始人是三兄弟：阿布德·拉希姆医生、拉阿布德·哈迪和阿布德·拉赫曼，阿布德·拉赫曼既是医生，也是党报《人民报》的编辑。他因为讥讽文物崇拜被囚禁了多年，曾在自由国会任职，还曾是"觉醒青年"的重要成员。马哈茂德是莫赫曼德人，在巴尔赫的普什图人和医学、工程专业学生中有大量追随者。"永恒之火"的青年派被称为进步青年组织，以好战著称，其成员在 1963 年到 1973 年期间与伊斯兰主义者、人民民主党的支持者和国家安全机关发生了激烈的冲突。他的领导人阿克兰亚里和兄弟西迪克亚里都是来自贾古尔的哈扎拉人，他们的父亲阿卜杜·阿拉·亚里曾是达拉伊什卡里高速公路项目的主管。亚里兄弟的叔父伯纳迪尔·阿里是少数当选国会议员的哈扎拉人之一。阿卜杜·阿拉和纳迪尔·阿里都效忠于查希尔·沙阿国王，后者对待阿卜杜·阿拉·亚里如同养子一般，但是他们的忠诚没有传给后人。

民族压迫党（Sitam-i Milli）是 1967 年从人民民主党分裂出来的另一个政党。它的创始人塔希尔·巴达赫希是来自巴达赫尚省的塔吉克人，曾在喀布尔大学学习法律和经济。他还创立了一个革命工人党（SAZA）。塔希尔反对政府推广普什图主义，他的追随者大多来自少数民族。民族压迫党的一个主要诉求是阿富汗北部省份得到更大的自治权。从人民民主党分裂出的组织还包括"工人小组"（Goroh-i Kar）和"勤劳青年"（Jawanan-i Zahmatkash）。

阿富汗社会民主党（Afghan Millat）成立于 1966 年 3 月，是主要的普什图主义政党。创始人古拉姆·穆罕默德·法哈德在 20 世纪 20 年代曾在德国学习工程专业，在那里他接受了国家社会主义和纳粹雅利安主义学说的源起。阿富汗社会民主党的成员还有一些前"觉醒青年"伙伴。该党的政策包括支持建立普什图斯坦、支持杜兰尼王朝以及由普什图人支配阿富汗政治文化生活。

另一方面，这些伊斯兰主义政党都努力保证阿富汗继续是伊斯兰教法统治下的伊斯兰国家，反对政府向世俗化和性别自由化迈进。他们还反对共产党和左翼政党，试图恢复努尔·马沙耶赫的 1931 年宪法。到 1964 年，努尔·马沙耶赫去世，但他的继任者穆罕默德·易卜拉欣·穆贾迪迪（取名为齐亚·马沙耶赫）及其亲属西布哈特·阿拉·穆贾迪迪（Sibghat Allah Mujadidi）继续为维护伊斯兰教法在国家事务中的至高无上地位而斗争。与此同时，新一代在政治上具有挑战性的宗教激进派学者开始涌现，他们当中的很多人都在埃及的爱资哈尔伊斯兰大学求学过，在那里接受了穆斯林兄弟会（Ikhwan al-Muslimin）的政治哲学。

从 20 世纪 60 年代早期开始，穆斯林兄弟会的激进派越来越受到年轻穆斯林，尤其是大学生的欢迎。然而，将其意识形态引入阿富汗的不是世俗知识分子，而是一群伊斯兰学者，他们中的大多数人都曾在开罗的爱资哈尔伊斯兰大学攻读较高的学位。他们的领导人古拉姆·穆罕默德·尼亚齐教授是来自梅马内郊外普什图科特的吉尔扎伊·纳齐尔。1957 年，他在完成了爱资哈尔大学的学业后回到阿富汗，被聘为喀布尔大学的伊斯兰法教授。尼亚齐随后成立了一个志同道合的人聚集的小圈子，当中最出名的几个人也都是爱资哈尔大学的毕业生。20 世纪 70 年代末，他们中的很多人成了针对苏联占领阿富汗的圣战领袖，包括：巴达赫尚省的塔吉克人布尔汉·丁·拉巴尼，1992—1996 年在位的阿富汗"伊斯兰国"总统；阿布德·拉布·拉苏尔·萨耶夫（Abd al-Rabb Rasul Sayyaf），来自帕格曼的哈罗蒂·吉尔扎伊（Kharoti Ghilzai），在 20 世纪 80 年代与"奥萨马·本·拉登和阿拉伯圣战分子"发展了密切关系；以及西比哈特·阿拉穆贾迪迪，朔尔巴扎的哈兹拉特的亲戚。尼亚齐圈子里还有古尔布丁·希克马蒂亚尔，来自察合汗的卡罗蒂吉尔扎伊人，和这个组织里的其他人一样，他也没有伊斯兰研究的正式背景。他曾在喀布尔军事学院求学，后来又去了喀布尔理工学院学习工程专业。1993—1994 年间，希克马蒂亚尔是阿富汗名义上的总理。

尼亚齐的圈子有 3 个目标：抵制政府转向西方世俗化；传播赛义德·库特布和相似伊斯兰主义者的教义；对共产主义和西方意识形态做出伊斯兰教的回应。备受尼亚齐和其圈子抨击的 1964 年宪法通过后，尼亚齐发动了伊斯兰青年运动，在高中和喀布尔大学中赢得了很多支持。最终，贾瓦纳伊斯兰教徒掌握了这所大学的非官方学生会。伊斯拉米运动，即伊斯兰革命运动是 20 世纪 60 年代涌现出的另一个伊斯兰主义政党。它的创始人穆罕默德·纳比·穆罕默德是加兹尼的吉尔扎伊人，也是一个穆贾迪迪皮尔。纳比·穆罕默德是在宗教系统内接受的教育，而在 20 世纪 80 年代对苏联的圣战中，哈拉卡特（Harakat）的另一个杰出成员是毛拉奥马尔，他后来成了阿富汗塔利班的领袖。

1964 年大选结果公布后，不少这些政党的代表都在下议院中取得了席位。如纳比·穆罕默德、人民民主党的巴布拉克·卡尔迈勒和阿纳希塔·拉特布扎德以及阿富汗社会民主党的古拉姆·穆罕默德·法哈德。一些女性在上、下议院也得到席位，少数民族和宗教少数派信徒也有了自己的代表。1965 年初，从新一届下议院召开起，辩论室就成了左翼人士、伊斯兰主义者、普什图主义者、君主派和民族、宗教少数派代表激战的战场。人民民主党的组织井井有条，其成员在辩论时进行了精心准备的干预活动，在会议外也举行了示威活动。首相优素福在寻求下议院批准自己的新内阁时，在公共大厅遭到了人民民主党及其支持者的一连串辱骂。普什图民族主义者也攻击了他，因为他们痛恨一个非普什图人成为首相。随后下议院通过了一项动议，要求所有提名的内阁部长接受公开审查，并说明私人财产的来源。优素福博士拒绝配合，声称这些是私人事务，并发布了自己的最后通牒：3 天内批准新政府，否则自己就辞职。

人民民主党的反应十分迅速。第二天，也就是 1965 年 10 月 24 日，党员们冲进了议会厅并拒绝离开，迫使会议议程中断。次日清晨是波斯历 8 月 3 日，下议院进入秘密会议阶段，而外面安全部队与试图闯入戒备森严的大楼的人民民主党支持者发生了冲突。示威者没能进入大楼便闯进了附近的哈比比亚高中，强迫学生们加入自己的示威队伍。第二支队伍尝试冲进优素福博士的私人住宅，但被守卫击退了。当天结束时，两名抗议者被击毙，还有一名裁缝在双方交火中被击中。[39] 第二天，优素福博士提交了自己的辞职信。

接任的新首相穆罕默德·哈希姆·迈万德瓦尔是艾哈迈德扎伊吉尔扎伊人，也是一位知名的宗教人士、记者和外交官，曾在哈希姆汗政府担任信息部部长。但是迈万德瓦尔是马哈茂德·塔尔齐模式中一个陈腐的君主派和改革主义者，他非常担心苏联和共产主义思想对年轻一代日益增长的影响，他将此归咎于达乌德接受了苏联贷款和军事及发展援助。对莫斯科和阿富汗共产主义者而言，迈万德瓦尔就是美国的傀儡。

和之前的优素福一样，迈万德瓦尔在下议院通过信任其政府的一项动议前，不得不忍受数日的人身攻击。为了平息局势，迈万德瓦尔承诺成立一个调查委员会调查学生们的诉求，他自己也参加了一个为"殉道学生"举办的法蒂哈（fatiha）祈祷仪式，在仪式上宣读了查希尔·沙阿国王的吊唁信。与此同时，迈万德瓦尔下令关闭所有的学校和喀布尔大学一周，以阻止进一步的抗议活动，并逮捕了主要的左翼煽动者。尽管采取了这些措施，11 月初大学重新开学后，抗议活动又开始了。学生提出了一系列的要求，包括惩罚向示威者开枪的安全部队、释放被监禁的学生、提高考试通过率、取消强制到课，以及允许成立学生会和政治社团。当局没有实现调查学生要求的承诺、没有释放任何囚犯、没有任何安全人员因为波斯历 8 月 3 日的杀戮受到指控，于是学生们呼吁进行大罢课。迈万德瓦尔的回应是禁止了公开游行和私人刊物。第二年春天，下一个学年开始时，一项新的大学章程特别禁止成立政党或学生运动组织。随后国王也拒绝批准一项允许成立政党的法案，尽管上、下议院都已经通过了此项立法。

尽管发生了猛烈的抗议活动，王室和穆罕默德扎伊人基本上还是继续相信国王，君主制依然获得了广泛的支持。像之前的罗曼诺夫家族一样，他们没能意识到游行示威和国会里的风暴体现的是大家对王朝的权力垄断和缺乏真正自由的不满。所谓的新民主做到的就是揭示了被专制统治压迫了数十年的根深蒂固的仇恨。政府对如何应对局势一无所知，因此采取了惯用的压制措施。

与此同时，对王室和现状的反对者也因为意识形态上的分歧分裂了，这意味着不再存在统一战线，更不用说还能够在其他治理方式上达成共识了。正如后来的美国驻阿富汗大使罗纳德·G.诺依曼在 1970 年所指出的，国家支持的民主倾向于"进一步分散这个国家的政治力量，不给任何人真正的权利，但让每个人都忙碌和困惑，从而剥夺了反对派以一种真正危险的方式组织起来的机会"。[40] 缺乏党派合作、治国才干以及为国家利益努力的概念导致了"真正自由的对立面"。[41] 可悲的是，在动荡中，寻求有序过渡到更加包容和自由的社会的温和呼声被淹没、被压制、被恐吓到沉默了，它不仅来自政府，还来自伊斯兰主义者。

1966 年 11 月，暴力已经发展到了下议院内了。在一场关于女学生着装的愤怒讨论中，穆罕默德·纳比袭击了巴布拉克·卡尔迈勒，而普里库姆里成员阿布德·拉希德用自己的拐杖击打了阿纳希塔·拉特布扎德。卡马尔和拉特布扎德担心自己的生命安全便逃到了附近的商务部，巴布拉克随后不得不去医院治疗。第二年 3 月，迈万德瓦尔在对美国华盛顿特区进行正式访问时向美国国务院预告，阿富汗面临着"一触即发的局势……可能会升级为更大的危机"。[42]

日益严峻的政治和经济危机

国家陷入政治动荡的同时，经济也在继续下滑，人们对政府和君主制愈发失望。到 20 世纪 60 年代末，阿富汗的年度财政赤字达到了 5 亿—6 亿阿富汗尼，主要是因为卡拉库尔羊皮贸易崩溃，以及和巴基斯坦边境的关闭。阿富汗政府为了偿还外债还决定出口大部分小麦换取外汇，但这加剧了必需食品的短缺。与此同时，国家支出迅速增长，因为国有化使得国有雇员的人数增加了两倍。为了提高额外财政收入，政府对进口奢侈品征收了重税，但在试图对牲畜征税时被下议院投票否决了。

随着赤字的飙升，阿富汗的国际债权人越来越担忧它的流动性，这对阿富汗的信用评级产生了负面影响，也让西方国家愈发不愿贷款，除非是小额的专项贷款。1967 年，美国的援助受到了《对外援助法案》修正案的进一步限制，该修正案要求美国的对外援助与受援国在"尖端"武器上的支出成比例减少。由于阿富汗一直采购现代化的苏联坦克、米格喷气式飞机以及地对空导弹，有人提出了对美国继续向阿富汗贷款的合法性质疑，在美国国务院看来，阿富汗的军事力量建设是"超标的"，且与其经济实力"不符"。在《对外援助法案》修正案生效后不久，阿富汗政府在一年一度的独立日游行中骄傲地展示了新购置的苏联导弹和苏-7战斗机，但这对解决问题没有起到任何帮助。

到了1967年，经济形势依然十分糟糕，以至迈万德瓦尔首相在访问华盛顿期间向美国国务院申请了一笔440万美元的贷款用于购买美国的小麦和食用油。在美国政府讨论是否应该同意贷款时，迈万德瓦尔的地位越来越不稳固。回国后不久，阿富汗社会民主党就根据加利福尼亚杂志《堡垒》（*Ramparts*）上发表一篇文章——一名在伯克利大学求学的阿富汗学生在文章中称，美国中情局试图招募他和其他的阿富汗学生。[43] 阿富汗社会民主党利用这一说法，指控迈万德瓦尔和其他有美国教育背景的部长们在领中情局的薪酬。迈万德瓦尔否认了所有的指控，但还面对着下议院提出的一连串的敌对问题，为此政府取缔了阿富汗社会民主党，这一举动疏远了有影响力的普什图人和君主制拥护者，其中就有达乌德和纳伊姆。为了支持政府，诺依曼说服美国国务院公布了一项针对阿富汗的紧急食物援助计划，还为卡贾基大坝的一个发电机项目提供了一笔1200万美元的贷款。诺依曼在私下注意到，迈万德瓦尔可能"无法挽救"了，这一判断事后也被证实了。[44] 1967年10月，正在接受癌症治疗的迈万德瓦尔辞职。

为了将魔鬼关回到瓶子里，查希尔·沙阿国王绝望之下任命努尔·艾哈迈德·艾蒂马迪为新任首相。这一决定可能是查希尔·沙阿统治期间做过的最坏决策了。艾蒂马迪是萨达尔阿卜杜拉·库杜斯的孙子，艾蒂马迪和他的祖父一样被陈腐的专制政府模式束缚了。他个人毫无能力，内阁里也都是哈希姆汗和阿曼努拉·汗时代的老穆罕默德扎伊人以及达乌德的支持者，达乌德到了这个时候几乎已经不再和国王说话了。艾蒂马迪解决内乱的方法就是镇压。1968年春天，交通运输工人和国营工厂员工受够了恶性通货膨胀和仅能维持生计的薪水，他们开始罢工，紧接着大学生也发动了一系列的示威活动声援他们的诉求。政府再一次关闭了喀布尔大学和中学，结果更多的示威活动在波斯历 8 月 3 日的纪念日那天爆发。新学年在春季开始后，学生抗议活动和罢工又出现了，举行新选举的消息是助推因素。选举结果公布后，大多数反对派都失去了席位，下议院都是政府的忠诚支持者。政府操纵了选举的说法导致了更多的抗议，到 1969 年 6 月局势已经失控，政府又一次关闭了喀布尔的学校。

1970 年 4 月，在《旗帜派》上发表了一首赞颂列宁和十月革命的诗歌，诗中使用了专门用来歌颂先知穆罕默德的传统宗教术语，这激化了伊斯兰主义者和共产主义者之间的意识形态大战。尼亚齐和西比哈特拉穆贾迪迪谴责这首诗亵渎了神明，呼吁下议院和国王惩罚作者和《旗帜派》的编辑。当他们的要求被无视后，尼亚齐的追随者们自己采取了行动，他们攻击知名的马克思主义者，并向不蒙面的女人脸上泼洒硫酸。妇女组织立刻反应，示威要求司法公正并修改支持一夫多妻的新婚姻法。

抗议活动一直持续到了 1971 年春天。喀布尔师范学院的左翼师生们在 5 月份举行了静坐活动。艾蒂马迪下令安全部门逮捕活动的牵头人，结果却导致骚乱扩散到首都每一个教育机构。为了镇压抗议，安全部队枪杀了至少 15 名抗议者，受伤和被逮捕的人数更多。第二天，师生们聚集在喀布尔市区的迈万德纪念馆抗议政府的暴行，要求释放被逮捕的人并惩罚朝抗议者开火的人员。还有一批学生在大学里的哲马鲁丁阿富汗尼纪念碑前集合，计划朝贾迪迈万德行进。艾蒂马迪派出了快速行动部队，这是一支接受了德国训练的精英防爆队，他们"毫不留情、不分青红皂白"地殴打示威者并攻击路人和店主。[45] 示威者用石块和投掷物进行了报复，将喀布尔的一条主干道变成了战区。面对下议院的不信任动议，艾蒂马迪承认失败后辞职。用美国国务院一位高级官员的话来说，艾蒂马迪的政府"毫无生机""无能"，已经在"慢慢死亡""几乎一事无成"。[46]

新首相阿布德·扎希尔是普什图人，也是一名在美国受训过的医生，但他能被任命主要是因为他是保王派，也是国王的私人朋友。他的内阁中也挤满了穆罕默德扎伊人，包括了两名萨拉杰家族成员，以及破天荒的第一名女性成员沙菲克·齐亚伊，她是萨达尔·纳斯鲁拉汗的后裔。这一次下议院用了17天时间才选出新一届政府，当会议厅内仍在辩论时，厅外还是一片混乱。在5月16日和17日的骚乱后，师生们进行了无限期的罢课，在没有迹象表明抗议活动何时会停止后，阿布德·扎希尔关闭了喀布尔所有的中学。一个月后又关闭了大学，学生们在1972年3月新学年开学后重新开始了战斗。这一过程中出现的暴力冲突不仅发生在反政府抗议者和安全部队间，也发生在左翼人士和伊斯兰主义学生间，至少有两名"永恒之火"的成员丧生。

随着政府对政治局势的失控，最严重的自然灾害也让经济危机雪上加霜。从1969年春天到1972年秋天，冬雪和春雨都没有下，阿富汗所有河流的源头没有了。这带来了毁灭性的后果。灌溉用水不足，阿富汗北部种植小麦的主要土地——拉尔米雨浇地的地下水位急剧下降。不久，国内的水井开始枯竭，农作物歉收，果树和葡萄藤枯萎，家畜也被渴死或被迫宰杀。阿富汗西部和西北部山区遭受的打击尤为严重，阿富汗西南部的杜兰尼地区和吉尔扎伊游牧民亦然。到1971年春天，首相阿布德·扎希尔承认，国家急需50多万吨小麦才能保证遭受旱灾的民众不被饿死。第二年进行的一项调查表明，大约有25万民众处于饥饿的边缘，这相当于赫拉特、法里亚布、巴德吉斯、贾兹詹、古尔和乌鲁兹甘总人口的1/3。

政府在自然灾害管理方面没有经验，其反应是零散的、不协调的，而且无能。最终在1971年8月，阿布德·扎希尔放下了自尊，向美国国务院请求立即支援10万吨小麦。在奥地利出生的美国大使罗伯特·诺依曼曾在纳粹集中营里待过两年，深知饥饿的影响，于是说服美国国务院将援助增加了一倍。世界粮食计划署、加拿大、中国、德国、土耳其、法国以及欧洲经济共同体也额外贡献了10万吨小麦。以工换粮计划开始启动，人们分到了肥料，还有了新的耐旱品种作物的种子。但是美国援引法定理由拒绝了阿富汗暂停偿还债务的请求。因此，阿富汗在已经无力负担足够民众生存所需的食物的情况下还要继续偿还债务。

非政府组织第一次获准监督地方分配援助食品，由于一些国际和平队志愿者和基督教救济工作者的英勇和辛劳，数千民众免遭饥饿。救援人员尝试向阿富汗最人迹罕至的山区居民点运送大量援助粮时遇到了巨大的后勤挑战。通向古尔、巴德吉斯和哈扎拉贾特仅有的几条能供机动车辆通行的路还未铺好，加上原有道路维护不善，车辆行驶极为危险，宽度也不够小汽车通过，更不用说大卡车了。按照当时的天气情况，从喀布尔或赫拉特到恰赫恰兰的主要分配中心需要一周的时间。在地方层面，援助物资在士兵护送下由大量驮畜运到了偏远地区。

让阿富汗经济雪上加霜的是，在 1971 年 12 月西巴基斯坦和东巴基斯坦爆发战争后，西巴基斯坦政府为了抑制恶性通货膨胀，废止了 100 卢比和 500 卢比的纸币。许多阿富汗出口商因此破产，因为这些与巴基斯坦贸易常用的高面值纸币现在一文不值了。从 20 世纪 60 年代末期开始，政府还不得不面对涌入阿富汗的上千名美国和欧洲嬉皮士，美国驻阿富汗大使诺侬曼称他们是"毒品成瘾的怪胎"，这些人通过阿富汗前往印度。[47] 阿富汗是"嬉皮士之路"上的旅行者们必经之地，因为它被认为可以种出世界上最好的大麻和鸦片。

抽印度大麻（chars）和生鸦片（taryaq）对阿富汗人而言不是什么新鲜事，阿富汗人传统上种植少量大麻供国内消费，但政府并不认为这种少量使用是一种严重的社会问题。上千名嬉皮士的到来改变了这一切，大麻和鸦片种植迅速增加以响应消费上涨的需求。由于罂粟比小麦更加抗旱，且单位经济价值比谷物和蔬菜高得多，当地农民开始改种鸦片。很快阿富汗的大麻和鸦片就开始出现在北美和欧洲黑市。随着成瘾率的上升，犯罪率也开始增加。为了解决日益严重的毒品问题，美国要求阿富汗政府采取行动控制鸦片生产，美国国际开发署还尝试引入代替性经济作物，但是几乎没有成功。毒品问题尤其为让美国感到尴尬，主要的鸦片种植区是在赫尔曼德的博格拉运河沿线，这一工程正是美国公司在美国国务院的资助下修建的。

"嬉皮士之路"带来的问题让阿富汗政府和外国使馆均不堪重负。很多旅行者死于痢疾、肝炎、斑疹、伤寒或用药过量。瘾君子们卖血、卖护照和财物用于吸毒，还有一些人则在街上乞讨或转而干起了毒品交易、卖淫和偷窃。很多人最后都被送上了法庭并被收监。死者通常被葬在欧洲人公墓（Qabr-i Gora）里，墓穴上没有任何标记。西方媒体对"嬉皮士之路"的兴趣引起了世界对阿富汗鸦片生产的关注，这让阿富汗政府颇为尴尬，因为这个被归咎于它的问题不是它造成的，而且发展阿富汗中产阶级和高端旅游业的努力也受到了打击。打击鸦片种植也被证明是复杂的政治问题，因为种植鸦片的土地都属于有影响力的地主，包括政府部长和穆罕默德扎伊人。

1972 年 3 月，阿布德·扎希尔政府的内部分歧，因提高赋税的决定进一步扩大，萨拉杰因此辞职。有谣言称，剩下的内阁成员也计划辞职，阿布德·扎希尔不愿意与下议院再次展开激烈交锋，他决定削减公务人员的薪水并解雇一批人。但是这场治理危机不仅局限于行政部门。新一届下议院的召开不得不推迟，因为出席的成员没有达到法定人数。几周后，议会终于召开，但就流程问题进行激烈辩论后便休会了，导致休会的原因也有查希尔·沙阿国王召见议员们进行私人谈话，向他们提供国家职务和其他的激励，以换取他们站到政府一边。国王甚至认真考虑过解散国会，修改或中止宪法，恢复王室法令的统治地位。在会见美国特使时，查希尔·沙阿承认新民主主义的试验可能"为时过早"。

与此同时，美国在无意间被拖入到阿富汗王朝政治的马基雅维利世界。1972 年 3 月中旬，外交部新闻司司长、达乌德主义者赛义德·瓦希德·阿卜杜·阿拉前所未有地要求在诺依曼大使的私人住宅中与他会面。两人见面后，瓦希德抛下了一个爆炸性的问题：美国对达乌德重新掌权将会持什么立场。几天后诺依曼收到了一封密信，据说是达乌德亲笔所写，要求他明确回答以下 4 个问题：

1. 美国对达乌德可能重新掌权是什么态度？

2. 如果达乌德成为政府首脑，达乌德 / 纳伊姆能指望得到美国政府的同情吗？

3. 美国会一如既往地在经济和道德上支持阿富汗吗？

4. 美国会捍卫阿富汗的民族独立吗？[48]

尽管这些做法都表明政变已经提上日程了，但诺依曼向美国国务院再三确保达乌德重新掌权"是不可能的"，而国务院对这一问题的反应是冷淡地声明了美国不干预阿富汗内政的一贯政策。几周后，诺依曼的消息人士告诉他一些王室成员支持达乌德重新掌权，沙·瓦利·汗也试图调和国王与达乌德的关系，因为这对堂兄弟已经数月没有对话了。达乌德一边寻求美国暗中支持自己的政变，一边与巴布拉克·卡尔迈勒的旗帜派讨论权力分享协议。

几个月后，刚刚卸任财政部长的约翰·康纳利在访问喀布尔时告知阿富汗政府，美国不会再提供任何直接贷款。阿富汗应该向美国在地区最具战略意义的盟友伊朗寻求资助。这进一步削弱了阿富汗政府。康纳利的立场反映了当时盛行的尼克松主义，伊朗沙阿被视为在该地区对抗共产主义的主要堡垒，但是尼克松总统和康纳利似乎都没有注意到，伊朗和阿富汗之间长期存在敌对关系。阿布德·扎希尔首相不愿对伊朗毕恭毕敬，以免助长对手的嚣张气焰，更不用说冒险让伊朗利用援助资金，要求阿富汗在锡斯坦的未决争端上做出让步，或是影响阿富汗的外交政策了。1972 年秋天，阿布德·扎希尔难堪重任，于是辞职了。在辞职信中，他为自己政府没能解决国家重大问题向国王道歉，这样的道歉在阿富汗政治史上前所未有，可惜来得太晚了。

穆萨·沙菲克的首相任期和查希尔·沙阿国王的垮台

正在国外的国王没有立刻接受扎希尔的辞职，直到他结束了在欧洲的行程返回阿富汗。12 月，他任命了外交部长穆萨·沙菲克为新首相。辛瓦里人沙菲克毕业于爱资哈尔大学，是一名与伊斯兰政党有联系的君主主义者，但是他比尼亚齐及其圈子更具有改革思想。沙菲克的内阁有不同派系的代表，包括达乌德主义者、迈万德瓦尔的同伴以及伊斯兰主义者。此外还有少数民族和少数教派的代表，例如哈扎拉人阿布德·瓦希德·萨拉比，他可能是"永恒之火"的秘密成员，以及穆罕默德汗·贾拉拉尔，一个来自费尔干纳的乌兹别克难民的儿子，与旗帜派有联系。[49]

　　沙菲克是自达乌德时期以来最活跃、最积极的首相，但是，他的政府依然受到很多复杂问题的困扰。内阁中的左翼分子和达乌德主义者明白，达乌德早晚会策划政变，沙菲克竭力阻止这艘大船触礁沉没，这很可能因为他知道自己和国王都已时日无多。沙菲克强制实施了一些关键的行政改革，以便更好地协调饥荒危机。为了安抚伊斯兰主义者，他还释放了一些隶属尼亚齐网络的学生。新政府在处理经济财政危机上不太成功。到 20 世纪 70 年代初，大约40% 的阿富汗外汇收入都用于偿还巨额外债的本息。1973 年 3 月，沙菲克请求暂缓偿还外债并调整还款计划。苏联立刻同意了，但是美国和欧洲国家的同情心远不及苏联，更不愿意赔了夫人又折兵。

　　沙菲克通知诺依曼自己打算"纠正已经偏离轨道的阿富汗政治生活"，这是计划实施议会民主的委婉说法，因为查希尔·沙阿正在严肃思考取消即将举行的选举，并和美国"巩固已经亲密的关系"。[50] 为了表示自己的诚意，沙菲克与伊朗达成一项协议，解决了双方在赫尔曼德的河岸权上的长期纠纷，但是，这份协议遭到了迈万德瓦尔、达乌德主义者和下议院的普什图主义者的强烈反对。当得知伊朗沙阿为了回报阿富汗在河岸权上的让步，承诺提供数百万美元的援助后，左翼人士也被激怒了。达乌德甚至谴责签署协议是叛国行为。该协议最后在上下两院以高票通过，但是查希尔·沙阿迟迟没有签字让协议生效，而且在加盖印章前他就被废黜了。最后，协议一直没有得到批准。沙菲克还邀请了巴基斯坦总理佐勒菲卡尔·阿里·布托对阿富汗进行国事访问，此举进一步疏远了达乌德和普什图主义支持者。对沙菲克而言，不幸的是，这次访问恰逢巴基斯坦军队在俾路支和西北边境省进行血腥镇压，大批难民因此涌入了阿富汗。

阿富汗政府高级官员们的一系列丑闻对阿富汗与美国及欧洲国家的关系也没有帮助。伊朗海关截获了一大批运往欧洲的阿富汗海洛因，国王的亲信穆罕默德·拉希姆·潘杰希尔，以及其他阿富汗驻华盛顿使馆不愿透露姓名的同伙被指控走私 40 千克的海洛因，他们将毒品放在外交行李中带入了美国。印度尼西亚在发现运往阿富汗驻雅加达使馆的货物中有一批机关枪后也驱逐了阿富汗大使。由于西方基督教援助工作者被驱逐，新的国际新教教会、喀布尔社区基督教会被摧毁，两国关系进一步紧张。1973 年 3 月，不愿透露姓名的人士宣称，一些诺尔盲人研究所的外籍侨民工作人员和哈扎拉贾特的医疗援助计划（MAP）人员，在改变阿富汗人的信仰并引进基督教印刷品。上述组织的上一级组织是国际阿富汗使团（International Afghan Mission，IAM），它是由多个外国教会、传教组织和新教基金会赞助的，这不是什么秘密；[51] 的确，国际阿富汗使团在 1966 年应阿富汗政府特别邀请成立时，其章程就明确宣布，自己是信仰机构。到 1973 年，国际阿富汗使团的多个项目，尤其是在诺尔（NOOR）医院实施的眼科工作，[52] 赢得了国王、政府官员和广大民众的广泛认可。

这些指控似乎来自伊斯兰主义者，他们因为达尔阿曼建起了一座新教堂而愤怒，这座教堂被打算用来取代喀布尔社区基督教会，由外国新教徒们租用。建筑非常宏伟，一些毛拉抱怨教堂的屋顶违反了伊斯兰的传统，因为它的高度超过了附近清真寺的宣礼塔。沙菲克下令进行调查，结果显示了同意施工的程序中存在违规。国际阿富汗使团被卷入了这场争议中，因为教堂大多数成员被发现持有国际阿富汗使团签证。沙菲克下令拆除刚建成的教堂，在此过程中，建设方、政府官员和当地民众从教堂的墙壁和大部分配饰中抢走了很多大理石。随后政府也暂停了老教堂的宗教服务，但是为了展现基督教的普世团结，教皇的代表安吉洛·帕尼加蒂神父提供了自己在意大利使馆内的私人教堂供大家使用。

后来政府终止了医疗援助计划，将诺尔盲人研究所收归国有，驱逐了所有的外籍志愿者。国际阿富汗使团接到通知，所有的外籍员工的签证都不会续签，目前在国外的员工也不能再回到阿富汗。喀布尔社区基督教会受人尊敬的美国牧师克里斯蒂・威尔逊博士和他的妻子也被宣布为不受欢迎的人。沙菲克的举动是过度反应了，本来应对当时的局势应该采用更低调、更符合外交的方式。这给阿富汗政府带来了严重的外交后果。美国和欧洲各国纷纷抗议自己的国民被驱逐，西方媒体攻击阿富汗政府实施的压迫和缺乏宗教自由。美国的反应尤为强烈，因为被驱逐的大多数是美国公民。此外，根据与阿富汗政府达成的一项非正式协议，美国大使馆给威尔逊签发签证，新教堂的费用由美国的教会、信托基金和准教会组织支付。

喀布尔社区基督教会遭破坏和随后的驱逐事件，成了美国颇具影响力的基督教新闻界的头条新闻。传教士比利・格雷厄姆和其他的基督教领袖向国会议员和白宫提出这个问题。美国国务院承受着巨大的压力，人们希望它要求

喀布尔的社区基督教堂，摄于 1973 年 2 月被政府下令摧毁前夕。从一开始这座新建筑就备受争议。开工仅 8 天后，受尊敬的 J. 克里斯蒂・威尔逊牧师就收到了政府停止施工的命令。教会成员也因为对建造这样一座宏伟的新建筑是否适宜产生了分歧。

阿富汗政府续签签证、重新开放医疗援助计划和盲人学校，补偿喀布尔社区基督教会教堂被摧毁的损失。美国政府受到宪法规定的政教分离的束缚，但是诺依曼大使做了力所能及的一切。他和英国大使建议国际阿富汗使团的所有外籍员工签署一份书面承诺，不进行传教，但是国际阿富汗使团的主管、前英国驻印度军官阿兰·诺里斯上校告诉他们，很多国际阿富汗使团成员出于原则会拒绝。[53] 沙菲克也拒绝让步，于是驱逐行动继续。尼克松总统所在的共和党严重依赖福音派和原教旨主义者的选票，这件事对他而言发生得非常不是时候，因为他正在因为"水门事件"为自己的政治生涯奋战。

与多个西方强国发生了争议风暴后，沙菲克又激怒了苏联，因为他否决了苏联在喀布尔开设文化中心的要求，拒绝了对方在阿姆河上修建更多桥梁以及将在海拉坦的苏联铁路延伸到马扎里沙里夫的提议。1973 年 5 月末，最高苏维埃主席尼古拉·波德戈里内对喀布尔进行了国事访问，结果，沙菲克婉拒了苏联提出的加入亚洲安全网的提议，这是苏联对标东南亚条约组织——中央条约组织建立的组织。沙菲克不和苏联站在同一阵营引起了苏联的重视，苏联大使馆官员向马克思主义支持者点头，支持他们继续策划政变。

查希尔·沙阿国王在 6 月安排了前往意大利的仓促行程，官方说法是为了接受治疗眼伤的手术。这点颇具讽刺意味，因为政府不久前才驱逐了世界顶尖的眼科医生。事后看来，国王突然离开很可能是为了保存颜面地躲避必然发生的事情。国王缺席 3 周后仍没有立即归国的迹象。1973 年 7 月 17 日凌晨 4 点，达乌德命令自己的支持者行动。年轻的人民党（KHALQI）军官率领军队迅速控制了重要的国家机关和喀布尔广播电台。在王宫内发生了简短的小规模交火后，似乎已经提前警觉到政变的霍迈拉王后命令王室卫队放下武器。除了在监狱和德赫马赞交警总署附近发生的短暂冲突外，几乎没有抵抗活动。沙菲克、沙·瓦利·汗、阿卜杜尔·瓦利·汗将军及其他的王室成员、军官、政府部长和政敌们都被逮捕，但是没有王室成员受伤。一共有 45 名士兵和 2—3 名警察在冲突中丧命。[54]

　　第二天早上，达乌德在喀布尔广播电台宣布，他的行动是为了让国家停止滑向无政府状态和经济崩溃，并明确表示国王已经被废黜，不会再获准回国。达乌德现在是阿富汗人民共和国总统，宪法和国会也被废除。几年后，在西方国家表达了新国名可能暗示阿富汗是受苏联庇护的国家的担忧后，达乌德改称国名为阿富汗民主共和国。

身着阿夫里迪服装的莉莲·斯塔尔，白沙瓦英国圣公会医院的护士长，摄于1923年她戏剧般地营救了莫莉·埃利斯后。5年前，她的丈夫哈罗德·弗农·斯塔尔医生被一名阿夫里迪人剌死。直到20世纪50年代，传教士都不得在阿富汗工作，但是很多阿富汗人穿过边界去西北边境和俾路支的教会医院接受医疗救治。基督教组织开始在阿富汗活动后，其一举一动便遭到了安全机关的密切监视。

第十三章

革命与抵抗：从达乌德总统到苏联出兵（1973—1994）

> 不是为了维护革命而建立专制政权，而是为了建立专制政权而进行革命。
>
> ——乔治·奥威尔《1984》

民粹主义的起义，是法国、美国等国家革命的标志，达乌德的革命也使用了民粹主义的名义，但他的革命与民粹主义起义是背离的。达乌德和纳伊姆做了些象征性的改变，例如放弃了王室头衔，但这未能掩盖一个事实，即政变是由心存不满和野心勃勃的统治王朝成员发动的军事政变。对普通阿富汗民众而言，达乌德是有实无名的国王。达乌德随后宣布，自己的主要目标之一是"让国家摆脱意识形态之苦"，这非常具有讽刺性，因为他代表的王朝恰恰是这份痛苦的始作俑者。[1]

达乌德政府：一场临时的权宜婚姻

达乌德的政府构成更加奇特，它是专制主义和共产主义这两种不可调和的政治意识形态的结合体，达乌德政府是粉笔与奶酪^①的联盟。[2]马克思列宁主义政党阿富汗人民民主党本身就反对君主制，并将阿富汗的"落后"归于它的封建制度，其中穆罕默德扎伊王朝就是君主制顶峰。代沟让政党联盟中的意识形态鸿沟更加明显。达乌德和他的支持者都是五六十岁的人，他们对国家、政府和民族理想的愿景植根于马哈茂德·塔尔齐的阿富汗主义和普什图族雅利安主义，这是由普什图学院和穆萨希班王朝从20世纪30年代开始推行的。阿富汗人民民主党虽代表了年轻的、受过新式教育的一代人，其成员主要是从前被边缘化的——吉尔扎伊人、哈扎拉人、塔吉克人、乌兹别克人和巴达赫尚人——所有这些人都指责穆罕默德扎伊王朝，在某些情况下，普什图人普遍被剥夺了选举权。至于达乌德对普什图斯坦的痴迷，大多数人民民主党成员，无论是旗帜派还是人民派，对这个问题都没有什么兴趣，他们认为，这只会激怒巴基斯坦并削弱与美国的同盟关系。达乌德总统的共和党政府过去一直是临时的权宜婚姻，注定要以血腥的离婚收场。

枪击事件的发生，立刻暴露出达乌德政府的弱点。经过3周的讨价还价，达乌德总统与人民民主党才就内阁问题达成一致，在此期间，政府几乎停止了运行。最终，超过一半的新部长由人民民主党党员或与左翼运动联系密切的人员担任，[3]值得注意的是，人民民主党的领导人都不是内阁成员，他们试图以此掩盖共产党在新政府中的影响力。这些人是中央委员会的成员，委员会成员名单从未公布过，但是旗帜派的主要领导人巴布拉克·卡尔迈勒、阿纳希塔·拉特布扎德和米尔·阿克巴·开伯尔都是它的杰出成员。诺依曼大使让达乌德总统解释该机构的作用时，达乌德告诉他，这不是"另一个政府"，是"一群'朋友'在充当管控委员会"。[4]西方外交使节中没有一个人相信他的说辞，中央委员会是实际上的决策机构，这已经是个公开的秘密。

---

① 粉笔与奶酪：英国俚语，表示毫不相干，完全不同。此处表示达乌德的政府构成中各党派林立，而党派之间有着天壤之别。——译者注

达乌德总统亟待解决的一个问题，是如何处置被废黜的查希尔·沙阿国王。在这个问题上，达乌德的意见占了上风。国王一家、沙·瓦利·汗及其子阿卜杜尔·瓦利·汗将军当时正被软禁在喀布尔的家中。达乌德向国王提出，国王必须退位，并承诺不会试图推翻新政府，以换取国王一家离开阿富汗去意大利，国王还能继续从大量财产中获得收入。查希尔·沙阿顺从地答应了，独立日的前一天，他写下了一封简短的退位诏书。几天后，他的家人前往意大利，但是沙·瓦利·汗和阿卜杜尔·瓦利·汗留在喀布尔，作为人质以确保前国王的承诺得以兑现。

政变发生一个月后，达乌德总统在独立日庆典上发表了一篇杂乱无章的演讲，将国家的所有弊病都归咎于前国王查希尔·沙阿以及自己在 1963 年辞职后继任的政府。[5]达乌德随后提出了一系列不切实际、无法实现的目标，包括将所有的工业、商业、金融和社会资产国有化；设立最低工资；"彻底解放妇女"；杜绝鸦片种植，重新安置族牧民以"消灭所有的游牧民族和部落生活方式"。此外，还设计和谱写了新的国旗和国歌。达乌德发动政变之日——波斯历 6 月 26 号（1973 年 7 月 17 日）被确定为国家法定假日。达乌德还宣布成立一个委员会起草新的宪法，他明确指出，自己的共和国不会实行多党制。

为了解决经济危机，达乌德宣布，政府将对廉价进口商品征收"保护性关税"，并严格控制汇率和硬通货出口。为减少干旱的影响，馕饼、大米和其他基本食品的价格将由政府制定，收费过高的店主将被罚款、监禁。价格控制得到民众的欢迎，但是，打馕师傅和小店主们遭受了损失，因为国家制定的价格还不够成本钱，补贴也不足以弥补损失。因为财政部长穆罕默德·贾拉尔巧妙地操纵货币市场，这种人为控制的新汇率让政府得到一大笔硬通货。另一方面，外贸出口公司、游客、联合国机构和非政府组织受到严重打击，因为他们被迫以官方价格而不是公开市场价格购买阿富汗尼，后者的汇率通常是前者的两倍多。短短几个月内，自由市场就陷入了停滞。[6]

政变后，数百名持有党员证的人民民主党党员被任命为公务系统的中层职务，曾经支持政变的人民派陆军和空军军官也得到了提拔。为了给新人腾出职位，很多现有的公务员和军官失去工作被迫退休。大多数被解雇的官员是因为对穆萨希班的支持才得到自己的特权地位，他们被解职，也削弱了达乌德的权力。随后，旗帜派和人民派还利用自己新得到的职权，在中学、大学、师范学院和媒体中宣传共产主义思想。但是，这些新任命的官员缺乏公务管理经验，政府部门比从前还要混乱。进入共和时代不到 3 个月，诺依曼就告知美国国务院，达乌德总统的政权已经"给大多数国外和国际观察家们留下了明显不利的印象……而且很难找到人来纠正"。达乌德的内阁是"差劲"和"无能"的，经济决策几乎陷入瘫痪和停顿。[7]

达乌德总统和美阿关系

尽管旗帜派主导了政府，达乌德和纳伊姆还是试着说服西方政府，阿富汗仍然是不结盟状态，希望美国和其他西方国家能快速承认新政权，并提供财政援助。但是他们这两个希望都落空了。苏联和印度立刻给予新政府外交认可，美国和北约国家却拖延不决，直到用诺依曼的话来说，确定了达乌德是"自己家中的主人"。纳伊姆有一个论点是，美国的财政援助将加强达乌德的力量，让他可以与人民民主党抗衡，但是美国国务院官员对此几乎没有共鸣，他们不希望美国支持共和政府，更不用说被利用去对抗苏联。[8]达乌德的外交部副部长宣称，美国在这一地区最重要的盟友伊朗国王雷扎·沙阿是"一个疯子，很快就会落得和查希尔·沙阿一样的命运，还有可能会更糟"，[9]这样的言论无助于达乌德寻求美国援助。雷扎·沙阿的回应是，告诉美国驻德黑兰大使，阿富汗"不过是个麻烦"，并称阿富汗正在转变成"共产主义控制的国家"。[10]最后，美国和北约国家还是承认了共和政府，他们和达乌德及其部长们的关系表面上亲密，实际上很紧张。

　　达乌德总统对普什图斯坦问题旧事重提，这也是美阿关系紧张的另一个原因。达乌德在担任首相期间曾推动成立普什图斯坦，将阿富汗推向战争和经济灾难的边缘，他似乎并没有从中汲取教训。达乌德掌权不久，国家控制的媒体就开始了一场针对巴基斯坦、支持普什图斯坦的舆论战。巴基斯坦采取报复行动，重新限制跨境交通，并下令在奎达增兵。诺依曼大使试图调解双方的口水仗，劝说达乌德总统与巴基斯坦谈判，但达乌德坚持，要将"巴基斯坦原则上同意讨论普什图斯坦的自决问题"作为先决条件，这是巴基斯坦一直拒绝接受的。达乌德政变后的短短几周内，阿富汗和巴基斯坦的关系就又一次走到了刀刃上。

　　1973 年 8 月末，即将卸任的诺依曼决定，在政府治理和普什图斯坦问题上采取"休克疗法"，因为"最好是让一个即将离开的大使而不是即将上任的大使来说一些让人不快的事实"。[11] 在最后一次与达乌德的正式会面中，诺依曼让总统体验了他所谓的"泼冷水"，告诉他，华盛顿不看好他和人民民主党的联盟；警告他，共产主义对阿富汗的独立和主权造成了威胁。他重申了美国反对总统的普什图斯坦政策，并直言不讳地告诉他，阿富汗有和巴基斯坦开战的危险。但是达乌德无视诺依曼的警告，继续打自己的口水仗。1973 年末，沮丧的美国国务院官员注意到，局势正"缓慢、预期，甚至不可避免地朝着对抗的方向发展"。[12]

达乌德总统的大清洗和伊斯兰叛乱

　　与诺依曼会面大约一个月后，达乌德开始一系列清洗。第一个目标是王室的对手们、前任政府成员以及自由议会的支持者们。前政府首相哈希姆·迈万德瓦尔和国防部长汗·穆罕默德·汗、两名前陆军和空军首领以及其他大约 60 人被指控策划政变，并遭到逮捕。有嫌疑的头目被移交给旗帜派国内安全官员，遭到后者的殴打、拔指甲以及电击。迈万德瓦尔没承受住酷刑而丧命了，但官方宣布他是自杀。汗·穆罕默德·汗则在达乌德面前被殴打。[13] 阿富汗政府将所谓的政变归咎于美国和巴基斯坦。遭到两国大使质问时，纳伊姆称，政府有书面证据证明指控，但实际上从未拿出这样的证据。结果，阿富汗和美国及巴基斯坦的关系进一步恶化了。

达乌德利用政变作为清洗政府内伊斯兰批评者的理由。1973 年 12 月 5 日，喀布尔广播电台播送了据称是汗·穆罕默德·汗所写的供词，他称，密谋者策划"利用宗教领袖、军队和前代理人及长老们攻击政府信奉共产主义"，[14] 接着又列出一份所谓的主谋的名单。这份声明发布后不久，穆斯林青年组织首领毛拉哈比卜·拉赫曼、尼亚齐教授、前卡塔干总督暨斯宾扎（Spinzar）棉花公司负责人穆罕默德·萨瓦尔·纳希尔被逮捕，一起被捕的还有多名高级军官和政府高官。[15] 但一些领头的伊斯兰主义者逃过了清洗，包括西卜加图拉·穆贾迪迪、阿布·拉乌夫·沙耶夫、古勒卜丁·希克马蒂亚尔、布尔汉·丁·拉巴尼和潘杰希尔工程专业学生、希克马蒂亚尔的朋友艾哈迈德·沙阿·马苏德。他们逃到白沙瓦，在那里成立了一个反对达乌德的伊斯兰组织。1979 年12 月，苏联入侵阿富汗后，这些人成了抵抗运动最杰出的领导人。

这些政治难民的到来，让巴基斯坦总理佐勒菲卡尔·阿里·布托得以发动一次重要的舆论宣传，他宣称这次事件削弱了达乌德在边境普什图人中的威信以及阿富汗政府的伊斯兰身份。达乌德的政变和普什图斯坦问题的复燃对布托来说是一个艰难时期，他正在和阿卜杜·加法尔之子瓦利·汗领导的普什图人主导的全国人民联盟（NAL）争夺权力。1973 年 3 月，在查希尔·沙阿国王垮台的前几周，联邦安全部队在拉瓦尔品第的一场全国人民联盟集会上向人群开火，多名抗议者死伤。第二年 2 月，西北边境省长官在一次汽车炸弹袭击中遇刺，布托认为全国人民联盟要对他的死负责，并逮捕了瓦利·汗和其他全国人民联盟主要领导。他们在审判中被定为叛国罪，但是，高等法院在上诉中将他们无罪释放。其他全国人民联盟成员穿过边境逃到阿富汗，受到阿富汗政府的欢迎。

为了削弱达乌德的共和政府，布托鼓励白沙瓦的伊斯兰难民发动叛乱，并为他们提供军事训练、现金和武器。在共和国成立两周年之际，伊斯兰主义者们策划了一系列针对偏远省会城市的袭击，但是起义的协调工作没做好。大多数煽动者在还没有造成任何伤害前就被逮捕了，叛军领导们也发现他们的叛乱几乎没有得到支持。但在达曼出现了例外，艾哈迈德·沙阿·马苏德率领的潘杰希尔人推翻了巴扎拉克、贾巴尔·萨拉吉、古尔巴哈尔和肖特乌尔的政府办公室。达乌德将伞兵空降到该地区，还派出了坦克、重型火炮以及米格喷气式飞机去捣毁叛军的据点。潘杰希尔人在遭到猛攻前就逃走了，但是，超过600 名政府军士兵和叛军在战役中丧生，包括帕尔万省长官和卡兹（伊斯兰法官）。[16] 政府随后公开指责巴基斯坦资助了"破坏者"，并围捕了多名政敌。几个月后，达乌德改组了内阁，解雇了几名人民民主党的部长，用穆罕默德扎伊人和曾在查希尔·沙阿手下担任部长的人接替他们。一些王室政治犯被释放，沙·瓦利·汗和阿卜杜尔·瓦利·汗获准去意大利和前国王团聚。与此同时，伊斯兰主义者在白沙瓦就是否应该继续武装斗争产生争执。最后，希克马蒂亚尔与其他人分裂并成立了自己的地方武装组织伊斯兰党，继续武装对抗达乌德政府。

债务危机迫使达乌德对西方国家做出让步

1974 年 11 月，时任美国国务卿亨利·基辛格飞到喀布尔访问，纳伊姆在会面中再次重申，阿富汗政府希望与美国建立更加紧密的联系，基辛格却提醒他，如果阿富汗政府继续追求建立普什图斯坦，美国和阿富汗的关系就不可能得到改善。第二年 7 月，纳伊姆飞往华盛顿，在那里会见了福特总统，表达了自己对共产主义在军队中的影响力的担忧。他告诉福特总统，阿富汗不想与苏联"走得太近"，也不愿意"被一小部分为外国势力服务的人拿捏"。[17] 达乌德、纳伊姆和随行出访的部长们还访问了北约和沙特阿拉伯。达乌德在参加沙特阿拉伯国王费萨尔的葬礼时，还通过去麦加朝觐宣扬自己的伊斯兰教徒身份。接下来在访问伊朗时，他还参观了什叶派的纳贾夫圣地。

达乌德想通过赢得美国、西方世界和亲美阿拉伯国家的支持去抗衡人民民主党的力量，这一想法不仅是政治上的权宜之计，也是出于仍未解决的经济和财政危机，但为时已晚。阿富汗此时已经欠下苏联总计15亿美元的债务，对美国也有巨额欠款。尽管已几乎无力偿还国际债务，政府还是通过了一项野心勃勃的7年计划，预计将耗资30亿美元。莫斯科担心阿富汗可能债务违约，只愿意为该计划提供5亿美元，所以达乌德希望可以说服西方国家和石油丰富的海湾国家填补资金缺口。尽管国外出行代价不菲，但经济回报微乎其微，海湾国家也只愿意承担几亿美元。为了说服沙特阿拉伯赞助计划，财政部长贾拉尔冒失地告诉沙特大使："15亿美元对你们而言不算什么……你们应该帮助（穆斯林）兄弟。"大使笑着回应："真主也会给你们恩赐财富，但是我们会用别的方式帮助你们。"[18]

1975年4月，达乌德去了德黑兰，在共和日演讲中公开宣布了7年计划。几天后，《喀布尔时报》宣布，伊朗国王同意向阿富汗提供7.1亿美元的信贷额度，主要用来建设喀布尔到伊朗的一条铁路以及赫尔曼德争议水域的一个灌溉工程。阿富汗计划部部长于同年11月访问伊朗后，双方达成了进一步的一揽子援助计划。伊朗的贷款标志着阿富汗在地区关系上的转变，对达乌德总统而言，这也是一次重大的立场转变，他曾强烈反对前几届政府尝试向伊朗求助或是解决河岸权纠纷。虽然达乌德总统的行动得到了政府官员的同意，[19]但伊朗的信贷协议从未执行过，因为石油输出国组织欧佩克实施了石油禁运，伊朗决定将国内支出增加一倍。

这不是达乌德总统做出的唯一让步。沙特阿拉伯和欧洲各国首都之行让达乌德和纳伊姆不得不面对一个令他们不快的事实：没有国家支持他们在普什图斯坦问题上的立场。阿富汗部长们反而一次又一次被催促与巴基斯坦进行谈判，这样，阿富汗、伊朗和巴基斯坦就可以形成一个对抗苏联的统一阵线。最后，由于达乌德需要现金维持国家和政府的清偿能力以及为 7 年计划出资，建立普什图斯坦的追求不再是优先考虑。

伊朗为信贷协议设置了诸多条件，其中之一就是阿富汗政府必须淡化关于普什图斯坦的言论，并同意无条件和巴基斯坦谈判解决长期的争端。阿富汗国家媒体从 1975 年末开始缓和在该问题上的立场。第二年 4 月，巴基斯坦红新月会向在洪水和地震中流离失所的 10 万多人提供了大量的人道主义援助，阿富汗政府公开感谢了巴基斯坦为穆斯林同胞提供的帮助。为了表示对遇难者的尊重，布托还指示巴基斯坦媒体暂停反阿富汗的舆论宣传。达乌德抓住了关系解冻的机会，邀请布托对阿富汗进行国事访问。两人在 1976 年 6 月会面，建立了融洽的关系，一定程度上消除了两国政府间自 1947 年起就存在的不信任感。会面结束后发表的公开声明中，双方宣布，他们同意避免敌对宣传。布托接受了两国之间存在"政治分歧"，达乌德总统则要求巴基斯坦在双方就普什图斯坦问题举行进一步谈判前先释放全国人民联盟囚犯，并接受了布托对他访问伊斯兰堡的邀请。在为欢迎布托举行的国宴上，达乌德宣布"从我们的角度来说，沟通理解之门是一直敞开的，希望两国最终能就普遍存在的政治分歧达成一致"。[20] 新任美国驻阿富汗大使小西奥多·L. 艾略特向国务院汇报："在普什图斯坦问题上坚持了一辈子后，达乌德明显释放了改变心意的信号。我们相信阿富汗不会再以同样的方式看待这个问题。"[21]

一个月后，达乌德总统在共和国日广播中避开了任何具体提及普什图斯坦的内容。达乌德在 1976 年 8 月抵达伊斯兰堡时，普什图部落的成员们纷纷在他的车队行进线路两侧跳起了舞。巴基斯坦媒体称赞他的访问是"重大的突破"，而艾略特得意洋洋地告诉国务院，达乌德与布托的会面"让苏联及其在当地的追随者……猝不及防"。

达乌德与苏联及人民民主党的对抗与被反击

　　政府中的人民民主党成员并不乐于见到阿富汗和伊朗与巴基斯坦关系日渐改善，他们指责达乌德背叛了革命。达乌德逮捕了抨击最为猛烈的一些人，其他人也被发往边远国家做外交官。莫斯科也充分注意到了达乌德向西方阵营靠拢。克里姆林宫对伊朗的贷款和计划中的喀布尔—德黑兰铁路尤为不安，如果铁路计划实施，阿富汗将会拥有一条进出口货物的替代线路，苏联就会失去过境费和政治影响力。达乌德曾经拒绝苏联将海拉坦的铁路终点延长到马扎里沙里夫，这对苏阿关系也没有帮助。苏联的另一个外汇收入是向阿富汗出口柴油、汽油和航空燃料，所以后来当伊朗同意以苏联出价的一半卖给阿富汗数百万桶燃油时，克里姆林宫极为不悦，尤其是当时苏联的经济已经陷入停滞。更糟糕的是，国际天然气价格的上涨意味着莫斯科不得不提高采购阿富汗希尔比干的贾克杜克天然气的价格。关系紧张的另一个原因是喀布尔市政府决定夷平一座计划中的苏联文化中心。

　　苏联最高苏维埃主席团主席尼古拉·波德戈尔内在 1975 年 12 月访问了喀布尔，当时苏联和阿富汗之间的紧张关系显而易见。双方续签了 1931 年的《苏阿中立互不侵犯条约》，但是苏联代表明确表示，根据他们对条约的解读，阿富汗北部省份依然在他们的利益范围内。副总理哈桑·沙克告诉苏联，阿富汗打算用阿姆河和科克恰河流的水源额外进行灌溉，他被直截了当地告知"不用想了，奥克萨斯水源广泛地分布在乌兹别克斯坦和土库曼斯坦……现在没有多余的水源可以分配了"。[22]

　　历经 4 年的起草后，1977 年 1 月颁布的新宪法体现了达乌德削弱人民民主党力量的努力。由于当时没有国会，达乌德召集了一次支尔格大会，成员大多是他的支持者，大家几乎一致通过了新宪法。冗长的序言据称是代表"我们阿富汗人民"发声，庄严宣布宪法的目标就是让阿富汗人民能够"依靠全能的真主并遵守神圣的伊斯兰教基本准则实现其历史使命和人类使命"。[23] 但是宪法仅有一次提到伊斯兰教法，只允许司法机构在最后关头参考哈乃斐法规，宪法、民法和总统法令均享有优先地位。随后的民法和刑法也大大偏离了哈乃斐法规中的刑法规定。

序言中申明，"国家生活"建立在"手足情谊和平等原则带来的自由、真理、公正和和平的基础上"，宪法的基本目标包括承诺"保证民主"、消灭"各种形式和表现的"剥削以及"尊重"《联合国宪章》和《世界人权宣言》。但是这些响亮的宣言不过是外柔内刚的铁拳。宪法的目标之一是"不断加强共和国秩序的稳定和团结"，称忠于"共和国秩序"、不损害"革命目标"是"所有阿富汗人民的义务"。而民主则意味着一党制国家，因为宪法取缔了除了执政的国家革命党（NPR）以外的所有政党。国民革命党任命新的下议院一半的成员。国民革命党的成立是达乌德总统和其共产主义盟友产生对抗的催化剂。人民民主党拒绝解散，而达乌德谴责那些不愿意加入国民革命党的人是"破坏者"。[24] 宪法生效一个月后，达乌德将内阁中剩下的人民民主党成员都换成了穆罕默德扎伊人和前任部长。

1977 年 4 月，达乌德对苏联进行国事访问，苏联领导人决定，这次要确保让阿富汗总统知道苏联的重要地位，明确表达苏联对阿富汗政府的政策十分失望。达乌德这边同样决心再次重申阿富汗的中立立场和独立。随后的冲突证明，这不仅对达乌德及阿富汗政府是灾难性的，最终对苏联也是如此。在欢迎国宴上，达乌德总统明确重申了阿富汗"积极的中立态度"，并宣布"我们政策的主要目标不是别的，正是维护独立、主权和国家完整"，"不干涉他国的内政"。[25] 在双方的非正式会议上，达乌德指责阿富汗人民民主党搞"颠覆"，他告诫苏共总书记勃列日涅夫，"建议他的同志们……服从阿富汗的新秩序"。[26] 勃列日涅夫进而抱怨越来越多的西方侨民来到阿富汗，并指出"在过去……阿富汗政府至少不允许北约国家的专家在阿富汗北部驻扎"。勃列日涅夫继续说，"苏联严肃地看待这些事态的发展"，还要求达乌德遣散这些外国人，因为他们"无非是热衷于宣传帝国主义的间谍"。达乌德非常恼怒："在如何治理国家和阿富汗要雇用什么人这个问题上，我们绝不会让你来指手画脚"，他反击道，"我们要在哪里以什么方式雇用外国专家都将是阿富汗的专属特权"。[27]达乌德随后起身离开了会场，不顾苏联和阿富汗官员的恳求，拒绝再次会见勃列日涅夫。

莫斯科的这场争吵，对勃列日涅夫而言是压垮骆驼的最后一根稻草，他下定决心，必须让达乌德下台。苏联驻喀布尔官员得到指示，调解正在交战的人民民主党的旗帜派和人民派。随后莫斯科还展示了自己的实力，苏联的边境警察迅速占领了阿姆河的争议岛屿乌尔塔塔盖，苏联的军事运输机在事先未取得喀布尔许可的情况下飞越阿富汗领空。出于报复，达乌德总统命令自己的部长不再接受苏联的任何援助，并考虑减少驻苏联大使馆的人员。1977年11月，达乌德再次改组内阁，设立了由他信任的穆罕默德扎伊人组成的中央委员会。然而在此过程中，他让一个长期存在的家族恩怨死灰复燃。马哈茂德的第三个儿子、阿富汗阿里亚纳航空公司负责人暨民航局长苏丹·马哈茂德·汗·加齐非常愤怒自己和洛伊纳布人及萨拉杰家族中都没有进入委员会，而他的岳母是洛伊纳布·库什迪尔·汗的女儿。达乌德无视他的抗议，于是加齐和萨拉杰家族都从政府辞职了。

几天后，达乌德和人民民主党的对抗发生了流血事件，计划部部长阿里·艾哈迈德·库拉姆遇刺身亡。杀手穆罕默德·马尔扬在库拉姆部长的办公室接近他，拔出手枪威胁他带自己去见达乌德总统，刚走到大街上就杀死了库拉姆。达乌德总统在库拉姆的葬礼上公开指责莫斯科干预阿富汗的内政，暗示这次暗杀的幕后推手是克格勃。但是杀手马尔扬在审讯中宣称自己的行动是以"伊斯兰革命"的名义，旗帜派指责马尔扬是人民派的说法可能是正确的。出人意料地是马尔扬没有被处决，反而在塔拉基政变后被释放。他使用化名在莫斯科度过了余生，被描述成一个"疯狂且愚蠢的人"。[28]

莫斯科和喀布尔，以及达乌德总统和人民民主党之间的紧张局势已到了危急关头，达乌德为赢得美国及阿拉伯世界盟友的支持做出了最后的尝试。1978 年初，达乌德对埃及进行国事访问，在那里，他赞扬萨达特总统与以色列的和平协议，并签署了一份条约，请埃及官员训练阿富汗军队和警察学员。1978 年 2 月，24 名被指控参与了 1973 年 12 月伊斯兰政变的嫌疑人受审，并被认定为叛国罪。大多数人都被判处无期徒刑，但是毛拉哈比卜·拉赫曼、穆罕默德·奥马尔博士和赫瓦贾·马夫兹·曼苏尔被判死刑，并在德玛桑监狱被执行了绞刑。这几位备受崇敬的伊斯兰学者的死震惊和激怒了很多阿富汗人。

达乌德政府垮台与穆萨希班王朝终结

1978 年 4 月 17 日，旗帜派领导人米尔·阿克巴·开伯尔在自己的家门外被身份不明的枪手枪杀。喀布尔散布着达乌德总统或其政府中的反共产主义成员是幕后推手的传言，但是旗帜派称，是人民派的哈菲佐拉·阿明和努尔·穆罕默德·塔拉基下达的枪杀命令，在白沙瓦的希克马蒂亚尔则声称自己手下的特工对此负责。无论谁是刺杀的主谋，人民民主党利用开伯尔的暴力死亡为契机，公开宣称他们对达乌德的共和试验感到失望。当开伯尔的送葬队伍从位于苏联修建的米克罗扬公寓街区的家向普尔赫什蒂清真寺蜿蜒进发时，大约有1.5 万民众在街道两旁向行进的队伍扔出象征着殉道的红色郁金香，并高喊反美和反苏口号。

人群的规模之大吓坏了达乌德，之前他严重低估了自己政府的不受欢迎的程度和人民民主党的群众基础。由于担心这些抗议活动成为政变的先兆，达乌德下令逮捕所有人民民主党领导人。努尔·穆罕默德·塔拉基、巴布拉克·卡尔迈勒和其他不少人被捕，哈菲佐拉·阿明幸运地躲过一劫。阿明意识到达乌德将要处死所有被捕的人民民主党领导人，于是他向里什霍军事基地和巴格拉姆空军基地的人民派同情者发出紧急信息，督促他们立刻行动罢免达乌德。4月27日，内阁在总统府召开紧急会议讨论危机局势，结果被炮火、炸弹和低空飞行的喷气式飞机打断了。当天，首都到处都是街头巷战。到了傍晚，人民民主党军队控制了喀布尔大部分地区，切断了王宫的电力供应和电话线路。革命军事委员会的一名代表被派往王宫，要求达乌德、纳伊姆及其部长们投降，这一最后通牒遭到拒绝。随后的交火进行到早晨，达乌德和纳伊姆的所有妻儿要么丧命，要么受了致命重伤。达乌德再一次拒绝投降后，和纳伊姆及剩下的追随者死在了弹雨中，尸体随后被扔进无名坟墓。2008年，达乌德及其16名家族成员的遗体被安葬在了普列恰希监狱外的一座公墓，举行了国葬。

几天后，《喀布尔时报》以"君主制残余覆灭"为标题欢欣鼓舞地宣布了达乌德的死讯。头条文章宣称："有史以来第一次，君主制、暴政和专制的残余以及暴君纳迪尔王朝的势力结束了。"[29] 第二篇主要文章的标题是"阿富汗纳迪尔王朝的罪行一览"，痛斥纳迪尔·沙阿和穆萨希班王朝是叛徒，形容前国王是："殖民主义最真诚的代理人"，他统治下的国家是"专制的、如刽子手一般"。至于达乌德，他被蔑称为"叛徒""刽子手"以及"嗜血、自负"的暴君。

达乌德总统之死标志着穆萨希班王朝和杜兰尼王室家族的终结。在达乌德担任阿富汗首相和总统期间，他的统治体现了君主体制对放弃权力的抗拒，普通阿富汗百姓在国家大事上连象征性的声音都无法发出，他还否决了一些基本的公民自由权利。受过良好教育的年轻一代选择好战的思想也就不足为奇，因为似乎暴力革命，才是建立更加公平公正社会的唯一途径。不幸的是，王朝结束后的继任政府虽然穿上了不同意识形态的外衣，但也只是提供了相同的东西。

达乌德的共和政变是对杜兰尼君主制的致命一击，因为它打开了共产主义进入阿富汗公务系统和军队的大门。达乌德本人一直是个争议人物，他按照叙利亚社会党的路线把阿富汗转变为一党制国家的企图，疏远了穆罕默德扎伊人、伊斯兰主义者、阿富汗人民民主党、具有民主思想的知识分子，以及拒绝共产主义的保守派宗教狂热分子。达乌德和纳伊姆在处理阿富汗经济和外交事务上都无建树。他们和人民民主党的联盟，疏远了和美国、北约、伊朗以及阿拉伯世界的关系，最终损害了国家的中立性。而重提普什图斯坦，导致阿富汗和巴基斯坦产生经济代价高昂且毫无意义的对抗。由于达乌德企图清洗人民民主党并进一步向西方势力靠拢，阿富汗和苏联的最终较量不可避免，他本人及家族最终的血腥下场也是必然的。

2001 年，塔利班倒台后，人们开始赞扬查希尔·沙阿国王和达乌德推进的世俗化进程及两性平等取得的很多成果。一些媒体甚至倾向于将查希尔·沙阿国王的统治描绘成民主和社会自由的"黄金时代"，举的例子便是妇女不戴面纱，穿着及膝裙走在喀布尔街头的照片。但是这严重夸大了实际情况。社会自由化只局限于喀布尔和一些中心城市，主要是马扎里沙里夫和普里库姆里，受到影响的也仅仅是一小群年轻的城市精英和政府官员。穿罩袍的妇女是20 世纪 70 年代喀布尔街头的常见街景，在坎大哈、加兹尼、贾拉拉巴德和阿富汗乡村地区，穿罩袍的女性更多。至于短暂的民主试验，如果它能算是的话，也只持续了不到 10 年的时间，在媒体和独立议员要求政府官员们汇报工作，揭露裙带关系、腐败和无能，并为被边缘化的少数群体争取同等的权利之后，政府很快就恢复了从前的压迫状态。

查希尔·沙阿国王和达乌德总统的政府都将重点放在了基础设施项目上，并没有为阿富汗人民提供基本的自由。大坝和水电站只为首都和几个中心城市提供了有限的电力，得到灌溉的只有巴尔赫、楠格哈尔、昆都士以及赫尔曼德—坎大哈区域，不过新的封闭式道路提升了主要城市间的交通效率。农村道路和省道一直没有得到改善，依然是全亚洲最为糟糕的道路，占阿富汗人口多数的农村居民几乎没有从这些政府项目中受益。政府的主要目标就是增加贸易和农业产出，进而提高国家税收，并不是要减轻贫困或提高普通民众的生活水平。而像赫尔曼德—阿尔甘达卜这样的项目更多是为了国家的自豪感。大多数基础设施项目的资金都来自外国援助和贷款，而不是国家财政收入。实施这一政策是基于以下的假设：项目完工后就能给国库带来大量的额外收入，最终收回成本。这些假设后来被证明是不切实际的，阿富汗政府发现，欠外资银行和外国的债务越来越多，损害了自己的中立性。到 20 世纪 70 年代，阿富汗发生了债务违约，证明了达乌德政府和前几任政府一样，无力解决国家的财政危机。

　　尽管规模较小的私人企业在 20 世纪 60 年代获准创办，扎布利在 20 世纪 30 年代设立的国有垄断企业在查希尔·沙阿国王和达乌德总统时期也一直存在。查希尔·沙阿国王曾是一位狂热的农学家，在联合国粮农组织帮助下，阿富汗引入了新品种作物的种子和新的树木和藤本植物。联合国粮农组织还建立了基本的兽医服务体系，包括对家畜免疫接种，还实施了蝗虫和害虫防治。某位有经济头脑的商人还将苹果和其他果仁类水果引入了瓦尔达克地区，很快就成了当地对巴基斯坦的主要出口商品。

　　即便如此，直到 1978 年，阿富汗在各项指标上依然排在第三世界国家的

喀布尔的宝石商聚集地鸡街。20 世纪 70 年代，这里是一个广受欢迎的旅游景点，阿富汗中产阶级经常光顾这里的宝石商店。西格斯旅馆在游客中臭名昭著，因为它的住宿十分廉价，还能轻易得到大麻和其他鸦片制剂。

倒数 5 名之内。它是世界上成人文盲率和儿童死亡率最高的国家之一；预期寿命在 40 岁至 50 岁之间；伤寒、肝炎、白喉、荨麻疹、小儿麻痹、利什曼病和沙眼等疾病在当地肆虐。政府在喀布尔和中心城市修建了医院和学校，农村地区却几乎没有健康医疗服务，乡村医生和教师缺乏培训，报酬也不高。公共卫生系统在农村地区实际上是不存在的，甚至连在情况最好的首都也是水平糟糕的。喀布尔大多数家庭仍从污染严重的浅水井或喀布尔河中取水饮用、烹饪和沐浴。生活垃圾被倒入空地和河流中，要么腐烂，要么被街上游荡的野狗吃掉。苏联为喀布尔铺设了道路，但是没有一个阿富汗城镇修建过一个基础的污水处理厂或是垃圾处理厂。很多中产阶级的家中都有定期清理的污水坑，但大多数有厕所的民众都是使用长管子将污水排到街上。每天清晨都有驴车拉着满满的粪水驶向达尔阿曼路，粪水在那里浇到田地和蔬菜地上。政府还没能解决没有土地的佃农问题、农村贫困户的债务问题、不在地主制（absentee landlordism）、裙带关系以及公务员和官僚机构改革等问题。出于民族政治原因，阿富汗还是世界上为数不多的未进行人口普查的国家之一。

塔拉基政府的高压统治

1978 年达乌德的死结束了短暂的君主共和主义试验，并迎来了阿富汗人民民主党所称的"四月革命"。这个新政府也是个不稳定的联盟，由人民民主党的两个敌对的派系人民派和旗帜派组成，人民派是主导一方。阿富汗人民民主党模仿苏联建立了自己的一党制国家。努尔·穆罕默德·塔拉基成为阿富汗民主共和国的总书记和革命委员会主席团主席，旗帜派的巴布拉克·卡尔迈勒担任副主席，哈菲佐拉·阿明成了外交部长和后来的总理，阿卜杜勒·卡迪尔将军担任国防部长，他是曾领导过政变的人民派军官。塔拉基上任伊始就建立了新的国内安全机构阿富汗国家利益安全保卫部，后来更名为国家信息服务部。[30] 它以克格勃为原型并接受其监督，该机构不仅负责收集情报、维护国内安全，还要加强思想统一、打压所有的政治异见。

　　尽管政府是苏联共产主义的特征，塔拉基还是竭力说服西方大使和所有阿富汗人民，他的政府既不信奉共产主义也不是苏联的傀儡政权。美国及其盟国并不相信塔拉基所言，虽然西方国家最终在外交上承认了新政府，他们仍然非常关切阿富汗政府官员宣扬的共产主义思想：官员之间互称"同志"，媒体和官方通稿中也随处可见马克思－列宁主义术语。1978 年 10 月展示的新国旗的背景完全是红色的，代表社会主义和现实主义的麦捆代替了象征君主制的花环。同月，哈菲佐拉·阿明在纪念布尔什维克革命的一篇文中宣称"四月革命是十月革命的延续"。至于努尔·穆罕默德·塔拉基总统，国家机关称他为"伟大的领袖"。[31]

　　塔拉基在掌权几周后颁布了一系列法令，旨在按照共产主义路线改革阿富汗社会生活，正如埃米尔阿曼努拉·汗曾实施的法令那样，彻底地改变阿富汗人的传统价值观与乡村地区的保守主义。这些法令禁止一夫多妻制、昂贵的

阿富汗民主共和国政府发行的邮票显示出其共产主义性质。从左至右：1979 年 4 月，庆祝四月革命一周年的邮票上是一面红旗，主题"神庙和麦捆"从总统府飞出；1985 年 11 月，列宁去世 60 周年纪念邮票；最右是发行于 1985 年纪念四月革命 7 周年的邮票，显示阿富汗和苏联士兵团结一致对抗圣战者。

嫁妆、高利贷，以及原有的土地抵押制度（一种古老的制度，将土地或财产临时抵押给第三方以换取现金），还废除了 5 年以上未偿清的债务。另一项法令颁布了一条土地改革政策，没收穆罕默德扎伊人和富有的不在地主制的土地，将土地分成 30 个杰利布（jerib，6 公顷）的土地块分给没有土地的佃农和游牧民。工人们成立了集体合作社，针对文盲农民发起了扫盲运动，将共产主义思想传播给大众。政府还在波兰的督导下进行了第一次全国人口普查，年轻的城市空想家带着问卷去往偏远地区，查证核实当地人的家庭生活、女性成员信息、财产和土地的详细信息，这进一步疏远了乡村居民。

在莫斯科的鼓励下，塔拉基对西方机构和非政府组织设置了严格的限制，尤其是在兴都库什山北面，美国和欧洲人想要得到签证愈发困难了。政府还从苏联、华沙条约国和古巴引进了越来越多的外籍专家。由于莫斯科希望在政治、经济和财政上将阿富汗与自己的利益捆绑在一起，阿富汗政府与苏联及其卫星国签署了一系列广泛的条约，涵盖了文化活动、军事援助、科技合作及矿产开采等各个方面。

1978 年 8 月，阿富汗政府与苏联签署了协议，在阿姆河上修建一座大桥。同年 12 月初签订的《友好睦邻合作条约》从法律上规定，苏联有责任保障阿富汗的安全、主权独立和领土完整，这一协议也成为日后苏联入侵的正当理由。1979 年初，苏阿又签订了一批协议，据此建立了永久的苏阿经济合作委员会，苏联可以直接参与制定阿富汗的经济计划。同年 12 月，在苏联入侵后，卡尔迈勒政府放弃了对瓦罕走廊的控制，苏联在那里建立了窃听机构，监视巴基斯坦和中国的军事行动。

即便塔拉基政府是靠民众起义上台的，这么彻底的改革也会遭遇抵抗。而塔拉基和前任达乌德一样是通过军事政变夺权的，虽然政府一直宣称代表了"辛劳的人民群众"，但它没有广泛的民意基础。一系列的法令可能的确剥夺了有权有势的富人的土地和其他财产，但是它们对抗了权势集团、挑战了伊斯兰价值观、摧毁了地主和佃农、汗王和部落之间的共生关系。

被没收了土地的地主们纷纷催收佃农的债务，并拒绝提供信贷、种子和肥料，也不允许他们使用耕牛、犁和拖拉机。接受了被没收土地的农民失去了所有的灌溉权，只能向邻居乞讨或购买水源，或者贿赂水监，还遭到了社区的排斥。为了负担种子和其他花销，这些农民向城里的放债人借钱，被收取了高昂的复利。他们无法维持生计或无法偿还债务时，就会将土地卖掉或是抵给债主。政府没收免税土地的做法打破了乡村贫民的传统安全网，这个网络会分配强制性的天课（zakat）税以及慈善捐赠（sadaqat）或额外的施与（khairat）的额外救济。于是，这些政策最终造成了比革命之前更大的灾难，阿富汗政府的最大反对者，恰恰成了马克思主义想要强大和解放的人。

塔拉基是在准军事部枪口的支持下进行改革的，这支部队也被称为革命捍卫者部队，得到了人人畏惧的秘密警察的支持。这两个组织对"人民的敌人"实施了恐怖统治。在塔拉基18个月的统治时期里，成百上千人遭到围捕、监禁和折磨，多达5万人失踪。喀布尔中产阶级居住的郊区，夜晚的宁静时常被妇女的尖叫声打破，因为她们的男眷被从家中拖走，通常是拖到大街上就地枪杀。[32]在塔拉基大清洗中死去的有尼亚齐教授、朔尔巴扎的哈兹拉特齐亚·阿尔·马沙耶特以及大约100名他的穆贾迪迪的成员，还有前总理穆萨沙菲克。阿卜杜·拉苏尔·沙耶夫刚结束在巴基斯坦的流放回国便遭到了逮捕，但是随后被释放了，很可能是因为他是哈菲佐拉·阿明的一个远亲。沙耶夫回到了巴基斯坦，在那里建立了另一个反政府的地方圣战武装组织。

短短几个月内，全国各地爆发了各种反抗活动。1978年夏天，努里斯坦、达拉伊苏夫、潘杰希尔、巴达赫尚和赫尔曼德都爆发了起义，其他人也开始"用脚投票"，大批难民涌入巴基斯坦境内，在那里他们壮大了白沙瓦伊斯兰主义者的队伍，也增强了什叶派哈扎拉人在奎达的抵抗运动。巴基斯坦军事独裁者齐亚·哈克将军曾在1977年7月废黜了布托，这一次应对塔拉基政变时他提高了对驻扎在白沙瓦的逊尼派伊斯兰主义者的财政和军事援助。1979年

1 月，圣战者在楠格哈尔发动第一次重要袭击，标志着一场将持续 10 年多的圣战正式拉开帷幕。

杜布斯大使遇刺及塔拉基总统的垮台

1979 年 2 月，美国不情愿地卷入了可能升级为地区冲突的困境。情人节当天，美国大使阿道夫·斯派克·杜布斯在喀布尔酒店被持枪绑匪劫为人质，这个举动令人费解，因为该酒店在喀布尔市区，住了很多苏联和东欧的外交官员以及克格勃特工。美国大使馆试图联系外交部长哈菲佐拉·阿明，但是未能如愿，使馆希望阿富汗和苏联安全部队留出谈判时间的请求也被无视。相反，阿富汗安全部队在苏联军方和克格勃特工的建议下突袭了酒店房间，杜布斯和所有的人质都死在弹雨中。[33] 绑匪的身份一直没有确定，但是美国国务院不认可阿富汗政府的官方说法——归咎于古尔布丁·希克马蒂亚尔的盟友尤努斯·哈利斯。弹道痕迹表明，杜布斯在安全部队行动前已经被处决了——他的头部被近距离射击了 4 枪——美国官员怀疑人民民主党是这次绑架谋杀行动的幕后黑手，他们要么是天真地希望抹黑伊斯兰主义者的抵抗，要么是逼迫美国和北约国家疏远阿富汗。阿富汗外交部无视美国国务院的抗议，随后，美国大幅减少人道主义援助，除了必要的援助人员和使节，所有美国人都撤离阿富汗。美国没有再派新的大使，只派遣了一位临时代办。几个月后，卡特总统给中央情报局开了绿灯，允许他们向白沙瓦的伊斯兰主义者提供药品和通信设备。

与此同时，在阿富汗国内，人民派和旗帜派勉强建立起的同盟也在崩溃。1978 年 8 月，塔拉基下令逮捕多名杰出的旗帜派部长，指控他们谋划政变。旗帜派领导人巴布拉克·卡尔迈勒躲过了逮捕，到苏联大使馆寻求庇护，几日后，悄悄地逃往捷克斯洛伐克。1979 年 3 月 29 日，赫拉特的第 17 步兵师叛变，引发了一场大范围的起义，最终导致数百名政府支持者、苏联顾问及其家人被屠杀。塔拉基总统疯狂地致电苏联部长会议主席阿列克谢·柯西金，请求苏联地面部队介入以夺回城市，但遭到拒绝。[34] 莫斯科反而将武器和重型装甲空运到丹德的空军基地，并派出伊柳辛喷气式轰炸机轰炸叛军据点，导致数千名平民死亡，严重损毁了赫拉特老城的中世纪中心广场及帖木儿纪念碑。政府军一周后才重新控制了赫拉特，在随后的报复行动中有更多的人被处决。低级军官穆罕默德·伊斯玛·伊尔汗领导的一支叛军撤到巴德吉斯山区，在那里他们宣布支持拉班的伊斯兰促进会。

1979 年 4 月，塔拉基总统在西喀布尔贾马尔米娜的家变成了一座人民民主党的神庙。不到 6 个月后他就被推翻了，随后被他的继任者哈菲佐拉·阿明扼死。

　　一个月后，在"四月革命"一周年纪念日，哈扎拉、古尔济万和巴德吉斯都发生了起义，大多数中部和北部的高地都落入各派别圣战者组织手中。叛乱分子在夏天占领了瓦尔达克、帕克蒂卡省、洛加尔、潘杰希尔和查哈尔维拉亚特的地区办事处，喀布尔的钦达瓦尔发生了骚乱，希萨尔城堡的驻军也叛变了。随着越来越多的农村地区沦陷，人民派军官开始寻求哈菲佐拉·阿明总理介入，塔拉基及其支持者则谋划让阿明下台。1979 年 9 月中旬，塔拉基在总统府召见哈菲佐拉·阿明，解除了他的职务，提出让他去外国做大使。阿明拒绝了，愤怒地告诉塔拉基，该离开阿富汗的应该是他。塔拉基的卫兵试图向阿明开枪，但没有成功。阿明逃离了总统府，几个小时后，他又在人民派军官们的陪同下回来了，他们逮捕了塔拉基和他的几名效忠者。几周后，这位伟大的领袖安静地窒息而死了。

阿明政变及苏联入侵

　　阿明的政变绝对不受莫斯科的欢迎，勃列日涅夫得知私人好友塔拉基被处死后，谴责阿明"令人厌恶"。[35]苏共政治局的愤怒还有其他原因。阿明的政变让苏联团结人民派和旗帜派的希望落空，还削弱了人民民主党薄弱的民意基础。阿明随后的举动引发了更多的关切，他试图让自己的政府远离苏联，修复与伊朗、巴基斯坦和美国的关系。一些苏联高级官员甚至相信阿明在哥伦比亚大学留学期间就被美国中央情报局收买了。[36]

　　阿明为赢得民众对政府的支持做出了一系列姿态，他释放了数千名政治犯，谴责塔拉基是独裁者，并提出制定新宪法。他甚至从一个乌里玛委员会得到了法特瓦，证明自己的政府合法，在会见古尔布丁·希克马蒂亚尔时，他试图说服对方相信自己和政府成员都是穆斯林。但很少有人相信这种魅力攻势，阿明总统也没能阻止叛乱的发生。他执政后不久，里什霍的驻军就叛变了，一场激战后才被镇压，被派去霍斯特镇压叛乱的装甲部队在遭到圣战分子的埋伏后几乎全军覆没。阿明再一次实行了恐怖统治，但他的清洗行动导致更多的难民逃往巴基斯坦和伊朗，这反过来又为日益壮大的伊斯兰叛乱提供了更多的人手。

1979 年 11 月末，一个苏联高级特派团向苏联政治局汇报：阿富汗的军事局势已经到了紧要关头。根据他们的评估，以白沙瓦为大本营的圣战者有 4 万名武装分子，阿富汗 70% 的地区都不在中央政府的控制下。特派团得出结论，如果没有苏联的直接军事干预，伊斯兰主义者在几个月内接管阿富汗是不可避免的。莫斯科无法接受苏联的南部边境上出现第二个伊斯兰地方武装政府，伊朗巴列维国王在 1979 年 4 月被迫流放，伊朗现在已经是霍梅尼统治的什叶派共和国。所以当阿明总统请求苏联给予一定的军事支持，对抗已经占领了巴达赫尚的圣战分子时，他在不经意间给苏联提供了一直寻求的出动红军的正当理由。

1979 年 12 月 12 日，勃列日涅夫和他的核心圈子会面讨论可能对阿富汗的军事干预。摆在他们面前的有巴布拉克·卡尔迈勒罢免阿明的提议，卡尔迈勒保证他"有阿富汗大部分党员和人民的支持"。他宣称，阿富汗"正在等待他的出现去对抗阿明"。[37] 但是巴布拉克接着说，只有在苏联军事帮助下政变才可能成功。尽管总参谋长奥尔加科夫元帅和其他高级军官缺席，勃列日涅夫还是下令动员第 40 军团准备全面介入。奥尔加科夫元帅得知这一决定后试图说服苏共高层撤回入侵决定，但是被直白地告知服从命令，将决策权交给政治局。[38]

几天后，一名高级别克格勃官员带着组织刺杀哈菲佐拉·阿明的秘密指示飞往巴格拉姆空军基地，同时为苏军的到来做准备。接下来的几天，巴布拉克·卡尔迈勒和阿纳希塔·拉特布扎德与数百名克格勃特种部队人员一起抵达巴格拉姆，其中包括了穆斯林大队，主要由身着阿富汗军队制服的乌兹别克人、塔吉克人和土库曼人组成。但是，几次针对阿明总统的暗杀计划都失败了，于是巴布拉克·卡尔迈勒和阿纳希塔·拉特布扎德又飞回塔什干。与此同时，莫斯科告知阿明，苏军的集结是为了响应他的请求，军事对抗圣战分子，这让阿明陷入虚假的安全感中。

1979 年 12 月 23 日，当西方世界沉浸在圣诞节购物狂欢时，克格勃控制了巴格拉姆，圣诞节凌晨 4 点，安东诺夫运输机编队开始在喀布尔机场着陆，在那里卸下了士兵、坦克和装甲运兵车。机场周边很快被控制，本就在喀布尔城内的克格勃特工和苏联军官已经占领了关键的军事据点和防空位。克格勃官员甚至还说服阿明允许穆斯林大队和克格勃特别行动队一起加强塔杰贝格宫殿的外围防御，阿明和他的核心圈子成员就聚集在此庆祝人民民主党成立的周年纪念日。苏联工程师在北部架设了跨越阿姆河的浮桥，苏联武装部队通过浮桥冲进了马扎里沙里夫和昆都士。在此过程中，苏联军队只遭遇到象征性的抵抗。的确，苏联军队遇到的唯一激烈的反抗来自圣战分子，他们在苏联护卫队穿过萨朗山口以及沿着塔拉坎路去法扎巴德的路上设下了埋伏。

12 月 27 日下午，阿明的厨师被克格勃收买后在食物中下了毒，让阿明和他的伙伴们失去了行动能力，外面的克格勃突击队封锁了所有通往塔杰贝格的道路。直到突击队向阿明的阿富汗护卫开火，他才意识到自己遭到了欺骗。随后双方展开了一场血战，尽管伤亡惨重，但最终克格勃冲进了宫殿，杀死了阿明和他 8 岁的儿子，重伤了他的女儿。最后停止交火时，大约有 150 名阿富汗人死亡，大多数幸存的突击队队员也受了伤。

当天晚上，巴布拉克·卡尔迈勒在杜尚别发布广播讲话，宣布阿明已被"处决"，并称苏联军队是在政府的邀请下进入阿富汗的。卡尔迈勒在第二天飞往喀布尔，就任阿富汗民主共和国革命委员会主席团主席。几天后，阿明大家族的幸存成员连同多名人民派成员一起被处死。1980 年 1 月 1 日，苏联入侵后出版的《喀布尔时报》攻击"法西斯分子"阿明是"美国帝国主义的嗜血代理人"和"蛊惑人心的暴君"。文章随后援引《联合国宪章》第 51 条以及《阿苏共同防御条约》来为苏联的介入正名，称苏联是因为阿富汗受到了"外国（即巴基斯坦和美国）侵略和干预"的威胁才介入的。这种奥威尔式的宣言接着又体现在了一篇标题为"论解放的门槛"的文章中，打着"迈向和平、自由、民族独立、民主、进步和社会正义"的口号。[39]

卡尔迈勒执政与苏联占领的政治和军事影响

和英国一样，苏联很快发现，占领阿富汗并扶持一个卖国的领袖相对容易，维持这个政府的政权就是另一回事了。巴布拉克称自己得到广泛的群众支持的说法很快就被证明是妄想，苏联的干预引发的唯一后果就是加速了全面内战的爆发以及将阿富汗危机国际化，现在它成了苏联和美国—北约之间的代理人战争。苏联发现，自己被迫要代表一个不长久的政府打一场不可能赢的战争。苏联军队刚一抵达，问题基本上就出现了。苏联的干预导致了阿富汗军队出现大量逃兵，数百万阿富汗人选择流亡而不是生活在苏联占领下。到20世纪80年代中期，超过300万阿富汗难民生活在巴基斯坦，150万在伊朗，还有数十万人在国内流离失所。由于人口大量减少，1979年到1991年间，阿富汗的农业产量下跌了40%。

为了招募一支新的阿富汗军，政府恢复了强制征兵，同时也提供了可观的经济激励。尽管接受了苏联军官的训练，阿富汗军队通常在遇到圣战分子时还是不敌对方。最后首当其冲的是苏联红军，结果发现它的实力也欠佳。就

白沙瓦外纳斯希尔·巴赫格难民营内的壕沟。人民民主党政变以及随后的大清洗导致上千名难民逃往巴基斯坦的北部边境省和俾路支斯坦。苏联的入侵扩大了外逃的人流。到20世纪80年代，阿富汗难民危机成了世界上最严重的危机之一。

像第一次阿富汗战争的英—印军队一样，苏联军队接受的训练不是为了镇压叛乱，而是为了在欧洲战场进行定位战。叛乱分子特意避开了大规模的阵地战，因为他们知道自己没有胜算，相反他们决定伏击零散、行进缓慢的车队以及偏远的、人员不足的哨所。苏联人在回击中使用了远距离火炮、高空炸弹以及武装直升机，甚至用上了飞毛腿导弹。为了防止敌军渗透到巴基斯坦边境，苏联飞机设下了数百万杀伤性的地雷陷阱。圣战分子虽然武装相对薄弱，战斗减员严重，但他们拒绝接受失败。

生活在阿富汗政府控制区的民众也反对苏联占领。在苏联占领阿富汗大约6 周后，1980 年 2 月 21 日晚，即波斯历的 12 月 1 日，成千上万的阿富汗人站在自家屋顶上反复高呼"真主伟大"。毛拉们也在清真寺用扩音器呼喊口号，直到阿富汗城市都回荡着这一传统的伊斯兰军队战斗呼声。第二天，喀布尔的店家纷纷关门。数千名学童和学生们游行抗议苏联的占领，试图冲击政府办公室。由于示威活动没有结束的迹象，警察和一些部队也拒绝向手无寸铁的游行者开火，卡尔迈勒召集了旗帜派准军事力量和苏联军队朝人群发动了无差别攻击，使用了坦克、装甲运兵车以及武装直升机。枪击在 8 点左右停止，约 800 名阿富汗人丧生，其中包括多名少女，还有数百人受伤。在随后的清洗中又逮捕并处决了上千人。[40] 夏天，发生了进一步的抗议活动，但是政府血腥镇压人民的抗议迫使政府控制区的反对派转入了地下。尽管如此，仍有许多阿富汗人，甚至是政府和军队人士，继续向各个圣战组织传送信息。

苏联的干预让世界措手不及，很少有西方观察者相信苏联会蠢到入侵阿富汗。当时美国的注意力都放在德黑兰的危机上，当地的学生和革命卫队劫持了美国大使馆工作人员为人质。苏联干预的 10 天前，美国驻莫斯科大使馆还要求苏联外交部紧急澄清在阿富汗边境的军事集结。几天后，中央情报局向卡特总统汇报，苏联"已经跨过了一个重要的门槛"。但直到圣诞节前夜，一份几乎只关注伊朗人质危机的国家安全备忘录才简单提到，苏联对阿富汗的入侵正在"酝酿中"。[41]

但是，美国和西方国家的反应是迅速敏锐的。除了常规的外交抗议和联合国安理会决议，卡特总统还致电苏共总书记列昂尼德·勃列日涅夫，告诉他"任何超级大国都不能擅自使用武力取代或推翻另一个国家的合法政府。这是一个危险的先例，它蔑视了所有公认的国际行为准则"。[42] 但是勃列日涅夫仅仅认为这次入侵是"一个小小的警察行动，旨在恢复一个向我们求助的国家的秩序……依据是我们之间的友好条约"。但是勃列日涅夫的核心圈子低估了苏联干预会给国际关系带来的负面影响，不仅是和美国及欧洲国家的关系，还有与中东、非洲及亚洲国家的关系。

很多发展中国家已经认真地塑造了支持自决和反对殖民主义的国家形象，他们现在指责苏联像英国、法国、德国或美国一样按帝国主义的方式行事。美国、欧洲国家和阿拉伯国家拒绝承认卡尔迈勒政府，撤回了自己国家的工作人员，切断了对发展项目的资助。大多数西方国家公民离开阿富汗，大部分的非政府组织关闭了自己的业务。很多非政府组织在白沙瓦、奎达和伊斯兰堡设立了办公室应对难民危机，这场危机最终演变成了那个时代最严重的难民危机。因此，苏联不仅要承担不断增加的军事费用，还不得不负担一个经济已经在自由落体状态下的国家。在冲突最严重的时期，干预阿富汗消耗了苏联国民生产总值的15%—20%。在美国和许多西方国家抵制1980年莫斯科奥运会后，苏联更是大失颜面。

美国支持圣战者对抗苏军

1979年节礼日，苏联士兵仍在涌入阿富汗，卡特总统召集了有五角大楼、中央情报局和国务院官员参加的紧急会议，会议原则上同意资助和武装阿富汗反对派，以阻止"苏联快速高效地平息阿富汗局势"，因为这将"严重损害我们在该地区的形象"。这次行动的目的是"尽可能提高苏联的军事行动代价"[43]，或者是像中央情报局伊斯兰堡行动负责人霍华德·哈特简要说明的那样，"闹个天翻地覆……杀死苏联人"。[44]无论白宫自己有没有意识到，美国现在已经代替了英国的角色，守卫印度河—杜兰德防线对美国的南亚政策至关重要，就如同它在英国统治印度时期的重要性一样。这不仅是在经济、政治和军事上给苏联造成损失这么简单。很多美国官员认为，这对阻止苏联入侵巴基斯坦、占领卡拉奇十分关键，一旦成功，苏联海军就会在印度洋得到一个不冻港。这种情况不仅意味着美国自伊朗国王下台后在该地区唯一的盟友巴基斯坦会解体，还会威胁到美国经由波斯湾的石油供应。

众所周知，这个不冻港想法备受卡特总统的波兰裔国家安全顾问兹比格涅夫·布热津斯基推崇。这种入侵在军事和逻辑上都是不切实际的，更不用说苏联还要面对挑起战争的风险，因为美国根据《东南亚条约组织》承诺保护巴基斯坦，但是这一想法在共和党人、右翼智囊团、记者和阿富汗问题顾问中很有市场。事实上，它是基于美国海军军官阿尔弗雷德·泰尔·马汉过时的理论思想，在他的时代，空军还没有取代海军成为帝国的支柱力量。[45]但是不冻港想法轻松地为武装圣战分子和支持巴基斯坦军管负责人齐亚·哈克将军的独裁统治正名，正如在 20 世纪 60 年代多米诺骨牌理论是美国在东南亚进行军事干预的正当理由。

美国中央情报局的首要任务是判断哪一支反政府武装应该得到军事和资金援助。伊朗人质危机排除了伊朗支持的什叶派地方武装组织，所以中央情报局选择了支持白沙瓦的逊尼派伊斯兰教徒。但是这一决定引发了政治问题，因为美国和巴基斯坦的关系，当时正因齐亚·哈克将军的军事行动以及巴基斯坦前总理佐勒菲卡尔·阿里·布托在 1979 年 4 月被处决而陷入了低谷。齐亚·哈克还不顾美国的反对坚持实施核武器计划。更糟糕的是，在苏联入侵的一个月前，阿扎姆大学的伊斯兰学生袭击并纵火焚烧了美国驻伊斯兰堡大使馆。

然而，对抵抗运动的支持占据了优先地位，齐亚·哈克走出了政治荒野，美国应对阿富汗危机就是支持他的政府。齐亚不惜一切代价乘机转变了立场，坚持中央情报局的所有资金、武器和军事培训都必须通过三军情报局

（Inter-Service Intelligence，简称 ISI，相当于巴基斯坦的中央情报局）。后来当埃及、沙特阿拉伯、英国和法国加入战争时也必须答应相同的条件。随后三军情报局利用自己的权力地位将武器和资金输送给了同情齐亚和巴基斯坦的圣战分子，尤其是和巴基斯坦伊斯兰神学者协会关系亲密的派系，这是一个曾经支持齐亚政变并为其辩护的伊斯兰政党。

巴基斯坦还利用提供、运送援助的机会控制了阿富汗抵抗运动的政治议程，并将自己的影响力扩大到了阿富汗的普什图地带。随后，三军情报局在阿富汗边境设立了培训基地，训练地方武装进攻印度控制的克什米尔地区。美国还重新武装了巴基斯坦军事力量，在齐亚·哈克取消选举、取缔政党、禁止伊斯兰化的巴基斯坦宪法时，美国和北约国家只是象征性地表示反对。巴基斯坦经济也从为解决难民危机投入的数百万美元援助中受益。

武装白沙瓦伊斯兰圣战分子的决定对穆罕默德扎伊人和阿富汗保王党而言是一个沉重的打击。他们希望美国支持恢复君主制，特别是在他们看来，君主主义者是最亲近西方和最进步的，很多领导人都曾在美国、法国或德国求学。但是齐亚·哈克没有兴趣恢复君主制，不想冒险让普什图斯坦问题死灰复燃，中央情报局也认为保王派圣战者没有军事能力。当国王这边为了团结抵抗力量以查希尔·沙阿的名义在白沙瓦召开支尔格大会时，5 个主要的逊尼派团体退出，组建了自己的对立协商会议，将保王派排除在外。最终，许多穆罕默德扎伊人申请并获得了北美和欧洲国家的庇护，看着他们的政敌全面武装自己，并受到西方世界领导人的欢迎。

三军情报局首选的盟友都是前尼亚齐穆斯林兄弟会网络的成员，他们在 20 世纪 60 年代和 20 世纪 70 年代发动了暴力抗议，他们既反对查希尔·沙阿国王及其政府的世俗化政策，又反对人民民主党。这些伊斯兰地方武装有大量苏联制造的武器，主要是从埃及得到的，此外还有数百万美元的现金，他们的领导人成了阿富汗在国际政治舞台上的发言人。中央情报局的大部分武器和现金都落到了古勒卜丁·希克马蒂亚尔的伊斯兰党的手中，因为三军情报局认为这支地方武装组织是最亲巴基斯坦的。中央情报局也相信希克马蒂亚尔的手下在杀死苏联人方面最有效率。希克马蒂亚尔的确给苏军造成了重大损失，但是他的队伍也是一支分裂的力量，因为他的圣战分子花在内部斗争上的时间几乎和对付苏军的时间一样多，尤其是针对拉巴尼的伊斯兰促进会和艾哈迈德·沙阿·马苏德的潘杰希尔武装。除了抢劫运给对手的武器和援助车队外，伊斯兰党还被指控幕后操纵了地方指挥官、阿富汗记者、知识分子、宗教异见人士，以及包括至少两名美国公民在内的外国援助工人的失踪或暗杀。后来，美国国务院将希克马蒂亚尔列入国际恐怖分子名单，但他在苏联占领阿富汗的 10 年间得到了超过 6 亿美元的现金和武器，大多数都是由美国纳税人买单。在 20 世纪 80 年代和希克马蒂亚尔握手的诸多国家首脑中，玛格丽特·撒切尔和罗纳德·里根公开宣称，希克马蒂亚尔和其他白沙瓦伊斯兰党派领导人和美国开国元勋有着"同样的道德水准"。

另一个中央情报局武器的主要接收人是尤努斯·哈利斯，一名来自楠格哈尔的普什图人，接受过德奥班德的训练。在 1979 年初，他与希克马蒂亚尔分道扬镳后建立了自己的伊斯兰党分支。他的副手包括来自霍斯特的扎德兰普什图人毛拉维·贾拉勒·丁·哈卡尼，后来成了哈卡尼网络的负责人，以及富裕的贾巴尔分支吉尔扎伊人阿布德·哈克，他的曾祖父阿萨拉·汗曾是埃米尔谢尔·阿里的外交部长。阿布德·哈克不仅是一个杰出的战地指挥官，还是为数不多的尝试团结不同民族、不同宗教派系的抵抗组织的圣战领袖。

阿布·萨亚夫的伊斯兰联盟也获得了大量财政和军事援助。萨亚夫是开罗爱资哈尔大学的毕业生，从意识形态上讲，他是瓦哈比派，一种激进的宗教派别，是沙特阿拉伯的官方教派。萨亚夫是沙特武器和资金的主要受益者，他花了大量时间前往阿拉伯各国筹集资金、招募阿拉伯人参加圣战。富裕的也门出身的土木工程师奥萨马·本·拉登当时正在协助沙特情局工作，在他的帮助下，萨亚夫在帕克提亚的杜兰德边界线附近修建了一个掩体，作为圣战行动的前沿基地。随后在 1986 年，本·拉登在贾吉部落领地建立了自己的基地，身边都是阿拉伯圣战分子，他们致力将圣战范围扩大到国际，尤其是针对美国。接下来的事情大家就都知道了。

布尔汉努丁·拉巴尼的伊斯兰圣战组织获得的军事援助比例较小，尽管在所有圣战组织中，伊斯兰社会组织是规模最大、种族最多样化的一支。与其他驻白沙瓦的领导人不同，拉巴尼不是普什图人，而是巴达赫尚的塔吉克人，他的民兵主要由讲波斯语的人、土库曼人、乌兹别克人、艾玛克人、巴达赫尚人、潘杰希尔人、赫拉特人和一些幻想破灭的保皇党人组成。由于希克马蒂亚尔将伊斯兰促进会和艾哈迈德·沙阿·马苏德视为敌人，尤其是后者，三军情报局没向马苏德提供资金和武器，中央情报局也是很多年后才醒悟过来，马苏德才是最杰出的战地指挥官。1983 年，马苏德建立了自己的自治运动，名为舒拉—伊·纳扎尔，即监督委员会，最终中央情报局、英国和法国绕过三军情报局开始直接武装他的队伍。

这些白沙瓦伊斯兰党领导人很少受过军事训练，更不用说战斗经验了。拉巴尼、萨亚夫、哈卡尼和哈利斯都是神学家，而希克马蒂亚尔的军事专业学历仅限于在喀布尔军事学院学习过两年。马苏德的父亲是阿富汗军队的上校，马苏德本人接受的是工程师培训。不过马苏德是军事史和游击战手册的狂热读者，在与苏军和政府军的作战中充分利用了这些知识。圣战组织领导层缺乏领导能力意味着计划不周和缺乏协调，这种缺陷在圣战组织成立的早期尤为突出，不过到了后期，三军情报局和中央情报局的训练提升了他们的战术规划。圣战分子还缺乏重型武器，尤其是高效的威慑型武器来对抗苏联的空中优势。在法里亚布的古尔济万地区，一些圣战分子使用的是英国制造的第二次世界大战时期的李·恩菲尔德步枪，至少一名前圣战者是著名的猎人和神枪手，更喜欢他的古代燧石枪。在巴德吉斯，伊斯玛伊尔汗组建了一个骆驼兵团，配备了回旋炮，在阿富汗北部的其他地区，乌兹别克人、土库曼人和艾玛克圣战者骑着马攻击苏联的装甲队。尽管局面对他们极度不利，圣战分子仍然在一场旷日持久的不对称战斗中成功地牵制住了苏军，外国资金和武器固然起了作用，但是普通阿富汗人的勇气和坚韧才是最终迫使苏联领导层接受无法战胜的结果的原因。代价是惨重的，冲突直接或间接造成超过 100 万阿富汗人死亡，还有数十万人因为在战斗中受伤或是踩上杀伤性地雷而终身残疾。

随着代理人战争的进行，美国对白沙瓦圣战组织的资助大幅增加。卡特总统一开始只批准了微不足道的 2000 万美元用于抵抗运动，1981 年初罗纳德·里根当选总统后，军事和财政援助每年都在增长。到 1983 年，中央情报局的预算已经增长到了 3.25 亿美元，到 1987 年，这个数字几乎翻了一番，达 6.3 亿美元。[46] 相比之下，在 1946—1979 年的 33 年间，美国总共花费 5.32 亿美元的捐赠和贷款用于阿富汗的民用发展项目，即平均每年 1600 万美元。[47] 中央情报局只要求三军情报局和其他的阿富汗客户对支出承担最低限度的责任，而三军情报局几乎没有军事装备分发的记录。对中央情报局来说，一旦武器和资金到了三军情报局运营人员手中，他们就不再对自己的投入负法律或道义上的责任。通过这样的方式，中央情报局能撇清自己与三军情报局客户违反本局职权范围和美国法律的行为。因此，中央情报局能够否认自己参与了，由三军情报局特工培训的阿富汗圣战者，攻击印度控制的克什米尔地区的行动，也否认了在乌兹别克斯坦、塔吉克斯坦和土库曼斯坦煽动起义。这也形成了有罪不罚的文化和前所未有的腐败，从三军情报局和巴基斯坦政府官员到圣战指挥官，每个人都私吞了一大笔钱，阿富汗难民将这种文化称为"巴基斯坦病"。[48]

为了筹措更多战争资金，阿富汗指挥官们要求敌对的圣战分子支付安全通行费用，并在白沙瓦和伊朗的古董商鼓励下，劫掠了考古现场和古遗址。马苏德最初的战争资金来自交易青金石和其他巴达赫尚矿山的宝石，其他的指挥官则鼓励种植鸦片。20 世纪 80 年代，阿富汗境内罂粟种植面积呈指数型增长。随后，生鸦片在巴基斯坦部落地区被提纯后，又运回阿富汗、伊朗和中亚各国，最终抵达欧洲、北美和苏联的黑市。鸦片在白沙瓦外的街道边公开贩卖，海洛因上瘾成为巴基斯坦西北边境省和阿富汗难民日益严重的社会问题。

一张防雷宣传海报，霍斯特。在苏联占领期间，全国遍布着数百万的杀伤性地雷和陷阱装置。成千上万的圣战分子和平民因此丧生或致残。在苏联撤军超过 25 年后，依然有未爆的地雷在继续造成伤亡。

　　尽管美国中央情报局给圣战分子的抵抗运动提供了武装和资金，但是它几乎没有考虑后苏联时期的政府问题。因为人们都相信，圣战分子虽然可以牵制苏军多年，但是他们没有能力击败红军或是推翻卡尔迈勒政府。另一边的白沙瓦伊斯兰主义者和亲伊朗的什叶派地方武装，对阿富汗的未来有十分清晰的想法。所有的主要地方武装组织都希望建立一个由伊斯兰教法统治的伊斯兰国家，尽管他们在伊斯兰政府要采取什么形式上还没有共识。直到 1986 年后，苏联明确将要撤军时，美国、巴基斯坦和联合国官员才尝试拼凑一个流亡政府，但因意识形态上的分歧、个人竞争和对资金的争夺，仅仅达成了一份象征性的协议。为讨论阿富汗危机召开的国际会议，通常笼罩在愤怒、人身攻击、抵制和退场的阴影下。

　　圣战分子和苏联支持的喀布尔政府之间的战争持续了 10 年，但在这么长时间的抵抗运动中，没有出现一个将大家团结在一起的人物，类似亚西尔·阿拉法特、穆斯塔法·凯末尔或纳尔逊·曼德拉这样有能力的政治家，他们代表的仅仅是国家利益，而不是个人利益或是某一派系的利益。联合国、北约和美国继续坚信前国王查希尔·沙阿是这样的人物，但是恢复君主制虽然有一定的民意基础，所有的伊斯兰派却反对君主制在后共产主义政府中发挥任何作用。在苏联占领时期，前国王从未踏足巴基斯坦，一部分原因是巴基斯坦不愿意接纳他，另一部分原因是他面临的暗杀风险太高。

在圣战者看来，圣战不仅是按照中央情报局的计划杀死苏联人，还意味着将他们对圣战和伊斯兰教的理解灌输给广大民众，尤其是年轻一代。尽管得到了中央情报局和西方国家的资助，这些伊斯兰主义者所拥护的政治思想，在本质上是与这些国家的世俗价值观相悖的。赛义德·库特布的学说对拉巴尼、希克马蒂亚尔、萨亚夫和马苏德产生过深远的影响，库特布猛烈抨击了他所说的美国的道德沦丧和文化"原始性"，将美国描绘成一个马基雅维利主义超级大国，在公开场合倡导促进和平和民主，却在暗中进行反伊斯兰战争。[49] 圣战分子使用着美国提供的武器和资金与苏联人作战，一些伊斯兰主义者则通过难民营和圣战组织控制区的学校、宗教学校和清真寺，积极地宣传反美和反西方的世界观。巴基斯坦伊斯兰贤哲会和其他组织在边境运营的宗教学校向贫困的难民子女和战争孤儿提供免费教育，年龄大一点的学生可以得到去沙特阿拉伯学习伊斯兰教义的奖学金。圣战分子到处分发关于女性举止规范的小册子，并向阿富汗人警示西方人是如何地道德沦丧。伊斯兰辩护者还发表了攻击基督教的文章，督促阿富汗人不要和基督徒或外国人交往，以免在思想上向信奉天主教和新教工作者屈服，这些工作者按照国际救援工作部署在巴基斯坦建立了援助机构。

美国、英国、瑞典和其他欧美国家通过资助阿富汗境内的学校，无意间助长了这种激进主义，虽然外国顾问是不可能监控课程的。的确，由于巴基斯坦官员和控制难民营的圣战指挥官设下了严格的进出限制，外国人很难监视难民营内的教学活动。内布拉斯加大学的阿富汗研究中心甚至使用美国资金资助圣战分子批准的小学教材，里面包含了关于圣战的扩展条约，以及卡拉什尼科夫突击步枪、坦克、手榴弹和被斩首的苏联士兵的图片。

尽管一些伊斯兰主义者试图强行给穷人和流离失所的人灌输思想，生活在难民营外的中产阶级阿富汗人将孩子们送去了巴基斯坦的学校，或是雇用家教在家进行教育。伊朗没有难民营，阿富汗的孩子在伊朗上的是公立学校，接触了另一种形式的革命主义伊斯兰教，而在西方国家避难的难民子女则通过北美和欧洲学校及大学系统接受世俗教育。与此同时，阿富汗向境内的小学生和大学生宣传马克思主义思想，并派出数千名学生去苏联或与苏联利益一致的成员国求学。等到 2002 年阿富汗难民开始大批返回祖国时，这一代人接受的教育是各种相互矛盾的世界观，很多年轻人的乌尔都语都比达里语或普什图语说得好。

尽管阿富汗难民面对着苦难、贫困和许多其他问题，这场战争的确也有积极的一面。对很多阿富汗人而言，经过几代人在空间、智力和文化上的隔离后，他们对更广阔的世界的理解得到了拓展。电视、广播、电影、报纸以及巴基斯坦和伊朗书店里多样化的文学作品拓宽了知识分子的视野，边缘化的群体不再受到国家审查制度的约束，可以用自己的语言出版他们个人视角下的阿富汗历史作品。通过难民援助计划，成百上千的儿童，有男有女，掌握了识字能力，学习了行业技能，一些人甚至接受了大学教育。阿富汗人热切地接受了现代科技，包括卫星、移动电话、互联网和社交媒体，而商人们建立了多家自由企业，通常利润回报丰厚。

苏联撤军与纳吉布拉上台

阿富汗战争仍在进行，且没有任何结束的迹象，苏联领导层内部关于军事干预产生了分歧。勃列日涅夫在出兵阿富汗 3 年后去世，他的继任者、干预阿富汗的主要倡议者赛尤里·安德罗波夫以及后来的康斯坦丁·契尔年科也很快相继去世了。这些人都是在俄国革命前出生的老一辈共产党员，他们的地位日益受到年轻党员们的挑战。1985 年 3 月，契尔年科去世，政治局最年轻的成员米哈伊尔·戈尔巴乔夫成为共产党总书记。他的首要任务之一是止住他所谓的"流血的伤口"，找到办法打赢阿富汗战争或是尽可能保住荣誉，有尊严地退出阿富汗。[50]

戈尔巴乔夫上台时，阿富汗战争不仅恶化，其军事开支给苏联经济和财政带来了负面影响。更令人担忧的是，这场越来越不受苏联人民欢迎的战争带来的社会和经济影响。根据官方数字，总共有约 60 万苏联公民在阿富汗服役，到 1989 年 2 月最后一辆苏军坦克穿过阿姆河时，有超过 1.4 万苏联士兵和公民被杀害，另有 5 万人受伤。成千上万人遭受了严重的或是永久性的心理伤害，另一些人则沉溺于大麻、鸦片和海洛因。这些被称为阿富汗兵（Afghantsi）的返乡士兵的恐怖经历与苏联官方宣传相矛盾，后者将军事干预描绘成在美国和巴基斯坦的帝国主义面前保卫祖国和盟友的爱国行动。退伍老兵讲述的则是自己如何发现交战对手是阿富汗平民，侵略阿富汗的正是自己的国家。他们还提到了大屠杀和其他苏军犯下的罪行。低落的士气、恶劣的生活条件以及红军军官和军士们对应征者的苛刻。[51]不久，这些回国老兵开始公开批评苏联领导人，一些人出版了自己的回忆录，在回忆录中，他们给了红军领导层很差的评价。

令人担忧的是，从阿富汗回国的士兵的描述可能导致苏联穆斯林居民的动荡。在阿富汗战争期间，数千名来自高加索地区和几个中亚共和国的突厥人及塔吉克人都在阿富汗服役，其中大多数人都有穆斯林血统。这些人能理解阿富汗村民对他们的痛斥，理解阿富汗人对穆斯林和同族人团结起来的呼吁。一些中亚的士兵甚至在阿富汗有远亲，他们是沙俄帝国征服中亚、镇压巴斯马奇运动，以及后来外逃的家族成员的后裔。最后莫斯科因为担心穆斯林占多数的共和国发生骚乱，撤出了所有的中亚士兵。

戈尔巴乔夫给了苏军18个月的时间赢下阿富汗战争，与此同时，他还试图与美国协商实现保全颜面地撤出阿富汗。苏联将领发动了一系列的攻势，但是美国、沙特阿拉伯以及北约国家源源不断地投入更多的武器和资金，并为主要的圣战指挥官提供地对空导弹，削弱了苏联的空中优势。为了让阿富汗政府的民意基础更加广泛，1986年11月，阿富汗最高领导人卡尔迈勒在苏联官员的"劝说"下辞职。取代他的是吉尔扎伊普什图人、情报局首长穆罕默德·纳吉布拉，苏联希望他上台后能说服厌战的圣战分子放下武器共享权力。为了实现这一目标，纳吉布拉制定了一个民族和解方案，起草了一部新宪法，并召开了新的议会选举。他甚至公开宣布放弃马克思主义，竭尽全力让怀疑他的国民们相信自己是一个好的穆斯林。但是他所有的努力都是徒劳，只有极少数的圣战分子放弃了抵抗。

纳吉布拉上台两个月后，戈尔巴乔夫接受了阿富汗战争不可能取胜的事实，并命令参谋长安排有序撤军。联合国驻阿富汗特使迭戈·科多维兹开始在幕后与巴基斯坦和阿富汗进行一系列友好商谈，试图为苏联撤军铺平道路。经过几个月的马拉松谈判，巴基斯坦政府和阿富汗政府在1988年4月14日签署了《日内瓦公约》，公约正式规定苏军分阶段撤离、自愿遣返阿富汗难民以及互不干涉内政的原则。

美国和苏联对公约表示欢迎，因为它为解除制裁和恢复削减核武器的双边谈判打开了大门。但是白沙瓦各派一直拒绝公约，因为尽管征询过他们的意见，但是他们没有受邀直接参与谈判。他们愤怒的主要原因之一是公约间接地承认了纳吉布拉政府的合法性，而且也没有制定条款，为将权力移交给圣战者做准备。齐亚·哈克总统直言不讳地告诉白沙瓦各党派，他们应该达成和解并与人民民主党共享权力，联合国特使则公开主张查希尔·沙阿国王回国。圣战分子为了报复，指责巴基斯坦和美国背叛自己，并加强了推翻纳吉布拉政府的尝试。1988年8月，苏军已经在撤退途中，伊朗支持的什叶派联盟阿富汗伊斯兰统一党占领了巴米扬，几周后，希克马蒂亚尔的伊斯兰真主军占领了库纳尔河谷。10 月，一个圣战组织联盟试图切断喀布尔—贾拉拉巴德的道路，但是没有成功，他们给政府装甲部队造成了严重的人员伤亡。

1989 年 2 月，苏联最后一批士兵穿过了阿姆河，全部从阿富汗撤军。白沙瓦逊尼派伊斯兰政党召集了一次协商会议，同意组建阿富汗临时政府。但是阿富汗临时政府并不代表所有圣战派别的意见，因为阿富汗伊斯兰统一党和其他的什叶派群体以及保王党、知识分子和人道主义代表都被排除在外，他们抵制了这次会议。从成立之初起，阿富汗临时政府就充斥着派系主义，这也导致了拉巴尼—马苏德派和希克马蒂亚尔及哈利斯的伊斯兰真主军派系之间发生了争斗。一个月后，在三军情报局和中央情报局的鼓励下，一个普什图圣战者联盟试图快速攻占贾拉拉巴德，结果却失败了，损失了超过 3000 人，这是整个战争期间单场战斗损失最惨重的。此外，数千名平民在圣战分子炮击贾拉拉巴德时丧生。

值得注意的是，纳吉布拉在苏联撤军后还设法执政了 3 年，不过这要归因于苏联提供了从武器到食物和燃料等一切必需品。为了重新控制外围地区，纳吉布拉鼓励成立地方武装，保证他们的指挥官享有自治权，以换取他们不与政府为敌。这些地方武装中最有效率的一支由阿卜杜勒·拉希德·杜斯塔姆指挥，他是来自希尔比干附近科瓦加的乌兹别克人。[52] 杜斯塔姆在达乌德总统时期曾经入伍服役，随后又在希尔比干的天然气工厂工作，在那里他加入了旗帜派。1978 年秋天，他再次参军，通过从圣战分子手中夺回联萨尔普勒证明了自己的军事实力。然后他说服了自己的上级，允许自己成立一个非正规乌兹别克骑兵团，并着手将希克马蒂亚尔的伊斯兰真主军赶出达拉伊苏夫。到 1989 年，杜斯塔姆被授予上将军衔，负责指挥第 53 步兵师，队伍中有两万名乌兹别克人，大多是来法里亚布和贾兹詹的农民。杜斯塔姆的地方武装被批评者戏称为收地毯的人（gilim jam），因为乌兹别克人以地毯闻名，他们因为鲁莽的冲锋和残忍而声名狼藉。

但是杜斯塔姆也是一个优秀的谈判家，他设法通过迎合乌兹别克民族感情，说服了多名贾兹詹和法里亚布的乌兹别克族和塔吉克族指挥官改变了立场。这其中包括来自梅马内和沙里普尔的 7 个亲兄弟和同父异母兄弟，人称"摔跤手"。另一个改变立场的圣战派别是阿富汗北部地区伊斯兰联盟，一个泛突厥的新巴斯马奇组织，领导人是浩罕汗王的后人、在巴基斯坦接受教育的乌兹别克人阿扎德贝格。

尽管北部有变节行为，但是南部的战争依然有增无减。1990 年 3 月，纳吉布拉的国防部长沙阿·纳瓦兹·塔纳将军与希克马蒂亚尔达成了协议，试图发动军事政变废除纳吉布拉。政变失败后，塔纳及其领导的人民派逃往白沙瓦，在那里和伊斯兰真主军一起联手。1991 年末，莫斯科发生政变，鲍里斯·叶利钦取代了戈尔巴乔夫的位置，进一步削弱了纳吉布拉对政权的掌控。叶利钦总统对阿富汗没有兴趣，由于苏联经济正处于衰退中，他砍掉了对阿富汗政府的援助，把这一责任推给了新成立的乌兹别克斯坦和土库曼斯坦。后者继续向纳吉布拉提供燃料、军事装备和资金，但远不及莫斯科提供的数量。不到几个月的时间，基本物资即将耗尽，喀布尔居民正面临着饥荒。

1992 年 3 月，纳吉布拉终于同意了一项不附带任何条件的协议，按照规定他将辞职，离开阿富汗并将权力移交给临时政府。但在权力交接前，阿富汗北部的局势发生了剧变，改变了整个政治格局。为了遏制杜斯塔姆的影响，纳吉布拉将马扎里沙里夫的塔吉克人军事指挥官阿布德·莫米将军撤职，代替他的是普什图拉苏尔将军，[1] 他曾是喀布尔臭名昭著的普尔恰希监狱的负责人。当阿布德·莫米拒绝让位时，杜斯塔姆宣布支持他，纳吉布拉宣布辞职的同一天，杜斯塔姆的乌兹别克地方武装占领了马扎里沙里夫，随后进行了抢劫。杜斯塔姆后来和马苏德、赛义德·曼苏尔、普勒胡姆里的伊斯玛仪派领袖、阿富汗伊斯兰统一党，以及伊斯兰真主军的伊斯梅尔·汗结成联盟，取名拯救阿富汗伊斯兰联合阵线。

纳吉布拉政府垮台

马扎里沙里夫被攻陷意味着纳吉布拉不仅失去了对北部各省的控制，而且阿富汗政府军在人数和火力上也比反政府少很多，后者现在能调动坦克、大炮以及多架军机和直升机。从乌兹别克斯坦到喀布尔的重要补给线路被切断了，空军也因为缺少航空燃料被迫着陆。当纳吉布拉试图按照联合国协议的要求离开阿富汗时，控制着喀布尔机场的杜斯塔姆旗帜派盟友拒绝了纳吉布拉的要求，纳吉布拉只能在联合国开发计划署的办公室内寻求庇护。与此同时，旗帜派在巴格拉姆的驻军将空军基地的控制权移交给了马苏德。

喀布尔现在任由马苏德和杜斯塔姆摆布，接管城市的可能性在人民派、普什图圣战联盟和巴基斯坦三军情报局中造成了恐慌。为了阻止这一情况发生，人民派在贾拉拉巴德的驻军向一个普什图圣战联盟投降，三军情报局则向希克马蒂亚尔提供了大量的军事物资。但是马苏德拒绝占领喀布尔或成为国家元首，因为他意识到这么做会导致内战。于是马苏德督促白沙瓦各派制定一个过渡性质的权力分享协议。接下来的两周里，阿富汗临时政府各派系和一些曾经叛变的人民派官员在成立新政府问题上讨价还价。1992 年 4 月 24 日，协商的各方最终签署了《白沙瓦协议》，条约规定年过八旬的西卜加图拉·穆贾迪迪成为临时协商会议的领导人，他也是朔尔巴扎的哈兹拉特的远亲，临时协商会议负责监督前两个月的权力过渡。拉巴尼教授将会继续担任 4 个月的总统，随后全国协商会议召开并选举第三届临时政府。《白沙瓦协议》签署两年后才举行全国范围的总统选举和国会选举。

仓促间草拟的《白沙瓦协议》缺少成立政府的具体细节。它的众多缺陷之一是决定在逊尼派的各党派间分配部长职位，这产生了一系列的自治性竞争权力架构。此外，除了拉巴尼和马苏德，政府内所有的派系代表的都是普什图族的利益。《白沙瓦协议》甚至没有提及杜斯塔姆将军，主要的什叶派联盟阿富汗伊斯兰统一党也没有分配到部长职位。尽管沙特阿拉伯、三军情报局，甚

1994 年 4 月的赫拉特。伊斯玛伊尔汗的骆驼队在纳吉布拉倒台及伊斯兰共和国成立一周年的庆典上游行。值得注意，黑色、白色和绿色的国旗取代了共产主义时代的红色国旗，杜兰尼王朝的"神庙与麦捆"图案也不见了。

至奥萨马·本·拉登都发出恳求，古勒卜丁·希克马蒂亚尔还是拒绝签署协议，提出参与的先决条件是除去马苏德的权力、在军队和政府中清除所有的共产主义者，以及杜斯塔姆撤到萨朗山口外。虽然希克马蒂亚尔本人拒绝加入政府，他还是被任命为总理，三军情报局官员在私下则鼓励他突击攻下喀布尔。《白沙瓦协议》墨迹未干，就注定了失败的结局。

希克马蒂亚尔在数千名阿拉伯圣战者的支持下，在查哈尔阿西亚布召集了自己的军队准备对首都发动最终进攻，人民派的同情者们则将伊斯兰真主军的战斗人员偷偷运到了首都。但是马苏德和杜斯塔姆听到了希克马蒂亚尔计划的风声，杜斯塔姆在《白沙瓦协议》签署的第二天就将数千名自己的地方武装人员空运到了喀布尔并控制了首都的北部和中央地区。与此同时，马苏德的潘杰希尔人坐着坦克进入了首都，路旁欢呼的群众在地上撒满了鲜花向他们致意。3 天后，穆贾迪迪和其他协商会议成员飞抵喀布尔，巴基斯坦新总理纳瓦兹·谢里夫、三军情报局官员和沙特情报部门负责人图尔基·费萨尔一起宣布临时政府合法。但是真正掌权的是马苏德和杜斯塔姆，他们几天后推翻了希克马蒂亚尔，迫使他回到了查哈尔阿西亚布和萨罗比。

圣战政府与法律和秩序的崩溃

穆贾迪迪重返喀布尔的第一个举动就是启动伊斯兰化。阿富汗成了阿富汗"伊斯兰国"，塔拉基的"四月改革"以来颁布的所有法令、法律和宪法都被废止，司法部门做出的所有判决都必须以哈乃斐判例为唯一根据。一个掌握生死大权的特殊法庭负责铲除所有的共产主义残余、执行宗教仪式并惩罚与宗教不符、反伊斯兰的行为。阿富汗还实施了严格的审查制度、关闭了电影院、采取性别隔离、强制女性佩戴面纱。一夜之间，女主播就从电视和广播中消失了，女教师和女公务员也被解雇。文化部长对公共图书馆、中学和大学里的"无神论"和"泛伊斯兰"出版物进行了大清洗。随后，最高法院颁布了《妇女面纱条例》，规定"如果一个喷了香水的女人经过一群男人面前，那她将被认定为是奸妇"，"（女人）不得穿发出声响的衣物"，以及"（女人）不得看陌生人"。[53]

与此同时，喀布尔和其他阿富汗南部中心城市的法治秩序，被涌入的数千名全副武装的地方武装人员破坏。数百名被怀疑是共产主义同情者和人民民主党党员的人被枪决，他们的尸体就在路边腐烂。苏联时期修建的基础设施都被破坏或烧毁，甚至连电车都被点燃，电线也被扯断。办公室和民宅被强征或是洗劫，居民在枪口下被赶出。冬天来临时，上千棵大树被砍作燃料，将诸如巴格－巴布尔莫卧儿花园这样绿树成荫的地方变成了荒原。

在首都，11 个独立的派系占领了城市不同的区域，类似的情况也发生在坎大哈、贾拉拉巴德和其他中心城市。他们的指挥官在统治乡村地区时很少考虑中央政府的意见，攫取财政收入，擅自征税，粗暴执法，通常包括酷刑折磨和任意处决。在市中心和阿富汗南部的高速公路上通行充满了危险，因为地方武装设置了很多非官方的检查站，搜查共产主义者的车辆并向摩托车、出租车、公交车和卡车驾驶员们收费。喀布尔—贾拉拉巴德的高速公路尤为危险，有时歹徒会把公交车上的哈扎拉人和潘杰希尔人带下车，在路边就地处决。指挥官之间频繁的地盘争夺，让安全局势更加恶化。

喀布尔沦陷后，上千名难民开始返回乡村。在那里，他们面对着很多艰巨的事务，如重建被毁的房屋、开垦多年未耕种的土地、重建果园和葡萄园，恢复灌溉系统，同时还必须处理危及生命的危险，如地雷和未燃爆的炸弹。在拉巴尼政府的领导下，鸦片产量持续上升，阿富汗人民对鸦片和海洛因的成瘾也在扩大。[54] 此时还开展了一项国际紧急救援工作，重点是以工作换粮食、免疫接种、基础保健、修复灌溉设施以及清除地雷。资金的缺乏和法制的崩溃阻碍了援助工作的开展。在频繁的派系火拼中，联合国和非政府组织的办公室一再遭到袭击，外籍员工不得不匆匆撤离到巴基斯坦。在乡村，指挥官们抢劫了援助车队，还向联合国和国际红十字会的飞机开火。在楠格哈尔，忠于奥萨马·本·拉登的地方武装冷血地处决了两个联合国外籍员工和他们的阿富汗同事。

在圣战分子掌权后的几周内就出现了恶性通货膨胀，政府印制了越来越多的货币，阿富汗尼几乎一文不值。很快，巴基斯坦卢比和美元成了更受青睐的货币。杜斯塔姆将军后来印制了自己的货币，但是喀布尔政府拒绝兑现。希克马蒂亚尔切断了萨罗比大坝供应的电力，向城市发射火箭弹，还封锁了首都的主要补给线喀布尔—贾拉拉巴德的高速公路，这些举动都加重了喀布尔人的苦难。

一些指挥官的确也在试图重建法律与秩序，并提高普通民众的生活条件。赫拉特在伊斯梅尔·汗的领导下安全局势良好，他利用伊斯兰卡拉边境哨所的海关收入封锁了赫拉特到伊朗边境的主要道路。他还将伊朗的电网接入赫拉特。虽然伊斯梅尔·汗是一个伊斯兰主义者，但是巴德吉斯的女子小学和中学仍然开放，女教师也在继续教学。在北部，杜斯塔姆重新开发了希尔比干和马扎里沙里夫的市中心，并将希尔比干的天然气管道延伸到了马扎里沙里夫，资金来自乌兹别克斯坦和土库曼斯坦边境的海关税收、希尔比干和萨尔普勒的油气田收入，以及德赫达迪的化肥厂和发电厂收入。1996 年，杜斯塔姆成立了巴尔赫航空公司，由英国飞行员执飞，机型是老旧淘汰的 BAC1-11 客机，穿着短裙的英国空姐也在当地引发了轰动。在马扎里沙里夫和希尔比干，穆贾迪迪的伊斯兰化遭到了无视，从乌兹别克斯坦进口的啤酒和红酒可以公开售卖。但是伸张正义的方式是武断的，帕拉万人因其酷刑、监禁、即刻处决以及绑架年轻人而臭名昭著。在伊斯兰民族运动联盟中，伊斯兰促进会的塔吉克和突厥分支、杜斯塔姆的乌兹别克人和他的旗帜派及人民派盟友三者间的政治关系紧张。忠于希克马蒂亚尔的伊斯兰真主军的普什图人也和伊斯兰促进会与杜斯塔姆在巴尔赫、肖尔加拉、梅马内、昆都士和巴格兰省的地方武装产生了冲突。

担任临时政府领导两个月后，穆贾迪迪试图继续任职，但是马苏德的潘杰希尔人阻止了他，拒绝他进入总统府的办公室。拉巴尼的总统任期本来商定为 4 个月，到期后又被他延长了，这就违反了《白沙瓦协议》。对此，被任命为总理但仍拒绝前往白沙瓦的希克马蒂亚尔朝首都发动了毁灭性的火箭弹攻击，导致约 2000 名平民死亡，造成了大面积的破坏。作为报复，政府军轰炸了伊斯兰真主军在查哈尔阿西亚布和洛加尔的据点。

白沙瓦外部落领地上的海洛因交易。到 20 世纪 80 年代中期，海洛因唾手可得，很多难民、圣战分子和巴基斯坦人都沉溺于海洛因、鸦片和大麻。

1992 年 12 月末，拉巴尼召开了一次协商会议，参加的都是伊斯兰促进会的支持者，会议投票决定延长他的国家元首任期。杜斯塔姆、阿富汗伊斯兰统一党和普什图伊斯兰政党没收到参会邀请，其他人也纷纷抵制或走上街头抗议。这次协商会议在首都引发了另一轮战斗。杜斯塔姆和伊斯兰促进会在喀布尔东部交战，而阿富汗伊斯兰统一党与马苏德的潘杰希尔人则在城西发生了冲突。这些战斗都是肆无忌惮的，所有的派别都对居民区使用了火箭弹、迫击炮、火炮炮弹和坦克炮弹。成千上万的平民丧生，喀布尔南部大片土地沦为废墟。数十万喀布尔人逃离城市，一些人朝北去了相对安全的马扎里沙里夫，其他人最后到了贾拉拉巴德外一个广袤的、缺乏水源、蝎子出没的营地。与此同时，哈扎拉人设法逃到了巴米扬，住在城镇边缘的山洞里。

《白沙瓦协议》失败后，沙特阿拉伯和巴基斯坦的官员尝试调解参战各方的关系。1993 年 3 月，主要的圣战组织签署了第二份权力分享协议，即《伊斯兰堡协议》。这份协议让拉巴尼的阿富汗总统职位有了合法性，希克马蒂亚尔继续担任总理，且拥有了更大的权力，他现在一个人就可以任命内阁部长。各方都同意停火，还成立了一个联合国防委员会并制定了一个不可能完成的使命：将敌对的地方武装整合成一支国家军队，否则就将其解散，同时还要保证"阿富汗所有的道路都开放供正常使用"。沙特甚至将缔约的各方空运到麦加，让他们在那里对着克尔白宣誓遵守协议。协议达成后，马苏德自愿辞去国防部长职务，撤回了贾巴尔萨拉杰，开始计划与希克马蒂亚尔的最后较量。

协议让首都饱受炮弹袭击的居民过上了几个月的平静生活，但高速公路上的乱象依然没有改变。希克马蒂亚尔依然拒绝前往喀布尔，但是他任命了政府部长，还在查哈尔阿西亚布召开了多次内阁会议。1993 年 11 月，马苏德为了打破希克马蒂亚尔对喀布尔—贾拉拉巴德道路的控制，对他的据点发动了一次不成功的袭击。杜斯塔姆利用他的这次失败攻击了伊斯兰促进会，驱逐了所有来自马扎里沙里夫和昆都士的支持者，但也失去了对关键港口和铁路枢纽的

纳斯希尔·巴赫格难民营的一所小学。在苏联扶持的喀布尔政府统治时期，教育成了另一个战场。圣战者在难民营和阿富汗设立了一些运营的学校，主要目的是给下一代灌输圣战思想，而不是教育他们。

1996 年春天，喀布尔老城的战后废墟。圣战组织与杜斯塔姆将军的乌兹别克地方武装之间激烈的战斗导致喀布尔南部、西部和中心地区被摧毁，数千名平民丧生。

控制。随后杜斯塔姆和希克马蒂亚尔出乎意料地结成了联盟，1994 年 1 月，他们在喀布尔攻击了马苏德和伊斯兰促进会。但是这场赌博失败了。伊斯兰促进会控制喀布尔机场时，杜斯塔姆撤出了萨朗山口，从此刻起，他成了威拉亚特 - 萨马尔，即北部省份的实际独立统治者。

1992—1994 年发生的派系战争，使喀布尔看起来就像第二次世界大战中大轰炸后的伦敦。根据国际红十字会的数据，大约有 2 万—3 万名平民丧生，数千人受伤。种族和宗派仇恨加剧了这场战争，其间还发生了多起暴行，包括大规模处决、强奸、酷刑、抢劫和对居民区的肆意轰炸。在一些情况下，犯人甚至被活活烧死；还有人被关在集装箱中窒息而亡。莫卧儿王朝第一位皇帝扎希尔·丁·巴布尔、埃米尔贴木尔·沙阿、纳迪尔·沙阿国王以及苏丹穆罕默德·泰拉等人的陵墓都遭到严重破坏，阿曼努拉·汗的官殿以及达尔阿曼和帕格曼的政府大楼也被损毁。喀布尔博物馆被迫击炮击中，上层的建筑被烧毁，很多无价之宝被洗劫一空。

国际社会无力阻止这样的无政府状态，苏联已经撤军、前苏联政府也已垮台，美国和西方国家对阿富汗已经毫无兴趣。原因之一是在 1990 年，希克马蒂亚尔和拉巴尼都宣布在第一次海湾战争中支持萨达姆·侯赛因，而不是美国，尽管保王党穆贾迪迪和皮尔盖拉尼象征性地派出一支 300 人的队伍加入了美国领导的联盟。美国布什政府非常厌恶圣战分子的忘恩负义，是中央情报局将他们武装起来，并在苏联占领期间支持圣战。作为报复，美国和北约国家削减了对拉巴尼政府的军事援助和人道主义援助，转而将资金用到阿富汗战争和随后的重建计划上。到 1994 年末，阿富汗再次面临着经济和政治的崩溃，阿富汗国内外的观察家都严重怀疑，这个国家是否将分裂为多个民族的小国。

第十四章

塔利班与美国入侵阿富汗（1994—2017）

> 当人们在错误之上堆砌时，堆砌的越多，制造的废墟就越大。
>
> ——托马斯·霍布斯：《利维坦》
>
> 对我们来说，阿富汗被摧毁了……它正在变成毒药，对于我们和世界上所有其他人都是如此……或许有一天（美国人）将不得不派出几十万军队来应对。如果他们踏入，将难以自拔。在阿富汗，我们有一个埋葬英国人的墓地。我们有一个苏维埃墓地。之后，我们将有一个埋葬美国人的墓地。
>
> ——阿卜杜勒·哈克·艾萨拉

至1994年夏，阿富汗的混乱最终使巴基斯坦三军情报局相信，希克马蒂亚尔不大可能占领喀布尔，更没机会在巴基斯坦指导下统治阿富汗。但是，巴基斯坦没有与拉巴尼政府重修旧好，反而将它视为对己不利，巴基斯坦三军情报局继续寻求从前殖民时期的普什图范例来解决问题。为了在普什图圣战者中寻找潜在同盟，巴基斯坦三军情报局抵达奎达。在那里，一小群来自坎大哈和阿富汗西南部的吉尔扎伊人对当地的毫无法纪的状态感到不安，他们团结起来，采取单边行动反对指挥官，保护当地居民。

塔利班的崛起及其宗教影响

这些人都是反对苏联占领时期的圣战老兵，曾经为一个或另一个白沙瓦伊斯兰逊尼派作战。其中许多人在战争中受过伤，包括首领毛拉·奥马尔，他曾身受重伤，失去右眼。这群人试图将自己与圣战者划清界限，认为后者不仅背叛了阿富汗人，也背叛了伊斯兰教，他们称自己为塔利班（在普什图语中意为"伊斯兰宗教学校学生"），他们都曾经是阿富汗南部、卡拉奇或西北边疆省的穆斯林学院的学生。位于白沙瓦—阿塔克公路阿克拉卡塔克镇的达鲁尔·乌鲁姆·哈卡尼亚学院在塔利班伊斯兰观和伊斯兰国家观的形成中起到尤其重要的作用。其创始人毛拉阿卜杜勒·哈克[1]，曾在德奥班德的达鲁尔·乌卢姆学院受训，是图朗扎伊人哈吉·萨希布（Hajji Sahib of Turangzai）皮尔的追随者，后者于 1897 年和 1915 年领导了两次反对英国统治的边疆叛乱，并且是阿卜杜勒·加法尔·汗领导的非暴力抵抗运动的一位重要支持者。派系分裂之前，阿卜杜勒·哈克成为伊斯兰贤哲会的创始成员。

1947 年，派系分裂之后，阿卜杜勒·哈克返回家乡阿克拉卡塔克，在那里建立了达鲁尔·乌鲁姆学院的巴基斯坦分支。1970 年，阿卜杜勒·哈克被选入巴基斯坦国民议会。苏联占领阿富汗后，他发布一道法特瓦，宣布白沙瓦逊尼派伊斯兰圣战者具有合法性，他还积极为圣战者筹集资金，为战争孤儿和赤贫难民的孩子们提供宗教学费。作为伊斯兰贤哲会的一名领导成员，阿卜杜勒·哈克在支持齐亚·哈克将军的军事政变中起到主要作用，他还是齐亚计划将巴基斯坦宪法伊斯兰化的幕后推动力量之一。

阿卜杜勒·哈克于 1988 年离世，其子萨米·哈克继位，他推行更加好战的伊斯兰教和伊斯兰化愿景，其理论基础是圣战永无止境且义不容辞。作为伊斯兰贤哲会分裂派系的领袖，萨米也在巴基斯坦政治生活中起到主导作用，作为主要提议人，他提出的法案导致巴基斯坦宪法伊斯兰化以及有争议的《亵渎神明法》通过。萨米发表的作品包含对西方世界秩序、以色列国、共产主义和男女同校的攻击。他发布了一道法特瓦，谴责什叶派、伊斯玛仪派和卡迪亚尼派为非穆斯林，呼吁巴基斯坦全体成年穆斯林为圣战而受训。塔利班成功征服阿富汗后，萨米吹嘘毛拉·奥马尔定期向他请教，这一说法误导了西方媒体将其称为"塔利班之父"。[2]

塔利班很多领导人都曾经在位于阿克拉卡塔克的阿卜杜勒·哈克的穆斯林学院中学习，但这一组织一直主宰自己的发展。尽管美国和北约后续尝试用国际恐怖主义将阿富汗塔利班污名化，但这一组织所倡导的运动一直是宗教 - 民族主义性质，不同于"基地"组织和"伊斯兰国"。塔利班本质上是普什图人抵抗国家统治传统的最新化身，该组织信奉传统神秘主义和千年主义，以及普什图瓦里的习惯法。

但是，塔利班不同于以白沙瓦为基地的逊尼派圣战者，他们的伊斯兰观和"伊斯兰国"模式植根于印度次大陆而非沙特阿拉伯瓦哈比派或埃及的穆斯林兄弟会。另外，也不同于希克马蒂亚尔和马苏德，大多数塔利班成员没接受过世俗教育，他们完全是与世隔绝的穆斯林学院的产物，其领导层和支持者来自被边缘化的乡村和游牧部族普什图人，处在部族社会的底层。例如，毛拉·奥马尔的父亲是一位赤贫的佃农，其他塔利班成员是战争孤儿、贫穷难民的孩子，或者游牧民，因战争破落致贫或被强迫选择定居生活，在俾路支斯坦难民营的边缘勉强维持一种飘摇的存在。

塔利班早已与萨米·哈克和巴基斯坦伊斯兰贤哲会建立了牢固的联系。由于塔利班人数少，军事力量相对较弱，巴基斯坦三军情报局相信自己可以轻易操纵该组织的政治议程，以恢复巴基斯坦在阿富汗南部的影响力。1993 年回国的巴基斯坦总理贝娜齐尔·布托也希望塔利班能够恢复查曼—坎大哈—赫拉特公路的安全，并开通巴基斯坦、土库曼斯坦和乌兹别克斯坦之间有潜在利润的贸易线路。这将使修建自土库曼斯坦的输油管线成为可能，为巴基斯坦提供廉价的天然气和石油。由于圣战者掌权，这个跨亚洲愿景不可能实现了，因为坎大哈被交战派系分割，指挥官们在查曼—坎大哈公路建立了几十个关卡，抽取高额过路费，频繁掠夺卡车和乘客。

巴基斯坦官员试图通过谈判获得第一批陆路车队的通行安全，结果因坎大哈的舒拉索要过高费用作为安全通行的回报导致谈判破裂。巴基斯坦三军情报局开始为塔利班提供大量现金和武器，以回报他们清除主要公路关卡的承诺。1994 年 10 月 12 日，塔利班猛攻伊斯兰党盘踞的斯宾巴尔达克的边防哨所。几周后，一个车队出发前往坎大哈，巴基斯坦三军情报局一位上校指挥着身穿便衣的巴基斯坦军队人员负责押运。当控制着坎大哈机场的派系扣押卡车时，巴基斯坦三军情报局召来塔利班，赶走军队，杀死其指挥官，并将尸体挂在油桶上。11 月 5 日，据说巴基斯坦三军情报局向坎大哈最有权势的指挥官毛拉·纳吉布支付了 150 万美元后，坎大哈沦陷。12 月，由于坎大哈一查曼公路上交通运输畅通无阻，第一批满载乌兹别克棉花的巴基斯坦卡车抵达奎达。

坎大哈的沦陷，标志着塔利班由一支人数少、轻武器配备的军队，转变为配备有俄罗斯坦克、大炮、直升机甚至几架米格喷气式飞机的主要军事力量。巴基斯坦三军情报局继续用卡车运入军火，为塔利班提供数百辆移动迅速的小货车和几乎源源不断的现金，萨米·哈克则号召边境地区的穆斯林学院派塔利班成员加入圣战。大约几周内，塔利班队伍增加到约有两万名志愿者。由于阿富汗南部军事力量平衡发生改变，包括杜兰尼人在内的许多圣战者指挥官和部族领袖承诺效忠塔利班。这一过程的一个关键推动者是阿卜杜勒·艾哈德·卡尔扎伊，他是波帕尔扎伊宗族的头领，萨多扎伊王室是该宗族的一个分支。卡尔扎伊的父亲曾在国王查希尔·沙阿统治时期任国民议会副议长，他的儿子哈米德·卡尔扎伊曾担任拉巴尼政府的外交部副部长，直至被控为伊斯兰党和巴基斯坦三军情报局从事间谍活动而遭马苏德逮捕。事出偶然，哈米德·卡尔扎伊在一次特别激烈的喀布尔轰炸中越狱并逃往奎达，在那里，他和他的父亲公开支持塔利班，并开始为该组织提供现金和物流支持。

坎大哈陷落后，奥马尔家乡乌鲁兹甘省及查布尔省毫无抵抗而失陷，塔利班遭遇的唯一抵抗来自赫尔曼德省吉里什克指挥官。在造成双方重大伤亡的血腥冲突中，塔利班再次获胜，他们乘胜穿过赫尔曼德，袭击辛丹德空军基地，结果被伊斯梅尔·汗打败。另一支派往加兹尼公路的纵队取得更多的胜利，1995 年 2 月初，塔利班从伊斯兰党手中夺取瓦尔达克省府迈丹城。一周后，希克马蒂亚尔放弃喀布尔南郊的查哈尔亚希卜区和普勒阿拉姆区。大约 5 个月后，塔利班控制了阿富汗南部从赫尔曼德至巴基斯坦边境，以及从坎大哈至喀布尔郊区的主要公路。

塔利班的突然崛起，令拉巴尼总统和马苏德大吃一惊，虽然起初他们希望能够与该组织结成同盟，一起打败希克马蒂亚尔。然而，塔利班取得的军事胜利愈发令毛拉·奥马尔坚信自己肩负神的召唤，要解救阿富汗于暴政之中，并建立一个"真正"的伊斯兰政府。他声称看到先知穆罕默德，并得到圣战许可，这种说法强化了他的信念。因此，毛拉·奥马尔拒绝了拉巴尼的提议，并要求他的政府辞职，要求马苏德投降。马苏德并没响应，相反，1995 年 3 月，马苏德加强了对阿富汗首都的控制，并袭击了阿富汗伊斯兰统一党占领的钱德瓦尔和德马赞郊区。

为避免失败，阿富汗伊斯兰统一党首领阿卜杜勒·阿里·马扎里与塔利班达成协议。塔利班提供对抗马苏德的军事援助，作为回报，马扎里交出喀布尔南部一些据点，但是，因为阿富汗伊斯兰统一党内敌对派系拒绝协议，计划产生了相反的效果。塔利班试图占领哨位时，哈扎拉人开火，射死射伤数百名塔利班战士。之后，马苏德攻取阿富汗伊斯兰统一党阵地，他手下的潘杰希尔人继续杀戮、抢掠和奸淫的狂欢，将塔利班赶出查哈尔亚希卜区。塔利班以对首都持续的火箭弹攻击作为回敬，再次造成数百名平民死亡以及更多的破坏。不幸的马扎里被塔利班抓获、折磨、公开羞辱，最后被从直升机上扔下——尽管塔利班的说法是坠机。他的尸体最终被移交安葬于其家乡马扎里沙里夫，在那里，他的陵墓迅速成为什叶派的一个重要神殿。马扎里死后，阿富汗伊斯兰统一党分裂为三个敌对派系，由喀布尔的基齐勒巴什人赛义德·阿克巴领导的党派加入了塔利班。

受到马苏德胜利的鼓舞，1995 年秋，伊斯梅尔·汗在赫拉特对赫尔曼德的塔利班阵地发动攻击，却以混乱的溃败收场。1995 年 9 月 5 日，塔利班几乎未遇抵抗就进入赫拉特，伊斯梅尔·汗逃往伊朗。赫拉特陷落的消息传到喀布尔，一群约 5000 人的伊斯兰贤哲会支持者焚烧和劫掠了刚搬迁至原英国公使馆宅邸的巴基斯坦大使馆。暴民罢手时，寇松勋爵宏伟的新古典主义建筑，作为英国财富、权力和帝国威望的象征，已经变成了一个黑色的外壳。塔利班持续攻击，夺回查哈尔亚希卜区，占领贾巴尔，攻击喀布尔郊区的布特哈克（But Khak）。另一支塔利班部队占领了喀布尔西南的里什霍尔陆军基地。鏖战之后，马苏德最终逼退了塔利班，但退守的距离还不够远，已饱受战争摧残的首都无法阻止另一轮火箭弹袭击。

1996 年春天，阿富汗实际上被分成三个敌对政府，毛拉·奥马尔在坎大哈召集舒拉会议，"杜兰德线"两侧的上千"乌拉玛"和塔利班成员参加了集会，寻求将其职位合法化，成为塔利班乃至阿富汗的头领。历时两周的辩论后，大会赞同延续塔利班的圣战，压制了主张终结内战，和伊斯兰贤哲会谈判达成权力共享协议的温和的声音。大会随后拥立毛拉·奥马尔为阿富汗伊斯兰酋长国的埃米尔。为加强其精神上的合法性，埃米尔·奥马尔身裹凯尔卡·谢里夫斗篷出现在集会人群面前，对他的很多狂热追随者来说，这一行为证实了他的神秘身份。但是，一些塔利班成员视奥马尔的举动为一种傲慢，等同于亵渎，仿佛意大利总统候选人身披都灵裹尸布，试图获得天主教徒的选票。在摆出这一戏剧性的姿态后，毛拉·奥马尔愈发离群索居，生活在遗迹废墟附近，只允许最信任的顾问接近他。

塔利班意想不到的军事成功，重创了希克马蒂亚尔的军事机器。面对政治覆灭和失败，希克马蒂亚尔终于同意来到喀布尔，与拉巴尼和马苏德分享权力——这一决定形同登上撞击冰山后的泰坦尼克号。1996 年 6 月末，希克马蒂亚尔抵达喀布尔时，迎接他的是一连串来自塔利班前沿阵地的毁灭性的火箭弹。希克马蒂亚尔在首都的现身加剧了他与马苏德早已恶化的关系。仅仅几周，两人就发生争执。8 月，塔利班攻克阿富汗伊斯兰统一党在帕克蒂亚和帕克蒂卡的基地，马苏德拒绝派援军保卫这些前哨。这个决定在战术上是正确的，因为那样做会使他的资源不堪重负，使喀布尔遭受塔利班袭击。另外，马苏德意识到派遣数千名配备重武器的潘杰希尔人进入南部的部族地区，会引起普什图部族领袖的反感，不可避免地导致更多人叛逃至塔利班。相反，马苏德加强了萨罗比的防御，该地是希克马蒂亚尔最后的据点，也是从东面进入喀布尔的门户以及前往潘杰希尔和达曼山脚的后门。然而，希克马蒂亚尔对马苏德的决定极其不悦，声称这位潘杰希尔领导人有意回避对伊斯兰统一党的支持，企图进一步削弱他的军事武装。

有传言称，楠格哈尔舒拉首领哈吉·卡迪尔同意交出城镇，以换取几百万美金和前往巴基斯坦的通行安全。1996 年 9 月 11 日，传言贾拉拉巴德落入塔利班之手，不战而降。几天后，塔利班攻占库纳尔和拉格曼，并推进至喀布尔—贾拉拉巴德公路。9 月 24 日，塔利班到达萨罗比，在那里突然夜袭马苏德和希克马蒂亚尔前线最薄弱的部分。数百名加齐勇士自愿步行穿过布防雷区，引爆地雷，炸毁自己，为军用车辆和步兵扫清道路。令人猝不及防的是，马苏德的士兵虽然勇敢战斗，结果却因希克马蒂亚尔的军队加入塔利班，调转枪口对准了他们，士兵们不得不四散奔逃。

喀布尔的沦陷和塔利班的伊斯兰化计划

萨罗比的沦陷引起了喀布尔的恐慌，因为再有几小时，塔利班就能抵达城郊。出于对血洗的恐惧，联合国和国际红十字会仓促撤离全部外国救援人员，喀布尔人带上能带走的所有财产，乘坐一队队的公共汽车、轿车和出租车向北逃亡。马苏德判断，守住首都是不可能的，1996 年 9 月 26 日晚至 27 日凌晨，他成功地将他的潘杰希尔人撤退到恰里卡尔。9 月 27 日下午，塔利班几乎畅通无阻地进入首都。一进入首都，塔利班无视联合国开发计划署的外交地位，闯入其驻地，抓捕前政府领导人纳吉布拉和他的兄弟及司机，接着折磨、阉割并拖在小卡车后面穿过街道。他们最后被枪杀，尸体被悬挂在新城的交通信号灯上。几天后，他们的尸体被移交给国际红十字会，最终埋葬于纳吉布拉家乡的加德兹镇。又过了几天，塔利班缺席宣判杜斯塔姆、马苏德和拉巴尼死刑。

控制首都后，塔利班立刻实施比拉巴尼总统时期更加严厉的伊斯兰法律，阿富汗仿佛成了边疆地区的一所穆斯林学院。惩恶扬善办公室最初是由穆贾迪迪于1992年建立的，他们仿照沙特阿拉伯的宗教警察，在街上巡逻，执行严厉的规定，强制参加祈祷，对违反新规者实施鞭刑。电视和音乐节目被禁止，除了无伴奏宗教圣歌。喀布尔电台更名为伊斯兰教法电台。大部分体育娱乐活动，以及诺鲁孜新年庆典被取缔，塔利班认为其不属于穆斯林习俗。

男人和女人们必须遵守严格的行为规范。成年男性必须蓄胡须，修剪胡须会遭受鞭刑。禁止穆斯林民众穿着西方服饰，外国人不允许穿当地服装。这些规矩不可避免地对女性施加最严厉的约束。披面纱制度被严格执行，除非有男性家人陪同，原则上女性不得走出家门。女校被关闭，妇女被从行政部门解职，不同性别严格隔离。外国援助机构被迫做出复杂安排，以遵守这些女人与男人隔离的规定的同时，使女性员工得以继续工作。包括为男性和女性提供各自的办公室、通道门甚至大楼。一些女员工最终只得在家办公，一些被解雇的员工幸运地继续领到工资。由于经济千疮百孔和恶性通货膨胀，连基本商品都出现短缺或者超出普通民众的支付能力，因塔利班的隔离法规，被解雇的女性政府雇员就陷入困境。卫生部门尤其受到隔离法规的严重影响，因为在阿富汗几乎没有专门的妇女医院，女医生也相对较少，尤其是妇产科医生。男性医务人员禁止看到、更不用说碰触女性，把脉或测体温变得不可能，也无法使用听诊器诊断疾病。这导致医院里出现一种十分滑稽的场面，男医生为女性诊断时，女患者坐在帘子后面回答医生的问题。

西方援助机构和塔利班的紧张和冲突频繁发生，后来事态变得国际化，美国女权多数人基金会指责塔利班的规定为"性别隔离"。最后，几个国际组织关闭它们的项目，拒绝遵从有关隔离的法条。随着国际社会对塔利班性别政策的谴责愈发强硬，意识形态分歧的两派激进分子故意策划对抗，以证明自己的观点。

在喀布尔，人们对这种社会限制特别不满。但是在农村和普什图部族地带，性别隔离大多一切如常，因为女性遮蔽身体和严格的性别隔离是常规。另外，尽管阿富汗城市居民和中产阶级厌恶塔利班严苛的规章制度，在拉巴尼的混乱时代后能恢复法律和秩序还是令人欣慰的。塔利班撤销了非法关卡，他们设立了自己的关卡以维护新的社会法令，公路旅行变得安全了。西方援助机构不喜欢塔利班的性别政策，但他们发现向穷困的农村地区运送紧急救援物资变得安全和容易了。甚至那些私下里嘲笑塔利班为"赤脚土包子"的受过教育的阿富汗人也不情愿地承认，治安状况的确改善了，他们的女儿被圣战者指挥官抢去的风险减少了——当然，条件是，她们得遵守塔利班的规定。

喀布尔的沦陷沉重打击了伊斯兰贤哲会和马苏德。为阻止敌人的进一步推进，马苏德、杜斯塔姆和阿富汗伊斯兰统一党搁置分歧，组成对抗塔利班的联合阵线，称作"北方联盟"。伊朗人担心塔利班会将圣战蔓延到呼罗珊省，于是将伊斯梅尔·汗偷运回巴德吉斯省，他在那里巩固杜斯塔姆的西面侧翼。杜斯塔姆的处境却变得不妙了，他与帕赫拉万人（pahlawans）的联盟开始解体，杜斯塔姆的土库曼和乌兹别克盟友遭遇身份不明袭击者的一系列伏击，1996 年 6 月，帕赫拉万人的首领拉苏尔·帕赫拉万（Rasul Pahlawan）遇刺。

根据来自马扎尔的消息，拉苏尔的死是被其处决的保镖的一名亲属的个人复仇行为，但拉苏尔野心勃勃的同父兄弟马利克·帕赫拉万指控杜斯塔姆为幕后主使。为了推翻杜斯塔姆，马利克向赫拉特的塔利班寻求帮助。作为不反对塔利班的穿越穆尔加布走廊的军事行动的回报，马利克获得 20 万美元以及将成为帕尔万行省领导人的承诺。1997 年 5 月，伊斯梅尔·汗被马利克诱至梅马内，遭到塔利班特工逮捕。随后，马利克军队包围梅马内要塞的杜斯塔姆军队，强迫他们投降并升起塔利班的白色旗帜。

杜斯塔姆开始时不相信马利克已经向塔利班敞开大门的消息，当他被告知数百辆载满塔利班成员的小货车正快速穿过达什特来利镇向希比尔甘行进时，他匆忙赶到该地组织防御，结果遭到控制着萨朗山口的昔日盟友巴希尔·萨兰吉的背叛。他接受了塔利班的大笔贿赂，在塔利班大举穿过萨朗隧道时袖手旁观。塔利班军队从东西两侧挺进希比尔甘和马扎尔后，杜斯塔姆逃至乌兹别克斯坦，后来设法进入土耳其。

1997 年 5 月 25 日，塔利班武装开进马扎尔。显然，不久掌权的是塔利班而不是马利克。就塔利班而言，马扎尔是一个比喀布尔更大的异教徒中心，它不仅是帕尔恰米人和卡尔奇人最后的避难所，也是阿富汗最具社会自由的中心城市。塔利班着手改变这种状况，在枪口下强制人们严格遵守伊斯兰法律。所有学校和大学被关闭，实施严格的女性遮蔽制度，塔利班逐门逐户砸烂电视机、录像机和播放机，拆除卫星天线，将酒水倒入沟渠。民众们，无论什叶派、伊斯玛仪派还是逊尼派，都被赶入清真寺进行祈祷。但是，当塔利班试图解除阿富汗伊斯兰统一党哈兹拉人武装时，后者进行了还击，并得到马利克和杜斯塔姆军队的支援。陷入陌生城市的狭窄小巷中，塔利班毫无机会。射击停止时，数百名塔利班士兵丧生，在杀戮中幸存的人或者投降或者被抓进监狱。之后，马利克将大部分囚犯装船运到遥远的达什特来利镇，蓄意而残忍地处死他们，抛尸于乱坟冈。在马扎里沙里夫，马利克的手下洗劫了联合国、非政府组织办公室和外国援助人员的住所，以庆祝他们的胜利。塔利班对马扎里沙里夫的占领仅仅维持了 3 天。

马利克很快重新控制了北部大部分地区，马苏德则炸毁萨朗隧道入口，切断塔利班的撤退路线。幸存的塔利班成员转而逃往昆都士，设法击退每一次驱逐他们的企图。尽管战事受挫，塔利班在兴都库什以外地区保住了一个据点。即便如此，塔利班此次战败代价惨重。数千人阵亡，包括几名重要指挥官，数百人被俘虏或被处决。塔利班还被迫放弃了数百辆车和大量军事装备。人员损失很快得到了补充，因为在萨米·哈克的催促下，巴基斯坦穆斯林学院派出几千名新兵跨过边境，巴基斯坦三军情报局和沙特阿拉伯情报部门为其补充了车辆和弹药。塔利班的失败也意味着巴基斯坦在阿富汗的军事战略失败和政治窘态。马扎里沙里夫陷落后，巴基斯坦、阿拉伯联合酋长国和沙特阿拉伯给予塔利班外交认可，尽管没有其他国家效仿。大屠杀后的清理中，发现几千具尸体和囚犯都持有巴基斯坦护照，根据消息灵通人士的当地信息来源，其中很多人持有巴基斯坦三军情报局和巴基斯坦军事身份证件。

大约几个月内，塔利班重新武装，实力得到了增强。8 月，他们强大到足以从赫拉特向梅马内发动第二次攻击，在东部，昆都士的塔利班军队在巴格兰省前伊斯兰统一党指挥官支援下，占领普勒库姆里和霍勒姆。马利克撤退了。随着塔利班逼近马扎里沙里夫，公众示威请愿，要求杜斯塔姆回归，9 月中旬他抵达时受到英雄般的欢迎。马利克大多数民兵叛变。几周后，杜斯塔姆在塔利班试图入城时，将他们击败。然后，杜斯塔姆控制了梅马内，马利克·帕赫拉万和其同父兄弟古尔·帕赫拉万逃往伊朗。

马利克的统治时间虽短暂，但对杜斯塔姆精心建立的脆弱的多民族联盟造成了不可估量的破坏。马利克对塔利班囚犯的冷血处决，以及随后将普什图游牧民逐出梅马内和萨尔普勒的行径，引起当地普什图社区的极度不满。杜斯塔姆竭力重建与这一社区的联系，公开谴责马利克的行为，为大屠杀道歉并允许剩余的塔利班囚犯返回家乡。杜斯塔姆甚至请求联合国和国际红十字会对达什特来利镇的杀戮进行战争罪调查。然而，难以弥补的伤害已经发生，此后，塔利班和北方联盟间的战争因种族仇恨愈演愈烈。

1998 年夏季，塔利班发动第三次攻击，进入法里亚布。攻陷卡依萨尔（Qaisar）时，他们有计划地抢劫了该居民点，将乌兹别克人和哈扎拉人抓起来，并与当地普什图人分开，然后在市镇广场上将他们处决。一共有约 600 名男人、女人和儿童死于这场屠杀。杜斯塔姆匆忙赶到梅马内，试图阻止敌人推进，结果阿富汗伊斯兰统一党利用他离开之机，控制了马扎里沙里夫。他们还袭击了巴尔赫的普什图飞地，在那里继续他们的奸淫和抢掠狂欢。在东部，伊斯兰贤哲会的阿塔·穆罕默德·努尔（'Ata Muhammad Nur）占领霍勒姆。杜斯塔姆退至希比尔甘，塔利班一路横扫法里亚布，再次屠杀数千名乌兹别克人和哈扎拉人。巴尔赫地区普什图族指挥官声明支持塔利班并攻击了杜斯塔姆武装力量，杜斯塔姆再次逃回乌兹别克斯坦。

1998 年 8 月 8 日，塔利班攻入马扎里沙里夫，他们为一年前战友的死展开可怕的报复。行刑队在什叶派和哈扎拉马哈拉（mahalas）地区逐门逐户阉割男性，割开他们的喉咙，暴尸街头喂狗。那些在沙依·马尔丹神庙寻求避难的民众在枪口下被赶出，被杀死或投入监狱。之后，塔利班误认为那是什叶派神殿，禁止民众前往沙依·马尔丹朝圣。阿拉伯圣战者，参与此次战役的奥萨马·本·拉登的附属组织，要求炸毁神殿，但即使是塔利班也不准备这么做。圣地不仅埋葬有埃米尔谢尔·阿里和王室家族的其他几位成员，而且普什图民众同乌兹别克人、塔吉克人以及哈扎拉人都尊重这个神殿。作为替代，马扎里的陵墓被炸毁夷为平地。一伙塔利班成员闯入伊朗外交使团，射死 8 名成员和一位伊朗记者。另有 5000 名囚犯被锁进船运集装箱发送到希比尔甘、赫拉特和坎大哈。由于不提供食物和水，很多人在途中死于饥渴和窒息。在马扎里沙里夫屠杀中，约 2000 人丧生，数千人在塔利班横行法里亚布和朱兹詹省时被屠杀。[3]

北方省的沦陷使哈扎拉贾特不可避免地落入塔利班的手中。一年多时间里，塔利班从南部封锁该地区，民众濒于饥饿边缘。马扎里沙里夫陷落后一个月，哈扎拉放弃抵抗。在赛义德·阿克巴里军队武装支援下，塔利班攻占巴米扬和亚考朗，洗劫烧毁集市，屠杀数百名哈扎拉人。截至 1998 年 9 月底，阿富汗大约 90% 的领土处于塔利班控制之下。绝望中，依然在巴达赫尚和潘杰希尔坚持抵抗的拉巴尼和马苏德同意接受来自俄罗斯、伊朗和印度的军事援助。在哈扎拉贾特，阿富汗伊斯兰统一党的卡里姆·哈利利退至巴尔赫河源头，杜斯塔姆的指挥官们则试图在山谷据点重整队伍。完全征服阿富汗似乎只是时间问题了。

一处墓地，巴米扬省。"这个时代最受压迫的烈士"墓地上方的一块标志，纪念塔利班屠杀了25名哈扎拉人，其中大部分是年轻人。

塔利班政府与美国的紧张关系

巴基斯坦催促美国和欧盟给予塔利班外交认可，声称塔利班已经在阿富汗恢复了法律和秩序，并将阻止鸦片种植。巴基斯坦还提出，美国公司将有望竞标计划中的跨亚洲油气管线。然而，西方国家尚未准备好承认一个曾因违反人权、宗族和种族屠杀，以及粗暴对待妇女而被人权组织和媒体谴责的组织。伊朗和乌兹别克斯坦担心塔利班可能入侵他们的国家，于是派增援部队前往阿富汗边境，伊朗甚至以大使馆人员死亡和保护什叶派民众为由，威胁打击阿富汗，惩罚塔利班。

尽管美国与塔利班政府没有任何正式外交关系，基地位于加利福尼亚、与沙特阿拉伯德尔塔石油公司有合作伙伴关系的优尼科公司，在坎大哈和喀布尔设立了办事处，开始与塔利班谈判修建土库曼斯坦—阿富汗—巴基斯坦油气管线合同事宜。其竞争对手阿根廷的布里达斯公司是巴基斯坦总理贝娜齐尔·布托的首选，该公司也在喀布尔设有分支机构。塔利班和土库曼斯坦政府充分利用这一竞争关系，挑拨两个竞争对手互斗。1995年10月，土库曼斯坦与布里达斯公司及优尼科公司签署谅解备忘录。但是，两年后，优尼科公司以中亚天然气管道集团的名义正式在土库曼斯坦注册，并实质上将布里达斯公司排除在管道项目以外。

优尼科公司成功的部分原因是它与沙特阿拉伯有联系，以及其雇用顾问与华盛顿和塔利班高层有联络。他们包括：美国驻巴基斯坦前大使罗伯特·奥克利、联合国阿富汗特派团的一位前成员、内布拉斯加大学阿富汗研究中心主任，以及巴尔赫出生的君主主义者、美国公民、曾任国务院南亚事务部顾问的扎勒迈·哈利勒扎德。在阿富汗国内，优尼科公司雇用哈米德·卡尔扎伊为毛拉·奥马尔和塔利班内部领导层的联络员。优尼科公司赠送给塔利班电脑、传真机和其他办公设备，并培训了一部分官员。1997年12月，优尼科公司为塔利班高官安排了一次美国游，其中包括会见国务院官员。据称，优尼科公司坎大哈办事处负责人为美国中央情报局提供奥萨马·本·拉登的活动轨迹，拉登作为塔利班的客人，生活在坎大哈，占据着公司对面的大院。

巴基斯坦和优尼科公司的共同影响，是美国国务院对塔利班的接管及其清教徒式的伊斯兰政权缺乏关注的一个重要因素。实际上，美国国务院甚至考虑重启在喀布尔的大使馆。就华盛顿而言，塔利班并不是那么糟糕，因为他们恢复了法律和秩序，塔利班施行的严厉的伊斯兰法规似乎也不是一个问题，至少开始时是这样。毕竟，美国在穆斯林世界最重要的盟友沙特阿拉伯施行更为严格的性别政策，并定期公开砍掉通奸者的头颅。马扎里沙里夫沦陷后，乌兹别克斯坦、土库曼斯坦和俄罗斯都警告美国国务院，那里存在地区冲突的风险，但华盛顿对伊朗军队援助阿富汗伊斯兰统一党、杜斯塔姆和北方联盟的做法表现出更多关注。1996年4月，美国助理国务卿罗宾·拉斐尔甚至出访坎大哈，与塔利班领导层举行多次会晤，并公开支持优尼科公司竞标油气管线项目。

1996年5月，在美国中央情报局向苏丹施压驱逐奥萨马·本·拉登后，他悄无声息地到达了贾拉拉巴德，楠格哈尔前圣战组织指挥官以及他在反苏圣战期间协助过的人对他表示了欢迎。⁴塔利班占领贾拉拉巴德后，本·拉登搬到了坎大哈，他的阿拉追随者们住在坎大哈机场附近的一个大院，然而，尽管塔利班声称他们"不会利用阿富汗人来发动恐怖袭击"，奥萨马仍继续他的反美活动。几个月后，中央情报局特工秘密访问了马苏德，希望说服他组织一场抢夺行动⋯⋯

直到1997年，玛德琳·奥尔布莱特成为国务卿，美国国务院采取了更为严厉的方式对付塔利班，但是主要是因为塔利班继续为奥萨马·本·拉登提供安全庇护，而非出于对他们的人权记录的考量。同年8月，本·拉登违背对毛拉·奥马尔的承诺，发布了两道法特瓦中的第一道：对美国宣战。10月的美国国会听证会上，国务院官员首次暗示对塔利班政策的改变，声明美国正在阿富汗寻求一个多民族、有广泛基础的政府。接下来的一个月，奥尔布莱特

巴米扬大佛。这座55米（180英尺）高的雕像及其以东相对较小的东大佛（38米）高耸于巴米扬河谷，巴米扬河谷曾经是一个主要的佛教徒定居点，横跨喀布尔和巴尔赫平原之间的两条古代贸易路线。

在参观纳西尔巴格的一所女童学校时，公开谴责塔利班"卑劣地对待女性，缺乏对人权的尊重"。[5]两个月后，优尼科公司赞助的塔利班代表团到访国务院时，原本预期美国计划恢复两国外交关系的代表们，却因他们的性别政策被教训，代表团空手而归。

1998年8月，"基地"组织袭击肯尼亚和坦桑尼亚的美国大使馆，美国国务院随即对塔利班采取更强硬路线。美国要求毛拉·奥马尔交出本·拉登接受审判，并向"基地"组织在霍斯特省和楠格哈尔省的基地发动导弹打击。袭击没能杀死本·拉登，但标志着美国与塔利班之间友好关系的终结，优尼科公司从阿富汗撤出，管线项目搁置。毛拉·奥马尔陷入美国和基地组织间的战争中，不愿意驱逐本·拉登，但同时美国导弹袭击不仅践踏了阿富汗主权，也是对塔利班的间接威胁。当沙特阿拉伯因本·拉登也是该国通缉犯而强烈要求塔利班将其交出时，毛拉·奥马尔就本·拉登被驱逐寻求了资深宗教人士的法律建议，虽然美国国务院似乎对这一事实一无所知，或者选择无视。基地组织发动袭击前不久，一个由资深沙特官员组成的代表团曾经访问坎大哈，试图说服毛拉·奥马尔引渡奥萨马·本·拉登，双方建立一个"乌拉玛"联合委员会，起草一份法特瓦，使驱逐本·拉登的行动合法化。作为回报，沙特人曾承诺，一旦本·拉登被移交或离开阿富汗，将提供数亿美元的援助。这笔援助资金是阿富汗急需的，因为阿富汗经济陷入绝境，国家再次陷入了饥荒。

奥萨马·本·拉登本应充分意识到沙特人的行动。实际上，袭击美国大使馆很可能就是为了迫使毛拉·奥马尔进入基地组织的阵营，因为本·拉登深知美国不仅仅会谴责他本人，还会因支持恐怖主义而谴责塔利班。如果是这样的话，本·拉登的策略获得了彻底的成功。毛拉·奥马尔试图与美国讨价还价，提出用引渡本·拉登换取对其政府的外交认可和粮食援助。但是华盛顿没有心情谈判，沙特阿拉伯提出的方案被推翻。之后，美国发起一系列安理会决议，对塔利班领导层实施旅行和经济制裁以及武器禁运，尽管巴基斯坦公然无视这些禁令。

在巴米扬大佛被塔利班摧毁之后，具有讽刺意味的是，这一行动引起了国际社会对这些雕像的关注，并为修复两座大佛投入了大量资金。在这一过程中，人们对它们的构造了解了更多，而质谱分析表明它们的出现比原来想象的要晚得多。小佛像是第一个被建造的佛像，可以追溯到公元 550 年；大佛像则来自公元 615 年。

　　美国在阿富汗南部实施导弹攻击后，几个资深塔利班领导人越来越担心塔利班运动的发展方向，担心国家主权落入本·拉登的阿拉伯人和巴基斯坦三军情报局之手。阿卜杜勒·艾哈德·卡尔扎伊和阿卜杜勒·哈克·阿尔萨拉决定替换掉毛拉·奥马尔，开始谋划政变，巴基斯坦三军情报局在阴谋实施前得到密报。1999 年 1 月，阿卜杜勒·哈克的妻子和孩子们在白沙瓦的家中沉睡时，被不明身份的刺客残忍谋杀。几个月后，阿卜杜勒·艾哈德·卡尔扎伊在离开奎达的一座清真寺时被枪杀。哈米德·卡尔扎伊接替父亲成为波帕尔扎伊首领，巴基斯坦当局通知他，不会续签他的居留签证。但是，哈米德·卡尔扎伊延续父亲的做法，会晤杜兰尼部汗王们、前圣战者指挥官以及杜斯塔姆和马苏德，试图废黜毛拉·奥马尔，建立一个基础更加广泛的政府。卡尔扎伊还前往伦敦和华盛顿，请求得到政治、资金和军事援助，但无人理睬他的呼吁。

毛拉·奥马尔越来越受到强硬派影响，因为本·拉登的存在成为这个资金短缺的政府主要的收入来源。最终，阿拉伯人和塔利班内部的极端分子说服毛拉·奥马尔连续公开展示自己对伊斯兰教的忠诚，以此反击西方国家拒绝承认其政府以及对阿富汗困境的冷漠。2001年3月，塔利班炸毁巴米扬大，推翻了毛拉·奥马尔先前发布的佛像是受保护历史遗迹的声明。4个月后，毛拉·奥马尔颁布一道法令，禁止阿富汗的所有外国公民吃猪肉、放音乐、做有违道德之事或诋毁政府。8月，8名外国志愿者遭到逮捕，被控改变他人宗教信仰，其中包括两名为基于信仰的救济机构"立即庇难国际组织"工作的美国女性。几天后，另外两家新教机构 IAM 和 SERVE 被关闭，他们的外籍员工也被驱逐出境。

"9·11"和"持久自由行动"

到2001年秋，本·拉登感觉自己地位稳固，足以直接干涉阿富汗内政。9月9日，两名化装成记者的突尼斯籍"基地"组织特工人员获准采访艾哈迈德·沙阿·马苏德。采访期间，他们引爆了藏在一台摄像机里的炸弹，将自己、马苏德和他的几个助手全部炸死。不幸的是，这是第一次但不是最后一次发生在阿富汗的自杀式炸弹袭击。两天后，2001年9月11日，19名阿拉伯人——大部分为沙特阿拉伯公民，劫持4架美国客机，其中两架撞向纽约世贸中心大楼，另一架撞向五角大楼，第四架飞机原打算袭击白宫，由于机上乘客与劫机者搏斗而坠毁在一片田野上。一共有超过3000人在"9·11"袭击中丧生，包括6名巴基斯坦公民，数千人受伤。

浓烟和火焰从五角大楼升起时，巴基斯坦三军情报局和巴基斯坦高级官员正与美国国务院官员在波托马克河对岸讨论抓捕本·拉登的联合行动。仓促撤离时，巴基斯坦和美国官员都直接目睹了他们有缺陷的阿富汗政策带来的悲剧后果。毛拉·奥马尔似乎也对本·拉登阴谋刺杀马苏德和他接下来对美国的袭击毫不知情。巴基斯坦三军情报局局长马哈茂德·艾哈迈德将军在几天后飞到坎大哈，根据他的说法，毛拉·奥马尔对战争的前景感到恐惧，并告知美国大使馆官员，塔利班对于该采取什么样的行动正在进行"深刻反省"。[6]一周左右后，艾哈迈德将军第二次到访，他建议美国官员"不要愤怒行事"，声称袭击威胁足以使塔利班为了自救而引渡本·拉登。艾哈迈德还警告美国国务院，"如果塔利班被消灭，阿富汗将回到军阀统治状态"。[7]

美国政府里没有人对塔利班的"深刻反省"感兴趣，因为处在本土遭袭击造成的愤怒和政治余波中，华盛顿已准备好大规模军事回应，外交是第一个受害的领域。艾哈迈德将军飞往坎大哈之前，伊斯兰堡的美国官员通知他，"9·11"已经改变了一切，"华盛顿绝没有与塔利班对话的意向"。[8]"9·11"后不久，乔治·W. 布什总统在国会的演讲表明，如果塔利班不立刻驱逐本·拉登和他的阿拉伯卫兵，并关闭阿富汗境内的恐怖分子基地，他们将与"基地"组织遭受同样命运。然后，布什总统猛烈抨击塔利班的人权记录、他们的性别政策以及伊斯兰资格。塔利班驻巴基斯坦大使毛拉·扎伊夫随后宣布该组织永不交出本·拉登，塔利班为与美国交战做好了准备，这个声明以及其他强硬派的类似言论让美国有了更充分的理由推翻塔利班。

然而，毛拉·奥马尔没法遵从美国的最后通牒，即使他想那样做。他知道本·拉登不会主动离开阿富汗，但他不敢冒与阿拉伯圣战者交战的风险，因为在托拉波拉，本·拉登控制着一系列戒备森严的深洞，如果塔利班袭击那里，将付出重大伤亡，并以失败告终。此外，如果与本·拉登交战，北方联盟很有可能借机反攻。而且许多塔利班成员，尤其那些来自萨米·哈克组织网络的人支持"9·11"袭击，可能会拒绝打击本·拉登。最后，毛拉·奥马尔选择支持本·拉登和他的阿拉伯圣战者，因为后者在苏联占领时期以及反对杜斯塔姆的行动中给了他支持。

为了找出摆脱窘境的办法，毛拉·奥马尔召集了第二次乌里玛会议，希望舒拉能够将驱逐本·拉登合法化。然而，许多聚集到坎大哈的乌里玛赞同基地组织的极端主义，认为本·拉登是穆斯林英雄而非恶棍。最后，会议只是发表了一个声明，对"9·11"中的逝者表示难过和遗憾，提出说服本·拉登主动离开。会议还呼吁联合国和伊斯兰合作组织对本·拉登在"9·11"事件中所起的作用进行司法调查。

这样的宣言根本无法令美国政府满意。在坎大哈舒拉会议召开之前，军事集结已经开始。10月初，美国驻巴基斯坦新大使温迪·J. 张伯伦去信艾哈迈德将军，要求他告知毛拉·奥马尔，如果拒绝美国的最后通牒，美国将"让塔利班领导人个人承担责任"，她还补充道："塔利班政权的每一根支柱都将被摧毁。"[9]在一份秘密备忘录中，国防部长唐纳德·拉姆斯菲尔德对美国政府政策的另一个动机做出解释，作为对其他可能打算包庇恐怖分子的国家的震慑，塔利班政府及其领导层必须被消灭。[10]张伯伦传递的信息实属多余。在张伯伦写信给艾哈迈德将军的当天，作为被称作"持久自由行动"的压倒性军事回应的序幕，美国和英国的导弹连续重击基地组织以及塔利班的指挥和控制中心。塔利班曾经是优尼科公司的示好对象，其领导人曾经与美国国务院官员会晤，但现在与基地组织一样被涂上了恐怖主义的污名。实际上，西方政客和媒体越来越将这两个不同的组织视为同一硬币的两面。塔利班和任何阿富汗人都没有直接或间接参与"9·11"对美国本土的袭击，毛拉·奥马尔有理由感到不平；奥萨马·本·拉登违背了自己作为塔利班客人不实施反美活动的承诺，毛拉·奥马尔感到很委屈。因此，布什政府推翻塔利班的决定使塔利班组织更加激进，并为其树立了一个新敌人，后者为圣战持久化正名。

美国与基地组织和塔利班的交战将遭围攻的北方联盟武装从军事和政治覆灭的边缘拉了回来。"9·11"前的两天，北方联盟一个最有影响的军事指挥官被刺杀，联盟面临失败。几乎一夜之间，一切都变了。美国国务院停止了对伊朗帮助北方联盟和阿富汗伊斯兰统一党发出警告。美国、俄罗斯、印度和伊朗开始向阿富汗东北部大量输送武器，包括坦克。然而，事实证明，"持久自由军事行动"远比布什总统那句著名的"要么站在我们这边，要么站到恐怖分子那边"的简单宣言复杂得多。空降阿富汗指挥轰炸行动并为打击塔利班行动提供支持的美国特种部队，被卷入一个不断改变效忠对象的世界，当地权贵们纷纷操纵干预局势以使其对自己有利。被派去支持阿富汗伊斯兰统一党的杜斯塔姆，和接替马苏德担任北方监督委员会首领的穆罕默德·卡西姆·法希姆的特种部队没有意识到，他们袭击塔利班的同时，也是在为首先占领马扎里沙里夫展开较量。在阿富汗东南部，美国军队与效忠尤努斯·哈利斯和希克马蒂亚尔的武装并肩作战，哈利斯和希克马蒂亚尔以伊斯兰极端主义和反西方观点著称，并且曾被指控犯有多个战争罪。哈利斯还是本·拉登的一个朋友，美国国务院后来将希克马蒂亚尔列入它的恐怖分子头号通缉名单。

美国为楠格哈尔舒拉中担任过圣战指挥官的人提供现金和武器，援助其猛攻本·拉登在托拉波拉的大本营——该建筑部分修建资金来自美国中央情报局，尽管被支持者是楠格哈尔大规模鸦片贸易的主要受益者。接收中央情报局的现金和枪支后，他们当中有人从本·拉登那里获得了更大一笔资金，允许他溜过巴基斯坦一段通常无人看管的边境。在阿富汗的美国和英国军队，以及依照 2001 年 12 月《波恩协定》建立的国际安全援助部队，后来雇佣同一批巴基斯坦普什图卡车黑手党为他们的军队提供燃料和其他物资，这些人之前曾经为塔利班征服阿富汗南部提供资金和后勤支持。

"9·11"事件的另一主要受益方是巴基斯坦，巴基斯坦三军情报局曾经武装和资助塔利班并给予其政府外交认可的事实被忽略了。随着美国和联军飞机飞越巴基斯坦领空，巴基斯坦再次摆脱政治荒原的地位，成为"持久自由军事行动"的关键区域，卡拉奇成为美国和国际安全援助部队大部分物资的主要转运港。对巴基斯坦佩尔韦兹·穆沙拉夫将军来说，这种彻底改变实在太及时了，因为这个国家在 1998 年进行首次核试验后，一直遭受国际制裁。一年后，巴基斯坦军队在圣战者的武装支持下，占领了克什米尔"控制线"印度一侧的卡尔吉尔，触发了一场短暂战争，巴基斯坦军队战败，沿"控制线"撤退。几个月后，总理纳瓦兹·谢里夫因穆沙拉夫授权远征卡尔吉尔，试图解除其参谋长联席会议主席一职，穆沙拉夫却发动了军事政变，引发美国更多的制裁。

"9·11"袭击之后，总统穆沙拉夫意识到，巴基斯坦别无选择，只能支持美国的反恐战争，抛弃与塔利班的同盟，至少对外要这样宣称。即使如此，穆沙拉夫的军事委员会就"9·11"事件的反应进行辩论时，经过9小时的激烈讨论，才接受美方要求，包括因阿富汗军事行动需要，无限制飞越巴基斯坦空域，进入港口和军事设施。[11]总统穆沙拉夫对"持久自由军事行动"的支持立刻收到回报，制裁被解除，巴基斯坦陆军和空军重新配备了现代美式武器，30亿外债一笔勾销，恢复民主制的要求被搁置。在美国的支持下，巴基斯坦还获得了一项国际货币基金组织的贷款。巴基斯坦还成为在阿富汗的美军和国际安全援助部队主要的补给线，随着阿富汗店主和商人补充货源，对巴基斯坦货物的需求也增加了。

与此同时，总统穆沙拉夫清醒地意识到，有一些很有影响力的势力既反对他的军事政权又反对巴基斯坦支持美国的反恐战争。很多显赫的伊斯兰领袖公开声明，赞同基地组织对美国本土的袭击，"9·11"事件发生前，本·拉登的T恤还在白沙瓦和奎达集市公开出售。因此，穆沙拉夫在公开谴责"9·11"袭击时很小心，在他派军队进入联邦直辖部落地区镇压基地组织及其海外分支时，巴基斯坦三军情报局继续为阿富汗塔利班提供秘密支持，因为该组织被认为不会对巴基斯坦安全构成威胁。根据塔利班自己的说法，巴基斯坦三军情报局不仅在奎达给了他们一个避险天堂，而且对他们进行了重新武装和训练，尽管他们正在杀死美国和北约士兵。

巴基斯坦三军情报局也以其他方式削弱了"持久自由军事行动"。美国中央情报局支持的后塔利班政府首脑阿卜杜勒-哈克·阿尔萨拉在军事行动开始后不久即返回阿富汗，巴基斯坦三军情报局军官暗中通知了塔利班，后者伏击了他的护卫，杀死了阿卜杜勒 - 哈克及大部分随从。巴基斯坦三军情报局还为基地组织最资深领导人提供心照不宣的保护，其中包括奥萨马·本·拉登。美国特种部队经过十几年的搜寻，最终追踪到本·拉登时，他正生活在阿伯塔巴德的一所军事安全屋中，距离巴基斯坦一所主要的军事学院不到 2000 米。不用说，巴基斯坦政府和军队坚决否认知晓本·拉登藏匿在附近。

巴基斯坦的两面性政策最终弄巧成拙。20 世纪 80 年代，巴基斯坦三军情报局曾在印控克什米尔为军事行动训练的圣战分子，此时，他们谴责穆沙拉夫对美国军事行动的支持，还在巴基斯坦境内对政府和官员发动一系列恐怖主义袭击。2002 年，萨米哈克领导的反穆沙拉夫伊斯兰主义者联盟在西北边境议会获得多数选票，同年，成立了巴基斯坦塔利班组织，其明确动机是废黜穆沙拉夫总统，建立伊斯兰政体。巴基斯坦塔利班袭击政府建筑、教堂、学校、什叶派清真寺和神殿，刺杀显赫军官和政客。2007 年秋，巴基斯坦塔利班占领斯瓦特，一度距离伊斯兰堡只有两小时车程。巴基斯坦军队最终将他们赶出该地区，两年后，巴基斯坦塔利班运动夺回大部分失地。之后，军方通过持续 6 个多月的第二次主要军事行动终于夺回该地控制权，但巴基斯坦塔利班远未被击败。今天，他们仍然对巴基斯坦政府构成严重威胁，并继续定期发动毁灭性袭击，尤其在开伯尔普赫图赫瓦省和俾路支省。

2004 年，穆沙拉夫不情愿地出兵进入南瓦济里斯坦地区，驱逐隶属基地组织的外国圣战分子，但行动成果有限。2008 年 2 月，巴拉克·奥巴马当选美国总统后，他的政府厌倦了巴基斯坦在阿富汗和反恐主义政策上的表里不一，要求采取更强硬行动打击叛乱分子。于是，美国的特种部队和无人机开始袭击杜兰德线巴基斯坦一侧的重要目标。2009 年秋天，2.8 万名巴基斯坦士兵在飞机和武装直升机的支援下，再次进入南瓦济里斯坦，镇压非普什图圣战主义者。2014 年 6 月，乌兹别克斯坦伊斯兰运动（IMU）袭击了卡拉奇的真纳国际机场，某种程度上是对南瓦济里斯坦军事行动的报复，之后，巴基斯坦发动又一轮主要行动，旨在消灭乌兹别克斯坦伊斯兰运动，这一次是在北瓦济里斯坦。2008 年秋天起，巴基斯坦军队也曾在今天开伯尔普赫图赫瓦省的巴焦尔区和布纳区实施针对巴基斯坦塔利班的行动，但是这些行动总是会令人回想起，殖民时期的边疆战争中，巴基斯坦军队没能打败巴基斯坦塔利班的往事。同时，巴基斯坦军队避免与阿富汗塔利班交锋，越境渗透阿富汗的活动有增无减。

巴基斯坦无力击败这些军事行动，无力镇压当地的伊斯兰激进组织，它给普通巴基斯坦人带来巨大痛苦。2001 年以来，大约 3.5 万名平民死于上百次的恐怖袭击，上千人受伤。受害者中包括前总理贝娜齐尔·布托、几位省长，以及塔利班猛攻白沙瓦军事学校时死亡的 150 多名军官子女。穆沙拉夫总统本人侥幸逃过至少两次刺杀。据保守估计，2005 年至 2013 年间，超过 4.9 万名巴基斯坦平民因恐袭事件、军事行动或美国无人机打击失去生命。仅在 2009 年，就发生了 2586 起恐袭事件，造成 3000 人死亡。2011 年，伤亡率增加了不止一倍。至 2013 年底，超过 2.68 万名恐怖分子丧命，超过 5000 名巴基斯坦安全人员被害。[12]

《波恩协定》和卡尔扎伊的临时政府

布什政府坚决在阿富汗开展军事行动意味着，建立未来政府一事处于华盛顿优先考虑清单的底层。2001 年 10 月底，拉姆斯菲尔德在一份草拟的备忘录中提到，美国不应该"为后塔利班安排伤脑筋乃至推后对基地组织和塔利班的胜利"，因为这会"妨碍美国军事行动，阻碍联军行动自由"。然后，拉姆斯菲尔德列出基于对阿富汗复杂的民族区域政治的简单理解而制定了几个模糊的政治目标。根据拉姆斯菲尔德的说法，就后塔利班政府而言，首要目标是"缓解普什图人对北方联盟（塔吉克—乌兹别克）部落统治的恐惧"，"保证喀布尔仍是全体阿富汗人的首都，而非一个由北方联盟控制的首都"，并期待"普什图人"宣布他们的意图并非"建立凌驾整个国家之上的自治领导"。拉姆斯菲尔德建议，美国应该"发掘与查希尔·沙阿国王保持联系的价值"。[13]

　　在军事行动进行中，美国国务卿科林·鲍威尔匆忙召开了关于阿富汗问题的"六加二"会议——参与者有中国、巴基斯坦、塔吉克斯坦、乌兹别克斯坦和伊朗，加上美国和俄罗斯——迫切要求在政治解决方案上要"加速，加速，加速！"。[14]然而，直到 11 月末，联合国驻阿富汗特别代表弗朗切斯克·本德雷利（Francesc Vendrell）才设法在波恩召集起主要参与人会议。此时，塔利班几乎被击溃。杜斯塔姆赢得前往马扎里沙里夫的竞赛，尽管伊斯兰贤哲会和舒拉—伊·纳扎尔控制了昆都士和巴达赫尚。在西部，伊斯梅尔·汗夺取了赫拉特，卡里姆·哈利利占领了巴米扬和哈扎拉贾特。在南部，尤努斯·哈利斯第一个到达贾拉拉巴德，结果却卷入与其他前圣战者指挥官的枪战中，后者要求瓜分战利品。类似的混乱局面也出现在加兹尼和其他地方。最后一个失陷的中心城市坎大哈落入军阀古尔·阿加·谢尔扎伊（Gul Aga Sherzai）之手，他曾经在总统拉巴尼治下任楠格哈尔省长。但是，获得最大利益的是法希姆的潘杰希尔人，他们长驱直入被放弃的喀布尔。如此一来，法希姆和伊斯兰贤哲会违背了对美国做出的去军事化而不占领首都的承诺。这是一个永远不会兑现的承诺，因为每个指挥官都知道，无论谁攻占喀布尔，都会在后塔利班政府的组建方面处于优势。法希姆的失信是新政府背弃其向美国、联合国以及其他联盟伙伴所做的诺言和协议的开端。

　　本德雷利面对的是不得不妥善处理被他委婉地称作"新对称"的局面。[15]甚至在阿富汗代表团抵达波恩之前，他们还在彼此交战。雪上加霜的是，会议召开时正值拉马丹斋月。事实上，"新对称"意味着，讨论的内容不是关于如何通过谈判组建一个和平包容的政府，而是要让召集到一起的阿富汗人达成一个有关 3 年后进行选举的"路线图"。因此，谈判主要是关于如何在与会的不同派系间拼凑出某种权力分配协议。大部分与会人员代表身穿圣战者武装，而他们正是当初塔利班兴起的重要原因之一。

　　在波恩，围坐在桌边的 25 个阿富汗人中多数代表伊斯兰贤哲会、舒拉—

伊·纳扎尔和北方同盟的利益。一个稍小派系，白沙瓦集团，是普什图控制的圣战者成员。皮尔盖拉尼领导的"白沙瓦集团"有皮尔本人的家庭成员以及以普什图人为主的圣战分子的代表。而"罗马集团"主要由西式君主主义者组成，大多数成员都是穆罕默德扎伊人，应联合国和美国之邀参会，阿富汗什叶派团体则有一两个阿富汗伊斯兰统一党成员代表。只有两名女性和一两个独立阿富汗人受邀参加会议。巴基斯坦希望塔利班也能获得谈判一席，但是各方立刻拒绝了这个建议。

除了一两个人，波恩会议的所有阿富汗人代表着各种既得利益和竞争利益，没有任何人能够声称代表所有阿富汗民众，因为他们未经过民选。会谈因对以往纠纷的激烈争吵而遭到破坏。伊斯兰贤哲会的代表威胁退席时，鲍威尔致电本德雷利，发狂地催促他："把他们留在那里。必要的话……把他们关起来。如果他们走掉了，我不知道何时才能把他们全弄回来。"[16] 最终各方达成某种和解，但是，尽管本德雷利和鲍威尔都宣布会议取得成功，协定中夸夸其谈的说辞称结束了"悲剧冲突"，促进了"民族和解"和"对人权的尊重"，但《波恩协定》仍旧只是一份漏洞百出的文件。

《波恩协定》实质上对失败的白沙瓦和《伊斯兰堡协议》缺乏创意的改写。这又是一项"在永久政府机构重建之前"的临时协议。[17] 6 个月后，将召开支尔格大会选出一个"过渡政府"，随后将于 2004 年举行全国选举。各部门再次被参加"波恩会议"的各种派系瓜分，伊斯兰贤哲会和舒拉—伊·纳扎尔获得内阁全部最高级职位，法希姆任国防部长。杜斯塔姆、保王党以及阿富汗伊斯兰统一党不得不屈居荣誉职位或低级职位。

谁担任过渡当局首脑事宜尤其引起争议，拉巴尼已经回到总统府，而且依然是联合国、美国和北约国家官方承认的阿富汗总统。尽管如此，由美国和联合国支持的罗马集团强烈要求八十高龄的前国王查希尔·沙阿重新成为国家主席，这一要求遭到北方联盟和白沙瓦集团的反对。最终，会议声称，查希尔·沙阿可以选择回国，但他的代表拒绝接受，声明国王对恢复君主制不感兴趣。于是，大门向哈米德·卡尔扎伊敞开了，由于之前与优尼科公司的联系以及他的波帕尔扎伊杜兰尼部落首领和君主主义者身份，他是美国喜欢的候选人。但是卡尔扎伊不是国际社会的首选。一开始，美国曾想让阿卜杜勒－卡迪尔·阿尔萨拉成为国家元首。卡迪尔是尤努斯·哈利斯伊斯兰党的成员，其兄弟阿卜杜勒－哈克在几周前被塔利班杀害。北方联盟和白沙瓦集团最终勉强做出妥协，接受卡尔扎伊为候选人，因为与阿卜杜勒－卡迪尔不同，卡尔扎伊几乎没有军事影响力，他们知道，所有的真正权力将掌控在他们自己手中。

《波恩协定》是一场仓促制定的交易，造成了未当选的圣战者指挥官们和一小撮君主主义者令人不安的组合。协定的序言甚至包括一篇赞扬圣战者为"和平、稳定和重建的捍卫者"的颂词。国际合作致力于使这种不稳定的权力联盟延续至少 4 年，其中包括由来自英国、法国、德国和其他北约国家的军事小组构成的国际安全援助部队，以及来自亚洲和中东国家的小型代表团。美国没有参加国际安全援助部队，而是保留了其在阿富汗境内的重要军事基地，用以发动针对基地组织的军事行动。然而，美国最终被拖入打击新形成的一个反政府叛乱的战争。

普通阿富汗人或许曾希望美国的干预可以推翻圣战者，惩处被指控犯有战争罪的个人，但这一希望被打碎。《波恩协定》造就了"和平的海市蜃楼"，[18]这是一个国家统一的幻象，没从根本上解决冲突问题、阿富汗国内管理和民事机构瘫痪问题。这几乎不能令美国和西方国家赢得"民心"，更不要说恢复民众对中央政府业已破碎的信心。当布什政府拒绝参与建国事宜，并把责任推诿给过渡政府、联合国和民间团体的顾问和咨询人员时，恢复阿富汗和平与安全的前景并没有改观。因此，错失了彻底改革阿富汗政体的良机。2002 年以来实行的变革，大都是对残缺制度的修修补补，往往巩固了根深蒂固的权力掮客，制造了更多层级的官僚机构，扩展了高度集中的国家结构。不管怎样，拉巴尼被说服腾出总统官邸，哈米德·卡尔扎伊搬入。由于没有立法机构，在接下来的两年间，卡尔扎伊通过政令维持国家统治，但总统的大部分法令遭到许多自行其是的普通阿富汗人和内阁部长们的忽视，或是敬而不纳。内阁会议常常因卡尔扎伊和来自不同派系的对手之间的公开威胁而群情激愤。

　　布什总统曾谴责塔利班侵犯人权以及他们对妇女的态度，但卡尔扎伊政府也由伊斯兰主义者掌控，他们当中许多人执着于建立一个由伊斯兰教法统治的国家愿景。例如，为了使阿布·萨亚夫站在政府一方，卡尔扎伊忽略了自己与本·拉登的友谊、自己的瓦哈比教派思想以及当初在鼓励阿拉伯圣战者来阿富汗所起的作用。他甚至任命萨亚夫的一个意识形态盟友法兹尔·哈迪·辛瓦里为最高法院首席法官。2002—2006年任职期间，80岁高龄的辛瓦里将意识形态盟友安排在司法系统的重要岗位上，虽然他和许多其他被任命者不符合2004年宪法所制定的教育标准。[19]辛瓦里延续了"惩恶扬善"，认可了塔利班式惩罚并反对男女同校。他默许童婚，试图禁止妇女在电视台唱歌，并取缔有线电视。辛瓦里还确认了对被控亵渎罪的记者和皈依基督教的阿富汗人的死刑判决。还以很多其他方式削弱了宪法维护国际法和联合国人权宪章的主张。

　　2004年开始实施的新宪法主要借鉴了1964年和1977年宪法，很多条款几乎是这些先前宪法一字不差的副本。不同之处在于，尽管遭到美国和西方国家的反对，新政府仍然正式认定阿富汗为伊斯兰国家。同以前的宪法一样，2004年宪法再次没能解决哈乃斐法和国际法之间的分歧。序言再次口头赞成联合国宪章和世界人权宣言，但条款本身包括诸如"不允许通过与伊斯兰神圣宗教的教义和规定相悖的任何法律"这样的陈述。第7.15条允许司法部实施哈乃斐法典和（或）伊斯兰法律的什叶派版本，允许法官通过宣布宪法的"自由"条款不符合伊斯兰教义而忽略它们。[20]

　　内阁由伊斯兰贤哲会和北方联盟主导，幕后操纵者是国防部长法希姆元帅和他的潘杰希尔军队武装。为制衡其权力，卡尔扎伊委任自己家族成员以及很多曾在查希尔·沙阿政府任职的前官员以要职，后者中很多人近30年间一直流亡于美国和欧洲国家。新政府掌权后不久实施的联合国裁军计划对卡尔扎伊和法希姆都有益，因为它为削弱潜在对手——尤其是杜斯塔姆将军——提供了机会。作为上缴一些大多陈旧或已报废武器的回报，指挥官们获得政府职位和默许的践踏人权指控豁免，并有机会从数十亿美元外援中得到油水。

2003 年，卡尔扎伊着手解决威胁自己和法希姆权力的两大对手。赫拉特的伊斯梅尔·汗广受爱戴，但从不向中央政府缴纳税收，而是利用税务和海关收入惠及他自己的地区。由于中央政府几乎完全依靠外援，这种状况不可接受。8 月，卡尔扎伊解除了伊斯梅尔·汗第四军团指挥官一职，取代他的是一个普什图君主主义者。几个月后，伊斯梅尔·汗与敌对指挥官交战，卡尔扎伊空运 1000 名阿富汗国民军（ANA）中受过美军训练的士兵和几百名警察，假意支持伊斯梅尔·汗。次年春天，卡尔扎伊解除伊斯梅尔·汗的赫拉特省长职务，任命了另一名曾在国王查希尔·沙阿政府中任该省省长的君主主义者。伊斯梅尔·汗拒绝退出，因此卡尔扎伊命令国民军和警察部队使用武力将他罢黜。在接下来的巷战中，数十名平民被打死，联合国和公益组织的办公室被抢劫。卡尔扎伊威胁出动美军，伊斯梅尔·汗同意来到喀布尔，在那里被委以灌溉和电力部长这一低级职位。

几个月后，或许是为了在伊斯梅尔·汗垮台后安抚法希姆，卡尔扎伊任命伊斯兰贤哲会的阿塔·穆罕默德·努尔为巴尔赫省长。杜斯塔姆也拒绝放弃权力，于是伊斯兰贤哲会和杜斯塔姆的乌兹别克人在马扎里沙里夫的街头交火。杜斯塔姆最终辞职，但他迁怒于自己遭到美国的背叛。毕竟，他曾是塔利班最大的敌人，曾经与美国特种部队紧密合作，伊斯兰贤哲会困于昆都士后，他在击败阿富汗北部塔利班的行动中起了主要作用。然而，卡尔扎伊和杜斯塔姆的敌人们发起了针对他的非常成功的黑色宣传攻势，尽管很多他的敌人同样犯有践踏人权和战争罪。他们甚至试图将马利克·帕赫拉万在达什特来利屠杀约 2000 名塔利班战俘一事归罪于杜斯塔姆。

作为回击，杜斯塔姆催促乌兹别克人参加即将到来的总统和议会选举。一次未遂的刺杀事件后，他返回土耳其，直到 2009 年。2013 年 10 月，他"向交战双方所有遭受苦难的人"做出了前所未有的道歉，这是迄今唯一一位做出如此声明的"军阀"。[21] 2014 年，杜斯塔姆支持阿什拉夫·加尼竞选总统成功，被任命为第一副总统。两年后，60 多岁的杜斯塔姆被派往阿富汗西北部，他的乌兹别克军队在那里成功进行了针对法里亚布省、朱兹詹省和萨尔普勒省的塔利班和"伊斯兰国"叛乱分子的清除行动。这并没有给他带来任何好处，因为接下来，他被指控折磨和强奸一位政治对手，被软禁 6 个月。他最终同意自愿流亡土耳其，在那里他成立了一个新的政治联盟。近年来，他被允许返回阿富汗。他不在阿富汗期间，巴德吉斯北部、法里亚布南部和萨尔普勒省再次被反政府叛乱分子占领，他们于 2017 年屠杀数十名哈扎拉人。不用说，省级安全部队因他们的不存在而显赫。

　　卡尔扎伊对王室成员和服务过查希尔·沙阿国王的人员的任命，没受到前圣战者指挥官的欢迎。自 20 世纪 70 年代，这些人中的大部分一直生活在北美或欧洲国家，对过去 30 年来阿富汗社会经历的急剧变革知之甚少。因此，返回阿富汗是一次重要的文化冲击，但他们尽全力从他们或他们的父辈停止的地方继续前进，结果却因傲慢和要求旧时的尊重而与民众疏离。因这些人的任命而遭解职的前圣战者指挥官公开表达鄙视，认为当他们不惜一切冒险与强大的苏联红军作战时，这些人却在国外过着舒适的生活。

　　卡尔扎伊尝试将时钟拨回到 20 世纪 60 年代的做法也体现在其他行动上。2004 年宪法恢复了国旗上的麦穗和神殿图形，复原繁琐的人民院（下院）、长老院（上院）和支尔格大会的议会制度。前国王查希尔·沙阿返回阿富汗，被授予"国家之父"的荣誉头衔，尽管宪法规定，阿富汗是个伊斯兰共和国。根据《波恩协定》，查希尔·沙阿被指定主持支尔格大会的开幕式。卡尔扎伊随后宣布前国王为国民议会主席，让他在起草新宪法方面发挥监督作用。2007 年 7 月查希尔·沙阿去世时，举行了国葬，他被授予最高军事荣誉，并葬在位于泰佩马兰詹的翻修后的陵寝，安息于其父纳迪尔·沙阿身边。总统达乌德和家人的遗骸被安置在普勒恰尔希附近的一个集体墓穴时，也举行了国葬仪式。甚至卡尔扎伊身穿乌兹别克人常穿的长袖外衣、头戴卡拉库尔帽子的嗜好也是向查希尔·沙阿时代的回归。

国际社会创建一个基础更广泛的、有代表性的政府的努力被有权势的既得利益者颠覆。《波恩协定》授权 2002 年 6 月的支尔格大会选举一个过渡当局。1450 名成员中有 1051 名是通过地方间接选举产生的，100 名是由支尔格大会委员会提名的，另有 160 个席位是为妇女保留的，但这些女性成员中大部分是被提名产生，而非通过民众选举产生。支尔格大会召开时，包括前圣战者指挥官和阿富汗国家安全局成员在内的约 500 人出现在会场，尽管他们没有经过正式提名或选举。在与国际安全援助部队人员发生冲突后，卡尔扎伊允许额外提名 50 人参加会议。这些最有影响力的指挥官随后占据了议会前排座席，记录批评政府人员的名字，以他们的在场恐吓参会代表。大约 70 名代表厌恶这种明显的操纵，走出会场表示抵制。之后，支尔格大会由查希尔·沙阿主持，尽管他在政府中毫无官职，君主主义者代表们仍签名请愿，希望恢复前国王的国家元首职位。然而，在美国和联合国官员的施压下，国王拒绝了提议，他的提名被撤回。前总统拉巴尼面对来自普什图圣战者的敌意也退出竞选，因此支尔格大会以 83% 的选票选举哈米德·卡尔扎伊担任总统。

2004 年举行的总统选举也同样遭到破坏，联合国的外交辞令是"违规行为"。卡尔扎伊再次当选，但仅以微弱优势胜选，且大量证据显示存在选票舞弊、恐吓和贿选问题。次年 9 月进行的议会和省级选举同样因"违规行为"受到关注，选民登记缺乏监管，数千名阿富汗人轻而易举地获得多张选票，在多地投票。

2001 年后采用的选举制度容易受到操纵。联合国建议阿富汗采用比例代表制，但总统卡尔扎伊坚持英国的单一不可转让投票制，或"得票最多者当选"，同时，他拒绝组成政党。这意味着代表一个党派的大量个人候选人能够处于同一选区：在很多选区中，投票用纸多达几页，选民不得不在数百个候选人的名字或标识中进行选择。被选入人民院的 249 名成员中的许多人仅得到少于 15% 的民众选票。

　　政府没有进行全国范围的人口普查，进一步削弱了选举的可信度，官僚机构借口民族—政治原因有意从中作梗。上一次的全国部分人口普查还是在1979年。在选区边界划分方面，效忠卡尔扎伊的一派控制的阿富汗选举委员会使用的是基于1979年局部人口普查推测出的数据，这就使他们能够操纵选区划分朝有利于当权派系的方向发展。比如，哈扎拉-什叶派控制的巴米扬省和戴昆迪省每省仅被拨给两个人民院议席，喀布尔省则拥有33个议员席位。为妇女保留的68个议席大多被现有的权力掮客侵占，仅有几位女性是通过普选产生的。

　　结果，人民院和长老院被前圣战者指挥官和伊斯兰主义者把控。尽管新的选举法特别将与战争罪和侵犯人权有牵连的人排除在外，很多人民院成员要么领导了，要么属于对20世纪90年代流血事件和国王查希尔·沙阿或共产主义政府时期践踏人权的行为负有责任的派别。尽管存在这些违规行为，联合国、美国和国际社会最终仍将总统选举和议会选举结果合法化了。至于人口普查，直到2016年才真正开始，根据联合国人口基金（UNFPA）资料显示，完成全面的全国性人口普查需要6年时间。然而，由于很多乡村地区现在不受政府控制，在不久的将来获得全国总人口准确数字变得愈发不可能。另外，迫于政治压力，人口普查表不包括与个人族裔或语言相关的任何问题。

　　2009—2010年和2014年的总统和议会选举是在塔利班和其他反政府派别叛乱死灰复燃的背景下进行的。在很多乡村地区，尤其是阿富汗南部，治安恶劣，或治安控制在塔利班手中，很多投票箱没有被派送。塔利班和其他叛乱分子的威胁也意味着大量选民没有投票。2009年总统选举第一轮中，与伊斯兰促进会结盟的阿卜杜拉·阿卜杜拉以微弱劣势败给哈米德·卡尔扎伊。几个月后，一项联合国调查使100多万张投给卡尔扎伊的选票无效，导致他的选票数低于50%，但是卡尔扎伊继续担任总统，阿富汗选举委员会最后也宣布他的“胜选”合法。阿卜杜拉愤怒谴责这一决定违宪，宣布阿富汗选举委员会为“非法”“被污染”，但总体上联合国和国际社会没对选票舞弊采取任何行动。

相反，他们劝阿卜杜拉·阿卜杜拉接受该结果，不要求进行决胜选举。联合国驻阿富汗副特别代表彼得·加尔布雷斯（Peter Galbraith）指控他的上司凯·艾德（Kai Eide）是选举舞弊的共谋，使一场"列车失事"合法化。[22] 因此，加尔布雷斯被解雇，其他几个联合国阿富汗援助团（UNAMA）主要成员辞职以示抗议。

　　尽管能够参与选举的阿富汗人渴望抓住这个稀有的发言机会选择自己的管理者，但选举体制的缺陷、选票舞弊和国际社会对"违规行为"的默许，削弱了人民对西式民主的信任。很多阿富汗人断定，美国及其盟友对民主进程并不感兴趣，只是将它视为将亲西方的卡尔扎伊政府合法化的手段。因此，这些选举实际上剥夺了民众的公民权，为塔利班提供了一次重要的政变宣传。

　　然而，阿富汗政府不是唯一一个功能失调的机构。联合国驻阿富汗特别代表凯·艾德于 2008 年就职时，他写到"塔利班倒台 6 年多，国际社会仍然缺乏一个清晰的政治方向"。[23] 艾德还记载了联合国使团内部以及国际组织的其他主要行动者之间的激烈分歧和内讧，其中包括美国和国际安全援助部队指挥官，以及国际行动者和总统卡尔扎伊之间。问题的核心是：国际组织制定的冲突议程和优先办理事宜经常与卡尔扎伊和他的部长们的想法相左。考虑到国际社会在应对阿富汗的许多挑战时缺乏统一的方法，阿富汗政府缺乏目的、方向或责任感就不足为奇了。指挥官和政府官员老练地利用这种内讧，挑动各方彼此对抗，此消彼长，操纵援助计划和军事行动为己所用，以动摇甚至除掉政治的和个人的敌人。

"持久自由行动"和塔利班的复兴

　　谈到"持久自由行动"，华盛顿得兴高采烈于塔利班如何被迅速推翻。2003 年 5 月 1 日，唐纳德·拉姆斯菲尔德在喀布尔的记者招待会上宣布军事行动正由"主要战斗活动转向稳定和保持稳定阶段"，他还宣称阿富汗是"安全的"。[24] 第二年，英军负责赫尔曼德省治安时，伦敦的军事指挥官和他们的政坛领袖相信他们正在执行的是维和使命，结果却遭遇重武器配备、训练精良的塔利班。英军毫无准备，为求生浴血奋战，数十名英国军人死伤。

拉姆斯菲尔德有关塔利班不再是阿富汗政府的军事威胁的说法传回国内，美国政府也很困惑。因为塔利班重新装备了武器，恢复了被他们称作反抗外国占领的战争。2004 年以来，被叛乱分子杀害的美国和其他国家军人的人数每年递增，2010 年达到 711 人的最高值，包括 499 名美国士兵和 103 名英国士兵。次年，超过 3300 名美国军人因简易爆炸装置（IEDS）受伤，大多是自杀式袭击和地雷。到 2016 年底，美国的战斗伤亡人数已经达到 2247 人死亡、2 万人受伤。此外，还有超过 1000 名其他国家的士兵被杀害。2017 年前 5 个月，在战斗中阵亡的阿富汗国防人员多达 2531 人，受伤 4238 人。[25] 承诺的和平和安全时代化为乌有，平民的伤亡呈指数级上升。根据联合国阿富汗援助团的说法，2009 年 1 月 1 日至 2016 年 6 月 30 日，超过 2.2 万名阿富汗平民死亡，超 4 万人受伤。根据记录，共有 11418 名平民在 2016 年的冲突中丧生，这是联合国阿富汗援助团开始记录平民死亡人数以来的年度最高数字。治安事件也处在最高水平，超 66.6 万名阿富汗人因冲突而在国内流离失所，较前一年上升 40%。[26]

尽管军事指挥官和政客们反复声明他们不针对平民，且尽最大努力避免附带伤害，在阿富汗的联军依然对数百名平民的伤亡负有责任。2001 年的首场战役中，美国飞机在几周内 3 次摧毁国际红十字会位于喀布尔储有重要救援物资的仓库。英国在赫尔曼德的军事行动造成约 500 名平民死亡，数千人沦为难民。2008 年 7 月，美国对赫尔曼德的导弹打击杀死了几十个正在参加婚礼的男女和儿童。几个月后，又有 100 多人在对阿奇扎巴德的一处宅院的袭击中丧命。在 2015 年 10 月的昆都士之战中，美国的一次空中打击摧毁了"无国界医生"组织运营的一所医院，杀死至少 42 人，其中包括医生、护士和病人。2016 年上半年，联合国阿富汗援助团记载的 8397 起伤亡中，61% 是叛乱活动造成的，这意味着超过 3300 名阿富汗人在政府安全部队或外国军队的行动中丧生或受伤。无休止的战争对阿富汗人带来了毁灭性的影响，阿富汗卫生部报告，60% 以上的阿富汗民众存在与战争相关的精神健康问题。

"持久自由行动"的初衷是削弱基地组织袭击美国的能力，惩罚奥萨马·本·拉登和基地组织领导层，如有可能，将之消灭。几周时间里，本·拉登和那些在轰炸行动中幸存的塔利班军队逃入巴基斯坦部落领地。尽管受基地组织鼓舞，发生了 2004 年马德里火车炸弹和伦敦"7·7"袭击案，一些作恶者依然留在巴基斯坦训练营，但是美国陆军情报局和中情局部署的高科技窃听设备和无人机已进一步削弱了本·拉登计划对美国本土实施重大打击的能力。但是，直到本·拉登被追踪、击毙，基地组织仍只是其前身的一个影子，就伊斯兰世界反西方恐怖主义来说，今天的基地组织是一个小角色。然而，这是个付出极大代价的胜利，因为新一代圣战者已经举起"伊斯兰国"的旗帜，这是一个在阿富汗和中东日益有影响的九头蛇行动。就西方国家而言，"伊斯兰国"的威胁远超基地组织，因为数百名居住在欧洲国家的穆斯林青年已经成群结队地加入其在叙利亚和伊拉克发动的战争。

布什总统清除塔利班的决定，不可避免地使美国领导的联盟卷入阿富汗内部事务，标志着军事术语所称的"使命偏离"。由于没有类似国民军的武装，美国军事顾问和五角大楼顾问开始训练一支新的阿富汗国民军，该计划被证明远比之前预想得更加不确定，而且很快与有权势的既得利益集团发生了冲突。国防部长法希姆元帅想要把他的潘杰希尔军队重命名为阿富汗国民军，卡尔扎伊拒绝了这个计划，因为它赋予法希姆太大的权力。即使如此，阿富汗国民军士兵和它的军官团主要来自舒拉—伊·纳扎尔派或伊斯兰贤哲会的盟友法希瓦人，还有少部分杜斯塔姆的乌兹别克人和阿富汗伊斯兰统一党的哈扎拉人。普什图人参军相对较少，阿富汗国民军的族裔构成引起了曾是穆萨稀班时期军队和军官团主力的普什图人的不满。

尽管在训练和装备上投入了数百万美元，阿富汗国民军在对叛乱分子作战中并未证明特别有战斗力。在战场遭遇战中，外国士兵并不信任他们的阿富汗同僚。阿富汗国民军成立以来，受到大规模逃兵、旷工和裙带关系的困扰，它招募的许多士兵只效忠自己的军队武装指挥官而不是国家。美国提供的数千支步枪和其他主要军事设备丢失或落入了叛乱者手中。调查显示，成千上万列入军队军饷单上的个人要么根本不存在，要么擅离职守。阿富汗招募的新兵不习惯严格的军队纪律以及外国军事训练人员要求的绝对服从，双方对彼此的文化和价值观理解太浅。互不理解的一个后果是所谓"绿对蓝"攻击的增多：阿富汗士兵和警察扭转枪口对准他们的外国同僚。

由于阿富汗国民军不胜任，美国、英国、加拿大和其他外国军队在与复苏的塔利班和反政府分子的战斗中首当其冲，到头来，为总统卡尔扎伊作战的是美国联军和它的盟友，而非他自己的军队。2003 年，北约接管内部安全角色时，它的士兵也被拖入反恐行动，以及训练阿富汗国民军和国家警察武装的任务中。国际安全援助部队的最初目标是，2004 年大选后退出。最终，北约军队在阿富汗驻留 15 年之久。尽管自 2013 年起，责任已经转给了阿富汗国民军，2015 年末，北约军队也缩编了，但塔利班未被击败，包括 1 万名美国士兵在内的 1.3 万多名外国军人仍然以"坚决支持行动"之名留在阿富汗。美国顾问继续在作战指导和阿富汗安全部队对昆都士等重镇的布防方面发挥积极作用。然而，形势在撤军后迅速恶化，在本书撰写之时，北约和美国正派兵返回阿富汗。冲突永无休止，美国和北约似乎负起了无限期支持阿富汗政府的重任。

联军的双重作用和重建

塔利班倒台后，一些联军承担起国际安全援助部队和作战部队的双重责任。国际安全援助部队包括分别部署在喀布尔和巴米扬的英国和新西兰特遣队，同时，英国军团还在赫尔曼德省与塔利班作战，新西兰空军特种部队被委以反恐任务，支持英军在赫尔曼德的反叛乱行动。使情况变得复杂的是，国际安全援助部队并不是联合国的官方维和武装，士兵不佩戴独特的联合国蓝色贝雷帽，车辆上也没有联合国徽章标识。相反，国际安全援助部队和作战部队身穿同样作战服，悬挂同样国旗。大部分阿富汗人、政府部长以及塔利班只凭肉眼看不出二者之间有何不同。对他们来说，国际安全援助部队在政治上从未中立。

国际安全援助部队和联军部队也跨越了《波恩协定》对他们的授权，卷入国内重建项目，在不经意间将人道主义援助措施政治化，造成军事平民化和民事军事化。[27] 国际安全援助部队在各省首府建有基地，它组建省级重建小组，监督民用基础设施的恢复，其中包括政府办公室、学校、诊所、桥梁、道路和灌溉系统。省级重建小组背后的哲学来自被称为"民心"的美国—北约反叛乱理论，将军事介入民用重建视为平定乡村社区和对抗叛乱的另一"武器"。然而，阿富汗的情况不同于作为"民心"政策的发源地第二次世界大战后的欧洲，当地社团难以忘记苏联占领军以及动用武力强加意志的历届政府对他们的压迫。因此，当手持武器、全副武装的外国士兵出现在社区时，尤其当这些士兵有当地官员和全副武装的保镖陪同时，他们感觉受到了威胁和恐吓。在这种情况下，且不说提出不同意见，连知情同意都几乎不可能，接受省级重建小组援助的社区又面临叛乱分子报复的风险。省级重建小组的援助计划也从根本上有悖于国际社会达成的政治中立和人道主义机构不携带武器的原则。塔利班倒台后开启的数十亿美元重建和援助行动的中立问题也因以盈利为目的的外国承包商的存在，效果大打折扣。这些承包商雇佣准军事安全公司保护戒备森严的宅地，护卫他们的人员离开基地。

总之，外国军事指挥官不理解为什么人道主义机构对被他们视为完美合理的倡议如此恼火。他们厌恶被质疑，尤其是来自平民的质疑，厌恶来自那些出于自身安全而疏离国际安全援助部队和省级重建小组的非政府组织的无视。2009 年，北约秘书长安德斯·福格·拉斯穆森公开呼吁人道主义机构进行"文化革命"，敦促非政府组织和其他机构与北约和省级重建小组密切合作，并引用北约在阿富汗对国际粮食计划署食物车队提供的保护合作为例。国际粮食计划署迅速否认使用北约军事护卫一事，拉斯穆森的呼吁遭到所有主要援助机构的拒绝。然而，影响已经形成。演讲发表两天后，塔利班在其网站上发布声明，谴责联合国和非政府组织为异教徒"占领"的臂膀，并为其打击手无寸铁的援助工作者以及外国军队"正名"。[28]

2001 年干预行动前，阿富汗人普遍尊重人道主义援助人员的中立立场以及他们不携带武器这一事实。即使 20 世纪 90 年代的混乱时期，援助人员通常可以放心地通过检查站，虽然偶尔援助车队会被抢劫，办公室和家会被破坏。总统拉巴尼和塔利班时期，只有很少当地和外国援助人员被杀害或受伤。2001 年 11 月后，一切都变了。塔利班的攻击目标越来越多地指向非政府组织、联合国办事处和人员，以及外国人常出入的宾馆、青年旅社和饭店。叛乱分子还绑架、刺杀和处决了几十名外国和阿富汗人道主义援助人员。2001—2013 年，325 名阿富汗和外籍人道主义工作者直接丧生于塔利班的行动中；还有 253 人受到伤害，317 人遭到绑架。2014 年，两名芬兰 IAM 女性员工在赫拉特的一场驾车枪击中被射杀。2017 年，一名为"慈善行动组织"工作的女性志愿者在喀布尔被害，她的同事被诱拐。本书写作过程中，在喀布尔的美国大学两名外国教师，一名澳大利亚人和一名美国人，还有至少两名女性外国援助人员被塔利班绑架或者劫为人质。对人道主义援助人员来说，阿富汗是目前世界上最危险的地方。

国际干预的问责漏洞和社会影响

随着数十亿美元外援的注入和数千名外国人的到来，2001 年的外国干预在阿富汗造就了一个人为的经济繁荣。这些外国人的消费能力对经历了多年恶性通货膨胀和经济困境的阿富汗商人、店主和房东来说真是上天的恩赐。然而，这种繁荣推高了基本商品的价格，严重影响到失业者和穷人。成百上千名难民返回阿富汗，大部分前往喀布尔和其他中心城市找工作，他们尤其热心于为外国军事机构或其他机构工作。

城市人口剧增导致房租大幅提高，尤其在首都，宜居住房的存量奇缺。由于住房需求超过供给，半城市化地区出现不受控制的带状发展，主要农业用地被出售，用于利润丰厚的房地产开发项目。在城市中心，很多旧房子被拆除，为修建多层住房和商场让路。付不起过高房租的穷人最后不得不挤进低成本、拥挤简陋的小屋或生活在城镇周边涌现的帐篷定居点。2001 年，国际组织介入后不久，喀布尔的主要街道和其他省会城市满是乞丐。

政府在控制城市扩张和集约化方面毫无作为，部分原因是政府官员和他们的合作者在房地产繁荣中获利。阿富汗低水平的城市基础设施几近到了所能承受的极限。喀布尔街道车辆拥挤不堪，街上散落着未及时处理的垃圾，地下水日益污染。尽管美国国际开发署承诺为首都恢复电力，前 6 年里，喀布尔居民如果每天能有两个小时的供电，就很幸运了。民众使用柴油发电机，烧木头、锯末、煤和石油作为替代。冬季的几个月里，首都和其他中心城市的空气污染达到极值，哮喘和其他肺部疾病达到传染病的比例，将喀布尔变成世界上污染最严重的城市之一。

2002—2017 年，美国"在 15 年以上的时间里，预留了估算的 7140 亿美元，用于在阿富汗的一切开支用度——包括作战和重建"，[29] 但是这笔钱的大部分被拨给军事行动、训练安全人员和禁毒计划。根据牛津饥荒救济委员会统计，只有大约 10% 的美国援助被用在人道主义救助上。2001 年后，全部国际救助的总数远不及国际社会提供给其他经历冲突国家的数额。2008 年，在阿富汗进行的全部人道主义救助的总金额为每天约 700 万美元，人均援助为每人 57 美元，与提供给波斯尼亚（679 美元）或东泰米尔（233 美元）相比，只是很小部分。[30] 另外，全部外援的 40% 通过支付给外国顾问、援助人员、私人承包商盈利和购买捐助国设备的方式回流到捐助国。

2008 年，考虑到缺乏问责，美国国会设立了阿富汗重建特别监察会，监督美国国际开发署、美国军队和省级重建小组的活动。阿富汗重建特别监察会的月度和季度报告令人沮丧，它们记录了几十个投资达上百万美元项目的一连串失败。实际上，迄今为止，阿富汗重建特别监察会报告的几乎所有项目都存在重大成本超支，数百万美元或浪费在未完成项目上或预支给从未实施的工作。已完工项目也是做工粗劣，往往未按合同要求执行，也未遵守美国规范或最佳施工标准。阿富汗重建特别监察会多次提到这些问题：缺乏基本问责，缺乏来自美国军方、美国国际开发署和很多转包商的监管，开具虚假发票，缺少审计上基本的纸质记录。

阿富汗重建特别监察会记载的浪费和腐败成本达百万美元，然而，截至目前，很少有阿富汗或外国承包商受到起诉，没有美国军方或美国国际救援署人员被要求对美国的国家基金和项目的监管缺失进行解释。几家转包商被要求退还以不正当方式领取的款项，但总体上，人们对实施问责制不太关心。更令人担忧的是，尽管重建特别监察报告充满谴责口吻，鉴于省级重建小组，或美国军方与美国国际救援署之间舒适但尴尬的关系，美国军方战略家采用的范式没有发生根本改变。相反，就一些美国政客而言，解决办法是解散阿富汗重建特别监察会，解雇其执行总裁。

自 2001 年以来，尽管国际社会在民间团体重建方面作为有限，但在修复阿富汗被摧毁的基础设施和人道主义救援方面取得了实质性进展。2001 年 10 月，一项包括美国飞机空投食物在内的重大应急救援工作确保了大部分社区有充足的食物度过冬天。"持久自由行动"开始后不久，北部平原出现被许多阿富汗人视为天意的降雨，随后冬季降雪很好地覆盖了兴都库什地区。这缓解了遭受 3 年严重旱灾的北方省的状况，2002 年春季种植的大部分庄稼也因此有了好收成。

2003 年后，救灾工作转向中期重建和恢复，许多中心城市的毁坏程度和农村社区面临的复杂问题，使重建和恢复任务变得十分艰巨。数千户家庭得到重建，政府办公室得以恢复，集中清雷行动恢复了重要的农业用地。农村发展计划在改善设施、农业产出和恢复退化的灌溉运河和坎儿井方面起了重要作用。人们重新大面积种植果树和葡萄树，尝试恢复绵羊、山羊和奶牛种群。医疗服务和医疗救助得到改善，尽管阿富汗的母婴死亡率依然属于全球最高，但由于对农村助产士和传统接生员的培训，死亡率正在缓慢下降。

国家道路网得到修复，主要公路重铺了路面，修建和改善了新公路。在喀布尔和其他城市，许多土路重铺路面，减少了夏季尘暴、污染和通过空气传播的疾病的肆虐。然而，阿富汗重建特别监察会写道：由于政府忽视必要维护，很多新恢复的公路迅速恶化。亚洲开发银行资助海拉坦火车站至马扎里沙里夫的延伸项目，促进了中亚各国、俄罗斯和中国的贸易往来。新近签署的与伊朗和印度的三方协定为阿富汗提供了利用恰赫巴哈尔港为另一个中转港的可能性，石油和天然气管线工程已经恢复。印度工程师最近关闭了路德河上的萨尔玛大坝，但其他水电站依然在低产能状态下正常运作，主要是因为设备和发电机故障。许多大坝仍然使用 20 世纪 40 年代或 50 年代安装的陈旧的机械设备。喀布尔现在与塔吉克斯坦电力网并网，但这引起哈扎拉人的抗议活动，他们指控政府故意没将哈扎拉贾特并入电网。

然而，援助物资运送的协调工作并不尽如人意，重建计划在地理分布上不均衡，喀布尔、达曼及阿富汗南部和东南部获得了援助的最大份额。如古尔、法里亚布、萨尔普勒、巴德吉斯、巴达赫尚和努里斯坦这样的偏远省份得到的援助少之又少。一些社区，尤其山区，没有从大批援助中获益。2014 年底，大批作战部队的缩编以及农村日益恶化的安全局势导致许多项目关停，当地人员失业，看不到未来就业的希望，至少达不到外国机构支付的工资水平。随着缩编行动和喀布尔等城市不安全状况的抬头，数百名外国援助人员离开。这进而导致零售业疲软，一些通过为外国机构提供货品和服务而谋生的店主和商人，面临着倒闭和经济困境。

2001 年后，女性地位显著提高，保护妇女权利的新的法律框架得到建立，尽管具体实施依然存在不确定性。政府再次开始雇佣女性职员，塔利班时期实行的严苛的隔离制度有了松动，也允许外国援助机构雇佣女性了。宪法保留了妇女在支尔格大会、人民院和长老院中的席位，尽管直言不讳的女性成员遭到一系列口头谩骂和身体威胁。比如，人民院议员马拉莱·乔亚（Malalai Joya）因不断呼吁前圣战者指挥官应该对战争罪和反人类罪进行解释而遭到无限期停职。新政府成立了妇女事务部，第一任部长西玛·萨马尔（Sima Samar）是来自贾古里的什叶派哈扎拉人，她是女性权利的长期倡导者，她在被指控质疑伊斯兰法律最高权威后，被迫辞职。2005 年，卡尔扎伊总统任命另一位哈扎拉人哈比巴·萨罗比博士（Dr Habiba Sarobi）为阿富汗首位女性省长。

女孩子们返回了学校，上百所学校得以修建或修复，但在偏远地区，毛拉继续禁止妇女受教育，政府也并不打算与他们对抗。由于叛乱有所增加，塔利班将女童学校作为打击目标，他们往水井里投毒，通过威胁迫使乡村学校关闭。虐待妇女以及践踏 2004 年宪法赋予女性权利的情况依然在持续，有报道称，该情况不断增加。童婚和强制婚姻、任意离婚、殴打妻子、荣誉谋杀和拒付结婚时丈夫送给妻子的礼物的现象未能遏制。许多妇女依然身着全身长罩袍，女性自焚的数量越来越令人焦虑。2012 年，两位女性事务部官员在拉赫曼遇害。2015 年，诺鲁孜新年庆典中，一名妇女法昆达因遭毛拉虚假指控其烧毁部分《古兰经》而被处以私刑，这凸显了阿富汗政府在改变根深蒂固的性别角色态度方面，几乎没有取得什么进展，尤其对宗教精英群体来说更是如此。与查希尔·沙阿统治时期类似，获得更大自由的女性主要局限于城市地区和中产阶级，对阿富汗农村几乎没有影响。军队缩编以来，妇女组织报告了越来越多保守派取消性别立法的尝试。[31] 2011 年，由托马斯路透基金会举办的专家投票结果显示：对女性来说，阿富汗是世界上最危险的国家。

2001 年以来，外国捐助者修复或建设了达数百所学校，现在有数百万儿童得以接受学校教育。阿富汗研究和评价机构以及阿富汗重建特别监察会的最新调查展示出了不同的结论——许多这样的机构在巴基斯坦被称作"幽灵学校"，是只存在于纸上的机构。研究显示，在很多学校中，员工和学生人数只占教育部声称的官方统计数据的很小部分，教师常常不来上课，却继续领取工资。另外，不可能仅通过学校和学生数量来判断教育或读写能力的进步。如此做法，好比试图通过清点当地图书馆的藏书书目来估计有文化人口的数量。政府的统计数字也不能显示教育或教学质量，更不用说文化资源的可利用性或课程与教材的适合度了。

阿富汗国家教育和教育方法非常落后，植根于早已被其他发展中国家的教育家摒弃的古老做法。机械记忆是教育的基础，从初级教育到高等教育，教师的技能水平不足。在农村地区，一个人只需要六年级的教育水平就可以胜任小学教师一职，很少有教育工作者研究过现代教学手段。政府继续奉行长期存在的传统，要求小学生们每年每门课都要背会一本教材。国家对日渐兴盛的以追求利益而不是学术卓越为目标的私立学校无能为力，对阿富汗境内数千所伊斯兰学校几乎没有控制。毛拉们继续抵制政府监控教育活动或执行全国通用课程教材的尝试，很少有毛拉获得过正规教学资格。

政府几乎不鼓励广泛阅读，更不用说鼓励个人探寻、实验或实践经验了。很多乡村学校没有教学材料和教育资源，孩子们和年轻人更喜欢看印度电影，在社交网站或互联网上消磨时间，而不是读书。现在，一些非营利组织出版了质量上乘的达里语和普什图语儿童读物，有一个项目还为乡村学校配备小型图书馆。但是，根据美国国际开发署的最新报告，尽管美国持续十多年间对教育进行了支持，阿富汗年轻人依然"无社会归属感，无技能，未受教育，被忽视，多数人易受蛊惑而参加叛乱"。[32] 阿富汗重建特别监察会还批评了阿富汗教育体系中的"关注"缺失，指出几乎不可能了解孩子们在学什么，没法了解这些国家机构是否被极端的、反西方的圣战者所劫持。

媒体方面，国家审查宽松，2001 年后出现了许多私人办的杂志、报纸、电视和广播电台。互联网逐渐遍布大部分城市和半城市化地区，目前已经建立了全国范围的移动电话网。阿富汗人获得了更多不受政府干涉或窃听、表达自己观点，并且与外部世界联系的途径。今天，有数百家网站推广阿富汗文化的各个方面，参与有关政治、族裔和宗教的热烈的甚至是激烈的辩论。阿富汗媒体更热衷于批评政府官员和揭露贪污、无能和浪费，但通讯记者们继续面临来自政府内有权势人物以及叛乱分子的威胁。2016 年初，塔利班声称对载有黎明电视台（Tolo）员工的公交车自杀式炸弹袭击负责，该事件导致 7 名员工死亡。

2001 年后，就业机会得到改善，尤其是年轻、受过教育、能说英语的阿富汗人，建筑业繁荣则为力工和技工提供了维持生活的最低工资。在 2001 年的干预中，特别受益的群体是什叶派和伊斯玛仪教派哈扎拉人，传统上，他们处于经济和社会等级的底层。20 世纪 80 年代和 90 年代，很多年轻的哈扎拉人在伊朗接受了良好教育，伊斯玛仪教徒的孩子们则在巴基斯坦的阿迦汗大学上学。由于能说比较好的英语，他们中很多人成为翻译和外国军方、非政府组织和外交使团的"协调员"，哈扎拉妇女则从事管家和清洁工的工作。阿迦汗开发机构制订了一个就业培训计划，该计划为哈扎拉杰特省、巴格兰省、巴达赫尚省和喀布尔的伊斯玛仪派和什叶派社团提供援助。即便如此，依然没有充足的工作，城市中无一技之长的体力劳动者的失业率依然很高。同时，由于年轻男性更喜欢去能提供高工资的城市，喜欢到迪拜、伊朗或巴基斯坦打工，阿富汗北部长期缺少农业人口，农业无法发展。

2001 年后，政府实行的重要改革之一是采用全新的、更稳定的货币取代几乎一文不值的阿富汗尼。时任财政部长的阿什拉夫·加尼不鼓励外国机构和商人使用美元或巴基斯坦卢比，竭尽全力增加政府税收。然而，2001 年后大量涌入的外国援助不幸的副作用之一就是助长了依赖习惯。外援始于 20 世纪80 年代，当时美国中央情报局和其他外国政府将数百万美元注入圣战者指挥官的金库。来自外国捐助者的几十亿美元使卡尔扎伊总统可以避开加税带来的政治风险，也无需太操心部长和其他权势人物为国家收入不佳负责的问题。15

年干预的结果是，阿富汗超过 70% 的国家预算由外国援助构成，国家不可能在中期内达到财政自给自足。[33] 阿什拉夫·加尼总统在位时曾尝试解决这一问题，但是，2016 年他决定提高税费时，喀布尔的店主们举行罢工。加尼在增加来自各省和关税的收入方面更成功，即使如此，国际货币基金组织估计，政府的经常账户赤字为 67 亿美元，相当于国内生产总值的 36.6%。[34]

腐败的危机

尽管许多阿富汗人在饥饿中挣扎着，政府高官却富到了做梦都想不到的程度，他们攫取援助资金中的大部分，非法占有国家用于房屋开发的土地，将开发项目合同承包给以盈利为目的的援助机构和家庭成员成立的公司。其他人没有那么隐晦，他们接受贿赂、依托裙带关系、威胁、敲诈，以此获取大笔钱财。美国及其盟友没对问责做好准备，阿富汗的官员们也就愈发厚颜无耻、贪得无厌。人脉广的人定期携带塞满美元的行李箱飞往迪拜，海关官员熟视无睹，肆意放行。联合国和其他国际行动者迟来的遏制腐败的呼吁遭到卡尔扎伊总统的无视，腐败成为政府文化的一部分，成为惯例。中情局没阻止这种活动，据称它将放满现金的手提箱交给卡尔扎伊总统，被后者用作收买部落忠心的行贿基金。

2012 年，卡尔扎伊总统的兄长马哈茂德·卡尔扎伊卷入迄今为止阿富汗最惊人的腐败丑闻。对新喀布尔银行账户的独立审计后，问题暴露了，包括马哈茂德·卡尔扎伊在内的银行董事，曾从指定用于支付安保人员和公务员工资的基金中贷款给自己的家庭成员约 10 亿美元，其中大部分是美国纳税人的钱。这笔钱用于购买迪拜的黄金地块、在喀布尔建豪华住宅，以及保障董事们的奢华生活。银行基金中共有约 50 亿美元被转移到私人的离岸银行账户。银行的几位主管最终被审判，几人入狱，但仅有 10% 的贪污资金被追回。马哈茂德·卡尔扎伊未被起诉，总统卡尔扎伊拒绝了国际社会独立监管该银行和改革银行业的要求。

如此大规模的腐败，不仅对这个国家严峻的财务状况产生了负面影响，而且将用于项目开发的资金转入阿富汗权力精英的腰包。根据联合国最近的一次调查，阿富汗人每年以行贿、回扣和好处的方式支付给政府官员39亿美元，人均支出超200美元，相当于大约4个月的平均工资。这样的受贿程度严重影响到为减少贫困所做的尝试，增加了人们对政府乃至国际支持者的失望情绪。对阿富汗人来说，外国捐赠者似乎对公然的腐败视而不见。所以，透明国际组织将阿富汗评级为地球上最腐败的国家之一，也就不足为奇了。

现金鸿运还带来其他不幸后果，一些部长声称阿富汗是下一个迪拜。美国地质调查局的一份报告加剧了这种幻觉，该报告将阿富汗未开发的矿产资源估值为介于1万亿至3万亿美元之间。政府官员热衷于幻想自己如何消费这个宝库，但怎么将这一调查结果转换成真金白银明显缺乏现实的可操作性。早在1888年，卡尔·格里斯巴赫提到阿富汗的潜在矿藏，他的估值在20世纪美国和苏联的调查中得到确认。截至2001年，几乎没有对这些资源进行商业开发，因为阿富汗缺乏基础设施和专业技术，政府则囿于对埃米尔阿卜杜·拉赫曼·汗遗愿的忠诚，在遗言中，他告诉后人不要将国家的矿权或开发权交给外国或外国公司。另外，一位美国国际开发署官员声称，美国政府得花费"一百年时间建设必要的基础设施和完成彻底开发阿富汗采掘业所需的培训要求"。[35] 现有的采矿作业主要是利用镐铲操作，由政府部长、指挥官和其他权势人物控制，后者将收入装进自己口袋。他们根本没打算把这些获利丰厚的收入来源的控制权交给政府，更不用说提交给国外的跨国公司了。

尽管存在后勤保障和技术困难，政府与当地公司及国际公司签署了一系列采矿合同，但签署过程受到腐败和贿赂的影响。当时，洛加尔省的梅斯艾纳克是塔利班重要的渗透区域，尽管驻有1500人的阿富汗政府军，整个地区仍是越来越不安定。由于缺乏安全保障以及塔利班对矿业公司的威胁，开采工作就算不彻底放弃，起码也得推迟。但是这并没妨碍政府发布政令驱逐梅斯艾纳克地区的 6 个村庄的村民，既不提供补偿，也不提供新的定居地。结果，这些村民拒绝服从，并毫无疑问地正在秘密帮助当地叛乱分子，以保住他们的土地、家园和生计。迄今为止，梅斯艾纳克矿业项目唯一的好处是，惊人地发现了阿富汗境内目前最大的甘达拉佛像遗址。法国和阿富汗考古学家正在争分夺秒，争取在推土机将它们毁灭前，挖掘和记录散落在一大片区域中的大量佛教建筑。

鸦片生产的危机

2001 年美国介入阿富汗之后的另一个重大失败是美国没能遏制鸦片和大麻种植，尽管偶尔有美军和无人机捣毁鸦片提纯设备。塔利班统治时期，鸦片产量持续上升，尽管在统治的最后一年，他们根除了大部分鸦片作物。新政府一上台，鸦片生产再次起飞。美国国际开发署和它的转包商们努力减少赫尔曼德省、坎大哈省和楠格哈尔省的鸦片种植，引入经济作物和小型企业，为干果开放国际市场，丹麦援助阿富汗难民委员会则曾试验种植藏红花。然而，没有任何替代经济作物比得上鸦片种植获得的回报率。另外，政府官员、指挥官和部落领袖在维持鸦片种植上有既得利益，他们很多人直接或间接受益于这种数百万美元的收成。

根据联合国毒品和犯罪问题办公室的信息，2001 年，即塔利班政府的最后一年，8000 公顷土地被用于鸦片种植和生产。一年后，该数字几乎增加了 10 倍，达到 7.4 万公顷。2007 年，数字又翻了一番，达到 19.3 万公顷。至 2014 年，用于鸦片种植的面积已经达到 22.4 万公顷，预估生鸦片作物可达 6400 吨，占世界非法海洛因总量的 90%。赫尔曼德省农民近年来获得快速成长的鸦片种子品种，公然津津乐道于一年三季鸦片收成的前景。塔利班也通过对鸦片生产收税和为毒枭做中间人的方式从鸦片作物中获得丰厚收益。在阿富汗、巴基斯坦和伊朗，毒品成瘾已经达到流行性疾病的程度，约 160 万阿富人、670万巴基斯坦人和130万伊朗人吸食海洛因或其他鸦片制剂成瘾，而阿富汗和巴基斯坦只有几个戒毒中心，几乎没有治疗"瘾君子"的专门医疗人员。[36]

2001年，美国介入行动的许多失败是对它的反叛乱策略以及布什政府实行的政权更迭政策的一种谴责。美国和北约在后来对伊拉克、叙利亚以及某种程度上对利比亚的干预中也实行类似政策。如果可以从2001年后的阿富汗和后续在中东的干预行动中汲取什么教训的话，那就是，一味地轰炸，尝试将不喜欢的、不友好的政府赶下台，不认真考虑文官政府的构成、国家建构以及民主社会各方面的强化的做法，造成的问题比解决的问题多。这就好比炸毁水库后试图阻止巨浪、拆掉方向盘后驾驶车辆。"政权更迭"令阿富汗、伊拉克、叙利亚和利比亚的民众失望，因为它没能给这些国家带来和平和安全，只是带来了民主制度的表象，真正的政府掌握在不负责任的军队领袖和伊斯兰派系手中。这一切导致长期的不稳定、激进的反西方伊斯兰运动的高涨、民主社会的瓦解、猖獗的腐败现象和民众流离失所。

社会稳定和军事稳定的丧失

2001年，美国对阿富汗的介入显然没能带来政治稳定，也未能令阿富汗社会恢复安全。内战不仅仍在持续，而且进一步恶化了。对很多阿富汗人来说，冲突似乎无穷无尽，无法解决。尽管阿富汗有来自世界最强大国家的10万多士兵和价值数十亿美元的军事援助，但塔利班和大量其他叛乱组织对政府构成日益增加的威胁，甚至比2001年9月之前更加严重。五角大楼的规划师最好的奢望也只能是阿富汗政府能守住它目前控制的地区。或者，正如阿富汗重建特别监察会约翰·F.索普科（John F. Sopko）在唐纳德·特朗普总统就职不久后所言，"我们或许正将'成功'定义为'没有失败'"。[37]

从2017年8月以来的情况看，即使这种设想看起来也是过分乐观。在很多农村地区，塔利班是事实上的政府，不仅在赫尔曼德和南部省份，而且在阿富汗中部和北部继续获得大量收益。得到外国圣战者资助的塔利班曾两次占领昆都士市，法里亚布南部、萨尔普勒和北巴德吉斯不在政府掌控之下，"伊斯兰国"（达伊沙）则在楠格哈尔等地发动了一系列袭击。在赫尔曼德省，战略重镇穆萨堡几次易手，拉什卡尔、吉里什克和其他城镇实际上被包围。塔利班也在加兹尼、洛加尔和楠格哈尔发动了一系列袭击。2014 年春天，一位半岛电视台记者拍摄了塔利班和当地叛乱分子在阿富汗国民军驻军的目视范围内，自由自在地走在卢格尔省恰尔赫街头，这里距离喀布尔不足一小时车程。

2016 年末，塔利班人体炸弹甚至潜入巴格拉姆空军基地，杀害两名美军士兵和两名美国承包商。2017 年春，塔利班在马扎里沙里夫陆军基地杀害至少 140 名阿富汗士兵。尽管首都喀布尔是阿富汗最军事化的城市，但这里几乎每周都会发生自杀式袭击和汽车炸弹爆炸事件。2017 年 6 月，大规模卡车炸弹在喀布尔的爆炸，造成约 150 人死亡，毁坏德国、伊朗和土耳其大使馆周边区域。2016 年以来，叛乱分子发动袭击的特点是大屠杀，尤其是对哈扎拉和什叶派的杀戮。在本书写作时，叛乱分子控制着阿富汗大约 30% 的乡村地区，另外 11% 被列为"被争夺的"地区。[38]

至少可以说，阿富汗国民军和警察还击叛乱者袭击的战绩糟糕。2015 年9 月，塔利班占领昆都士，阿富汗国民军和当地警察逃之夭夭，留下前圣战者指挥官竭尽全力保卫他们的定居点。2016 年，塔利班猛攻位于瓦尔达克省贝赫苏德区的一个哈扎拉要塞，将守卫者杀害、致残、斩首，阿富汗国民军没对他们的疯狂呼救做出回应。极端组织"伊斯兰国"不甘示弱，声称对喀布尔和赫拉特的什叶派清真寺爆炸案负责。阿富汗国民军以及其他国家安全机关在遏制叛乱方面的失败导致两位伊斯兰贤哲会前指挥官阿塔·穆罕默德·努尔和伊斯梅尔·汗，威胁重新启用他们的军队武装。杜斯塔姆也正积极尝试与从前的伊斯兰贤哲会和什叶派领袖组成某种军事 - 政治同盟。至于普通阿富汗人，他们正设法离开这个国家。阿富汗人是仅次于叙利亚人的最大一批抵达地中海欧洲海岸的偷渡者。

2001 年，布什总统谴责塔利班为恐怖分子，不考虑与毛拉·奥马尔进行任何谈判，但 15 年后，美国、联合国以及其他国际社会行动者都力促加尼总统与这些恐怖分子谈判，越来越绝望地试图结束战争。2016 年秋，加尼总统与古勒卜丁·希克马蒂亚尔和他的伊斯兰统一党军队签署了停战协议，次年 4 月，希克马蒂亚尔和他的军队返回喀布尔地区。尽管希克马蒂亚尔曾经在一夜间被列为全球恐怖分子，联合国和美国现在仍然将他从名单中剔除了，想必他现在获得赦免，不必再对所谓战争罪作出解释了。人们不禁好奇，希克马蒂亚尔何时能够再次成为一位政府部长。他的官复原职激怒了许多阿富汗人，他们不曾忘记他拒绝加入拉巴尼总统的政府，对喀布尔的火箭弹袭击以及 20 世纪 80 年代和 90 年代阿富汗伊斯兰统一党实施的许多暴行。

政治方面，阿富汗的治理问题从未得到解决。2004 年宪法实际上造成行政与立法的对立，进程中重复了 20 世纪 60 年代和 70 年代的权力斗争。由于人民院在行政事务上几乎没有发言权，他们行使他们拥有的权力，拒绝批准总统加尼的部长候选人，否决他的预算。总统加尼完全无视他们，置宪法于不顾，告诉他的部长们继续同往常一样行使职责。总统加尼免除阿塔·穆罕默德·努尔巴尔赫省长职务的企图，以及杜斯塔姆将军实质上被架空，进一步加剧了他自己与伊斯兰贤哲会之间，以及总统与分散了自己的权力、不情愿的合伙人、阿富汗政府首席执行官阿卜杜拉·阿卜杜拉之间的紧张关系。经济上，政府依然不能筹措足够财政资金，用来支付公务员和安全服务人员的工资。随着美国和北约不断提供"来自上帝的金钱"，阿富汗重返食利国状态。根据世界银行的说法，阿富汗的财政依赖将一直持续至 2030 年。美国和北约因此面临与英国在第一次阿富汗战争中同样的困境，阿富汗重建特别监察会的官员约翰·F. 索普科这样总结："撤军，民主政府很可能倒台。逗留，并继续我们一直的操作，我们可能面临……僵局。"[39]

美国和欧洲纳税人及政客迟早会厌倦将钱投入无底洞，会一走了之。到那时，谁也说不准会发生什么。现在还不清楚，万一中央集权崩溃或者塔利班设法控制主要城市或威胁亲自接管喀布尔时，国际社会将做出何种反应。一种猜测是，并没有应对这种前景的行动计划。美国总统唐纳德·特朗普在这方面很难成为做出沉着、冷静和客观规划的人。就职战后时期最不作为的美国总统一职 6 个月，白宫所做的一切似乎只是老生常谈，派兵返回阿富汗，试图在军事上击败叛乱分子。如此，特朗普总统和他的顾问们展示给世人的是，他们未从前任总统奥巴马失败的增兵或者戈尔巴乔夫总统统治时期苏联的类似失败中汲取任何教训。

另外，向阿富汗派驻更多的北约兵力，也不能解决国家治理、腐败或行政和立法机构间关系异常的问题，更不用说终结叛乱了。事实上，这甚至可能使状况更糟。正如 2007 年一位塔利班官员对一位美国外交官所言，"你们拥有钟表，但我们拥有时间"。[40] 如果更多美国士兵丧生或终身残疾，特朗普总统还面临着在自己的政治大本营中进一步失去支持的风险。严酷的事实是，新组建的阿富汗政府无法维持，因为它的存在完全依赖外国势力的金融和军事支撑，这个国家的宪法和政府结构从根本上是有缺陷的。人们也想知道，北约的欧洲成员们对重新军事介入阿富汗有多大的野心。在作战行动方面，鉴于军队所遭受的重大损失，近年来的金融危机，以及离开欧盟的成本和复杂性，美国的主要伙伴英国将很难愿意再次受累。即使获得额外的军事支援，加尼总统依然面临无比巨大的挑战，阿富汗民众和消息灵通的观察家们对年迈生病的总统应对这些挑战的能力并不乐观。事实上，人们想知道是否有人能够做到。

在这种情况下，普通阿富汗人不得不尽其所能地生活在一个受不安、无能的政府，以及看起来无尽和无解的内战困扰的国家里。国际社会提出的唯一政治解决方案归结为与塔利班、希克马蒂亚尔和其他伊斯兰圣战者达成权力共享协议。对阿富汗人而言，尤其是什叶派教徒、哈扎拉人、乌兹别克人和女性来说，这样的联合比叛乱延续更令人恐惧。这更像是一个绝望委员会，而不是解决阿富汗问题。

　　这几乎不是美国及其盟友 2001 年 8 月介入阿富汗时，阿富汗人民所期待的未来，也不是他们应该得到的未来。今天，所有 40 岁以下的阿富汗居民只知道战争、流离失所以及冲突引发的社会、经济动荡这一必然后果，其他别无所知。不同于外国军事、国际顾问和援助人员，阿富汗人没有撤回到加利福尼亚、日内瓦、伦敦周围各郡或新西兰某沙滩的奢侈梦想，当然，除非他们冒险把性命交给人贩子——这是许多绝望的阿富汗人正准备去做的事。因此，当美国和北约的政客、军事战略家、学界和西方媒体忙于进行冲突后的自我反省，找出阿富汗"实验"错在哪里以及付出的现金和生命是否值得时，阿富汗人民却不得不面对考虑不周、执行不力的外国干预带来的后果。对阿富汗人民和阿富汗来说，"持久自由"依然是一个非常遥远的梦。

终 章

在阿富汗作为一个民族国家的出现以及其随后的生存中，其政治生活动荡，根据目前的殖民边界来定义，缺乏历史的有效性和凝聚力。阿富汗是一系列偶然事件的产物，它最初源于萨菲王朝、莫卧儿王朝和乌兹别克帝国的解体及波斯王朝纳迪尔·汗的征服，后来因英国和沙俄势力分别在印度和中亚的兴起而延续。在英国监护下，处于崩溃边缘的艾哈迈德·沙阿·杜兰尼建立的王国的残余被重新定义，边界重新确定，一个与前殖民时代的阿富汗斯坦的部落地带，也就是历史上前殖民地缘政治边界几乎没有什么相似之处的民族国家创立了。这是一个不稳定的政治实体，在统治王朝内部和整个社会充斥着不同派系。

帝国主义和阿富汗民族主义—君主主义的叙事声称，现代阿富汗的统治始于 1747 年艾哈迈德·沙阿·杜兰尼在坎大哈的"选举"，并倾向于强调该王朝的阿富汗性（Afghanness）或普什图性（Pushtunness）。这种叙事忽略了杜兰尼王朝产生的许多关键历史因素，也掩盖了阿卜达利部族及其王朝本质上有波斯属性（persianate）这一令人不安的事实。与萨菲波斯的联盟可以说是促成霍塔基王国和萨多扎伊崛起的关键因素，这一联盟的形成部分是因为坎大哈的城市化的阿卜达利人，他们尽管被称为阿富汗人（Afghan），讲的却是当地的波斯语方言。事实上，阿卜达利人最早很可能是来自中世纪古尔王朝和加济斯坦的讲波斯语的人。

萨多扎伊与波斯什叶派萨菲君主结盟，是由于印度莫卧儿王朝和波斯萨菲王朝争夺边境重要城镇坎大哈的权力斗争。同样的地缘政治竞争也导致了巴拉克扎伊和萨多扎伊争夺阿卜达利部落领导权的内部冲突，这一竞争在艾哈迈德·沙阿·杜兰尼王朝的建立中一直存在，是破坏王国稳定的重要因素。胡达卡·凯尔和萨马斯特·凯尔在萨多扎伊部族内部长期争斗，争斗的部分原因是萨菲和莫卧儿之间的权力斗争，这对艾哈迈德·沙阿有利，却也导致他的王朝的最终灭亡。

艾哈迈德·沙阿欠波斯的账太大了。纳迪尔·沙阿在位时，他和阿卜达利人在军事上强大起来，纳迪尔·沙阿为阿卜达利人提供了现代军事训练和武器，并为艾哈迈德·沙阿组建自己的忠诚加齐勇士团打开大门。塔齐·贝格决定加入艾哈迈德·沙阿的军队，后来又促使坎大哈和喀布尔的基齐勒巴什驻军不反对萨多扎伊的兵变，因此，艾哈迈德·沙阿不用战斗就控制了这两个关键的边境据点。与此同时，艾哈迈德·沙阿获得了一支庞大的、经过顽强训练的非阿富汗人军队，他用来抵抗自己亲属和部落的挑战。这些什叶派基齐勒巴什的古拉姆的影响最终远远超出了他的军事能力。像奥斯曼禁卫军一样，基齐勒巴什人在决定继承方面发挥了重要作用，而贾万希尔和哈吉·贾马尔·汗·巴拉克扎伊后代的联姻则加强了政治权力基础。

促成艾哈迈德·沙阿王朝诞生的另一个被遗忘的因素是木尔坦的重要性。印度北部这个复杂的莫卧儿城市对萨多扎伊人产生了深远的影响——事实上，赫拉特的苏丹在文化上更像是木尔坦人，而不是赫拉特人或阿富汗人。艾哈迈德·沙阿在这里出生、长大，他本人及其继任者的宫廷的建筑风格，在许多方面反映了莫卧儿王朝和印度人的影响。艾哈迈德·沙阿的个人精神顾问是来自拉合尔的僧侣，萨多扎伊王朝的宫廷礼仪是模仿莫卧儿王朝和萨菲王朝的；许多朝廷官员拥有突厥头衔。此外，霍塔基王朝和艾哈迈德·沙阿的征服意味着统治家族和部落精英的许多儿子和女儿是印度、波斯、基齐勒巴什、莫卧儿、卡菲勒甚至亚美尼亚母亲的后代。

甚至在艾哈迈德·沙阿死前，他的帝国就在走向崩溃，主要是由于他的投机性的、以宗教合法性作外衣的大规模对外掠夺战争。艾哈迈德·沙阿不止息的追求征服，其代价是牺牲掉了稳定的政府，他没能建立功能良好的、持久的国家机构。他把官僚机构交给了基齐勒巴什人，将税务机构包给出价最高的人。他创建了一个享有特权的杜兰尼精英阶层，这个阶层实际上是不缴税的。杜兰尼帝国本身缺乏政治的连贯性，因内部争斗及征服者和被征服者之间文化和意识形态的疏离而遭到破坏。艾哈迈德·沙阿的遗产不是能持久的王国，其权力结构充满竞争性，导致有时无法治理。国王和伊斯兰主义者之间的意识形态斗争加剧了不稳定，帖木儿·沙阿死后，意识形态之争首次抬头，后来成为政治、社会和教育改革的阻碍。

萨多扎伊王朝最终被穆罕默德·扎伊王朝推翻后，后者继承了前者权力结构上的缺陷。埃米尔多斯特·穆罕默德·汗在行使权力上更是"亲力亲为"，通过将所有权力交给家族成员，创建了一个类似于阿拉伯酋长国的王国，这更像是家族企业，而不是民族国家。穆罕默德扎伊家族也饱受兄弟姐妹争斗的困扰，和萨多扎伊家族一样，国家经常陷入内战。国家本身在财政上始终入不敷出，也不能建立一支有效的军队。在外部，阿富汗的政治稳定和领土完整先后受到了波斯、布哈拉和锡克的威胁，后来又受到沙俄和英国的威胁。到1838年，杜兰尼王国的残余势力日益受到围攻。与锡克的战争几乎以失败告终，白沙瓦为锡克所拥有，尽管仍由埃米尔多斯特·穆罕默德·汗的同父异母兄弟统治。王国剩下的领土分成半独立的、敌对的封地：赫拉特、坎大哈和喀布尔。在兴都库什山以北，察哈尔、巴尔赫、卡塔干和巴达赫尚都不在埃米尔的管辖范围内。

就在周围的王国似乎要将艾哈迈德·沙阿王国所剩无几的地盘收入囊中时，英国介入了阿富汗王朝、部落和宗教政治的马基雅维利世界。在1808—1809年，埃尔芬斯通使团避免卷入沙阿·舒贾和沙阿·马哈茂德的王朝斗争。沙阿·舒贾倒台、拿破仑战败后，东印度公司依靠其与锡克和波斯的条约安排提供必要的缓冲，防止法国或沙俄可能的入侵。阿富汗的统治者只能听天由命。就印度北部边境的防御而言，这一安排大概是最好的解决方案。

从 1830 年起，英国政策发生重要转变，转向当时所称的印度河诸国，更强调干涉主义。然而，这一新政策并不是因为埃米尔多斯特·穆罕默德·汗、波斯、布哈拉或任何欧洲国家对印度直接的或迫在眉睫的军事威胁。沙俄对印度的威胁也被严重夸大了。相反，这项政策是基于伦敦独断专行的政治家和纸上谈兵的理论家对沙俄和波斯意图的高度推测性假设。尽管如此，埃伦伯勒勋爵还是在印度河诸国采取了咄咄逼人的侵略性政策，即使基于潜在的不利后果，总督及其议会强烈反对这一政策。埃伦伯勒的中亚政策是建立在对阿富汗政治和该地区军事地理误解的基础上的，但埃伦伯勒主义还是成为后来被称为"前进政策"和"大博弈"的基石。

英国越来越深地介入阿富汗的内部事务，最终不得不在与锡克签订条约和与阿富汗建立更好关系之间做出选择。最终，将大英帝国与埃米尔捆绑的尝试产生了适得其反的结果，部分原因是选择了像伯恩斯这样缺乏经验又野心勃勃的年轻帝国主义者，以及无能的外交和糟糕的军事领导。这导致了 19 世纪英国最具灾难性的政权变革尝试。一个半世纪后，20 世纪 80 年代苏联入侵阿富汗期间，埃伦伯勒勋爵的印度政策被作为不冻港方案而被重新审视、重新激活、重新修订，以证明美国对圣战者军事支持的合理。

极其讽刺的是，英国在第一次英阿战争中的军事干预，实际上把穆罕默德扎伊王朝从政治遗忘中拯救出来，使阿富汗王国免于崩溃。作为一个遥远的不守规矩的王国，从 19 世纪 40 年代中期开始，阿富汗越来越成为英国印度政策中的防卫基石。发生了 1841—1842 年的灾难和随后锡克王国的崩溃后，英国尽力把这个糟糕工作干好，它试图通过代理人控制阿富汗的内外关系。英国通过条约、现金补贴和运送现代军事装备与历任埃米尔的利益联系在一起，这种安排在人力和金钱方面的成本比彻底吞并低得多。难怪朝臣们把英国的补贴称为"来自上帝的钱"，因为英阿关系为穆罕默德扎伊人提供了击败敌人所需的现金和武器。英国也对杜兰尼王国扩张到阿姆河两岸的做法暗中鼓励，并最终将其合法化。对喀布尔政府官员来说，阿富汗命运的巨大逆转几乎是奇迹，尤其是，资金的提供者正是几年前入侵并废黜埃米尔多斯特·穆罕默德·汗的国家。

在殖民时期，英国的阿富汗政策继续在干预和脱离接触之间持续混乱、摇摆不定，政策倾向的改变取决于伦敦由哪个政府执政。常常是，英国人一方面被埃米尔左右，另一方面被帝国主义政治家和军事理论家的意识形态和既得利益劫持。英国的阿富汗政策越来越受到关于英国固有的文化、种族和宗教优越性及其文明使命的假设的影响，受到源自亚历山大大帝征服亚洲的托勒密神话的影响，受到伊斯兰教和伊斯兰文明的东方主义愿景的影响。英国的管理者和规划者深陷古典历史中，英国的战略家们将河流，特别是印度河和奥克苏斯河视为中亚的卢比孔河。就像印度防卫政策所依据的许多其他假设一样，这是谬误，因为历史上是山脉——更确切地说是山口和分水岭——传统上形成了印度和中亚的北部边界。即使在今天，分水岭和山脊线仍然决定着社区的边界以及水和放牧权。

尽管存在许多战略、政治和道德上的模棱两可，英国政府可能会声称，其中亚政策成功了，因为沙俄的影响力和入侵的威胁被阻止了。因此，阿富汗承担了缓冲国的殖民功能，但这是很不牢靠的。19 世纪 60 年代末，撒马尔罕和布哈拉被吞并后，沙俄极力扩张疆界。英国的军事战略家们知道，如果沙皇吓唬英国，宣称要占领赫拉特或阿富汗突厥地区，考虑到后勤补给上的难度，他们几乎无力阻止。人们私下也承认，尽管英国提供了所有的现金和军事装备，阿富汗军队只会象征性的抵抗。

英国介入阿富汗战争并非出于家长式的利他主义，也不是出于对埃米尔统治下的人民福祉的固有兴趣，仅是将其视为服务英国自身地缘政治利益的最佳方式。在许多方面，迄今为止所有欧洲国家干预都是这个套路，阿富汗人发现，自己无意间卷入了更广泛的冲突，往往只是其中的小角色。这些欧洲冒险家给阿富汗人民带来了巨大的痛苦和社会混乱。在英国为例，英国人为埃米尔们提供了必要的现金和武器，使他们能将自己的意志强加给不情愿且往往不听话的人民，间接导致了许多人民所遭受的苦难，包括该王朝声称代表其利益的普什图人。

这些政策从来没有征求过阿富汗人民的意见，阿富汗人民也没有机会选择希望成为哪个国家的公民。相反，他们被迫生活在这样一个王国里，许多人与之没有历史或种族联系，生活在剥夺了他们的代表权、本质上与他们的利益是敌对的政府的统治下，被他们视之为外人的王朝统治。当英国测量师完成阿富汗国家的划界时，它与莫卧儿王朝和萨菲王朝时期的原始阿富汗几乎没有什么相似之处。事实上，另一个具有讽刺意味的是，这个现代的阿富汗甚至没有包括原来阿富汗的全部，因为普什图部落地带最终被阿富汗和印度（后来的巴基斯坦）瓜分，这在阿富汗和其南部邻国的统治者之间造成了尚未解决的紧张局面。

虽然阿富汗这个国家被英国、沙俄（后来的苏联）和其他欧洲大国合法化，但其社会、宗教和政府结构与欧洲国家只有表面上的相似，它仍然植根于古老的封建模式，为一个特定的氏族、种族和伊斯兰教派的利益服务。这一局势至今大体没变，尽管发生了许多政治动乱、革命和宪法更替，阿富汗仍然由部落和宗教派系统治，这些派系的既得利益将其他人排除在权力中心之外，也没有多少人对全体人民的选举权感兴趣。

阿富汗能在各种困难中生存下来，主要是由于周边的大国都不准备冒直接吞并的风险，两次英阿战争的经验使圣彼得堡和伦敦清楚地认识到，这样做会导致一场漫长的、昂贵的和无法获胜的战争。这是西方国家尚未牢记的一个教训：迄今为止，欧洲对阿富汗的每一次军事干预都未能实现其目标，而且往往使情况变得更糟，造成更大的不稳定。这反过来证明了为"阿富汗问题"寻求军事解决方案或重新拾起 19 世纪的殖民战略，是极其愚蠢的行为。在这一点上，美国及北约的干预与早期英国或苏联的军事占领没有什么不同，尽管现在主要是美国提供了来自"上帝的钱"。阿富汗回到仰仗他人的状况，仍然无法或不愿意在财政、军事方面自立。阿富汗人民再次发现，不知不觉地卷入了自己无法控制的事件中，并注定要陷入一场越来越像是无休止的内战。尽管世界上最强大的军事力量做出了种种努力，提供了数十亿美元的军事援助，阿富汗及其政府还是再次处于崩溃的边缘。国际社会对这个问题的解决方案大同小异：派遣军队帮助政府作战，继续为国家买单，对猖獗的腐败、军队和政府的无能和选举造假视而不见。

依赖外国补贴、贷款和军事援助的历史文化意味着，历届阿富汗政府几乎没有改革国家机构的动力，并形成了一种依赖性和特权感。这些补贴还间接支持了根深蒂固的部落和宗教的自身利益，助长了裙带关系，维持了庇护制度。同时，阿富汗政府对社会动荡的解决办法一如既往：诉诸军事镇压，将权力集中在少数人手中。

在某种程度上，欧洲"阿富汗问题"的解决方案是向后看的，而且通常以失败告终。在第一次英阿战争中，英国试图恢复名誉扫地的萨多扎伊王朝，但失败了。一场军事灾难后，英国人在《西姆拉宣言》中严厉谴责的穆罕默德·汗和他的儿子瓦齐尔·阿克巴·汗作为国家英雄重新掌权。第二次英阿战争就政权更迭来说是更为成功的，占领军勉强幸存下来了，但这场干预，从道德上说，英国是失败的。

罗伯茨将军的残酷镇压导致了更多的反英情绪，促进了新兴民族主义话语的发展，并塑造了穆什克·阿拉姆、马拉莱等民族偶像。英国决定承认阿卜杜·拉赫曼·汗而不是阿里·汗的儿子为埃米尔，这使阿富汗人民不得不忍受20年最残暴的统治者。尽管许多英国官员私下担忧英国违反了其"基督教责任"和"道德良心"，英国的阿富汗政策依旧植根于英国的战略利益优先于对普通阿富汗人不利影响这一教条上，这意味着总督只能偶尔温和地指责一下。

1979—1989 年，苏联的干预可以说是欧洲大国试图改变阿富汗国家和治理的唯一尝试。这一干预部分地也是基于向后看，因为像埃米尔阿卜杜勒·拉赫曼一样——他的榜样是沙皇彼得大帝，苏联也试图通过暴力将其愿景强加于人。然而，这次干预并没有建立一个统一的社会主义世俗国家，而是引发了一场仍在肆虐的内战，并将阿富汗拖回了一场新的大博弈中。作为回应，美国披上了前帝国主义势力的外衣，深深地受到19世纪大博弈政策的影响，复活了担心沙俄入侵印度河的恐惧。苏联行动的最终结果是，在其南部边境出现一个得到美国和北约结盟的地区大国支持的、敌对的伊斯兰国家。

至于共产主义政权垮台后出现的圣战者政府，他们的政府和国家理论更是向后看的，过去和现在都是植根于1000多年前构想的理想化伊斯兰神权国家。巴基斯坦也不能将其代理人塔利班强加给这个国家。毛拉·奥马尔为本·拉登提供避风港的决定导致塔利班政权的倒台，波帕尔扎伊人出任总统，事实上恢复了杜兰尼王朝。随后，阿富汗连续几届政府正式拒绝了杜兰德线，恢复了普什图斯坦的争端。此外，通过武装激进的反欧洲伊斯兰组织，巴基斯坦军方情报机构为圣战分子在该地区立足打开了大门，制造了一场伊斯兰叛乱，这一叛乱现在旨在推翻巴基斯坦的统治精英。

20世纪80年代和90年代，美国对圣战者的支持间接导致了美国2001年的军事干预和阿富汗的政权更迭。与之前所有欧洲军事干预一样，美国的参与是由内部政治压力和自身利益推动的，尤其是为了报复基地组织对美国领土的袭击，安抚愤怒的美国公民，特别是共和党选民。解决导致阿富汗不稳定和内战的结构性问题或反美阿拉伯恐怖主义的根本原因的问题，在美国的阿富汗议程中几乎位居最后。像从前英国殖民政府一样，布什、奥巴马和特朗普总统在国家建设上只是做做样子，其实什么也不做，一门心思地追求军事解决方案。

2001年后，形成油入水中的两不相融的政府，杜兰特·普什图王室执掌行政权力，主要是突厥—塔吉克人的伊斯兰主义者，掌管军队和立法机构，这一政府难以解决阿富汗历史上由来已久的政府功能混乱。然而，就国际社会关系而言，这是建立一个亲西方政府的快速解决方案，即使不那么体面。这一政府后来通过有缺陷的选举变得合法化。国际社会决定恢复杜兰尼的至高无上地位，错误地以为，只有普什图人出任国家元首才能团结这个国家，但是，卡尔扎伊总统和加尼总统政府的主要反对力量都是普什图人。

尽管欧洲对阿富汗的介入和参与已经超过两个世纪，但他们似乎没有吸取什么教训。欧洲、美国和联合国的政治家、军事战略家和"专家"以及阿富汗政府官员，仍然固守信誉扫地的帝国模式。像欧洲以前的所有干预行动一样，西方大国试图把"矮胖子"重新组装起来的最新尝试未能实现最初的目标。也许更严重的是，它让他们声称要解放的阿富汗人民失望了，曾经承诺的和平、稳定和包容的时代依然遥不可及。如今，外国军队的存在越来越成为问题的一部分，而不是解决方案的一部分。

阿富汗君主制的内部历史，也不是令人愉快的故事。从早期开始，萨多汗王的继承人就为争夺继承权相互争斗；萨多扎伊王朝被推翻后，内讧仍在继续，持续了很长时间。在阿富汗历史上，在位君主在任期内自然死亡的情况十分罕见。1901 年，埃米尔阿卜杜·拉赫曼·汗是最后一位在任期内自然死亡的统治者（尽管有传言称他也是被毒死的），2014 年，总统哈米德·卡尔扎伊也没在任内非自然死亡，是正常下台的。在这两者之间的一个多世纪里，阿富汗其他国家元首都以各种方式被迫下台，有人因起义、政变或外国干预被推翻；其他人则被暗杀、处决或死于军事政变。2004 年卡尔扎伊当选总统之前，没有一个阿富汗国家元首能声称自己哪怕表面上是获得民众授权而执政的。阿富汗的国王和总统不代表国家、人民和部族，而是代表一个小集团统治，无论是君主主义者、共产主义者还是伊斯兰主义者。

阿富汗人会认为，至少在欧洲殖民主义的全盛时期，他们的国家与其他一些穆斯林国家不同，仍然是自由的国家。然而，这种自由是有限的，是伴随着高昂代价的。毕竟，英国控制着阿富汗的外交政策，对谁统治这个国家、政府的财政支出和武装其军队方面拥有强大的话语权。频繁的叛乱和革命消耗了该国的大部分稀缺资源，因此英国的补贴未能惠及普通民众。独立后，政府继续依赖贷款形式的外国补贴，这些补贴用于著名的基础设施项目，如赫尔曼德河谷灌溉计划，但未能产生预期的财政收益，或者是像埃米尔阿曼努拉·汗的新首都达拉曼这样的既昂贵又累赘的项目。

19 世纪英国在阿富汗推进锁国政策，政府严加审查，使得阿富汗人不能与外部世界接触，这种情况最近才有改变。阿富汗大规模搬迁、没收土地和私人资产的政策，以及阿富汗封建土地制度的一成不变的性质、官员腐败、裙带关系、压迫民众和政府的无能，都导致了阿富汗的贫困。在识字率、教育水平、社会福利和卫生方面，阿富汗是世界上历史纪录最差的国家之一。阿富汗基本上仍是一个前工业化社会，未能从殖民政府的诸如封闭的公路、铁路、电力以及公共卫生系统这些技术或社会利益中获益。

20 世纪初，由马哈茂德·塔尔齐和他的青年阿富汗人（Young Afghans）领导的阿富汗君主主义者，试图强加某种形式的民族身份，将国家团结在一起。然而，他和他的意识形态继承人所信奉的模式源自欧洲的理念，这些理念是"青年土耳其人"（Young Turks）和穆斯塔法·凯末尔的世俗的、以种族为中心的民族主义思想的先驱。这种模式不适合阿富汗的多文化和多民族社会，让分裂大于统一。

在革命的印度民族主义者威什·扎尔米扬（Wish Zalmiyan）和德国国家社会主义的影响下，塔尔齐的阿富汗国族（Afghaniyya）演变成深受纳粹雅利安主义影响的普什图人至上的观念。尽管这种种族中心主义模式并不恰当，穆罕默德扎伊人和君主制主义者还是坚持普什图民族主义模式，将其作为杜兰尼声称拥有统治阿富汗的神圣权力的理由。这一立场过去和现在仍然得到了许多美国、联合国、欧洲和巴基斯坦政治家的默许，尽管他们试图将其他种族和宗教派系纳入政治进程。然而，所有以民族为中心的民族主义本质上都会促进少数民族的利益，是排他的而非包容性的。

另一个问题是，19 世纪晚期以来，各种得到国家支持的民族主义思想都植根于欧洲模式。阿卜杜·拉赫曼·汗的民族团结愿景是基于沙俄彼得大帝的专制主义；塔尔齐的阿富汗主义是戴着头巾而不是土耳其毡帽的突厥主义；而达乌德和普什图学院（Pushtun Academy）的普什图主义是德国雅利安主义的阿富汗版本。共产主义者试图将他们基于马克思和列宁的国家认同的欧洲世俗模式强加给阿富汗人，拉巴尼总统和塔利班则试图基于北印度、埃及和阿拉伯激进分子演变的政治神学将国家重新伊斯兰化。

自埃米尔阿卜杜·拉赫曼·汗时代以来，历届政府，无论是改革者还是现代派，都将国家改革的失败归咎于伊斯兰主义者或反动部落领袖，或者两者兼而有之。然而，政府本身也要承担很多责任。事实证明，各类政客的历届政府在管理方面都是无能的，执政者在宣称建立包容性社会的同时，竭尽全力地维持其对权力的控制。先后制定的各部宪法加强了独裁，缺乏问责，建立了一种既无代表性又更像是行政机关计划和立法的橡皮图章的议会制度。结果，两个阶层间的权力斗争直到今天仍未解决，影响了政府的效能。

在阿富汗，变革一直是自上而下，由对自己的举措赢得公众支持几乎不感兴趣的统治精英强加给民众，更不用说在共识的基础上执政了。结果，变革要么太少，要么太多。试图通过法令强加西方化的世俗世界观的政府不可避免地引发了强烈反对，通常以叛乱和政府的垮台告终。这导致回归现状，使得任何改革都更加困难。

伊斯兰主义者试图通过伊斯兰教统一国家，但他们强加自己所理解的伊斯兰法律，造成了更多的不和谐而非和谐，他们不是接受以莫卧儿王朝或奥斯曼帝国的包容性为蓝本的国家和社会愿景，而是穆斯林兄弟会、瓦哈比教和其他破坏传统穆斯林社会基础的激进要素的极端化教义。有时，他们的政治哲学接近宗派主义，他们认定，任何不同意他们对伊斯兰社会和伊斯兰国家看法的穆斯林，都需要重新伊斯兰化，不然就是叛教者。毋庸置疑，这种狭隘的世界观与通常能容忍不同的普通阿富汗人并不相符，这些普通的阿富汗人蔑视贬低他们根深蒂固的信仰、贬低 1000 多年伊斯兰文明和穆斯林传统的运动。

伊斯兰主义者对是什么构成伊斯兰国家和伊斯兰社会缺乏共识，他们都声称拥有相同的政治和宗教价值观，但他们一次又一次地相互开战。20 世纪 90 年代，塔利班在阿富汗的主要敌人是建立在赛义德·库特布和阿卜杜勒·瓦哈卜等伊斯兰主义者政治哲学基础上的圣战政党。这些伊斯兰激进主义进一步加剧了逊尼派内部以及逊尼派和什叶派之间的分歧。阿富汗的大多数什叶派都是哈扎拉人，这就助长了种族暴力。事实上，圣战者抵抗苏联占领时期和塔利班时代的标志之一是地区和民族语言差异的日益极端化。这些紧张关系在君主制下已经存在，尽管被压制了，总的来说，伊斯兰各党派的领导人都没能统一反对派，尽管大多数反抗苏联占领的人这么做过，至少部分是为了捍卫他们的信仰。至于在共产主义政府倒台后上台的伊斯兰政府，则是自赫拉特的萨多扎伊苏丹国时代以来争吵最激烈的、功能失调的政府。

历届各国政府都试图在伊斯兰教和欧洲的法律体系之间实现某种平衡，试图兼容两者。但由于欧洲法律和伊斯兰法律在妇女权利、性别平等、司法作用和司法系统职能等问题上存在本质分歧，它成为破坏稳定政府的又一种冲突。埃米尔阿曼努拉·汗和穆萨希班王朝试图建立一种伊斯兰化的生活方式（modus vivendi），但由于其自身的矛盾，这种尝试很快就失败了，并导致了杜兰尼王朝的垮台。今天，伊斯兰主义者控制着政治和意识形态的议程。北约和联合国都迫切希望希克马蒂亚尔的伊斯兰真主党和塔利班等民兵加入所谓和平进程，这样一来，阿富汗人能期待的只会是更多的伊斯兰化，而不是更少。

随着时间的推移，政府和被统治者的差距越来越大。试图凝聚国家的各种尝试结果大多适得其反，大多数阿富汗人并不关心中央政府的强制政策，普通民众逐渐适应了这样的生存方式，使他们能够在动荡不安的局势和领导人的飘摇中幸存下来。事实上，纵观阿富汗国家的历史，普通阿富汗人的韧性是非凡的，甚至是令人惊奇的。在基层，人们的合作意识比运转不灵的政府强得多。

阿富汗人很清楚作为阿富汗公民意味着什么，大多数时候，他们设法在没有国家干预的情况下通过谈判解决自己的生活问题。毕竟，合作对农村和城市社区都是至关重要的，因为个人必须和他人一起工作，同可能来自其他种族的邻居共享同样的资源。与阿富汗根深蒂固的好客文化密切相关的睦邻关系

（Hamsayagi，字面意义上是"共享绿荫"，即使是对陌生人和非穆斯林也一样）是一种重要的文化纽带，它维系了社区关系，创造了一种比任何国家强加的民族主义都更深的认同感。

另一个将社区联系在一起的黏合剂是被称作舒拉的村议事会和部落支尔格大会，它们植根于实践，既古老又能被人们理解。它们对在国家层面以下民间社会的生存至关重要。在过去几十年的困境中，在缺乏有效的中央政府管理的情况下，它们持续发挥着作用。虽然一些社区议事会被指挥官和民兵领袖把持——援助机构设立的管理发展计划的舒拉通常就是一个例子——但传统的议事会议是一种基于共识的制度，允许邻居发泄他们的挫折和不满，讨论重要的地方问题，协商妥协解决方案或寻求仲裁。通常情况下，这些问题无需求助于省级政府官员即可解决。

英国国际广播公司和其他外国媒体的广播比任何阿富汗政府更有效地推进了国家意识的发展。英国广播公司的波斯语节目即使在阿富汗国家广播、电视或报纸无法覆盖阿富汗的最偏远的角落，也被竞相收听。更广泛地获取阅读材料、现代教育，以及最近的智能手机和互联网都促进了基层民众的国家认同意识。20 世纪 70 年代以来，数百万阿富汗人作为流亡者、难民或劳工生活在伊朗、巴基斯坦、海湾国家、西欧、北美和澳大拉西亚（Australasia）①，这种经历打破了他们在文化和意识形态上的孤立。今天，数百万移居国外的阿富汗人不仅与来自不同民族和信仰的阿富汗人生活在一起，也与来自其他国家的穆斯林以及信奉基督教、印度教、佛教或世俗无神论者的外国人生活在一起。许多人与欧洲非穆斯林结婚，他们的孩子在西方世俗学校接受教育。这些相遇，尤其是年轻一代之间的相遇，不仅扩大了阿富汗人对自己身份的理解，也加深了对"他人"的理解。

阿富汗是在三大帝国崩溃后崛起的。它尽管不是一个连贯的历史性的主

---

① 澳大拉西亚一般指大洋洲的一个地区，包括澳大利亚、新西兰和邻近的太平洋岛屿。——译者注

体，却以某种方式在殖民和后殖民时代的变迁中幸存下来了。它的历史是动荡不安的，争取认同、稳定和良治的问题仍未解决。在外国资金和军事支持撤出后，阿富汗究竟会以目前的现状生存下去，还是回归到相互竞争、自治的封地，仍未定论。人们只能希望阿富汗人过得幸福，因为他们理应过得比注定永远处于不安全和不确定状态更好。

致 谢

我要感谢很多人，他们以各种方式帮助我研究和撰写这本书。我特别感激许多阿富汗的朋友，在我第一次访问他们的国家以来，他们对我了解阿富汗做出了很大的帮助，讲述了他们的故事，并挑战了我的许多先入之见。我也要感谢在我访问阿富汗、巴基斯坦、乌兹别克斯坦和塔吉克斯坦期间，慷慨地接待了我并促进了我的工作的许多人，以及在英国进行研究期间接待过我的那些人。

贾米尔·哈尼菲（Jamil Hanifi）教授、沙阿·马赫迈德·哈尼菲（Shah Mahmoud Hanifi）教授和赛义德·雷扎·胡西尼（Said Reza Huseini）教授，向我提供了关于这项研究的各个方面的建议和波斯语参考资料。沙阿·马赫迈德·哈尼菲还审阅了这本书，并提出了一些有益而尖锐的建议。伯明翰大学冲突、合作与安全研究所的研究员克里斯托弗·怀亚特（Christopher Wyatt）博士，帮助编写了一些英国外交部方面的报告，并审读了这本书，进行了一些事实和排版差错的更正。我也非常感谢在过去20年里与怀亚特博士，就大英帝国在阿富汗的政策进行的多次对话。布鲁斯·万内尔（Bruce Wannell）友善地检查、更正和修正了外文术语表，沃里克·鲍尔（Warwick Ball）慷慨地允许我使用他的一些档案图像，并鼓励我完成了这项工作。

其他以各种方式对本书的撰写做出贡献的人包括：伯明翰大学阿雷扎尔·阿扎德（Arezu Azad）博士和牛津大学东方研究所巴尔赫考古与文化遗产组织；阿富汗图书馆保罗·布切勒 - 迪茨基（Paul Bucherer-Dietschi）、威廉·达尔林普尔（William Dalrymple）、喀布尔大学阿富汗研究中心的南希·杜普里（Nancy Dupree）博士；阿富汗文化遗产咨询组织的乔利扬·莱斯利（Jolyon Leslie），阿利·洛文（Arley Loewen）博士，梅辛纳西（May

Schinasi），C. W.（比尔）伍德伯恩·雷准将 [Brigadier C. W.（'Bill'）Woodburn RE]，以及史密森研究所名誉馆长威廉·特鲁斯代尔（William Trousdale）。也要感谢塞巴斯蒂安·巴拉德（Sebastian Ballard），我的制图师，他做得很出色。

和许多人一样，我也要感谢已故的英国阿富汗研究所前主任拉尔夫·平德-威尔逊（Ralph Pinder-Wilson）教授和埃德蒙·博斯沃思（Edmund Bosworth）教授，他们都一直鼓励我研究阿富汗问题，他们的去世给阿富汗、伊斯兰和中东的研究造成了巨大的损失。约兰德·卡特（Yolande Carter）是我 93 岁的岳母，她校对了这本书的草稿和修订稿，我觉得应该给她颁发一枚奖章。我真不知道怎样表达对我的妻子凯西（Kathy）的感谢，因为她不断地鼓励我。在我绝望的时候，没有她的鼓励，真是无法完成这本书。

附录一 术语表

Ab（口语为 au）：水、河、溪。

Adat：a. 习惯法；b. 传统。

afhani：阿富汗尼，阿曼努拉·汗于 1925 年推出的货币单位。最初 100puls＝1 阿富汗尼；20 阿富汗尼＝1 阿曼尼 amani。2002 年之后，引入新的阿富汗尼，没有发行任何更小价值的硬币。

Ahd：条约，公约，协议。

Akali：永生，一个精英锡克教团。

Akhund/akhundzada：阿訇，宗教领袖或神学家。

amir：埃米尔。a. 军事穆斯林国家首领；b.chingvzid 省总督；c. 军事武装首领。

Amir al-muminin：信士的长官，信仰者的最高首领，逊尼派所指的穆罕默德继任者的四位哈里发。后来，这个称号被用于指奥斯曼帝国的苏丹、布哈拉的曼格特部汗和埃米尔多斯特·穆罕默德·汗。

Arg：城堡。

Ashura：阿舒拉，什叶派节日，纪念殉道者伊玛目侯赛因。

Ataliq：字面意思是像父亲一样；这是授予成吉思汗王子的导师和各省统治者的头衔；王子或省长的顾问。

baba：巴巴：a. 父亲；b. 年轻人对年长男子的尊敬用语；c. 苏菲教团的首领。

badal：交换或互惠，尤指与报复和追求仇杀有关。

bait：宣誓忠诚、服从或效忠的誓言。

Baniya（印度英语为 banyan）：商人，放债人或银行家，通常是印度教徒或锡克教徒。

baga wa fana：否定和实存：苏菲主义的目标，即通过感知神性本质的统一否定自我。

baraka：神力，被认为遍及圣物、神龛和精神领袖的精神力量。

batin：巴颓尼。苏菲派用语中，指伊斯兰教教义和现实的内在或深奥意义。

beg：贝格。A. 主或高级别的人；b. 富人。

beglar begi：相当于省长的职位。

begum：王室妇女的头衔。

bida：创新，异端；指与古兰经教义和伊斯兰法不一致的改革或神学。

burka：布卡。阿富汗妇女穿着的把身体完全包裹起来的帐篷状面纱。

buzkashi：马背叼羊。突厥—蒙古人的比赛，比赛中，骑手们竞相将被斩首的小牛或山羊的尸体放置于一个圆圈中。

chadul：字面意思是窗帘。在阿富汗是指妇女穿的帐篷状斗篷。

chahar：四。

chahar bagh：正式的波斯花园，分为四个部分，与帖木儿时期和莫卧儿时期有关。

chahar su：传统的中亚集市，四条路在中心市场广场交汇。

chahar wilayat：查哈尔维拉亚特四个省，这个词在历史上用于 maimana，andkhui，shibarghan 和 sari pul 四个城邦的联盟。

chahar yar：四位朋友，通常被逊尼派用于指最初四个哈里发。

chapan：长袖外套或斗篷，通常由丝绸制成的，乌兹别克人的传统服装。

chapandaz：参加叼羊比赛的骑马者。

chars：大麻树脂，大麻。

chauk：集市的中心地区或十字路口。

chaukidar：守望者，卫兵。

chehel：四十。

chehela khana：苏菲教徒进行为期 40 天的斋戒和隐居的小房间或洞穴。

chul：a.黄土沙丘；b.周边，没灌溉的土地。

crone：1000 万卢比或者 1000 万。

Dar al-Harb：战争地区。战争住所、住宅或战争之门：与穆斯林国家或宗教处于战争状态的不能自由信奉其宗教的国家。

Dar al-Islam：和平地区。伊斯兰住所、住宅或伊斯兰之门：穆斯林掌权或依伊斯兰教法统治的国家或地区。

Darda（印度英语为 durbar）：皇家宫廷的集会，或礼仪聚会。

darra：山谷。

Darwish/dervish：德尔维什，发誓守贫的苏菲派苦行者。

darya：河流。

dhsht：a.沙漠，荒野；b.未开垦的荒地。

Daulata：a.国家，王国或政府；b.财富。

deh：村，居住地。

dmmi：非穆斯林，生活在伊斯兰政府统治下的宗教少数派。

diwan begi：首席财政官。

dusteh：一个师，团。

falaga：the bastinado，一种反复殴打受害者脚底的酷刑。

faqir：法基尔。字面意思是贫穷的或贫穷的。a.指四处游走的神秘主义者，参见英文的 fakirb；b.苏菲修炼的最低级别。

faramush khana：字面意思是遗忘的房子，指共济会的小屋。

farangi：法兰奇。a.字面意思是直率的；b.对所有欧洲人的蔑称。

fard/farz：法尔德。穆斯林必须履行的宗教义务。

farman：皇室或帝国的法令。

farsiwan：讲当地波斯语的阿富汗人。

fatiha：法蒂哈。a.《古兰经》的第一章；b.葬礼祈祷仪式。

fatwa：法特瓦。法律意见或声明。

ghairat：荣誉，在普什图部落社会，这是对大家族荣誉，特别是对妇女的一种积极、谨慎的保护。

ghazi：加齐。a.参加圣战的人的头衔；b.杜兰尼的皇家卫队。

ghulam：古拉姆。a.奴隶；b.因征服而征召入伍的军队。

ghulam khana：萨多扎伊国王的皇家卫队。

gilim：手工编织的、没有绒面的地毯。

girau：关于出租、抵押或典当的一种习惯制度。

gurdwara：谒师所。锡克教徒的礼拜场所。

hadith：哈迪斯。传统圣训，包含默罕默德的生活、行为和言论的记述和逸事的文集，它构成伊斯兰法典的关键文本权威。

hafiz：哈菲兹。对能背诵《古兰经》的人的称呼。

hajj：哈吉。朝圣，尤指去麦加。

hakim：哈基姆。a.总督、指挥官；b.法官、治安法官；c.内科医生，草药医生；d.有学问的人，哲学家。

halal：哈俩里。根据伊斯兰律法是合法的、允许的或仪式上的行为和食物。

haram：哈拉姆。按伊斯兰律法是被禁止的、有罪的或仪式上不洁的行为和食物。

haram sara：后宫，或隐蔽的妇女区。

hawala：哈瓦拉。非正式的金融交易和经纪系统。

haweli：哈维里。a.北印度一种有围墙的四合院，是富商和贵族的住所；b.口语指任何封闭的庭院。

hazhda nahr：十八条运河，巴尔赫河流域灌溉网之名。

hazrat：哈兹拉特。伊斯兰教中授予先知、哈里发、国王和高级苏菲派首领的头衔。

Hijra：希吉拉。a.迁移，由于宗教原因的移民，特指穆罕默德从麦加到麦地那的迁移；b.伊斯兰阴历。

hisar：希萨尔。城堡、要塞。

hizb：希兹卜，政党。

hukumat-i ala：穆萨希班王朝下的一个次省级行政区。

hundi：信用证或汇票。

Id：尔德。伊斯兰教的宗教节日。

imam：伊玛目。a.清真寺的祈祷领袖；b.什叶派对阿里的后代的称呼，什叶派声称这些人有权成为穆斯林社区的领袖。

inqilab：革命。

islan：伊珊。苏菲派高级长老。

Ismamiyat：传统伊斯兰学科研究，包括《古兰经》《圣训》和《经注》。

ismaili：伊斯玛仪。什叶派的一个分支，承认 7 位伊玛目，而不是 12 位。

Istiqbal：正式的欢迎、问候或接待。

izzat：荣誉、尊重、尊敬。

jagir：扎吉尔。世袭的庄园。

jahiliyya：贾希利叶。字面意思是无知或异教，用来指伊斯兰教之前的阿拉伯。现代伊斯兰教主义者经常用以指任何非伊斯兰的法律体系和文明。

janda bala：旗帜，或指马扎里沙里夫在诺鲁孜节中的升旗仪式。

jashn：世俗节日或国庆日。

jawanmard：英雄，战士，尤指信奉古波斯骑士制度（jawanmardi）的人。

jezail：一种长管、口上膛的燧发枪，阿富汗部落的传统武器。

jezailchi：火枪手。

jigha：皇家羽毛头冠。

jihad：吉哈德。字面意思是"以上帝的方式奋斗"，指圣战。

jinn：精尼。英语中的精灵（genie）；在伊斯兰教和流行的传统中，是指由火制成的强大的超自然的神灵。

jirga：支尔格。普什图部落或部落集会。

jizya：吉兹亚。依伊斯兰法对非穆斯林征收的人头税。

jui：灌溉渠、沟。

kafir：卡菲尔。a.伊斯兰教对偶像崇拜者的通用称呼；b.对以前阿富汗东南部多神论者的称呼，现在称作努里斯坦。

kalantar：a.市长或地方长官；b.地区的军事或民事的首脑。

kalima：参见 shahada。

Karakul（突厥语作 qaraqul）：卡拉库尔。a.小羊羔的皮（有些还在胎时就流产了）；b.中亚品种的绵羊，羊毛便来自此。

karez：坎儿井。一种地下灌溉系统。

khalat：一种装饰华丽的长袍，由统治者授予，作为恩惠或荣誉的标志。

khairat：海拉特。额外的慈善施与，特别是对穷人。

khalsa：卡尔沙。锡克教军事教团。

Khan：汗。a.普什图族的部落领袖；b.给予重要人物的尊敬头衔。

khana：房子。

khanagah：苏菲派开会议的场所。

kharwar：一头驴的负载：在现代阿富汗，喀布尔的一 kharwar 相当于 567.2 公斤；马扎里沙里夫的一 kharwar 的重量是喀布尔的两倍，即 1134.4 公斤；赫拉提的一 kharwar 相当于 3000 公斤。

khel：普什图氏族，部落，血统。

khirqa：克尔卡。苏菲派长老、先知和其他伊斯兰重要人物穿的斗篷。

khutba：呼图白。周五祷告时的布道，其间要提到在位君王的名字。

Khwaja（khoja）：霍加，和卓。a.圣人；b.苏菲派导师或苏菲教团的领导者。

koh：山。

kohistan：科希斯坦。a.山区；b.潘杰希尔河口的帕尔万省的一个地区。

kotal：山口。

kotwal：a.要塞首领；b.治安地方官，负责维护城镇安全并监督囚犯和监狱的人。

kuchi：a.游牧民，在阿富汗，这个词通常指半游牧的杜兰尼人和吉尔扎伊人；b.移民。

kufr：亵渎，不信。

lakh：十万。

lalmi：通常种植春小麦的无灌溉土地。

landai：由两行诗组成的普什图警句。

langar khana：苏菲派休养地或向朝圣者免费分发食物的地方。

laqab：a. 昵称，通常指个人的职业或身体 / 性格特征；b. 化名。

lashkar：军队，军事部门。

Loya Jirga：大支尔格。部落大会，20 世纪初建立的阿富汗全国协商大会。

madrasa：马德拉萨。伊斯兰学校，神学院。

mahala：城市的区、居民区或郊区。

mahdi：马赫迪。被引上正道的人，在逊尼派末世论中，马赫迪将在时代结束时回来，铲除世界上的邪恶。在什叶派神学中，马赫迪是第十二位伊玛目，据信他没有死，而是被隐藏起来，或以神秘的方式藏起来，直到世界末日。

mahram：陪伴离开家庭的成年女性的亲密男性亲戚。

majlis：会议，聚会，委员会。

mal：财产，尤指家畜。

malang：a. 神龛侍从；b. 流动的乞丐。

maldar：a. 游牧或半游牧的普什图人；b. 富人，拥有大量的财产的人。

malik：马利克。a. 村长；b. 政府任命的部落或部族代表；c. 国王或帝王的称号。

mansabdar：莫卧儿王朝的贵族爵位。该系统中，军事和文职都有不同级别的爵位。

mashruta：宪法。

mashrutiyya：宪法的。

Maulawi/maulvi/maulana：授予对伊斯兰教有高度了解的逊尼派宗教学者的称号。

mazar：麻札。圣陵。

mazhab：a. 伊斯兰法理学派；b. 派别；c. 宗教大众用法。

mehman nawazi：款待，好客。

mehmandari：主人给予客人或大使的正式的款待。

Mela：a. 节日；b. 野餐。

melamastia：普什图人好客的传统，包括对客人和陌生人。

Meshrano Jirga：长者之家，阿富汗议会制的上院。

millat：国家。

milli：国家的。

minbar：敏白尔。主要清真寺的讲台或讲坛，伊玛目在此诵经、讲道或宣读法令。

mir：米尔。a. 王子，主；b. 省长；c. 酋长。

Mirab：米拉布。水警，水利主管。

mirza：米尔扎。a. 王子或贵族；b. 作家，抄写员。

mufti：穆夫提。有资格发布法特瓦的高级伊斯兰学者。

Muhajir（复数形式是 muhajirin）：a. 选择流亡而不接受在非穆斯林政府之下生活的出走

的穆斯林；b. 难民。

Muharam：穆哈兰姆。a. 伊斯兰教阴历全年的第一个月；b. 什叶派的节日，从本月1日到10日。

Mujahid（复数形式是 mujahidin）：穆贾希德。圣战者。

Mujtahid：穆吉太希德。伊斯兰教什叶派中，伊斯兰法律的最高权威。

Mukhlis：穆克里斯。苏菲派领袖的追随者，其领袖曾代表部族或部落宣誓效忠。没有义务亲自进入教团，他尊敬教宗，付什一税。在阿富汗，特指卡迪里（qadiryya）教团的追随者。

Mullah（波斯语为 mulla）：毛拉。宗教教师，法学家。

munshi：文士，职员，作家。

murid：穆里德。教团的新人。

murshid：穆尔希德。苏菲派中的指导者，指导新人走上神秘道路。

Mustufi al-Mulk：审计长、首席财务官。

mutawalli：穆塔瓦里。神殿及其捐赠的守卫和管理者。

naib：副省长。

namaz：乃玛孜。每日五次正式的祈祷仪式。

nan：馕，阿富汗的主食。

nanawatai：庇护传统。普什图人向寻求保护的甚至包括叛军、外国人甚至自己的敌人提供避难处的传统。

naibai：打馕师傅。

nang：在普什图社会对荣誉的积极捍卫。

Naqe（复数形式是 naqelin）：定居者，殖民者。

naqib：纳基布。体系的高级宗教教师。

nauroz：诺鲁孜。波斯历新年，在阿富汗开始于春分，非闰年的3月21日，闰年的3月20日。

Nawab（英式英语是 nabob）：纳瓦布。莫卧儿授予穆斯林自治统治的称号。

nazrana：a. 下级统治者每年向领主支付的款项；b. 由地位相等或更高的个人制作或向其赠送的礼物。

niyat：乜贴。意图。在伊斯兰教中，这是正确履行宗教义务和行为所必需的。

padshah：帕夏。古波斯语，与埃米尔略同。

parda：在阿富汗用来指妇女用于遮盖自己的"帘子"或衣物，类似"罩袍"。

pau：重量单位，在喀布尔相当于 443 克。

pir：皮尔。苏菲教团及分支组织的首领。

postin：普司丁。羊皮外套。

pushtunwali/pukhtuwali：普什图瓦里。普什图习俗、法律和荣誉法则。

qadamgah：字面意思是一个脚印。a. 神殿遗迹；b. 任何一个僧侣或圣人创造奇迹或经过的圣地。

qafila：贸易商队。

qala：卡拉。a. 城堡；b. 有防御的、高围墙的建筑群。

qalin：手工编织绒毯。

qanun：卡侬。法、法典、条例。

qanun-i asasi：基本法、宪法。

qaum：大家庭或氏族。

qazi：卡兹。伊斯兰法官。

qisis：根据伊斯兰法律，相互报复的权利。

ra'is：a.总统，首长；b.市长。

Ramazan/Ramadan：拉马丹。a.斋月，伊斯兰历法中一年的第9个月；b.斋月进行的斋戒。

rasm wa rawaj：风俗习惯。

rasul：来苏里。先知、使徒。

rashanfikr：指西化的改革者、知识分子或理性主义者。

Rud：河流，河床。

sadaqat：施舍或慈善捐赠。

sadhu：印度或锡克教的圣人，苦行者，偶尔被用来贬损非正统的穆斯林神秘主义者。

safed：白色。

sal：年。

salat：礼拜。穆斯林每天五次的祈祷仪式。

sangar：由石头或夯实的泥墙保护的浅沟。

sara：撒拉。a.旅舍，旅行者的小屋；b.有围墙、有门、用来存放货物和牲畜的院子。

sardar：萨达尔。a.指挥官，将军；b.部落征募的军事首领穆罕默德扎伊王朝王子的王室头衔。

sardar-i sardaran：a.萨达尔的首领；b.总司令。

Sawab：宗教品行。

sayyid：赛义德。自称为先知穆罕默德后裔的人所使用的尊称。

shab nama：夜，或秘密，信件。

shah：沙，沙阿。国王，主权者，君主。

shahada：见证人，证言，特别是伊斯兰信仰的清真言：除了安拉没有神，穆罕默德是安拉的使者或使徒。

shahid：舍希德。a.证人；b.烈士。

shahr：城镇、城市。

shahzada：王子。

shaikh：谢赫。阿富汗语指精神领袖，通常与神祠或苏菲教派有关。

shamshira：剑或弯刀。

shamsi：阿富汗太阳年。

sharia：沙里亚。伊斯兰教法。

sharifa：谢里夫。a.高贵的，受尊敬的；b.尊敬的头衔，如麦加的谢里夫。

Shia：什叶。十二伊玛目追随者的通用名称。

shirk：什尔克。把个人或其他存在视为与上帝平等的罪恶，即偶像崇拜。

shura：舒拉。a.宗教委员会；b.社区委员会。

silisla：a. 族谱树；b. 苏菲派大师和教团的权威链。

sipah salar：将军、军事总督、最高指挥官。

siyah：黑色。

sowar：骑兵战士。

stupa：佛教圣物箱。

stubadar：a. 莫卧儿王朝省长（subah）的头衔；b. 英国印度军队中的印度兵军衔，相当于中尉。

sufi：苏菲。伊斯兰神秘教团的信徒。

sultan：苏丹。国王，皇帝，君主。

sunna：逊奈。穆罕默德的传统、言论和教导。

Surkh：苏尔赫。红色。

Tagab（口语，tagau）：塔格布，河谷或水系。

takhalus：笔名。

takht-i rawan：轿子，轿椅。

Talib（复数形式为 taliban，塔利班）：塔里布，宗教神学院或宗教学校的学生。

tangi：峡谷，深渊。

tariqa：塔里格。苏菲派教团。

tawiz：塔维兹。通常由古兰经经文组成的符咒或护身符，有时由圣坛上的遗物或灰尘组成。

tazkira：身份证或证件。

tepa：山、土丘、小丘。

toman：托曼。萨法维德王朝和波斯恺加王朝使用的金币。

Ulama（单数形式为 alim）：乌里玛。高级伊斯兰法学家。

Ulus/wulus：乌卢斯。最初是突厥—蒙古语中表示人的词，后来用于部落联盟或以部落为基础的军事部门。

umma：乌玛。社区、共同体或所有穆斯林的"国家"。

ushr：什一税。伊斯兰农业税，灌溉土地支付百分之十，为无灌溉或人工灌溉土地支付百分之五。

vihara：佛教寺院。

wafadar：忠诚的，忠实的，值得信赖的，莫卧儿王朝授予某些穆塔尼萨多扎伊人的头衔。

wakil：瓦基勒。a. 部落代表；b. 代理人；c. 议会代表；d. 英国本土新闻作家。

wali：瓦利。a. 圣人，"代祷者"，通常被称为上帝的朋友；b. 据说具有创造奇迹能力的个人卡拉马特。

Wali：瓦利。代理人，总督。

Waqf（复数形式为 auqaf）：瓦克夫。宗教馈赠、礼物和财产。

watan：瓦坦。a. 出生地区；b. 祖国；c. 国家或民族。

wazir：维齐尔。a. 总督；b. 阿富汗政府部长。

wilayat：维拉亚特。瓦利统治的省。

Wolusi Jirga：人民大会，阿富汗议会的下议院，根据 1963 年宪法成立。

zahir：扎希尔。苏菲派术语，指伊斯兰教开放的、物质的或外部的实践和教导。

zakat：天课。伊斯兰教的财产税，是每年对资产和畜群征收的，约为 2.5%。

zikr：赞念。字面意思是纪念上帝；这一术语用于苏菲的圣歌，包括精神上的和口头的。

ziyarat：齐亚拉特，神殿。

附录二　关于资料来源的说明

　　限于篇幅，尾注参考仅列出了关键出版的作品、引用的材料、期刊和杂志文章、未发表的记录和在线的资料来源。后面的参考书目包括许多标准的作品以及波斯语的资料来源。关于萨多扎伊人（Saddozais）的早期历史，我借鉴了巴基斯坦和印度学者的研究成果，其中一些资料在次大陆以外并不容易查到。在这种情况下，我在参考文献和重点参考书目中都使用了这些资料来源。皇家方舟在线族谱网站（www.royalark.net）提供了萨多查伊和巴拉克扎伊（Barakzai）血统复杂的相互关系的广泛细节。关于个别历史参与者的生平，读者还可以查阅路德维希·W. 阿达梅克（Ludwig W. Adamec）的各种历史辞典和人物传记。

　　作为大英图书馆亚非馆藏的一部分，印度事务部图书档案馆的政务密档是一种宝贵的资源，但仍然没有得到充分利用。主要资料来自莱斯利·霍尔供稿的《印度事务部档案中阿富汗研究资料的简明指南》（伦敦，1981）。我从印度事务部档案中参考的资料主要包括：政务密档（L/P&s）、孟加拉秘密磋商会议记录（P/BEN/CON）、军事部档案（L/MIL/17）、包含了英国官员和旅行者个人文件和日记的 Mss Eur 号档案以及《1923—1948 年英国驻喀布尔公使馆记录》（R/12）。20 世纪早期的许多英国公使馆和外交部记录现已出版问世：如安妮塔 L. P. 伯德特编辑整理的四卷《阿富汗战略情报：英国记录，1919—1970 年》（剑桥，2008）。读者们参考我的早期著作《古代霸权：布哈拉、阿富汗和巴尔赫之战，1731—1901 年》（莱顿、科隆和纽约，1996 年）可以得到更多关于印度事务部档案的具体报道。我还利用了白沙瓦档案局的资料。

　　美国国务院历史学家办公室（https://history.state.gov 和 https://uwdc.library.wisc.edu）的在线记录提供了关于阿富汗政府内部运转和第二次世界大战结束后美国政策的丰富信息。在阿富汗出版的主要英文日报《喀布尔时报》和《喀布尔新时报》，以及达里语和普什图语的许多其他历史出版物，可以从内布拉斯加大学奥马哈分校数据库的亚瑟·保罗阿富汗资料收藏库（http://digitalcommons. unl.edu/afghanuno），纽约大学阿富汗数字图书馆（http://afghanistandl.nyu.ed），以及亚利桑那大学图书馆数字馆藏中查阅。（http://content.library.arizona.edu）。最近多名前阿富汗政府部长和记者出版了自传，提供了对查希尔·沙阿（Zahir Shah）、达乌德总统和共产主义政府执政期间的政府内部运作的新见解。

　　对任何认真研究阿富汗地区的人来说，在线的"伊朗百科全书"（www.iranicaonline.org）是一个重要的首选参考来源，我也广泛参考了它的许多权威文章。关于 2001 年后的局势，阿富汗研究与评价机构（http://areu.org.af）和阿富汗分析网（www.Afghanistan-Analysts.org）发布的信息也是宝贵的资源。

附录三　参考资料

序章　光荣地死去胜过耻辱地活着

1　Jadwiga Pstrusinska, 'Afghanistan 1989 in Sociolinguistic Perspective ', Central Asian Survey Incidental Papers, no. 7 (October 1990).

2　Thomas J. Barfield, The Central Asian Arabs of Afghanistan (Austin, tx, 1981).

3　For the debate about the Mongol origins of Hazaras, see Elizabeth E.Bacon, Obok: A Study of Social Structure in Eurasia (New York, 1958); G. K. Dulling, The Hazaragi Dialect of Afghan Persian (London, 1973); H. F.Schurmann, The Mongols of Afghanistan (The Hague, 1962). The historian Faiz Muhammad Katib, author of the Serāj al-Tawārīkh (Kabul, 1331–3 s./1913–1915), was a Hazara and included Hazara vocabulary in his work.

4　I differ somewhat from the system employed by Raphy Favre and Gholam Monowar Kamal, Watershed Atlas of Afghanistan (Kabul, 2004).

5　Rafi Samizai, Islamic Architecture in Herat (Kabul, 1981); Bernard O'Kane, Timurid Architecture in Khurasan (Costa Mesa, ca, 1987).

6　For the issue of the Silk Road, see Warwick Ball, The Gates of Asia: The Eurasian Steppe and the Limits of Europe (London, 2015), pp. 108–132.

7　For Sufism in Afghanistan, see Nile Green, ed., Afghanistan's Islam: From Conversion to the Taliban (Oakland, ca, 2016), particularly Parts 1 and 2; Asta Olesen, Islam and Politics in Afghanistan (Richmond, Surrey, 1996); Bo Utas, 'Notes on Afghan Sufi Orders and Khanaqahs', Afghanistan Journal [Graz], 7 (1980), pp. 60–67.

8　For studies on women in Afghanistan, see Isabelle Delloye, Women of Afghanistan, trans. Marjolijn de Jager (St Paul, mn, 2003); Hafizullah Emadi, Politics of Development and Women in Afghanistan (New York, 1993); Benedicte Grima, The Performance of Emotion among Paxtun Women (Austin, tx, 1992); Sarah Safdar, Kinship and Marriage in Pukhtoon Society (Lahore, 1997).

9　See The Customary Laws of Afghanistan, International Legal Foundation, September 2004, www.usip.org; Afghanistan: Blood feuds, traditional law (pushtunwali) and traditional conflict resolution (Oslo, 2011), www.landinfo.no.

10　Arezou Azad, Sacred Landscape in Medieval Afghanistan: Revisiting the Fadā'il-i Balkh (Oxford, 2013), pp. 143–144; Margaret Smith, Rabi'a: The Life and work of Rabi'a and other Women Mystics in Islam (Oxford, 1994).

11　Farid al-'Attar, Muslim Saints and Mystics: Episodes from the Tadhkirat al-Auliya', trans. A. J. Arberry [1966] (London, New York and Ontario, 1990), pp. 39–51.

12　See Veronica Doubleday, Three Women of Herat (London, 1988); Malalai Joya, Raising my Voice (London, Sydney and Auckland, 2009); Jenny Nordberg, The Underground Girls of Kabul (London, 2014); Annemarie Schimmel, My Soul is a Woman: The Feminine in Islam (New York and London, 1997).

13　For badal, see Grima, The Performance of Emotion, pp. 70–79; for ghairat, see Nasifa Shah, Honour and Violence: Gender, Power and Law in Southern Pakistan (Oxford and New York, 2016), pp. 40–43.

14　Alfred Lord Tennyson, In Memoriam.

第一章　阿富汗苏丹国（1260—1732）

1　Umar Kamal Khan, Rise of the Saddozais and the Emancipation of Afghans (Multan, 1999), my translation of the Persian text at p. 35, n. 2.

2　Unless stated otherwise all dates are ce. Hijra dates (Islamic religious/lunarcalendar) are given as h. (for example, 1150 h.) and Afghan/Persian solar dates with s. (for example, 1355 s.).

3　Hudūd al-'Ālam, 'The Regions of the World', a Persian Geography, 372 ah–982 ah, trans. V. Minorsky, E.J.W. Gibb Memorial New Series, xi, 2nd edn (London, 1970), pp. 111–112, 347 n. 22; C. E. Bosworth, The Ghaznavids: Their Empire in Afghanistan and Eastern India, 994–1040, 1st Indian edn (New Delhi, 1992), pp. 35–36, 109, 205–206.

4　W. Vogelsang, The Afghans (London and Malden, ma, 2002), pp. 168–169; L. Lockhart, The Fall of the Safawid Dynasty and the Afghan Occupation of Persia (Cambridge, 1958), pp. 80–82.

5　C. E. Bosworth, 'The Development of Persian Culture under the Early Ghaznavids', in The Medieval History of Iran, Afghanistan and Central Asia (London, 1977), xviii, p. 35.

6　Bosworth, The Ghaznavids, pp. 98–115.

7　Ibn Battuta, Selections from the Travels of Ibn Battuta, 1325–1354, trans. And ed. H.A.R. Gibb [1929] (Lahore, 1985), p. 178.

8　Maulana Minhaj al-Din Juzjani, Tabāqāt-i Nāsirī: A General History of the Muhammadan Dynasties of Asia including Hindustan from ah 194 (810 ad) to ah 658 (1260 ad), trans. and ed. Maj. H. G. Raverty [1881] (New Delhi, 1970), vol. ii, pp. 852–853.

9　Muhammad Akbar Rahim, History of the Afghans in India, ad 154–631 (Karachi, 1961), pp. 30–31.

10　Ibid., p. 54.

11　Ibid., pp. 30–38; my translation of the Persian text at n. 3, p. 38. In Islamic tradition Dajal is a semi-human figure covered in red hair, one-eyed and corpulent. The term is often used for barbarians or ugly, coarse people.

12　Zahir al-Din Babur, Babur-Nama, trans. Annette S. Beveridge [1922] (Lahore, 1979), pp. 331, 341.

13　Rahim, Afghans in India, pp. 248–55; Niccolao Manucci, Storia do Mogor, or Mogul India, 1653–1708, trans. William Irvine (London, 1907), vol. i, p. 147.

14　See Tariq Ahmed, Religio-political Ferment in the N. W. Frontier during the Mughal Period: The Raushaniya Movement (Delhi, 1982).

15　Jahangir, The Tuzukh-i-Jahangiri, or Memoirs of Jahangir, trans. Alexander Rogers, ed. Annette S. Beveridge [1909–1915] (Delhi, 2006), vol. i, p. 89.

16　Rahman Baba, The Nightingale of Peshawar: Selections from Rahman Baba, trans. Jens Enevoldsen (Peshawar, 1993), p. 7.

17　Khwaja Neamat Ullah, History of the Afghans translated from the Persian of Neamet Ullah, trans. Bernard Dorn [1829] (New York, 1969), pp. 38–42; Mountstuart Elphinstone, An Account of the Kingdom of Caubul, 2nd edn [1839] (Karachi, 1972), vol. ii, pp. 95–96.

18　Muhammad Hayat Khan, Afghanistan and its Inhabitants, translated from the 'Hayat-i-Afghani' of Muhamad Hayat Khan, trans. Henry Priestley [1874] (Lahore, 1999), p. 57; Khan, Rise of the Saddozais, p. 33.

19　Due to intermarriage, usually with first cousins, Afghans would commonly have several kith-kin relationships to other members of the clan or tribe, both by birth and marriage. The suffix –zai, as in Muhammadzai, means 'born of' (cf. the Scottish Mc or Mac).

20　Hayat-i-Afghani, p. 58, says Saddu's father was 'Omar. I have followed Khan, Rise of the Saddozais, and the online Durrani genealogy: www.4dw.net/royalark.

21　Elphinstone, Kingdom of Caubul, vol. i, pp. 215, 222–226; vol. ii, p. 41.

22　Olaf Caroe, The Pathans, 550 bc–ad 1957 (Karachi, 1958), p. 224.

23　Ibid., p. 252; Elphinstone, Kingdom of Caubul, vol. ii, p. 133.

24　Muhammad Jamil Hanifi, 'Editing the Past, Colonial Productions of Hegemony through the "Loya Jerga" in Afghanistan', Iranian Studies, xxxvi/2 (June 2004), p. 297.

25　François Bernier, Travels in the Mogul Empire, a.d. 1656–1668, ed. Vincent A. Smith [1934] (Delhi, 1992), p. 184.

26　C. E. Luard and H. Hosten, ed. and trans., Travels of Fray Sebastian Manrique, 1629–1643 (Oxford, 1927), vol. ii, pp. 260–62.

27　Elphinstone, Kingdom of Caubul, vol. ii, p. 132.

28　Tuzukh-i-Jahangiri, vol. ii, p. 240.

29　Ibid., vol. ii, pp. 240, 248; Rahim, Afghans in India, pp. 279–280.

30　Ganda Singh, Ahmad Shah Durrani, 2nd edn (Lahore, 1981), p. 2; Khan, Rise of the Saddozais, pp. 61–63; Hayat-i-Afghani, p. 59.

31　Khan, Rise of the Saddozais, p. 71.

32　Luard, Travels of Manrique, vol. ii, pp. 221–222.

33　Hayat-i-Afghani, p. 59.

34　Some sources say he was the son of Sher Muhammad Khan.

35　Khan, Rise of the Saddozais, pp. 96–101.

36　Hayat-i-Afghani, p. 63.

37　J. P. Ferrier, History of the Afghans (London, 1858), pp. 35–36. Ferrier claims it was his grandson 'Asad Allah Khan who was raped, but 'Asad Allah was born after Hayat Khan fled to Multan.

38　Khan, Rise of the Saddozais, p. 118.

39　The Chronicle of Petros di Sarkis Gilantez, ed. and trans. C. O. Minasian (Lisbon, 1959), p. 19.

40　Ibid., p. 11.

41　For translations of the correspondence of 'Abd Allah Khan and Hayat Khan, see Khan, Rise of the Saddozais, pp. 154–156.

42　Ibid., p. 167, translated from the Persian text.

43　Ibid., pp. 200–205.

44　For the full terms of the treaty, see ibid., p. 232.

45　Caroe, The Pathans, p. 252.

46　For the full terms of the treaty, see ibid., p. 232.

47　Caroe, The Pathans, p. 252.

第二章　纳迪尔·沙阿和阿富汗人（1732—1747）

1　Olaf Caroe, The Pathans, 550 bc–ad 1957 (Karachi, 1958), p. 250.

2　See M. Axworthy, The Sword of Persia: Nadir Shah, from Tribal Warrior to Conquering Tyrant (London and New York, 2006); L. Lockhart, Nadir Shah: A Critical Study (London, 1938).

3　Ludwig Adamec, Historical and Political Gazetteer of Afghanistan, vol. v: Kandahar and South-central Afghanistan (Graz, 1980), pp. 509–512.

4　Vesta Sarkhosh Curtis, Persian Myths (London, 1993), p. 32.

5　Axworthy, Sword of Persia, pp. 211–212.

6　The Four Aimaq tribes are: Firozkohi, Jamshidi, Sunni Hazaras and Taimani. A fifth tribe, the Timuri, is often confused and conflated with the Taimani. For an account of the Chahar Aimaq tribes, see Government of India, Records of the Intelligence Party of the Afghan Boundary Commission, vol. iv: Reports on the Tribes (Simla, 1891), pp. 43–276.

7　For the Balkh campaign, see Axworthy, Sword of Persia, pp. 191–192, 218–221; Jonathan L. Lee, The 'Ancient Supremacy': Bukhara, Afghanistan and the Battle for Balkh, 1732–

1901 (Leiden, 1966), pp. 63–72; Robert D. McChesney, Waqf in Central Asia (Princeton, nj, 1958), pp. 198–216.

8   Literally 'donkey load'. A kharwar differs from region to region but the author probably uses the Persian kharwar, which is equivalent to around 300 kg.

9   Muhammad Kazim, Nāma-yi 'Ālam-ārā'-yi Nādirī (Moscow, 1962–1966), vol. iii, fols 91b–100a; McChesney, Waqf , pp. 204–211.

10 McChesney, Waqf, p. 43; Lee, The 'Ancient Supremacy', pp. 18–19, 24 and nn. 19, 24, 35.

11 Père Louis Bazin, 'Mémoires sur les dernières années du règne de Thamas Kouli-Kan', Lettres édifiantes et curieuses écrites de missions étrangères, ed. C. Le Gobier and J. B. Du Holde (Paris, 1780), vol. vi, p. 304; for Nadir's last years, see Axworthy, Sword of Persia, chaps 10 and 11.

12 I have mostly followed Bazin's eyewitness account of Nadir Shah's assassination.

13 Edward G. Browne, A Literary History of Persia, vol. iv: Modern Times, 1500–1924 [1924] (Cambridge, 1969), p. 137.

14 Ibid.

15 Munshi Mahmud ibn Ibrahim al-Jami al-Husaini, Tārīkh-i Ahmad Shāhī [1974] (Peshawar, 2001), fol. 17.

16 Mountstuart Elphinstone, An Account of the Kingdom of Caubul, 2nd edn [1839] (Karachi, 1972), vol. ii, p. 247.

17 Umar Kamal Khan, Rise of Saddozais and Emancipation of Afghans (Multan, 1999), pp. 314–317.

18 Ganda Singh, Ahmad Shah Durrani: Father of Modern Afghanistan [1959] (Lahore, 1981); Khan, Rise of Saddozais, p. 321, n. 41.

19 Al-Husaini, Tārīkh-i Ahmad Shāhī, fols 17–18.

20 Elphinstone, Kingdom of Caubul, vol. ii, p. 281; George Forster, A Journey from Bengal to England through the Northern Part of India, Kashmire, Afghanistan, and Persia etc., 2nd edn (London, 1808), vol. ii, p. 95.

21 Abu'l-Hasan ibn Amin Gulistana, 'The End of Nadir Shah, being Extracts from the Mujmal al-Tawārīkh', trans. Jadunath Sarkar, Modern Review, xlv/5 (May 1929), pp. 533–536.

22 Singh, Ahmad Shah, p. 29; Khan, Rise of Saddozais, p. 320, says the treasure was only 30 lakh, or 3 million rupees, but even this was a substantial sum of money.

23 For an image of the Sher-i Surkh shrine, see Mildred Caudill, Helmand- Arghandab Valley: Yesterday, Today, Tomorrow (Lashkargah, 1969), p. 6.

24 Mir Gholam Mohammad Ghobar, Ahmad Shāh Bābā-yi Afghān (Kabul, 1322 s./1943).

25 Louis Dupree, Afghanistan, 2nd edn (Princeton, nj, 1978), p. 333n.

26 See 'Aziz al-Din Wakili Popalzai, Tārīkh-i Khirqa-yi Sharīfa Qandhār (Kabul, 1367

s./1989–90); McChesney, Waqf, pp. 222–227.

27 Sultan Mahomed Khan, The Life of Abdur Rahman Amir of Afghanistan [1900] (Karachi, 1980), vol. ii, pp. 216–217.

28 Ibid., vol. ii, pp. 215–216.

29 Faiz Muhammad Katib, Sarāj al-Tawārīkh (Kabul, 1333 s./1914–1915), vol. i, pp.9–10.

30 Ghobar, Ahmad Shāh, p. 88, claims that Sabir Shah was the son of a certain Ustad Lahori, though he cites no sources.

31 Singh, Ahmad Shah, p. 27, n. 5.

32 See Nile Green, Islam and the Army in Colonial India (Cambridge, New York and Melbourne, 2009).

33 Singh, Ahmad Shah, pp. 27–28.

34 Muhammad Jamil Hanifi, 'Editing the Past: Colonial Production of Hegemony through the "Loya Jerga" in Afghanistan', Iranian Studies, xxxvii/2 (June 2004), pp. 296–322.

35 Elphinstone, Kingdom of Caubul, vol. i, p. 95; Khan, Life of Abdur Rahman, vol. ii, p. 499.

第三章 艾哈迈德·沙阿和杜兰尼王朝（1747—1772）

1 Mountstuart Elphinstone, An Account of the Kingdom of Caubul [1839] (Karachi, 1972), vol. i, p. 233.

2 See Ganda Singh, Ahmad Shah Durrani [1959] (Lahore, 1981), pp. 347–56; Elphinstone, Kingdom of Caubul, vol. i, pp. 210–35, 332–333.

3 Elphinstone, Kingdom of Caubul, vol. i, p. 229.

4 'Notes by Mountstuart Elphinstone on the History, People and Geography of Afghanistan and Central Asia, 1808–9', British Library (bl), Asia and Africa Collection: India Office Library and Records (ior), Papers of Mountstuart Elphinstone, Mss Eur. f88/377, fol. 230.

5 Singh, Ahmad Shah, pp. 45–46.

6 Mesrob J. Seth, Armenians in India [1943] (New Delhi, 1992), p. 207. See also H. Heras, 'The Jesuits in Afghanistan', New Review (16 February 1935), pp. 139–53; Jonathan L. Lee, 'The Armenians of Kabul and Afghanistan', in Cairo to Kabul: Afghan and Islamic Studies Presented to Ralph Pinder-Wilson, ed. Warwick Ball and Leonard Harrow (London, 2002), pp. 157–162; Edward Maclagan, The Jesuits and the Great Mogul (London, 1932), pp. 36, 133, 193, 319–322; C. H. Payne, trans., Jahangir and the Jesuits . . . from the Relations of Father Fernão Guerreiro, S. J. [1930] (New Delhi, 1997), pp. 24–25.

7 Singh, Ahmad Shah, pp. 258, 358, calls him Shah Nazir, but his tombstone gives his name as Shah Nazar Khan, see Seth, Armenians in India, pp. 115–19. The date of

the cannon's casting is found in the abjad, or numerical value, of the gun's Persian dedication.

8 Haweli are the walled and gated compounds of wealthy merchants and courtiers.

9 For the Afghan-Baluch Treaty, see Singh, Ahmad Shah, p. 214.

10 For Shah Wali Allah, see Aziz Ahmad, Studies in Islamic Culture in the Indian Environment (Oxford, 1964), pp. 201–208; Wm. Theodore de Barry, ed., Sources of Indian Tradition, 5th edn (New York and London, 1970), vol. i, pp. 448–454; Olivier Roy, Islam and Resistance in Afghanistan, 2nd edn (Cambridge and New York, 1990), pp. 55–56.

11 Singh, Ahmad Shah, p. 295; Sarbaland was a Bahadur Khel Saddozai.

12 Ibid., p. 296.

13 Ibid., pp. 128–130; John Malcolm, The History of Persia from the Most Early Period to the Present Time, new edn (London, 1829), vol. ii, pp. 59, 64–66.

14 Singh, Ahmad Shah, p. 93; J. P. Ferrier, History of the Afghans (London, 1858), p. 79.

15 See Robert D. McChesney, Waqf in Central Asia (Princeton, nj, 1973), pp. 198–200; Jonathan L. Lee, The 'Ancient Supremacy': Bukhara, Afghanistan and the Battle for Balkh, 1732–1901 (Leiden, 1996), pp. 72–91.

16 See Warwick Ball, Archaeological Gazetteer of Afghanistan (Paris, 1981), vol. i, pp. 91–92.

17 The citadel of Aqcha was levelled in the 1940s; see Rudolf Stuckert, Erinnerungen an Afghanistan, 1940–1946 (Liestal, 1994), pp. 99–100.

18 See 'Report of Ghulam Sarwar, Native agent of the Hon. East India Co., on Special Mission to the Country of Shah Zemaun, 1793–1795', bl, Asia and Africa Collection: ior, Proceedings, Bengal Secret Consultations, 1797, p/ben/con/41.

19 Singh, Ahmad Shah, p. 71, citing the Tārīkh-i Ahmad Shāhī; Elphinstone, Kingdom of Caubul, vol. ii, p. 288, who erroneously dates this revolt to later in Ahmad Shah's reign.

20 Singh, Ahmad Shah, pp. 268–270, 325; Singh says 'Abd al-Khaliq was executed, but he reappears in Timur Shah's reign.

21 Ibid., pp. 270–272. Singh claims the land was gifted voluntarily. 22 Ibid., pp. 32, 34; Munshi Mahmud al-Husaini, Tārīkh-i Ahmad Shāhī [1974] (Peshawar, 2001), fols 20–26; 'Aziz al-Din Wakili Popalzai, Ahmad Shāh (Kabul, 1359 s./1980), vol. i, pp. 54–59.

23 Ferrier, History of the Afghans, pp. 73–74.

24 Elphinstone, Kingdom of Caubul, vol. ii, p. 297.

25 Singh, Ahmad Shah, p. 215.

26 Ibid., p. 268.

27 Mohammed 'Ali, A New Guide to Afghanistan (Kabul, 1958), p. 147.

28 Ahmad 'Ali Kohzad, Men and Events through 18th and 19th Century Afghanistan (Kabul, 1972), p. 1.

29 Olaf Caroe, The Pathans, 550 bc–ad 1957 (Karachi, 1958), p. 259.

30 W. K. Fraser-Tytler, Afghanistan: A Study of Political Developments in Central and Southern Asia, 3rd edn (Oxford, 1967), pp. 64–5; see also M. Jamil Hanifi, 'Editing the Past: Colonial Production of Hegemony through the "Loya Jerga" in Afghanistan', Iranian Studies, xxxvii/2 (June 2004), pp. 296–322.

31 Louis Dupree, Afghanistan, 2nd edn (Princeton, nj, 1978), p. 340.

第四章　帖木儿·沙阿和杜兰尼王朝的分裂（1772—1824）

1   Ganda Singh, Ahmad Shah Durrani, 2nd edn (Lahore, 1981), p. 325.

2   Arthur Conolly, A Journey to the North of India, Overland from England through Russia, Persia, and Affghaunistaun [1838] (New Delhi, 2001), vol. ii, p. 261.

3   Mountstuart Elphinstone, An Account of the Kingdom of Caubul [1839] (Karachi, 1972), vol. ii, pp. 300–301; J. P. Ferrier, Caravan Journeys and Wanderings in Persia, Afghanistan, Turkistan, and Baloochistan (London, 1857), p. 97; Singh, Ahmad Shah, p. 387.

4   See Brig. C. W. Woodburn, The Bala Hissar of Kabul: Revealing a Fortress-palace in Afghanistan (Chatham, 2009).

5   For Timur Shah and Zaman Shah's administration, see 'Report of Ghulam Sarwar, Native Agent of the Hon. East India Co., on Special Mission to the Country of Shah Zemaun, 1793–1795', British Library, Asia and Africa Collection: India Office Library and Records (ior), Proceedings, Bengal Secret Consultations, 1797, p/ben/con/41, fol. 89a.

6   Elphinstone, Kingdom of Caubul, vol. ii, p. 301.

7   Ibid., p. 303.

8   Arsala is sometimes referred to as Arsalan Khan. For his revolt, see Christine Noelle, State and Tribe in Nineteenth-century Afghanistan: The Reign of Dost Muhammad Khan (1826–1863) (Abingdon, 1997), p. 165, and n. 188, p. 332, which lists numerous sources for this revolt; Ashiq Muhammad Khan Durrani, 'The Last Phase of Muslim Rule in Multan, 1753–1818', PhD thesis, University of Multan, n. d., pp. 141–150; Elphinstone, Kingdom of Caubul, vol. ii, pp. 302–3, who places this conspiracy after the revolt of 'Abd al-Khaliq Khan; J. P. Ferrier, History of the Afghans (London, 1858), p. 102; Singh, Ahmad Shah, p. 338; P. Sykes, A History of Afghanistan [1940] (New Delhi, 1981), vol. i, p. 370.

9   Elphinstone, Kingdom of Caubul, vol. ii, p. 303.

10 Ferrier claims Timur ordered the execution of one in every three Peshawaris as reprisals, but this is not corroborated by any other source and is probably a fabrication.

11 Report of Ghulam Sarwar, fol. 125b.

12 Ibid., fols 124b–125a; Elphinstone, Kingdom of Caubul, vol. ii, pp. 305–6; Ferrier,

History of the Afghans, pp. 100–101; Jonathan L. Lee, The 'Ancient Supremacy': Bukhara, Afghanistan and the Battle for Balkh, 1732–1901 (Leiden, 1996), pp. 93–94.

13   Elphinstone, Kingdom of Caubul, vol. ii, p. 198.

14   Conolly, A Journey to the North of India, vol. ii, pp. 261–3; Elphinstone, Kingdom of Caubul, vol. ii, p. 307–308; Ferrier, History of the Afghans, pp. 109–11; Singh, Ahmad Shah, pp. 338–339.

15   Elphinstone, Kingdom of Caubul, vol. ii, pp. 308–309.

16   For Saddozai Herat, see David Charles Champagne, 'The Afghan-Iranian Conflict over Herat Province and European Intervention, 1796–1863: A Reinterpretation', PhD thesis, University of Texas, 1981, fols 49–51.

17   Elphinstone, Kingdom of Caubul, vol. i, p. 56; vol. ii, p. 316.

18   Durrani, 'The Last Phase of Muslim Rule in Multan', fol. 115 and footnote, 162; Faiz Muhammad Katib, Serāj al-Tawārīkh (Kabul, 1331–1333 s./1913–1915), vol. i, p. 59; Report of Ghulam Sarwar, fol. 109b.

19   See Ferrier, History of the Afghans, p. 122; Mohan Lal, Life of the Amir Dost Muhammad Khan of Kabul [1846] (New Delhi, 2004), vol. i, pp. 17–18.

20   For Mukhtar al-Daula, Sher Muhammad Khan Bamizai, see Conolly, A Journey to the North of India, vol. ii, pp. 266–7; Elphinstone, Kingdom of Caubul, vol. ii, pp. 334–338; Ferrier, History of the Afghans, pp. 132–134; Lal, Life of the Amir, vol. i, pp. 36–37; Charles Masson, Narrative of Various Journeys in Balochistan, Afghanistan, the Panjab, & Kalât [1842] (Delhi, 1997) vol. iii, pp. 40–42; Noelle, State and Tribe, pp. 26–27, 278–279; George Passman Tate, The Kingdom of Afghanistan: A Historical Sketch (Bombay, 1910), pp. 98, 101, 103, 128.

21   Elphinstone, Kingdom of Caubul, vol. ii, pp. 335–6.

22   For Ashiqan wa Arifan, see Nancy Hatch Dupree, A Historical Guide to Kabul (Kabul, 1972), pp. 152–153; Muhammad Ibrahim Khalil, Mazārāt-i Shāhr-i Kābul (Kabul, 1339 s./1960), pp. 107–129; Bruce Wannell and Khadeem Hussain, Kabul Elite Burials: A Wounded Heritage (Kabul, 2003), pp. 36–105.

23   For Khwaja Khanji, see Masson, Narrative of Various Journeys, vol. iii, pp. 22–6; Noelle, State and Tribe, pp. 15, 27, 52, 278–279.

24   Elphinstone, Kingdom of Caubul, vol. ii, p. 338.

25   John William Kaye, The Life and Correspondence of Sir John Malcolm (London, 1856), vol. i, p. 399.

26   See Amitas Das, Defending British India against Napoleon: The Foreign Policy of Governor General Lord Minto, 1807–1813 (Martlesham, Suffolk, 2016).

27   Elphinstone, Kingdom of Caubul, vol. ii, pp. 347–348; Champagne, 'The Afghan-Iranian Conflict', p. 71; Lee, The 'Ancient Supremacy', pp. 110–111.

28   Elphinstone, Kingdom of Caubul, vol. i, pp. 84–85.

29 Ibid., vol. i, p. 67.

30 Benjamin D. Hopkins, The Making of Modern Afghanistan (Cambridge, 2008); Martin J. Bayly, Taming the Imperial Imagination: Colonial Knowledge, International Relations, and the Anglo-Afghan Encounter, 1808–1878 (Cambridge, 2016).

31 Jonathan Lee, 'The Elphinstone Mission, the "Kingdom of Caubul" and the Turkic World', unpublished conference paper presented to 'Mountstuart Elphinstone and the Historical Foundations of Afghan Studies: Reframing Colonial Knowledge of the Indo-Persian World in the Post-colonial Era', London, 6 November 2015.

32 Elphinstone, Kingdom of Caubul, vol. ii, p. 182.

33 The date 1745 refers to the Jacobite Rising of Charles Stuart, or Bonnie Prince Charlie.

34 Elphinstone also failed to mention the Irish Rebellion of 1798 or the civil unrest in England created by Pitt's suspension of habeas corpus in the wake of the French Revolution.

35 Elphinstone, Kingdom of Caubul, vol. i, pp. 82–83.

36 The mutawalli administered the waqf of three shrines: Sakhi Saheli Sarkar, Sah Anyat Wali and Dhani Mai Sahiba.

37 Elphinstone, Kingdom of Caubul, vol. i, p. 88.

38 Ferrier, History of the Afghans, p. 138.

39 Conolly, A Journey to the North of India, vol. ii, p. 289.

40 Alexander Burnes, Travels into Bukhara, being the Account of a Journey from India to Cabool, Tartary and Persia, etc., 1831–33 [1834] (New Delhi and Madras, 1992), vol. ii, p. 312.

41 Masson, Narrative of Various Journeys, vol. iii, p. 46.

42 Ibid., p. 48; Lal, Life of the Amir, vol. i, p. 114.

43 The sources for events in Balkh at this era are few and far between, which makes dating of the Bukhara reconquest of Balkh difficult to determine.

44 For Ishan Nabib and Ishan Uruq, see Lee, The 'Ancient Supremacy', pp. 119–22, and nn. 95–6.

45 The akalis, or Immortals, all swore an oath never to surrender or retreat.

46 Phula Singh's father had been killed in the Wadda Ghalughara massacre, while Phula died in the Battle of Nawshera. The Sikhs regard Phula Singh as one of their greatest saint-heroes.

第五章　英国谋划占领阿富汗并付诸行动（1824—1839）

1 Trevelyan's report quoted in Malcolm Yapp, Strategies of British India (Oxford, 1980), p. 209.

2 For Hajji Khan Kakar, see Charles Masson, Narrative of Various Journeys in

Balochistan, Afghanistan, the Panjab, & Kalât [1842] (Delhi, 1997), vol. ii, pp. 292–293 and vol. iii, pp. 72–73; G. T. Vigne, A Personal Narrative of a Visit to Ghuzni, Kabul, and Afghanistan [1840] (New Delhi and Chennai, 2004), pp. 316, 326–333.

3　Masson, Narrative of Various Journeys, vol. iii, p. 75.

4　George de Lacy Evans, On the Designs of Russia (London, 1828) and On the Practicability of an Invasion of British India (London, 1829); Edward M. Spiers, Radical General: Sir George de Lacy Evans, 1787–1870 (Manchester, 1983).

5　Edward Law Ellenborough, A Political Diary, vol. ii: 1828–1830 (London, 1881), pp. 82, 104–106, 124.

6　Richard Cobden, Political Writings, 2nd edn (London, 1868), vol. i, p. 46.

7　Yapp, Strategies of British India, p. 201.

8　J. A. Norris, The First Afghan War, 1838–1842 (Cambridge, 1967), p. 43.

9　For the Indus survey, see Alexander Burnes, Travels into Bokhara: Being the Account of a Journey from India to Cabool, Tartary, and Persia; also, Narrative of a Voyage on the Indus, from the Sea to Lahore [1834] (New Delhi and Madras, 1992), vol. ii, pp. 193–309; for Burnes's biography, see James Hunt, Bokhara Burnes (London, 1969).

10　Metcalfe's words quoted in Norris, First Afghan War, p. 45.

11　Arthur Conolly, Journey to the North of India, Overland from England through Russia, Persia, and Affghaunistaun, 2nd edn, 2 vols [1838] (New Delhi, 2001); for his biography, see John William Kaye, Lives of the Indian Officers (London, 1867), vol. ii, pp. 67–144.

12　William Moorcroft and George Trebeck, Travels in the Himalayan Provinces of Hindustan and the Panjab . . . from 1819 to 1825 [1841] (Karachi, 1979); Gary Alder, Beyond Bokhara: The Life of William Moorcroft, Asian Explorer and Pioneer Veterinary Surgeon, 1767–1825 (London, 1985).

13　Edward Stirling, The Journals of Edward Stirling in Persia and Afghanistan, 1828–1829, ed. Jonathan L. Lee (Naples, 1991); Edward Stirling, Some Considerations on the Political State of the Intermediate Countries between Persia and India with Reference to the Project of Russia Marching an Army through them (London, 1835), pp. ii–v.

14　Yapp, Strategies of British India, p. 209.

15　Joseph Wolff, Researches and Missionary Labours among the Jews, Mohammedans and other Sects (Philadelphia, pa, 1837).

16　Burnes, Travels into Bokhara, vol. ii, p. 343.

17　Ibid., vol. i, pp. 189–229; vol. ii, p. 353.

18　Ibid., vol. i, p. 205.

19　Ibid., vol. ii, p. 381.

20　Ibid., vol. ii, p. 344.

21　Ibid., vol. ii, pp. 330–333.

22　Major D'Arcy Todd, 'Observations on the Military Memoir of Captain Burnes on

Afghanistan', 2 July 1837, British Library (bl), Asia and Africa Collection: India Office Library and Records (ior), Secret Letters and Enclosures from Persia, l/p&s/144, fols 420–463.

23 For Masson in Kabul, see Masson, Narrative of Various Journeys, vols ii and iii; for his biography, see Gordon Whitteridge, Charles Masson of Afghanistan: Explorer, Archaeologist, Numismatist and Intelligence Agent (Warminster, Wilts, 1986).

24 Masson, Narrative of Various Journeys, vol. iii, p. 493.

25 Ibid., vol. ii, pp. 295–323; Christine Noelle, State and Tribe in Nineteenth-century Afghanistan: The Reign of Dost Muhammad Khan (1826–1863) (Abingdon, 1977), pp. 32–36.

26 Masson, Narrative of Various Journeys, vol. ii, p. 302.

27 Mohan Lal, Life of the Amir Dost Mohammad Khan of Kabul [1846] (New Delhi and Chennai, 2004), vol. i, p. 158.

28 Masson, Narrative of Various Journeys, vol. iii, pp. 325–326; Yapp, Strategies of British India, pp. 14–15.

29 Masson, Narrative of Various Journeys, vol. iii, p. 307.

30 Ibid., vol. iii, p. 310.

31 Ibid., pp. 329–332.

32 Ibid., p. 332.

33 Ibid., p. 334.

34 Josiah Harlan, A Memoir of India and Avghanistaun [1842] (Philadelphia, pa, 2005); Frank E. Ross, ed., Central Asia: Personal Narrative of General Josiah Harlan, 1823–1841 (London, 1939); for his biography, see Ben Macintyre, Josiah the Great: The True Story of the Man who would be King (London, 2004).

35 Melvin M. Kessler, Ivan Viktorovich Vitkevich, 1806–1839 (Washington, dc, 1960).

36 Lal, Life of the Amir, vol. i, p. 248.

37 Ibid., pp. 250–252; Norris, First Afghan War, pp. 92–93.

38 Yapp, Strategies of British India, p. 223.

39 Masson, Narrative of Various Journeys, vol. iii, pp. 384–391.

40 Norris, First Afghan War, pp. 98–99.

41 Yapp, Strategies of British India, p. 232.

42 Lal, Life of the Amir, vol. i, p. 259.

43 Norris, First Afghan War, p. 122.

44 Lal, Life of the Amir, vol. i, p. 259.

45 David Charles Champagne, 'The Afghan-Iranian Conflict over Herat Province and European Intervention, 1796–1863: A Reinterpretation', PhD thesis, University of Texas, 1981, fols 174, 148.

46 For Asaf al-Daula's campaign, see Jonathan L. Lee, The 'Ancient Supremacy': Bukhara,

Afghanistan and the Battle for Balkh, 1732–1901 (Leiden, Cologne and New York, 1996), pp. 149–158; Faiz Muhammad Katib, Serāj al-Tawārikh (Kabul, 1331–1333 s./1913–1915), vol. i, pp. 132–134.

47 For Eldred Pottinger, see Maud Diver, The Hero of Herat: A Frontier Biography in a Romantic Form (London, 1912); Kaye, Lives of the Indian Officers, vol. ii, pp. 145–208; George Pottinger, The Afghan Connection: The Extraordinary Adventures of Major Eldred Pottinger (Edinburgh, 1983).

48 Lal, Life of the Amir, vol. i, p. 260; Yapp, Strategies of British India, pp. 146–147.

49 Norris, First Afghan War, p. 133.

50 Ibid., p. 153.

51 Lal, Life of the Amir, vol. i, p. 344.

52 John William Kaye, History of the War in Afghanistan (London, 1874), vol. i, p. 209n; see also Louis Dupree, Afghanistan, 2nd edn (Princeton, nj, 1978), p. 374 n. 9, where he discusses alternative versions of Vitkevitch's reception and his subsequent suicide.

53 Whitteridge, Charles Masson, p. 152.

54 Auckland's dispatch quoted in Norris, First Afghan War, pp. 163–164, 168.

55 Ken McNaughton, 'Sir William Hay Macnaghten and the First Afghan War', www. clanmacnaughton.net, accessed 9 October 2017.

56 Masson, Narrative of Various Journeys, vol. ii, pp. 452–454, 493; Rev. G. H. Gleig, Sale's Brigade in Afghanistan, with an Account of the Seizure and Defence of Jellalabad [1846] (Uckfield, 2004), pp. 73–74; Whitteridge, Charles Masson, pp. 144–145.

57 Masson, Narrative of Various Journeys, vol. iii, p. 495.

58 Kaye, Lives of the Indian Officers, vol. ii, p. 41.

59 Burnes's letter (now lost) quoted in John William Kaye, History of the War in Afghanistan, 2 vols [1851] (Delhi, 1999), vol. i, p. 352n; aut Caesar aut nullus was the motto of Cesare Borgia.

60 For the Tripartite Treaty, see ibid., vol. i, pp. 319–333; Norris, First Afghan War, pp. 188–189.

61 Champagne, 'The Afghan-Iranian Conflict over Herat Province', p. 198.

62 For the Simla Declaration, see Kaye, History of the War in Afghanistan, vol. i, pp. 355–359.

63 Ibid., p. 363n.

64 For the British government's response to the war, see Norris, First Afghan War, pp. 207–230; Yapp, Strategies of British India, pp. 278–303.

65 Macnaghten's words quoted in Norris, First Afghan War, p. 249.

66 Kaye, History, vol. i, p. 383.

67 Robert A. Huttenback, British Relations with Sind, 1799–1843: An Anatomy of Imperialism (Berkeley, ca, and London, 1962), p. 49.

68　Norris, First Afghan War, pp. 263–264.

69　Macnaghten's words quoted in Kaye, History, vol. i, p. 423.

70　Lal, Life of the Amir, vol. ii, p. 211.

71　Ibid., vol. ii, p. 226.

72　Ibid., vol. ii, pp. 273–8; Shahamat 'Ali, The Sikhs and Afghans in Connexion [sic] with India and Persia [1847] (New York, 2005), pp. 305–15.

73　Lal, Life of the Amir, vol. ii, pp. 235–6.

74　Cucumis colocynthis is the bitter cucumber or bitter apple.

第六章　"伟大试验"的失败（1839—1843）

For the quotation the 'Great Experiment' used in the title of this chapter, see John Russell Colvin on the Indus policy, in J. A. Norris, The First Afghan War, 1838–1842 (Cambridge, 1967), p. 361.

1　John William Kaye, History of the War in Afghanistan [1851] (Delhi, 1999), vol. ii, pp. 142; this phrase was omitted in subsequent editions.

2　Mohan Lal, Life of the Amir Dost Mohammad Khan of Kabul [1846] (NewDelhi and Chennai, 2004), vol. ii, p. 313.

3　Ibid., pp. 318–324.

4　Malcolm E. Yapp, 'Disturbances in Western Afghanistan, 1839–41', Bulletin of the School of Oriental and African Studies, xxvi (1963), pp. 288–313.

5　For the situation in Turkistan and Bamiyan, see J. H. Stocqueler, Memorials of Affghanistan, 1838–1842 [1843] (Peshawar, 1969), pp. 85–95; J. L. Lee, The 'Ancient Supremacy': Bukhara, Afghanistan and the Battle for Balkh, 1732–1901 (Leiden, Cologne and New York, 1996), pp. 163–178.

6　Kaye, History, vol. ii, pp. 550–551.

7　Hobhouse's report quoted in Norris, The First Afghan War, p. 314.

8　Lal, Life of the Amir, vol. ii, p. 344; Colin Mackenzie, Storms and Sunshine of a Soldier's Life (Edinburgh, 1884), vol. i, p. 179.

9　James Atkinson, The Expedition into Affghanistan [sic]: Notes and Sketches Descriptive of the Country [1842] (Uckfield, 2004), p. 354.

10　'Abd al-Karim 'Alawi, Muhābarāt-i Kābul wa Kandhār (Kanpoor, 1264 s./1866), pp. 47–49. I am grateful to Sayyid Reza Huseini for pointing out this reference.

11　Macnaghten's dispatch quoted in Kaye, History, vol. i, p. 561.

12　James Atkinson, Sketches in Afghaunistan (London, 1842), plate 18.

13　Lal, Life of the Amir, vol. ii, p. 456.

14　Quoted in Kaye, History, vol. i, p. 551.

15　Ellenborough's comment quoted in ibid., vol. i, pp. 567–568.

16 Ellenborough's dispatch quoted in Norris, First Afghan War, p. 405.

17 Auckland's dispatch quoted in ibid., p. 338.

18 Quoted in Kaye, History, vol. i, p. 609.

19 Todd's report quoted in Malcolm Yapp, Strategies of British India (Oxford, 1980), p. 365.

20 Macnaghten's report quoted in Kaye, History, vol. i, pp. 602–603.

21 Macnaghten's report quoted in ibid., pp. 594–595.

22 Quoted in ibid., p. 549.

23 See M. Yapp, 'The Revolutions of 1841–1842 in Afghanistan', Bulletin of the School of Oriental and African Studies, xxvii (1964), pp. 338–344.

24 Lal, Life of the Amir, vol. ii, pp. 384–385.

25 J. Greenwood, Narrative of the Late Victorious Campaign in Afghanistan under General Pollock [1884] (Uckfield, 2004), p. 202.

26 For Charikar, see John Colpoys Haughton, Char-ee-kar and Service there with the 4th Goorkha Regiment (London, 1879).

27 Lal, Life of the Amir, vol. ii, p. 416.

28 Ibid., pp. 393–399.

29 Ibid., p. 407.

30 Quoted in Lady Florentine Sale, A Journal of the Disasters in Affghanistan, 1841–1842 [1843] (Lahore, 1999), p. 170.

31 Kaye, History, vol. ii, p. 281. In subsequent editions of Kaye's history, large sections of Macnaghten's report and other private papers were culled, see ibid. (Delhi, 1999), pp. 128–129. 32 Ibid.

33 Mackenzie, Storms and Sunshine of a Soldier's Life, vol. i, p. 241.

34 Lal, Life of the Amir, vol. ii, p. 421.

35 The account of Macnaghten's assassination is taken from Mackenzie's eyewitness account, see Mackenzie, Storms and Sunshine of a Soldier's Life, vol. i, pp. 238–249.

36 For events after the British withdrawal, see Lal, Life of the Amir, vol. ii, pp. 436–453; Yapp, 'Revolutions of 1841–2', pp. 350–364.

37 Lt Vincent Eyre, The Military Operations at Cabul [1843] (Stroud, Glos., 2005), p. 310.

38 See Lt G. A. Croly's sketch, 'Khoord Caubel Pass, 1842', National Army Museum, London, nam-1966-10-19-1.

39 Charles Rathbone Low, Life and Correspondence of Field Marshal Sir George Pollock [1873] (Uckfield, 2000?), p. 389.

40 Lal, Life of the Amir, vol. ii, p. 452.

41 Atkinson, Expedition into Affghanistan, pp. 273–274.

42 See Lt G. A. Croly's sketch 'The Sacking of the Great Bazaar of Cabul, 1842', National Army Museum, London, nam-1966-10-15-1; Atkinson, Sketches in Afghanistan (London,

1842), plate 19; Reginald C. W. Mitford, To Cabul with the Cavalry Brigade (London, 1880), p. 89. The painting by 'Abd al-Ghafur Breshna entitled The Char-Chatta Bazaar of Kabul was composed in 1932.

43　Maulana Hamid Kashmiri, Akbar Nāma (Kabul, 1330 s./1951). Sections of his history are quoted in William Dalrymple, Return of a King: The Battle for Afghanistan (London, New Delhi and New York, 2013); see also Lutz Rzehak, 'Remembering the Taliban', in The Taliban and the Crisis of Afghanistan, ed. Robert D. Crews and Amin Tarzi (Cambridge, ma, and London, 2008), p. 205.

44　Yapp, Strategies of British India, p. 453.

45　J. A. Morris, The First Afghan War, 1838–1842 (Cambridge, 1967), p. 418.

46　Norris, First Afghan War, pp. 387–8.

47　Kaye, History, vol. ii, p. 647.

48　Afghanistan (Expenses of Military Operations) – Resolution, 9 December 1878, hansard. millbanksystems.com.

49　Yapp, Strategies of British India, p. 445.

第七章　对"科学合理的边界"的追求（1843—1879）

1　Christine Noelle, State and Tribe in Nineteenth-century Afghanistan: The Reign of Dost Muhammad Khan (1826–1863) (Abingdon, 1977), pp. 198–205.

2　For the campaigns in Balkh, see Jonathan L. Lee, The 'Ancient Supremacy': Bukhara, Afghanistan and the Battle for Balkh, 1732–1901 (Leiden, Cologne and New York, 1996).

3　Ibid., pp. 451–452.

4　Futteh Muhammad Khan, 'Narrative of a Journey through Toorkistan, 1855', British Library (bl), Asia and Africa Collection: India Office Library and Records (ior), Secret Correspondence and Enclosures with India, 1756–1874, l/p&s/5/225, no. 59, encl. 11.

5　'Minute by Lord Dalhousie', 14 January 1856, ior, l/p&s/5/2263, fol. 625; Lee, The 'Ancient Supremacy', pp. 244–245.

6　Major H. B. Lumsden, The Mission to Kandahar (Calcutta, 1860).

7　Lee, The 'Ancient Supremacy', p. 270.

8　Charles Allen, Soldier Sahibs: The Men who made the North-west Frontier, 2nd edn (London, 2000), pp. 281–282.

9　David Charles Champagne, 'The Afghan-Iranian Conflict over Herat Province and European Intervention, 1796–1863: A Reinterpretation', PhD thesis, University of Texas, 1981, fols 431–435, 488.

10　Lee, The 'Ancient Supremacy', p. 312, where I incorrectly locate the battle site near Khinjan.

11 Ibid., pp. 313–331; Sultan Mahomed Khan, Life of Abdur Rahman Khan [1901] (Karachi, 1980), vol. i, pp. 91–97.

12 Sir Henry Rawlinson, 'Memorandum on the Frontier of Affghanistan', 20 July 1868; Umballa Papers, 2 vols, ior, Political and Secret Department Library, l/p&s/20/b17/a; George Douglas Hamilton Campbell, Duke of Argyll, The Afghan Question from 1841–1878 (London, 1879), pp. 26–29.

13 Rawlinson, 'Memorandum'.

14 Argyll, Afghan Question, pp. 40–41.

15 Ibid., p. 42.

16 Faiz Muhammad Katib, Serāj al-Tawārīkh (Kabul, 1331–1333 s./1913–1915), vol. ii, p. 307.

17 Nikki R. Keddie, Sayyid Jamal al-Din al-Afghani: A Political Biography (Edinburgh, 1985). Afghan nationalists erroneously claim al-Afghani was born in Asadabad in Kunar. He died in Turkey, but in 1944 his body was exhumed and reinterred outside Kabul University and a monument constructed over the grave.

18 Ibid., p. 41.

19 Argyll, Afghan Question, p. 5.

20 Ibid., p. 36.

21 Edward C. Moulton, Lord Northbrook's Indian Administration, 1872–1876 (London, 1968), p. 227.

22 See Katib, Sarāj al-Tawārīkh, vol. ii, pp. 314–317. This official history was written nearly fifty years after the Umballa Conference and reflects an emerging, anti-British nationalist discourse in relation to this event and the build-up to the Second Anglo-Afghan War.

23 Moulton, Lord Northbrook's Indian Administration, pp. 230–231.

24 Argyll, Afghan Question, p. 7.

25 Moulton, Lord Northbrook's Indian Administration, p. 234.

26 Ibid., p. 241.

27 Ibid., p. 241.

28 Ibid., pp. 243–244.

29 Ibid., p. 246.

30 Ibid., p. 247.

31 Lady Betty Balfour, The History of Lord Lytton's Indian Administration, 1876 to 1880: Compiled from Letters and Official Papers (London, New York and Bombay, 1899), p. 44.

32 John Martineau, The Life and Correspondence of Sir Bartle Frere (London, 1895), vol. ii, pp. 147.

33 Ibid., p. 148.

34 Balfour, History of Lord Lytton, pp. 45, 88–93.

35 G. R. Elsmie, Thirty-five Years in the Punjab, 1858–1893 [1908] (Lahore, 2001), pp. 234–235.

36 Balfour, History of Lord Lytton, pp. 60, 244.

37 Ibid., pp. 31–33.

38 Ibid., p. 60.

39 Ibid., pp. 61–63.

40 Ibid., p. 105.

41 Quoted in Vartan Gregorian, The Emergence of Modern Afghanistan: Politics of Reform and Modernization, 1880–1946 (Stanford, ca, 1969), p. 112.

42 Balfour, History of Lord Lytton, p. 154.

43 See ibid., pp. 136–154, for Lytton's memorandum on Afghanistan and quotations from it.

44 Ibid., p. 147.

45 Ibid., pp. 152–153.

46 Dwight E. Lee, 'A Turkish Mission to Afghanistan, 1877', Journal of Modern History, xiii/3 (1941), pp. 335–56; S. Tanvir Wasti, 'The 1877 Ottoman Mission to Afghanistan', Middle Eastern Studies, xxx/4 (1994), pp. 956–62.

47 Gregorian, Emergence of Modern Afghanistan, p. 113.

48 Charles Marvin, trans., Colonel Grodekoff's Ride from Samarcand to Herat (London, 1880).

49 Balfour, History of Lord Lytton, p. 265.

50 Ibid., pp. 292–294.

51 Katib, Sarāj al-Tawārīkh, vol. ii, p. 342.

52 Punch, 30 November 1878; The Times, 21 November 1878.

53 For example, Muhammad Hassan Kakar, A Political and Diplomatic History of Afghanistan, 1863–1901 (Leiden, 2006), pp. 15–20.

第八章 "减少乱民数量"（1879—1901）

1 'Accessories to a crime', in B. Robson, ed., Roberts in India: The Military Papers of Field Marshal Lord Roberts, 1876–1893 (Stroud, Glos., and Dover, nh, 1993), p. 120.

2 Lady Betty Balfour, The History of Lord Lytton's Indian Administration, 1876 to 1880: Compiled from Letters and Official Papers (London, New York and Bombay, 1899), pp. 330–334.

3 William Trousdale, ed., War in Afghanistan, 1879–80: The Personal Diary of Major General Sir Charles Metcalfe MacGregor (Detroit, mi, 1985), p. 104. For views of the British Residency, see C. W. Woodburn, The Bala Hissar of Kabul: Revealing a Fortress-palace in Afghanistan (Chatham, 2009), figs 35–41, pp. 28–30.

4　Balfour, History of Lord Lytton, pp. 344, 348.

5　Ibid., p. 349.

6　Faiz Muhammad Katib, Serāj al-Tawārīkh (Kabul, 1331–1333 s./1913–1915), vol. ii, p. 351.

7　Balfour, History of Lord Lytton, p. 354.

8　Afghan and Indian accounts on the Residency siege include those by 'Ali Hasan Jawanshir, Sardar Kajir Khan, a son of Payinda Khan, and 'Timoos', one of the few Guides to survive the massacre; for sources, see Jonathan L. Lee, The 'Ancient Supremacy': Bukhara, Afghanistan and the Battle for Balkh, 1732–1901 (Leiden, Cologne and New York, 1996), p. 385, n. 114. For other accounts, see Demetrius C. Boulger, India in the Nineteenth Century (London, 1901), p. 283; Archibald Forbes, The Afghan Wars, 1839–1842 and 1878–80 (London, 1892), pp. 184–6; Howard Hensman, The Afghan War of 1879–1880 [1881] (Lahore, 1999), pp. 3–4, 112; Sultan Mahomed Khan, The Life of Abdur Rahman Amir of Afghanistan [1900] (Karachi, Oxford and New York, 1980), vol. i, p. 152.

9　Balfour, History of Lord Lytton, pp. 358–359.

10　For 'Aisha's conspiracy, see, Katib, Serāj al-Tawārīkh, vol. ii, pp. 352–354; Khan, Life of Abdur Rahman, vol. i, p. 152; Boulger, India in the Nineteenth Century, p. 283; Hensman, Afghan War of 1879–1880, p. 112.

11　Robson, ed., Roberts in India, pp. 119–121; the emphases are Lytton's.

12　Trousdale, ed., War in Afghanistan, p. 101.

13　Robson, ed., Roberts in India, p. 157.

14　Ibid., p. 145.

15　John Alfred Gray, My Residence at the Court of the Amir [1895] (London, 1987), p. 209.

16　Balfour, History of Lord Lytton, p. 408.

17　Sultan Muhammad Khan, The Life of Abdur Rahman, p. 192.

18　Balfour, History of Lord Lytton, p. 414.

19　M. Hassan Kakar, Afghanistan: A Study in International Political Developments, 1880–1896 (Kabul, 1971), p. 56.

20　Ibid., pp. 63–64, n. 1.

21　For the Amir's reply to Landsdowne's letter, see Lee, The 'Ancient Supremacy', appendix ix, p. 648.

22　Frank A. Martin, Under the Absolute Amir [1907] (Lahore, 1998), p. 102.

23　Angus Hamilton, Afghanistan (Boston, ma, and Tokyo, 1910), p. 227.

24　Government of India, Records of the Intelligence Party of the Afghan Boundary Commission, 5 vols (Simla, 1888–91).

25　See Lee, The 'Ancient Supremacy', pp. 480–529.

26　For the Amir's illness, see Jonathan Lee, 'Abd al-Rahman Khan and the "Maraz ulmulūk"', Journal of the Royal Asiatic Society, 3rd ser., i/2 (July 1991), pp. 209–242.

27 For the Turkistan Atrocities, see Lee, The 'Ancient Supremacy', pp. 543–577, Appendix ix, pp. 637–644, where the Kabul wakil's, Warburton's and Griesbach's reports are reproduced.

28 Carl Ludolph Griesbach, 'Memorandum of the Disposal of the Turkistan Prisoners by the Amir', 13 August 1889, British Library (bl), Africa and Asia Collection: India Office Library and Records (ior), Political and Secret Letters from India, 1889, l/p&s/7/48, fols 327–352.

29 General Sir Fredrick Roberts, 'Memorandum', 22 May 1885, ior, Political and Secret Letters from India, l/p&s/7/64, fol. 30 (p. 14); Lee, The 'Ancient Supremacy', pp. 466–467.

30 See, for example, Khan, Life of Abdur Rahman, vol. i, p. 272; vol. ii, pp. 252–257.

31 For Landsdowne's letter to the Amir, see Lee, The 'Ancient Supremacy', Appendix ix, pp. 644–645.

32 For the Amer's reply to Landsdowne's letter, see ibid., Appendix ix, pp. 645–764.

33 Ibid., pp. 570–571.

34 For the Hazara Wars, see Sayed Askar Mousavi, The Hazaras of Afghanistan: An Historical, Cultural, Economic and Political Study (Richmond, Surrey, 1998), pp. 111–131; Lilias Hamilton, A Vizier's Daughter: Tales of the Hazara Wars (London, 1900), a novel about the repressions based on Hamilton's experience living in Afghanistan at the time; Husain 'Ali Yazdani, Sahnahā-yi Khunīnī az Tārikh-i Tashayyu' dar Afghānistān az 1250 ta 1320 (Mashhad, 1991).

35 Ludwig W. Adamec, Historical Dictionary of Afghanistan (Metuchen, nj, and London, 1991), p. 9.

36 The Shah of Persia's letter quoted in Lee, The 'Ancient Supremacy', pp. 581–2.

37 M. Hassan Kakar, A Political and Diplomatic History of Afghanistan, 1863–1901 (Leiden, 2006), pp. 177–192.

38 See ibid., pp. 178–183, for the controversy surrounding the Durand Agreement and frontier. See also Kakar, Afghanistan: A Study, pp. 110–13; Louis Dupree, Afghanistan, 2nd edn (Princeton, nj, 1978), pp. 426–8; J.R.V. Prescott, Map of Mainland Asia by Treaty (Melbourne, 1975), pp. 177–211; Prescott's chapter includes copies of the treaty and related official correspondence.

39 See Ahmad Shayeq Qaseem, 'Pak-Afghan Relations: The Durand Line Issue', Institute of Policy Studies, Special Issue on Afghanistan, 2008, www.ips.org.pk.

40 Khan, Life of Abdur Rahman Khan, vol. ii, p. 164.

41 Ibid., p. 212.

42 However, in May 2016 the Iranian, Afghan and Indian governments signed a tripartite agreement that gave Afghanistan transit rights to the Iranian port of Chabahar in the

Gulf of Oman.

43 For the text of Anglo-Afghan Agreement, 12 November 1893, see Prescott, Map of Mainland Asia, pp. 187–188.

44 For the Kafirs, see, George Scott Robertson, The Kafirs of the Hindu Kush [1896] (Lahore, 1995); Max Klimberg, The Kafirs of the Hindu Kush: Art and Society of the Waigal and Ashkun Kafirs, 2 vols (Wiesbaden, 1999).

45 Surgeon-Major A. Heahy, 'Confidential Medical Note on Shahzada Nasrullah Khan and his followers whilst in England', 17 October 1895, bl, ior, Political and Secret Letters from India, l/p&s/7/84.

46 Khan, Life of Abdur Rahman Khan, vol. ii, pp. 163.

47 Ibid.; Amir 'Abd al-Rahman Khan, Tāj al-Tawārīkh, 2 vols (Kabul, 1900).

48 See May Schinasi, Kaboul, 1773–1948 (Naples, 2008), pp. 71–102; trans. as Kabul: A History, 1773–1948 (Leiden, 2016), pp. 56–88.

第九章　改革与压制（1901—1919）

1 Marjorie Jewett Bell, ed., An American Engineer in Afghanistan [1948] (Kabul, 2004), p. 222.

2 For the Tarzis, see Mahmud Tarzi, Reminiscences: A Short History of an Era (1869–1881), trans. and ed. Wahid Tarzi (New York, 1988); May Schinasi, Afghanistan at the Beginning of the Twentieth Century: Nationalism and Journalism in Afghanistan, a Study of the Serâj ul-akhbâr (1911–1918) (Naples, 1979).

3 For al-Afghani, see Nikki R. Keddie, Sayyid Jamāl ad-Dīn al-Afghānī: A Political Biography (Berkeley, ca, and Los Angeles, 1972).

4 See Mohammad Masoom Kotak, 'Afghan Shahghasis', trans. Zaki Hotak, 2008, www.hotakonline.com, accessed 18 October 2017.

5 Nile Green, 'The Trans-border Traffic of Afghan Modernism: Afghanistan and the Indian "Urdusphere"', Comparative Studies in Society and History, liii/3 (July 2011), pp. 479–508.

6 Christopher M. Wyatt, Afghanistan and the Defence of Empire (London and New York, 2011), p. 43.

7 For Dobbs and Dane mission, see ibid.

8 Ernest Thornton and Annie Thornton, Leaves from an Afghan Scrapbook (London, 1910).

9 Dorothe Sommer, Freemasonry in the Ottoman Empire: A History of the Fraternity and its Influence in Syria and the Levant (London and New York, 2015).

10 Bell, An American Engineer, p. 257.

11 Dr Abdul Ghani, A Review of the Political Situation in Central Asia [1921] (Lahore, 1980), p. 37. For the Mashruta Conspiracy, see also Senzil Nawid, Religious Response to

Social Change in Afghanistan, 1919–29: King Aman-Allah and the Afghan Ulama (Costa Mesa, ca, 1999), pp. 36–7; Ghulam Haidar Hakim, An Appeal to the Muslim Brethren of the Punjab and India (Lahore, 1914); S. Fida Yunus, Afghanistan: A Political History, vol. i: The Afghans and the Rise and Fall of the Afghan Dynasties and Rulers (Peshawar, 2006), pp. 479–95.

12　Followers of the Jam'iyat-i Sir-i Milli also referred to themselves as Jan Nisaran-i Millat, Devotees, literally Life Scatterers, of the Nation. It is unclear exactly what the relationship was between these various factions.

13　For a list of those implicated in the Mashruta Conspiracy, see Yunus, Afghanistan, vol. i, pp. 481–483.

14　James M. Caron, 'Cultural Histories of Pasthun Nationalism, Public Participation, and Social Inequality in Monarchic Afghanistan, 1905–1960', PhD thesis, University of Pennsylvania, 2011, January 2009, fols 22–46.

15　Ursula Sims-Williams, 'The Afghan Newspaper "Sirāj al-Akhbār"', British Society for Middle Eastern Studies, vii/2 (1980), pp. 118–122.

16　For British correspondence on the Mashruta Conspiracy, see Kew, National Archives (na), fo 371–782, fols 191–224.

17　Sayyid Iftikhar-ud-din Fakir, 'Final Report by the Late British Agent at Kabul, 1907–1910', 19 September 1910, na, fo 371–1213, p. 35.

18　Afzal Nasiri and Marie Khalili, eds, Memoirs of Khalilullah Khalili: An Afghan Philosopher Poet ([Woodbridge, va], 2013), pp. 16–18.

19　Bell, An American Engineer, p. 215.

20　Ibid., p. 228.

21　For the Seraj al-Akhbar, see Schinasi, Afghanistan at the Beginning of the Twentieth Century; Sims-Williams, 'The Afghan Newspaper "Sirāj al-Akhbār"'.

22　Romila Thapar, 'The Theory of Aryan Race and India: History and Politics', Social Scientist, xxiv/1–3 (1996), pp. 3–29.

23　For the Pushtunistan Manifesto, see Paul S. Jones, Afghanistan Venture (San Antonio, tx, 1956), pp. 433–441.

24　Schinasi, Afghanistan at the Beginning of the Twentieth Century, p. 219; Vartan Gregorian, The Emergence of Modern Afghanistan: Politics of Reform and Modernization, 1880–1946 (Stanford, ca, 1969), p. 182.

25　Sims-Williams, 'The Afghan Newspaper "Sirāj al-Akhbār"', pp. 120–21.

26　Ludwig W. Adamec, Afghanistan's Foreign Affairs to the Mid-twentieth Century (Tucson, az, 1974), pp. 27–41; Werner Otto von Hentig, Meine Diplomatenfahrt ins verschlossene Land (Berlin, 1918).

27　Oskar von Niedermayer, Afghanistan (Leipzig, 1924); Emil Rybitschka, Im gottgegebenen Afghanistan als Gäste des Emirs (Leipzig, 1927).

第十章　梦想成空（1919—1929）

The title of this chapter is suggested by Prospero's words in William Shakespeare, The Tempest, Act iv, scene i.

1　Leon B. Poullada, Reform and Rebellion in Afghanistan, 1919–1929 (Ithaca, ny, 1973), p. 121.

2　See Anne Baker and Sir Ronald Ivelaw-Chapman, Wings over Kabul: The First Airlift (London, 1975), p. 43.

3　Afzal Nasiri and Marie Khalili, Memoirs of Khalilullah Khalili: An Afghan Philosopher Poet (Manassas, va, 2013), p. 27; Fayz Muhammad Katib, Kabul under Siege: Fayz Muhammad's Account of the 1929 Uprising, trans. and ed.R. D. McChesney (Princeton, nj, 1999), p. 92.

4　Nasiri and Khalili, Memoirs of Khalilullah, pp. 23–24.

5　'Amir Amanullah Khan to His Excellency the Viceroy', 3 March 1919, in Afghanistan Strategic Intelligence, 1919–1970, ed. A. Burdett (Cambridge, 2008), vol. i, pp. 91–3.

6　Amir Habib Allah Khan's letter quoted in P. Sykes, A History of Afghanistan [1940] (New Delhi, 1981), vol. ii, p. 265.

7　Ibid., p. 268.

8　W. K. Fraser-Tytler, Afghanistan: A Study of Political Developments in Central and Southern Asia, 3rd edn (Oxford, 1967), p. 196.

9　General Staff of India, The Third Afghan War 1919, Official Account [1926] (Uckfield, n.d.), pp. 16–22.

10　'Diary of the N.W. Frontier Province Intelligence Bureau', week ending 2 March 1922, in Afghanistan Strategic Intelligence, vol. i, p. 342.

11　Ludwig W. Adamec, Afghanistan, 1900–1923: A Diplomatic History (Berkeley, ca, 1967), pp. 113–114.

12　Sardar Shah Wali Khan, My Memoirs (Kabul, 1970), pp. 7–26.

13　Personal communications from various Afghans.

14　Khan, My Memoirs, pp. 23–26; Vartan Gregorian, The Emergence of Modern Afghanistan: Politics of Reform and Modernization, 1880–1946 (Stanford, ca, 1969), p. 230.

15　General Staff of India, Third Afghan War, p. 128.

16　G. N. Molesworth, Afghanistan, 1919: An Account of Operations in the Third Afghan War (Bombay and New York, 1962), p. vii.

17　For the negotiations following the Third Anglo-Afghan War, see Adamec, Afghanistan, 1900–1923, pp. 118–166.

18　Grant to Foreign Secretary of India, 4 August 1919, Kew, National Archives (na), fo 371–3991, fols 128–129.

19 Chelmsford's dispatch quoted in Adamec, Afghanistan, 1900–1923, p. 129.

20 For Sir Hamilton Grant's letter see Sykes, A History of Afghanistan, vol. ii, Appendix f, p. 359.

21 Viceroy to Grant, 5 August 1919, na, cab 24–86, fol. 501.

22 Adamec, Afghanistan, 1900–1923, pp. 163–4.

23 Ibid., p. 154.

24 Ibid., pp. 155–156.

25 Lenin's letter to the Amir quoted in Fazal-ur-Rahman, The Basmachi Movement in Soviet Central Asia (Peshawar, 1985), p. 131.

26 Ibid., p. 95; H. B. Paksoy, '"Basmachi": Turkistan National Liberation Movement, 1916–1930s', in Modern Encyclopedia of Religions in Russia and the Soviet Union (Gulf Breeze, fl, 1991), vol. iv, pp. 5–20; available at http:// vlib.iue.it, accessed 20 October 2017.

27 Poullada, Reform and Rebellion in Afghanistan, p. 226.

28 Adeeb Khalid, The Politics of Muslim Cultural Reform: Jadidism in Central Asia (Berkeley, ca, 1998). Jadid in Persian means 'new', 'modern'.

29 Senzil Nawid, Religious Response to Social Change in Afghanistan, 1919–1929: King Aman-Allah and the Afghan Ulama (Costa Mesa, ca, 1999), p. 71 and Appendix J (1).

30 Abdullaev Kamoludin, 'Central Asian Émigrés in Afghanistan: First Wave (1920–1931)', Central Asia Monitor, i/4–5 (1994); William S. Ritter, 'Revolt in the Mountains: Fuzail Maksum and the Occupation of Garm, Spring 1929', Journal of Contemporary History, xxv (1990), p. 551.

31 Sorab K. H. Katrak, Through Amanullah's Afghanistan (Karachi, 1929), p. 52.

32 Robert Byron, The Road to Oxiana [1937] (London, 2004), pp. 368–370.

33 Nancy Howland Washburne, ed., The Afghan Diaries of Captain George Felix Howland, 1935–1936 (McKinney, tx, 2008), p. 105.

34 For the plans of Dar al-'Aman, see May Schinasi, Kaboul, 1773–1948 (Naples, 2008).

35 That is, Regulatory Decree of the Fundamental Laws of the Exalted State of Afghanistan; see Nawid, Religious Response to Social Change, p. 79. Poullada, Reform and Rebellion, pp. 70–79, 93, 99.

36 Quoted in Nawid, Religious Response to Social Change, pp. 80–81.

37 Lilian A. Starr, Tales of Tirah and Lesser Tibet (London, 1923), pp. 163–247.

38 For the Loya Jirga, see Nawid, Religious Response to Social Change, pp. 106–113.

39 Ibid., p. 109.

40 May Schinasi, 'Italie-Afghanistan, 1921–1941, part 2: De l'affaire Piperno à l'évacuation de 1929', Annali, Istituto Universitario Orientale di Napoli, l/2 (1990), pp. 177–216.

41 Emil Trinkler, Through the Heart of Afghanistan (London, 1928), pp. 202–204.

42 Quoted in Gregorian, Emergence of Modern Afghanistan, p. 256.

43 The Amir was out of the country from December 1927 to July 1928.

44 Ludwig W. Adamec, Afghanistan's Foreign Affairs to the Mid-twentieth Century (Tucson, az, 1974), p. 119.

45 Ibid., p. 127.

46 Roland Wild, Amanullah, ex-King of Afghanistan (London, 1932), p. 167.

47 Ibid., p. 100.

48 Quoted in Poullada, Reform and Rebellion in Afghanistan, p. 169.

49 Nawid, Religious Response to Social Change, p. 149.

50 Quoted in Gregorian, Emergence of Modern Afghanistan, p. 259.

51 According to a secret file in the Peshawar Record Office, British officials gifted Nur al-Mashayekh land and a shop in Peshawar 'as a very special case' and 'under very secret policy'. The report notes that 'in view of our relations . . . it is desirable that Hazrat Nurul Mashaiikh (sic) should be treated with special consideration,' Memorandum, 6 and 23 March 1953; Political Secretary to he the Governor nwfp to Scrtry to Govt. of Pakistan, Ministry of Foreign Affairs and C.W. Relations, Karachi, 11 April 1953, B Proceedings, Foreign Punjab Govt., Civil ecretariat nwfp (Home Medical), Previous Deptt. F.F. Political Civil Secretariat nwfp, Grant of Land to Hazrat of Shor Bazaar in Peshawar, S(eries) no. 1795, bundle 65 (1950).

52 Asta Olesen, Islam and Politics in Afghanistan (Richmond, Surrey, 1996), pp. 147–148. According to Katib, Kabul under Siege, p. 115, Qazi 'Abd al-Rahman was not executed until after the fall of 'Aman Allah Khan.

53 Olesen, Islam and Politics, pp. 150–153.

54 Saqau is the Dari colloquial form of saqab. Bacha-yi Saqau was the disparaging title used by his royalist enemies after 1930, for water carriers were at the bottom of the social ladder. Habib Allah Kalakani's relatives, however, claim he inherited this title from his father, who carried water to Afghan troops in the Second Anglo-Afghan War.

55 See Nawid, Religious Response to Social Change, p. 164; Katib, Kabul under Siege; Shah Agha Mujadidi, Amīr Habīb Allāh (Peshawar?, n.d.). The so-called autobiography of Bacha-yi Saqau, My Life from Brigand to King (London, 1936) is a fiction authored by Sardar Iqbal 'Ali Shah. For the India Office's extensive secret file on Ikbal Shah's activities see British Library, Africa and Asia Collection: India Office Library and Records, Departmental Papers: Political and Secret Separate (Subject) Files, 1902–1931, l/p&s/10/806.

56 Katib, Kabul under Siege, p. 34.

57 Nawid, Religious Response to Social Change, p. 165.

58 See Baker and Ivelaw-Chapman, Wings over Kabul.

59 Nadir Khan's declaration quoted in Gregorian, Emergence of Modern Afghanistan, p. 290.

60 Khan, My Memoirs, p. 47.

61 Humphrey's comment quoted in Adamec, Afghanistan's Foreign Affairs, p. 176.

62 Humphrey's report quoted in Baker and Ivelaw-Chapman, Wings over Kabul, p. 43.

63 A. E. Housman, 'Into my heart on air that kills', A Shropshire Lad (1896).

64 Mariam Ghani and Ashraf Ghani, 'Palace of Abandoned Dreams', in Afghanistan: A Lexicon, 100 Notes – 100 Thoughts (Berlin, 2012).

第十一章　穆萨希班王朝的建立：回到未来（1929—1933）

1 Ben James, The Secret Kingdom: An Afghan Journey (New York, 1934), p. 276.

2 For Katib's journal of his time under Amir Habib Allah Kalakani, see Faiz Muhammad Katib, Kabul under Siege: Fayz Muhammad's Account of the 1929 Uprising, trans. and ed. R. D. McChesney (Princeton, nj, 1999).

3 James, Secret Kingdom, pp. 266–9; Khaled Siddiq Charkhi, From My Memories: Memoirs of Political Imprisonment from Childhood in Afghanistan, 2nd edn (Bloomington, in, 2010), pp. 8–11; Percy Sykes, A History of Afghanistan [1940] (New Delhi, 1981), vol. ii, pp. 321–322.

4 In particular 'Ali Ikbal Shah's account in My Life from Brigand to King (London, 1936).

5 See Katib, Kabul under Siege, p. 279; Charkhi, From My Memories, p. 10; Leon B. Poullada, Reform and Rebellion in Afghanistan, 1919–1929 (Ithaca, ny, 1973), p. 195, citing a cable from the Viceroy to Secretary of State for India, 4 November 1919; Shah Wali Khan, My Memoirs (Kabul, 1970), p. 115; Sykes, History of Afghanistan, vol. ii, pp. 321–322.

6 Ludwig W. Adamec, Afghanistan's Foreign Affairs to the Mid-twentieth Century (Tucson, az, 1974), p. 183.

7 Shah Wali Khan, My Memoirs, p. 115.

8 Nancy Tapper, Bartered Brides, Politics, Gender and Marriage in an Afghan Tribal Society (Cambridge, 1991), p. 34.

9 William S. Ritter, 'Revolt in the Mountains: Fuzail Maksum and the Occupation of Garm, Spring 1929', Journal of Contemporary History, xxv/4 (1990), pp. 547–580.

10 William S. Ritter, 'The Final Phase in the Liquidation of Anti-Soviet Resistance in Tadzhikistan: Ibrahim Bek and the Basmachi, 1924–31', Soviet Studies, xxxvii/4 (1985), pp. 484–493.

11 Senzil Nawid, Religious Response to Social Change in Afghanistan, 1919–29: King Aman-Allah and the Afghan Ulama (Costa Mesa, ca, 1999), pp. 184–185.

12 That is, Enjoining Conformity to God's Law.

13 M. Nazif Shahrani, 'Local Knowledge of Islam and Social Discourse in Afghanistan and Turkistan in the Modern Period', in Turko-Persia in Historical Perspective, ed. Robert L.

Canfield (Cambridge, 1991), pp. 170–188.

14 Nejat means salvation; istiqlal is independence.

15 Asta Olesen, Islam and Politics in Afghanistan (Richmond, Surrey, 1996), p. 181.

16 For Zabuli and the Afghan economy, see Vartan Gregorian, The Emergence of Modern Afghanistan: Politics of Reform and Modernization, 1880–1946 (Stanford, ca, 1969), pp. 314–320, 361–370; Maxwell J. Fry, The Afghan Economy (Leiden, 1974); Sara Koplik, A Political and Economic History of the Jews of Afghanistan (Leiden, 2015), pp. 114–136.

17 Louis Dupree, Afghanistan (Princeton, nj, 1978), pp. 471, 474.

18 See Koplik, Political and Economic History, chapters 4–6 in particular.

19 Jehanzeb Khalili, Mujahideen Movement in Malakand and Mohmand Agencies (1900–1940), ed. M. Y. Effendi (Peshawar, 2000).

20 Charkhi, From My Memories, pp. 4–15.

21 Adamec, Afghanistan's Foreign Affairs, pp. 192–193.

22 Charkhi, From My Memories, p. 10.

23 W. K. Fraser-Tytler, Afghanistan: A Study of Political Developments in Central and Southern Asia, 3rd edn (Oxford, 1967), pp. 239–240.

24 Ibid., p. 241; Charkhi, From My Memories, pp. 1, 3, 15, has 26 November.

25 For Muhammad Gul Khan Mohmand, see James M. Caron, 'Cultural Histories of Pasthun Nationalism, Public Participation, and Social Inequality in Monarchic Afghanistan, 1905–1960', PhD thesis, University of Pennsylvania, 2009, fols 79–138; Thomas Ruttig, Afghanistan's Early Reformists, Afghan Analysts Network (Kabul, April 2011).

26 Caron, 'Cultural Histories of Pasthun Nationalism', fol. 105.

27 M. Gul Khan Mohmand's poem (in English translation) quoted ibid., fol. 88.

28 Translation of Riktin's interview with Sabir Shah Sabir, 1998, quoted ibid., fol. 88.

29 Edward Hunter, The Past Present: An Account of Life in Afghanistan Today (London, 1959), p. 345.

30 Charkhi, From My Memories, has 26 November.

31 Nancy Howland Washburne, The Afghan Diaries of Captain George Felix Howland, 1935–1936 (McKinney, tx, 2008), pp. 43–44.

32 Fraser-Tytler, Afghanistan, p. 243; Ronald M. S. Morrison, 'H. M. Mohammad Nadir Shah-i Ghazi of Afghanistan', Journal of the Royal Asiatic Society, xxi/1 (1934), pp. 170–75; see also Sykes, A History of Afghanistan, vol. ii, p. 328.

第十二章　查希尔·沙阿国王：分崩离析的房子（1933—1973）

1 Nancy Howland Washburne, The Afghan Diaries of Captain George Felix Howland, 1935–1936 (McKinney, tx, 2008), pp. 143–144.

2 Ernest F. Fox, Travels in Afghanistan, 1937–1938 (New York, 1943).

3　Albert Herrlich, Land des Lichtes: Deutsche Kundfahrt zu unbekannten Völkern im Hindukusch (Munich, 1938).

4　See photograph in Official Report of the xith Olympic Games Berlin, 1936 (Berlin, 1973), vol. i, facing p. 547.

5　Milan Hauner, 'One Man against the Empire: The Fakir of Ipi and the British in Central Asia on the Eve of, and during, the Second World War', Journal of Contemporary History, xvi/1 (1981), pp. 183–212, available at www.khyber.org, accessed 24 October 2017.

6　W. K. Fraser-Tytler, Afghanistan: A Study of Political Developments in Central and Southern Asia, 3rd edn (Oxford, 1967), p. 267.

7　Afzal Nasiri and Marie Khalili, eds, Memoirs of Khalilullah Khalili: An Afghan Philosopher Poet (Manassas, va, 2013), p. 223.

8　Ibid., pp. 230–232; 'Engert to u.s. Secretary of State', Kabul, 24 May 1943, in United States Department of State, Foreign Relations of the United States Diplomatic Papers (henceforth frus), 1943, vol. iv, 'Documents on South Asia', pp. 35–36, https://uwdc. library.wisc.edu.

9　Vartan Gregorian, The Emergence of Modern Afghanistan: Politics of Reform and Modernization, 1880–1946 (Stanford, ca, 1969), pp. 346–7; Mohammad 'Ali, A Cultural History of Afghanistan (Kabul, 1964), chaps 2–3.

10　Rudolf Stuckert, Errinerungen an Afghanistan 1940–1946: aus dem Tagebuch eines Schweizer Architekten (Liestal, 1994). Stuckert did not approve of the widespread destruction and sketched some of the towns and fortifications that were destroyed.

11　Andrew Wilson, North from Kabul (London, 1961), p. 84; see also Robert Byron, The Road to Oxiana [1937] (London, 1981), p. 240.

12　See Shah Mahmood Miakhel, 'Human Security and the Rule of Law, Afghanistan's Experience', in The Rule of Law in Afghanistan: Missing in Inaction, ed. Whit Mason (Cambridge, 2011), pp. 84–96.

13　See 'Ghazi Mir Zaman Khan', www.zamanifamily.org.

14　Sayed Askar Mousavi, The Hazaras of Afghanistan: An Historical, Cultural, Economic and Political Study (Richmond, Surrey, 1998), p. 163.

15　'Discussion with Afghanistan Concerning Afghan Requests for Financial Assistance and Provision of Military Equipment, etc.', 7 January 1948, frus, 1948, vol. v/1, 'Documents on South Asia', pp. 492–494, https://uwdc.library. wisc.edu.

16　'Memorandum of Conversation by Mr. Richard S. Leach', 8 December 1948, frus, 1948, vol. v/1, pp. 491–492.

17　For the Helmand Valley scheme, see Mildred Caudill, Helmand-Arghandab Valley: Yesterday, Today, Tomorrow (Lashkargah, 1969); Nick Cullather, 'Damming Afghanistan: Modernization in a Buffer State', Journal of American History, lxxxix/2

(2002), pp. 512–537; Louis Dupree, Afghanistan,2nd edn (Princeton, nj, 1978), pp. 499–507; Edward Hunter, The Past Present: A Year in Afghanistan (London, 1959), chaps 4–5; Aloys Arthur Michel, The Kabul, Kunduz, and Helmand Valleys and the National Economy of Afghanistan (Washington, dc, 1959), pp. 148–164; usgs/usaid, Geology, Water, and Wind in the Lower Helmand Basin, Southern Afghanistan, Scientific Investigation Report, 2006-5182.

18 Arnold J. Toynbee, Between Oxus and Jumna (Oxford, 1961), p. 67.

19 Tudor Engineering Company, Report on the Development of the Helmand Valley, Afghanistan (Washington, dc, 1956).

20 Donald N. Wilber, Afghanistan: Its People, its Society, its Culture (New Haven, ct, 1962), p. 239.

21 Amin Saikal, Modern Afghanistan: A History of Struggle and Survival (London and New York, 2004), p. 107.

22 Nasiri and Khalili, eds, Memoirs of Khalilullah Khalili, pp. 434–9.

23 See M. Halim Tanwir, Afghanistan: History, Diplomacy and Journalism (Bloomington, in, 2012), vol. i, pp. 171–174; Dupree, Afghanistan, p. 495.

24 The date of the Balkhi coup is uncertain: Nasiri and Khalili, eds, Memoirs of Khalilullah Khalili, pp. 450–455, gives no date; Gilles Dorronsoro, Revolution Unending: Afghanistan, 1979 to the Present (New York, 2005), p. 55, n. 85, has 1946; Tanwir, Afghanistan, vol. i, pp. 174–5, implies it was in the autumn of 1951. I have followed Hafizullah Emadi, Dynamics of Political Development in Afghanistan: The British, Russian, and American Invasions (New York and London, 2010).

25 Daveen Gartenstein-Ross and Tara Vassefi, 'The Forgotten History of Afghanistan-Pakistan Relations', Yale Journal of International Affairs, vii/1 (2012), pp. 38–45, available at http://yalejournal.org, accessed 24 October 2017.

26 Arnold Fletcher, Afghanistan: Highway of Conquest (Ithaca, ny, 1965), p. 253.

27 Hasan Ali Shah Kafri, Indo-Afghan Relations (1949–1962) (New Delhi, 1976), p. 64, and Appendix i.

28 Hunter, The Past Present, p. 346.

29 The seato Treaty is also known as the Manila Pact, cento as the Baghdad Pact. For texts of these agreements, see The Avalon Project: Documents in Law, History and Diplomacy, http://avalon.law.yale.edu/, accessed 24 October 2017.

30 'Ward to Department of State, Afghan Agitation Regarding Pushtunistan', Kabul, 21 July 1953; 'Memorandum of Conversation by the Officer in Charge of Pakistan-Afghanistan Affairs (Thatcher)', Washington, dc, 18 September 1954, frus, 1952–1954, vol. xi/2, 'Africa and South Asia', nos 846, 859, https://history.state.gov.

31 'Ward to Department of State', Kabul, 2 December 1954, frus, 1952–1954, vol. xi/2, no. 874.

32　For the Soviet aide-memoire and the Afghan government response, see 'Horner to Department of State', Kabul, 9 September 1952 (2 telegrams), and 'Secretary of State to Embassy in Kabul', Washington, dc, 12 September 1952 and sequential correspondence, frus 1952–1954, vol. xi/2, nos 882–91. For the quote ending 'recent history', see 'The Charge d'Affairs (Horner) to the Department of State', 9 September 1952, frus, xi/2, no. 883.

33　Dupree, Afghanistan, p. 522.

34　Wilson, North from Kabul, p. 134.

35　M. Husain Kakar, Afghanistan: The Soviet Invasion and the Afghan Response, 1979–1982 (Berkeley, ca, and London, 1995), p. 53.

36　'Revision of Constitution', Kabul Times, 1 April 1963, p. 2; 'Us and Democracy', Kabul Times, 2 April 1963, p. 3, http://digitalcommons. unomaha.edu.

37　For the text of the Constitution of 1964, see http://digitalcommons.unl.edu.

38　For a summary of Leftist parties in Afghanistan, see Thomas Ruttig, Islamists, Leftists – and a Void in the Center: Afghanistan's Political Parties and Where They Come from (1902–2006) (Konrad Adenauer Stiftung, 2006), available at www.kas.de, accessed 24 October 2017.

39　Kabul Times, 25–28 October 1965; Dupree, Afghanistan, pp. 590–97.

40　'Neumann to Assistant Secretary of State for Near and South Asian Affairs', Kabul, 29 December 1970, frus, 1969–1976, vol. E-7, 'Documents on South Asia', no. 337, https://history.state.gov.

41　Dupree, Afghanistan, p. 618.

42　'Memorandum of Conversation, The President's Conversation with Afghan Prime Minister Maiwandwal', Washington, dc, 28 March 1967, frus, 1964–1968, vol. xxv, 'Documents on South Asia', no. 539, https://history.state.gov.

43　'How the cia Turns Foreign Students into Traitors', Ramparts, 5 (April 1967), pp. 22–24.

44　'Telegram from the Embassy in Afghanistan to Department of State', 28 April 1967, frus, 1964–1968, vol. xxv, no. 542.

45　Dupree, Afghanistan, p. 622.

46　'Intelligence Note', Washington, dc, 29 July 1971, frus, 1969–1976, vol. e-7, 'Documents on South Asia', no. 339, https://history.state.gov.

47　'Telegram from the Embassy in Afghanistan to the Department of State', 12 February 1972, frus, 1969–1976, vol. e-7, no. 355.

48　'Telegram from the Embassy in Afghanistan to Department of State', 3 March 1972, frus, 1969–1976, vol. e-7, no. 359.

49　Muhammad Khan Jalallar, Rumi Tomato: Autobiography of an Afghan Minister, ed. Babur Rashidzada (Create Space self-publishing, 2011).

50　'Embassy in Afghanistan to Department of State', 16 January 1973, frus, 1969–1976, vol. E-8, 'Documents on South Asia', no. 1, https://history.state.gov.

51 The iam was later renamed International Assistance Mission.

52 Noor is an acronym for the National Organization for Ophthalmic Rehabilitation. Nur is also the Persian word for light.

53 For the expulsions and the destruction of kccc, see Plus D Cables, 1973, https://wikileaks.org.

54 'Meeting with President Da'ud', 23 July 1973, Plus D Cables, 1973.

第十三章　革命与抵抗：从达乌德总统到苏联出兵（1973—1994）

1 'Presidential Address, Republic Day Speech', Kabul Times , 10 July 1975, http://content.library.arizona.edu.com

2 See 'Telegram, Embassy in Afghanistan to Department of State', 17 September 1973, United States Department of State, Foreign Relations of the United States (henceforth frus), 1969–1976, vol. E-8, 'Documents on South Asia', no. 8, https://history.state.gov.

3 Hafizullah Emadi, Dynamics of Political Developmentin Afghanistan: The British, Russian, and American Invasions (New York and London, 2010), p. 89.

4 'Kabul Embassy to State Department, Meeting with President Da'ud', 22 July 1973, Plus D cables, https://wikileaks.org.

5 'Presidential Address, Republic Day Speech', Kabul Times, 10 July 1975.

6 For Da'ud's fiscal manipulations, see Muhammad Khan Jalallar, Rumi Tomato: Autobiography of an Afghan Minister, ed. Babur Rashidzada (Create Space self-publishing, 2011), Chapter Eight.

7 'Evaluation of Da'ud's Government and Comments on Pushtunistan Policy', 29 August 1973; 'Republican Government after Three Months: an Assessment', 22 October 1973, Plus D Cables, https://wikileaks.org.

8 'Telegram, Embassy in Afghanistan to State Department', 17 September 1973; see also ibid., 17 and 30 July 1973, frus, 1969–1976, vol. e-8, nos 4, 5.

9 'Evaluation of Da'ud's Government', 29 August 1973.

10 'Audience with the Shah', 2 October 1973, Plus D Cables, https://wikileaks.org.

11 'Evaluation of Da'ud's Government', 29 August 1973.

12 'Pakistan-Afghanistan, Three Ways to Confrontation', 5 November 1973, frus, 1969–1976, vol. E-8, no. 9.

13 See Arrests of Prominent Civilian and Military Leaders and Rumors of Abortive Coup Attempt', 21 September 1973; 'Afghanistan: More on Alleged Coup Attempt', 24 September 1973, Plus D Cables, https://wikileaks.org; 'Death of Former Prime Minister Mohammad Hashim Maiwandal', 16 October 1973, cia (foia) Collection, www.foia.cia.

gov.

14　'Confessions of September Coup Plotters Broadcast on Radio Afghanistan', 7 December 1973, Plus D Cables, https://wikileaks.org.

15　See Dr M. Halim Tanwir, Afghanistan: History, Diplomacy and Journalism (Bloomington, in, 2010), vol. i, pp. 253–8.

16　'Reactions to the Panjsher Clash ', 1 August 1975, Plus DCables , https: //wikileaks.org.

17　'Memorandum of Conversation', 1 July 1976, frus, 1969–1976, vol. e-8, no. 26.

18　Jalallar, Rumi Tomato, p. 148.

19　'Year-end Afghan External Assessment', 13 December 1975, Plus D Cables, https://wikileaks.org.

20　'Afghanistan has no other wish but friendship, brotherhood with Pak Nation', Kabul Times, 12 June 1976.

21　'Embassy in Afghanistan to Department of State', 19 June 1976, frus, 1969–1979, vol. e-8, no. 22.

22　Jalallar, Rumi Tomato, p. 174.

23　For English text of the 1977 Constitution, see http://afghantranslation.checchiconsulting.com, accessed 27 October 2017.

24　'Eliot to Secretary of State', 13 April 1977, Plus D Cables, https://wikileaks.

25　'President Da'ud's Speech', Kabul Times, 14 April 1977.

26　Jalallar, Rumi Tomato, p. 185.

27　Abdul Samad Ghaus, The Fall of Afghanistan: AnInsider's Account (Washington, dc, 1988), pp. 179–80.

28　Tanwir, Afghanistan, vol. i, p. 267.

29　Kabul Times, 4 May 1978.

30　agsa stands for the Pushtu, Da Afghanistan da Gato de Satalo Adara, the Afghanistan Interests Protection Service; khad is the acronym for Khidmat-i Etla'at-i Daulati, State Intelligence Service.

31　David B. Edwards, Before Taliban: Genealogies of the Afghan Jihad (Berkeley, ca, 2002), pp. 32–45.

32　Afghanistan Justice Project, Casting Shadows: War Crimes and Crimes against Humanity, 1978–2001 (Kabul, 2006), http://afghanistanjusticeproject. org; Kate Cark, 'Death List Published: Families of Disappeared End a 30 Year Wait for News', 26 September 2013, Afghan Analysts Network, www.afghanistananalysts.org.

33　Chris Sibilla, 'The Assassination of Ambassador Spike Dubs – Kabul, 1979', Moments in u.s. Diplomatic History, Association for Diplomatic Studies and Training, http://adst.org.

34　M. Hassan Kakar, Afghanistan: The Soviet Invasion and the Afghan Response, 1979–1982 (Berkeley, ca, and London, 1995), pp. 321–6.

35 Alexander A. Lyakhovskiy, 'Inside the Soviet Invasion of Afghanistan and the Seizure of Kabul, December 1979', trans. Gary Goldberg and Artemy Kalinovsky, in Cold War International History Project, Working Paper 51, January 2007, p. 17, www.wilsoncenter. org.

36 Coll, Ghost Wars, pp. 47–8.

37 Lyakhovskiy, 'Inside the Soviet Invasion', p. 13.

38 Ibid.

39 Kabul Times, 1 January 1979, http://digitalcommons.unl.edu.

40 Kakar, Afghanistan: The Soviet Invasion, pp. 110–23.

41 'Message from the President's Deputy Assistant for National Security Affairs (Aaron) to President Carter', 24 December 1979, frus, 1977–1980, vol. vi, no. 243, 'Soviet Union'.

42 For a summary of President Carter's hotline call to Leonid Brezhnev and his reply on 29 December 1979, see frus, 1977–1980, vol. vi, no. 248, 'Editor's Note'.

43 'Summary of Conclusions of a Special Coordinating Committee Meeting', 26 December 1979, frus, 1977–1980, vol. vi, no. 245.

44 Coll, Ghost Wars, p. 55.

45 Alfred Thayer Mahan, The Problem of Asia and Its Effect upon International Policies (Boston, ma, 1900).

46 Coll, Ghost Wars, p.151; Joe Stark , 'The ciain Afghanistan: "The Good War"', Middle East Report, 141 (July–August 1986), pp. 12–13.

47 Leon B. Poullada, 'The Failure of American Diplomacy in Afghanistan', World Affairs, cxlv/3 (1982/3), pp. 230–52.

48 Personal conversations with Afghan refugees in Peshawar.

49 Sayyid Qutb, 'The Scale of Human Values' (1951), in America in an Arab Mirror: Images of America in Arabic Travel Literature, an Anthology, 1895–1995, ed. Kamal Abel-Malek (New York, 2000), pp. 9–28.

50 Rafael Reuveny and Aseem Prakah, 'The Afghanistan War and the Breakdown of the Soviet Union', Review of International Studies, xxv (1999), pp. 693–708.

51 Svetlana Alexevich, Zinky Boys: Soviet Voices from a Forgotten War, trans. Julia and Robin Whitby (London, 1992); Oleg Yermakov, Afghan Tales: Stories from Russia's Vietnam, trans. Marc Romano (New York, 1993).

52 Brian G. Williams, The Last Warlord: The Life and Legend of Dostum, the Afghan Warrior who Led the u.s. Special Forces to Topple the Taliban Regime (Chicago, il, 2013).

53 From text of the decree in the author's personal archive.

54 United Nations Office on Drugs and Crime, The Opium Economy in Afghanistan: An International Problem (New York, 2003).

第十四章 塔利班与美国入侵阿富汗（1994—2017）

The title of this chapter comes from Lear's warning to Kent, 'Come not between the dragon and his wrath', in William Shakespeare, King Lear, Act i, scene i.

1 Not to be confused with 'Abd al-Haq Arsala.

2 For example, Maria Golovnina and Sheree Sardar, 'Pakistani "Father of Taliban" keeps watch over loyal disciples', 15 September 2013, www.reuters. com.

3 Human Rights Watch, Afghanistan: The Massacre in Mazar-i Sharif, vol. x, no. 7 (C), November 1998, www.hrw.org.

4 The Osama bin Laden File, National Security Archive Electronic Briefing Book 343, http://nsarchive.gwu.edu.

5 'Albright Lambasts Taliban over Treatment of Women', Chicago Tribune, 19 November 1997.

6 'Deputy Secretary Armitage-Mahmoud phone call', 18 September 2001, National Security Archives, New Documents Detail America's Strategic Response to 9/11 (henceforth nsa, New Documents, 9/11), no. 9, http://nsarchive.gwu.edu.

7 'Embassy in Islamabad to Secretary of State', 23 September 2001, nsa, New Documents, 9/11, no. 8, http://nsarchive.gwu.edu.

8 'Embassy in Islamabad to Secretary of State; Musharraf, we are with you in your action plan in Afghanistan', 13 September 2001, nsa, New Documents, 9/11, no. 4, http://nsarchive.gwu.edu.

9 'Armstrong to Chamberlain, Message to Taliban', 7 October 2001, nsa, New Documents, 9/11, no. 16, http://nsarchive.gwu.edu.

10 'Rumsfeld to Feith, u.s. Strategy in Afghanistan', 16 October 2001, nsa, New Documents, 9/11, no. 18, http://nsarchive.gwu.edu.

11 For the list of u.s. demands see 'Deputy Secretary Armitage's Meeting with General Mahmoud: actions and support expected in the fight against Terrorism', 14 September 2001, nsa, New Documents, 9/11, no. 5, http://nsarchive.gwu.edu.

12 Physicians for Social Responsibly, Body Count, Casualty Figures after 10 Years of the 'War on Terror', Iraq, Afghanistan, Pakistan (Washington, dc, Berlin and Ottawa, March 2015); Bureau of Investigative Journalism, Drone Warfare, The Bush Years: Pakistan Strikes, 2004–2009, www.thebureauinvestigates.com.

13 Donald Rumsfeld to Douglas Feith, u.s. Strategy in Afghanistan, National Security Council, 16 October 2001.

14 'Interview: Colin Powell', pbs Frontline, 7 June 2002, available at www.pbs.org.

15 Francesc Vendrell, 'A Decade of Mistakes', Foreign Policy, 3 December 2011, http://foreignpolicy.com.

16 'Interview: Colin Powell', pbs Frontline, 7 June 2002.

17　For the text of the Bonn Agreement, see 'Agreement on Provisional Arrangements in Afghanistan pending the re-establishment of Permanent Government Institutions', www. un.org.

18　Chris Johnson and Jolyon Leslie, Afghanistan: The Mirage of Peace (London and New York, 2004).

19　See Kara Jensen, 'Obstacles to Accessing the State Justice System in Rural Afghanistan', Indiana Journal of Global Legal Studies, xviii/2 (summer 2011), www.repository.law. indiana.edu.

20　For the text of the 2004 Constitution, see www.afghan-web.com.

21　For Dostam's role in the u.s. campaign of 2001 and the black propaganda campaign, see Brian Glyn Williams, The Last Warlord: The Life and Legend of Dostum (Chicago, il, 2013), pp. 225–273.

22　Peter W. Galbraith, 'un isn't addressing Fraud in Afghan Election', Washington Post, 4 October 2009, www.washingtonpost.com.

23　Kai Eide, Power Struggle over Afghanistan (New York, 2012), p. 21.

24　Rumsfeld's press conference can be viewed at www.youtube.com.

25　Special Inspector General for Afghanistan Reconstruction (sigar), High-risk List, Afghanistan, 2016, www.sigar.mil.

26　unama, Afghanistan: Record Level of Civilian Casualties Sustained in the First Half of 2016, http://unama.unmissions.org; sigar, 'Reprioritizing Afghanistan Reconstruction', Quarterly Report to the United States Congress, 30 April 2017, www.sigar.mil, pp. 1–13; Neta C. Crawford, War-related Death, Injury and Displacement in Afghanistan and Pakistan, 2001–2014, Watson Institute for International and Public Affairs, 22 May 2015, http://watson. brown.edu.

27　See Sarah Sewall, 'Introduction to the University of Chicago Press Edition: A Radical Field Manual', in The u.s. Army/Marine Corps Counterinsurgency Field Manual (Chicago, il, 2007), pp. xxvi–xxxii.

28　Eide, Power Struggle over Afghanistan, p. 236.

29　sigar, 36th (July 2017) Quarterly Report to Congress, www.sigar.mil.

30　Figures vary considerably, see Curt Tarnoff, Afghanistan: u.s. Foreign Assistance, crs Report for Congress, 12 August 2010, www.fas.org; Matt Waldman, Falling Short: Aid Effectiveness in Afghanistan, acbar Advocacy Series, March 2008, www.oxfam.org.

31　International Crisis Group, Women and Conflict in Afghanistan (Brussels, 2014).

32　usaid Office of the Inspector General, Audit of usaid/Afghanistan's Skills Training for Afghan Youth Project, February 2012, p. 1, https://oig.usaid.gov.

33　Aureo de Toledo Gomes, 'Statebuilding and the Politics of Budgeting in Afghanistan', Journal of Intervention and State Building, 6 July 2017, https://dopi.

34　Ibid.; sigar, April 2017, 'Reprioritizing Afghanistan Reconstruction', www.sigar.mil.

35　sigar, 'Afghanistan's Mineral, Oil, and Gas Industries: Unless u.s. Agencies Act Soon to Sustain Investments, $488 Million in Funding is at Risk', sigar 15-55 Audit Report, April 2015, www.sigar.mil.

36　Figures for drug addicts in these countries vary greatly. See Lionel Beehner, Afghanistan's Role in Iran's Drug Problem, 13 September 2006; Brian Morales, Afghanistan National Drug Use Survey 2012, International Society of Substance Use Professionals (issup), 20 October 2016, www.issup.net; Council on Foreign Relations, www.cfr.org; unodc, World Drug Report, 2017, www.unodc.org.

37　John F. Sopko, 'The Fifteen Year Experiment: An Update on the Afghanistan Reconstruction Effort', presented to the Centre for International Policy Studies and the Fragile States Network, University of Ottawa, 5 April 2017, www.sigar.mil.

38　sigar, 35th (April 2017) Quarterly Report to Congress, 1 May 2017; sigar, High-risk List, Afghanistan, 2016, www.sigar.mil.

39　Sopko, 'The Fifteen Year Experiment', p. 10.

40　'American Embassy in Kabul to Secretary of State, Washington', 7 February 2007, nsa, New Documents, 9/11, no. 25, http://nsarchive.gwu.edu.

附录四　主要参考书目

Adamec, Ludwig W., Afghanistan, 1900–1923: A Diplomatic History (Berkeley, ca, 1967)

—–, Afghanistan's Foreign Affairs to the Mid-twentieth Century (Tucson, az, 1974)

—–, Historical Dictionary of Afghanistan (Metuchen, nj, and London, 1991)

Ahmed, Tariq, Religio-political Ferment in the N. W. Frontier during the Mughal Period: The Raushaniya Movement (Delhi, 1982)

Alexevich, Svetlana, Zinky Boys: Soviet Voices from a Forgotten War, trans. Julia and Robin Whitby (London, 1992)

Ali, Mohammad, A Cultural History of Afghanistan (Kabul, 1964)

Ali, Shahamat, The Sikhs and Afghans in connexion [sic] with India and Persia [1847] (New York, 2005)

Arnold, Anthony, Afghanistan's Two Party Communism, Parcham and Khalq (Stanford, ca, 1983)

Atkinson, James, The Expedition into Afghanistan [sic]: Notes and Sketches Descriptive of the Country [1842] (Uckfield, 2004)

Axworthy, M., The Sword of Persia: Nadir Shah, from Tribal Warrior to Conquering Tyrant (London and New York, 2006)

Azad, Arezou, Sacred Landscape in Medieval Afghanistan: Revisiting the Fadā'il-i Balkh (Oxford, 2013)

Ball, Warwick, The Monuments of Afghanistan: History, Archaeology and Architecture (London and New York, 2008)

—–, Towards One World: Ancient Persia and the West (London, 2010)

—–, The Gates of Asia: The Eurasian Steppe and the Limits of Europe (London, 2015)

Bayly, Martin J., Taming the Imperial Imagination: Colonial Knowledge, International Relations, and the Anglo-Afghan Encounter, 1808–1878 (Cambridge, 2016)

Bell, Marjorie Jewett, ed., An American Engineer in Afghanistan [1948](Kabul, 2004)

Bosworth, C. E., The Ghaznavids: Their Empire in Afghanistan and Eastern India, 994–1040, 1st Indian edn (New Delhi, 1992)

Burdett, A., ed., Afghanistan Strategic Intelligence, 1919–1970, 4 vols (Cambridge, 2008)

Burnes, Alexander, Travels into Bukhara, being the Account of a Journey from India to Cabool, Tartary and Persia, etc., 1831–1833, 3 vols [1834] (New Delhi and Madras, 1992)

Byron, Robert, The Road to Oxiana [1937] (London, 1981)

Caroe, Olaf, The Pathans, 550 bc–ad 1957 (Karachi, 1958)

Charkhi, Khaled Siddiq, From My Memories: Memoirs of Political Imprisonment from Childhood in Afghanistan, 2nd edn (Bloomington, in, 2010)

Coll, Steve, Ghost Wars (London, New York and Toronto, 2005)

Conolly, Arthur, Journey to the North of India, Overland from England through Russia, Persia, and Affghaunistaun [sic], 2nd edn, 2 vols [1838] (New Delhi, 2001)

Cunningham, J. D., History of the Sikhs [1849] (Delhi, 1997)

Dalrymple, William, Return of a King: The Battle for Afghanistan (London, New Delhi and New York, 2013)

Delloye, Isabelle, Women of Afghanistan, trans. Marjolijn de Jager (St Paul, mn, 2003)

Doubleday, Veronica, Three Women of Herat (London, 1988)

Dupree, Louis, Afghanistan, 2nd edn (Princeton, nj, 1978)

Dupree, Nancy Hatch, A Historical Guide to Afghanistan (Kabul, 1977)

Edwardes, Michael, Playing the Great Game: A Victorian Cold War (London, 1975)

Edwards, David B., Before Taliban: Genealogies of the Afghan Jihad (Berkeley, ca, 2002)

Eide, Kai, Power Struggle over Afghanistan (New York, 2012)

Elphinstone, Mountstuart, An Account of the Kingdom of Caubul, 2nd edn, 2 vols [1839] (Karachi, 1972)

Emadi, Hafizullah, Politics of Development and Women in Afghanistan (New York, 1993)

—, Culture and Customs of Afghanistan (Westport, ct, 2005)

—, Dynamics of Political Development in Afghanistan: The British, Russian, and American Invasions (New York and London, 2010)

Eyre, Vincent, The Military Operations at Cabul [1843] (Stroud, Glos., 2005)

Ferrier, J. P., History of the Afghans (London, 1858)

Fletcher, Arnold, Afghanistan: Highway of Conquest (Ithaca, ny, 1965)

Foltz, R. C., Mughal India and Central Asia (Oxford, 1998)

Forbes, Archibald, The Afghan Wars, 1839–1842 and 1878–1880 (London, 1892)

Forster, George, A Journey from Bengal to England through the Northern Part of India, Kashmire, Afghanistan, and Persia etc., 2nd edn, 2 vols (London, 1808)

Fox, Ernest F., Travels in Afghanistan, 1937–1938 (New York, 1943)

Fraser-Tytler, W. K., Afghanistan: A Study of Political Developments in Central and Southern Asia, 3rd edn (Oxford, 1967)

Fry, Maxwell J., The Afghan Economy (Leiden, 1974)

General Staff of India, The Third Afghan War, 1919, Official Account [1926] (Uckfield, n.d.)

Ghani, Abdul, A Review of the Political Situation in Central Asia [1921] (Lahore, 1980)

Ghaus, Abdul Samad, The Fall of Afghanistan: An Insider's Account (Washington, dc,

1988)

Gleig, Rev. G. H., Sale's Brigade in Afghanistan, with an Account of the Seizure and Defence of Jellalabad [1846] (Uckfield, 2004)

Gommans, Jos J. L., The Rise of the Indo-Afghan Empire, c. 1710–1780 (Leiden, 1995)

Goodson, Larry P., Afghanistan's Endless War, State Failure, Regional Politics and the Rise of the Taliban (Seattle, wa, and London, 2001)

Government of India, Official History of Operations on the N. W. Frontier of India, 1920–1935, parts 1–3 [1945] (Uckfield, 2004)

Gray, John Alfred, My Residence at the Court of the Amir [1895] (London, 1987)

Green, Nile, ed., Afghanistan's Islam: From Conversion to the Taliban (Oakland, ca, 2016)

Greenwood, Lieutenant [Joseph], Narrative of the Late Victorious Campaign under General Pollock [1844] (Uckfield, 2004)

Gregorian, Vartan, The Emergence of Modern Afghanistan: Politics of Reform and Modernization, 1880–1946 (Stanford, ca, 1969)

Hamilton, Angus, Afghanistan (Boston, ma, and Tokyo, 1910)

Hanifi, Shah Mahmoud, Connecting Histories in Afghanistan: Market Relations and State Formation on a Colonial Frontier (Stanford, ca, 2011)

Harlan, Josiah, A Memoir of India and Avghanistaun (Philadelphia, 1842)

Hensman, Howard, The Afghan War of 1879–1880 [1881] (Lahore, 1999)

Hopkins, Benjamin D., The Making of Modern Afghanistan (Cambridge, 2008)

Hunter, Edward, The Past Present: An Account of Life in Afghanistan Today (London, 1959)

Jafri, Hasan 'Ali Shah, Indo-Afghan Relations, 1947–1967 (New Delhi, 1976)

Jalallar, Muhammad Khan, Rumi Tomato: Autobiography of an Afghan Minister (Create Space self-publishing, 2001)

James, Ben, The Secret Kingdom: An Afghan Journey (New York, 1934)

Johnson, Chris, and Jolyon Leslie, Afghanistan: The Mirage of Peace (London and New York, 2004)

Jones, Paul S., Afghanistan Venture (San Antonio, tx, 1956)

Kakar, M. Hassan, Afghanistan: A Study in International Political Developments, 1880–1896 (Kabul, 1971)

—-, Afghanistan: The Soviet Invasion and the Afghan Response, 1979–1982 (Berkeley, ca, and London, 1995)

—-, A Political and Diplomatic History of Afghanistan, 1863–1901 (Leiden, 2006)

Katrak, Sohrab K. H., Through Amanullah's Afghanistan (Karachi, 1929)

Kaye, John William, Lives of the Indian Officers, 2 vols (London, 1867)

—-, History of the War in Afghanistan, 2 vols [1851] (Delhi, 1999)

Kessler, Melvin M., Ivan Viktorovich Vitkevich, 1806–1839 (Washington, dc, 1960)

Khalid, Adeeb, The Politics of Muslim Cultural Reform: Jadidism in Central Asia [1998] (Karachi, 2000)

Khalili, Jehanzeb, Mujahideen Movement in Malakand and Mohmand Agencies (1900–1940), ed. M. Y. Effendi (Peshawar, 2000)

Khan, Shah Wali, My Memoirs (Kabul, 1970)

Khan, Sultan Mahomed, The Life of Abdur Rahman Amir of Afghanistan, 2 vols [1900] (Karachi, Oxford and New York, 1980)

Khan, Umar Kamal, Rise of Saddozais and Emancipation of Afghans (Multan, 1999)

Klimberg, Max, The Kafirs of the Hindu Kush: Art and Society of the Waigal and Ashkun Kafirs, 2 vols (Wiesbaden, 1999)

Kohzad, A. A., Men and Events through 18th and 19th Century Afghanistan (Kabul, 1972)

Koplik, Sara, A Political and Economic History of the Jews of Afghanistan (Leiden and Boston, ma, 2015)

Lal, Mohan, Life of the Amir Dost Muhammad Khan of Kabul, 2 vols [1846] (New Delhi, 2004)

––, Travels in the Panjab, Afghanistan and Turkistan, to Balk, Bokhara and Herat [1846] (Boston, ma, 2005)

Lee, Jonathan L., The 'Ancient Supremacy': Bukhara, Afghanistan and the Battle for Balkh, 1732–1901 (Leiden, Cologne and New York, 1996)

––, Amazing Wonders of Afghanistan (Kabul, 2014)

Lockhart, L., Nadir Shah: A Critical Study (London, 1938)

––, The Fall of the Safawid Dynasty and the Afghan Occupation of Persia (Cambridge, 1958)

Lowen, A., and Josette McMichael, eds, Images of Afghanistan (Karachi, Oxford and New York, 2010)

McCabe, Ina Baghdiantz, The Shah's Silk for Europe's Silver: Eurasian Trade of the Julfa Armenians in Safavid Iran and India (1530–1750) (Atlanta, ga, 1999)

McChesney, Robert D., Waqf in Central Asia (Princeton, nj, 1985)

Macintyre, Ben, Josiah the Great: The True Story of the Man who would be King (London, 2004)

Maley, William, Fundamentalism Reborn? Afghanistan and the Taliban (Lahore, 1998)

––, The Foreign Policy of the Taliban (New York, 1999)

Mango, Andrew, Atatürk (London, 1999)

Martin, Frank A., Under the Absolute Amir [1907] (Lahore, 1998)

Marwat, Fazal-ur-Rahim Khan, The Basmachi Movement in Soviet Central Asia (Peshawar, 1969)

Masson, Charles, Narrative of Various Journeys in Balochistan, Afghanistan, the Panjab, & Kalât, 3 vols [1842] (Delhi, 1997)

Mason, Whit, ed., The Rule of Law in Afghanistan: Missing in Inaction (Cambridge, New York and Melbourne, 2011)

Mills, H. Woosnam, The Pathan Revolt in North West India [1897] (Lahore, 1996)

Minault, Gail, The Khilafat Movement: Religious Symbolism and Political Mobilization in India (New York, 1982)

Moorcroft, William, and George Trebeck, Travels in the Himalayan Provinces of Hindustan and the Punjab from 1819 to 1825, 2 vols [1841] (Karachi, 1979)

Moulton, Edward C., Lord Northbrook's Indian Administration (London, 1968)

Mousavi, Sayed Askar, The Hazaras of Afghanistan: An Historical, Cultural, Economic and Political Study (Richmond, Surrey, 1998)

Nasiri, Afzal, and Marie Khalili, eds, Memoirs of Khalilullah Khalili: An Afghan Philosopher Poet (Manassas, va, 2013)

Nawid, Senzil, Religious Response to Social Change in Afghanistan, 1919–29: King Aman-Allah and the Afghan Ulama (Costa Mesa, ca, 1999)

Noelle, Christine, State and Tribe in Nineteenth-century Afghanistan: The Reign of Dost Muhammad Khan (1826–1863) (Abingdon, 1977)

Noelle-Karimi, C. Schetter, and R. Schlagintweit, eds, Afghanistan: A Country without a State? (Linz, 2002)

Norris, J. A., The First Afghan War, 1838–1842 (Cambridge, 1967)

Olesen, Asta, Islam and Politics in Afghanistan (Richmond, Surrey, 1996)

Pottinger, George, The Afghan Connection: The Extraordinary Adventures of Major Eldred Pottinger (Edinburgh, 1983)

Poullada, Leon B., Reform and Rebellion in Afghanistan, 1919–1929 (Ithaca, ny, 1973)

Pstrusinska, Jadwiga, 'Afghanistan 1989 in Sociolinguist Perspective', Central Asian Survey, Incidental Papers, no. 7 (1990)

Rahim, M. Akbar, History of the Afghans in India, ad 1545–1631 (Karachi, 1961)

Rashid, Ahmed, Taliban: Islam, Oil and the New Game in Central Asia (London and New York, 2002)

——, Descent into Chaos: Pakistan, Afghanistan and the Threat to Global Security (London, 2009)

Rawlinson, Maj. Gen. Sir Henry, England and Russia in the East (London, 1875)

Robertson, George Scott, The Kafirs of the Hindu Kush [1896] (Lahore, 1995)

Robson, B., ed., Roberts in India: The Military Papers of Field Marshal Lord Roberts, 1876–1893 (Stroud, Glos., and Dover, nh, 1993)

Ross, F. E., ed., Central Asia: Personal Narrative of General Josiah Harlan, 1823–1841 (London, 1939)

Roy, O., Islam and Resistance in Afghanistan, 2nd edn (Cambridge and New York, 1990)

Rubin, Barnett R., The Fragmentation of Afghanistan, imprint (New Haven, ct,1995)

—–, The Search for Peace in Afghanistan: From Buffer State to Failed State (New Haven, ct, and London, 1995)

Saikal, Amin, Modern Afghanistan: A History of Struggle and Survival (London and New York, 2004)

Sale, Lady Florentia, A Journal of the Disasters in Afghanistan, 1841–1842 [1843] (Lahore, 1999)

Schinasi, May, Afghanistan at the Beginning of the Twentieth Century: Nationalism and Journalism in Afghanistan, a Study of the Serâj ul-akhbâr (1911–1918) (Naples, 1979)

—–, Kaboul, 1773–1948 (Naples, 2008)

Scott-Moncrieff, Maj. Gen. Sir George Kenneth, Canals and Campaigns: An Engineer Officer in India, 1877–1885 (London, 1987)

Simpson, St John, Afghanistan: A Cultural History (London, 2012)

Singh, Ganda, Ahmad Shah Durrani, 2nd edn (Lahore, 1981)

Skrine, F. H., and E. D. Ross, The Heart of Asia (London, 1899)

Stocqueler, J. H., Memorials of Afghanistan, 1838–1842 [1843] (Peshawar, 1969)

Sykes, P., A History of Afghanistan, 2 vols [1940] (New Delhi, 1981)

Tanwir, Dr M. Halim, Afghanistan: History, Diplomacy and Journalism, 2 vols (Bloomington, in, 2012)

Tarzi, Mahmud, Reminiscences: A Short History of an Era (1869–1881), trans. and ed. Wahid Tarzi (New York, 1998)

Tate, George Passman, The Kingdom of Afghanistan: A Historical Sketch (Bombay, 1910)

Thomas, Lowell, Beyond the Khyber Pass [1925] (Lahore, 1998)

Thornton, Ernest, and Annie Thornton, Leaves from an Afghan Scrapbook (London, 1910)

Trinkler, Emil, Through the Heart of Afghanistan (London, 1928)

Trousdale, William, ed., War in Afghanistan, 1879–1980: The Personal Diary of Major General Sir Charles Metcalfe MacGregor (Detroit, mi, 1985)

Vogelsang, W., The Afghans (London and Malden, ma, 2002)

Washburne, Nancy Howland, ed., The Afghan Diaries of Captain George Felix Howland, 1935–1936 (McKinney, tx, 2008)

Whitteridge, Gordon, Charles Masson of Afghanistan: Explorer, Archaeologist, Numismatist and Intelligence Agent (Warminster, Wilts, 1986)

Wilber, Donald N., Afghanistan: Its People, its Society, its Culture (New Haven, ct, 1962)

Wild, Roland, Amanullah, ex-king of Afghanistan (London, 1932)

Williams, Brian Glyn, The Last Warlord: The Life and Legend of Dostum (Chicago, il, 2013)

Wilson, Andrew, North from Kabul (London, 1961)

Wolff, Rev. Joseph, Researches and Missionary Labours (Philadelphia, 1837)

—, Narrative of a Mission to Bokhara (London, 1848)

Woodburn, Brig. C. W., The Bala Hissar of Kabul: Revealing a Fortress-palace in Afghanistan (Chatham, 2009)

Wyatt, Christopher M., Afghanistan and the Defence of Empire: Diplomacy and Strategy during the Great Game (London and New York, 2011)

Yapp, Malcolm, Strategies of British India (Oxford, 1980)

—, The Making of the Modern Near East, 1792–1923 (Harlow, New York and Tokyo, 1987)

Yate, A. C., England and Russia Face to Face in Asia, Travels with the Afghan Boundary Commission (London, 1887)

Yate, C. E., Northern Afghanistan (London, 1888)

—, Khurasan and Sistan (London, 1900)

Yermakov, Oleg, Afghan Tales: Stories from Russia's Vietnam, trans. Marc Romano (New York, 1993)

Zahab, Mariam Abou, and Olivier Roy, Islamist Networks: The Afghan-Pakistan Connection (London, 2004)

Persian and other oriental sources

Ahmad, Tasneem, Tārīkh-i-Akbarī of Muhammad 'Arīf Qandhārī (Delhi, 1993)

Babur, Zahir al-Din, Bābur-Nāma, trans. and ed. Annette S. Beveridge [1922] (Lahore, 1979)

Begam, Gul-Badan, The History of Humayun, the Humāyūn-Nāma, trans. and ed. A. Beveridge [1902] (Delhi, 2006)

Farhang, Mir M. Sadiq, Afghānistān dar panj qarn-i ākhir, 3 vols (Kabul, 1373 s./1994)

Ghorbar, Mir Gholam Mohammad, Ahmad Shāh Bābā-yi Afghān (Kabul, 1322 s./1943)

Gulistana, Abu'l-Hasan ibn Amin, 'The End of Nadir Shah, being Extracts from the Mujmal al-Tawārīkh', trans. Jadunath Sarkar, Modern Review, xlv/5 (May 1929), pp. 533–6

al-Husaini, Munshi Mahmud ibn Ibrahim al-Jami, Tārīkh-i Ahmad Shāhī [1974] (Peshawar, 2001)

Katib, Faiz Muhammad, Serāj al-Tawārīkh, 3 vols (Kabul 1331–3 s./1913–15)

—, Kabul under Siege: Fayz Muhammad's Account of the 1929 Uprising, trans. and ed. R. D. McChesney (Princeton, nj, 1999)

Kazim, Muhammad, Nāma-yi 'Ālam-ārā-yi Nādirī, 3 vols (Moscow, 1962–1966)

Khan, Amir 'Abd al-Rahman, Tāj al-Tawārīkh, 2 vols [1900] (Peshawar, 1994/1995)

Khan, Hayat M., Afghanistan and its Inhabitants, translated from the Hayāt-i-Afghānī, trans. Henry Priestley [1874] (Lahore, 1999)

Mujadidi, Shah Agha, Amīr Habīb Allah (Peshawar?, n.d.) Neamat Ullah, Khwaja, History of the Afghans translated from the Persian

of Neamet Ullah, trans. Bernard Dorn [1829] (New York, 1969)

Popalzai, 'Aziz al-Din Wakili, Ahmad Shāh, vol. i (Kabul, 1359 s./1980)

Records, manuscripts and unpublished theses Caron, James M., 'Cultural Histories of Pasthun Nationalism, Public Participation, and Social Inequality in Monarchic Afghanistan, 1905–1960', PhD thesis, University of Pennsylvania, 2009

Champagne, David Charles, 'The Afghan-Iranian Conflict over Herat Province and European Intervention, 1796–1863: A Reinterpretation', PhD thesis, University of Texas, 1981

Durand, H. M., 'Diary of the Afghanistan Mission, 1893', British Library, Asia and Africa Collection, India Office Library and Records (iol), Durand Papers, Eur. Mss D 727/5

Durrani, Ashiq Muhammad Khan, 'The Last Phase of Muslim Rule in Multan', unpublished (?) PhD thesis, University of Multan, n.d.

Hamilton, Lilias, 'The Power that Walks in Darkness', Wellcome Institute for the History of Medicine, pp/ham/a.21

Jawan Shir, Rasikh, 'Nationalism in Afghanistan: Colonial Knowledge, Education, Symbols and the Junket Tour of Amanullah Khan, 1901–1929', ma thesis, James Madison University, 2012

Lee, Jonathan L., 'The New Year's Festivals and the Shrine of 'Ali ibn Abi Talib at Mazar-i Sharif, Afghanistan', PhD thesis, Department of Religious Studies, University of Leeds, 1998

Masson, Charles, 'Journals', British Library, ior, Eur. Mss e.163

'Report of Ghulam Sarwar, Native agent of the Hon. East India Co., on Special Mission to the Country of Shah Zemaun, 1793–1795', ior, Proceedings, Bengal Secret Consultations (1797), p/ben/con/41

附录五　图片鸣谢

作者和出版社诚挚对以下图片的来源并允许复制表示感谢。

Author's Collection: pp. 15, 18, 21, 25, 27, 32, 36, 37, 40, 41, 48, 53, 58, 62, 71, 82, 92,97, 98, 99, 108, 119, 120, 132, 133, 135, 145, 146, 152, 157, 166, 180, 189, 197, 199, 200,202, 210, 216, 224, 238, 248, 271, 274, 275, 277, 286, 311, 313, 321, 324, 329, 331, 347,365, 369, 377, 381, 389, 391, 399, 403, 407, 409, 413, 420, 428, 438, 445, 456, 458, 466, 471, 472, 477, 495, 504, 506, 516, 520, 528, 536, 538, 542, 547, 548, 551, 555, 558, 577, 579, 596, 598, 602, 606, 613, 621, 624, 626, 627, 633, 641, 645, 646, 654, 659, 664; Copyright © Warwick Ball, by kind permission: pp. 67, 89, 182, 519, 544; © Sebastian Ballard (2018): pp. 11, 50, 186, 243; Copyright © the Breshna family, reproduced by kind permission: p. 112; Kathy Carter-Lee: p. 672; Courtesy of the Council of the National Army Museum, London: pp. 294, 301; Courtesy of John Weedy: pp. 104, 483, 486; copyright © the family of J. Christy Wilson, reproduced with kind permission: p. 577.